리스크의 근원, 불편한 진실

공공기관/대기업 리스크 관리, 내부통제 고도화의 열쇠

공공기관/대기업 리스크 관리, 내부통제 고도화의 열쇠
리스크의 근원, 불편한 진실

초판 1쇄 발행 2025년 7월 30일

지은이 원광범
펴낸이 장길수
펴낸곳 지식과감성#
출판등록 제2012-000081호

교정 한장희
디자인 윤혜성
편집 윤혜성
검수 이주연
마케팅 김윤길

주소 서울시 금천구 벚꽃로298 대륭포스트타워6차 1212호
전화 070-4651-3730~4
팩스 070-4325-7006
이메일 ksbookup@naver.com
홈페이지 www.knsbookup.com

ISBN 979-11-392-2725-3(03320)
값 55,000원

- 이 책의 판권은 지은이에게 있습니다.
- 이 책 내용의 전부 또는 일부를 재사용하려면 반드시 지은이의 서면 동의를 받아야 합니다.
- 잘못된 책은 구입하신 곳에서 바꾸어 드립니다.

지식과감성#
홈페이지 바로가기

공공기관/대기업 리스크 관리, 내부통제 고도화의 열쇠

The Uncomfortable Truth About Risk
(On Instinct Suppression & Aberrant Bias)

리스크의 근원, 불편한 진실

원광범 지음

Where Do We Come From? What Are We? Where Are We Going?
Tri-View(Process-Attribute-Emergence) Risk Mining Framework

세 개의 시선, 하나의 명료한 시야

"철학과 인문학의 통찰로 풀어가는
리스크관리 내부통제의 새로운 패러다임"

머리말

우리 인간은
어떤 리스크를 안고 살아가는가?

"신호등 잘 보고 차 조심 해라", "공부 안 하고 게으르면 거지 된다", "나쁜 친구들 만나지 마라" 부모라면 자식에게 수도 없이 했을 법한 말이고, 자식이라면 이런 잔소리를 귀에 딱지가 앉도록 들으며 성장했을 것입니다. 놀랍게도 이 세 가지 유형의 부모님 걱정은 리스크의 가장 근원적인 세 가지 측면과 정확히 닿아 있습니다. 즉, '행위(Process)', '존재 자체의 속성(Attribute)', 그리고 '관계에 따른 상호작용 및 창발현상(Interaction, Emergence)'이라는 리스크의 근원이 바로 그것입니다.

"신호등 잘 보고 차 조심 해라"는 운전이나 길을 건너는 것과 같은 특정 행위 속에서 발생할 수 있는 위험에 대한 경고입니다. "공부 안 하고 게으르면 거지 된다"는 게으름이라는 개인의 존재 자체에 내재된 속성이 미래의 재정적 어려움이라는 리스크를 유발할 수 있음을 일깨웁니다. "나쁜 친구들 만나지 마라"는 친구라는 관계 속에서 발생하는 상호작용이 개인의 삶에 부정적인 영향을 미칠 수 있음을 경계하는 지혜로운 가르침입니다.

이처럼 우리는 삶의 초기부터 리스크의 다면적인 근원을 직관적으로 학습하며 성장합니다. 하지만 더욱 놀라운 역설은, 바로 이렇게 지혜로운 학습을 받은 인간들이 운영하는 현대의 거의 모든 기업, 공공부문을 비롯한 조직들이 리스크 관리에 있어서는 균형을 잃고 오직 '행위'에만 초점을 맞추고 있다는 점입니다.

이는 부모님의 가르침을 잊어버리고 인간의 삶 속에 내포된 리스크의 다층적인 면모를 간과한 결과입니다. 조직들은 리스크를 주로 외부에서 갑작스럽게 닥쳐오는 사건이나 특정 활동의 결과로만 여기며, 리스크관리 및 내부통제 체계 내에서 명시적으로 '존재 자체의 속성'에서 기인하는 근원적인 위험과 다양한 관계 속에서 발생하는 상호작용 리스크에는 거의 관심을 두지 않습니다.

따라서 진정한 리스크 관리는 단순히 '행위'에 대한 통제를 넘어, '존재'의 속성과 '관계'의 상호작용이라는 세 가지 입체적인 관점이 유기적으로 작동할 때 비로소 가능해집니다.
인간의 삶 속에 내포된 리스크를 살펴보면서, 리스크의 다층적인 면모를 직관적으로 이해하고, 특히 기업과 공공부문에서 간과되어 온 '존재 자체의 속성'과 '관계에 따른 상호작용' 리스크의 존재를 명확히 인식하고자 합니다.

첫째, 우리는 '행위'를 통해 위험을 마주합니다. 이는 인간이 일상생활, 업무, 학습 등 특정 활동이나 과정을 '어떻게' 수행하는 과정에서 발생하는 리스크입니다. 가령, 직장에서 보고서 작성 중 데이터 오류가 발생하거나, 회의 진행 중 의사결정이 지연될 수 있습니다. 특정 업무 절차를 준수하지 않아 법규 위반 리스크에 직면하기도 하며, 정보를 전달하는 과정에서 오해가 발생하여 상대방에게 손실을 입히는 의사소통 행위의 위험도 여기에 해당합니다.

둘째, 우리의 '존재' 자체가 위험을 내포하고 있습니다. 이는 인간 자체가 가진 신체적, 정신적, 인지적, 사회적 특성(속성)으로부터 내재되거나 파생되는 위험을 의미합니다. 이는 우리가 '무엇인가' 또는 '어떤 특성을 가지고 있는가' 때문에 발생하는 본질적인 위험을 의미합니다. 고령으로 인한 신체 기능 저하, 스트레스에 취약한 심리적 특성, 확증 편향과 같은 인지적 오류, 또는 특정 분야의 전문 지식 부족 등이 이에 해당하며, 이는 스스로 잠시 멈춰 서서 자신의 근본적인 속성을 성찰하게 만드는 계기가 됩니다.

셋째, 우리는 세상과의 '관계' 속에서 예측 불가능한 위험에 맞닥뜨리기도 합니다. 이는 '행위'나 '특성'만으로는 예측할 수 없는, 다양한 관계 속에서 요소들 간의 복잡한 상호작용을 통해 새롭게 나타나는 위험을 의미합니다. 예를 들어, 개별 팀원들이 아무리 유능해도 팀 내 소통 방식과 갈등 해결 방식의 상호작용으로 프로젝트가 실패하거나 팀워크가 붕괴될 수 있습니다. 고도로 자동화된 시스템에 인간이 과도하게 의존하여 비상 상황 시 대처 능력이 저하되는 '자동화 역설'과 같은 위험이 발생될 수 있으며, 과도한 경쟁 위주의 조직 문화와 개인의 상호작용으로 직원의 번아웃이나 비윤리적 행위가 유발될 수도 있습니다.

이처럼 인간은 누구나 행위, 존재, 그리고 관계라는 세 가지 근원적인 관점에서의 리스크를 안고 살아가고 있습니다. 이제 우리는 이러한 다층적인 통찰을 기업과 공공부문의 리스크 관리 현실에 적용하여, 균형 잡힌 시각으로 리스크를 이해하고 관리해야 합니다.

리스크의 근원적 이해와
새로운 접근

리스크의 근원을 명확히 인식하기 위해, 이 책에서는 리스크를 다음과 같이 정의합니다.

첫째, 우리가 '행위' 관점에서 마주하는 리스크는 프로세스 영역에서 식별됩니다. 프로세스는 시간의 흐름 속에서 일련의 활동과 과정, 단계를 의미합니다. 이러한 동적인 특성을 명확하게 전달하기 위해, 리스크의 근원이 '흐름'에 있음을 인지하여 "흐름(Flow) 리스크(약어:FR)"라 칭하며 '프로세스 리스크' 또는 '프로세스 기반 리스크'라는 명칭을 병용합니다.

둘째, '존재' 자체에 내재된 위험은 속성 영역에서 식별됩니다. 속성은 대상이 '어떤 존재인가'에 대한 고유하고 내재적인 특성입니다. 이는 움직이거나 변화하는 '흐름'과는 대조적으로 사람이 근원적인 의문을 가질 때 하던 일을 멈추고 깊이 사색하는 것처럼, 속성에서 식별되는 리스크는 조직이 표면적인 문제 해결을 넘어 자신들의 본질적인 특성, 즉 '속성'에 대해 깊이 들여다보고 성찰해야 다스릴 수 있다는 의미를 갖습니다. 이러한 리스크의 근원이 '멈춤'에 있음을 인지하여 "멈춤(Stock) 리스크(약어:SR)"라 칭하며 '속성 리스크' 또는 '속성 기반 리스크'라는 명칭을 병용합니다.

셋째, '관계' 속에서 예측 불가능하게 창발되는 위험은 창발 영역에서 식별됩니다. 창발현상은 개별 요소들의 단순한 합이 아니라, 복잡한 상호작용 속에서 예측 불가능하게 '새롭게 솟아나는' 위험을 의미합니다. 이러한 예측 불가능한 출현, 즉 시스템의 복잡한 관계 속에서 갑자기 불쑥 나타나는 리스크의 본질을 인지하여 "솟음(Emergence) 리스크(약어:ER)"라 칭하며 '창발 리스크' 또는 '창발 기반 리스크'라는 명칭을 병용합니다.

이 '흐름', '멈춤', '솟음' 세 가지 관점은 리스크가 발생하는 근원적인 메커니즘을 직관적으로 이해하도록 돕습니다. 또한 독자들에게 개념을 쉽게 각인시키고, 리스크 관리의 복잡한 내용을 다소 흥미롭고 기억하기 쉽게 만들 것으로 기대합니다. 이 세 가지 관점에서 리스크를 식별하는 체계를 "Tri-View Risk Mining Framework(약어:Tri View)"라 명명합니다.

현대의 기업과 공공부문 조직들은 확실히 '흐름' 중심의 리스크 관리에 매몰되어 있습니다. 단언컨대, '흐름' 관점만으로는 '멈춤 리스크'와 '솟음 리스크' 관점에서 식별될 수 있는 조직 전체 수준의 중요하고 심각한 리스크를 파악하기 어렵습니다. 본문에서 독자 스스로 그 필요성을 체감하도록 돕고, 기업과 공공부문이 균형 잡힌 관점에서 리스크를 식별하는 것이 내부통제 고도화의 첫걸음임을 역설할 것입니다.

"Tri-View"를 활용한 식별 영역의 새로운 인식 확장이 리스크 식별이라는 보급로가 막혀 '아사 직전'에 놓인 기업과 공공부문 리스크 관리에 실질적인 돌파구가 되기를 기대합니다.

더불어 이 책이 리스크 관리의 본질을 이해하고, 여러분의 조직이 직면한 복잡한 위험들을 명확히 식별하며 효과적으로 관리하는 데 새로운 지평을 열어 주기를 소망합니다. 나아가 더욱 견고하고 지속 가능한 조직을 만들어 나가는 데 든든한 길잡이가 되기를 진심으로 바랍니다.

깊은 사색과 고민의 여정을 통해 이 글이 세상의 빛을 볼 수 있도록 귀한 가르침과 영감을 주신 분들께 진심으로 감사드립니다.

지난 16년간 '시행착오와 실패'를 지켜봐 주시며 값진 학습의 기회를 주신 풀무원 남승우 이사장님께 이 지면을 빌려 깊은 경의를 표합니다. 이 책은 어쩌면 실패에 대한 장문의 반성문일 수도 있습니다. 또한, 저의 경험과 고민을 하나의 '책'으로 엮어 낼 동기를 제공해 주신 한국내부통제연구원 문호승 박사님, CFO아카데미 전병문 대표님, 강단에 설 수 있는 기회를 열어 주신 한국내부통제평가원 변중석 회장님께도 각별한 감사의 말씀을 전합니다. 언제나 든든한 후배 한국감사협회 CIA 위원회 김남희 부위원장님께도 고마움을 전합니다.

무엇보다, KSPO(국민체육진흥공단) 홈페이지 'ALIO'를 통해 투명하게 정보를 공개해 주신 관계자분들과 공단의 사례를 책에 인용할 수 있도록 기꺼이 양해하여 주신 경영리스크관리실 여러분께 감사를 드립니다. 귀한 정보들은 본 연구의 깊이를 더하고 폭넓은 시야를 확보하는 데 많은 도움을 주었음을 밝힙니다.

독자 여러분의 지혜로운 통찰을 응원합니다.

트라이뷰 리스크 경영 연구원
원광범

목차

머리말 4

우리 인간은 어떤 리스크를 안고 살아가는가?
리스크의 근원적 이해와 새로운 접근

제1부 리스크, 근원을 찾아서

제1장 리스크 근원과 인식 문제

제1절 | '흐름-멈춤-솟음' 리스크의 이해 22
   1. 폴 고갱의 질문과 '흐름-멈춤-솟음' 리스크 22
   2. "사랑" 속에 감춰진 흐름-멈춤-솟음 리스크 24
   3. 사랑의 Tri View 리스크, 특성 및 상호 관련성 분석 27

제2절 | 리스크 인식의 한계와 문제점 30

제3절 | 리스크 인식의 왜곡 32
   1. 경영혁신과 리스크 인식의 왜곡 32
   2. 경영혁신 기조에 발맞춘 국제표준의 역사 34
   3. COSO와 ISO 프레임워크의 설계 결함 36
   4. 전족(纏足)과도 같은 COSO, ISO 프레임워크의 폐해 37
   5. 눈에 보이는 것, 당장 할 수 있는 것의 유혹 40

제4절 | 재무보고 내부통제의 문제 42
   1. '재무보고'라는 좁은 우물 42
   2. '규제 준수'라는 면죄부 44
   3. 회계법인의 수익 확대 수단 44

제5절 | '멈춤'과 '솟음' 리스크 식별과 통제의 어려움 ··················· 46
   1. '흐름' 리스크 식별과 통제의 압도적 용이성 ··················· 47
   2. '멈춤' 리스크: 체질 개선 장기적 관점 필요 ··················· 47
   3. '솟음' 리스크: 럭비공 같아 가장 다루기 힘들다 ··················· 48

제2장
리스크 관리 패러다임 전환

제1절 | 전통적 리스크 관리의 한계와 새로운 접근 ··················· 49
   1. 증상 치료에서 근원 분석으로 ··················· 50
   2. 프로세스 밖 리스크와 통제의 문제 ··················· 52
   3. 피터 드러커의 통찰과 리스크 관리 ··················· 53

제3장
리스크 인식의 새로운 지평

제1절 | Tri View Risk Mining Framework 소개 및 활용 ··················· 54
   1. Tri View의 세 가지 핵심 관점 ··················· 56
   2. Tri View의 필요성 ··················· 57
   3. Tri View의 기능 ··················· 57

제2절 | Tri View 활용 다양한 사례 분석을 통한 통찰 ··················· 58
   1. 고양시청 30가지 리스크와 통제 방안 ··················· 59
   2. KSPO 30가지 리스크와 통제 방안 ··················· 61
   3. 감사원 30가지 리스크와 통제 방안 ··················· 63
   4. 컨설팅 기업 30가지 리스크와 통제 방안 ··················· 66
   5. 풀무원 30가지 리스크와 통제 방안 ··················· 69
   6. O2C 프로세스 30가지 리스크와 통제 방안 ··················· 72
   7. 인사팀 30가지 리스크와 통제 방안 ··················· 74
   8. 채용 담당자 업무 30가지 리스크와 통제 방안 ··················· 77
   9. 컨설턴트 A씨 30가지 리스크와 통제 방안 ··················· 79
   10. 한국감사협회 30가지 리스크와 통제 방안 ··················· 82

제3절 | 기존 리스크 관리의 문제점 재확인 85
1. Tri View 리스크의 전모를 드러내게 하다 85
2. 프로세스 기반 컨설팅 지속 보급의 문제점 86
3. 리스크 관리 현장의 아우성과 비명 87
4. '하는 척 흉내 내기' 리스크 식별법 컨설팅 88

제4절 | 내부통제와 리스크 관리 혁신 90
1. Tri View, 혁신적 성능 확인 90
2. Tri View 유효성 및 당위성 91
3. 실질적 활용과 전문가 역할 91
4. 내부통제 난제 해결 방안 92

제4장
속성, 리스크의 근원을 찾아서

제1절 | 속성에 대한 이해 94
1. 왜 '속성'을 이해해야 하는가? 94
2. '속성'의 정의 및 특징 94
3. 속성중심의 리스크관리의 타당성 97
4. 조직 속성의 분류 98

제2절 | 속성의 양면성 107
1. 속성의 양면성과 관련된 개념 107
2. 속성의 역기능 발생 메커니즘: 부족과 과잉의 문제 109
3. 속성의 순기능과 역기능, 그리고 리스크 식별 112
4. 속성에 대한 이해: 다양한 속성의 양면성 예시 114

제3절 | 속성 식별 방법(KSPO 예시) 124
1. 조직속성 7가지 분류체계 기준 속성식별 방법 124
2. 실무 활용 속성 식별 방법 135
3. 홈페이지 공개 정보를 통한 속성 및 리스크 식별 139
4. ALIO 공개 정보를 통한 속성 및 리스크 식별 142
5. KSPO의 10가지 핵심 속성 식별과 식별 이유와 근거 145
6. 속성의 속성: 리스크 식별의 정밀도를 높이는 핵심 관점 149

제4절 | 속성기반 멈춤(Stock) 리스크 식별 ... 151
1. 속성에서 리스크로 ... 151
2. 국민체육진흥공단 식별 리스크 특성 분석 ... 159

제5절 | 왜 속성 기반 리스크가 식별되어야 하는가? ... 162
1. 속성 기반 리스크 식별이 필수적인 이유 ... 162
2. 민간의 프로세스 기반, 공공에는 '맞지 않는 옷' ... 164
3. 공공 속성 기반 식별이 필수적인 이유 ... 165
4. 프로세스에서 식별하기 어려운 공공 30가지 리스크 ... 167
5. 공공 30가지 속성에 대한 직접 통제 방안 예시 ... 170

제5장
솟아오르는 위협, 창발 리스크

제1절 | 창발현상 기반 '솟음' 리스크에 대한 이해 ... 179
1. 창발 리스크란 무엇인가? ... 179
2. 프로세스 기반 리스크와 창발 리스크의 차이 ... 180
3. 왜 창발 리스크에 주목해야 하는가 ... 181
4. 창발성 발현 환경의 혁명적 변화 ... 181

제2절 | 창발현상과 통제 방안 ... 183
1. 일상생활에서의 창발현상 ... 183
2. 복잡계에서의 창발 현상 ... 184
3. 공공부문 마이크로 창발 리스크 ... 186
4. 기업의 마이크로 창발 리스크 ... 188
5. 일상생활 창발 리스크 통제 방안 예시 ... 190
6. 공공부문 창발 리스크 통제 방안 ... 192
7. 기업 창발 리스크 통제 방안 ... 194
8. 창발 리스크 시대의 생존과 성장 ... 196

제6장

내부통제 고도화를 위한 병행과제

제1절 | 리스크관리 및 내부통제 인식전환 **197**
    1. 리스크관리와 내부통제의 관계: 상호 보완적 역할 197
    2. 리스크관리 없는 내부통제의 딜레마 200
    3. RM＆IC는 곧 경영 그 자체 201
    4. 공공부문의 리스크 둔감성 203
    5. 내부통제 자율점검의 한계 205

제2절 | 공공부문의 리스크 인식 **209**
    1. 외부평가 209
    2. 평가 만능주의와 평판 리스크 211
    3. 다양한 외부평가의 순기능과 역기능 213
    4. 공공부문이 인식해야 할 진정한 리스크 215
    5. 공공 RM＆IC의 차별성과 선도 전략 216
    6. 공공부문 내부통제 고도화의 길 219

제3절 | 감사원 '공공 내부통제 심사 기준' 혁신 **221**
    1. 감사원의 공공 부문 내부통제 평가 방안 221
    2. "감사원 내부통제 심사기준 혁신안"의 의의와 기대효과 225
    3. 감사원 심사기준 혁신이 가져올 긍정적 창발 228

제7장

내부통제 고도화

제1절 | 내부통제 고도화의 목적과 구성요소 **229**
    1. 내부통제 고도화의 목적 229
    2. 내부통제 고도화 구성요소 및 고도화의 모습 231

제2절 | 내부통제 고도화의 로드맵: 성숙도 모델 **234**
    1. 일반적 내부통제 5단계 성숙도 모델 234
    2. 개선된 내부통제 5단계 성숙도 모델 236

제3절 | 내부통제 고도화를 위한 리스크 식별 유형의 확장 — 238
   1. 리스크 식별 유형의 확장 방향 — 238
   2. 리스크 식별 유형별 전략적 적합도 관점 — 240
   3. 내부통제 고도화 기업/산업 사례 — 243

제8장 내부통제 고도화의 활용

제1절 | 속성 순기능 활용을 통한 전략 수립 — 245
   1. 국민체육진흥공단 전략 수립 예시 — 245

제2절 | 고도화의 다양한 활용 사례 — 251
   1. 프로세스 설계 활용 — 251
   2. 직무 속성 반영 프로세스 설계 개선에 활용 — 255
   3. 프로세스 자체의 속성 분석, 리스크 식별 통제 적용 예시 — 257
   4. 직무(업무) 속성 리스크 식별 통제 적용 예시 — 259
   5. 경영전략의 도구 — 261
   6. 현장 프로세스/직무의 최적화 도구 — 262
   7. 내부통제 고도화의 길을 여는 열쇠 — 262

제3절 | 리스크관리/내부통제 총량 성과 관리 방안 — 263
   1. 리스크 총량 성과 관리 — 264
   2. 통제 총량 성과 관리 — 265
   3. 성과관리표에 적용된 회계 원리 — 265
   4. 리스크관리/내부통제 총량 성과관리표의 활용 — 267

제2부

리스크 프로파일 완성을 향하여

제9장 리스크 관리 개요

제1절 | 리스크관리 개념 이해하기 **270**
  1. 회계관리와 리스크관리·내부통제(RM&IC) 비교 270
  2. RM&IC 프로세스 273
  3. 리스크 프로파일 중심 프로세스 이해하기 276
  4. 리스크관리/내부통제 Framework 278
  5. 리스크에 대한 정의 280

제10장 RM&IC 핵심 단계 이해하기

제1절 | 목표 및 범위 설정 **283**
  1. 목표 설정 283
  2. 범위 설정 284
  3. 허용한도 286

제2절 | 리스크 식별 **289**
  1. 리스크 식별의 중요성 289
  2. 리스크 식별을 위한 원칙 290
  3. Tri View로 리스크 식별하기 291
  4. 리스크 식별 방법론 292
  5. 리스크 식별의 산출물 294
  6. Tri View 리스크 식별 30가지 질문 예시 297
  7. 리스크 Naming&정의하는 방법 300

제3절 | 리스크 분석 **303**
  1. 분석의 목적 303
  2. 리스크 분석 유형 304

제4절 | 리스크 평가 개요 — 308
1. 정의와 목적 — 308
2. RM&IC 의 핵심 평가들 — 309
3. 리스크 평가 주요 구성 요소 — 311
4. 리스크 평가 방법론 — 312
5. 리스크 평가 결과물 — 314

제5절 | 핵심 평가 기준과 방법 — 314
1. 리스크 영향도 평가 — 314
2. 리스크 발생 가능성 평가 — 316
3. 내재위험 평가 — 318
4. 통제 설계의 적정성 평가 — 321
5. 통제 운영의 효과성 평가 — 323
6. 통제 효과(CE) 평가 — 325
7. 잔여위험 평가 방법론 — 328
8. 잔여위험 수준별 의미와 조치 — 329

제6절 | 리스크 대응 방안 — 333
1. 통제 활동 — 334
2. 위험 완화 — 335
3. 위험 회피 — 335
4. 위험 전가 — 335
5. 위험 수용 — 336

제7절 | 리스크 매트릭스 활용 — 336
1. 내재위험(IR) 매트릭스 — 338
2. 잔여위험(RR) 매트릭스 — 338
3. 위험 등급 부여와 허용한도 적용 — 339

제8절 | 리스크 프로파일 — 341
1. 일반적 리스크 프로파일의 문제점 — 341
2. 바람직한 리스크 프로파일 — 342
3. 새로운 리스크 프로파일의 구성 요소와 의미 — 347

2부를 마무리하며 — 350

제3부
현장의 문제점 진단

1. 내부통제 진단, 3가지 핵심 ······ 352
2. 첫 단추의 오류 ······ 353
3. 총체적 부실: 리스크 프로파일 ······ 355
4. 리스크 프로파일/ 평가 모범사례 예시(KSPO) ······ 359
5. 부정 리스크 식별 부재 ······ 364
6. 1선과 2선 조직의 문제점과 대책 ······ 369
7. 자율점검의 한계와 문제점 ······ 372
8. 프로세스 리스크와 속성,창발 리스크 선순환 인식 부재 ······ 375
9. 리스크 프로파일 통제설계 예시(KSPO) ······ 380
10. 위기 발생 대응 리스크 프로파일링 예시(KSPO) ······ 383

제4부
Tri View RM&IC Framework의 완성

1. Tri View RM&IC Management Framework ······ 386
2. Tri View RM&IC 7가지 원칙 및 28가지 세부 실행 원칙 ······ 390
3. Tri View RM&IC 진단(감사) 질문 및 감사 증적 ······ 393

맺음말 ······ 399
용어 정리 ······ 401

표 목차

제1장 | 리스크 본질과 인식 문제
[표001] 사랑 속의 흐름 리스크　24
[표002] 사랑 속의 멈춤 리스크　25
[표003] 사랑 속의 솟음 리스크　26
[표004] Tri View 식별 리스크 목록　27
[표005] 경영혁신의 역사　32
[표006] 리스크관리 관련 국제표준의 역사　34
[표007] 내부회계관리제도(ICFR)의 허울　43
[표008] 내부회계 감사 의견에 따른 기업 페널티　45
[표009] 리스크 유형별 식별 난이도/통제 용이성 비교　46

제2장 | 리스크 관리 패러다임 전환
[표010] 리스크관리의 패러다임 전환 필요성　49

제3장 | 리스크 인식의 새로운 지평
[표011] Tri View Risk Mining Framework　54
[표012] Tri View 고양시청 리스크　59
[표013] Tri View KSPO 리스크　61
[표014] Tri View 감사원 리스크　64
[표015] Tri View 컨설팅 기업 리스크　66
[표016] Tri View 풀무원 기업 리스크　69
[표017] Tri View O2C 프로세스 리스크　72
[표018] Tri View로 들여다본 인사팀 리스크　75
[표019] Tri View 채용담당자 업무 리스크　77
[표020] Tri View 60대 컨설턴트 A씨의 리스크　80
[표021] Tri View 한국감사협회(IIA Korea) 리스크　82
[표022] 프로세스 기반 컨설팅 지속되는 이유　86
[표023] 리스크 식별 기반 조직 수준 비교　88

제4장 | 속성, 리스크의 근원을 찾아서
[표024] 속성의 정의 및 특징　95
[표025] 선도기업들의 속성 기반 리스크 관리 예시　97
[표026] 조직 속성의 분류와 예시　98
[표027] 사업 모델 하위 속성　99
[표028] 전략 속성 하위 속성　100
[표029] 조직 구조 속성 하위 속성　101
[표030] 인력 및 역량 속성 하위 속성　102
[표031] 프로세스 및 시스템 속성 하위 속성　104
[표032] 문화 및 가치 속성 하위 속성　105
[표033] 외부 환경 관련 속성 하위 속성　106
[표034] 속성 양면성과 관련된 개념　107
[표034_1] 속성의 양면성과 리스크 식별　112
[표035] 사람의 감정, 사물 등 속성의 양면성　114
[표036] 핵심가치 속성 속에 숨어 있는 양면성　116
[표037] 인간의 속성 정보의 양면성 분석 예시　118
[표038] 기업 이해관계자 속성의 양면성 분석 예시　120
[표039] 국민체육진흥공단의 속성의 양면성 분석 예시　121

[표040] 공공부문 공통속성의 양면성 분석 예시   123
[표041] 사업모델 특성 분석 예시   125
[표042] 전략 속성 분석 예시   126
[표043] 조직 구조 속성 분석 예시   128
[표044] 인력 및 역량 속성 분석 예시   129
[표045] 프로세스 및 시스템 속성 분석 예시   130
[표046] 문화 및 가치 속성 분석 예시   132
[표047] 외부 환경 관련 속성 분석 예시   134
[표048] 속성 분석 방법 예시   136
[표049] 국민체육진흥공단 홈페이지 정보   139
[표050] 국민체육진흥공단 ALIO 공개 정보   142
[표051] 국민체육진흥공단 속성 식별 근거 1   145
[표052] 국민체육진흥공단 속성 식별 근거 2   147
[표053] 핵심가치들의 속성의 속성 분석   149
[표054] 국민체육진흥공단 속성 기반 멈춤(Stock) 리스크 식별 1   151
[표055] 국민체육진흥공단 속성 기반 멈춤(Stock) 리스크 식별 2   155
[표056] 속성 기반 멈춤(Stock) 리스크 식별이 필수적인 이유   162
[표057] 공공/민간 프로세스 역할과 리스크 식별 차이   164
[표057_1] 공공 속성 기반 식별이 필수인 이유   166
[표058] 프로세스에서 식별하기 어려운 공공부문 30가지 리스크   168
[표059] 조직문화 및 리더십 관련 속성 11가지 통제 방안   170
[표060] 운영 효율성 및 의사결정 관련 속성 6가지 통제 방안   173
[표061] 인력 및 전문성 관련 속성 5가지 통제 방안   174
[표062] 시스템 및 내부통제 관련 속성 5가지 통제 방안   176
[표063] 외부 관계 및 환경 대응 관련 속성 3가지 통제 방안   178

제5장 | 솟아오르는 위협, 창발 리스크
[표064] 창발 리스크에 대한 이해   179
[표065] 창발성 발현 환경의 혁명적 변화   182
[표066] 생활 속의 창발 현상   183
[표067] 복잡계 속의 창발 현상   185
[표068] 공공부문 마이크로 창발 리스크   186
[표069] 기업 마이크로 창발 리스크   189
[표070] 일상생활 속 창발 리스크 통제 방안 예시   191
[표071] 공공부문 창발(솟음) 리스크 통제 방안   193
[표072] 기업 창발 리스크 통제 방안   194

제6장 | 내부통제 고도화를 위한 병행과제
[표073] 리스크관리와 내부통제 상호 관계   197
[표074] 공공부문과 기업의 리스크 체감 환경 차이   203
[표075] 내부통제 자율점검의 한계와 대안   206
[표076] 공공부문의 평가와 보상 관련 실태 이해   211
[표077] 평가 만능주의, 리스크 관리의 맹점   212
[표078] 국민체육진흥공단 외부평가 실태 사례   214
[표079] 국민체육진흥공단 외부평가의 순기능과 역기능 분석   214
[표080] 기업과 공공부문 RM＆IC 차이 비교   217
[표081] 공공 내부통제 고도화 방향   219
[표082] 감사원 공공부문 내부통제 심사기준 혁신안   223
[표083] 공공부문 내부통제 심사기준 혁신안의 기대효과   225

제7장 | 내부통제 고도화

[표084] 내부통제 고도화의 목적 229
[표085] 내부통제 고도화 구성요소 및 고도화의 모습 232
[표086] 내부통제 5단계 성숙도 모델 234
[표087] 개선된 5단계 성숙도 모델 236
[표088] 리스크 식별 유형의 점진적 확장 238
[표089] 리스크 식별 유형별 전략적 적합도와 난이도 비교 240
[표090] 내부통제 고도화 기업/산업 사례 243

제8장 | 내부통제 고도화의 활용

[표091] 국민체육진흥공단 속성의 전략과제 도출 예시 245
[표092] 속성 기반 프로세스 설계 예시 251
[표092_1] 핵심인재 이탈 리스크 반영 퇴사자 관리 프로세스 설계 예시 252
[표093] 담당자 직무 속성 반영 프로세스 개선 예시 255
[표094] 주요 프로세스의 속성 리스크 통제 적용 예시 257
[표095] 주요 직무 속성 리스크 통제 적용 예시 259
[표096] 리스크관리/내부통제 총량 성과 관리표 263

제9장 | 리스크 관리 개요

[표097] 회계와 RM&IC 주요 개념 비교 270
[표098] RM&IC Flow Chart 273
[표098_1] RM&IC Process 설명 274
[표099] RM&IC Tri View 반영 Process 275
[표100] RM&IC Framework 278
[표101] 리스크의 정의 280
[표102] '위험' 부정 뉘앙스의 영향 282

제10장 | RM&IC 핵심 단계 이해하기

[표103] 목표설정 283
[표104] 범위설정 284
[표105] 허용한도(Risk Tolerance Level) 286
[표106] 허용한도 적용 287
[표107] 리스크 식별의 목적 289
[표108] 리스크 식별의 원칙 290
[표109] 리스크 식별 방법론 292
[표110] 리스크 레지스터 구성요소 294
[표111] 흐름 리스크 식별 질문 10가지 297
[표112] 멈춤 리스크 식별 질문 10가지 298
[표113] 솟음 리스크 식별 질문 10가지 299
[표114] 리스크 Naming&정의하는 방법 300
[표115] 리스크 분석의 목적 303
[표116] CEI 리스크 분석 304
[표117] CEI 구성요소 305
[표118] 반정량적 리스크 분석 306
[표119] 정성적 리스크 분석 306
[표120] 정량적 리스크 분석 307
[표121] 리스크 평가 정의와 목적 308
[표122] RM&IC 핵심평가 유형 309
[표123] 리스크 평가 구성 요소 311
[표124] 리스크 평가 방법론 313

[표125] 리스크 평가 결과물 **314**
[표126] 리스크 영향도 평가 기준 **315**
[표127] 리스크 발생가능성 평가 기준 **317**
[표128] 내재위험 평가방법 및 기준 **318**
[표129] 통제 설계의 적정성 평가 기준 **321**
[표130] 통제 운영 효과성 평가 기준 **323**
[표131] 통제 수준 평가 방법 및 기준 **326**
[표132] 잔여위험 평가 방법 **328**
[표133] 잔여위험 수준별 의미와 조치 **330**
[표134] 리스크 대응방안 **333**
[표135] 리스크 매트릭스 **337**
[표135_1] 리스크 매트릭스 설명 **337**
[표136] 위험등급 부여 기준 **339**
[표137] 리스크 프로파일의 구조와 활용 **347**

2부를 마무리하며
[표138] RM&IC 방정식 **350**

제3부 | 현장 문제점 진단
[표139] 리스크 식별 조직 단위 **354**
[표140] 리스크 프로파일 파트1 **355**
[표141] 리스크 프로파일 파트2 **355**
[표142] 리스크 프로파일 모범사례 예시 **359**
[표143] 리스크 프로파일 리스크 평가표 예시 **360**
[표144] 부정위험 관리 필요성 **365**
[표145] 부정 유발 3가지 요소 **367**
[표146] 공직 5대 부정위험 리스크프로파일 예시 **368**
[표147] 자율점검 피드백 내용 및 고려사항 **374**
[표148] RM&IC 제안제도 활용 동기부여 **374**
[표149] 속성 리스크 프로세스 매핑 예시(KSPO) **377**
[표150] 창발 리스크 프로세스 매핑 예시(KSPO) **378**
[표151] 반복되는 프로세스 리스크 속성 리스크 전환 **380**
[표152] 식별된 리스크 통제방안 및 모니터링 지표 **381**
[표152_1] 통제 및 모니터링 지표 설계 1 **381**
[표152_2] 통제 및 모니터링 지표 설계 2 **382**
[표153] 위기 대응 리스크 프로파일링 예시 **383**

제4부 | Tri View RM&IC Framework의 완성
[표154] Tri View RM&IC Management Framework 1 **386**
[표154_1] Tri View RM&IC Management Framework 2 **387**
[표155] Tri View RM&IC 7가지 원칙 및 28가지 세부 실행 원칙 1 **390**
[표155_1] Tri View RM&IC 7가지 원칙 및 28가지 세부 실행 원칙 2 **391**
[표156] 진단 질문 및 감사 증적_식별 **393**
[표156_1] 진단 질문 및 감사 증적_분석 **394**
[표156_2] 진단 질문 및 감사 증적_평가 **395**
[표156_3] 진단 질문 및 감사 증적_통제설계 **396**
[표156_4] 진단 질문 및 감사 증적_위험등급 및 조치 **396**
[표156_5] 진단 질문 및 감사 증적_모니터링 **397**
[표156_6] 진단 질문 및 감사 증적_성과평가 **398**

제1부 리스크, 근원을 찾아서

제1장

리스크 근원과 인식 문제

제1절 | '흐름-멈춤-솟음' 리스크의 이해

1. 폴 고갱의 질문과 '흐름-멈춤-솟음' 리스크

Where Do We Come From? What Are We? Where Are We Going?

폴 고갱의 대작 「우리는 어디서 왔는가, 우리는 무엇인가, 우리는 어디로 가는가」는 타히티의 이국적인 풍경 속에서 삶의 시작과 끝, 그리고 그 사이의 존재론적 질문들을 담아낸 철학적인 작품입니다. 고갱의 그림 제목을 마주할 때마다 우리는 삶의 근원적인 물음 앞에 서게 됩니다. 그런데 이 질문들이 우리가 리스크를 바라보는 방식과도 놀랍도록 닮아 있다는 것을 아시나요? 인간의 삶을 관통하는 이 세 가지 질문은 단순하지 않습니다. 이는 놀랍게도 조직이 마주하는 '흐름-멈춤-솟음' 리스크의 근원과 맞닿아 있습니다. 폴 고갱의 깊은 철학적 사색이 아니더라도, 우리 인간은 누구나 삶의 국면마다 고갱과 같은 의문들을 스스로에게 던지며 살고 있지 않을까요?

"우리는 어디서 왔는가?"(Where do we come from?), '흐름'과 '멈춤'의 관점

이 첫 번째 질문은 우리의 과거를, 즉 우리가 걸어온 길과 그 속에서 형성된 모든 것을 되짚어 보게 합니다. 여기서 우리는 두 가지 종류의 리스크를 발견할 수 있습니다. 첫째는 바로 '흐름' 리스크입니다. 우리가 과거에 밟아 왔던 익숙한 과정들, 반복적으로 수행해 온 업무의 흐름 속에서 이미 경험했거나 충분히 예측 가능한 위험들이죠. 마치 강물이 늘 같은 방향으로 흐르듯, 우리의 역사 속에서 꾸준히 나타났던 리스크들입니다.

그리고 또 하나는 '멈춤' 리스크입니다. 이 질문은 우리의 근원, 즉 우리가 처음부터 지니고 있었던 본질적인 속성에서 비롯된 위험을 묻습니다. 어쩌면 우리가 미처 깨닫지 못했던, 혹은 간과했던 우리 존재의 깊은 곳에 자리한 고유한 취약점 같은 것입니다. 마치 건물의 기초에 처음부터 있었던 작은 균열처럼 말입니다.

고갱의 그림 속 인물들을 보십시오. 각기 다른 삶의 단계를 상징하는 그들의 배치는 삶의 연속적인 '흐름'을 나타냅니다. 왼쪽에서 오른쪽으로 이어지는 아기, 젊은이, 그리고 노인의 모습은 조직의 일상적인 업무 프로세스나 예측 가능한 사업의 궤적과 같습니다. 이 '흐름' 속에서 발생하는 리스크는 주로 프로세스상의 오류, 지연, 또는 예측 가능한 변동성에서 기인합니다. 예를 들어, 생산 과정의 결함이나 정해진 절차를 따르지 않아 발생하는 위험 등이 여기에 해당하죠. 고갱의 그림에서 인물들이 자연스럽게 이어지는 듯한 모습은 이러한 일상적이고 연속적인 '흐름' 속에서 발생하는 리스크를 상징합니다.

"우리는 무엇인가?"(What are we?), '멈춤'의 관점

이 질문은 바로 우리의 '현재'를, 지금 이 순간 우리가 어떤 존재인지를 묻습니다. 그리고 이 질문에 가장 잘 들어맞는 리스크는 바로 '멈춤 리스크'입니다. 우리가 지금 가지고 있는 시스템, 우리의 조직 문화, 현재의 역량, 그리고 우리를 구성하는 모든 요소들 그 자체에서 발생하는 위험들이죠. 이것은 어떤 활동이나 프로세스 때문에 생기는 것이 아니라, 우리가 '이러한 존재'이기 때문에 필연적으로 안고 있는 리스크입니다. 마치 특정 재료로 만들어진 물건이 그 재료의 특성 때문에 가지는 한계와도 같습니다.

그림 중앙에 앉아 있는 나이 든 여인이나, 사색에 잠긴 듯한 인물들을 보십시오. 그들은 삶의 '흐름' 속에서 잠시 멈춰 서서 자신들의 본질적인 속성을 깊이 사색하는 모습을 나타냅니다.
그림 속 노인의 모습도 삶이라는 '흐름' 속에서 자신의 존재와 본질적인 속성을 깊이 성찰하는 지혜로운 태도를 상징적으로 보여 줍니다. 이는 일반적인 리스크들이 즉각적인 대응을 요구하는 것과 달리, 조직이 잠시 멈춰 서서 자신들의 근본을 되돌아보고, 그 속성에 내재된 위험을 깊이 사색하게 만드는 본질적인 위협을 의미합니다. 이러한 위험은 프로세스를 아무리 잘 설계해도 피할 수 없는, 존재 자체에 내재된 위험입니다.

"우리는 어디로 가는가?"(Where are we going?), '솟음'과 '흐름'의 관점

'우리는 어디로 가는가?'라는 질문은 우리의 '미래'를 향합니다. 이 질문 속에는 두 가지 리스크가 겹쳐 있습니다. 가장 먼저 떠오르는 것은 바로 '솟음' 리스크입니다. 우리가 알지 못하는 미지의 영역, 복잡하게 얽히고설킨 관계 속에서 예상치 못하게 불쑥 튀어나올 수 있는 새로운 위험들이죠. 마치 잔잔한 수면 위로 갑자기 솟아오르는 물고기처럼, 전혀 예상치 못한 곳에서 나타나는 위험들입니다. 하지만 동시에, 우리가 앞으로 나아갈 여정 속에서 계속될 '흐름' 리스크도 존재합니다. 미래에도 우리의 업무는 이어질 것이고, 그 과정 속에서 예측 가능한 위험들은 여전히 우리와 함께할 것입니다. 결국 이 질문은 우리가 마주할 미래가 얼마나 복합적이고 예측 불가능한지를 동시에 보여 주는 셈입니다.

고갱의 그림 오른쪽 끝에 있는 아기와 그 주변의 활기찬 모습을 보십시오. 그리고 그림 전반에 걸쳐 나타나는 신비롭고 상징적인 요소들은 예측 불가능하게 '솟아나는' 새로운 현상, 즉 '창발적 리스크'를 연상시킵니다. 이는 개별 요소들의 단순한 합으로는 설명할 수 없는, 복잡한 상호작용 속에서 돌연히 나타나는 위험입니다. 예를 들어, 여러 부서 간의 복합적인 관계 속에서 발생하는 예상치 못한 갈등, 급변하는 외부 환경과 내부 시스템의 상호작용으로 인한 새로운 유형의 위기 등이 여기에 해당합니다. 아기의 탄생은 새로운 생명의 '솟음'이자, 동시에 예측 불가능한 미래와 새로운 책임, 그리고 미지의 위험을 동반하는 '창발'의 순간을 의미합니다.

고갱의 세 가지 질문은 인간의 삶 자체가 리스크로 시작해 리스크로 끝나는 숙명과도 같다는 깊은 철학적 사색이 담겨 있습니다. 인간 존재의 근원적인 질문을 통해, 리스크가 단순히 프로세스상의 문제('흐름')뿐만 아니라, 존재 자체의 내재적 속성('멈춤'), 그리고 복잡한 상호작용 속에서 예측 불가능하게 '솟아나는' 현상('솟음')이라는 세 가지 유형의 근원에서 발현될 수 있음을 시사합니다. "신호등 잘 보고 차 조심 해라", "공부 안 하고 게으르면 거지 된다", "나쁜 친구들 만나지 마라." 마치 DNA의 경고 같은 부모님의 지혜로운 가르침과도 맞닿아 있습니다. 이처럼 인간은 본능적으로 위험을 인지하는 세 가지 입체적 센서를 가지고 있었고 그것이 자연스러운 것이라 할 수 있습니다.

2. "사랑" 속에 감춰진 흐름-멈춤-솟음 리스크

지고지순한 가치로 여겨지는 '사랑' 속에도 예상치 못한 다양한 형태의 리스크가 감춰져 있습니다. 우리는 이러한 사랑의 본질을 '흐름', '멈춤', '솟음'이라는 세 가지 관점에서 살펴보겠습니다. 이를 통해 리스크의 다면적인 근원에 대한 우리의 이해를 더욱 깊이 있게 넓혀 가겠습니다.

1) 사랑 속의 '흐름' 리스크

흐름관점에서 리스크를 살펴보겠습니다. 이는 사랑이라는 관계의 각 단계별 주요 활동 과정에서 발생할 수 있는 위험들을 의미합니다.

[표001] 사랑 속의 흐름 리스크

단계	단계별 설명	주요 활동	리스크
1. 시작	호감 표현이나 데이트 신청과 같은 활동에서 짝사랑, 잘못된 어필, 또는 강압적인 접근과 같은 리스크가 발생	호감 갖기	일방적인 호감(거절, 무시)
		상대방에게 자신을 어필	잘못된 어필(과장, 허위 정보)
		데이트 신청	데이트 신청 거절
			무리한 데이트 신청(강압적 태도)

2. 관계 형성	서로를 알아가는 과정에서 소통 부재, 사생활 침해, 경제적 불균형, 시간 투자 부족 등으로 관계가 소홀해지는 위험	데이트	의사소통 부재로 인한 오해
		서로 알아가기	개인 정보 침해(과도한 사생활 요구)
		공통 관심사 찾기	경제적 불균형(데이트 비용 갈등)
		신뢰 쌓기	시간 투자 부족(관계 소홀)
3. 관계 발전	진지한 관계로 나아가며 가치관 차이, 외부 요인, 배신과 같은 심각한 리스크에 직면	진지한 관계 발전	가치관 차이(생활 방식, 미래 계획)
		미래 약속	외부 요인(가족 반대, 경제적 어려움)
		결혼 준비	결혼 준비 중 배신
4. 관계 유지	꾸준한 소통과 배려가 부족해지면서 무관심, 개인 생활 소홀, 권태기 심화 등의 위험	서로 존중하고 배려	소통 부족(무관심, 대화 단절)
		꾸준한 소통	개인 생활 소홀(지나친 의존)
		기념일 챙기기	권태기 극복 실패(변화 거부)
		함께 성장하기	-
5. 관계 종료	합의 이혼이나 관계 정리 과정에서 감정적 상처, 경제적 손실, 사회적 부적응과 같은 후유증이 발생	합의 이혼	감정적인 상처(이별 후유증)
		관계 정리	경제적인 손실(재산 분할)
			사회적인 어려움(사회생활 부적응)

2) 사랑 속의 '멈춤' 리스크

멈춤관점에서 리스크를 살펴보겠습니다. 이는 사랑의 단계나 행위와 무관하게, 관계를 맺는 개인 또는 관계 그 자체가 지닌 본질적인 특성(속성)에서 기인하는 위험들을 의미합니다.

[표002] 사랑 속의 멈춤 리스크

속성 유형	세부 설명	주요 속성	발생 가능한 리스크
1. 개인적 특성	개인의 성격, 기질, 가치관, 과거 경험 등 본래적 특성에서 비롯되는 위험.	성격 및 기질	극단적 내향성으로 인한 소통 부족
			충동적 성향으로 인한 예측 불가능한 갈등
			지나친 의존성으로 상대방에게 부담 가중
		가치관 및 신념	근본적인 가치관 차이
			삶의 방향성 불일치로 인한 갈등 심화
		과거 경험	과거 트라우마로 인한 불신
			특정 상황에 대한 과민 반응
			회피 행동
2. 정서적 특성	개인의 정서적 안정성, 애착 유형, 자존감 등으로부터 파생되는 위험.	애착 유형	애착 유형의 불안정성
			회피형 애착으로 인한 감정적 거리 유지
			불안형 애착으로 인한 과도한 집착 및 불안감
		자존감 및 정서 조절	개인의 낮은 자존감으로 인한 질투
			과도한 인정 요구
			감정 기복이 심하여 관계의 안정성 저해

			비언어적 표현 부족으로 인한 오해
3. 관계적 특성	두 사람의 소통 및 갈등 해결 방식 등 관계 운영 틀에서 발생하는 위험.	소통 방식	수동 공격적 소통으로 인한 불만 누적
			대화 회피
		문제 해결 방식	갈등 회피 경향으로 문제 해결 지연
			비난 위주의 소통으로 상대방 상처
			타협 불가

3) 사랑 속의 '솟음' 리스크

'솟음 리스크'는 특정 단계나 개인의 속성만으로는 예측하기 어려운, 관계를 구성하는 다양한 요소들(개인 간의 상호작용, 관계 역학과 외부 환경의 상호작용 등)의 복잡한 조합과 상호작용을 통해 새롭게 나타나는, 예측 불가능한 위험들을 의미합니다.

[표003] 사랑 속의 솟음 리스크

상호작용/관계 역학	설명	주요 발생 요인	발생 가능한 리스크
1. 개인 간 상호작용의 복합성	각자의 소통 방식, 가치관, 애착 유형 등이 만나면서 발생하는 미묘한 충돌과 그로 인한 새로운 갈등 양상을 포함하는 위험	소통 스타일의 충돌 (예: 한쪽은 직설적, 다른 쪽은 간접적)	소통 스타일 충돌로 인한 감정적 단절(소통 역설)
		가치관/우선순위의 미묘한 차이 (예: 돈/시간 사용, 미래 계획 등)	미세 갈등의 반복적 누적으로 인한 관계 소진
		심리적 애착 유형의 상호작용 (예: 불안형과 회피형의 만남)	애착 유형 상호작용으로 인한 관계 불안정성 증폭
2. 관계 역학과 외부 환경의 상호작용	관계 내부의 역학(예: 역할 분담)이 외부 환경(예: 사회적 기대, 경제적 변화)과 만나면서 발생하는 예측 불가능한 위험. 외부 요인 자체의 문제가 아닌 복합적인 영향으로 인한 새로운 형태의 위험	관계 내 역할 분담과 외부 압력 (예: 사회적/가족적 기대와 관계 내 역할의 괴리)	관계 내 역할 분담과 외부 압력의 괴리로 인한 피로
		경제적 상황 변화와 관계 내 소비 패턴 (예: 예상치 못한 재정 압박과 다른 소비 습관의 충돌)	경제적 상황 변화와 소비 패턴 충돌로 인한 새로운 갈등
		사회적 기대와 관계의 본질적 가치 충돌 (예: 외부 시선에 맞추려다 관계의 진정성 상실)	외부 기대에 맞추려다 관계의 진정성 상실
3. 시간의 흐름 속 관계의 자기조직화	관계가 시간이 지남에 따라 형성되는 고유한 패턴이나 속도, 또는 개인의 성장과 관계의 성장이 불균형을 이룰 때 발생하는 위험. 관계가 하나의 시스템처럼 작동하며 스스로 만들어내는 예측 어려운 결과	관계 발전 속도와 개인의 기대 차이 (예: 한쪽은 결혼을 원하지만 다른 쪽은 관계 유지를 선호)	관계 발전 속도와 개인 기대 차이로 인한 부담
		관계 내 습관화된 행동 패턴 (예: 긍정적/부정적 패턴의 강화)	관계 내 습관화된 행동 패턴으로 인한 경직성
		관계의 성장과 개인의 성장 간 불균형 (예: 한쪽의 급성장이 다른 쪽에게 상대적 박탈감이나 위협으로 작용)	관계 성장과 개인 성장 불균형으로 인한 관계 이탈 가능성

3. 사랑의 Tri View 리스크, 특성 및 상호 관련성 분석

사랑이라는 관계는 단순히 감정적인 영역을 넘어, '행위', '존재', 그리고 '관계의 상호작용'이라는 세 가지 차원에서 다양한 리스크를 내포하고 있습니다. 이 세 가지 관점을 통합적으로 이해하는 것은 사랑을 건강하게 가꾸어 나가는 데 필수적인 통찰을 제공합니다.

각각의 관점에서 식별된 리스크 목록은 [표004]와 같습니다.

[표004] Tri View 식별 리스크 목록

사랑의 Tri View 리스크					
No	흐름(프로세스) 리스크	No	멈춤(속성) 리스크	No	솟음(창발) 리스크
01	일방적인 호감(거절, 무시)	01	극단적 내향성으로 인한 소통 부족	01	소통 스타일 충돌로 인한 감정적 단절(소통 역설)
02	잘못된 어필(과장, 허위 정보)	02	충동적 성향으로 인한 예측 불가능한 갈등	02	미세 갈등의 반복적 누적으로 인한 관계 소진
03	데이트 신청 거절	03	지나친 의존성으로 상대방에게 부담 가중	03	애착 유형 상호작용으로 인한 관계 불안정성 증폭
04	무리한 데이트 신청(강압적 태도)	04	근본적인 가치관 차이	04	관계 내 역할 분담과 외부 압력의 괴리로 인한 피로
05	의사소통 부재로 인한 오해	05	삶의 방향성 불일치로 인한 갈등 심화	05	경제적 상황 변화와 소비 패턴 충돌로 인한 새로운 갈등
06	개인 정보 침해(과도한 사생활 요구)	06	과거 트라우마로 인한 불신	06	외부 기대에 맞추려다 관계의 진정성 상실
07	경제적 불균형(데이트 비용 갈등)	07	특정 상황에 대한 과민 반응	07	관계 발전 속도와 개인 기대 차이로 인한 부담
08	시간 투자 부족(관계 소홀)	08	회피 행동	08	관계 내 습관화된 행동 패턴으로 인한 경직성
09	가치관 차이(생활 방식, 미래 계획)	09	애착 유형의 불안정성	09	관계 성장과 개인 성장 불균형으로 인한 관계 이탈 가능성
10	외부 요인(가족 반대, 경제적 어려움)	10	회피형 애착으로 인한 감정적 거리 유지		
11	결혼 준비 중 배신	11	불안형 애착으로 인한 과도한 집착 및 불안감		
12	소통 부족(무관심, 대화 단절)	12	개인의 낮은 자존감으로 인한 질투		
13	개인 생활 소홀(지나친 의존)	13	과도한 인정 요구		
14	권태기 극복 실패(변화 거부)	14	감정 기복이 심하여 관계의 안정성 저해		
15	감정적인 상처(이별 후유증)	15	비언어적 표현 부족으로 인한 오해		
16	경제적인 손실(재산 분할)	16	수동 공격적 소통으로 인한 불만 누적		
17	사회적인 어려움(사회생활 부적응)	17	대화 회피		
		18	갈등 회피 경향으로 문제 해결 지연		
		19	비난 위주의 소통으로 상대방 상처		
		20	타협 불가		

1) 각 리스크 유형의 특성

흐름(프로세스) 리스크의 특성

사랑이라는 관계가 진행되는 각 단계별 활동과 과정에서 발생하는 위험입니다. 이는 '어떻게' 행동하고 상호 작용하는지에 초점을 맞추며, 비교적 직접적이고 가시적인 문제들로 나타납니다. 특정 행위의 실패, 절차상의 오류, 또는 단계별 전환 과정에서 발생할 수 있는 예측 가능한 위험군에 속합니다.

예시

시작 단계: '일방적인 호감(거절, 무시)', '잘못된 어필(과장, 허위 정보)', '데이트 신청 거절'과 같이 관계의 시작을 저해하는 직접적인 행위 관련 리스크.

관계 형성/유지 단계: '의사소통 부재로 인한 오해', '경제적 불균형(데이트 비용 갈등)', '시간 투자 부족(관계 소홀)', '소통 부족(무관심, 대화 단절)'과 같이 관계의 원활한 진행을 방해하는 리스크.

관계 발전/종료 단계: '결혼 준비 중 배신', '감정적인 상처(이별 후유증)', '경제적인 손실(재산 분할)'과 같이 중요한 전환점에서 발생하는 행위 관련 리스크.

멈춤(속성) 리스크의 특성

사랑하는 개인 또는 관계 그 자체가 지닌 본질적인 특성(속성)에서 기인하는 위험입니다. 이는 '무엇인가' 또는 '어떤 특성을 가지고 있는가' 때문에 발생하는 내재적이고 근원적인 위험입니다. 특정 행위의 결과라기보다는, 존재 자체에 깔려 있는 한계나 경향성에서 비롯되며, 관계의 본질적인 성찰을 요구합니다.

예시

개인의 내재적 특성: '극단적 내향성으로 인한 소통 부족', '충동적 성향으로 인한 예측 불가능한 갈등', '지나친 의존성으로 상대방에게 부담 가중', '개인의 낮은 자존감으로 인한 질투', '감정 기복이 심하여 관계의 안정성 저해' 등 개인의 성격과 심리적 속성에서 비롯되는 리스크.

가치관 및 경험: '근본적인 가치관 차이', '삶의 방향성 불일치로 인한 갈등 심화', '과거 트라우마로 인한 불신', '회피 행동'과 같이 개인의 가치관이나 과거 경험이라는 속성에서 발생하는 리스크.

관계 운영 방식: '비언어적 표현 부족으로 인한 오해', '수동 공격적 소통으로 인한 불만 누적', '갈등 회피 경향으로 문제 해결 지연'과 같이 관계를 운영하는 방식이라는 속성에서 발생하는 리스크.

솟음(창발) 리스크의 특성

개별적인 '행위'나 '속성'만으로는 예측하기 어려운, 다양한 요소들(개인의 속성, 행위, 외부 환경 등)의 복합적인 상호작용을 통해 새롭게 나타나는 예측 불가능한 위험입니다. 관계가 하나의 복잡한 시스템처럼 작동하며 스스로 만들어내는 예상치 못한 결과들입니다. 이는 관계의 역동성 속에서 '솟아오르는' 현상으로, 단일 원인으로 설명하기 어렵습니다.

예시

복합적 소통/감정 문제: '소통 스타일 충돌로 인한 감정적 단절(소통 역설)'은 단순히 소통 부족을 넘어선, 스타일 간의 충돌로 인한 새로운 형태의 단절입니다.

미묘한 차이의 누적: '미세 갈등의 반복적 누적으로 인한 관계 소진'은 사소한 갈등이 쌓여 관계 에너지를 고갈시키는 현상입니다.

불균형과 괴리: '애착 유형 상호작용으로 인한 관계 불안정성 증폭', '관계 내 역할 분담과 외부 압력의 괴리로 인한 피로', '관계 성장과 개인 성장 불균형으로 인한 관계 이탈 가능성'과 같이 관계 내부의 불균형이나 외부와의 괴리에서 발생하는 복합적인 리스크.

외부/내부 상호작용: '경제적 상황 변화와 소비 패턴 충돌로 인한 새로운 갈등', '외부 기대에 맞추려다 관계의 진정성 상실'과 같이 관계와 외부 환경의 상호작용에서 발생하는 리스크.

2) 리스크 유형 간의 상호 관련성

이 세 가지 리스크 유형은 서로 독립적으로 존재하는 것이 아니라, 유기적으로 연결되어 사랑이라는 관계의 복잡성을 형성하며 서로에게 영향을 미칩니다.

멈춤 리스크가 흐름 리스크에 미치는 영향

개인의 '극단적 내향성'(멈춤)은 관계 형성 단계에서 '의사소통 부재로 인한 오해'(흐름)로 이어질 수 있습니다.
'낮은 자존감'(멈춤)은 '과도한 인정 요구'(멈춤)와 결합하여 '무리한 데이트 신청'(흐름)이나 '지나친 의존'(흐름)과 같은 행동을 유발할 수 있습니다.
'근본적인 가치관 차이'(멈춤)는 '가치관 차이(생활 방식, 미래 계획)'(흐름)라는 구체적인 갈등으로 표출됩니다.

흐름 리스크가 멈춤 리스크에 미치는 영향

반복적인 '의사소통 부재로 인한 오해'(흐름)는 결국 관계 내 '불신'(멈춤)을 심화시킬 수 있습니다.
'시간 투자 부족'(흐름)이나 '소통 부족'(흐름)은 관계의 '권태기 극복 실패'(흐름)를 야기하고, 이는 '무관심'(멈춤)이라는 관계의 속성으로 굳어질 수 있습니다.

흐름 및 멈춤 리스크의 상호작용이 솟음 리스크를 유발

솟음 리스크는 흐름 리스크와 멈춤 리스크의 지속적인 상호작용 속에서 예측 불가능하게 발현됩니다.

예시

서로 다른 '소통 스타일'(멈춤)을 가진 두 사람이 일상적인 대화(흐름)를 반복하면서, 의도치 않은 오해와 불신이 쌓여 '소통 스타일 충돌로 인한 감정적 단절(소통 역설)'(솟음)이라는 새로운 형태의 리스크로 나타날 수 있습니다.

관계 내에 내재된 '미묘한 가치관/우선순위의 차이'(멈춤)가 특정 행동(흐름)에서 반복적으로 충돌하면서, 관계 에너지를 소진시키는 '미세 갈등의 반복적 누적으로 인한 관계 소진'(솟음) 현상이 발생할 수 있습니다.

'불안형과 회피형 애착'(멈춤)을 가진 두 사람이 관계를 맺는 과정(흐름)에서 '애착 유형 상호작용으로 인한 관계 불안정성 증폭'(솟음)과 같은 역설적인 상황이 발생할 수 있습니다.

솟음 리스크의 파급 효과

한번 솟아오른 리스크는 다시 흐름 리스크나 멈춤 리스크에 영향을 미쳐 악순환을 형성할 수 있습니다. 예를 들어, '관계 성장과 개인 성장 불균형'(솟음)은 한쪽 파트너의 '관계 이탈'(흐름)로 이어지거나, 관계에 대한 '불신'(멈춤)을 심화시킬 수 있습니다.

결론적으로, 사랑의 리스크 관리는 단순히 특정 사건이나 개인의 문제를 해결하는 것을 넘어, 관계를 구성하는 세 가지 차원—'행위', '존재', 그리고 '상호작용'—을 통합적으로 이해하고 관리할 때 비로소 진정한 통찰과 지속 가능한 관계를 만들어갈 수 있습니다.

제2절 | 리스크 인식의 한계와 문제점

인간은 삶의 초기부터 부모님의 가르침을 통해, 그리고 스스로의 생존 과정 속에서 위험의 다면적인 근원을 본능적으로 체득하며 성장합니다. 고갱의 철학적 사유가 삶의 근원적 질문을 던지듯, 우리는 '행위'에서 비롯되는 위험뿐 아니라, '존재 자체의 속성'에서 발생하는 위험, 그리고 복잡한 '관계 속 상호작용'에서 불현듯 솟아나는 위험까지, 이 세 가지 관점을 유기적으로, 입체적으로 인지하는 능력을 타고났습니다. 어쩌면 이는 생존과 번영을 위한 우리 DNA의 깊은 명령일지도 모릅니다. 실제로 삶을 성공적으로 영위하고 사랑에 성공한 모든 이들은, 비록 명시적으로 의식하지 않았을지라도, 이 세 가지 유형의 리스크를 균형 있게 관리하고 잘 극복한 결과라고 볼 수 있습니다.

하지만 아이러니하게도, 현대의 많은 조직과 심지어 개인 간의 관계에서도 이러한 본능적인 지혜가 간과되는 경향이 있습니다. 만약 우리가 리스크를 '흐름(프로세스)'이라는 단 하나의 관점에서만 인식하고, '멈춤(속성)'과 '솟음(창발)' 리스크를 인지하지 못한다면, 즉 사랑이라는 관계의 사례에서 식별된

20개의 '멈춤 리스크'와 9개의 '솟음 리스크'가 존재하지 않는 것처럼, 오직 17개의 '흐름 리스크'만이 전부인 양 인식의 범위가 좁았다면 어떤 일이 벌어졌을까요?

이러한 불완전하고 편협한 인식은 다음과 같은 치명적인 결과를 초래할 수 있습니다.

반복되는 문제와 근원적 취약성의 방치

'흐름' 리스크에만 집중하는 것은 문제의 표면적 현상만을 다루는 것에 불과합니다. 예를 들어, 사랑의 관계에서 '의사소통 부재로 인한 오해'라는 흐름 리스크를 해결하려 노력하더라도, 만약 그 근본 원인이 '개인의 낮은 자존감으로 인한 질투'나 '과거 트라우마로 인한 불신'과 같은 '멈춤 리스크'에 있다면, 문제는 해결되지 않고 계속해서 다른 형태로 재발할 것입니다. 마치 병의 증상만 억제하고 근본적인 원인을 치료하지 않는 것과 같습니다. 관계의 내재된 취약성을 간과함으로써, 작은 충격에도 쉽게 무너질 수 있는 불안정한 기반 위에 관계를 쌓는 격이 됩니다.

예측 불가능한 위기에 대한 무방비 상태

'솟음 리스크'는 개별적인 원인으로는 설명하기 어려운, 관계의 복잡한 상호작용 속에서 불현듯 나타나는 위협입니다. '소통 스타일 충돌로 인한 감정적 단절(소통 역설)'이나 '관계 성장과 개인 성장 불균형으로 인한 관계 이탈 가능성'과 같은 리스크는 기존의 프로세스 관리만으로는 예측하거나 대비할 수 없습니다. 이러한 리스크를 인지하지 못한다면, 관계는 갑작스럽고 설명하기 어려운 파국에 직면하게 되며, 이미 돌이킬 수 없는 상황이 된 후에야 비로소 문제의 심각성을 깨닫게 될 것입니다. 이는 마치 갑작스러운 태풍이나 지진에 대해 아무런 대비 없이 살아가는 것과 같습니다.

관계의 진정한 성장과 지속 가능성 저해

리스크 관리의 시야가 좁아지면, 관계는 피상적인 수준에 머무르게 됩니다. '흐름'이 원활한지에만 집중하게 되어, 서로의 본질적인 특성을 깊이 이해하고(멈춤), 복합적인 상호작용 속에서 발생하는 새로운 통찰을 통해 함께 성장하는(솟음) 기회를 놓치게 됩니다. 결국 이는 관계가 진정한 의미의 성숙과 회복 탄력성을 갖추지 못하게 하여, 장기적인 행복과 지속 가능성을 담보할 수 없게 만듭니다.

따라서, 사랑이든 조직이든, 진정으로 건강하고 강건하며 지속 가능한 존재가 되기 위해서는 '흐름'이라는 가시적인 영역을 넘어, '멈춤'이라는 내재된 본질과 '솟음'이라는 예측 불가능한 상호작용까지, 이 세 가지 관점을 통합적으로 인식하고 관리하는 지혜가 반드시 필요합니다.

제3절 | 리스크 인식의 왜곡

1. 경영혁신과 리스크 인식의 왜곡

우리가 리스크를 인지하는 세 가지 본능적인 센서, 즉 '흐름', '멈춤', '솟음' 중에서 왜 유독 '흐름' 센서만이 과도하게 작동하게 되었을까요? 저는 그 이유가 지난 수십 년간 기업 경영혁신의 기조에 있었다고 생각합니다. 마치 우리가 특정 근육만 집중적으로 사용하다 보면 다른 근육들이 퇴화하는 것처럼 말입니다.

[표005] 경영혁신의 역사

	피터드러커 1954년 경영의 실제 "측정하지 않으면 관리할 수 없다" → 1950년대 제조업 중심 통계적QC → 1995년 GE 잭월치 6시그마		
	프로세스(흐름) all in의 시대		
경영혁신의 초점	'제품 및 공정 품질'에 집중	1940년대 후반 ~ 1970년대: 품질관리(QC)	2차 세계대전 이후, 제조업을 중심으로 제품의 결함을 줄이고 생산 공정의 효율성을 높이는 데 주력. 통계적 기법을 활용하여 품질을 '측정'하고 '개선'하는 것이 핵심이었음
	'프로세스(흐름) 혁신'과 '유연성' 추구	1980년대 ~ 2000년대 중반: BPR, 식스 시그마, 린 식스 시그마 + 애자일	"조직은 프로세스의 합이다"라는 기조가 지배. 기업의 핵심 업무 프로세스를 근본적으로 재설계하거나 최적화하여 효율성과 품질을 극대화하는 데 집중함. 이후 예측 불가능한 환경 변화에 민첩하게 대응하기 위한 유연한 접근 방식(애자일)이 중요해졌음
	'지속가능성'과 '사회적 가치'로 확장	2010년대 이후: ESG	기업의 재무적 성과를 넘어 환경, 사회, 지배구조 등 비재무적 요소들을 중요하게 고려하며, 기업의 '존재 자체의 속성'과 다양한 이해관계자와의 '상호작용'에서 발생하는 리스크에 대한 자각이 있으나 리스크에 대한 인식과 관리체계는 여전히 프로세스 수준에 잔류하고 있는 상황
개념	주도단체/사람	개념화	주요부각 유행 시기	주요 특징
품질 관리(QC)	W. Edwards Deming, Joseph Juran, Kaoru Ishikawa 등	1940년대 후반 (개념화)	1940년대 후반 ~ 1970년대	· 제품의 품질과 생산 공정의 결함 최소화 목표 · 통계적 품질 관리(SQC) 기법 활용 · 원인-결과도(Fishbone Diagram) 등 문제 해결 도구 개발 · "측정하지 않으면 관리할 수 없다"는 원칙 강조
BPR	마이클 해머(Michael Hammer), 제임스 챔피(James Champy) 등	1990년대 초	1990년대 중반	· 업무 프로세스의 근본적인 재설계 · 극적인 성과 향상 목표(비용, 품질, 속도 등) · 최고 경영층의 강력한 리더십 필요
식스 시그마	모토로라(Motorola)에서 개발, 제너럴 일렉트릭(General Electric, GE) 등에서 확산	1980년대	1990년대 후반 ~ 2000년대 초반	· 데이터 기반 프로세스 개선 방법론 · 결함 감소 및 변동성 최소화 목표 · 통계적 도구 활용 · DMAIC, DMADV 등 구조화된 접근 방식

린 식스 시그마	린(Lean)과 식스 시그마 (Six Sigma)의 통합	2000년대 이후	지속	· 린 낭비제거 + 프로세스 효율성 및 품질 개선 동시 추구
애자일(Agile)	17인의 소프트웨어 개발 전문가 (애자일 선언문)	2001년	2000년대 중반 이후 지속 확산	· 변화에 대한 유연한 대응 및 적응 강조 · 반복적이고 점진적인 개발(스프린트, 이터레이션) · 고객과의 지속적인 협력 및 피드백 · 개인과 상호작용, 작동하는 결과물, 고객 협력, 변화에 대한 반응 중시
ESG 경영 (Environmental, Social, Governance)	특정 단체나 개인보다는 다양한 국제기구 (예: UN PRI), 투자자, 기업 등의 노력으로 개념 발전 및 확산	2010년대 이후	급부상	· 환경, 사회, 지배구조 측면의 비재무적 요소 고려 · 기업의 지속가능성 및 사회적 책임 강조 · 투자 결정 및 기업 가치 평가에 중요 요소로 작용 · 관련 보고 표준 및 평가 지표 발전

1940년대 후반부터 1970년대까지는 '품질 관리(QC)'의 시대였습니다. 이때 경영혁신의 초점은 '측정 가능한 것'에 맞춰지기 시작했습니다. 피터 드러커의 "측정하지 않으면 관리할 수 없다"라는 통찰 아래, 제조업을 중심으로 한 통계적 품질 관리(QC) 활동은 제품의 결함을 줄이고 생산 공정의 효율성을 높이는 데 주력했습니다. 이는 곧 '프로세스'라는 눈에 보이는 '흐름'을 최적화하고 통제하는 데 모든 역량을 쏟아부은 시기였습니다. 이 시기에 우리는 '흐름' 센서를 강력하게 훈련시켰고, 눈에 보이는 생산라인의 효율성이나 통계로 딱딱 떨어지는 불량률 감소가 곧 경영의 성공 공식처럼 여겨졌던 것입니다. 다른 센서들은 잠시 꺼 두어도 괜찮다는 인식이 무의식적으로 자리 잡았을지도 모릅니다.

1980년대부터 2000년대 중반까지는 '프로세스(흐름) 혁신'과 '유연성'을 추구하며 '흐름'에 'all in'한 시대였습니다. "조직은 프로세스의 합이다"라는 기조가 지배적이게 되면서, 경영혁신은 그야말로 '프로세스 중심'의 시대를 맞이합니다. BPR(비즈니스 프로세스 리엔지니어링)은 업무 프로세스를 근본적으로 재설계하여 극적인 성과를 목표로 했고, 식스 시그마는 데이터 기반으로 프로세스의 결함을 줄이고 변동성을 최소화하는 데 집중했습니다. 린 식스 시그마는 낭비 제거와 품질 개선을 동시에 추구하며 '흐름'의 완벽성을 향해 달려갔습니다. 심지어 예측 불가능한 환경에 민첩하게 대응하기 위한 애자일조차도, 결국은 '흐름'을 더 유연하고 빠르게 가져가는 방식이었습니다. 우리는 이 시기에 '흐름' 센서의 성능을 최고조로 끌어올렸지만, 그만큼 '멈춤'(존재 자체의 속성)과 '솟음'(복잡한 상호작용에서 창발) 리스크에 대한 인지 능력은 상대적으로 약화되었을 수 있습니다. 눈에 보이는 프로세스만 잘 관리하면 모든 문제가 해결될 거라는 묘한 착각에 빠지기도 했습니다.

그리고 2010년대 이후, '지속가능성'과 '사회적 가치'를 강조하는 ESG 경영이 급부상했습니다. 이는 기업의 초점이 재무적 성과를 넘어 환경, 사회, 지배구조 등 비재무적 요소들로 확장되었음을 의미합니니다. 드디어 기업의 '존재 자체의 속성'이 사회와 환경에 미치는 영향('멈춤' 리스크)과 다양한 이해관계자와의 '상호작용'에서 발생하는 리스크('솟음' 리스크)에 대한 자각이 시작된 것입니다. 우리는 꺼 두었던 '멈춤'과 '솟음' 센서의 필요성을 인지하기 시작한 것입니다. 하지만 안타깝게도, 이러한 새로운 유형의 리스크에 대한 인식과 관리 체계는 여전히 '프로세스' 수준에 머물러 있는 경향이 있습니다. 새로운 위험을 알아챘지만, 막상 다루는 방식은 여전히 과거의 '흐름' 중심 사고에서 크게 벗어나지 못하고 있는 현실입니다.

결국, 지난 수십 년간의 경영혁신 기조는 '흐름' 센서의 발달에는 지대한 공헌을 했지만, 동시에 인간이 본래 지니고 있던 입체적인 리스크 인지 능력을 불완전하게 만든 원인이 되었을 수 있습니다.

2. 경영혁신 기조에 발맞춘 국제표준의 역사

국제표준은 프로세스 중심의 경영혁신 기조에 발맞춰 그 변화의 물결에 선도적인 통찰을 제공하기보다는, 오히려 시대의 유행을 좇아 편승하며 불합리마저 합리화시켜 주는 양상으로 따라왔다고 보여집니다. 이는 국제표준이 마땅히 보여 주어야 할 선구적인 역할, 즉 미래 지향적인 경영 패러다임을 제시하고 실무에 적용될 수 있는 통찰력을 제공하는 데에는 다소 미흡했다는 비판적 시각을 내포합니다.

[표006] 리스크관리 관련 국제표준의 역사

구분	제정 시기	주요 부각/유행 시기	주요 특징
ISO 9001 (품질 경영 시스템)	1987년	1990년대 이후 현재까지 지속적으로 활용	· 프로세스 접근 방식 강조 · 표준화된 절차를 통한 프로세스 편향 최소화 및 일관성 확보 · 품질 관리 과정에서 잠재적 위험 식별 및 예방적 조치로 리스크 관리 · 2015년 개정 시 '리스크 기반 사고(Risk-based thinking)' 명시적 요구 · 2025년 또는 2026년 추가 개정 예상
COSO 내부통제 프레임워크(ICIF)	1992년 제정, 2013년 개정	2000년대 초반, 특히 사베인즈 옥슬리 법(SOX) 제정 이후 크게 부각	· 내부 통제 시스템 구축 및 평가 지침 제공 · 리스크 평가, 통제 활동, 모니터링 활동 등 5가지 구성 요소 포함 · 업무처리절차 표준화를 통한 개인적 편향 및 오류 감소 · 정보 신뢰성 및 정확성 향상 기여 · 2013년 개정 비재무보고를 포함한 '보고의 신뢰성'으로 변경
COSO ERM 프레임워크 (Enterprise Risk Management)	2004년	2004년 이후 현재까지 지속적으로 활용	· 전사적 관점의 리스크 관리 강조 · 전략 수립 및 실행 과정에 리스크 관리 통합 · 구조화된 리스크 관리 활동 단계 제시 · 조직 내 모든 업무 프로세스에 리스크 관리 프로세스 적용 안내 · 체계적인 접근을 통한 편향 감소 및 객관적 리스크 평가/대응 지원 · 2017년 업데이트를 통해 전략 및 성과와의 통합 강조

ISO 31000 (리스크 관리)	2009년 11월 발표	2009년 이후 현재까지 전 세계적으로 리스크 관리의 국제 표준으로 자리매김	· 조직의 모든 단계에서 리스크 관리를 위한 규칙 설정 가이드라인 표준
			· 전사적 차원에서 종합적인 위험 관리 방법 제시
			· 리스크관리 프로세스 제시(식별, 분석, 평가, 처리, 모니터링 및 검토 등)
			· 객관적 데이터 및 분석 기반 의사결정 유도
			· 2018년 개정 시 리스크 관리의 반복적 성격 강조
ISO 경영 시스템 표준 (포괄적 개념)	2000년대 이후 지속적으로 다양한 표준 제정	글로벌 비즈니스 환경에서 필수적인 요구사항으로 자리매김	· 특정 경영 영역의 국제 표준화된 시스템 구축 목표
			· 각 업무 프로세스 내 잠재적 위험과 기회 식별 및 관리 강조
			· 명확한 절차와 책임, 성과 측정을 통한 프로세스 편향 감소
			· 조직 거버넌스에 리스크 관리 통합
			· 변화하는 환경에 맞춰 지속적인 개정

2차 세계대전 이후, 기업들은 혼란 속에서 안정과 효율성을 간절히 원했습니다. 이때 등장한 국제 표준들은 그야말로 구세주와 같았습니다. 복잡한 상황에 체계와 질서를 부여하고, 모든 것을 '측정 가능하게' 만들었으니까요. 하지만 이 과정에서 우리는 너무나도 '프로세스'에만 집중하게 되는 경향이 생겼습니다.

"ISO 9001(품질 경영 시스템)"을 살펴보겠습니다. 1987년에 제정되어 1990년대 이후 지금까지 꾸준히 활용되고 있는 이 표준은 '프로세스 접근 방식'을 강력하게 강조합니다. 마치 완벽한 요리 레시피처럼, 표준화된 절차를 통해 일관성을 확보하고, 품질 관리 과정에서 잠재적 위험을 식별하고 예방적 조치를 취하라고 안내하죠. 2015년 개정에서는 '리스크 기반 사고'를 명시적으로 요구했지만, 그 '리스크'는 여전히 '프로세스' 안에서 발생하는, 예측 가능한 '흐름'의 위험에 초점이 맞춰져 있었습니다. 이 표준은 우리에게 '흐름' 센서를 켜고, 그 흐름 속의 작은 돌멩이들을 찾아내는 훈련을 시켰지만, 정작 레시피 자체의 문제점이나 주방 전체가 갑자기 폭발할 위험 같은 것은 잘 보지 못하게 만들었을 수 있습니다.

그리고 "COSO 내부통제 프레임워크(ICIF)"가 1992년에 제정되고 2013년에 개정되었습니다. 특히 2000년대 초반, 사베인즈 옥슬리 법(SOX) 제정 이후에는 그야말로 기업의 필수품처럼 자리 잡았죠. 이 프레임워크는 내부통제 시스템 구축 및 평가의 지침을 제공하며, 재무보고의 신뢰성을 높이는 데 기여했습니다. 마치 모든 돈의 흐름을 꼼꼼히 기록하는 완벽한 회계 장부와 같았습니다. 덕분에 우리는 재무적인 '흐름'을 추적하고 그 안의 오류를 잡아내는 데는 익숙해졌지만, 정작 우리 회사의 사업 모델 자체가 흔들리는 '멈춤' 리스크나, 시장에 갑자기 새로운 경쟁자가 나타나는 '솟음' 리스크 같은 것들은 이 장부로는 잘 보이지 않았습니다.

더 나아가 "COSO ERM 프레임워크(Enterprise Risk Management)"가 2004년에 등장했습니다. '전사적 관점'의 리스크 관리를 강조하고, 전략 수립 및 실행 과정에 리스크 관리를 통합하라고 안내합니다. 조직 내 모든 업무 프로세스에 리스크 관리 프로세스를 적용하라고 말입니다. 이는 마치 우리가 가지고 있던 '흐름' 지도를 더 크고 포괄적인 것으로 업그레이드한 것과 같았습니다. "이제 한 길만 보지 말고 전체 여정을 보자!"라고 말했지만, 여전히 그 지도는 정해진 도로와 경로를 중심으로 그려져 있었습니다. 단지 '흐름'을 전사적으로 확장시킨 것에 지나지 않았던 것입니다.

그리고 "ISO 31000(리스크 관리)"이 2009년에 발표되어 전 세계적으로 리스크 관리의 국제 표준으로 자리매김했습니다. 이 표준은 리스크 관리를 위한 명확한 '매뉴얼'을 제공하며, 모든 것을 '프로세스' 안에 담아 체계적으로 관리하도록 안내합니다. 리스크 관리 프로세스(식별, 분석, 평가, 처리, 모니터링 및 검토)를 명확히 제시하며 객관적 데이터와 분석 기반 의사결정을 유도합니다. 이 매뉴얼은 리스크 관리에 질서를 부여하고 혼란을 줄이는 데 큰 도움이 되었습니다. 하지만 너무나도 명확한 이 '프로세스' 길을 따라가다 보니, 우리는 그 길 밖에 있는 본질적인 취약점('멈춤' 리스크)이나 갑자기 나타나는 예측 불가능한 변화('솟음' 리스크)를 간과하게 된 것은 아닐까요? 리스크 관리가 마치 잘 정비된 기계처럼 느껴지게 만들었지만, 정작 현실 리스크의 유기적이고 예측 불가능한 본질은 잊게 만들었을 수 있습니다.

이러한 국제 표준들은 과거 분명 기업 경영에 안정성과 효율성을 가져다주었습니다. 하지만 그 성공의 이면에는 우리가 본래 가지고 있던 리스크에 대한 세 가지 입체적 센서 중, '흐름' 센서만을 과도하게 발달시키고 나머지 '멈춤'과 '솟음' 센서를 퇴화시킨 역설적인 결과가 숨어 있다고 생각합니다. 이 표준들이 제공하는 명확한 가이드라인과 측정 가능한 성과는 우리로 하여금 '프로세스' 안에서 발생하는 리스크에만 집중하게 만들었고, 그 틀 밖에 있는 본질적인 속성 리스크나 복잡한 상호작용에서 창발하는 리스크를 간과하게 만든 것은 아닐까요? 마치 특정 부분만 너무 잘 보이게 해 주는 강력한 안경을 쓴 채 다른 중요한 것들을 놓치게 된 것과 비슷하다고 볼 수 있습니다.

3. COSO와 ISO 프레임워크의 설계 결함

전 세계 대부분의 기업들이 COSO나 ISO 가이드라인에 따라 프로세스 기반으로 리스크 관리 및 내부 통제 체계를 구축하고 운영하는 상황에서, '속성'과 '창발' 리스크가 충분히 고려되지 않고 있다면, 즉, 사랑 리스크 사례에서 17개 프로세스 리스크만 관리대상으로 제시하고 속성 리스크 20개, 솟음 리스크 9개에 대해서는 어떠한 가이드도 제시되지 않았다면 이는 마치 작은 파도의 위험성만 관리하고 쓰나미는 인식 범위 밖에 두는 것과 같습니다. 현대 리스크 관리 체계의 근본적인 설계 결함이자 심각한 간과라고 할 수 있습니다.

기존의 COSO나 ISO와 같은 프레임워크들은 주로 다음과 같은 배경과 목적을 가지고 발전해 왔습니다.

COSO 프레임워크

주로 재무 보고의 신뢰성, 운영의 효율성, 그리고 법규 준수(Compliance)에 초점을 맞추어 발전했습니다. 이는 특정 프로세스나 활동에서 발생할 수 있는 리스크를 식별하고 통제하는 데 효과적입니다.

ISO 31000(리스크 관리 표준)

리스크 관리의 원칙과 지침을 제공하며, 조직의 목표 달성에 영향을 미칠 수 있는 불확실성을 체계적으로 관리하는 데 중점을 둡니다. 이 역시 프로세스 기반의 접근을 강조하며, 식별 가능한 리스크에 대한 평가 및 대응 절차를 제시합니다.

결론적으로, 전 세계 대부분의 조직들이 COSO와 ISO의 가이드에 따라 '흐름 리스크'에만 집중하고 '멈춤 리스크'와 '솟음 리스크'를 간과하고 있다면, 이는 리스크 관리의 목적 자체가 왜곡된 심각한 설계 결함입니다. 조직은 스스로 안전하다고 착각하며 자원과 노력을 비효율적으로 사용하게 되고, 결국 예측 불가능한 미래 환경 속에서 진정한 위기에 직면했을 때 속수무책일 수밖에 없습니다. 리스크 관리의 본질은 눈에 보이는 것뿐만 아니라, 눈에 보이지 않는 것, 그리고 복잡한 상호작용 속에서 불현듯 솟아오르는 것까지 포함하여 총체적으로 이해하고 대비하는 데 있기 때문입니다.

4. 전족(纏足)과도 같은 COSO, ISO 프레임워크의 폐해

1) 리스크 인식의 전족

전족은 과거 중국에서 어린 여자아이의 발을 인위적으로 작게(약 10cm) 만들던 풍습을 말합니다. 이는 중국 사회에서 오랫동안 미의 기준으로 여겨졌으나, 여성들에게는 극심한 고통과 신체적 변형을 안겨 주었습니다. 여성 발의 평균 사이즈가 235cm~240cm 정도라고 하니 그 고통이 어떠했을까 짐작조차 쉽지 않습니다. 전족은 신체에 다음과 같은 영향을 미칩니다.

발의 기형

발가락이 발바닥 쪽으로 꺾여 붙고 발 전체가 변형되어, 발이라고 보기 힘들 정도로 기형적인 형태가 되었습니다.

보행의 어려움

발이 작아지고 변형되면서 발끝을 이용해 종종걸음으로 걸어야 했으며, 정상적인 보행이 불가능해졌습니다.

신체 불균형

보행의 변화는 등뼈를 기형적으로 튀어나오게 하고 서 있는 자세도 이상하게 만드는 등 전신적인 불균형을 야기했습니다. 이는 위생적인 관점에서 골절과 같은 병을 유발하기도 했습니다.

전족이 어린 여자아이의 발을 억지로 작게 만들어 특정 미의 기준에 맞추려 했고, 그 결과 발의 기형, 보행의 어려움, 전신 불균형이라는 신체적 고통과 기능적 제약을 초래했듯이, 현대의 리스크 관리 역시 유사한 방식으로 인식의 왜곡과 기능적 마비를 겪고 있다고 볼 수 있습니다.

대부분의 기업과 공공부문이 전 세계적으로 통용되는 COSO나 ISO와 같은 프로세스 기반의 리스크 관리 및 내부통제 프레임워크를 따르고 있습니다. 이러한 프레임워크들은 재무 보고의 신뢰성, 운영 효율성, 법규 준수와 같이 측정 가능하고 절차 중심적인 '흐름(프로세스) 리스크'를 관리하는 데 일정 부분 효과를 보여 왔습니다. 이는 마치 전족이 당시 사회의 '미의 기준'이라는 특정 목적에 부합하는 것처럼, 조직의 '관리 용이성'이라는 기준에 부합하는 리스크 관리 방식을 제공했습니다.

그러나 이러한 프로세스 중심의 접근 방식이 '흐름 리스크'만을 지나치게 강조하고 '멈춤(속성) 리스크'와 '솟음(창발) 리스크'를 간과하게 만든다면, 이는 리스크 인식에 '전족'과 같은 기형적 변형을 초래합니다.

인식의 기형, 발의 기형과 같은 '인식의 협소화'

전족이 발의 형태를 왜곡했듯이, 프로세스 중심의 리스크 관리는 조직의 리스크 인식을 좁고 편협하게 만듭니다. 조직은 마치 사랑의 관계에서 '흐름 리스크' 17개만 존재한다고 믿는 것처럼, 눈에 보이고 측정 가능한 프로세스상의 위험에만 매몰됩니다. 그 결과, 개인이나 조직 자체의 내재된 특성(속성)에서 비롯되는 근원적인 취약성(예: 고착화된 조직 문화, 리더십의 고유한 편향)이나, 복잡한 상호작용 속에서 불현듯 솟아나는 예측 불가능한 위험(예: 부서 간의 역학 관계에서 발생하는 새로운 갈등, 기술과 인간 시스템의 상호작용 오류)을 보지 못하게 됩니다.

보행의 어려움과 같은 '기능적 마비', 제한된 움직임과 '근원적 문제 해결 불가'

전족을 한 발이 정상적인 보행을 할 수 없듯이, 흐름 리스크에만 갇힌 리스크 관리는 조직이 진정으로 유연하고 효과적으로 위험에 대처하는 것을 방해합니다. '멈춤 리스크'를 인지하지 못하면 문제의 근원적인 원인을 파악하고 해결할 수 없어, 같은 문제가 계속 반복되거나 다른 형태로 변형되어 나타나는 악순환에 빠집니다. 마치 발의 기형으로 인해 골절과 같은 병이 유발되듯, 조직의 본질적인 취약성이 해결되지 않아 만성적인 문제가 됩니다.

신체 불균형과 같은 '예측 불가능한 위기에 무방비'

전족이 전신 불균형을 초래했듯이, '솟음 리스크'를 간과하면 조직은 예측 불가능하고 복합적인 위기에 대해 심각한 불균형 상태로 노출됩니다. 프로세스 통제만으로는 막을 수 없는 '미지의 미지' 영역의 위기가 닥쳤을 때, 조직은 속수무책일 수밖에 없습니다. 이는 마치 겉으로는 멀쩡해 보이지만, 실제로는 핵심 역량을 제대로 발휘하지 못하는 기형적인 조직이 되는 것입니다.

결론적으로, 전 세계 대부분의 조직이 COSO와 ISO 프레임워크를 프로세스 기반으로만 맹목적으로 따르면서 '속성'과 '창발' 리스크를 간과하고 있다면, 이는 리스크 관리 체계의 심각한 설계 결함이자 전족의 굴레에 갇혀 성장이 억제된 발과 같은 인식의 퇴화입니다. 이는 단순히 이론적인 문제가 아니라, 조직의 생존과 지속 가능성을 위협하는 중대한 현실적 위협입니다. 리스크 관리의 본질은 눈에 보이는 '행위'뿐만 아니라, '존재'의 본질과 '상호작용'의 역동성까지 포괄하는 총체적인 시야를 확보하는 데 있습니다. 이제는 리스크 관리의 '전족'을 풀고, 조직이 진정으로 건강하고 유연하게 미래의 불확실성을 헤쳐 나갈 수 있도록 인식의 지평을 넓혀야 합니다.

2) 리스크 관리의 '전족': COSO와 ISO의 각성 촉구

COSO와 ISO가 억울하다고 항변할 수도 있을 것입니다. 20~30년 전에는 프로세스 기반의 리스크 관리가 유일한 길이었고 아무 문제가 없었다고 말입니다. 하지만 저는 그들의 변명을 일축합니다. 200~300년 전에도, 아니 인류가 탄생한 그 순간부터 우리 인간의 생존을 위한 본능적인 리스크 인식은 '흐름', '멈춤', '솟음'이라는 입체적이고 유기적인 관점을 통해 작동해 왔습니다. 이는 인간의 DNA에 각인된 생존의 지혜였습니다.

그런데도 COSO와 ISO는 마치 발을 억지로 묶는 '전족'을 신기라도 하듯, 이 본능적인 인식 체계를 훼손하고 인식의 기형을 유발했습니다. 프로세스라는 좁디좁은 틀에 모든 리스크를 욱여넣으려 했고, 그 결과 조직의 본질적인 취약점(멈춤 리스크)이나 복잡한 상호작용에서 불현듯 솟아나는 예측 불가능한 위협(솟음 리스크)은 아예 존재하지 않는 것처럼 치부해 버렸습니다.

인간은 누구나 자신을 성찰하며, 속성을 다스리며 위험을 방지하고 살고 있습니다. 경제 대공황, 주식 시장의 폭락과 폭등, 전쟁과 같은 거대한 '솟음' 리스크는 역사 속에 끊임없이 상존해 왔고, 우리 주변에는 프로세스로는 설명할 수 없는 수많은 리스크들이 도처에 널려 있습니다.

그럼에도 불구하고, 전 세계 리스크 관리의 표준을 자처하는 COSO와 ISO는 이처럼 명백하고 심각한 '설계 하자'를 보수하고자 하는 어떠한 움직임조차 보이지 않고 있습니다.

그들의 안일함과 무지는 실로 개탄스럽습니다. 인류의 본능적인 지혜를 외면하고, 과거의 좁은 시야에 갇혀 전 세계 조직들을 위험의 사각지대로 내몰고 있는 이 상황에 대해, 그들은 과연 언제까지 침묵할 것입니까? 이제는 더 이상 변명의 여지가 없습니다.

전 세계 거의 모든 조직이 불문율처럼 COSO와 ISO 표준을 따르고, 더불어 거의 모든 감사인들이 그 설계 및 운영의 적정성을 보증하고 있는 이 촌극 같은 상황에서, 저의 질책이 천기누설과도 같은 거대한 혼란을 초래할 수도 있음을 잘 알고 있습니다. 그러나 이대로 두고 볼 수는 없습니다. 비록 거대한 파장을 일으킬지라도, 잘못된 길을 바로잡고 진정한 리스크 관리의 본질을 향해 나아가야만 합니다.

5. 눈에 보이는 것, 당장 할 수 있는 것의 유혹

이러한 '흐름' 편향은 리스크 관리의 불완전성을 초래했지만, 사실 그 배경에는 매우 현실적이고 설득력 있는 이유들이 숨어 있습니다.

1) 가시성과 즉각적인 측정의 용이성: '숫자'의 유혹

가장 큰 이유는 '흐름'과 그 결과로 나타나는 '성과'가 '멈춤'이나 '솟음'에 비해 훨씬 더 가시적이고, 즉각적으로 측정 및 평가하기 쉽다는 점입니다. 예산 집행률은 특정 기간 동안의 예산 사용 현황을 합산하면 명확한 숫자로 드러나고, 민원 처리 건수 역시 마찬가지입니다. 민원 처리 프로세스의 효율성은 처리 시간, 오류율, 완료 건수 등 구체적인 지표로 바로바로 확인할 수 있죠. 공공 서비스 창구의 민원 대기 시간이나 담당 공무원의 처리 건수도 실시간으로 모니터링 가능합니다. 개인의 성과 또한 목표 달성률, 정책 사업 완수 여부 등 명확한 결과물로 평가하기가 용이합니다.

기업에 있어서도 손익은 특정 기간 동안의 매출과 비용을 합산하면 명확한 숫자로 드러나고, 현금 흐름 역시 마찬가지입니다. 생산 라인의 효율성은 처리 시간, 오류율, 산출량 등 구체적인 지표로 바로바로 확인할 수 있죠. 고객 서비스 센터의 통화 대기 시간이나 상담원 처리 건수도 실시간으로 모니터링 가능합니다. 개인의 성과 또한 목표 달성률, 프로젝트 완수 여부 등 명확한 결과물로 평가하기가 용이합니다.

이러한 가시성과 측정의 용이성은 현대 조직이 추구하는 '결과 지향주의' 및 '객관적 평가' 문화와 맞물려 강력한 유혹으로 작용합니다. 경영진은 빠른 시간 안에 눈에 보이는 성과를 통해 주주나 국민, 상위 기관에 설명해야 할 책임이 있습니다. 예를 들어, 분기별 실적 보고서에는 '매출 증대'나 '비용 절감' 같은 명확한 숫자가 필요하지, '조직 문화의 투명성 향상' 같은 추상적인 내용은 담기 어렵습니다. 직원들 역시 가시적인 성과를 통해 보상을 받고 인정받고자 합니다. '숫자로 말하라'는 압박 속에서, 당장의 손익이나 프로세스 효율성 개선은 직접적인 개선 효과를 가져다주기에, 자연스럽게 집중의 대상이 됩니다. 리스크 관리 역시, '이 프로세스에서 어떤 사고가 날 수 있는가?'라는 질문에 대한 답이 '이 조직의 불공정함이라는 속성이 어떤 리스크를 낳을까?'라는 질문보다 훨씬 더 즉각적인 행동 지침을 제공하는 것처럼 느껴지기 마련입니다. 눈에 보이는 문제를 해결하는 것이 훨씬 마음 편하고 성과로 인정받기 쉬웠던 것입니다.

2) 단기 성과 압박과 책임 소재의 명확화

특히 공공기관은 예산 집행, 사업 추진, 민원 처리 등 정해진 기간 내에 특정한 결과물을 내야 하는 단기 성과 압박에 시달리는 경우가 많습니다. '올해 안에 무엇을 했는가?'라는 질문은 '지금 우리 조직은 어떤 본질적 속성을 가지고 있는가?'라는 질문보다 훨씬 더 현실적인 문제입니다. 예를 들어, '이번 분기 민원 처리율 90% 달성'은 명확한 목표지만, '조직 내 소통 문화 개선'은 그 효과를 측정하기도 어렵고, 단기간에 달성하기도 어렵습니다. 이러한 단기 성과 압박 속에서 조직의 근원적인 체질 개선을 의미하는 '속성'이나 '역량'의 강화는 시간과 노력이 많이 들고, 그 효과가 장기적으로 나타나기에 우선순위에서 밀리기 쉽습니다.

또한, 프로세스 기반의 접근은 위험 발생 시 책임 소재를 명확히 하는 데 유리합니다. '누가 어떤 절차에서 무엇을 잘못했는가?'라는 질문은 프로세스를 따라가면 비교적 쉽게 답을 찾을 수 있습니다. 예를 들어, 특정 계약서 검토 과정에서 법률적 오류가 발견되면, 해당 검토 프로세스를 담당한 부서나 직원의 책임이 명확해집니다. 이는 감사나 통제의 관점에서 매우 효과적이며, 문제 발생 시 즉각적인 시정 조치를 요구하기에 '흐름'에 대한 집중을 더욱 강화시킵니다. 반면, 조직의 '속성'에 내재된 위험은 그 책임이 조직 전체의 문화나 시스템에 뿌리내리고 있어, 특정 개인이나 부서에 책임을 묻기 어렵기에, 본능적으로 회피하려는 경향이 나타나기도 합니다. 예를 들어, 데이터 유출 사고가 발생했을 때, 특정 직원의 실수(흐름)로 몰아가기는 쉽지만, 노후화된 시스템(멈춤)이나 부서 간 협업 부족(솟음) 같은 근본적인 원인에 대한 책임은 모호해지는 경우가 많습니다.

3) 통제 및 개입의 용이성: '무엇을 할 것인가?'에 대한 직관적 답변

프로세스나 성과는 그 자체로 '행동'의 연속이기 때문에, 문제가 발생했을 때 '무엇을 할 것인가?'에 대한 답변이 비교적 직관적입니다. 특정 프로세스 단계가 비효율적이라면 그 단계를 생략하거나 자동화하는 등의 개선 방안을 바로 적용할 수 있습니다. 예를 들어, 결재 단계가 너무 많아 업무가 지연되면 결재 라인을 줄이거나 전자결재 시스템을 도입하는 식으로 즉각적인 조치가 가능합니다. 성과가 미진하면 업무량 조정, 인력 재배치 등 직접적인 개입이 가능합니다. 이는 관리자나 실무자에게 즉각적인 통제감을 제공하며, '지금 당장 할 수 있는 일'에 집중하게 만듭니다.

반면, '속성'이나 '역량'은 추상적이고 내재적인 개념이기에, 이를 개선하거나 강화하는 방법은 훨씬 더 복잡하고 장기적인 접근을 요구합니다. 예를 들어 '조직의 투명성'이라는 속성을 강화하기 위해서는 단순히 절차를 바꾸는 것을 넘어, 문화, 리더십, 정보 공개 원칙 등 다방면의 노력이 필요합니다. '직원들의 창의성'이라는 역량을 키우기 위해서는 실패를 용인하는 문화, 다양한 교육 프로그램, 자유로운 소통 채널 등 복합적인 노력이 필요하죠. 이는 '무엇을 해야 할지'에 대한 직관적인 답을 주지 않기에, 상대적으로 덜 매력적으로 여겨질 수 있습니다.

4) 전통적인 관리 모델과 교육의 영향

오랜 기간 동안 경영학 및 조직 관리 분야는 효율성 극대화를 위해 프로세스 최적화와 성과 관리에 중점을 두어 왔습니다. '테일러주의' 이후 대부분의 조직 관리 이론은 업무 흐름을 분석하고 분업화하여 효율을 높이는 데 초점을 맞추었으며, 이는 자연스럽게 '프로세스' 중심의 사고방식을 정착시켰습니다. 리스크 관리 또한 초기에는 주로 운영 위험이나 재무적 위험 등 '흐름' 속에서 발생하는 문제에 대한 대응책으로 발전해 왔습니다.

이로 인해 많은 관리자와 실무자들은 프로세스 분석이나 성과 평가에 대한 교육을 체계적으로 받았지만, 조직의 '속성'을 심층적으로 분석하고 그것이 리스크로 이어지는 메커니즘을 이해하는 교육은 상대적으로 부족했습니다. 예를 들어, MBA 과정에서 공급망 최적화나 생산 관리 프로세스 개선에 대한 과목은 많지만, 조직의 문화적 취약점이나 복잡계 이론을 통한 창발적 리스크 분석에 대한 심도 있는 교육은 상대적으로 드물었습니다. 이러한 교육의 편향은 '흐름' 중심의 사고방식을 더욱 공고히 하는 데 기여했습니다.

결국, 이러한 복합적인 이유들이 맞물려 우리는 '흐름' 센서의 성능을 최고조로 끌어올렸지만, 동시에 '멈춤'과 '솟음' 센서의 중요성을 간과하게 된 것입니다.

제4절 | 재무보고 내부통제의 문제

내부회계관리제도(ICFR)는 재무보고 신뢰성 확보를 위한 도구입니다. 그러나 법적 규제의 강력한 강제력으로 인해, 이 제도는 마치 내부통제의 '전부'인 양 행세하며 조직의 리스크 관리 역량을 심각하게 왜곡시키고 있습니다. 이는 거대한 건물의 안전을 책임져야 할 시스템이 '화장실 변기 수압'만을 점검하는 데 모든 자원과 관심을 쏟는 기형적인 상황과 같습니다.

1. '재무보고'라는 좁은 우물

ICFR은 오직 '재무보고'라는 좁은 목적에만 초점을 맞추고, 법적 강제력으로 기업의 막대한 자원과 인력을 이 영역에 집중시킵니다. COSO 프레임워크가 제시하는 내부통제의 세 가지 목적(운영, 재무보고, 법규 준수) 중 하나에 불과함에도 불구하고 말입니다. 그 결과, 눈에 보이지 않는 치명적인 사각지대가 발생하고 있습니다.

[표007] 내부회계관리제도(ICFR)의 허울

문제점		상세 설명	
1. '재무보고'라는 좁은 우물에 갇힌 내부통제	ICFR은 재무보고라는 좁은 목적에만 집중하여 기업 자원을 낭비하고, 마치 건물 안전 대신 변기 수압만 점검하는 격으로 구조적 사각지대를 유발.	· 운영 리스크 방치	기업의 생존과 직결되는 생산 공정 오류, 공급망 붕괴, 고객 데이터 유출, 핵심 기술 유출 등 수많은 운영 리스크는 ICFR의 관심 밖임(예: 재무제표에 숫자로 나타나기 전까지는 주요 관심사가 아님).
		· 전략 리스크 외면	시장 변화 예측 실패, 신기술 도입 지연, 경쟁사 동향 파악 미흡 등 기업의 미래를 좌우하는 전략 리스크는 통제 대상이 아님(예: 기업의 존망이 걸린 문제임에도 과거 재무 결과 보고에만 집착).
		· 비재무적 법규 준수 리스크 무시	환경 오염, 노동법 위반, 개인정보보호법 위반 등 기업의 평판과 지속가능성에 치명적인 비재무적 법규 리스크는 ICFR 통제 범위 밖임(예: 벌금이나 소송 발생 후에야 문제의 심각성을 인지).
		· 조직 문화 및 윤리 리스크 간과	횡령, 배임과 같은 회계 부정의 근본 원인인 부패한 조직 문화, 윤리의식 부재 등 '속성' 리스크보다 이미 발생한 부정의 '증상'을 막기 위한 절차적 통제에만 매달림.
2. '규제 준수'라는 면죄부: 리스크 관리 회피의 핑계	기업들은 ICFR의 실효성에 의문을 갖으며 '규제니까 마지못해 하는 것'으로 인식, 실질적인 리스크 관리보다는 규제 당국의 요구사항을 충족시키기 위한 최소한의 통제 구축으로 대응함.	· '체크리스트'식 형식주의	수많은 서류 작업과 절차 이행에 매몰되어, 정작 중요한 리스크는 간과되거나 방치됨.
		· '내부통제 다 하고 있다'는 착각	ICFR 준수라는 명목 아래, 기업은 자신들이 이미 충분한 내부통제를 갖추고 있다는 위험한 착각에 빠져 더 넓고 깊은 리스크 관리의 필요성을 외면함.
		· 진정한 리스크 관리의 차단	ICFR이 내부통제의 '전부'인 듯이 선점하면서, 운영, 전략 등 다른 영역의 리스크 관리 시스템 구축의 필요성이 묵살됨('ICFR도 힘든데 뭘 더 하라는 거냐'는 방어 논리 만연).
		· 실질적인 리스크 관리 미흡	규제 준수에만 초점을 맞추면 예상치 못한 위기 발생 시 기업의 회복 탄력성이 약화됨.
		· '사각지대'의 확대	규제에서 요구하는 최소한의 통제만 구축할 경우, 규제 범위 밖에 있는 새로운 유형의 리스크나 복합적인 리스크에 대한 대비가 부족해짐.
		· 기업 가치 하락	최소한의 통제는 신뢰를 저하시키고 잠재적인 법적, 평판 리스크를 증가시켜 기업 가치를 하락시킴.
		· 내부통제 시스템의 취약성	최소한의 통제는 시스템 전반의 취약성을 내포하여, 작은 변화나 외부 충격에도 쉽게 무너질 수 있는 불안정한 구조를 만듦.
3. '회계법인의 갈취 수단'으로 전락한 제도의 비극	ICFR 감사는 규제라는 명목 아래 기업에게 막대한 비용 부담을 지우며, 제도 자체가 회계법인의 '합법적인 기업 갈취 수단'으로 전락했다는 비판을 받을 수 있음.	· 과도한 비용과 불필요한 절차	기업은 규제 준수를 위해 실질적인 리스크 관리와 무관한 과도한 감사 비용과 절차에 시간과 자원을 낭비함.
		· '갑'의 위치에 선 회계법인	감사 시장의 특성상 기업은 회계법인에 대한 협상력이 낮아 불합리한 요구에도 끌려갈 수밖에 없는 경우가 발생함.
		· 형식적 감사와 실질적 문제 방치	일부 감사인들은 규제 준수 여부만을 형식적으로 확인하고 기업의 실질적인 리스크나 부정의 징후를 간과함(예: ICFR 감사 이후에도 대규모 횡령/배임 사건이 끊이지 않는 현실을 초래).
총체적 결론	ICFR은 재무보고의 신뢰성이라는 긍정적인 목표에도 불구하고, 법적 강제력과 협소한 범위로 인해 기업 내부 통제의 전반적인 발전을 저해하고 광범위한 리스크 사각지대를 양산할 수 있음. 기업이 진정으로 직면한 위험을 외면하고, 규제라는 허울 뒤에 숨어 안주하게 만드는 위험한 착시 현상을 유발할 수 있음.		

기업의 생존과 직결되는 생산 공정 오류, 공급망 붕괴, 고객 데이터 유출, 핵심 기술 유출 등 수많은 운영 리스크는 ICFR의 관심 밖입니다. 재무제표에 숫자로 나타나기 전까지는 주요 관심사가 아닌 셈이죠. 시장 변화 예측 실패, 신기술 도입 지연, 경쟁사 동향 파악 미흡 등 기업의 미래를 좌우하는 전략 리스크는 통제 대상이 아닙니다. 기업의 존망이 걸린 문제임에도 과거 재무 결과 보고에만 집착하는 모습을 보입니다. 환경 오염, 노동법 위반, 개인정보보호법 위반 등 기업의 평판과 지속가능성에 치명적인 비재무적 법규 준수 리스크는 ICFR 통제 범위 밖입니다. 결국 벌금이나 소송 발생 후에야 문제의 심각성을 인지하는 경우가 많습니다. 횡령, 배임과 같은 회계 부정의 근본 원인인 부패한 조직 문화, 윤리 의식 부재 등 조직 문화 및 윤리 리스크는 ICFR이 다루기보다 이미 발생한 부정의 '증상'을 막기 위한 절차적 통제에만 매달리는 한계를 보입니다.

2. '규제 준수'라는 면죄부

기업들은 ICFR을 실효성을 체감하지 못하며 '규제니까 마지못해 하는 것'으로 인식하고, 실질적인 리스크 관리보다는 규제 당국의 요구사항을 충족시키기 위한 최소한의 통제 구축으로 대응합니다.

이러한 인식은 수많은 서류 작업과 절차 이행에 매몰되어, 정작 중요한 리스크는 간과되거나 방치되는 '체크리스트'식 형식주의를 낳습니다. ICFR 준수라는 명목 아래, 기업은 자신들이 이미 충분한 내부통제를 갖추고 있다는 위험한 착각에 빠져 더 넓고 깊은 리스크 관리의 필요성을 외면하게 됩니다. ICFR이 내부통제의 '전부'인 듯이 선점하면서, "ICFR도 힘든데 뭘 더 하라는 거냐"라는 방어 논리가 만연해 운영, 전략 등 다른 영역의 리스크 관리 시스템 구축의 필요성이 묵살되는 진정한 리스크 관리의 차단이 발생합니다.

결과적으로 관련 법규 충족에만 초점을 맞추면 예상치 못한 위기 발생 시 기업의 회복 탄력성이 약화될 수밖에 없는 실질적인 리스크 관리 미흡이 초래됩니다. 규제에서 요구하는 최소한의 통제만을 구축할 경우, 규제 범위 밖에 있는 새로운 유형의 리스크나 복합적인 리스크에 대한 대비가 부족해지는 '사각지대'가 확대됩니다. 이러한 최소한의 통제는 신뢰를 저하시키고 잠재적인 법적, 평판 리스크를 증가시켜 기업 가치를 하락시킬 수 있습니다. 궁극적으로 최소한의 통제는 시스템 전반의 취약성을 내포하여, 작은 변화나 외부 충격에도 쉽게 무너질 수 있는 내부통제 시스템의 취약성을 만들게 됩니다.

3. 회계법인의 수익 확대 수단

이러한 기형적인 구조는 외부 회계법인에게는 황금알을 낳는 거위가 됩니다. ICFR 감사는 규제라는 명목 아래 기업에게 막대한 비용 부담을 지우며, 제도 자체가 본질보다는 회계법인의 '합법적인 수익 확대 수단'으로 전락했다는 비판을 받을 수 있습니다.

기업은 규제 준수를 위해 실질적인 리스크 관리와 무관한 과도한 감사 비용과 불필요한 절차에 시간과 자원을 낭비하게 됩니다. 감사 시장의 특성상 기업은 회계법인에 대한 협상력이 낮아 불합리한 요구에도 끌려갈 수밖에 없는 경우가 발생하는 '갑'의 위치에 선 회계법인의 문제가 드러납니다. 일부 감사인들은 규제 준수 여부만을 형식적으로 확인하고 기업의 실질적인 리스크나 부정의 징후를 간과하는 경향을 보입니다. ICFR 감사 이후에도 대규모 횡령/배임 사건이 끊이지 않는 현실이 바로 그 문제점을 여실히 드러내는 형식적 감사와 실질적 문제 방치의 결과입니다.

[표008] 내부회계 감사 의견에 따른 기업 페널티

관련규제	주식회사 등의 외부감사에 관한 법률(외감법), 코스닥시장 상장규정		
감사 의견	의미		기업에 미치는 영향 및 페널티
적정 의견	내부회계관리제도가 효과적으로 설계 및 운영되고 있으며, 재무보고의 신뢰성을 확보하고 있음을 의미함. 중요한 취약점이 발견되지 않았음.		특별한 페널티는 없으며, 재무보고의 신뢰성을 대외적으로 인정받아 투자자 신뢰도 제고에 긍정적인 영향을 미침.
부적정 의견	내부회계관리제도에 '중요한 취약점(Material Weakness)'이 존재하여 재무보고의 신뢰성을 확보하기 어렵다고 판단된 경우임.	투자주의 환기종목 지정	코스닥 상장기업의 경우, 내부회계관리제도 감사 결과 중요한 취약점이 발견되면 투자주의 환기종목으로 지정될 수 있음.
		상장실질심사 대상	2년 연속 부적정 의견을 받으면 투자주의 환기종목 지정 후 상장실질심사 대상이 되어 상장폐지 또는 개선기간 부여 여부가 결정될 수 있음.
		감리 및 조치 가중	회계처리기준 위반 등 위법행위 발생 시, 내부회계관리제도에 중요한 취약사항이 있다면 감리를 실시하고 과징금 등 조치가 가중될 수 있음(기본과징금의 20% 이하 가중).
		중과실 판단	내부회계관리규정 위반이 명백하거나 형식적으로 운영된 경우, 회사 및 임직원에 대해 중과실에 의한 위법행위로 판단될 수 있음.
		투자자 신뢰도 하락	기업의 재무보고 신뢰성에 대한 심각한 우려를 야기하여 투자자 신뢰도 하락 및 주가에 부정적인 영향을 미칠 수 있음.
의견 거절	감사인이 내부회계관리제도에 대한 감사를 수행하는 데 필요한 충분하고 적합한 감사 증거를 확보하지 못하여 의견을 표명할 수 없는 경우임(예: 중요한 범위 제한).	부적정 의견과 유사한 페널티	중요한 범위 제한으로 인한 의견거절은 중요한 취약점이 발견된 부적정 의견과 유사하게 취급되어, 투자주의 환기종목 지정 및 상장실질심사 대상이 될 수 있음.
		투자자 신뢰도 하락	감사 의견을 표명할 수 없다는 것은 재무보고의 투명성과 신뢰성에 대한 심각한 의문을 제기하므로, 투자자 신뢰도에 매우 부정적인 영향을 미침.

결론적으로, ICFR은 재무보고의 신뢰성이라는 긍정적인 목표를 가졌음에도 불구하고, 법적 강제력과 협소한 범위로 인해 기업 내부통제의 전반적인 발전을 저해하고 광범위한 리스크 사각지대를 양산할 수 있습니다. 이는 기업이 진정으로 직면한 위험을 외면하고, 규제라는 허울 뒤에 숨어 안주하게 만드는 위험한 착시 현상을 유발할 수 있습니다.

제5절 | '멈춤'과 '솟음' 리스크 식별과 통제의 어려움

[표009] 리스크 유형별 식별 난이도/통제 용이성 비교

리스크 유형	식별 난이도	통제 용이성	특징 및 설명	공공 부문 예시	기업 예시
흐름 리스크 (Flow Risk)	쉬움	쉬움	조직의 일상적 프로세스 내에서 반복적, 예측 가능하게 발생. 과거 데이터, 프로세스 매핑 등으로 쉽게 식별 가능하며, SOP 개선, 자동화, 교육 등으로 직접 통제 가능.	· 식별: 민원 처리 과정에서 특정 단계의 지연율 증가(예: 인허가 서류 검토 지연), 공공 서비스 창구의 대기 시간 증가. · 통제: 민원 처리 절차 간소화, 담당자 교육 강화, 대기 시간 단축을 위한 인력 재배치 또는 키오스크 도입.	· 식별: 제조 공정 불량률 증가, 콜센터 통화 대기 시간 증가 · 통제: 작업자 교육 강화, 상담원 배치 최적화
멈춤 리스크 (Stock Risk)	보통 ~ 어려움	어려움	프로세스 자체가 아닌, 조직의 자산, 시스템, 문화, 인력 등 '존재 자체의 속성'에서 기인. 심층 분석(진단)이 필요하며, 통제는 해당 '속성' 자체의 변화를 요구하여 시간, 비용, 근본적 노력이 필요.	· 식별: 노후화된 공공 시설물(교량, 상하수도)의 안전 취약성, 경직된 관료주의적 조직 문화로 인한 소극 행정, 특정 분야(예: 재난 관리) 전문 인력의 절대적 부족. · 통제: 노후 시설물 전면 보수/재건축, 조직 문화 혁신 프로그램 도입, 전문 인력 양성 및 외부 전문가 영입.	· 식별: 노후 IT 시스템의 내재적 보안 취약점, 경직된 조직 문화 · 통제: 시스템 전면 교체, 조직 문화 개편(장기적 노력)
솟음 리스크 (Emergence Risk)	매우 어려움	매우 어려움 (직접 통제 불가, 적응적 관리)	개별 요소들의 복잡하고 비선형적인 상호작용에서 돌연히 '창발'. 예측 불가능한 '미지의 미지' 영역. 직접 예방/통제는 거의 불가능하며, 조직의 회복 탄력성 및 적응력 강화에 초점.	· 식별: 기후 변화로 인한 복합 재난(예: 폭염+가뭄+산불) 발생 및 기존 재난 대응 시스템의 한계 노출, 가짜 뉴스/허위 정보가 소셜 미디어를 통해 급속도로 확산되어 공공 정책에 대한 불신 증폭. · 통제: 재난 대응 시스템의 유연성 강화 및 민관 협력 체계 구축, 팩트 체크 시스템 강화 및 시민 참여형 정보 검증 플랫폼 구축.	· 식별: 팬데믹으로 인한 글로벌 공급망 붕괴, 기술 발전으로 인한 산업 생태계 파괴 · 통제: 공급처 다변화, 비상 대응팀 구축, 학습 문화 조성

1. '흐름' 리스크 식별과 통제의 압도적 용이성

우리가 리스크를 인지하는 세 가지 본능적인 센서, 즉 '흐름', '멈춤', '솟음' 중에서 왜 유독 '흐름' 센서만이 과도하게 작동하게 되었을까요? 또 하나의 현실적인 이유는 바로 '흐름' 리스크가 가진 압도적인 '쉬움' 때문이었다고 생각합니다. 눈에 잘 보이고, 당장 손댈 수 있으니 말입니다.

흐름 리스크는 우리에게 가장 익숙하고 다루기 쉬운 리스크입니다. 조직의 일상적인 업무 프로세스나 절차 속에서 발생하기 때문에, 마치 잘 짜인 레시피를 따라가다 보면 어디서 실수가 생겼는지 금방 알 수 있는 것처럼, 과거 데이터나 프로세스 분석을 통해 문제점을 비교적 쉽게 찾아낼 수 있습니다. 예를 들어, 공공 부문에서는 민원 처리 과정에서 특정 단계의 지연율이 높아지거나, 기업에서는 제조 공정의 불량률이 증가하는 것이 대표적입니다. 식별이 쉬우니 통제도 쉽습니다. 민원 처리 절차를 간소화하거나, 작업자 교육을 강화하는 식으로 바로바로 손을 쓸 수 있습니다. 이런 리스크는 "측정하지 않으면 관리할 수 없다"라는 피터 드러커의 말처럼, 숫자로 명확히 보여 주고 즉각적인 개선 효과를 가져다 주니, 경영진 입장에서는 가장 매력적인 대상이었습니다. 예산 집행률이나 민원 처리 건수처럼 명확한 숫자로 성과를 보여 줄 수 있었으니까요.

2. '멈춤' 리스크: 체질 개선 장기적 관점 필요

하지만 멈춤 리스크는 이야기가 다릅니다. 이 리스크는 프로세스 자체가 아니라, 조직의 자산, 시스템, 문화, 인력 등 '존재하는 그 자체의 속성'에서 기인합니다. 눈에 보이는 '흐름'을 넘어, 조직의 근본적인 체질이나 구조를 들여다봐야 하니 식별 난이도가 '보통에서 어려움' 수준입니다. 예를 들어, 공공 부문에서 노후화된 공공 시설물(교량, 상하수도)의 안전 취약성이나 경직된 관료주의적 조직 문화를 파악하려면 단순한 감사로는 어렵고, 전문적인 진단이 필요하죠.

기업의 경우도 노후 IT 시스템의 내재적 보안 취약점이나 경직된 조직 문화는 심층 분석 없이는 알기 어렵습니다. 더 큰 문제는 통제 용이성이 '어려움'이라는 점입니다. 노후 시설물을 전면 보수하거나 조직 문화를 혁신하는 것은 단순히 절차를 바꾸는 것을 넘어 막대한 비용과 시간, 그리고 조직의 근본적인 변화를 요구합니다.

당장 눈에 보이는 성과를 내야 하는 단기 성과 압박 속에서 이런 '체질 개선'은 우선순위에서 밀리기 쉬웠습니다. 게다가 이런 문제는 특정 개인의 잘못이 아니라 조직 전체의 책임으로 귀결되니, 책임 소재를 명확히 하려는 경향 속에서 본능적으로 회피하려는 경향도 나타났습니다.

3. '솟음' 리스크: 럭비공 같아 가장 다루기 힘들다

그리고 가장 다루기 힘든 것이 바로 솟음 리스크입니다. 이는 개별 요소들의 복잡하고 비선형적인 상호작용에서 돌연히 '창발(Emergence)'하는 위험을 말합니다. 예측 불가능한 '미지의 미지(Unknown Unknowns)' 영역에 속하니 식별 난이도는 '매우 어려움'입니다.

솟음 리스크는 그 스케일에 따라 크게 두 가지로 나눌 수 있습니다.

1) 매크로 솟음 리스크(Macro Emergence Risk)

이는 조직의 통제 범위를 훨씬 넘어서는 거대한 외부 환경에서 발생하는 위험입니다. 팬데믹, 글로벌 공급망 붕괴, 급격한 기후 변화로 인한 복합 재난, 또는 예측 불가능한 지정학적 변화 등이 여기에 해당합니다. 이러한 리스크는 개별 조직이 직접적으로 '통제'하거나 '예방'하는 것이 사실상 불가능합니다. 대신 국가적, 국제적 차원에서 회복 탄력성을 높이고, 시나리오 플래닝을 통해 다양한 미래를 상상하며 적응력을 키우는 데 초점을 맞춰야 합니다.

2) 마이크로 솟음 리스크(Micro Emergence Risk)

하지만 솟음 리스크는 거대한 외부 환경에서만 발생하는 것이 아닙니다. 조직 내부에서도 충분히 발생하며, 이는 우리가 간과하기 쉬운 영역입니다. 여러 부서, 팀, 개인, 시스템 간의 복잡한 상호작용 속에서 예상치 못한 문제가 '솟아나는' 경우입니다. 이러한 리스크는 특정 프로세스 오류(흐름)나 고정된 취약점(멈춤)으로 설명하기 어렵습니다.

결국, '흐름' 리스크가 가진 가시성, 측정 용이성, 그리고 단기적인 통제 가능성이라는 매력 때문에 우리는 지난 수십 년간 이 리스크에만 편향되어 왔습니다. 눈에 보이는 성과와 명확한 책임 소재를 추구하는 조직 문화 속에서, 어렵고 추상적이며 책임 묻기도 애매한 '멈춤'과 '솟음' 리스크는 자연스럽게 뒷전으로 밀려났던 것입니다.

하지만 지속가능성과 ESG(환경, 사회, 지배구조) 경영을 강력하게 요구받는 현대 조직의 입장에서, 이러한 '멈춤'과 '솟음' 리스크에 대한 인식은 더 이상 선택이 아닌 필수적인 과제가 되었습니다. 비록 식별하고 통제하기 어렵고, 당장의 성과로 이어지지 않을지라도, 조직의 본질적 취약점(멈춤)과 복합적 상호작용에서 발생하는 예측 불가능한 위험(솟음)을 외면해서는 지속 가능한 미래를 담보할 수 없기 때문입니다.

제2장

리스크 관리 패러다임 전환

제1절 | 전통적 리스크 관리의 한계와 새로운 접근

우리가 오랫동안 익숙해져 온 리스크 관리는 리스크를 '발생 가능한 사건(Event)'으로 식별하고, 그 사건이 가져올 '영향(Impact)'과 '발생 가능성(Likelihood)'을 평가하며, 이에 대한 '대응 방안'을 수립하는 데 초점을 맞춰 왔습니다. 이는 마치 질병의 증상을 보고 약을 처방하는 것과 유사하게, 리스크의 표면적인 현상에 집중하는 방식이었습니다. 예측 가능하고 반복적인 리스크를 관리하는 데는 분명 효과적이었습니다.

하지만 현대 사회의 복잡성과 불확실성이 증대되면서 이러한 전통적인 접근 방식과 주요 프레임워크들은 명확한 한계를 드러내기 시작했습니다. 이는 '증상 치료'를 넘어 '근원 분석'이 필요한 이유를 설명합니다.

[표010] 리스크관리의 패러다임 전환 필요성

구분	비판의 주요 내용	세부 설명	관련 개념/예시
1. 본질적 한계	'알려진' 또는 '예측 가능한' 리스크에 집중	과거 경험이나 정의된 절차 내에서 반복적으로 발생할 수 있는 리스크 식별에는 강하지만, 기존 틀에 맞지 않는 리스크는 간과함.	'미지의 미지(Unknown Unknowns)'나 '블랙 스완(Black Swan)'과 같이 예측 불가능한 사건을 식별하기 어려움.
	'존재 자체의 속성'에서 기인하는 리스크 간과	업무가 '어떻게(How)' 수행되는지에 집중하여, 대상의 '무엇인가(What)' 또는 '어떤 특성(속성)' 때문에 발생하는 근본적인 리스크를 다루기 어려움.	'노후화된 레거시 시스템'이라는 속성 자체에서 발생하는 '보안 취약성', '유지보수 어려움'과 같은 리스크('멈춤 리스크')를 직접적으로 다루기 어려움.
	'상호작용'에서 창발하는 리스크의 어려움	주로 선형적이고 순차적인 흐름 분석에 집중하여, 복잡한 시스템 내 요소들의 비선형적 상호작용에서 발생하는 새로운 리스크(창발)를 포착하기 어려움.	부서 간 '정보 공유 부족'과 '목표 불일치'가 상호작용하여 발생하는 '전사적 혁신 역량 저하'와 같은 리스크('솟음 리스크')를 파악하기 어려움.
2. 비판 제기 주체	학계, 컨설턴트, 실무자들의 지속적인 논의	특정 개인의 의견이 아닌, 리스크 관리 분야 전반에서 제기되어 온 비판적 관점임.	· 나심 니콜라스 탈레브: "블랙 스완"을 통해 예측 불가능한 사건과 전통적 리스크 관리의 한계를 비판했음. · 데이브 스노든: Cynefin Framework를 통해 복잡한 영역의 리스크는 창발적 접근이 필요하다고 주장함. · 시스템 사고 및 복잡계 이론 연구자들: 시스템 전체의 상호작용을 강조하며 환원주의적 분석의 한계를 지적함. · 실무 현장의 경험: 팬데믹, 급격한 기술 변화 등 예상치 못한 위기 시 기존 시스템의 한계를 경험하며 비판에 공감하게 됨.

3. ISO 31000의 진화와 한계	유연성 및 포괄성 노력과 잔재하는 프로세스 중심 사고	2018년 개정판에서 '인적 및 문화적 요인', '동적 리스크 관리' 등을 강조하며 프레임워크의 유연성을 높이려 노력했음.	리스크 관리가 단순히 정해진 프로세스를 따르는 것을 넘어 조직의 문화와 변화하는 맥락을 고려해야 함을 인정했지만, 표준의 본질적인 구조와 실무 적용 방식은 여전히 '프로세스'를 중심으로 이루어지는 경향이 강함.

1. 증상 치료에서 근원 분석으로

1) 한계의 원인: '프로세스 일변도'로 유인된 리스크 인식

이러한 한계는 지난 수십 년간의 경영혁신 기조와 국제 표준이 리스크에 대한 인식과 식별 영역을 '프로세스 일변도'로 유인한 결과라고 볼 수 있습니다. 우리는 '흐름' 센서만 과도하게 발달시키고, 다른 중요한 센서들을 무뎌지게 만들었습니다.

전통적인 리스크 관리는 리스크를 '발생 가능한 사건'으로만 인식하고 그 '증상'을 관리하는 데 집중했습니다. 예를 들어, 제조 공정에서 불량률이 높아지면 해당 공정의 작업 절차(SOP)를 점검하고, 통계적 품질 관리 기법을 적용하여 불량률을 낮추는 데 주력했습니다. 고객 서비스 센터의 통화 대기 시간이 길어지면, 통화 처리 프로세스를 분석하여 병목 현상을 제거하는 데 집중했죠. 재무제표에 오류가 발생하면, 해당 회계 처리 프로세스의 통제 절차를 강화하는 식입니다. 이 모든 접근은 '프로세스'라는 틀 안에서 발생하는 '흐름'의 문제에 대한 탁월한 해결책이었습니다.

하지만 이제는 리스크가 단순히 프로세스 상의 오류나 일탈을 넘어, 훨씬 더 복합적인 양상으로 나타나고 있습니다.

2) '멈춤' 리스크(속성 기반 리스크)의 간과: 프로세스 너머의 본질적 취약점

우리는 프로세스를 최적화하는 데 몰두한 나머지, 프로세스 자체를 구성하는 요소들의 '속성'에서 기인하는 리스크를 간과하게 되었습니다. 마치 자동차의 엔진 오일 교환 주기를 철저히 지키면서도, 엔진 자체가 너무 오래되어 언제 멈출지 모르는 '노후화'라는 본질적인 위험을 외면하는 것과 같습니다.

노후화된 IT 인프라: 아무리 데이터 처리 프로세스를 효율적으로 설계해도, 기반이 되는 IT 시스템 자체가 낡고 오래되었다면 언제든 시스템 장애, 보안 취약점 노출, 데이터 손실과 같은 리스크가 발생할 수 있습니다. 이는 프로세스 오류가 아니라, 시스템이라는 '속성' 자체의 문제입니다.

경직된 조직 문화: 의사결정 프로세스를 아무리 잘 만들어도, 조직 문화 자체가 경직되어 있거나 소통

을 가로막는다면, 혁신적인 아이디어가 사장되거나 중요한 정보가 제때 공유되지 않아 치명적인 리스크로 이어질 수 있습니다. 이는 특정 프로세스의 문제가 아니라, 조직 문화라는 '속성'이 가진 위험입니다.

특정 기술에 대한 과도한 의존: 특정 핵심 기술에 대한 의존도가 너무 높다면, 해당 기술의 특허 만료, 대체 기술의 등장, 또는 기술 자체의 한계로 인해 기업의 존립이 위태로워질 수 있습니다. 이는 기술이라는 '속성'이 내포한 리스크입니다.

이러한 '멈춤' 리스크는 프로세스 개선만으로는 해결되지 않으며, 근본적인 '속성' 자체를 변화시키거나 관리해야 합니다.

3) '솟음' 리스크(창발현상 리스크)의 간과: 복잡한 상호작용에서 돌연히 나타나는 위험

전통적인 리스크 관리는 개별 프로세스나 요소들을 분리하여 분석하는 환원주의적 접근 방식에 익숙했습니다. 하지만 현대 조직은 수많은 요소들이 복잡하게 얽히고설킨 시스템이며, 이러한 요소들의 비선형적 상호작용 속에서 예측 불가능한 새로운 리스크가 '창발(Emergence)'될 수 있습니다.

부서 간 사일로(Silo)로 인한 위기: 각 부서의 업무 프로세스는 완벽하게 효율적일 수 있습니다. 하지만 부서 간의 정보 공유 부족, 목표 불일치, 또는 미묘한 갈등이 복합적으로 작용하여 전사적인 혁신 역량 저하, 고객 불만 폭증, 심지어 대규모 프로젝트 실패와 같은 예상치 못한 위기를 초래할 수 있습니다. 이는 개별 프로세스 문제가 아니라, 부서 간 '상호작용'에서 솟아난 리스크입니다.

급변하는 외부 환경과 내부 시스템의 충돌: 팬데믹과 같은 전례 없는 외부 충격이 발생했을 때, 기업의 내부 프로세스들은 정상적으로 작동하더라도, 외부 환경과의 복합적인 상호작용 속에서 공급망 붕괴, 급격한 수요 변화, 재택근무 전환에 따른 보안 취약점 등 새로운 유형의 리스크가 솟아났습니다. 이는 단순히 프로세스 오류가 아닌, 시스템 전체의 '상호작용'에서 비롯된 창발적 리스크입니다.

소셜 미디어 발달로 인한 평판 리스크: 사소한 고객 불만이나 직원의 부적절한 행동이 소셜 미디어를 통해 순식간에 확산되어 기업의 평판에 치명적인 타격을 입히는 경우가 빈번합니다. 이는 전통적인 고객 서비스 프로세스나 홍보 프로세스만으로는 예측하거나 통제하기 어려운, 복잡한 사회적 '상호작용'에서 솟아나는 리스크입니다.

이러한 '솟음' 리스크는 개별 요소나 선형적인 프로세스 분석만으로는 포착하기 어려우며, 시스템 전체의 복잡성과 상호작용을 이해하는 새로운 관점이 필요합니다.

4) 결론: 패러다임 전환의 필요성

이러한 전통적 리스크 관리의 한계를 명확히 인식하는 것은, 리스크를 '속성'과 '상호작용'이라는 근원적인 관점에서 분석하고 관리해야 할 필요성을 강력하게 뒷받침합니다. 리스크 관리의 패러다임을 '증상 치료'에서 '근본 원인 해결'로 전환하는 것이야말로 복잡하고 불확실한 현대 사회에서 조직의 지속 가능한 성장과 안정성을 확보하는 핵심 열쇠가 될 것입니다. 이제는 프로세스에만 리스크가 있다는 환상을 버리고 '흐름' 센서뿐만 아니라 '멈춤'과 '솟음' 센서까지 모두 깨워, 리스크의 근원을 입체적으로 파악하고 대응해야 할 때입니다.

2. 프로세스 밖 리스크와 통제의 문제

그러면 기존 프로세스 기반 관리체제에서 도대체 프로세스 안에 담기지 않는 리스크들은 도대체 어디에 서식하며 어떻게 통제되고 있을까요?

COSO Framework은 프로세스 밖에 존재하는 이 모든 위험들을 광의의 "통제 환경(Control Environment)"이라는 모호하고 거대한 블랙박스 안에 수용했습니다. 마치 눈에 보이지 않는 암흑 물질처럼, 그들은 그 통제 환경이라는 공간 속에 은밀하게 서식하며 존재합니다.

그리고 그들에 대한 통제 방식은 지극히 비정형적이고 암묵적입니다. 때로는 감사실의 추상(秋霜) 같은 기강 감사를 통해, 때로는 기관장의 엄중한 당부의 말씀을 통해, 때로는 잘못을 저지르고 해고당하는 동료를 보며 '떴다방'식 단속(통제)을 스스로 학습하며 '눈치껏' 살아가고 있는 것이 현실입니다.

이는 공식적인 리스크 관리 체계에 포착되거나 문서화되지 않은 채, 조직의 무의식적인 경계심과 본능적인 자정 작용에 의존하여 관리되고 있는 셈입니다. 즉, 이 리스크들은 체계 밖에서 엄연히 살아 숨 쉬며 조직에 영향을 미치고 있지만, 명확한 식별이나 체계적인 관리가 아닌, 다분히 우발적이고 간접적인 방식으로 통제되고 있을 뿐입니다.

여러분이 진정으로 갈망하는 "내부통제 고도화"의 첫걸음은 바로 "프로세스 안에만 리스크가 존재한다"라는 집요한 환상에서 벗어나는 것입니다. 지구가 우주의 중심이 아니었듯, 프로세스 기반의 접근 방식이 리스크 관리와 내부통제의 유일한 또는 절대적인 중심이 아닐 수 있다는 점을 인지해야 합니다.

3. 피터 드러커의 통찰과 리스크 관리

마음속의 영원한 스승, 경영학의 아버지라 불리는 피터 드러커는 **"측정하지 않으면 관리할 수 없고, 관리할 수 없으면 개선시킬 수 없다"** 라는 전세계 조직을 지배하는 금과옥조를 남겼습니다. 이 말은 전 세계적인 품질 관리 운동인 6시그마의 신조처럼 통용되며, 수많은 기업과 조직에 정량적 관리의 중요성을 각인시켜 왔습니다. 데이터와 지표를 통해 현상을 분석하고, 이를 바탕으로 합리적인 의사결정을 내리며, 궁극적으로 지속적인 개선을 이루어 내는 것이 현대 경영의 핵심 원리처럼 자리 잡았고 여전히 유효합니다.

그러나 측정을 강조한 피터 드러커의 통찰 역시 "조직은 프로세스의 합이다"라는 인식 범위에 제한됩니다. COSO 프레임워크가 리스크 식별을 프로세스 이내로 봉쇄하는 결함을 가지고 있어, 프로세스 밖에서 배회하는, 규모조차 가늠할 수 없는 수많은 리스크가 방치되고 있듯이, 피터 드러커의 통찰도 눈에 보이는 대상을 측정하는 것으로 제한되는 한계를 가집니다.

조직은 단순히 개별 프로세스의 합이 아닙니다. 프로세스가 상호 연계되고 인간이 개입되면서 눈으로 확인하여 측정하기 어려운 '시스템적 창발성'이 있음을 간과한 것입니다. 이로 인해 프로세스 밖에서 인식의 연결고리를 잡지 못하고 존재하는 수많은 경영의 난제들이, 마치 존재하지 않는 것처럼 관리 체계 내로 유입되지 못하고 측정의 기회조차 얻지 못한 채 방치될 수 있습니다.

송구스럽지만 감히 금과옥조에 보태 봅니다.

"인식하지 못하면 측정할 수 없고, 측정하지 않으면 관리할 수 없고, 관리할 수 없으면 개선시킬 수 없다."

리스크 관리와 내부통제의 첫 관문은 리스크 식별입니다. 식별하여 인식의 영역으로 유입하고 존재로 인정하는 것이 통제의 첫 단추이자 가장 근본적인 행위입니다.

제3장

리스크 인식의 새로운 지평

제1절 | Tri View Risk Mining Framework 소개 및 활용

현대의 복잡하고 불확실한 환경에서 기관과 기업이 직면한 리스크를 보다 총체적으로 이해하고 관리하기 위한 새로운 접근 방식, 바로 리스크의 근원을 꿰뚫는 세 가지 시선 "Tri View Risk Mining Framework(약어:Tri View)"를 소개해 드리고자 합니다.

[표011] Tri View Risk Mining Framework

리스크 유형	의미	필요성	기능 및 관리	구체적 사례	
흐름 리스크 (Flow Risk)	조직의 일상적인 업무 프로세스, 운영 활동, 또는 순차적인 절차의 실행 과정에서 발생하는 리스크. 전통적인 리스크 관리가 주로 다루어왔던 영역임.	조직 운영의 기본이며, 예측 가능하고 반복적인 리스크를 관리하는 데 필수적임. 효율성과 품질 관리에 중요한 역할을 함.	프로세스 개선, 통제 활동 강화, 표준화, QC, BPR, 식스 시그마 등 기존의 검증된 방법론을 활용하여 관리함.	· 제조 공정	특정 생산 라인에서 작업자 실수로 인한 불량품 발생률 증가(예: 조립 매뉴얼 미준수, 기계 오작동).
				· 고객 서비스	콜센터 상담원의 응대 절차 미숙으로 인한 통화 대기 시간 증가 및 고객 불만.
				· 재무 보고	월말 결산 과정에서 데이터 입력 오류로 인한 재무제표의 소액 오기.
				· 물류	배송 프로세스 중 운송 지연으로 인한 납기일 미준수.
멈춤 리스크 (Stock Risk)	조직, 시스템, 자산, 문화 등 특정 대상이 '존재하는 그 자체의 속성'에서 기인하는 리스크. 프로세스의 실행 여부와 관계 없이 내재된 본질적인 취약점이나 한계에서 발생함.	아무리 프로세스를 잘 설계해도, 그 프로세스가 작동하는 기반 자체에 문제가 있다면 언제든 리스크가 터져 나올 수 있습니다. 조직의 근본적인 취약점을 해결하는 데 필수적임.	근본적인 속성 개선, 구조적 변화, 시스템 전면 교체, 조직 문화 혁신, 인력 역량 강화 등 '속성' 자체를 변화시키거나 관리하는 데 중점을 둠.	· IT 인프라	10년 이상 된 노후화된 레거시 시스템이 최신 보안 위협에 취약하여 해킹 위험 상존 (아무리 보안 프로세스 강화해도 시스템 자체의 한계).
				· 조직 문화	수직적이고 경직된 조직 문화로 인해 직원들의 창의적 아이디어가 묵살되고, 중요한 정보가 상부에 보고되지 않아 의사결정 지연(소통 프로세스 개선만으로는 한계).
				· 인력 구조	특정 핵심 기술을 보유한 인력이 고령화되어 은퇴를 앞두고 있으나, 지식 전수 시스템 부재로 인한 기술 단절 위험.
				· 사업 모델	오프라인 매장 중심의 사업 모델이 온라인 전환 시대에 경쟁력을 잃어가는 본질적인 위험(아무리 오프라인 매장 운영 프로세스 효율화해도 사업 모델 자체의 한계).

솟음 리스크 (Emergence Risk)	매크로 솟음 리스크(Macro Emergence Risk) 조직의 통제 범위를 훨씬 넘어서는 거대한 외부 환경 요인들의 복합적 상호작용에서 발생하는 창발적 위험.	발생 자체를 직접 통제하거나 예방하기 어려우므로, 조직의 거시적 회복 탄력성 강화에 초점.	시나리오 플래닝, 비상 계획 수립, 유연한 조직 구조 구축, 조기 경보 시스템, 복잡계 분석 등 거시적 적응 및 회복 탄력성 강화 전략 활용.	·복합 재난	기후 변화로 인한 이상 기후(예: 기록적인 폭우)가 도시 인프라(배수 시스템)의 한계와 맞물려 대규모 정전, 통신 마비, 교통 마비 등 예측 불가능한 복합 재난으로 확산.
				·기술 융합	인공지능(AI)과 생명공학 기술의 융합으로 새로운 윤리적, 사회적 문제가 발생하여 기업의 사업 지속성에 위협.
				·글로벌 공급망	특정 국가의 정치적 불안정(예: 전쟁)이 글로벌 공급망의 여러 단계에 걸쳐 연쇄적인 생산 차질과 원자재 가격 폭등을 유발하여 전 세계 산업에 동시다발적 위기 초래.
	마이크로 솟음 리스크(Micro Emergence Risk) 조직 내부 또는 직접적인 운영 환경 내의 요소들 간 복합적 상호작용에서 발생하는 창발적 위험. 특정 프로세스 오류나 고정된 취약점으로 설명하기 어려움.	직접적인 예방은 어려우나, 조직 내부의 능동적인 환경 조성을 통해 부정적인 창발을 줄이고 긍정적인 창발을 유도하는 내부 적응력 강화에 초점.	내부 소통 채널 강화, 협업 문화 조성, 심리적 안전감 확보, 교차 기능 팀 (Cross-functional team) 활성화, 시나리오 기반 워크숍 등 조직 내부의 적응력 강화에 초점.	·부서 간 사일로	마케팅 부서의 공격적 캠페인과 생산 부서의 생산 능력 정보 공유 부족이 복합 작용하여 고객 불만 폭주 및 브랜드 이미지 손상.
				·내부 소통 플랫폼	새로운 내부 소통 플랫폼 도입 시 직원 간 미묘한 권력 관계나 비공식 채널과 얽히면서 불필요한 갈등이나 정보 왜곡 심화.
				·내부 평판 위기	사소한 직원의 개인적 일탈이 소셜 미디어를 통해 확산되고, 여기에 기업의 미흡한 초기 대응이 더해져 전사적인 불매운동으로 이어지는 평판 위기(내부 요인과 외부 반응의 복합 작용).

우리는 앞서 경영혁신의 흐름과 국제 표준들이 어떻게 우리의 리스크 인지 센서 중 '흐름'에만 과도하게 집중하게 만들었는지 살펴보았습니다.

현대 사회는 더 이상 '흐름' 리스크만으로는 설명되지 않는 복잡하고 예측 불가능한 위험들로 가득합니다. 그동안 흐름 리스크의 압도적인 관리 용이성 때문에 외면당해 온 멈춤 리스크와 솟음 리스크가 지속가능경영, ESG 경영을 요구받는 현대 조직에 있어 선택이 아닌 필수일 수밖에 없습니다. 바로 이러한 필요성에서 **"Tri View"**가 고안되었습니다.

이 Framework는 리스크를 세 가지 핵심 관점, 즉 "흐름(Flow), 멈춤(Stock), 솟음(Emergence)"으로 나누어 심층적으로 분석하고 관리함으로써, 기존의 사각지대를 해소하고 조직의 진정한 회복 탄력성을 구축하는 것을 목표로 합니다.

1. Tri View의 세 가지 핵심 관점

이 프레임워크는 리스크를 단순히 '발생 가능한 사건'으로 보는 것을 넘어, 그 근원과 발현 양상에 따라 세 가지 유형으로 분류합니다.

흐름 리스크(Flow Risk)

이것은 조직의 일상적인 업무 프로세스, 운영 활동, 또는 순차적인 절차의 실행 과정에서 발생하는 리스크를 의미합니다. 전통적인 리스크 관리가 주로 다루어 왔던 영역이며, 프로세스상의 오류, 지연, 비효율성, 또는 표준에서 벗어나는 일탈 등이 여기에 해당합니다. 여전히 조직 운영의 기본이며, 예측 가능하고 반복적인 리스크를 관리하는 데 필수적입니다. QC, BPR, 식스 시그마 등 과거의 경영혁신이 집중했던 영역으로, 효율성과 품질 관리에 중요한 역할을 합니다. 예를 들어, 제조 공정에서의 불량률 증가, 고객 서비스 응대 지연, 재무 보고서 작성 과정에서의 오류 등이 대표적인 흐름 리스크라고 할 수 있습니다.

멈춤 리스크(Stock Risk)

이 리스크는 조직, 시스템, 자산, 문화 등 특정 대상이 '존재하는 그 자체의 속성'에서 기인합니다. 프로세스의 실행 여부와 관계없이 내재된 본질적인 취약점이나 한계에서 발생합니다. 우리가 '흐름'에만 집중하느라 간과했던 '속성 기반 리스크'가 바로 이것입니다. 아무리 프로세스를 잘 설계해도, 그 프로세스가 작동하는 기반 자체에 문제가 있다면 언제든 리스크가 터져 나올 수 있습니다. '멈춤' 리스크는 조직의 근본적인 취약점을 드러내며, 이를 해결하지 않으면 지속적인 문제 발생의 원인이 됩니다. 예를 들어, 10년 이상 된 노후화된 IT 시스템의 내재적 보안 취약성, 경직된 조직 문화로 인한 혁신 저해, 특정 핵심 기술에 대한 과도한 의존성, 핵심 인력의 고령화로 인한 지식 단절 위험 등이 멈춤 리스크에 해당합니다.

솟음 리스크(Emergence Risk)

'솟음' 리스크는 개별 요소들의 복잡하고 비선형적인 상호작용에서 돌연히 '창발'하는 위험을 말하며, 예측 불가능한 '미지의 미지' 영역에 속해 식별 난이도가 매우 높습니다. 이 솟음 리스크는 스케일에 따라 두 가지로 구분됩니다.

'매크로 솟음 리스크'는 조직의 통제 범위를 넘어서는 거대한 외부 환경에서 발생하는 예측 불가능한 창발적 위험입니다. 팬데믹, 글로벌 공급망 붕괴, 지정학적 변화 등이 예시입니다.

'마이크로 솟음 리스크'는 조직 내부 또는 직접적인 운영 환경 내에서 발생하는 예측 불가능한 창발적 위험입니다. 이는 부서, 팀, 개인, 시스템 간의 복잡하고 비선형적인 상호작용에서 비롯됩니다.

결국, 두 유형의 솟음 리스크는 모두 예측 불가능하다는 공통점을 가지지만, 그 발생의 근원과 조직이 대응할 수 있는 방식에서 차이가 있습니다.

2. Tri View의 필요성

지난 수십 년간의 경영혁신 기조와 국제 표준은 '흐름' 센서의 발달에는 지대한 공헌을 했지만, 동시에 인간이 본래 지니고 있던 입체적인 리스크 인지 능력을 불완전하게 만든 원인이 되었습니다. ICFR이 재무보고라는 좁은 우물에 갇혀 내부통제의 허울이 되고, 리스크 사각지대를 양산하는 것도 바로 이러한 '흐름' 일변도의 사고방식 때문입니다.

Tri View는 이러한 한계를 극복하고, 다음과 같은 이유로 현대 조직에 필수적입니다.

사각지대 해소: '흐름' 리스크만으로는 포착할 수 없었던 '멈춤'과 '솟음' 리스크를 명확히 식별하고 관리함으로써, 조직의 리스크 관리 사각지대를 근본적으로 해소합니다.

총체적 이해: 리스크의 발생 원인과 양상을 다각도로 분석하여, 리스크에 대한 보다 깊고 총체적인 이해를 가능하게 합니다.

회복 탄력성 강화: 예측 가능한 위험뿐만 아니라, 내재된 취약점과 예측 불가능한 창발적 위험에 대한 대비를 통해 조직의 위기 대응 능력과 회복 탄력성을 획기적으로 강화합니다.

지속 가능한 성장: 리스크 관리를 단순히 손실 방어 차원을 넘어, 조직의 전략적 의사결정과 지속 가능한 성장을 위한 핵심 동력으로 전환시킵니다.

3. Tri View의 기능

이 프레임워크는 기존의 리스크 관리 프로세스에 세 가지 관점을 통합하여 작동합니다.

다차원적 리스크 식별: 리스크 식별 단계에서 단순히 프로세스 흐름을 따라가는 것을 넘어, 조직의 핵심 자산, 시스템, 문화 등 '속성'을 심층 분석하고, 다양한 요소 간의 '상호작용'을 탐색하여 잠재적 창발 리스크를 적극적으로 발굴합니다.

입체적 리스크 평가: 식별된 리스크를 '흐름', '멈춤', '솟음' 각 관점에서 영향도와 발생 가능성을 평가하고, 리스크 프로파일에 다차원적인 정보를 기록합니다.

맞춤형 대응 방안 제시: 각 리스크 유형의 특성에 맞는 최적화된 대응 방안을 제시합니다. '흐름' 리스크에는 프로세스 개선, 통제 활동 강화, 표준화 등을, '멈춤' 리스크에는 근본적인 속성 개선(예: IT 시스템 교체, 조직 문화 혁신, 핵심 인력 재교육), 구조적 변화 등을, 그리고 '솟음' 리스크에는 시나리오 플래닝, 비상 계획 수립, 유연한 조직 구조 구축, 정보 공유 및 협업 강화, 조기 경보 시스템 구축 등 적응적이고 회복 탄력적인 접근 방안을 제시합니다.

통합적 모니터링 및 피드백: 리스크 지표(KRI)와 통제 지표(KCI)를 '흐름', '멈춤', '솟음' 각 관점에서 설계하고, 지속적인 모니터링을 통해 리스크 상태 변화와 통제 효과성을 감지할 수 있도록 지원합니다.

제2절 | Tri View 활용 다양한 사례 분석을 통한 통찰

백문이 불여일견이라는 말이 있습니다. 이제는 이 Tri View가 실제 공공부문과 기업 등에서 어떻게 그 진정한 성능을 발휘하는지 같이 살펴보겠습니다. Tri View는 단순히 눈에 보이는 '흐름' 리스크를 넘어, 조직의 깊숙한 곳에 숨어 있는 '멈춤' 리스크, 그리고 예측 불가능한 상호작용 속에서 불쑥 '솟아나는' 리스크까지, 이 세 가지 관점으로 리스크의 근원을 꿰뚫어 보고 관리할 수 있는 가능성을 예시를 통해 입증해 보이겠습니다. 이 독창적인 접근법은 기존의 단편적인 시각으로는 포착하기 어려웠던 복합적이고 근원적인 위험들을 명확히 드러내어, 보다 입체적인 리스크 관리를 가능하게 합니다.

고양시청, 국민체육진흥공단(KSPO), 감사원, 그리고 리스크 컨설팅 기업, 풀무원 주식회사, O2C 프로세스, 인사팀, 인사팀 채용담당자, 60대 컨설던트 A씨 개인, 마지막으로 비영리 사단법인 한국감사협회(IIAKorea) 총 10가지 Case를 대상으로 Tri View(흐름, 멈춤, 솟음) 각 10개, Case별 30개의 리스크를 식별하고 더불어 통제 방안을 제시해 보겠습니다. 이처럼 공공, 민간, 개인, 비영리 등 다양한 영역에 걸친 사례 분석을 통해 Tri View의 보편성과 실용성을 폭넓게 검증하고자 합니다.

그리고 도출된 결과에 대한 의미를 다음 3절에서 종합하여 검토하겠습니다.(예시는 외부에 알려진 조직의 일반적인 상황을 전제하고 분석하였습니다. 내부의 특정 상황이 반영되지 않았음을 참고하시기 바랍니다. 내부 정보가 충실할수록 더욱 정교한 식별과 통제방안 설계가 가능합니다. 10가지 다양한 사례에서 동일한 주제를 분석하고 해석하는 데 따른 불가피한 동어 반복 부분을 양해 바랍니다.)

1. 고양시청 30가지 리스크와 통제 방안

고양시청은 시민들의 삶과 직결된 다양한 행정 서비스를 제공하는 중요한 기관입니다. 이곳에서도 '흐름', '멈춤', '솟음' 리스크들이 끊임없이 발생하고 있습니다. 이 세 가지 관점으로 시청의 리스크를 들여다보면, 어디에 숨어있는 위험들이 있는지, 그리고 어떻게 관리해야 할지 좀 더 명확하게 알 수 있습니다.

[표012] Tri View 고양시청 리스크

흐름 리스크(Flow Risk)		멈춤 리스크(Stock Risk)		솟음 리스크(Emergence Risk)	
(일상적 프로세스 내 예측 가능한 위험)		(조직/자산/문화 등 존재 자체의 속성에서 기인하는 위험)		(복잡한 상호작용에서 예측 불가능하게 창발하는 위험)	
리스크 식별	통제 방안	리스크 식별	통제 방안	리스크 식별	통제 방안
1. 민원 처리 절차 지연	민원 처리 절차 간 소화 및 담당자 교육 강화	1. 노후 공공시설물(교량, 상하수도)의 안전 취약성	정기적인 안전 진단 의무화 및 계획적인 보수/재건축 예산 확보	1. 기후 변화로 인한 복합 재난 발생(폭염+가뭄+산불 → 도시 기능 마비)	재난 대응 시스템의 유연성 강화, 민관 협력 체계 구축, 시뮬레이션 기반 훈련
2. 공공시설물 정기 유지보수 일정 미준수	유지보수 계획 시스템화 및 자동 알림 기능 도입	2. 경직된 관료주의적 조직 문화로 인한 소극 행정	수평적 소통 채널 활성화, 성과 평가에 적극 행정 반영, 리더십 교육 강화	2. 가짜 뉴스/허위 정보 확산으로 인한 시정 불신 증폭	시민 참여형 팩트체크 플랫폼 운영, 신속한 공식 입장 발표 시스템 구축
3. 예산 집행 과정에서의 오류 발생	예산 집행 전 다단계 검토 시스템 및 담당자 교육 강화	3. 특정 분야(예: 재난 관리, IT 보안) 전문 인력의 부족	전문 인력 양성 프로그램 운영, 외부 전문가 영입 및 협력 체계 구축	3. 예측 불가능한 전염병 확산으로 인한 도시 기능 마비	상시 감염병 감시 체계 고도화, 비상 의료 인프라 확충, 시민 행동 변화 유도 캠페인
4. 공무원 업무 처리 중 단순 실수(오탈자, 누락 등)	업무 표준화(SOP) 강화, 체크리스트 활용, 교차 검토 의무화	4. 레거시 행정 시스템의 기술적 한계 및 보안 취약성	단계별 시스템 현대화 계획 수립, 클라우드 전환 검토, 정기적인 보안 감사	4. 급격한 인구 구조 변화(저출산·고령화)로 인한 도시 기능 약화	장기적인 인구 변화 시나리오 기반 도시 계획 수립, 맞춤형 복지 서비스 모델 개발
5. 주차 단속 민원 처리 기한 초과	민원 접수 및 처리 시스템 개선, 전담 인력 배치	5. 공공 데이터 개방의 낮은 수준 및 활용성 부족	데이터 개방 정책 재정비, 시민/기업의 데이터 활용 지원 플랫폼 구축	5. 신기술 도입(AI 민원 처리 등)의 사회적 갈등 비화	기술 도입 전 충분한 사회적 논의 과정 마련, 시민 공청회 및 의견 수렴 강화
6. 공공사업 입찰 절차 상의 서류 미비	입찰 서류 표준 양식 제공 및 사전 검토 서비스 운영	6. 시민 참여 플랫폼의 낮은 활용도 및 접근성 문제	플랫폼 디자인 개선, 시민 의견 반영 사례 홍보, 온/오프라인 연계 강화	6. 부서 간 정보 공유 부족으로 인한 복합 민원 처리 사각지대 발생	기관 간 협업 문화 강화, 통합 정보 공유 시스템 구축, 복합 민원 시나리오 분석
7. 환경 민원(소음, 악취 등) 처리 지연	민원 접수 채널 일원화 및 현장 대응팀 신속 출동 시스템 구축	7. 고양시 재정 자립도의 구조적 취약성	중장기 재정 건전화 계획 수립, 신규 세원 발굴 노력, 효율적 예산 운용	7. 새로운 내부 소통 플랫폼 도입 후 오히려 갈등 심화 및 정보 왜곡	심리적 안전감 높은 소통 문화 조성, 비공식 채널 존중, 플랫폼 운영 정책 유연화

8. 정보 공개 청구 처리 기한 미준수	정보 공개 담당자 역량 강화 및 처리 현황 실시간 모니터링	8. 공무원들의 변화 관리 및 혁신 역량 부족	변화 관리 교육 의무화, 혁신 아이디어 제안 및 실행 지원 시스템 구축	8. 특정 정책 추진 시 시민단체/이해관계자 간의 복합적 갈등 폭발	시민 의견 수렴 채널 상시 운영, 갈등 관리 전문가 양성, 중재 시스템 마련
9. 내부 보고서 작성 및 제출 기한 미준수	보고서 작성 가이드라인 배포, 기한 알림 시스템 도입	9. 도시 계획의 장기적 비전 부재 및 일관성 부족	시민/전문가 참여 기반의 장기 도시 발전 계획 수립 및 법제화	9. 공공 서비스 전달 체계의 비효율성 심화 (유사 서비스 중복)	서비스 통합 플랫폼 구축, 부서 간 협의체 상설화, 시민 중심 서비스 디자인 도입
10. 공공 서비스 안내 자료의 정보 오류	안내 자료 정기 업데이트 및 다중 검수 시스템 운영	10. 특정 부서 간의 고질적인 협업 부족 및 사일로 현상	부서 간 교류 프로그램 활성화, 협업 성과 인센티브 제공, 통합 업무 시스템 도입	10. 사이버 공격이 단순 시스템 마비를 넘어 시민 정보 유출, 신뢰도 하락 등 복합 피해 야기	사이버 보안 시스템 고도화, 정기적인 모의 훈련, 정보 유출 시 신속 대응 및 복구 체계 마련

1) 흐름 리스크(Flow Risk)

'흐름' 리스크는 고양시청의 일상 업무 프로세스에서 발생하는 예측 가능하고 눈에 잘 보이는 위험입니다. 이는 행정 절차의 흐름 속에서 생기는 문제들입니다. 예를 들어, 민원 처리 지연, 공공시설물 유지보수 일정 미준수, 예산 집행 오류, 공무원의 오탈자나 서류 누락, 주차 단속 민원 처리 기한 초과, 정보 공개 청구 기한 불이행 등이 해당합니다. 이러한 리스크들은 민원 처리 절차 간소화, 시스템 자동 알림, 담당자 교육 강화, 업무 표준화(SOP) 및 체크리스트 활용 등으로 비교적 쉽게 통제할 수 있습니다.

2) 멈춤 리스크(Stock Risk)

'멈춤' 리스크는 고양시청 조직의 '존재 자체 속성'에서 기인하는, 근본 체질에 내재된 취약점입니다. 이는 업무 프로세스 문제가 아닌, 자산, 시스템, 문화, 인력 등의 문제입니다. 대표적으로 노후 공공시설물의 안전 취약성, 경직된 관료주의로 인한 소극 행정, 재난 관리/IT 보안 전문 인력 부족이 있습니다. 낡은 행정 시스템의 기술적 한계, 낮은 공공 데이터 개방 수준, 재정 자립도 취약성, 공무원의 변화 관리 역량 부족 등도 멈춤 리스크입니다. 통제를 위해서는 시설 보수 예산 확보, 소통 활성화, 전문 인력 양성, 시스템 현대화, 데이터 개방 정책 개선, 재정 건전화 계획 등 근본적인 '속성' 변화 노력이 필요합니다.

3) 솟음 리스크(Emergence Risk)

'솟음' 리스크는 고양시청 내외부 요소들의 복잡한 상호작용 속에서 예측 불가능하게 '창발'하는 새로운 위험입니다. 이는 '미지의 미지' 영역으로, 직접 통제보다 조직의 회복 탄력성과 적응력 강화에 중점을 둡니다. 매크로 솟음 리스크로는 기후 변화 복합 재난, 가짜 뉴스 확산으로 인한 시정 불신, 전염병 확산으로 인한 도시 기능 마비, 인구 구조 변화, 신기술 도입의 사회적 갈등 비화 등이 있습니다. 이에 비상 계획 수립, 유연한 대응 체계 구축, 시민 소통 강화 등을 통해 '적응'해야 합니다.

내부적으로는 부서 간 정보 공유 부족으로 인한 민원 사각지대, 내부 소통 플랫폼 도입 후 갈등 심화, 이해관계자 복합 갈등 폭발, 서비스 중복, 사이버 공격으로 인한 복합 피해 등 마이크로 솟음 리스크가 발생합니다. 이러한 위험은 특정 프로세스 오류가 아니므로, 협업 문화 강화, 통합 정보 시스템 구축, 갈등 관리 전문가 양성, 사이버 보안 고도화 등 다각적 접근이 필요합니다. 궁극적으로 리스크를 막기보다 빠르게 감지하고 유연하게 대응하며 학습하여 내부 역량을 지속 강화하는 것이 중요합니다. 고양시청이 신뢰받는 행정 서비스를 제공하려면, '흐름' 리스크뿐 아니라 '멈춤' 리스크, '솟음' 리스크까지 입체적으로 인식하고 관리하는 노력이 필수적입니다.

2. KSPO 30가지 리스크와 통제 방안

국민체육진흥공단(KSPO)은 스포츠 진흥과 국민 건강 증진이라는 중요한 역할을 수행하며, 경륜·경정, 스포츠토토와 같은 사행산업을 통해 기금을 조성하고 있습니다. 이러한 복합적인 사업 구조 속에서 공단은 다양한 리스크에 직면하고 있는데요. 이 리스크들을 '흐름', '멈춤', '솟음'이라는 세 가지 관점으로 들여다보면, 공단의 리스크 관리 역량을 더욱 강화할 수 있습니다.

[표013] Tri View KSPO 리스크

흐름 리스크(Flow Risk)		멈춤 리스크(Stock Risk)		솟음 리스크(Emergence Risk)	
(일상적 프로세스 내 예측 가능한 위험)		(조직/자산/문화 등 존재 자체의 속성에서 기인하는 위험)		(복잡한 상호작용에서 예측 불가능하게 창발하는 위험)	
리스크 식별	통제 방안	리스크 식별	통제 방안	리스크 식별	통제 방안
1. 발매 시스템 오류 및 장애	시스템 정기 점검 및 업그레이드, 비상 복구 시스템 구축, 트래픽 분산 시스템 도입, 유지보수 계약 강화	1. 불법 사행산업 경쟁 심화	정부/관계기관 협력 강화, 합법 시장 건전성/편의성 제고	1. 도박 사회문제 신뢰 급락	선제적 중독 예방 시스템 고도화, 유관 기관 협력 강화, 위기 소통 매뉴얼 구축
2. 당첨금 지급 지연/오류	지급 시스템 자동화, 다단계 검증 절차 도입, 지급 담당자 교육 강화, 내부 감사	2. 사행산업 수익 감소에 따른 재정 불안정	사업 포트폴리오 다각화, 건전성 제고, 효율적 기금 운용	2. 스포츠 스캔들 사업 영향	스포츠계 윤리 강화 프로그램 지원, 승부 조작 감시 시스템 고도화, 위기 대응 매뉴얼 구축
3. 불법 도박 단속 프로세스 미흡	모니터링 시스템 고도화, 전담 인력 확충, 사법 기관과의 공조 강화, 대국민 홍보	3. 사행산업 부정적 인식 확산	적극적 소통 및 홍보, 건전화 노력 가시화, 사회 공헌 활동 확대	3. 사행산업 인식 급변	사회적 가치 변화 모니터링, 건전화 노력 지속, 신사업 발굴

4. 시설물 파손 처리 지연	시설물 정기 점검 강화, 비상 보고 체계 확립, 유지보수 인력 확충	4. 공공성 훼손 논란	공공성 강화 사업 비중 확대, 기금 사용 투명성 강화	4. 전염병 행사/시설 폐쇄	비상 계획 수립 및 훈련, 재택근무 시스템 구축, 디지털 서비스 강화
5. 기금 배분 서류 누락	서류 제출 시스템 자동화, 다단계 검토/승인 절차, 담당자 교육 강화	5. 사회적 책임 이행 미흡	실질적 사회 공헌 활동 강화, ESG 경영 도입	5. 미디어 환경 대응 미흡	미디어 트렌드 분석, 신기술 도입 투자, 디지털 마케팅 전문 인력 확보
6. 수강생 모집 전산 오류	모집 시스템 정기 점검, 부하 테스트 실시, 비상 복구 시스템 마련	6. 이중 이미지 관리 실패	일관된 브랜드 메시지 구축, 내부 소통 강화, 건전화 노력 강조	6. 불법 도박 신기술 급성장	불법 도박 기술 모니터링 시스템 고도화, 국제 공조 강화, 선제적 기술 개발
7. 민원 응대 절차 미준수	민원 응대 매뉴얼 정비, 상담사 교육 강화, 민원 처리 모니터링	7. 사업 포트폴리오 시너지 부족	사업 부서 간 협업 강화, 통합 마케팅 전략 수립	7. 부서 목표 상충 시너지 저해	통합적 목표 설정, 부서 간 협업 시스템 구축, 정기적 워크숍
8. 고객 정보 유출	보안 시스템 강화, 직원 보안 교육, 접근 권한 관리, 암호화	8. 복잡한 사업 구조 관리 역량 부족	조직 구조 재편, 통합 관리 시스템 구축, 전문 인력 양성	8. 민원 폭증 이미지 실추	고객센터 시스템 고도화, 상담 인력 확충, 위기 대응 매뉴얼 구축
9. 감사 시정 조치 미준수	시정 조치 전담팀 운영, 예산 확보, 시정 조치 이행 모니터링	9. 맞춤형 관리 체계 미흡	사업별 리스크 특성 분석, 맞춤형 리스크 관리 시스템 도입	9. 위탁사업자 문제 연쇄 영향	위탁 사업자 선정 및 관리 감독 강화, 계약 조건 명확화, 비상 계획 수립
10. 홍보 캠페인 비효율	홍보 전략 재수립, 타겟 고객 분석 강화, 성과 측정 시스템 도입	10. 규제 변화 예측 및 대응 실패	규제 모니터링 시스템 구축, 법률/규제 전문가 확보	10. 종목 육성 형평성 논란	종목 육성 정책의 투명성 강화, 다양한 종목 지원, 이해 관계자 의견 수렴

1) 흐름 리스크(Flow Risk)

'흐름' 리스크는 국민체육진흥공단의 일상 업무 프로세스에서 발생하는 예측 가능하고 눈에 잘 보이는 위험입니다. 이는 스포츠 경기의 규칙적인 진행 과정에서 생기는 문제와 같습니다. 예를 들어, 스포츠 토토 발매 시스템 오류, 당첨금 지급 지연, 불법 도박 단속 미흡, 시설물 파손 처리 지연, 기금 서류 누락, 강좌 모집 전산 오류, 민원 응대 미준수, 고객 정보 유출, 감사 시정 조치 미준수, 홍보 캠페인 비효율 등이 '흐름' 리스크에 속합니다. 이러한 리스크들은 시스템 정기 점검, 프로세스 자동화, 매뉴얼 기반 대응, 정보 공유 강화, 절차 표준화, 담당자 교육, 보안 시스템 고도화 등으로 비교적 쉽게 통제 가능합니다.

2) 멈춤 리스크(Stock Risk)

'멈춤' 리스크는 국민체육진흥공단 조직의 '존재 자체 속성'에서 기인하는 위험입니다. 이는 업무 프로세스 문제가 아닌, 공단의 재정 구조, 사업 모델, 조직 문화, 인력 등 근본 체질의 취약점입니다. 선수의 기본기/체력 부실에 비유됩니다. 대표적으로 스포츠토토 사업의 사행성 이미지 고착화, 높은 재정 의존도, 규제 환경 대응력 부족, 발매 시스템 노후화, 리스크 관리 전문성 부족이 있습니다. 관료주의적 조직 문화, 형식적 내부 통제, 낮은 브랜드 인지도, 데이터 기반 의사결정 미흡, 핵심 인력 고령화/지식 전수 부재 등도 멈춤 리스크입니다. 통제를 위해서는 건전화 캠페인, 신규 수익원 발굴, 규제 모니터링, 시스템 현대화, 전문 인력 양성, 소통 활성화, 내부 통제 개선, 데이터 거버넌스, KMS 구축 등 근본 속성 변화 노력이 필요합니다.

3) 솟음 리스크(Emergence Risk)

'솟음' 리스크는 국민체육진흥공단 내외부 요소들의 복잡한 상호작용 속에서 예측 불가능하게 '창발'하는 새로운 위험입니다. 이는 '미지의 미지' 영역으로, 직접 통제보다 조직의 회복 탄력성과 적응력 강화에 중점을 둡니다. 매크로 솟음 리스크로는 스포츠토토 관련 대규모 사회문제, 스포츠 스캔들 영향, 사행산업 인식 급변, 전염병 확산, 미디어 환경 대응 미흡 등이 있으며, 이에 비상 계획 수립, 온라인 콘텐츠 개발, 사회적 가치 변화 모니터링, 위기 소통 등으로 '적응'해야 합니다.

내부적으로는 불법 도박 신기술 급성장, 부서 목표 상충, 민원 폭증, 위탁사업자 문제 연쇄 영향, 종목 육성 형평성 논란 등 마이크로 솟음 리스크가 발생합니다. 이러한 위험은 특정 프로세스 오류가 아니므로, 기술 동향 분석, 합법 시장 혁신, 교차 기능 팀 활성화, 시스템 확장성 확보, 위탁 사업자 관리 강화, 균형 발전 전략 수립 등 다각적 접근이 필요합니다.

3. 감사원 30가지 리스크와 통제 방안

감사원은 국가의 재정 운영과 행정 전반을 감시하고 평가하며, 공정성과 독립성을 생명처럼 여기는 중요한 헌법기관입니다. 이러한 막중한 역할을 수행하는 감사원 역시 '흐름', '멈춤', '솟음' 리스크들로부터 자유로울 수 없습니다. 특히 감사원의 특수한 위상과 역할은 일반 조직과는 다른 차원의 복합적인 위험을 내포하고 있습니다. 국민적 신뢰를 바탕으로 하는 기관의 특성상, 미처 인지하지 못한 사소한 위험조차도 치명적인 파급력을 가질 수 있기 때문입니다. 이 세 가지 관점으로 감사원의 리스크를 들여다보면, 어디에 숨어 있는 위험들이 있는지, 그리고 어떻게 관리해야 할지 좀 더 명확하게 알 수 있으며, 이는 감사원의 본질적인 역량을 강화하고 미래의 도전 과제에 선제적으로 대응하는 데 중요한 통찰을 제공할 것입니다. 궁극적으로는 감사원의 공정성과 독립성을 더욱 확고히 하는 기반이 될 것입니다.

[표014] Tri View 감사원 리스크

흐름 리스크(Flow Risk)		멈춤 리스크(Stock Risk)		솟음 리스크(Emergence Risk)	
(일상적 프로세스 내 예측 가능한 위험)		(조직/자산/문화 등 존재 자체의 속성에서 기인하는 위험)		(복잡한 상호작용에서 예측 불가능하게 창발하는 위험)	
리스크 식별	통제 방안	리스크 식별	통제 방안	리스크 식별	통제 방안
1. 감사 보고서 작성 과정에서의 오류 또는 지연	다단계 검토 시스템 강화, 보고서 작성 표준화, 마감 기한 준수 모니터링	1. 감사 독립성 및 중립성에 대한 대국민 불신 고착화	감사위원 임명 절차의 투명성 강화, 감사 결과의 객관성 확보 노력, 정치적 중립성 강조 교육	1. 급변하는 사회 환경(예: 플랫폼 경제, AI 기술)에서 발생하는 새로운 형태의 부정/비리	신기술 및 신사업 모델에 대한 감사 역량 강화, 관련 전문가 그룹과의 협력, 선제적 감사 기법 연구
2. 감사 증거 수집 절차 미준수 또는 누락	감사 매뉴얼 준수 교육 강화, 증거 수집 체크리스트 활용, 증거 관리 시스템 고도화	2. 특정 분야(예: IT 감사, 환경 감사) 전문 감사 인력 부족	전문 감사 인력 양성 프로그램 확대, 외부 전문가 자문단 운영, 전문성 기반 채용 확대	2. 대국민 불신 심화로 인한 감사 결과에 대한 광범위한 불신 및 저항	감사 과정의 투명성 강화, 시민 참여형 감사 모델 도입, 감사 결과에 대한 객관적 설명 및 소통 강화
3. 피감기관과의 소통 과정에서 오해 발생	감사 착수 전 사전 설명회 의무화, 소통 채널 명확화, 질의응답 표준화	3. 감사 기법 및 도구의 노후화 및 현대화 지연	최신 감사 기법(데이터 분석, AI 감사 등) 도입, 감사 시스템 현대화 계획 수립 및 예산 확보	3. 예측 불가능한 대규모 재난(예: 팬데믹) 발생 시 공공 부문 예산 집행의 투명성 및 효율성 저하	비상 시 감사 계획 수립, 신속 감사팀 운영, 재난 관련 예산 집행에 대한 특별 감사 역량 강화
4. 감사 일정 지연으로 인한 감사 효율성 저하	감사 계획 수립 시 현실성 확보, 진행 상황 실시간 모니터링, 유연한 인력 재배치	4. 경직된 조직 문화로 인한 감사 혁신 및 창의성 저해	수평적 소통 채널 활성화, 혁신 아이디어 제안 제도 운영, 감사 혁신 성과에 대한 보상 강화	4. 국제 감사 표준 및 기대치의 급격한 변화에 대한 대응 미흡	국제 감사 기구와의 교류 확대, 국제 표준 동향 상시 모니터링, 내부 감사 표준의 지속적 업데이트
5. 감사 결과에 대한 이의신청 처리 절차 지연	이의신청 처리 전담팀 운영, 처리 기한 명시 및 준수, 결과 통보 절차 간소화	5. 감사 결과의 사회적 영향력 및 파급력 부족	감사 결과의 대국민 이해도 제고 노력, 언론 및 시민 단체와의 소통 강화, 정책 제언 기능 강화	5. 정치적 양극화 심화로 인한 감사원의 정치적 중립성 훼손 시도 증가	감사원 독립성 수호 원칙 재확립, 정치적 압력에 대한 대응 매뉴얼 마련, 대국민 홍보 강화
6. 감사 자료 관리 및 보관 과정에서의 실수	전자 문서 시스템 활용 의무화, 자료 접근 권한 통제, 정기적인 백업 및 복구 훈련	6. 내부 통제 시스템의 형식적 운영 및 실효성 부족	내부 통제 시스템 정기적 점검 및 개선, 임직원 윤리 교육 강화, 내부 고발 시스템 활성화	6. 감사원 내부의 특정 감사 결과가 예상치 못한 사회적 논란으로 비화	감사 결과 발표 전 사회적 파급력 분석, 언론 및 이해관계자 소통 전략 수립, 위기 관리 매뉴얼 마련
7. 내부 행정 업무(예: 인사, 예산) 처리 과정의 비효율성	내부 업무 프로세스 자동화, 행정 업무 매뉴얼 정비, 직원 교육 및 피드백 시스템 운영	7. 감사원 내부 데이터 보안 시스템의 취약성	정기적인 모의 해킹 훈련, 보안 시스템 업그레이드, 직원 보안 의식 교육 강화	7. 감사원 직원 개인의 일탈이 조직 전체의 신뢰도에 치명적 영향	윤리 교육 강화, 내부 고발 시스템 활성화, 비위 발생 시 신속하고 엄정한 조치, 재발 방지 시스템 구축
8. 감사 인력의 순환 보직에 따른 업무 인수인계 미흡	체계적인 인수인계 매뉴얼 마련, 멘토링 프로그램 활성화, 지식 관리 시스템(KMS) 활용	8. 감사 인력의 과도한 업무량으로 인한 번아웃 및 감사 품질 저하	적정 감사 인력 확보, 업무량 분배 시스템 개선, 직원 복지 및 심리 상담 프로그램 운영	8. 감사원 내부 시스템 간 데이터 연동 미흡으로 인한 복합 감사 한계	통합 데이터 플랫폼 구축, 데이터 표준화, 데이터 거버넌스 강화, 부서 간 데이터 공유 활성화

9. 감사 결과 처분 요구 사항에 대한 후속 조치 미흡	처분 요구 사항 이행 여부 추적 시스템 구축, 미이행 시 재감사 또는 제재 조치 강화	9. 감사원법 등 관련 법규의 시대적 변화 미반영	관련 법규 및 제도 정기적 검토, 법률 전문가 자문, 개선안 제안 및 입법 노력	9. 감사 대상 기관의 조직적 저항이 감사 과정 전체의 비효율성 초래	감사 착수 전 충분한 정보 수집, 감사 대상 기관과의 협력적 관계 구축 노력, 감사원장의 강력한 리더십 발휘
10. 감사원 홈페이지 등 대국민 소통 채널의 정보 업데이트 지연	정보 업데이트 주기 명확화, 담당자 지정 및 책임 강화, 자동 업데이트 시스템 도입	10. 감사원 내부 부서 간 협업 부족 및 사일로 현상	부서 간 교류 프로그램 활성화, 협업 성과 인센티브 제공, 통합 감사 시스템 도입	10. 새로운 형태의 증거(예: 블록체인 기반 데이터) 등장에 대한 감사 기법 미비	블록체인, AI 등 신기술 기반 증거 분석 역량 강화, 디지털 포렌식 전문가 양성, 관련 법률 자문 확보

1) 흐름 리스크(Flow Risk)

'흐름' 리스크는 감사원의 일상적인 감사 및 행정 업무 프로세스 속에서 발생하는, 비교적 예측 가능하고 눈에 잘 보이는 위험입니다. 이는 감사 절차의 흐름 속에서 생기는 문제들입니다. 예를 들어, 감사 보고서 오류/기한 미준수, 감사 증거 수집 절차 미준수/누락, 피감기관과의 소통 오해 등이 해당합니다. 감사 일정 지연, 이의신청 처리 지연, 감사 자료 관리 실수, 내부 행정 업무 비효율성, 인수인계 미흡, 처분 요구 사항 후속 조치 미흡, 대국민 소통 채널 정보 업데이트 지연 등도 모두 '흐름' 리스크에 속합니다. 이러한 리스크들은 다단계 검토, 매뉴얼 준수 교육, 사전 설명회 의무화, 현실적 계획 수립, 전자 문서 시스템 활용, 체계적인 인수인계 등의 방법으로 비교적 쉽게 통제 가능하며, 원인과 해결책이 직관적입니다.

2) 멈춤 리스크(Stock Risk)

'멈춤' 리스크는 감사원이라는 조직의 '존재 자체의 속성'에서 기인하는 위험으로, 감사원의 독립성, 전문성, 문화, 인력 등 근본적인 체질에 내재된 취약점입니다. 이는 시계의 핵심 부품이 녹슬어 정확히 작동하지 않는 것에 비유할 수 있습니다. 대표적으로 감사 독립성 및 중립성에 대한 대국민 불신 고착화, IT/환경 감사 등 특정 분야 전문 인력 부족, 감사 기법 및 도구의 노후화, 경직된 조직 문화로 인한 혁신 저해 등이 있습니다. 또한, 감사 결과의 사회적 파급력 부족, 형식적 내부 통제, 내부 데이터 보안 취약성, 인력의 과도한 업무량으로 인한 감사 품질 저하, 관련 법규의 시대적 변화 미반영, 내부 부서 간 협업 부족 등도 멈춤 리스크에 해당합니다. 이러한 리스크 통제를 위해서는 감사위원 임명 절차 투명성 강화, 전문 인력 양성, 최신 감사 기법/시스템 도입, 수평적 소통 활성화, 대국민 이해도 제고, 내부 통제 개선, 보안 시스템 업그레이드, 적정 인력 확보, 법규 검토, 부서 간 교류 활성화 등 근본적인 '속성' 변화 노력이 필요합니다. 이는 시간과 자원을 요구하지만, 감사원의 지속적인 신뢰와 역할을 위해 반드시 해결해야 할 핵심 과제입니다.

3) 솟음 리스크(Emergence Risk)

'솟음' 리스크는 감사원 내외부의 다양한 요소들이 복잡하게 상호 작용하면서, 개별적으로 예측하기 어려웠던 새로운 위험이 돌연히 '창발'하는 현상입니다. 이는 '미지의 미지' 영역에 속하며, 직접 통제하기보다는 조직의 회복 탄력성과 적응력을 높이는 데 초점을 맞춰야 합니다. 거대한 스케일의 매크로 솟음 리스크는 급변하는 사회 환경(플랫폼 경제, AI 기술), 대국민 불신, 대규모 재난, 국제 감사 표준 변화, 정치적 양극화 등 감사원의 통제 범위를 넘어서는 새로운 형태의 위험입니다. 이에 신기술 감사 역량 강화, 투명성 제고, 비상시 감사 계획 수립 등을 통해 '적응'하는 것이 중요합니다.

감사원 내부에서도 감사 결과 논란, 직원 일탈, 시스템 간 데이터 연동 한계, 감사 대상 기관의 조직적 저항, 신기술 증거 기법 미비 등 마이크로 솟음 리스크가 발생합니다. 이러한 솟음 리스크는 특정 프로세스 오류로만 볼 수 없으며, 사회적 파급력 분석, 윤리 교육 강화, 통합 데이터 플랫폼 구축, 신기술 기반 역량 강화 등 다각적이고 유기적인 접근이 필요합니다.

4. 컨설팅 기업 30가지 리스크와 통제 방안

리스크 관리 컨설팅 기업은 고객사의 복잡한 위험을 진단하고 해결책을 제시하는 전문성을 핵심으로 합니다. 이러한 전문 서비스 기업 역시 '흐름', '멈춤', '솟음' 리스크들로부터 자유로울 수 없습니다. 이 세 가지 관점으로 컨설팅 기업의 리스크를 들여다보면, 어디에 숨어 있는 위험들이 있는지, 그리고 어떻게 관리해야 할지 좀 더 명확하게 알 수 있습니다.

[표015] Tri View 컨설팅 기업 리스크

흐름 리스크(Flow Risk)		멈춤 리스크(Stock Risk)		솟음 리스크(Emergence Risk)	
(일상적 프로세스 내 예측 가능한 위험)		(조직/자산/문화 등 존재 자체의 속성에서 기인하는 위험)		(복잡한 상호작용에서 예측 불가능하게 창발하는 위험)	
리스크 식별	통제 방안	리스크 식별	통제 방안	리스크 식별	통제 방안
1. 컨설팅 프로젝트 일정 지연 및 예산 초과	프로젝트 관리 표준화(PMO), 정기적인 진척도 검토, 변경 관리 프로세스 강화	1. 특정 핵심 컨설턴트(스타 컨설턴트)에 대한 과도한 의존도	핵심 인력 육성 프로그램 강화, 지식 전수 시스템 구축, 팀 기반 프로젝트 수행 확대	1. 급격한 AI/자동화 기술 발전으로 인한 컨설팅 서비스 수요의 근본적 변화	AI/자동화 기술 동향 상시 모니터링, 신기술 기반 서비스 모델 개발, 컨설턴트의 고부가가치 역량 강화
2. 컨설팅 보고서 작성 시 데이터 오류 또는 분석 실수	다단계 검토 및 교차 검증 시스템 도입, 데이터 분석 도구 활용 교육 강화	2. 컨설팅 방법론 및 솔루션의 노후화 및 차별성 부족	정기적인 방법론 업데이트, R&D 투자 확대, 신기술 및 트렌드 분석 전담팀 운영	2. 예측 불가능한 글로벌 경제 위기로 인한 기업들의 컨설팅 예산 대폭 삭감	비상 시나리오 플래닝, 서비스 포트폴리오 유연화, 비용 구조 효율화, 신규 시장 개척

리스크	대응방안	리스크	대응방안	리스크	대응방안
3. 고객사와의 커뮤니케이션 부족으로 인한 오해 발생	정기적인 고객 미팅 의무화, 커뮤니케이션 채널 명확화, 회의록 작성 및 공유	3. 기업 내부 IT 시스템(데이터 분석 툴, 협업 툴)의 기술적 한계	IT 인프라 현대화 계획 수립, 최신 기술 도입 검토, 클라우드 기반 시스템 전환	3. 새로운 규제 환경(예: ESG 의무 공시 확대)이 기존 컨설팅 서비스의 근간을 흔들 경우	규제 동향 상시 모니터링, 선제적 연구 및 전문성 확보, 관련 서비스 라인 신속 개발
4. 제안서 작성 과정에서의 정보 누락 또는 비경쟁력	제안서 템플릿 표준화, 내부 전문가 리뷰 프로세스 도입, 경쟁사 분석 강화	4. 조직 내 혁신 저해 및 변화에 대한 저항적인 문화	수평적 소통 채널 활성화, 혁신 아이디어 제안 제도 운영, 실패를 용인하는 문화 조성	4. 사회적 가치 변화(예: 투명성, 윤리성 강조)가 컨설팅 산업 전반에 대한 불신으로 확산	윤리 경영 강화, 사회적 책임 활동 확대, 투명한 정보 공개, 이해관계자 소통 강화
5. 컨설턴트의 업무 처리 중 단순 실수(오탈자, 서식 오류 등)	업무 표준화(SOP) 강화, 체크리스트 활용, 동료 간 교차 검토 의무화	5. 특정 산업 또는 고객군에 대한 높은 매출 의존도	신규 산업 및 고객군 발굴 노력, 서비스 포트폴리오 다각화, 시장 조사 강화	5. 특정 산업의 급격한 붕괴(예: 디지털 전환 실패)가 해당 산업 전문 컨설팅 기업에 치명적 영향	산업 포트폴리오 다변화, 신규 성장 산업 발굴, 위기 산업 고객에 대한 선제적 리스크 관리
6. 계약서 검토 및 체결 절차 지연	법무팀과의 협업 강화, 계약서 표준 양식 마련, 전자 계약 시스템 도입	6. 컨설턴트의 과도한 업무량으로 인한 번아웃 및 이직률 증가	적정 업무량 관리 시스템 도입, 유연 근무 제도 활성화, 복지 프로그램 강화	6. 여러 프로젝트 팀 간의 지식 공유 부족이 복합적인 고객 문제 해결 능력 저해	교차 기능 팀(Cross-functional team) 활성화, 정기적인 지식 공유 세션 운영, 통합 지식 플랫폼 구축
7. 청구서 발행 오류 또는 대금 회수 지연	청구서 발행 자동화 시스템 도입, 채권 관리 프로세스 강화, 고객사 담당자와의 소통	7. 내부 통제 시스템의 형식적 운영 및 실효성 부족	내부 통제 시스템 정기적 점검 및 개선, 임직원 윤리 교육 강화, 내부 고발 시스템 활성화	7. 컨설턴트의 과도한 경쟁 심리가 팀워크를 저해하고 프로젝트 품질 저하로 이어짐	협업 성과에 대한 보상 강화, 팀 빌딩 프로그램 운영, 갈등 관리 시스템 도입
8. 내부 지식 공유 시스템(KMS)의 자료 업데이트 지연	지식 관리 시스템 전담 인력 배치, 자료 업데이트 주기 명확화, 기여도에 따른 인센티브 제공	8. 브랜드 인지도 및 시장 내 포지셔닝의 모호성	명확한 브랜드 아이덴티티 구축, 타겟 마케팅 강화, 성공 사례 적극 홍보	8. 고객사의 내부 정치적 역학 관계가 컨설팅 프로젝트의 방향을 왜곡시키고 실패로 이끌 경우	고객사 내부 이해관계자 분석 강화, 프로젝트 초기 단계부터 핵심 이해관계자 참여 유도, 위기 시 대응 시나리오 마련
9. 신규 컨설턴트 온보딩(Onboarding) 교육 프로그램 미흡	체계적인 온보딩 프로그램 개발, 멘토링 제도 활성화, 직무별 교육 콘텐츠 강화	9. 컨설턴트의 전문성 편중으로 인한 서비스 확장 한계	다양한 분야 전문가 채용, 외부 전문 기관과의 협력 강화, 컨설턴트 역량 다각화 교육	9. 새로운 기술(예: 빅데이터 분석) 도입 시 기존 컨설턴트의 저항과 기술적 한계가 복합적으로 작용하여 프로젝트 실패	기술 도입 전 충분한 교육 및 공감대 형성, 기술 전문가와 기존 컨설턴트 간 협업 모델 개발
10. 프로젝트 종료 후 고객 만족도 조사 및 피드백 미흡	프로젝트 종료 후 고객 만족도 조사 의무화, 피드백 분석 및 개선 활동 정례화	10. 지식 관리 시스템(KMS)의 비활성화 및 지식 축적 부족	KMS 활용 인센티브 제공, 지식 공유 문화 조성, 최신 정보 자동 업데이트 시스템 구축	10. 컨설팅 보고서의 내용이 예상치 못한 사회적 논란을 야기하여 기업 평판에 부정적 영향	보고서 발표 전 사회적 파급력 분석, 언론 및 이해관계자 소통 전략 수립, 위기 관리 매뉴얼 마련

1) 흐름 리스크(Flow Risk)

'흐름' 리스크는 컨설팅 기업의 일상적인 프로젝트 관리 및 운영 프로세스에서 발생하는, 예측 가능하고 눈에 잘 보이는 위험입니다. 이는 프로젝트 단계별 진행 과정 속에서 생기는 문제들입니다. 예를 들어, 프로젝트 일정/예산 지연, 보고서 데이터 오류, 고객사 소통 부족, 제안서 정보 누락, 단순 실수, 계약/청구서 오류, KMS 업데이트 지연, 신규 컨설턴트 온보딩 미흡, 고객 만족도 피드백 부족 등이 해당합니다. 이러한 리스크들은 프로젝트 관리 표준화, 다단계 검토, 정기 고객 미팅, 업무 표준화, 자동화 시스템 도입, 체계적인 교육 등의 방법으로 비교적 쉽게 통제 가능합니다.

2) 멈춤 리스크(Stock Risk)

'멈춤' 리스크는 컨설팅 기업의 핵심 역량, 자산, 문화, 인력 등 조직의 근본적인 속성에 내재된 취약점입니다. 이는 프로젝트 수행상의 문제라기보다 기업 체질의 문제이며, 지식 자산 미업데이트 시 가치 창출이 어려운 것과 같습니다. 대표적인 예로는 핵심 컨설턴트 의존도, 방법론/솔루션 노후화, IT 시스템 한계, 혁신 저해 문화, 특정 고객군 매출 의존도, 컨설턴트 번아웃/이직률 증가, 형식적 내부 통제, 브랜드 인지도 모호성, 전문성 편중, KMS 비활성화 등이 있습니다. 이러한 리스크 통제를 위해서는 핵심 인력 육성, 지식 전수, 방법론/IT 인프라 업데이트, 소통 활성화, 시장 다변화, 업무량 관리, 내부 통제 개선, 브랜드 강화 등 근본적인 속성 변화 노력이 필요합니다. 이는 시간과 자원을 요구하지만, 기업의 지속가능성을 위한 핵심 과제입니다.

3) 솟음 리스크(Emergence Risk)

'솟음' 리스크는 리스크 관리 컨설팅 기업 내외부 요소들의 복잡한 상호작용 속에서 예측 불가능하게 '창발'하는 새로운 위험입니다. 이는 '미지의 미지' 영역으로, 직접 통제보다 조직의 회복 탄력성과 적응력 강화에 중점을 둡니다. 매크로 솟음 리스크로는 AI/자동화 기술 발전, 글로벌 경제 위기, 새로운 규제 환경, 사회적 가치 변화, 특정 산업 붕괴 등이 있으며, 이에 신기술 기반 서비스 개발, 시나리오 플래닝, 규제 모니터링, 포트폴리오 다변화 등으로 '적응'해야 합니다.

내부적으로는 지식 공유 부족, 과도한 경쟁 심리, 고객사 내부 정치, 신기술 도입 저항, 보고서 사회적 논란 등 마이크로 솟음 리스크가 발생합니다. 이러한 위험은 특정 프로세스 오류가 아니므로, 교차 기능 팀 활성화, 협업 보상, 고객사 이해관계자 분석, 기술 교육, 사회적 파급력 분석 등 다각적 접근이 필요합니다.

5. 풀무원 30가지 리스크와 통제 방안

풀무원은 '바른먹거리'라는 철학을 바탕으로 식품 산업을 선도해 온 기업입니다. 하지만 높은 부채비율, 낮은 수익률, 해외사업 성과 부진이라는 도전 과제 속에서 다양한 리스크에 직면하고 있습니다. 특히 '바른먹거리'라는 핵심 가치와 직결된 식품 안전 및 품질 리스크는 기업의 존립을 위협할 수 있는 중대한 요소입니다.

이 리스크들을 '흐름', '멈춤', '솟음'이라는 세 가지 관점으로 들여다보면, 풀무원이 어디에 숨어있는 위험들이 있는지, 그리고 어떻게 관리해야 할지 좀 더 명확하게 알 수 있으며, 이는 풀무원이 '바른먹거리' 철학을 지속적으로 구현하고 미래 식품 시장을 선도하는 데 필수적인 통찰을 제공할 것입니다.

[표016] Tri View 풀무원 기업 리스크

흐름 리스크(Flow Risk)		멈춤 리스크(Stock Risk)		솟음 리스크(Emergence Risk)	
(일상적 프로세스 내 예측 가능한 위험)		(조직/자산/문화 등 존재 자체의 속성에서 기인하는 위험)		(복잡한 상호작용에서 예측 불가능하게 창발하는 위험)	
리스크 식별	통제 방안	리스크 식별	통제 방안	리스크 식별	통제 방안
1. 생산 공정 중 식품 안전/위생 관리 절차 미준수	강화된 HACCP 시스템 운영, 정기적인 생산 라인 위생 감사, 직원 교육 의무화	1. 높은 부채비율로 인한 재무 건전성 취약	재무 구조 개선 계획 수립(예: 자산 매각, 유상증자 검토), 차입금 상환 계획 철저 이행	1. 급격한 소비자 가치 변화(예: 비건, 랩그로운 푸드)가 전통 식품 산업의 근간을 흔들 경우	미래 식품 트렌드 예측 시스템 구축, 유연한 R&D 투자 포트폴리오, 소비자 행동 변화에 대한 상시 모니터링
2. 원재료 입고 및 재고 관리 과정에서의 오류 발생	공급업체 품질 관리 시스템 강화, 재고 관리 시스템 고도화, 정기적인 실사	2. 낮은 수익률을 야기하는 고정비 비중 및 원가 구조	고수익 제품군 개발 집중, 원가 절감 노력(생산 효율화, 구매 단가 협상), 비효율 사업 정리	2. 예측 불가능한 글로벌 공급망 교란(예: 신종 전염병, 지정학적 갈등)으로 인한 원재료 수급 불안정 및 가격 폭등	공급망 리스크 관리 전담팀 운영, 글로벌 공급망 시나리오 플래닝, 원자재 비축 및 대체 공급망 확보
3. 신제품 개발 프로세스 지연 및 출시 일정 미준수	단계별 품질 검증 프로세스 강화, 시장 테스트 의무화, 출시 전 법규 검토	3. 해외 사업 모델의 현지화 부족 및 경쟁력 약화	해외 사업 전략 전면 재검토(현지화, 파트너십, M&A), 시장별 맞춤형 접근	3. 새로운 푸드테크 스타트업의 등장으로 인한 시장 판도 급변	푸드테크 스타트업 투자/협력, 오픈 이노베이션 강화, 내부 신기술 개발 조직 활성화
4. 물류 및 유통 과정에서의 제품 파손 또는 변질	배송 경로 최적화 소프트웨어 도입, 제품 포장 강화, 냉장/냉동 시스템 정기 점검	4. '바른먹거리' 브랜드 이미지의 노후화 또는 신뢰도 하락	'바른먹거리' 철학 재정립 및 전사적 공유, 위기 발생 시 신속하고 투명한 소통, 사회적 책임 활동 강화	4. 경쟁사 또는 업계 전반의 대규모 식품 안전 스캔들이 풀무원 브랜드 신뢰도에 연쇄적 타격	위기 소통 매뉴얼 고도화, 소비자 신뢰 회복 캠페인, 업계 공동 대응 협의체 참여

5. 고객 불만(VOC) 처리 절차 미준수 또는 지연	고객 불만 처리 매뉴얼 고도화, 상담원 교육 강화, VOC 시스템 분석 및 피드백	5. R&D 투자 부족으로 인한 혁신 제품 파이프라인 고갈	R&D 투자 확대, 오픈 이노베이션 활성화, 미래 식품 기술 트렌드 분석	5. 정부의 강력한 환경 규제(예: 탄소세, 플라스틱 사용 제한)가 생산 비용 및 방식에 근본적 변화 요구	법규 변화 동향 상시 모니터링, 선제적 대응을 위한 정책 연구, 친환경 생산 방식 전환 투자
6. 해외 생산 법인의 현지 규제 준수 오류	현지 법규 준수 체크리스트 운영, 법무팀 정기 검토, 현지 직원 대상 법규 교육	6. 노후화된 생산 시설 및 물류 시스템의 비효율성	중장기 시설 투자 계획 수립, 스마트 팩토리 전환 검토, 정기적인 설비 현대화	6. 공격적인 비용 절감 노력(낮은 수익률 대응)이 품질 관리 프로세스와 충돌하여 대규모 제품 결함 발생	비용 절감 목표 설정 시 품질 영향 평가 의무화, 품질 관리 부서의 독립성 강화, 내부 고발 시스템 활성화
7. 온라인 주문 처리 및 배송 시스템 오류	주문 처리 시스템 자동화, 배송 시스템 정기 점검, 비상시 수동 처리 매뉴얼 마련	7. 경직된 조직 문화로 인한 혁신 저해 및 부서 간 사일로 현상	수평적 소통 채널 활성화, 실패를 용인하는 문화 조성, 혁신 아이디어 제도화	7. 해외 사업 성과 부진에 대한 내부 압박이 무리한 현지화 전략으로 이어져 문화적 마찰 및 추가 손실 발생	해외 시장 진출 전 철저한 현지 시장 조사 및 문화 이해, 현지 전문가 자문단 운영, 단계별 진출 전략 수립
8. 재무 회계 처리 과정에서의 단순 오류(예: 전표 입력 실수)	자동화된 회계 시스템 도입, 정기적인 내부 감사, 재무 담당자 교육	8. 글로벌 시장 확장을 위한 전문 인력(해외 영업, 마케팅) 부족	글로벌 인재 채용 및 육성 프로그램 운영, 핵심 역량 강화 교육, 직무 순환	8. R&D 부서와 마케팅 부서 간 소통 부족이 시장 수요와 동떨어진 신제품 출시로 이어져 개발 비용 낭비	R&D-마케팅-생산 간 교차 기능 팀(Cross-functional team) 운영, 통합 제품 개발 프로세스 구축, 고객 피드백 루프 강화
9. 마케팅 캠페인 실행 후 성과 측정 및 분석 미흡	캠페인 기획 단계부터 효과 측정 지표 설정, 실행 후 성과 분석 및 개선	9. 특정 원재료(예: 콩) 공급처에 대한 높은 의존도	원자재 공급처 다변화, 장기 계약 체결, 대체 원료 개발 투자	9. 소비자들의 투명성(원재료 이력 추적) 요구 증대와 기존 공급망 관리 시스템의 한계가 충돌하여 불신 야기	블록체인 기반 공급망 추적 시스템 도입 검토, 원재료 생산 이력 공개 확대, 소비자 소통 채널 강화
10. 생산 설비의 예방 정비 일정 미준수로 인한 가동 중단	설비 예방 정비 시스템 구축, 정기 점검 의무화, 유지보수 인력 교육 강화	10. 제품 포트폴리오의 고부가가치/프리미엄 제품 비중 부족	시장 트렌드 분석 기반 제품 포트폴리오 재편, 고부가가치/프리미엄 제품 개발 집중	10. 높은 부채비율로 인한 보수적 투자 결정이 디지털 전환 지연으로 이어져 경쟁사 대비 효율성 격차 심화	디지털 전환 중장기 로드맵 수립, 외부 전문가 자문, 단계별 투자 및 성과 검증, 경쟁사 디지털 전략 벤치마킹

1) 흐름 리스크(Flow Risk)

'흐름' 리스크는 풀무원의 일상적인 생산, 유통, 판매 프로세스에서 발생하는, 비교적 예측 가능하고 눈에 잘 보이는 위험입니다. 이는 식품 생산 라인의 연속적인 공정처럼, 그 흐름 속에서 생기는 문제입니다. 예를 들어, 생산 공정 중 식품 안전/위생 관리 절차 미준수, 원재료 입고/재고 관리 오류, 신제품 개발/출시 지연, 물류/유통 중 제품 파손/변질, 고객 불만(VOC) 처리 미준수, 해외 법인의 현지 규제 준수 오류, 온라인 주문/배송 시스템 오류, 재무 회계 처리 오류, 마케팅 캠페인 성과 측정 미흡, 생산 설비 예방 정비 미준수 등이 해당합니다. 이러한 리스크들은 강화된 HACCP 시스템, 공급업체 품질 관리, 단계별 품질 검증, 배송 경로 최적화, 고객 불만 처리 매뉴얼 고도화, 현지 법규 준수 체크리스트, 시스템 자동화, 효과 측정 지표 설정, 설비 예방 정비 시스템 구축 등으로 비교적 쉽게 통제할 수 있습니다.

2) 멈춤 리스크(Stock Risk)

'멈춤' 리스크는 풀무원이라는 조직의 '존재 자체 속성'에서 기인하는 위험으로, 기업의 재무 구조, 사업 모델, 브랜드 철학, 인력 등 근본적인 체질에 내재된 취약점입니다. 이는 건강한 식재료라는 기본이 흔들리면 아무리 훌륭한 요리법도 의미가 없어지는 것과 같습니다. 대표적으로 높은 부채비율로 인한 재무 건전성 취약, 낮은 수익률을 야기하는 고정비 비중 및 원가 구조, 해외 사업 모델의 현지화 부족 및 경쟁력 약화가 있습니다. '바른먹거리' 브랜드 이미지의 노후화/신뢰도 하락, R&D 투자 부족으로 인한 혁신 제품 파이프라인 고갈, 노후 생산/물류 시스템의 비효율성, 경직된 조직 문화, 글로벌 시장 전문 인력 부족, 특정 원재료 공급처 의존도, 고부가가치 제품 비중 부족 등도 멈춤 리스크입니다. 통제를 위해서는 재무 구조 개선, 고수익 제품군 개발, 해외 사업 전략 재검토, 브랜드 철학 재정립, R&D 투자 확대, 시설 현대화, 소통 활성화, 인재 육성, 공급처 다변화, 제품 포트폴리오 재편 등 근본적인 '속성' 변화 노력이 필요합니다. 이는 시간과 자원을 요구하지만, 기업의 지속가능성을 위한 핵심 과제입니다.

3) 솟음 리스크(Emergence Risk)

'솟음' 리스크는 풀무원 내외부 요소들의 복잡한 상호작용 속에서 예측 불가능하게 '창발'하는 새로운 위험입니다. 이는 '미지의 미지' 영역으로, 직접 통제보다 조직의 회복 탄력성과 적응력 강화에 중점을 둡니다. 매크로 솟음 리스크로는 급격한 소비자 가치 변화(비건 등), 글로벌 공급망 교란, 새로운 푸드테크 스타트업의 시장 판도 변화, 경쟁사 대규모 식품 안전 스캔들 연쇄 타격, 정부의 강력한 환경 규제 등이 있습니다. 이에 미래 트렌드 예측 시스템, 공급망 리스크 관리 전담팀, 푸드테크 투자/협력, 위기 소통 매뉴얼 고도화, 친환경 생산 방식 전환 등을 통해 '적응'하는 것이 중요합니다.

내부적으로는 비용 절감과 품질 관리 충돌로 인한 제품 결함, 해외 사업 부진 압박으로 인한 무리한 현지화, R&D-마케팅 소통 부족으로 인한 시장 외면 신제품 출시, 투명성 요구와 공급망 한계 충돌, 부채비율로 인한 디지털 전환 지연 등 마이크로 솟음 리스크가 발생합니다. 이러한 위험은 특정 프로세스 오류가 아니므로, 목표 설정 시 품질 영향 평가, 철저한 현지 시장 조사, 교차 기능 팀 운영, 블록체인 기반 공급망 추적 검토, 디지털 전환 로드맵 수립 등 다각적이고 유기적인 접근이 필요합니다.

6. O2C 프로세스 30가지 리스크와 통제 방안

O2C(Order-to-Cash) 프로세스는 고객의 주문을 받아 현금을 회수하기까지, 기업의 모든 활동을 연결하는 핵심적인 혈류와 같습니다. 이 혈류가 막히거나 병들면 기업 전체가 위태로워질 수 있죠. 이 중요한 O2C 프로세스에 숨어 있는 리스크들을 '흐름', '멈춤', '솟음'이라는 세 가지 시선으로 살펴보면, 어디에 숨어있는 위험들이 있는지, 그리고 어떻게 관리해야 할지 좀 더 명확해질 것입니다.

[표017] Tri View O2C 프로세스 리스크

흐름 리스크(Flow Risk)		멈춤 리스크(Stock Risk)		솟음 리스크(Emergence Risk)	
(일상적 프로세스 내 예측 가능한 위험)		(조직/자산/문화 등 존재 자체의 속성에서 기인하는 위험)		(복잡한 상호작용에서 예측 불가능하게 창발하는 위험)	
리스크 식별	통제 방안	리스크 식별	통제 방안	리스크 식별	통제 방안
1. 고객 주문 입력 오류(수량, 품목, 가격 등)	주문 입력 자동화(EDI, 웹 포털), 다단계 검증 시스템, 담당자 교육 및 체크리스트 활용	1. 노후화된 ERP 시스템의 O2C 모듈 기능 한계	ERP 시스템 현대화 계획 수립, 클라우드 기반 솔루션 전환 검토, 단계별 기능 업그레이드	1. 급격한 시장 수요 변동(예: 팬데믹으로 인한 특정 제품 수요 폭증)과 공급망 경직성 충돌로 O2C 마비	수요 예측 모델 고도화, 공급망 다변화 및 유연성 확보, 비상 시 O2C 프로세스 전환 계획 수립
2. 신용 심사 지연으로 인한 주문 처리 지연	신용 심사 자동화 시스템 도입, 신용 등급별 심사 기준 명확화, 신속 심사 프로세스 구축	2. 고객 마스터 데이터 및 제품 마스터 데이터의 낮은 품질	데이터 거버넌스 구축, 데이터 표준화, 정기적인 데이터 클렌징 및 검증 프로세스	2. 새로운 결제 기술(예: 암호화폐, 간편 결제)의 등장과 기존 O2C 시스템의 비호환성	신기술 동향 상시 모니터링, 기술 도입 시나리오 플래닝, O2C 시스템의 확장성 및 유연성 확보
3. 재고 부족 또는 오배송으로 인한 주문 이행 실패	실시간 재고 관리 시스템, 피킹/패킹 자동화, 배송 전 검수 강화, 재고 예측 정확도 향상	3. O2C 관련 부서(영업, 재무, 물류) 간의 고질적인 사일로 현상	부서 간 교차 기능 팀(Cross-functional team) 운영, 통합 성과 지표 도입, 협업 문화 조성	3. 글로벌 경제 위기로 인한 고객사의 대규모 부도 발생 및 연쇄적인 미수금 급증	고객사 재무 건전성 상시 모니터링, 신용 보험 가입, 비상 시 채권 회수 전략 수립, 포트폴리오 다변화
4. 출하 및 배송 과정에서의 제품 손상 또는 분실	포장 표준화, 운송 중 모니터링 시스템 도입, 운송 보험 가입, 배송 파트너 관리 강화	4. 신용 심사 인력의 전문성 부족 또는 과도한 업무량	신용 심사 전문 인력 양성, 외부 전문가 자문 활용, 업무 자동화 통한 효율 증대	4. 경쟁사의 파격적인 O2C 혁신(예: 초고속 배송)으로 인한 시장 점유율 급락	경쟁사 O2C 전략 벤치마킹, 고객 경험 혁신을 위한 R&D 투자, 신기술 도입 검토
5. 청구서(Invoice) 발행 오류(금액, 품목, 고객 정보 등)	청구서 자동 생성 시스템, 다단계 검토 및 승인 절차, 고객 피드백 채널 활성화	5. 재고 관리 시스템의 부정확성 및 실시간 연동 부족	실시간 재고 관리 시스템 도입, RFID/바코드 시스템 고도화, 재고 실사 주기 단축	5. 정부의 강력한 개인정보보호 규제 강화와 O2C 데이터 관리 시스템의 충돌	법규 변화 동향 상시 모니터링, 개인정보보호 시스템 고도화, 법무팀과의 긴밀한 협력

6. 미수금 회수 절차 지연 또는 누락	채권 추심 자동화 시스템, 연체 단계별 추심 매뉴얼, 담당자별 채권 관리 목표 설정	6. 경직된 신용 정책으로 인한 잠재 고객 확보의 어려움	시장 상황 및 고객 특성 반영한 신용 정책 유연화, 신용 등급별 차등 정책 도입	6. 영업 부서의 공격적인 판매 목표와 재무 부서의 보수적인 신용 정책이 충돌하여 기회 손실 발생	영업-재무 간 목표 조율 워크숍, 통합 성과 지표 도입, 리스크 기반의 유연한 신용 정책 수립
7. 현금 입금 내역과 미수금 계정 간 불일치(Cash Application 오류)	자동 현금 매칭 시스템 도입, 은행 계좌 명세서와 시스템 데이터 정기 대사	7. 미수금 관리 인력의 번아웃 및 이직률 증가	적정 인력 확보, 업무 자동화 통한 효율 증대, 직원 복지 및 심리 상담 프로그램 운영	7. 고객 불만 처리 과정에서 부서 간 책임 전가로 인해 문제가 장기화되고 평판 악화	고객 불만 통합 관리 시스템 구축, 교차 기능 팀 (Cross-functional team) 운영, 책임 범위 명확화
8. 고객 불만(VOC) 처리 과정에서의 응대 지연	고객 불만 접수 및 처리 시스템 구축, 상담원 교육 강화, VOC 매뉴얼 준수	8. O2C 프로세스 전반에 걸친 내부 통제 미흡	COSO 등 프레임워크 기반 내부 통제 시스템 구축, 정기적인 내부 감사 및 개선	8. 신규 제품 출시 시 생산-물류-영업-재무 간 정보 공유 미흡으로 인한 대규모 혼선	신제품 출시 전 통합 워크숍, 실시간 정보 공유 플랫폼 구축, 부서 간 협업 인센티브 제공
9. 판매 조건(할인, 반품 등) 적용 오류	판매 조건 시스템화, 계약서 기반 자동 적용, 담당자 교육 및 정기 감사	9. 법규 및 규제 변화에 대한 O2C 시스템의 낮은 적응력	법무팀과의 협업 강화, 규제 변화 모니터링 시스템 구축, 시스템 유연성 확보	9. 내부 직원의 사소한 일탈(예: 개인적 친분으로 인한 신용 한도 초과)이 조직적 부정으로 확대	윤리 교육 강화, 내부 고발 시스템 활성화, 직무 분리 및 교차 검증 강화, 이상 징후 탐지 시스템
10. 주문 변경/취소 요청 처리 과정의 혼선	주문 변경/취소 전용 시스템 구축, 관련 부서 간 실시간 정보 공유, 변경 이력 관리	10. O2C 관련 데이터 분석 및 활용 역량 부족	데이터 분석 전문 인력 양성, BI/BA 툴 도입, 데이터 기반 의사결정 문화 조성	10. O2C 프로세스 자동화 도입 시 기존 인력의 저항과 시스템 오류가 복합적으로 작용하여 효율성 저해	자동화 도입 전 충분한 직원 교육 및 공감대 형성, 단계별 도입 및 피드백 반영, 기술 전문가와 현업 부서 간 협업

1) 흐름 리스크(Flow Risk)

'흐름' 리스크는 O2C 프로세스라는 혈류가 순조롭게 흘러야 할 길에서 발생하는, 예측 가능하고 눈에 잘 보이는 문제들입니다. 이는 마치 혈관 속 작은 혈전처럼, 제때 해결하지 않으면 더 큰 문제를 일으킬 수 있습니다. 예를 들어, 고객 주문 입력 오류, 신용 심사 지연, 재고 부족/오배송, 출하/배송 중 제품 손상/분실, 청구서 발행 오류, 미수금 회수 지연, 현금 입금 불일치, 고객 불만 처리 지연, 판매 조건 적용 오류, 주문 변경/취소 혼선 등이 해당합니다. 이러한 리스크들은 주문 입력 자동화, 신용 심사 시스템 도입, 실시간 재고 관리, 청구서 자동 생성, 채권 추심 자동화, 자동 현금 매칭 시스템 구축 등으로 비교적 쉽게 통제할 수 있습니다.

2) 멈춤 리스크(Stock Risk)

'멈춤' 리스크는 O2C 프로세스라는 혈류가 흐르는 '혈관 자체의 건강'이나 '혈액의 질'과 관련된 위험들입니다. 이는 시스템, 데이터, 조직 구조 등 O2C를 구성하는 근본적인 요소들의 취약점입니다. 마치 혈관 노화나 혈액 질 저하처럼, 아무리 혈류를 개선해도 근본 문제가 해결되지 않는 것과 같습니다. 대표적으로 노후화된 ERP 시스템의 O2C 모듈 기능 한계, 고객/제품 마스터 데이터 품질 저하, O2C 관련 부서 간 고질적인 사일로 현상, 신용 심사 인력 전문성 부족, 재고 관리 시스템 부정확성, 경직된 신용 정책, 미수금 관리 인력 번아웃, O2C 내부 통제 미흡, 법규/규제 변화에 대한 낮은 적응력, 데이터 분석 및 활용 역량 부족 등이 멈춤 리스크입니다. 통제를 위해서는 ERP 시스템 현대화, 데이터 거버넌스 구축, 부서 간 교차 기능 팀 운영, 전문 인력 양성, 실시간 재고 관리 시스템 도입, 신용 정책 유연화, COSO 기반 내부 통제 시스템 구축, BI/BA 툴 도입 등 근본적인 '속성' 변화 노력이 필요합니다.

3) 솟음 리스크(Emergence Risk)

'솟음' 리스크는 O2C 프로세스 내외부 요소들의 복잡한 상호작용 속에서 예측 불가능하게 '창발'하는 새로운 위험입니다. 이는 직접 통제보다 조직의 회복 탄력성과 적응력 강화에 중점을 둡니다. 매크로 솟음 리스크로는 급격한 시장 수요 변동과 공급망 경직성 충돌, 신기술 비호환성, 고객사 대규모 부도 등이 있습니다. 이러한 위험은 기업 통제 범위를 넘어, 수요 예측 모델 고도화, 공급망 다변화, 신기술 동향 모니터링 등을 통해 '적응'하는 것이 중요합니다.

O2C 프로세스 내부에서도 영업-재무 목표 충돌, 고객 불만 처리 시 책임 전가, 신제품 출시 정보 공유 미흡 등 마이크로 솟음 리스크가 발생합니다. 이러한 솟음 리스크는 특정 프로세스 오류가 아닌, 유기적인 협력과 유연한 대응을 통해 부정적인 창발을 줄이고 긍정적인 창발을 유도하는 데 초점을 맞춰야 합니다.

7. 인사팀 30가지 리스크와 통제 방안

인사팀은 조직의 인적 자원을 관리하며, 마치 조직의 심장 박동처럼 생명력을 불어넣고 혈액을 순환시키는 중요한 역할을 합니다. 이 심장 박동이 불규칙해지거나 멈추면 조직 전체가 위태로워질 수 있죠. 인사팀에 숨어 있는 리스크들을 '흐름', '멈춤', '솟음'이라는 세 가지 시선으로 살펴보면, 어디에 숨어 있는 위험들이 있는지, 그리고 어떻게 관리해야 할지 좀 더 명확해질 것입니다.

[표018] Tri View로 들여다본 인사팀 리스크

흐름 리스크(Flow Risk)		멈춤 리스크(Stock Risk)		솟음 리스크(Emergence Risk)	
(일상적 프로세스 내 예측 가능한 위험)		(조직/자산/문화 등 존재 자체의 속성에서 기인하는 위험)		(복잡한 상호작용에서 예측 불가능하게 창발하는 위험)	
리스크 식별	통제 방안	리스크 식별	통제 방안	리스크 식별	통제 방안
1. 채용 프로세스 지연(서류 검토, 면접 일정 조율)	채용 관리 시스템(ATS) 도입, 면접관 교육, 표준화된 채용 절차 수립	1. 노후화된 HRIS(인사정보시스템)의 기능 한계 및 보안 취약성	HRIS 현대화 계획 수립, 클라우드 기반 시스템 전환 검토, 정기적인 보안 감사	1. 급변하는 노동 시장 트렌드(예: 긱 워커 증가, AI 대체)와 기존 채용/인사 시스템의 비호환성	미래 노동 시장 트렌드 분석, 유연한 고용 형태 도입 검토, HR 시스템의 확장성 확보
2. 급여 계산 오류 및 지급 지연	급여 시스템 자동화, 급여 담당자 교차 검증, 정기적인 급여 데이터 대사	2. HR 부서 인력의 전문성 부족(예: 데이터 분석, 노동법, 조직 개발)	HR 전문성 강화 교육 프로그램 운영, 외부 전문가 자문 활용, 전문 인력 채용 확대	2. 사회적 가치 변화(예: DEI, 워라밸 중시)가 조직 문화 및 인재 유치에 미치는 예상치 못한 영향	DEI(다양성, 형평성, 포용성) 정책 강화, 워라밸 문화 조성, 사회적 가치 변화 모니터링 및 선제적 대응
3. 직원 입사/퇴사 처리 서류 누락 또는 지연	온보딩/오프보딩 체크리스트 의무화, 전자 문서 시스템 활용	3. 경직된 인사 정책 및 규정으로 인한 조직 유연성 저해	인사 정책 정기적 검토 및 개정, 유연 근무 제도 도입, 직원 의견 수렴 채널 활성화	3. 예측 불가능한 전염병 확산 등으로 인한 원격 근무 장기화 시 직원 소속감 저하 및 생산성 문제	원격 근무 환경 최적화(IT 인프라, 협업 툴), 비대면 소통 활성화 프로그램, 심리 상담 지원
4. 성과 평가 결과 입력 오류 또는 마감 기한 미준수	성과 관리 시스템(PMS) 활용, 평가자 교육, 마감 기한 자동 알림	4. 내부 인재 육성 시스템 미흡으로 인한 핵심 인재 부족	체계적인 인재 개발 프로그램(리더십, 직무 교육) 구축, 경력 개발 경로 제시	4. 특정 산업의 급격한 쇠퇴 또는 부상으로 인한 대규모 인력 구조조정/확보 필요성	인력 구조조정/확보 시나리오 플래닝, 직무 전환 교육 프로그램, 외부 인재 풀 확보 전략
5. 직원 교육 프로그램 신청 및 이수 관리 오류	교육 관리 시스템(LMS) 도입, 교육 이수 현황 정기 모니터링	5. HR 부서의 낮은 전략적 역할 인식(단순 행정 업무 치중)	HRBP(HR Business Partner) 역할 강화, 경영진과의 전략적 소통 확대, HR 성과 지표 재정립	5. ESG 경영 요구 증대로 인한 인적 자본(Human Capital) 관리의 중요성 부각 및 평가 기준 변화	인적 자본 관련 ESG 지표 개발 및 관리, 지속가능경영 보고서에 HR 성과 반영, 이해관계자 소통 강화
6. 근태 관리 시스템 데이터 불일치	근태 시스템 정기 점검, 직원 교육, 수동 입력 최소화	6. 직원 만족도 및 몰입도 저하(조직 문화 문제)	정기적인 직원 만족도 조사, 조직 문화 개선 캠페인, 리더십 역량 강화 교육	6. 부서 간 인력 운영 불균형(과부하 vs 유휴)이 복합적으로 작용하여 조직 전체의 생산성 저하	통합 인력 계획 시스템 구축, 부서 간 인력 교류 활성화, 유연한 인력 재배치 정책
7. 인사 관련 법규 변경 사항 반영 지연(내규 업데이트)	법무팀 협업 강화, 법규 변경 알림 시스템, 정기적인 내규 검토	7. HR 데이터의 분산 관리 및 통합 분석의 어려움	통합 HR 데이터 플랫폼 구축, 데이터 거버넌스 수립, 데이터 분석 역량 강화	7. 새로운 HR 기술(예: AI 기반 채용) 도입 시 기존 직원들의 저항과 시스템 오류가 복합적으로 작용하여 효율성 저하	기술 도입 전 충분한 직원 교육 및 공감대 형성, 단계별 도입 및 피드백 반영, 기술 전문가와 현업 HR 간 협업

8. 직원 고충 처리 절차 미준수 또는 지연	고충 처리 매뉴얼 준수 교육, 익명 고충 접수 채널 운영, 처리 기한 명시	8. 내부 통제 시스템의 형식적 운영(HR 관련)	HR 내부 통제 시스템 정기적 점검 및 개선, 임직원 윤리 교육 강화	8. 직원 간의 사소한 갈등이 특정 부서의 팀워크를 저해하고 조직 전체의 사기 저하로 확산	갈등 관리 전문가 양성, 익명 고충 처리 시스템 활성화, 리더십의 갈등 중재 역량 강화
9. 인사 데이터 보고서 작성 오류	보고서 템플릿 표준화, 데이터 추출 및 가공 자동화, 교차 검토	9. 직무 평가 및 보상 체계의 불공정성 인식	직무 평가 기준 명확화, 보상 체계 투명성 제고, 직원 의견 수렴 및 피드백 반영	9. 특정 직원의 비위(예: 직장 내 괴롭힘)가 소셜 미디어를 통해 확산되어 기업 평판에 치명적 영향	윤리 교육 강화, 직장 내 괴롭힘 예방 및 대응 시스템 고도화, 위기 소통 매뉴얼 마련, 소셜 미디어 모니터링
10. 복리후생 신청 및 처리 과정의 혼선	복리후생 시스템 도입, 신청 절차 간소화, 담당자 교육	10. HR 부서의 변화 관리 역량 부족	변화 관리 전문 교육 이수, 변화 관리 프로젝트 참여, 변화 관리 전문가 영입	10. 인사팀의 데이터 기반 의사결정 시도와 현업 부서의 경험 기반 의사결정 간 충돌	데이터 기반 의사결정의 성공 사례 공유, 현업 부서 대상 데이터 리터러시 교육, HRBP의 중재 역할 강화

1) 흐름 리스크(Flow Risk)

'흐름' 리스크는 인사팀의 일상 업무 프로세스에서 발생하는, 비교적 예측 가능하고 눈에 잘 보이는 위험입니다. 이는 채용 지연, 급여 계산 오류, 직원 입사/퇴사 서류 누락, 성과 평가 결과 입력 오류, 교육 프로그램 관리 오류, 근태 시스템 데이터 불일치, 인사 관련 법규 변경 반영 지연, 직원 고충 처리 미준수, 인사 데이터 보고서 작성 오류, 복리후생 신청/처리 혼선 등이 대표적입니다. 이러한 리스크들은 채용/급여/교육 관리 시스템 도입, 체크리스트 의무화, 시스템 정기 점검, 법무팀 협업 강화, 매뉴얼 준수 등으로 비교적 쉽게 통제할 수 있습니다.

2) 멈춤 리스크(Stock Risk)

'멈춤' 리스크는 인사팀이라는 조직의 '존재 자체 속성'에서 기인하는 위험으로, 인사 시스템, 인력 전문성, 조직 문화, 정책 등 근본 요소들의 취약점입니다. 노후화된 HRIS의 기능 한계 및 보안 취약성, HR 인력의 전문성 부족, 경직된 인사 정책/규정, 내부 인재 육성 시스템 미흡, HR 부서의 낮은 전략적 역할 인식, 직원 만족도/몰입도 저하, HR 데이터 분산 관리, 형식적 HR 내부 통제, 직무 평가/보상 체계의 불공정성 인식, HR 변화 관리 역량 부족 등이 대표적인 예입니다. 통제를 위해서는 HRIS 현대화, HR 전문성 강화 교육, 인사 정책 정기 검토, 인재 개발 프로그램 구축, HRBP 역할 강화, 직원 만족도 조사, 통합 HR 데이터 플랫폼 구축, 내부 통제 시스템 점검, 평가/보상 체계 투명성 제고, 변화 관리 교육 등 근본적인 '속성' 변화 노력이 필요합니다.

3) 솟음 리스크(Emergence Risk)

'솟음' 리스크는 인사팀을 둘러싼 내외부 요소들의 복잡한 상호작용 속에서 예측 불가능하게 '창발'하는 새로운 위험입니다. 이는 '미지의 미지' 영역으로, 직접 통제보다 조직의 회복 탄력성과 적응력 강화에 중점을 둡니다. 매크로 솟음 리스크로는 급변하는 노동 시장 트렌드(긱 워커, AI 대체)와 기존 시스템의 비호환성, 사회적 가치 변화(DEI, 워라밸)가 조직 문화/인재 유치에 미치는 영향, 전염병 확산으로 인한 원격 근무 장기화 시 직원 소속감/생산성 문제, 특정 산업 쇠퇴/부상으로 인한 대규모 인력 구조조정/확보 필요성, ESG 경영 요구 증대로 인한 인적 자본 평가 기준 변화 등이 있습니다. 이에 미래 노동 시장 분석, DEI 정책 강화, 원격 근무 환경 최적화, 인력 시나리오 플래닝, ESG 지표 개발 등을 통해 '적응'해야 합니다.

내부적으로는 부서 간 인력 운영 불균형, 새로운 HR 기술 도입 시 기존 직원의 저항/시스템 오류, 직원 간 갈등의 팀워크 저해/조직 사기 저하 확산, 특정 직원의 비위가 소셜 미디어를 통해 기업 평판에 치명적 영향, 인사팀의 데이터 기반 의사결정과 현업의 경험 기반 의사결정 간 충돌 등 마이크로 솟음 리스크가 발생합니다. 이러한 위험은 특정 프로세스 오류가 아니므로, 통합 인력 계획 시스템, 기술 도입 전 충분한 직원 교육, 갈등 관리 전문가 양성, 윤리 교육, 데이터 기반 의사결정 성공 사례 공유 등 유기적인 협력과 유연한 대응을 통해 부정적인 창발을 줄이고 긍정적인 창발을 유도하는 데 초점을 맞춰야 합니다.

8. 채용 담당자 업무 30가지 리스크와 통제 방안

인사팀 채용 담당자는 조직에 필요한 인재라는 보물을 찾아 나서는 중요한 탐험가와 같습니다. 이 탐험 과정에서 수많은 위험에 직면할 수 있죠. 채용 담당자의 업무에 숨어 있는 리스크들을 '흐름', '멈춤', '솟음'이라는 세 가지 시선으로 살펴보면, 어디에 숨어 있는 위험들이 있는지, 그리고 어떻게 관리해야 할지 좀 더 명확해질 것입니다.

[표019] Tri View 채용담당자 업무 리스크

흐름 리스크(Flow Risk)		멈춤 리스크(Stock Risk)		솟음 리스크(Emergence Risk)	
(일상적 프로세스 내 예측 가능한 위험)		(조직/자산/문화 등 존재 자체의 속성에서 기인하는 위험)		(복잡한 상호작용에서 예측 불가능하게 창발하는 위험)	
리스크 식별	통제 방안	리스크 식별	통제 방안	리스크 식별	통제 방안
1. 채용 공고 내용의 불명확성 또는 오류	채용 공고 표준 템플릿 사용, 직무 기술서(JD) 기반 작성, 현업 부서 교차 검토	1. 채용 담당자의 직무별/산업별 전문성 부족	직무별 채용 전문 교육 이수, 산업별 스터디 그룹 운영, 현업 부서와의 정기적 교류	1. 급변하는 노동 시장 트렌드(예: 긱 워커 증가, AI 대체)와 기존 채용 방식의 충돌	미래 노동 시장 트렌드 분석, 유연한 고용 형태 도입 검토, HR 시스템의 확장성 확보

2. 지원자 서류 검토 중 적합 인재 누락 또는 부적합 인재 통과	서류 검토 가이드라인 명확화, AI 기반 서류 분석 툴 활용, 다단계 검토	2. 기업의 낮은 고용 브랜드 인지도 또는 매력도	고용 브랜드 강화 전략 수립, 직원 복지 및 기업 문화 개선, 채용 마케팅 강화	2. 특정 산업의 급격한 성장/쇠퇴로 인한 인재 수급 불균형 심화	산업별 인재 수급 시나리오 플래닝, 직무 전환 교육 프로그램, 외부 인재 풀 확보 전략
3. 면접 일정 조율 지연 및 면접관 불참	면접 일정 조율 시스템 도입, 면접관 사전 교육 및 일정 확정, 불참 시 대체 인력 확보	3. 채용 담당자의 무의식적 편견 (Bias)	편견 해소 교육 의무화, 블라인드 채용 시스템 도입, 다면 평가 도입	3. 사회적 가치 변화(예: DEI, 워라밸 중시)가 인재 유치 및 유지에 미치는 예상치 못한 영향	DEI(다양성, 형평성, 포용성) 정책 강화, 워라밸 문화 조성, 사회적 가치 변화 모니터링 및 선제적 대응
4. 채용 전형별 지원자에게 피드백 제공 지연	자동화된 피드백 시스템 구축, 피드백 제공 기한 명시 및 모니터링	4. 노후화된 채용 관리 시스템(ATS)의 기능 한계	ATS 현대화 계획 수립, 클라우드 기반 솔루션 전환 검토, 최신 채용 기술 도입	4. 새로운 채용 기술(예: 메타버스 면접, AI 면접)의 등장과 기존 채용 프로세스의 비호환성	신기술 동향 상시 모니터링, 기술 도입 시나리오 플래닝, 채용 시스템의 확장성 및 유연성 확보
5. 합격자 대상 처우 협의 과정에서의 오류(연봉, 직급 등)	처우 협의 가이드라인 마련, 제안서 발송 전 다단계 검토, 협의 내용 기록 관리	5. 특정 직무에 대한 인재 풀(Pool) 부족	잠재 인재 풀 상시 관리, 산학 협력 강화, 해외 인재 유치 전략 수립	5. 경쟁사의 파격적인 채용 전략(예: 파격 연봉, 스톡옵션)으로 인한 인재 유출 가속화	경쟁사 채용 전략 벤치마킹, 보상 체계 경쟁력 강화, 고용 브랜드 차별화 전략 수립
6. 채용 관련 데이터(ATS) 입력 오류 또는 누락	ATS 사용 교육 강화, 데이터 입력 자동화 기능 활용, 정기적인 데이터 품질 검증	6. 채용 담당자의 과도한 업무량으로 인한 번아웃 및 이직률 증가	적정 인력 확보, 업무 자동화 통한 효율 증대, 유연 근무 제도, 심리 상담 지원	6. 채용 담당자의 공격적인 인재 확보 노력과 현업 부서의 까다로운 인재상 충돌	채용 담당자와 현업 부서 간 정기적 워크숍, 직무별 인재상 명확화, 채용 목표 조율
7. 평판 조회 절차 미준수 또는 부실한 평판 조회	평판 조회 가이드라인 마련, 전문 업체 활용, 조회 내용 기록 및 검증	7. 채용 담당자의 협상 역량 부족 (처우 협상 실패)	협상 스킬 교육 강화, 모의 협상 훈련, 경험 많은 선배 컨설턴트 멘토링	7. 지원자의 부정적인 면접 경험이 소셜 미디어를 통해 확산되어 기업 이미지 손상	면접관 교육 강화 (공정성, 친절성), 지원자 경험 관리 시스템 구축, 소셜 미디어 모니터링 및 신속 대응
8. 채용 전형별 합격/불합격 통보 누락	자동 통보 시스템 활용, 통보 여부 체크리스트, 담당자별 통보 현황 모니터링	8. 채용 프로세스 전반에 걸친 법률/규제 지식 부족	노동법 및 채용 관련 법규 교육 의무화, 법무팀과의 정기적 자문, 최신 법규 업데이트	8. 채용 과정에서 발생한 사소한 법규 위반이 대규모 소송 및 평판 리스크로 확대	채용 프로세스 전반에 대한 법률 검토 강화, 법률 전문가 자문, 위반 시 신속한 대응 및 재발 방지
9. 신규 입사자 온보딩 서류(근로계약서 등) 미비	온보딩 체크리스트 의무화, 전자 서명 시스템 도입, 서류 제출 기한 알림	9. 채용 담당자의 데이터 분석 및 활용 역량 부족	채용 데이터 분석 교육, BI/BA 툴 활용, 데이터 기반 의사결정 문화 조성	9. 신규 입사자의 조기 퇴사 증가가 채용 담당자의 업무 부담 및 조직 생산성 저하로 이어짐	온보딩 프로그램 강화, 신규 입사자 멘토링 제도 활성화, 조기 퇴사 원인 분석 및 개선
10. 채용 프로세스 진행 현황 보고서 작성 오류	보고서 템플릿 표준화, 데이터 추출 및 가공 자동화, 교차 검토	10. 조직 내 채용 담당자에 대한 낮은 인식(단순 행정 업무 취급)	채용 성과 지표(KPI) 재정립, 경영진 대상 채용 전략 보고, 채용의 전략적 중요성 강조	10. 채용 담당자 간의 과도한 경쟁 또는 협업 부족이 전체 채용 목표 달성 저해	팀 기반 채용 목표 설정, 채용 담당자 간 지식 공유 활성화, 협업 성과에 대한 인센티브 제공

1) 흐름 리스크(Flow Risk)

'흐름' 리스크는 채용 담당자의 일상적인 채용 프로세스에서 발생하는, 예측 가능하고 눈에 잘 보이는 위험입니다. 채용 공고 오류, 서류 검토 누락, 면접 일정 지연, 피드백 지연, 처우 협의 오류, 채용 데이터 입력 누락, 평판 조회/통보 절차 미준수, 온보딩 서류 미비, 보고서 작성 오류 등이 대표적입니다. 이러한 리스크들은 표준 템플릿, 시스템 도입, 자동화, 가이드라인 마련, 체크리스트 의무화, 교육 강화 등으로 비교적 쉽게 통제 가능합니다.

2) 멈춤 리스크(Stock Risk)

'멈춤' 리스크는 채용 담당자 개인의 역량, 도구, 조직 채용 시스템 등 '존재 자체의 속성'에서 기인하는 위험입니다. 이는 탐험가의 장비나 지도 결함과 같습니다. 채용 담당자의 전문성 부족, 낮은 고용 브랜드 인지도/매력도, 무의식적 편견, 노후화된 ATS 기능 한계, 특정 직무 인재 풀 부족, 과도한 업무량, 협상 역량/법률 지식/데이터 분석 역량 부족, 채용 담당자에 대한 낮은 인식 등이 대표적입니다. 통제를 위해서는 전문 교육, 고용 브랜드 강화, 편견 해소 교육, ATS 현대화, 인재 풀 관리, 적정 인력 확보, 협상/법률/데이터 분석 교육, KPI 재정립 등 근본적인 '속성' 변화 노력이 필요합니다.

3) 솟음 리스크(Emergence Risk)

'솟음' 리스크는 채용 담당자를 둘러싼 내외부 요소들의 복잡한 상호작용으로 예측 불가능하게 '창발'하는 새로운 위험입니다. 이는 '미지의 미지' 영역으로, 직접 통제보다 회복 탄력성/적응력 강화에 중점을 둡니다. 매크로 솟음 리스크로는 급변하는 노동 시장 트렌드와 기존 채용 방식 충돌, 인재 수급 불균형, 사회적 가치 변화의 영향, 새로운 채용 기술과의 비호환성, 경쟁사의 파격 전략으로 인한 인재 유출 등이 있습니다. 이에 미래 트렌드 분석, 시나리오 플래닝, DEI 정책 강화, 신기술 모니터링, 경쟁사 벤치마킹 등을 통해 '적응'해야 합니다.

내부적으로는 채용 담당자와 현업 간 인재상 충돌, 부정적 면접 경험 확산, 사소한 법규 위반의 대규모화, 조기 퇴사율 증가, 담당자 간 경쟁/협업 부족 등이 마이크로 솟음 리스크입니다. 이러한 위험은 특정 프로세스 오류가 아니므로, 현업과 워크숍, 면접관 교육, 법률 검토, 온보딩 강화, 팀 목표 설정 등 유기적 협력과 유연한 대응을 통해 내부 환경을 능동적으로 조성하여 부정적인 창발을 줄이고 긍정적인 창발을 유도해야 합니다.

9. 컨설턴트 A씨 30가지 리스크와 통제 방안

A씨는 오랜 시간 리스크 관리 분야에서 쌓아온 깊은 지혜와 경험을 가진 분입니다. 하지만 인생의 여

정처럼 컨설턴트의 길에도 예측 가능한 일상부터 숨겨진 도전, 그리고 불쑥 나타나는 변화까지 다양한 리스크가 존재합니다. 지금부터 A씨가 마주할 수 있는 리스크들을 '흐름', '멈춤', '솟음'이라는 세 가지 관점에서 함께 살펴보겠습니다.

[표020] Tri View 60대 컨설던트 A씨의 리스크

흐름 리스크(Flow Risk)		멈춤 리스크(Stock Risk)		솟음 리스크(Emergence Risk)	
(일상적 프로세스 내 예측 가능한 위험)		(조직/자산/문화 등 존재 자체의 속성에서 기인하는 위험)		(복잡한 상호작용에서 예측 불가능하게 창발하는 위험)	
리스크 식별	통제 방안	리스크 식별	통제 방안	리스크 식별	통제 방안
1. 컨설팅 프로젝트 제안서 작성 오류 또는 제출 기한 지연	제안서 표준 템플릿 활용, 내부 검토 프로세스 강화, 마감 기한 알림 시스템 활용	1. 과거 경험에 대한 의존으로 인한 최신 지식/트렌드 습득 지연	최신 학술 논문 및 산업 보고서 정기 구독, 온라인 강좌 수강, 젊은 컨설턴트와의 교류 확대	1. 리스크 관리 패러다임의 급진적 변화(예: AI 기반 자율 리스크 관리 시스템 보편화)	AI/빅데이터 기반 리스크 관리 기술 학습, 관련 스타트업과의 협력, 새로운 컨설팅 서비스 모델 개발
2. 강의 자료 업데이트 지연으로 인한 내용의 최신성 부족	최신 트렌드 및 법규 변화 모니터링 루틴 설정, 정기적인 자료 검토 및 업데이트 일정 확보	2. 건강 상태(당뇨병)의 악화 가능성	꾸준한 건강 관리(식단, 운동), 정기적인 병원 검진 및 주치의 상담, 스트레스 관리	2. 글로벌 경제 위기로 인한 기업들의 컨설팅 예산 대폭 삭감	서비스 포트폴리오 유연화, 비용 구조 효율화, 중소기업/공공기관 등 신규 시장 개척
3. 클라이언트와의 커뮤니케이션 오류 또는 오해 발생	핵심 내용 이메일/문서화, 정기적인 회의록 공유, 명확한 의사소통 원칙 수립	3. 개인 브랜드 및 전문성 홍보 부족	개인 웹사이트/블로그 운영, LinkedIn 등 SNS 활용, 전문 분야 기고 활동, 컨설팅 성공 사례 정리	3. 사회적 가치 변화(예: 투명성, 윤리성 강조)가 컨설팅 산업 전반에 대한 불신으로 확산	윤리 경영 강화, 사회적 책임 활동 참여, 투명한 정보 공개, 이해관계자 소통 강화
4. 개인 재정 관리(국민연금, 이자, 배당 소득) 과정에서의 실수	자동 이체 및 알림 설정, 정기적인 계좌 확인 및 대사, 재정 전문가와 연 1회 점검	4. 재정적 자산 포트폴리오의 경직성(예: 특정 자산에 편중)	재정 전문가와 정기적인 포트폴리오 점검, 자산 배분 다각화, 은퇴 후 현금 흐름 계획 재점검	4. 예측 불가능한 전염병 확산 등으로 인한 비대면 컨설팅/강의 전면화	온라인 컨설팅/강의 역량 강화, 비대면 협업 툴 숙련, 디지털 콘텐츠 제작 능력 향상
5. 컨설팅/강의 일정 중복 또는 과도한 스케줄링	통합 스케줄 관리 시스템 활용, 여유 시간 확보, 일정 조율 시 우선순위 명확화	5. 대기업 상무 출신이라는 과거 타이틀에 대한 과도한 의존	실질적인 컨설팅 성과로 전문성 입증, 새로운 컨설팅 방법론 개발, 스타트업/중소기업 컨설팅 경험 확대	5. 특정 산업의 급격한 쇠퇴가 해당 산업 전문 컨설턴트의 수요 감소로 이어짐	산업 포트폴리오 다변화, 신규 성장 산업 발굴, 위기 산업 고객에 대한 선제적 리스크 관리
6. 당뇨병 관리 루틴(식단, 운동, 약 복용) 미준수	건강 관리 앱 활용, 정기적인 건강 검진 및 주치의 상담, 배우자/가족과 공유	6. 네트워킹 범위의 한계(기존 인맥에만 의존)	새로운 산업 분야의 전문가들과 교류, 멘토링/코칭 활동 참여, 컨설팅 커뮤니티 활동 확대	6. 클라이언트 내부의 복잡한 정치적 역학 관계가 프로젝트 실패로 이어져 평판 손상	클라이언트 내부 이해관계자 분석 강화, 프로젝트 초기 단계부터 핵심 이해관계자 참여 유도, 위기 시 대응 시나리오 마련

7. 강의 중 기술적 문제 발생(예: 발표 장비 오류, 인터넷 연결 불안정)	사전 장비 점검 철저, 백업 자료 준비, 비상 시 대응 매뉴얼 마련	7. 디지털 도구 활용 능력 부족 (예: 화상 회의, 데이터 분석 툴)	최신 디지털 도구 학습 및 활용, 온라인 교육 수강, 젊은 세대와의 교류를 통한 학습	7. 건강상의 예상치 못한 급작스러운 문제 발생으로 장기간 활동 중단	비상 의료 계획 수립, 가족과의 비상 연락망 구축, 업무 대행 가능한 네트워크 구축
8. 컨설팅 보고서 작성 시 데이터 분석 오류 또는 해석 실수	데이터 분석 도구 활용 능력 향상, 동료 컨설턴트와의 교차 검토, 외부 전문가 자문	8. 컨설팅/강의 활동의 지속성에 대한 불확실성 (은퇴 후 활동)	장기적인 컨설팅/강의 계획 수립, 후배 컨설턴트와의 협업 모델 구축, 은퇴 후 활동 다각화	8. 과거 재직했던 대기업의 대형 스캔들이 발생하여 개인의 평판에 간접적 영향	과거 소속 기업의 동향 모니터링, 위기 발생 시 개인의 입장 명확화, 평소 투명하고 윤리적인 활동 유지
9. 새로운 클라이언트 발굴을 위한 네트워킹 활동 부족	정기적인 학회/세미나 참여, 온라인 전문 커뮤니티 활동, 기존 클라이언트 통한 소개 요청	9. MBA, CIA 등 자격증의 최신성 유지 부족	자격증 유지 보수 교육 이수, 관련 분야 최신 동향 학습, 전문성 강화를 위한 추가 학습	9. 젊은 세대 컨설턴트/클라이언트와의 소통 방식 차이로 인한 갈등 발생	세대 간 소통 방식 학습, 유연한 사고 방식 유지, 젊은 세대와의 멘토링/코칭 관계 형성
10. 프로젝트 완료 후 청구서 발행 지연 또는 미수금 발생	청구서 발행 자동화, 계약서에 명확한 지급 조건 명시, 미수금 발생 시 신속한 추심 절차	10. 과도한 업무 열정으로 인한 번아웃 위험	적정 업무량 유지, 충분한 휴식과 취미 활동, 가족과의 시간 확보, 스트레스 관리	10. 컨설팅 과정에서 제공한 자문이 예상치 못한 법적 분쟁으로 비화	계약서에 책임 범위 명확화, 전문 변호사 자문, 컨설팅 배상 책임 보험 가입

1) 흐름 리스크(Flow Risk)

'흐름' 리스크는 A씨의 일상적인 컨설팅, 강의, 개인 건강 관리 루틴 등 예측 가능한 반복 과정에서 발생하는 위험입니다. 제안서 오류/기한 미준수, 강의 자료 업데이트 지연, 클라이언트 소통 오해, 개인 재정 관리 실수, 과도한 스케줄링, 건강 관리 루틴 미준수, 강의 중 기술 문제, 데이터 분석 오류, 네트워킹 부족, 청구서 발행 지연 등이 해당합니다. 이러한 리스크들은 표준 템플릿, 모니터링 루틴, 자동화, 앱 활용, 사전 점검 등으로 비교적 쉽게 통제 가능하며, 원인과 해결책이 명확하여 관리가 용이합니다.

2) 멈춤 리스크(Stock Risk)

'멈춤' 리스크는 A씨 컨설턴트의 '존재 자체'에 내재된 속성에서 기인하는 본질적 취약점입니다. 과거 경험 의존으로 인한 최신 지식 습득 지연, 건강 악화 가능성, 개인 브랜드/전문성 홍보 부족, 재정 자산 포트폴리오 경직성, 과거 타이틀 과도한 의존, 네트워킹 한계, 디지털 역량 부족, 활동 지속성 불확실성, 자격증 최신성 미유지, 번아웃 위험 등이 해당합니다. 통제를 위해서는 최신 지식 습득, 건강 관리, 개인 브랜딩 강화, 재정 포트폴리오 점검, 디지털 도구 학습, 장기 계획 수립, 휴식 등 근본적 '속성' 변화 노력이 필요하며, 이는 A씨의 지속적 성장과 영향력 유지를 위한 핵심 과제입니다.

3) 솟음 리스크(Emergence Risk)

'솟음' 리스크는 A씨를 둘러싼 외부 환경이나 다양한 요소들의 복잡한 상호작용 속에서 예측 불가능하게 '창발'하는 새로운 위험입니다. 이는 '미지의 미지' 영역으로, 직접 통제보다 A씨의 회복 탄력성과 적응력 강화에 중점을 둡니다. 매크로 솟음 리스크로는 리스크 관리 패러다임 변화, 글로벌 경제 위기로 인한 컨설팅 예산 삭감, 사회적 가치 변화로 인한 산업 불신, 전염병 확산으로 인한 비대면 전환, 특정 산업 쇠퇴로 인한 수요 감소 등이 있습니다. 이에 AI/빅데이터 기술 학습, 서비스 포트폴리오 유연화, 윤리 경영 강화, 온라인 역량 강화, 산업 다변화 등을 통해 '적응'하는 것이 중요합니다.

내부적으로는 클라이언트 내부 정치로 인한 프로젝트 실패, 건강상의 급작스러운 문제, 과거 기업 스캔들로 인한 평판 영향, 세대 간 소통 차이 갈등, 자문으로 인한 법적 분쟁 등 마이크로 솟음 리스크가 발생합니다. 이러한 위험은 특정 프로세스 오류가 아니므로, 클라이언트 분석 강화, 비상 의료 계획, 소통 방식 학습, 책임 범위 명확화 등 다각적이고 유기적인 접근을 통해 내부 역량을 지속 강화하는 것이 중요합니다.

10. 한국감사협회 30가지 리스크와 통제 방안

한국감사협회(IIA KOREA)는 국내 내부감사 분야의 전문성을 높이고 회원들의 역량을 강화하는 데 기여하는 중요한 비영리 사단법인입니다. 교육, 자격증 관리, 정보 공유 등 다양한 활동을 통해 내부감사 직무의 발전을 이끌고 있죠. 이러한 협회 역시 우리가 이야기 나눴던 '흐름', '멈춤', '솟음' 리스크들로부터 자유로울 수 없습니다.

특히 비영리 사단법인으로서 회원들의 신뢰와 참여를 기반으로 운영되는 특성상, 리스크 관리는 협회의 지속가능성과 직결됩니다. 이 세 가지 관점으로 협회의 리스크를 들여다보면, 어디에 숨어 있는 위험들이 있는지, 그리고 어떻게 관리해야 할지 좀 더 명확해질 것이며, 이를 통해 협회는 국내 내부감사 분야의 리더십을 더욱 공고히 하고, 회원들에게 변함없는 가치를 제공할 수 있을 것입니다.

[표021] Tri View 한국감사협회(IIA Korea) 리스크

흐름 리스크(Flow Risk)		멈춤 리스크(Stock Risk)		솟음 리스크(Emergence Risk)	
(일상적 프로세스 내 예측 가능한 위험)		(조직/자산/문화 등 존재 자체의 속성에서 기인하는 위험)		(복잡한 상호작용에서 예측 불가능하게 창발하는 위험)	
리스크 식별	통제 방안	리스크 식별	통제 방안	리스크 식별	통제 방안
1. 교육/연수 프로그램 등록 과정에서의 전산 오류	등록 시스템 정기 점검 및 부하 테스트, 오류 발생 시 신속 대응 매뉴얼 마련	1. 내부감사 전문성 변화에 대한 교육 콘텐츠의 노후화	최신 감사 트렌드 및 기술(AI, 데이터 분석) 반영한 교육 과정 개발, 외부 전문가 협력 강화	1. AI/자동화 기술 발전이 내부감사 직무의 본질을 급진적으로 변화시킬 경우	AI 기반 감사 기법 연구 및 교육 프로그램 개발, 감사인의 역할 재정립 논의, 관련 기술 기업과의 협력

리스크	대응방안	리스크	대응방안	리스크	대응방안
2. CIA 자격 갱신 (CPE 보고) 절차 안내 미흡 또는 처리 지연	자격 갱신 절차 안내 강화(다양한 채널), 자동 알림 시스템 구축, 처리 전담 인력 교육	2. 협회 재정의 특정 수익원 (예: 자격증 수수료)에 대한 높은 의존도	교육 프로그램 다각화, 회원 서비스 확대, 기업/기관 후원 유치 등 수익원 다변화	2. 대규모 경제 위기로 인한 기업들의 감사 예산 삭감 및 내부감사 인력 감축	비상 시나리오 플래닝, 협회 서비스 포트폴리오 유연화, 중소기업/공공기관 대상 서비스 확대
3. 뉴스레터 발행 일정 지연 및 내용 검수 오류	뉴스레터 제작 프로세스 표준화, 다단계 검수 시스템, 발행 일정 관리 시스템 도입	3. 협회 브랜드 인지도 및 영향력의 대외적 한계	대외 홍보 활동 강화, 언론과의 소통 확대, 내부감사의 사회적 가치 적극 홍보	3. 새로운 형태의 부정/비리(예: 블록체인 기반 자금 세탁) 등장에 대한 감사 기법 미비	블록체인, 암호화폐 등 신기술 기반 감사 역량 강화, 디지털 포렌식 전문가 양성, 관련 법률 자문 확보
4. 감사인대회 등 대규모 행사 준비 과정에서의 실수	행사 준비 체크리스트 활용, 담당자별 역할 명확화, 비상 상황 대비 매뉴얼 마련	4. 협회 운영 인력의 전문성 부족 또는 고령화	전문 인력 채용 및 육성, 직무 순환 활성화, 지식 전수 프로그램 운영	4. 사회적 가치 변화(예: ESG, 투명성 강조)가 내부감사 역할에 대한 새로운 기대치 형성	ESG 감사, 지속가능성 감사 등 새로운 감사 영역 연구 및 교육, 관련 표준 개발 참여
5. 회원 가입 및 회비 납부 관리 시스템 오류	회원 관리 시스템 정기 점검, 회비 납부 자동화 시스템 도입, 오류 발생 시 신속 대응	5. 회원 구성의 다양성 부족(예: 특정 산업/연령대 편중)	다양한 산업군 및 연령대의 회원 유치 전략 수립, 맞춤형 서비스 개발, 젊은 세대 참여 유도	5. 정부의 감사 관련 법규/규제 개편이 협회 활동에 예상치 못한 영향	법규 변화 동향 상시 모니터링, 정책 제언 활동 강화, 유관 부처와의 소통 채널 유지
6. 웹사이트 또는 온라인 교육 플랫폼의 기술적 오류	IT 시스템 정기 점검 및 유지보수, 비상 복구 시스템 구축, 사용자 피드백 채널 운영	6. 내부 통제 시스템의 형식적 운영 및 실효성 부족	내부 통제 시스템 정기적 점검 및 개선, 임직원 윤리 교육 강화, 내부 고발 시스템 활성화	6. 협회 내부의 특정 교육 프로그램이 예상치 못한 사회적 논란으로 비화	교육 콘텐츠 개발 전 사회적 파급력 분석, 외부 전문가 자문, 위기 소통 매뉴얼 마련
7. 회원 문의(전화, 이메일) 응대 절차 미준수 또는 지연	회원 응대 매뉴얼 마련, 상담원 교육 강화, 문의 처리 현황 모니터링	7. 협회 IT 인프라(웹사이트, LMS)의 노후화 및 확장성 한계	IT 시스템 현대화 계획 수립, 클라우드 기반 솔루션 전환 검토, 사용자 편의성 개선	7. 협회 회원 간의 갈등(예: 특정 감사 기법 선호)이 내부 분열로 확산	회원 간 소통 채널 활성화, 다양한 의견 수렴을 위한 포럼 운영, 갈등 관리 전문가 활용
8. 교육 콘텐츠 개발 과정에서의 저작권 침해 소지 발생	콘텐츠 개발 전 저작권 확인 절차 의무화, 법률 자문 강화, 저작권 교육 실시	8. 국제내부감사인협회(IIA Global) 정책 변화에 대한 낮은 대응력	IIA Global과의 긴밀한 소통 채널 유지, 정책 변화 동향 상시 모니터링, 선제적 대응 방안 마련	8. 협회 주최 행사에 대한 사이버 공격이 회원 정보 유출 및 신뢰도 하락 야기	사이버 보안 시스템 고도화, 정기적인 모의 해킹 훈련, 정보 유출 시 신속 대응 및 복구 체계 마련
9. 내부 행정 업무 (예: 회계 처리, 문서 관리)의 비효율성	내부 업무 프로세스 자동화, 행정 업무 매뉴얼 정비, 직원 교육 및 피드백 시스템 운영	9. 내부감사 직무에 대한 사회적 인식 및 위상 부족	내부감사의 중요성 및 역할에 대한 대국민 홍보 강화, 성공 사례 발굴 및 공유, 정책 제언 활동	9. 협회 내부 직원의 비위(예: 자격증 관련 부정)가 조직 전체의 신뢰도에 치명적 영향	윤리 교육 강화, 내부 고발 시스템 활성화, 비위 발생 시 신속하고 엄정한 조치, 재발 방지 시스템 구축
10. 국제공인내부감사사(CIA) 시험 관리 과정에서의 문제 발생	시험 관리 매뉴얼 준수 교육, 시험장 환경 점검, 비상 상황 대비 계획 수립	10. 협회 내부 부서 간 협업 부족 및 사일로 현상	부서 간 교류 프로그램 활성화, 협업성과 인센티브 제공, 통합 업무 시스템 도입	10. 협회와 특정 기업/기관 간의 협력 관계가 예상치 못한 이해 상충 문제로 비화	협력 관계 구축 전 이해 상충 여부 철저 검토, 계약서에 책임 범위 명확화, 윤리 규정 준수 강화

1) 흐름 리스크(Flow Risk)

'흐름' 리스크는 한국감사협회의 일상적인 운영 프로세스(교육, 자격증 관리, 정보 공유)에서 발생하는, 비교적 예측 가능하고 눈에 잘 보이는 위험입니다. 이는 교육/연수 프로그램 등록 전산 오류, CIA 자격 갱신 절차 안내 미흡/처리 지연, 뉴스레터 발행 지연/내용 오류 등이 대표적입니다. 감사인대회 등 행사 준비 실수, 회원 가입/회비 관리 시스템 오류, 웹사이트/온라인 플랫폼 기술적 오류, 회원 문의 응대 미준수/지연, 교육 콘텐츠 저작권 침해, 내부 행정 업무 비효율성, CIA 시험 관리 문제 발생 등도 '흐름' 리스크에 속합니다. 이러한 리스크들은 시스템 정기 점검, 절차 안내 강화, 프로세스 표준화, 체크리스트 활용, 매뉴얼 마련, 자동화 시스템 도입 등으로 비교적 쉽게 통제 가능하며, 원인과 해결책이 명확하여 관리가 용이합니다.

2) 멈춤 리스크(Stock Risk)

'멈춤' 리스크는 한국감사협회라는 조직의 '존재 자체 속성'에서 기인하는 위험으로, 협회의 전문성, 재정 구조, 인력, 브랜드 이미지 등 근본 체질에 내재된 취약점입니다. 이는 협회의 명성과 권위라는 탑의 기반에 생긴 미세한 균열과 같습니다. 대표적으로 내부감사 전문성 변화에 대한 교육 콘텐츠의 노후화, 특정 수익원(자격증 수수료)에 대한 높은 재정 의존도, 협회 브랜드 인지도/영향력의 대외적 한계, 운영 인력의 전문성 부족/고령화, 회원 구성의 다양성 부족이 있습니다. 형식적 내부 통제 시스템, IT 인프라 노후화/확장성 한계, IIA Global 정책 변화에 대한 낮은 대응력, 내부감사 직무의 사회적 인식/위상 부족, 내부 부서 간 협업 부족 등도 멈춤 리스크에 해당합니다. 통제를 위해서는 최신 감사 트렌드 반영 교육 과정 개발, 수익원 다변화, 대외 홍보 강화, 전문 인력 채용/육성, 회원 유치 전략 수립, 내부 통제 시스템 점검, IT 시스템 현대화, IIA Global과의 소통 강화, 내부감사의 사회적 가치 홍보, 부서 간 교류 활성화 등 근본적인 '속성' 변화 노력이 필요합니다.

3) 솟음 리스크(Emergence Risk)

'솟음' 리스크는 한국감사협회 내외부 요소들의 복잡한 상호작용 속에서 예측 불가능하게 '창발'하는 새로운 위험입니다. 이는 '미지의 미지' 영역으로, 직접 통제보다 조직의 회복 탄력성과 적응력 강화에 중점을 둡니다. 매크로 솟음 리스크로는 AI/자동화 기술 발전이 감사 직무 본질을 변화시키는 경우, 대규모 경제 위기로 인한 감사 예산 삭감/인력 감축, 새로운 형태의 부정/비리(블록체인 기반 자금 세탁) 등장에 대한 감사 기법 미비, 사회적 가치 변화(ESG, 투명성)에 따른 내부감사 역할 기대치 변화, 정부의 감사 관련 법규/규제 개편 등이 있습니다. 이에 AI 기반 감사 기법 연구/교육, 서비스 포트폴리오 유연화, 신기술 기반 역량 강화, ESG 감사 연구, 법규 변화 모니터링 등을 통해 '적응'하는 것이 중요합니다.

내부적으로는 특정 교육 프로그램의 사회적 논란, 회원 간 갈등의 내부 분열 확산, 협회 행사 사이버 공격으로 인한 회원 정보 유출/신뢰도 하락, 내부 직원의 비위로 인한 조직 신뢰도 타격, 협력 관계의 예상치 못한 이해 상충 등이 마이크로 솟음 리스크입니다. 이러한 위험은 특정 프로세스 오류가 아니므로, 내부 상호작용의 긍정적 유도, 빠른 감지/유연한 대응/학습 역량 강화에 초점을 맞춰야 합니다. 이를 위해 사회적 파급력 분석, 소통 채널 활성화, 사이버 보안 고도화, 윤리 교육 강화, 이해 상충 검토 등 다각적이고 유기적인 접근이 필요합니다.

제3절 | 기존 리스크 관리의 문제점 재확인

1. Tri View 리스크의 전모를 드러내게 하다

10가지 예시 분석을 통해 얻은 Tri View의 통찰은 리스크의 진정한 얼굴을 드러내는 데 결정적인 역할을 했습니다.

첫째, 기존의 '흐름' 리스크 관리 방식이 전사적 관점에서 얼마나 빈약했는지를 명확히 확인시켜 주었습니다. 이는 마치 거대한 조직의 복잡한 위험을 좁은 시야로만 바라보며, 중요한 부분들을 놓치고 있었다는 의미입니다. 전통적인 접근법으로는 조직 전체의 건강을 담보할 수 없었음을 깨닫게 된 것입니다.

둘째, Tri View는 그동안 조직의 뿌리 깊숙이 숨겨져 있던 '멈춤' 리스크의 누락과 그 심각성을 여실히 보여 주었습니다. 이는 겉으로는 드러나지 않지만 조직의 핵심 동력을 서서히 잠식하거나 중단시킬 수 있는 본질적인 위험들이었으며, 기존 방식으로는 결코 포착하기 어려웠던 진짜 위협들이었음을 의미합니다.

셋째, '솟음' 리스크는 리스크 관리체계의 인식 밖에 존재하다가 Tri View를 통해 비로소 인식 안으로 들어오게 된 위험들입니다. 이는 예측 불가능한 외부 환경 변화나 급작스러운 상황에서 돌연 나타나 조직에 치명적인 영향을 미칠 수 있는 위험들로, Tri View가 아니었다면 여전히 미지의 영역에 남아 있었을 심각한 위협이었음을 통찰하게 합니다.

결론적으로, Tri View는 리스크 관리의 패러다임을 전환하며, 조직이 직면한 위험의 전모를 입체적으로 파악하고 대비할 수 있는 새로운 지평을 보여 주었으며 우리가 리스크를 바라보는 시각 자체를 근본적으로 변화시킬 것을 촉구하고 있습니다.

2. 프로세스 기반 컨설팅 지속 보급의 문제점

프로세스 기반 리스크 관리는 업무 흐름을 분석하여 운영상의 구체적인 위험을 식별하는 데는 매우 유용합니다. 각 단계별 발생 가능한 오류나 비효율성을 파악하고 개선하는 데 탁월한 효과를 발휘합니다. 그러나 그 시야가 개별 업무 절차에 국한되는 명확한 한계를 지닙니다. 조직 전체의 전략적 목표 달성에 영향을 미치는 거시적인 리스크나, 외부 환경 변화로 인해 예상치 못하게 발생하는 창발적 리스크를 포착하기 어렵습니다. 또한, 조직의 근원적인 특성이나 체질에서 비롯되는 속성 기반의 위험은 프로세스 흐름만으로는 진단하기 어렵습니다. 이러한 맹점들은 리스크 관리의 실효성을 떨어뜨리는 주요 원인으로 지적됩니다. 결국 부분적인 최적화에만 머물러 전사적인 위험 관리 체계의 완성도를 저해하는 결과를 초래하는 것입니다.

[표022] 프로세스 기반 컨설팅 지속되는 이유

이유	설명
1. 구체성 및 가시성 확보 용이	프로세스는 조직의 실제 업무 절차를 구체적인 단계별 활동으로 표현함. 따라서 리스크를 특정 업무 단계와 연결하여 명확하게 식별하고 문서화하기가 용이함. 컨설팅 결과물로서 프로세스 맵이나 리스크-통제 매트릭스(RCM)와 같이 눈에 보이는 구체적인 산출물을 도출하기에 편리함(나무를 직접 만지고 설명하기 쉬운 것처럼).
2. 체계적인 방법론 적용 가능	프로세스 분석, 리스크 식별, 통제 설계, 통제 테스트 등 프로세스 기반 리스크 관리에는 이미 잘 정립된 방법론과 절차가 있음. 컨설턴트는 이러한 표준화된 방법론을 적용하여 프로젝트를 체계적으로 수행하고 일정 관리를 하기 용이함.
3. 내부 통제 프레임워크와의 연계	많은 내부 통제 프레임워크(예: COSO)가 업무 프로세스 수준에서의 통제 활동 설계를 강조함. 특히 회계법인은 재무 보고 관련 내부 통제(ICFR) 컨설팅 경험이 풍부하며, 이는 대부분 특정 재무 보고 프로세스(매출, 구매, 재고 등)와 연결되어 있음. 따라서 프로세스 기반 접근이 익숙하고 효과적임.
4. 통제 설계 및 테스트의 용이성	프로세스 기반으로 리스크를 식별하면, 해당 리스크를 완화하기 위한 구체적인 통제 활동(예: 승인 절차, 확인/검토 절차, 시스템 접근 통제)을 해당 프로세스 단계에 직접 연결하여 설계하기 편리함. 또한 설계된 통제가 제대로 작동하는지 테스트(Walkthrough, 샘플 테스트 등)하기도 용이함.
5. 실무자들과의 소통 및 데이터 확보	현업 실무자들은 자신이 수행하는 업무 프로세스를 가장 잘 이해하고 있음. 프로세스 기반으로 접근하면 실무자들과 대화하며 업무 흐름을 파악하고 리스크 요소를 파악하는 것이 상대적으로 수월함. 필요한 데이터를 특정 프로세스에서 확보하기도 용이함.
6. 규정 준수(Compliance) 요구사항 충족	많은 경우, 리스크 관리 및 내부 통제 시스템 구축은 특정 법규나 규정(예: 상장회사 내부회계관리제도)의 준수 요구사항을 충족하기 위해 진행됨. 이러한 규정들은 종종 프로세스 수준에서의 통제 구축 및 평가를 요구하므로, 프로세스 기반 접근이 규정 준수 목표 달성에 직접적으로 기여함.
7. 스코프 설정의 명확성	프로젝트의 범위를 특정 업무 프로세스나 부서 단위로 명확하게 설정할 수 있음. 이는 컨설팅 계약 및 프로젝트 관리에 있어 불확실성을 줄여줌.
이러한 실무적인 장점들 때문에 컨설팅 업계에서는 프로세스 기반 리스크 식별 및 통제 설계 방식이 폭넓게 활용되고 있음. 하지만 경영진의 전략적/속성적 관점을 놓치지 않기 위해서는 프로세스 기반 분석 결과가 조직 전체의 큰 그림(숲)과 어떻게 연결되는지 보여주는 작업이 반드시 병행되어야 함.	

그럼에도 불구하고 프로세스 기반의 접근 방식이 여전히 리스크 관리 컨설팅에서 주로 활용되는 데에

는 두 가지 주요 요인이 있습니다. 첫째는 국제표준의 영향입니다. ISO 31000과 같은 국제 리스크 관리 표준들이 프로세스 중심의 방법론을 제시하면서, 컨설팅 업계는 이를 '모범 사례'처럼 받아들입니다. 이는 표준 준수라는 명분은 얻을 수 있지만, 표준 자체의 효과성을 간과한 채 형식적인 준수에 매몰될 위험이 있습니다. 표준은 최소한의 가이드일 뿐, 조직의 특성과 환경에 맞는 최적의 해결책은 아닐 수 있습니다.

둘째는 실행의 용이성입니다. 프로세스 기반 접근은 정형화된 절차와 체크리스트를 제공하여 도입과 실행이 비교적 쉽습니다. 가시적인 산출물을 만들어내기 용이하며, 컨설턴트 입장에서는 고객에게 '무엇인가를 했다'는 인상을 줄 수 있습니다. 그러나 이러한 '용이성'과 '효율성'은 실제 리스크를 효과적으로 관리하지 못한다면 아무런 의미가 없습니다. 쉬운 길만 택하다가 정작 조직의 생존과 직결되는 중요한 리스크를 놓치는 결과를 초래할 수 있습니다.

문제는 여기서 발생합니다. 효과성 없는 용이성과 효율성은 무의미할 뿐만 아니라, 조직의 귀중한 자원을 낭비하는 결과를 초래합니다. 비판적인 관점에서 볼 때, 우리는 표준 자체의 문제점을 의심해야 합니다. 만약 표준이 실효성 없는 방법론을 제시한다면, 이는 조직이 '리스크 관리를 하고 있다'는 착각을 불러일으키는 '리스크 관리 연극'에 불과합니다. 결국 핵심 리스크에 대한 통찰과 대응 역량을 저해하며, 조직의 시간, 인력, 예산이라는 자원을 낭비하는 결과를 낳습니다. 따라서 우리는 단순한 표준 준수나 실행 용이성을 넘어, 리스크 관리의 본질적인 '효과성'에 초점을 맞춰야 합니다. 그렇지 않으면 리스크 관리 노력은 자원의 낭비로 전락하고, 조직은 실제 위험 앞에서 무방비 상태에 놓일 수 있습니다.

3. 리스크 관리 현장의 아우성과 비명

그동안 전통적인 '흐름(flow)' 중심의 리스크 관리는 매우 협소한 영역에 집중하며 사소한 리스크에만 자원을 쏟는 경향이 있었습니다. 이는 Tri View 분석 결과와 비교할 때 현실과 큰 괴리를 보이며, 내부 통제 운영 현장을 혼란과 무기력 상태에 빠뜨리고 있습니다.

경영진 기대와 리스크 관리 간의 괴리 및 관심 상실: 리스크 관리 부서가 보고하는 내용은 대부분 '흐름'에 국한된 지엽적인 문제에 머뭅니다. 경영진은 조직의 미래를 위협하는 본질적이고 전략적인 위험에 대한 통찰을 원하지만, '전표 입력 오류' 같은 단편적인 보고만 받게 됩니다. 이로 인해 경영진은 리스크 관리에 대한 신뢰와 관심을 잃고, 결국 리스크 관리 부서의 위상과 영향력은 크게 약화됩니다.

리스크 관리 프로세스의 단절과 담당자의 고통: 신규 리스크 발굴이 제대로 이루어지지 않으면서 리스크 관리 프로세스는 단절되고, 보고할 내용이 없는 악순환이 반복됩니다. 리스크 관리 담당자는 무기력한 상황에 직면하며, 활동은 형식적인 '의례'로 전락하여 실질적인 가치 창출 없이 시간과 자원만 낭비됩니다.

1선 부서의 자만과 내부회계관리제도(ICFR)의 착시: 1선 부서들은 일상적인 통제를 충분히 수행한다고 자부하며 리스크 관리 활동을 단순한 자율점검으로 치부합니다. 동시에 내부회계관리제도(ICFR)는 재무보고라는 극히 제한된 영역에만 집중함으로써, 조직 전체의 내부통제 필요성을 축소하거나 차단하는 역설적 상황을 초래합니다. ICFR 준수라는 명목 아래 기업은 '이미 충분한 내부통제를 갖추었다'는 착각에 빠져 통제 사각지대가 커져만 갑니다. 이러한 상황은 현장의 일상적 촌극으로 자리 잡았습니다.

4. '하는 척 흉내 내기' 리스크 식별법 컨설팅

현재 리스크 내부통제 컨설팅 시장의 한 단면을 들여다보면, 실망스러운 현실과 마주하게 됩니다. 많은 컨설팅 기업들이 가이드하는 리스크 식별 방법은 마치 거대한 숲을 보지 않고 나무껍질의 무늬만 분석하는 것과 같습니다. 다수의 컨설팅사들이 공공부문 내부통제 컨설팅에 적용하는 리스크 식별 방법이 앞서 살펴본 "현장의 아우성"을 촉발한 주범입니다.

이들 컨설팅사들은 기관 내규의 '직제상 분장업무'를 소단위로 쪼개고, 이를 다시 팀 내 업무 담당자별로 나누어 직무 단계 수준에서 개개인별로 발생 가능한 리스크를 식별하고 취합하는 방식으로 진행하고 있습니다.

[표023] 리스크 식별 기반 조직 수준 비교

비교 기준	ERM & ELC 전사수준(전사적 관점)	PLC 프로세스 수준 관점	Job Level 직무 수준 관점	Job Step Level 직무 단계별 수준 관점
정의	조직을 둘러싸고 있는 내외부의 모든 요소와 조건들의 총체	특정 목표 달성을 위해 일련의 활동들이 순서대로 연결된 작업 흐름	조직 내에서 개인이 수행하는 특정 역할과 책임의 집합	특정 직무 내에서 업무를 수행하기 위한 구체적인 절차 또는 활동의 세부 단위
범위	조직의 경계를 넘어선 외부 환경(정치, 경제, 사회, 기술 등) 및 조직 내부 환경(구조, 문화, 자원 등) 전체	특정 업무 또는 기능 수행에 필요한 시작부터 종료까지의 모든 단계와 활동	조직 내 특정 개인 또는 직위가 담당하는 구체적인 업무 내용, 책임, 권한 등	특정 직무의 일부로서 수행되는 가장 세부적인 작업 단위 또는 절차
목적	조직의 생존, 성장, 적응에 영향을 미침	업무의 효율성, 효과성, 일관성 확보 및 개선	조직 목표 달성을 위한 개인의 역할 명확화, 성과 관리, 역량 개발, 적재적소 인력 배치	구체적인 작업 수행의 정확성 및 효율성 확보, 표준화된 작업 방식 제시, 오류 최소화

주요 구성 요소	외부: 정치, 경제, 사회, 기술, 경쟁자, 고객 등 내부: 조직 구조, 문화, 리더십, 자원, 기술, 인력 등	활동(Activity) 순서(Sequence), 입력(Input), 출력(Output), 자원(Resource), 참여자(Participant) 등	직무명, 직무 내용, 필요 역량(지식, 기술, 태도), 책임, 권한, 성과 지표 등	절차(Task), 절차(Procedure), 필요한 도구/정보, 판단 기준, 산출물 등
조직 전체 환경과의 관계		조직 전체 환경(특히 내부 환경)의 영향을 받아 설계 및 운영됨. 환경 변화에 따라 프로세스 재설계 필요	조직 전체 환경(특히 내부 환경)의 영향을 받아 직무 내용, 필요 역량 등이 변화함. 환경 변화에 맞춰 직무 재설계 필요	조직 전체 환경 변화가 직무 내용 및 프로세스에 영향을 미치고, 이는 직무 단계의 변화로 이어짐
변화 요인	기술 발전, 시장 변화, 법규/정책 변화, 사회 문화적 변화, 경쟁 환경 변화 등	기술 변화, 조직 구조 변화, 전략 변화, 외부 환경 변화 (고객 요구, 규제 등)	조직 전략 변화, 기술 변화, 시장 변화, 조직 구조 변화, 개인의 역량 변화 등	프로세스 변경, 직무 내용 변경, 시스템/도구 변경, 규제/지침 변경, 개인의 숙련도 변화
관리/개선 방법	전략 수립, 조직 구조 조정, 문화 개선 등	프로세스 분석, 재설계 (BPR), 자동화, 표준화, 매뉴얼화	직무 분석, 직무 설계, 직무 평가, 역량 모델, 교육 훈련, 성과 관리	작업 표준화, 상세 매뉴얼/지침 작성, 체크리스트 활용, 반복 훈련, 자동화 도구 도입
상호작용	조직의 전략, 구조, 프로세스, 직무 등에 영향을 미치며, 조직은 환경 변화에 반응하고 적응함	조직 내 다른 프로세스, 부서, 시스템과 상호작용하며, 직무 수행을 통해 프로세스가 실행됨	직무 내 다른 직무 수행자, 상사, 부하 직원, 고객 등과 상호작용하며, 프로세스 실행 및 조직 목표 달성에 기여함	특정 직무의 상위 단계 및 하위 단계와 연결되어 순차적으로 진행되며, 필요한 정보/자원을 주고받음

이것은 무엇을 의미할까요? 바로 가장 마이크로한 영역, 즉 '직무 단계'라는 프로세스 수준보다도 더 하위 수준에서 리스크를 식별하는 구조라는 것입니다. 이러한 접근 방식은 필연적으로 사소하고 지엽적인 리스크만을 식별할 수밖에 없습니다. '서류 오탈자', '결재 지연', '단순 입력 실수'와 같은, 조직의 생존이나 전략과는 거리가 먼, 일상적인 업무 오류 수준의 수천 개의 리스크들이 리스크 레지스터도 아닌 리스크 프로파일의 대부분을 차지하게 됩니다.

컨설팅 기업들은 의도하지 않았다고 말할지 모르지만, 결과적으로 이는 실질적인 운영 체계를 가이드하는 것이 아니라, 그저 '하고 있는 척' 흉내 내는 방법을 컨설팅하는 것에 불과합니다. 현란한 방법론과 복잡한 도표를 제시하며 마치 대단한 분석을 하는 것처럼 보이지만, 그 속을 들여다보면 알맹이가 없는 형식주의에 불과한 경우가 허다합니다.

이러한 결과는 전사 수준의 전략적 리스크 식별을 기대했던 경영진과는 심각한 괴리를 발생시킵니다. 경영진은 조직의 미래를 위협하는 본질적인 위험, 즉 '멈춤' 리스크나 '솟음' 리스크에 대한 통찰을 원했지만, 돌아오는 것은 '흐름' 리스크 중에서도 가장 하위 단계에 속하는, 사소하기 짝이 없는 리스크 목록뿐입니다. 이로 인해 리스크 관리 활동은 경영진의 관심 밖으로 밀려나고, '규제 준수를 위한 요식 행위'라는 오명을 벗지 못하게 됩니다.

더욱 안타까운 현실은, 조직 내부에 리스크 내부통제 전문가가 부족하고 해당 분야에 대한 이해가 깊지 않은 상황에서, 컨설턴트라는 '전문가'의 권위에 눌려 이러한 비효율적이고 피상적인 접근 방식을 수용할 수밖에 없다는 점입니다. 고개를 갸우뚱하지만, 달리 대안을 찾기 어려운 상황에서 '현란한 수백 페이지 보고서'와 함께 컨설팅 비용을 지불하고, 전 직원이 동원되었던 '이벤트'는 그렇게 끝이 납니다. 그리고 남는 것은 실질적인 개선 없는 피로감과, 리스크 관리라는 중요한 기능에 대한 회의감뿐입니다.

이러한 조직에 실질적인 도움을 주지 못하는 컨설팅 관행은 리스크 관리의 본질을 왜곡하고, 조직이 진정으로 마주해야 할 위험을 외면하게 만드는 주범 중 하나입니다.

제4절 | 내부통제와 리스크 관리 혁신

전체 조직의 복잡다단한 위험을 온전히 감당하기에 이제는 한계를 보인 '흐름' 센서에, '멈춤'과 '솟음'이라는 두 축이 합류하여 삼위일체를 이룸으로써, 현장의 절실한 요구에 부응하고 리스크 관리 및 내부통제의 새로운 국면을 열어 갈 것입니다.

1. Tri View, 혁신적 성능 확인

Tri View는 단순히 이론적인 개념에 그치지 않고, 그 유효성을 명확히 입증했습니다. 앞서 분석한 10가지 예시는 이 프레임워크가 조직의 모든 수준, 심지어 개인 수준에서조차 리스크를 입체적으로 인식하고 관리하는 데 유효하다는 것을 보여 주었습니다.

전사 수준(ERM): 고양시청, 국민체육진흥공단, 풀무원과 같은 조직 전체의 리스크 분석을 통해, Tri View가 거시적인 관점에서 조직의 전략적 리스크를 포괄적으로 식별하고 관리하는 데 효과적임을 확인했습니다.

프로세스 수준: O2C 프로세스 분석을 통해, 특정 핵심 프로세스 내에서도 '흐름' 외에 '멈춤'과 '솟음' 리스크가 존재하며, 이를 통합적으로 관리해야 함을 입증했습니다.

부서/팀 수준: 인사팀 분석을 통해, 특정 부서가 직면하는 리스크 역시 세 가지 관점에서 입체적으로 파악될 수 있음을 확인했습니다.

담당자/개인 수준: 채용 담당자 업무와 60대 컨설턴트 A씨의 예시 분석은 Tri View가 개인의 직무 또는 삶의 리스크까지도 심층적으로 이해하고 관리하는 데 유효함을 입증했습니다.

특수 조직 및 비영리 법인에서의 유효성: 특수 조직인 감사원과 리스크 컨설팅 기업의 예시는 공공 부문과 전문 서비스 분야에서도 Tri View가 강력한 유효성을 명확히 보여 주었습니다. 그뿐만 아니라, 비영리 법인인 한국감사협회에 있어서도 Tri View는 그 본질적인 가치를 발휘할 수 있음을 확인했습니다.

이처럼 Tri View는 조직의 전체 수준(전사 수준, ERM), 팀 수준, 담당자 수준, 개인 수준까지 모든 계층과 영역에서 리스크를 입체적으로 인식하고 관리할 수 있는 보편적인 프레임워크임을 확인했습니다.

2. Tri View 유효성 및 당위성

앞서 10개 예시를 통해 수행된 Tri View 분석은 기존 방식과는 차원이 다른 리스크 식별 결과를 제시하였으며, 더불어 기존의 프로세스기반 운영의 한계들을 명확히 드러내 줬습니다. Tri View는 조직 리스크를 '멈춤 리스크'와 '솟음 리스크'라는 새로운 관점에서 다각도로 조명함으로써, 기존에 간과되거나 미처 포착하지 못했던 핵심 위험 요소들을 체계적으로 발굴해 내는 성능을 보여 주었습니다.

이러한 분석 결과는 단순한 이론적 발견을 넘어, 조직의 리스크 관리 체계 전반에 근본적인 변화를 요구합니다. 기존의 제한된 시각에서 벗어나, 조직은 멈춤 리스크와 솟음 리스크를 포함한 다차원적 리스크 관리를 도입함으로써, 보다 전략적이고 통합적인 리스크 대응 역량을 갖출 수 있습니다.

오늘날 리스크 관리와 내부통제는 조직 경영의 핵심적인 두 축으로서 그 중요성이 더욱 커지고 있습니다. 하지만 기존의 프로세스 중심 접근 방식만으로는 복잡하고 예측 불가능한 현대 사회의 위험을 온전히 포착하고 관리하는 데 한계가 명확합니다. 이제는 '흐름', '멈춤', '솟음'이라는 Tri View를 중심으로 한 새로운 리스크 관리 패러다임을 받아들여야 할 때입니다. 이는 단순히 선택의 문제가 아니라, 조직이 간과되어 온 본질적 위험까지 인식하고 총체적으로 대비하며 지속 가능한 성장을 이루기 위한 필수적인 전환입니다. 오직 이러한 입체적인 시각만이 조직을 진정으로 강건하게 만들 수 있습니다.

3. 실질적 활용과 전문가 역할

Tri View 프레임워크는 다음과 같은 실질적인 활용 방안을 제시합니다.

리스크 식별의 고도화: 기존의 프로세스 중심 식별에서 벗어나, 조직의 속성(IT 시스템, 조직 문화, 인력 역량 등)과 복잡한 상호작용(부서 간 협업, 외부 환경 변화와 내부 반응 등)을 심층적으로 분석하여 리스크 사각지대를 해소합니다.

전략적 자원 배분: 식별된 리스크의 유형과 중요도에 따라 자원을 효율적으로 배분합니다. 사소한 '흐름' 리스크에 과도하게 투자하는 대신, 조직의 생존과 성장에 결정적인 영향을 미치는 '멈춤'과 '솟음' 리스크에 우선적으로 자원을 투입합니다.

회복 탄력성 강화: 예측 불가능한 '솟음' 리스크에 대비하여 조직의 적응력과 회복 탄력성을 높이는 데 집중합니다. 이는 단순히 위험을 피하는 것을 넘어, 위험을 통해 학습하고 더 강해지는 조직을 만드는 것을 의미합니다.

경영진의 의사결정 지원: 경영진이 조직의 진정한 위험 프로파일을 이해하고, 전략적 의사결정에 리스크 관리를 통합할 수 있도록 실질적인 통찰을 제공합니다.

4. 내부통제 난제 해결 방안

Tri View는 기존 내부통제 운영 현실의 제반 문제점들에 엄청난 돌파구를 만들 수 있습니다.

전략적 리스크 관리로의 전환

리스크 관리는 단순한 '흐름' 중심의 사소한 통제에서 벗어나, 조직의 전략적 목표와 연계된 본질적 위험을 포괄적으로 식별·평가하는 방향으로 전환됩니다. 이를 통해 경영진이 진정으로 알고 싶어 하는 '멈춤'과 '솟음' 리스크를 명확히 식별하고 관리할 수 있도록 돕습니다.

리스크 발굴과 프로세스 연계 강화

신규 리스크 발굴을 체계화하고, 이를 기존 프로세스와 유기적으로 연결하여 리스크 관리가 조직 운영의 핵심 활동으로 자리 잡도록 합니다. 리스크 관리 부서는 더 이상 사소한 문제에 매달리지 않고, 조직의 미래를 좌우할 진짜 위험을 발굴하고 관리하는 전략적 파트너로 거듭날 수 있습니다.

내부통제 범위 확대와 ICFR의 재정의

ICFR이 재무보고에 국한된 내부통제의 일부임을 명확히 인식하고, 조직 전체의 내부통제 체계를 포괄적으로 설계·운영함으로써 통제 사각지대를 해소하고, 조직 전반의 리스크 대응 역량을 강화할 수 있습니다.

조직 문화와 인식 개선

내부통제와 리스크 관리의 중요성을 조직 문화 차원에서 재정립하고, 전사적 참여와 책임감을 고취하는 계기가 될 수 있습니다.

새로운 리스크 관리의 국면을 열며

Tri View는 리스크 관리를 단순히 규제 준수나 형식적인 절차 이행을 넘어, 조직의 생존과 성장을 위한 핵심 역량으로 전환시키는 강력한 도구입니다. 지난 수십 년간 '흐름'에만 편향되었던 우리의 리스크 인식을 확장하고, '멈춤'과 '솟음'이라는 진정한 위험에 눈을 뜨게 함으로써, 조직은 비로소 복잡하고 불확실한 현대 사회에서 진정한 회복 탄력성을 갖추고 지속 가능한 성장을 이룰 수 있을 것입니다.

제4장

속성, 리스크의 근원을 찾아서

제1절 | 속성에 대한 이해

1. 왜 '속성'을 이해해야 하는가?

기존 조직의 리스크 관리는 주로 '흐름' 중심의 시각에 머물러 업무 프로세스상의 오류나 절차적 미흡함 등 예측 가능한 문제에 초점을 맞춰 왔습니다. 그러나 이러한 방식은 복잡하고 다층적인 현대 조직의 위험을 온전히 포착하는 데 한계를 드러냈으며, 조직의 생존과 성장을 위협하는 본질적인 '멈춤'(조직 내부의 고질적 문제로 인한 기능 마비)과 '솟음'(급변하는 외부 환경 속 내재된 취약성 발현) 리스크를 제대로 식별하고 대응하기 어려웠습니다.

이는 리스크가 단순히 '흐름'의 문제가 아니라 조직의 내재된 '속성'에서 비롯될 수 있기 때문입니다. 기존 방식이 '무엇이 잘못되었는가?'에 집중했다면, '속성' 기반의 접근은 '왜 잘못될 수밖에 없었는가?' 혹은 '무엇이 위험을 내포하고 있는가?'라는 근본적인 질문을 던집니다.

따라서 '속성'을 이해하는 것은 리스크의 표면적인 현상 뒤에 숨겨진 근본 원인을 파악하고, 보다 효과적이며 선제적인 리스크 관리 전략을 수립하는 데 결정적인 중요성을 가집니다. 이는 리스크를 단순히 '관리해야 할 대상'이 아니라 '이해하고 개선해야 할 조직의 일부'로 인식하는 패러다임의 전환을 의미합니다.

이제 Tri View를 통해 리스크 관리의 새로운 지평을 열고자 하며, '멈춤'과 '솟음' 리스크의 실체를 파악하기 위해서는 리스크의 근원인 '속성'에 대한 깊이 있는 이해가 필수적입니다. '속성'에 대한 심층적인 탐구는 조직의 회복 탄력성을 강화하고 지속가능성을 위한 전략적 통찰을 얻는 첫걸음이 될 것입니다.

2. '속성'의 정의 및 특징

존재하는 모든 것은 저마다 고유한 속성을 지니고 있습니다. '속성'이란 어떤 사물이나 개념, 또는 실체가 본래 가지고 있는 고유한 성질이나 특징을 의미합니다. 이러한 속성이 없다면, 해당 대상을 정의하거나 설명하기 어려울 뿐만 아니라, 그 존재의 본질적인 성격을 규명하는 것조차 불가능합니다. 예를 들어, 인간에게 '생각하는 능력'이라는 속성이 없다면 인간을 인간이라 정의할 수 없는 것과 같습니다. 즉, 속성은 대상 자체를 다른 것과 구별하고 정의하는 데 필수적인 내재된 성질이며, 대상의 근본적이고 핵심적인 특성이라 할 수 있습니다.

Tri View 프레임워크의 맥락에서 '속성'은 조직이 본질적으로 가지고 있는 고유한 특성, 구성 요소, 기능, 문화, 역량 등을 포괄합니다. 이는 단순히 눈에 보이는 자원이나 프로세스, 명문화된 규정만을 뜻하는 것이 아니라, 조직의 DNA와 같이 그 정체성을 구성하고 구성원들의 행동 양식과 의사결정 방식에 깊은 영향을 미치는 내재된 요소들입니다. 예를 들어, '혁신 지향적인 문화', '수직적인 의사결정 구조', '고도로 숙련된 인력', '노후화된 IT 인프라' 등이 모두 조직의 속성에 해당합니다. 이러한 속성들은 조직의 강점이 될 수도 있지만, 반대로 잠재적인 취약점이 될 수도 있습니다.

[표024] **속성의 정의 및 특징**

구분		내용	예시(대상별)
정의		어떤 사물이나 개념, 또는 실체가 본래 가지고 있는 고유한 성질이나 특징을 의미함. 이는 해당 대상을 정의하거나 설명하기 어려운 본질적인 성격으로, 대상의 정체성과 차별성을 규정함.	· 공공기관: 책임성, 투명성, 공익성 · 기업: 매출(영업활동으로 인한 수익 발생), 사업 규모 · 개인: 연령, 성별, 건강 상태, 직무 역량 등
특징	1. 고유성 및 본질성	대상 그 자체를 다른 것과 구별하고 정의하는 데 필수적인 핵심적 특성임. 조직이나 개인의 근본적인 정체성을 형성하며, 속성이 사라지거나 변하면 대상의 본질도 달라질 수 있음.	· 조직: 근본적이고 핵심적인 특성(예: 공공기관의 공익성) · 개인: 존재 이유나 핵심 역할(예: 직무 수행에 필수적인 전문성)
	2. 영향력	대상의 기능, 행동, 조직 전반에 광범위한 영향을 미치며, 속성의 변화에 따라 긍정적 또는 부정적인 결과(리스크 포함)를 초래할 수 있음. 이는 조직 운영, 재무, 평판 등 다양한 영역에 영향을 줌.	· 조직 운영: 조직 문화가 업무 효율성에 미치는 영향 · 재무: 매출 규모 변화가 재무 건전성에 미치는 영향 · 평판: 투명성 부족이 신뢰도 하락으로 이어짐
	3. 식별 및 이해의 기반	속성은 대상을 인식하고 이해하는 가장 기본적인 정보이며, 특성 파악과 예측의 토대가 됨. 이를 통해 리스크 식별과 대응 전략 수립이 가능해짐.	· 조직 분석 시 조직 구조, 인력 구성 파악 · 개인 역량 평가 시 전문성, 경험 수준 확인
	4. 상태 또는 정도	속성은 단순히 존재 여부뿐 아니라, 그 상태나 정도(예: 높음, 낮음, 강함, 약함)에 따라 조직이나 개인의 특성과 리스크 수준에 차이를 만듦.	· IT 시스템 안정성: 매우 안정적 / 불안정 · 조직 문화: 혁신 지향적 / 보수적 · 건강 상태: 양호 / 취약
	5. 변동 가능성	모든 속성이 고정된 것은 아니며, 일부 속성은 시간, 환경, 내부 요인에 따라 변화하거나 발전/퇴화할 수 있음. 이는 리스크 관리에서 지속적인 모니터링과 개선의 필요성을 의미함.	· 직원 역량: 교육과 경험에 따라 향상 가능 · 조직 문화: 리더십 변화에 따라 개선 또는 악화 · 시장 환경: 기술 발전에 따른 변화

속성의 첫 번째 특징은 고유성 및 본질성입니다. 이는 대상 그 자체를 다른 것과 구별하고 정의하는 데 필수적인 핵심적 특성으로, 조직이나 개인의 근본적인 정체성을 형성합니다. 만약 속성이 사라지거나 변하면 대상의 본질도 달라질 수 있습니다. 예를 들어, 조직에서는 공공기관의 '공익성'과 같은 근본적이고 핵심적인 특성이 이에 해당하며, 개인에게는 직무 수행에 필수적인 '전문성'과 같은 존재 이유나 핵심 역할이 이에 해당합니다.

두 번째 특징은 영향력입니다. 속성은 대상의 기능과 행동, 그리고 조직 전반에 광범위한 영향을 미칩니다. 속성의 변화에 따라 긍정적이거나 부정적인 결과, 즉 리스크를 포함한 다양한 결과를 초래할 수 있습니다. 이는 조직 운영, 재무, 평판 등 여러 영역에 영향을 주는데, 예를 들어 조직 문화가 업무 효율성에 미치는 영향, 매출 규모 변화가 재무 건전성에 미치는 영향, 투명성 부족이 신뢰도 하락으로 이어지는 경우가 이에 해당합니다.

세 번째 특징은 식별 및 이해의 기반입니다. 속성은 대상을 인식하고 이해하는 가장 기본적인 정보로서, 특성 파악과 예측의 토대가 됩니다. 이를 통해 리스크 식별과 대응 전략 수립이 가능해집니다. 예를 들어, 조직 분석 시 조직 구조나 인력 구성을 파악하고, 개인 역량 평가 시 전문성이나 경험 수준을 확인하는 것이 이에 해당합니다.

네 번째 특징은 상태 또는 정도입니다. 속성은 단순히 존재 여부뿐 아니라, 그 상태나 정도에 따라 조직이나 개인의 특성과 리스크 수준에 차이를 만듭니다. 예를 들어 IT 시스템의 안정성이 매우 안정적인 경우와 불안정한 경우, 조직 문화가 혁신 지향적인 경우와 보수적인 경우, 건강 상태가 양호한 경우와 취약한 경우 등이 이에 해당합니다.

마지막으로 다섯 번째 특징은 변동 가능성입니다. 모든 속성이 고정된 것은 아니며, 일부 속성은 시간, 환경, 내부 요인에 따라 변화하거나 발전하거나 퇴화할 수 있습니다. 이는 리스크 관리에서 지속적인 모니터링과 개선의 필요성을 의미합니다. 예를 들어 직원 역량은 교육과 경험에 따라 향상될 수 있고, 조직 문화는 리더십 변화에 따라 개선되거나 악화될 수 있으며, 시장 환경은 기술 발전에 따라 변화할 수 있습니다.

조직의 속성에서 비롯되는 '멈춤 리스크(Stock Risk)'는 '흐름 리스크(Flow Risk)'와 '솟음 리스크(Emergence Risk)'에 중력과 같은 강력한 영향을 미칩니다. 이 멈춤 리스크는 조직의 내재된 취약성을 드러내며 다른 리스크들의 근본 원인이 됩니다. 따라서 리스크 관리의 핵심과 중심은 바로 이 속성에서 유발되는 멈춤 리스크에 있다고 할 수 있습니다. 결국, 멈춤 리스크를 효과적으로 다루기 위해서는 조직의 속성에 대한 깊이 있는 이해가 필수적입니다. 이것이 리스크 관리의 새로운 국면을 여는 중요한 통찰입니다.

3. 속성중심의 리스크관리의 타당성

많은 선도적인 조직들은 비록 '속성 기반 리스크 관리'라는 용어를 명시적으로 사용하지는 않지만, 그들의 리스크 관리 접근 방식을 면밀히 살펴보면 조직의 본질적인 특성, 즉 '속성'을 개선하고 관리함으로써 리스크를 통제하려는 경향이 매우 강하게 나타납니다.

이는 특히 복잡하고 불확실성이 높은 현대 경영 환경에서 더욱 두드러지는 현상이며, '속성'이 리스크 관리의 핵심이 되어야 한다는 주장의 강력한 타당성을 뒷받침합니다. 실제로 이들 조직은 리스크를 단순히 외부 위협이나 개별적인 프로세스 오류로만 인식하지 않고, 조직 내부에 내재된 특성이나 문화가 리스크의 근원이 될 수 있음을 깊이 인식하고 이를 전략적으로 관리하고 있습니다.

[표025] 선도기업들의 속성 기반 리스크 관리 예시

조직 유형	핵심 속성	실제적 속성 기반 리스크 관리
항공 산업	강력한 안전 문화, 엄격한 표준 운영 절차(SOP), 지속적인 학습 및 개선 시스템, 인적 오류 최소화를 위한 설계	조직 전체에 '안전 문화'를 내재화하여 인적 오류로 인한 "멈춤 리스크"를 줄이고, 예상치 못한 상황에도 신속하고 안전하게 대응할 수 있는 회복탄력성(솟음 리스크 대응)을 높임.
글로벌 금융 기관	건전한 리스크 문화, 강력한 내부 통제 시스템 설계, 데이터 기반 의사결정 역량, 시스템 회복탄력성	리스크를 과도하게 추구하는 '리스크 문화'를 개선하고, '시스템적 취약성' 보완을 위해 IT 인프라 회복탄력성 강화 및 비상 계획을 고도화하여 시장 변동성으로 인한 손실(솟음 리스크)이나 시스템 장애(멈춤 리스크)를 근본적으로 줄임.
제조업	최고 품질 지향 문화, 린(Lean) 생산 시스템, 유연하고 다변화된 공급망 설계, 지속적인 개선(Kaizen) 문화	생산 전 과정에서 '품질을 내재화하는 문화'를 구축하고, '다변화된 공급망 설계' 속성을 강화하여 생산 차질(멈춤 리스크)을 최소화하고 글로벌 공급망 위기(솟음 리스크)에 대한 대응력을 높임.
IT 서비스 및 클라우드 기업	보안을 최우선으로 하는 설계 원칙(Security by Design), 고가용성 및 확장성 아키텍처, 자동화된 장애 복구 시스템, 강력한 개발 보안 문화	안정성'과 '보안성'을 '시스템의 내재된 속성'으로 간주하고 설계 단계부터 반영하여 대규모 서비스 중단(멈춤 리스크)을 방지하고, 사이버 공격이나 트래픽 폭증(솟음 리스크)에도 안정적으로 서비스를 유지함.

예를 들어, 항공 산업은 사고의 치명성 때문에 '강력한 안전 문화'라는 속성을 조직 전체에 깊이 내재화합니다. 이는 단순히 안전 수칙을 지키는 것을 넘어, 모든 의사결정과 행동의 최우선 가치로 안전을 삼는 것을 의미합니다. 이러한 문화는 인적 오류로 인한 '멈춤 리스크'를 근본적으로 줄이고, 예상치 못한 상황에 대한 '회복탄력성(솟음 리스크 대응)'을 극대화하는 핵심 동력이 됩니다.

글로벌 금융 기관들은 2008년 금융 위기 이후 리스크를 과도하게 추구하는 '리스크 문화'를 개선하고, 복잡한 시스템의 '시스템적 취약성'을 보완하기 위해 IT 인프라의 회복탄력성을 강화했습니다. 이는 시장 변동성으로 인한 손실(솟음 리스크)이나 시스템 장애(멈춤 리스크)를 줄이는 데 결정적인 역할을 하며, 리스크를 사후적으로 통제하기보다 조직의 본질적인 체질을 변화시키는 데 주력했음을 보여 줍니다.

제조업 분야에서는 토요타나 삼성전자와 같은 기업들이 생산 전반에 걸쳐 '최고 품질 지향 문화'를 내재화하고, '유연하고 다변화된 공급망 설계' 속성을 강화합니다. 이는 생산 차질(멈춤 리스크)과 글로벌 공급망 위기(솟음 리스크)에 대한 강력한 방어막이 되어, 외부 충격에도 안정적인 생산과 공급을 가능하게 합니다. 마지막으로 IT 서비스 및 클라우드 기업들은 '안정성'과 '보안성'을 시스템의 내재된 속성으로 간주하고 설계 단계부터 최우선으로 반영합니다. 이를 통해 대규모 서비스 중단(멈춤 리스크)을 방지하고 사이버 공격이나 트래픽 폭증(솟음 리스크)에도 서비스가 안정적으로 유지되도록 관리하며, 고객 신뢰를 확보하고 있습니다.

이처럼 선도적인 조직들은 조직의 본질적인 특성(속성)을 강화하고 개선함으로써 리스크를 근본적으로 통제하는 방향으로 진화하고 있으며, 이는 '속성'의 중요성이 실제 현장에서도 강력한 타당성을 가지고 있음을 명확히 보여 줍니다.

4. 조직 속성의 분류

조직은 다양한 구성 요소와 특성들이 복합적으로 상호 작용하며 운영됩니다. 이러한 조직의 본질적인 특성들을 '속성'이라고 정의할 때, 이 속성들은 리스크의 근원이 되거나 동시에 리스크 관리를 위한 중요한 통제점이 될 수 있습니다. 즉, 약한 속성은 리스크를 유발하지만, 강한 속성은 리스크를 방어하는 핵심 역량이 되는 것입니다. 조직의 속성들을 체계적으로 이해하고 관리하기 위해 크게 7가지로 분류하여 살펴볼 수 있으며, 각 속성 유형은 조직의 효율성, 안정성, 그리고 리스크 대응 능력에 지대한 영향을 미칩니다.

[표026] 조직 속성의 분류와 예시

속성 유형	의미	설명	구체적 예시
1. 사업 모델 특성 속성	조직의 핵심적인 가치 창출 방식과 운영의 본질을 정의하는 속성	조직의 존재 이유와 내재된 위험 요소를 파악하는 데 가장 중요한 속성	업종/업태 특성, 가치 창출 방식, 수익 모델, 주요 자산 유형, 핵심 고객/수혜자, 경쟁자
2. 전략 속성	조직의 장기적인 방향성과 목표 달성 방식을 정의하는 특성	조직의 미래 지향성, 실행력, 외부 환경 변화에 대한 적응력을 파악하는 데 중요함	전략 수립 및 명확성, 전략 실행 역량, 전략 유연성/적응성, 전략적 차별화, 자원 배분 전략
3. 조직 구조 속성	조직의 공식적인 체계와 구성원 간의 관계를 규정하는 속성	조직의 뼈대와 같아서, 이 속성이 잘 정립되어야 효율적인 업무 수행과 명확한 책임 분담이 가능함	조직 형태, 의사결정 집중도, 보고 체계 명확성, 권한 위임 수준, 부서 간 연계성, 직무 분장 명확성
4. 인력 및 역량 속성	조직 구성원들의 지식, 기술, 태도, 경험, 그리고 이들이 모여 형성하는 집단적 역량을 나타내는 속성	조직의 실행력을 좌우하는 핵심 요소로, 구성원들의 역량이 곧 조직의 리스크 대응 능력과 직결됨	개인 역량, 기술 역량, 경험 수준, 태도 및 동기, 인력 구성 다양성, 학습 및 성장 잠재력, 팀워크 및 협업 능력

5. 프로세스 및 시스템 속성	조직의 업무 절차, 작업 흐름, 그리고 이를 지원하는 정보기술(IT) 시스템 및 데이터 관리 체계를 나타내는 속성	업무의 효율성과 안정성을 보장하며, 이 속성의 취약점은 곧 운영 리스크로 이어질 수 있음	프로세스 표준화, 자동화 수준, IT 시스템 안정성, 데이터 관리 품질, 내부 통제 효과성, 정보 흐름 효율성
6. 문화 및 가치 속성	조직 구성원들이 공유하는 가치관, 신념, 행동 규범, 그리고 조직의 전반적인 분위기를 나타내는 속성	조직의 분위기와 구성원들의 행동 양식을 결정하며, 리스크에 대한 조직의 태도와 대응 방식에 큰 영향을 미침	소통 개방성, 혁신 지향성, 리스크 수용 태도, 책임감 및 주인의식, 윤리의식 및 준법성, 학습 문화, 리더십 스타일
7. 외부 환경 관련 속성	조직이 외부 환경(시장, 규제, 기술, 경쟁 등)의 변화를 인식하고, 이에 대응하며, 적응하는 방식과 관련된 조직 내부의 특성	외부 환경 변화에 대한 조직의 민첩성과 적응력을 나타내며, 시장 및 전략적 리스크 관리에 필수적인 내부 역량임	시장 변화 민감도, 규제 준수 역량, 기술 수용성, 경쟁 분석 역량, 이해관계자 관리 역량, 위기 대응 시스템

사업 모델 특성

사업 모델 특성은 조직의 핵심적인 가치 창출 방식과 운영의 본질을 정의하는 속성입니다. 이는 조직의 존재 이유이자, 동시에 내재된 위험 요소를 파악하는 데 있어 가장 근본적이고 중요한 기준이 됩니다. 조직이 어떤 방식으로 가치를 생산하고 전달하며 소비하는지에 대한 총체적인 그림을 제공하며, 이는 조직의 모든 활동과 리스크 프로파일을 형성하는 데 결정적인 영향을 미칩니다.

구체적으로, 사업 모델 특성에는 업종 및 업태의 고유한 특성이 포함됩니다. 제조업, 서비스업, 공공기관 등 각 업종은 독자적인 운영 방식과 그에 따른 위험을 내포하고 있습니다. 또한, 고객에게 가치를 제공하는 방식은 조직의 핵심 프로세스와 자원 배분을 결정하며, 이는 서비스 품질 리스크나 운영 효율성 리스크와 직결됩니다. 재원을 확보하는 수익 모델은 조직의 재정적 안정성과 지속가능성을 좌우하며, 수익 구조의 취약성은 곧 재무 리스크로 이어질 수 있습니다. 조직이 보유한 주요 자산 유형(물리적 자산, 지적 자산, 인적 자산 등)은 각각 고유한 관리 리스크와 잠재적 가치 손실 위험을 가집니다. 핵심 고객 또는 수혜자의 특성은 서비스 전달 방식과 고객 만족도 리스크에 직접적인 영향을 미치며, 마지막으로 경쟁 환경은 시장 내 조직의 위치와 전략적 리스크를 규정합니다. 이 모든 요소들이 복합적으로 작용하여 조직의 정체성과 그에 따른 리스크 지형을 형성하게 됩니다.

[표027] 사업 모델 하위 속성

1. 사업 모델 속성	조직의 핵심적인 가치 창출 방식과 운영의 본질을 정의하는 속성임. 조직의 존재 이유와 내재된 위험 요소를 파악하는 데 가장 중요하며, 조직의 고유한 리스크 프로파일을 형성하는 데 필수적인 내부 역량임.	
하위 속성	설명	구체적 예시
업종/업태 특성	조직이 속한 산업 분야의 고유한 특성 및 그에 따른 내재된 위험을 의미함.	· 높음: 공공기관으로서 사행산업 운영 시 엄격한 규제 준수 및 건전화 노력 병행
		· 낮음: 규제 변화에 둔감하여 법적 제재 위험에 노출
가치 창출 방식	조직이 고객이나 수혜자에게 어떤 방식으로 핵심적인 가치를 제공하는지를 의미함.	· 높음: 경륜/경정 운영 수익을 체육 진흥 사업에 재투자하여 공공 가치 실현
		· 낮음: 수익 창출에만 집중하여 공공 서비스 제공이라는 본연의 가치 상실

수익 모델	조직이 재원을 어떻게 확보하고 있으며, 그 안정성 및 지속 가능성을 의미함.	· 높음: 투표권 판매 수익 외 다양한 기금 운용 및 정부 지원을 통한 안정적 재원 확보
		· 낮음: 특정 수익원에 과도하게 의존하여 시장 변동 시 재정 불안정 심화
주요 자산 유형	조직의 가치 창출에 필수적인 핵심 자산의 종류와 중요도를 의미함.	· 높음: 물리적 시설(경륜/경정장), 투표 시스템, 스포츠 전문가 인력 등 핵심 자산의 효율적 관리 및 활용
		· 낮음: 노후화된 시설, 비효율적인 시스템 관리로 운영상 리스크 증가
핵심 고객/수혜자	조직이 궁극적으로 서비스를 제공하거나 영향을 미치는 대상의 특성과 요구사항을 의미함.	· 높음: 경륜/경정 이용객과 스포츠 복지 수혜 국민의 요구를 명확히 이해하고 서비스에 반영
		· 낮음: 핵심 고객의 니즈를 파악하지 못해 서비스 만족도 저하 및 이탈 발생
경쟁자	조직의 제품/서비스와 유사하거나 대체 가능한 것을 제공하는 직간접 경쟁 환경을 의미함.	· 높음: 다른 사행산업(로또, 경마) 및 유사 스포츠 시설의 전략을 분석하여 차별화된 서비스 제공
		· 낮음: 경쟁 환경 변화에 둔감하여 시장 점유율 하락 및 수익성 악화

전략 속성

전략 속성은 조직의 장기적인 방향성과 목표 달성 방식을 정의하는 핵심적인 특성입니다. 이는 조직의 미래 지향성, 실행력, 그리고 급변하는 외부 환경 변화에 대한 적응력을 파악하는 데 매우 중요합니다. 명확하고 실행 가능한 전략은 조직의 불확실성을 줄이고 효율적인 자원 활용을 가능하게 합니다. 이 속성에는 전략의 수립 및 명확성, 전략 실행 역량, 전략의 유연성 및 적응성, 조직의 전략적 차별화 요소, 그리고 자원 배분 전략 등이 포함됩니다. 이러한 전략 속성들은 조직의 생존과 성장을 좌우하는 핵심적인 리스크 관리 요소로 작용합니다.

[표028] 전략 속성 하위 속성

2. 전략 속성	조직의 장기적인 방향성과 목표 달성 방식을 정의하는 핵심적인 특성임. 조직의 미래 지향성, 실행력, 그리고 외부 환경 변화에 대한 적응력을 파악하는 데 중요함.	
하위 속성	설명	구체적 예시
전략 수립 및 명확성	중장기 경영 전략 및 목표의 구체성과 조직 구성원들의 이해 및 공유 정도를 의미함.	· 높음: 디지털 혁신 전략의 목표와 실행 계획이 명확하며 전 직원이 이를 이해하고 공감
		· 낮음: 추상적인 전략 목표로 인해 실행 방향이 불분명하고 직원들의 공감대 형성 미흡
전략 실행 역량	수립된 전략 목표를 달성하기 위한 조직의 실제 실행 능력 및 자원 배분의 효율성을 의미함.	· 높음: ESG 경영 강화 전략에 따라 관련 시스템 도입 및 사회 공헌 활동이 효과적으로 실행
		· 낮음: 전략 목표만 제시되고 실행을 위한 예산, 인력 지원 부족으로 성과 미흡
전략 유연성/ 적응성	예상치 못한 외부 환경 변화에 대해 전략을 얼마나 신속하고 효과적으로 조정하는지를 의미함.	· 높음: 팬데믹으로 인한 사업 중단 시 비대면 서비스 전환 등 새로운 전략을 신속하게 수립 및 실행
		· 낮음: 외부 환경 변화에 대한 전략 조정이 늦어 기회를 상실하거나 위기에 효과적으로 대응하지 못함

전략적 차별화	경쟁 환경에서 조직만의 독특한 강점과 경쟁 우위 요소를 확보하는 능력을 의미함.	· 높음: 사회 환원 및 체육 진흥이라는 공공적 가치를 통해 다른 사행산업과 차별화된 이미지 구축
		· 낮음: 경쟁사와 차별점 없이 유사한 서비스 제공으로 인해 시장 내 경쟁 우위 확보에 실패
자원 배분 전략	전략적 우선순위에 따라 예산, 인력 등 조직 자원을 얼마나 합리적이고 효율적으로 배분하는지를 의미함.	· 높음: 디지털 전환, 스포츠 복지 확대 등 핵심 전략 목표에 맞춰 예산과 인력을 우선적으로 배분
		· 낮음: 전략 목표와 무관하게 자원이 배분되어 중요 사업 추진이 지연되거나 비효율 발생

조직 구조 속성

조직 구조 속성은 조직의 공식적인 체계와 구성원 간의 관계를 규정하는 속성입니다. 이는 조직의 뼈대와 같아서, 이 속성이 잘 정립되어야 효율적인 업무 수행과 명확한 책임 분담이 가능합니다. 견고하고 유연한 조직 구조는 업무 중복을 방지하고 의사소통의 효율성을 높여 전반적인 운영 리스크를 줄이는 데 결정적인 역할을 합니다. 또한, 권한과 책임의 명확성은 구성원들의 혼란을 최소화하고, 신속한 의사결정을 지원하여 변화에 대한 조직의 민첩성을 향상시킵니다. 이러한 구조는 리스크 정보의 원활한 흐름을 보장하고, 통제 활동이 효과적으로 실행될 수 있는 기반을 제공합니다. 나아가, 예기치 않은 위험 발생 시에도 혼란을 최소화하고 신속하게 대응할 수 있는 조직의 회복탄력성을 높이는 데 결정적인 역할을 합니다. 구체적으로는 조직도(형태), 의사결정 체계(중앙집권적 또는 분권적), 보고 라인(명확성 또는 복잡성), 권한 위임 정도, 부서 간 협업 구조, 그리고 직무 분장 명확성 등이 이 속성에 해당합니다. 이러한 요소들은 조직의 운영 효율성뿐만 아니라, 위기 발생 시의 대응 능력에도 직접적인 영향을 미치므로, 리스크 관리의 중요한 축을 이룹니다.

[표029] 조직 구조 속성 하위 속성

3. 조직 구조 속성	조직의 공식적인 체계와 구성원 간의 관계를 규정하는 속성임. 조직의 뼈대와 같아서, 이 속성이 잘 정립되어야 효율적인 업무 수행과 명확한 책임 분담이 가능함.		
하위 속성	설명		구체적 예시
조직 형태	기능별, 사업부별, 매트릭스, 네트워크 등 조직이 공식적으로 어떤 형태로 구성되어 있는지를 의미함.	조직 형태는 정보 흐름과 의사결정 속도에 영향을 미침.	· 기능별 조직: 마케팅, 생산, 재무 부서로 나뉨
			· 사업부별 조직: 모바일 사업부, 가전 사업부로 나뉨
			· 매트릭스 조직: 프로젝트 기반으로 여러 기능 부서 인력이 협업
의사결정 집중도	의사결정 권한이 최고 경영층에 집중되어 있는지(중앙집권적) 또는 하위 부서나 개인에게 분산되어 있는지(분권적)를 나타냄.	조직의 민첩성과 자율성에 영향을 줌.	· 중앙집권적: 모든 주요 결정이 CEO 승인 필요
			· 분권적: 팀장에게 예산 집행 권한 위임
보고 체계 명확성	구성원들이 누구에게 보고하고, 어떤 정보를 공유해야 하는지 보고 라인이 얼마나 명확하고 단순하게 정의되어 있는지를 의미함.	불명확한 보고 체계는 혼란과 리스크를 야기할 수 있음.	· 명확함: 모든 직원이 자신의 직속 상사와 보고 라인을 정확히 인지
			· 불명확함: 한 직원이 여러 상사에게 보고하여 혼란 발생

권한 위임 수준	하위 직급이나 부서에 얼마나 많은 의사결정 권한과 자율성이 위임되어 있는지를 나타냄.	적절한 권한 위임은 책임감을 높이고 빠른 현장 대응을 가능하게 함.	· 높음: 영업 사원이 고객 할인율을 자율적으로 결정
			· 낮음: 모든 지출에 대해 본사 승인 필요
부서 간 연계성	서로 다른 부서 간에 정보 공유, 협업, 자원 배분 등이 얼마나 원활하게 이루어지는지를 의미함.	조직 전체의 시너지를 결정하는 중요한 요소임.	· 높음: 정기적인 부서 간 협의체 운영, 공동 프로젝트 활성화
			· 낮음: 부서 이기주의, 정보 공유 부족
직무 분장 명확성	각 직무의 책임과 역할, 그리고 수행해야 할 업무가 얼마나 명확하게 정의되어 있고 중복이나 누락 없이 배분되어 있는지를 나타냄.		· 명확함: 직무기술서에 각 직원의 핵심 업무와 책임이 상세히 명시
			· 불명확함: 특정 업무의 담당자가 불분명하여 업무 누락 발생

인력 및 역량 속성

인력 및 역량 속성은 조직 구성원들의 지식, 기술, 태도, 경험, 그리고 이들이 모여 형성하는 집단적 역량을 나타내는 속성입니다. 이 속성은 조직의 실행력을 좌우하는 핵심 요소로, 구성원들의 역량이 곧 조직의 리스크 대응 능력과 직결됩니다. 개개인의 전문성과 숙련도는 일상적인 업무 프로세스 리스크를 줄이는 데 직접적인 영향을 미치며, 복잡한 문제 해결 능력을 향상시킵니다.

또한, 구성원들이 지닌 다양한 경험과 관점, 그리고 학습 및 성장하려는 잠재력은 조직이 예측 불가능한 변화와 새로운 위험(창발 리스크)에 유연하게 적응하고 혁신을 이룰 수 있는 기반이 됩니다. 인력 구성의 다양성은 리스크 식별의 폭을 넓히고, 의사결정의 질을 높이는 중요한 요소입니다. 궁극적으로 강력한 팀워크와 협업 능력은 부서 간 사일로 현상을 극복하고, 복합적인 리스크 상황에서 신속하고 효과적인 대응을 가능하게 합니다. 직원들의 개인 역량, 기술 역량, 경험 수준, 태도 및 동기, 인력 구성 다양성, 학습 및 성장 잠재력, 그리고 팀워크 및 협업 능력 등이 중요한 인력 및 역량 속성으로 꼽힙니다. 이러한 인력 및 역량 속성들은 조직의 모든 리스크 관리 활동의 성공 여부를 결정하는 가장 근본적인 토대라고 할 수 있습니다.

[표030] 인력 및 역량 속성 하위 속성

4. 인력 및 역량 속성	조직 구성원들의 지식, 기술, 태도, 경험, 그리고 이들이 모여 형성하는 집단적 역량을 나타내는 속성임. 조직의 실행력을 좌우하는 핵심 요소로, 구성원들의 역량이 곧 조직의 리스크 대응 능력과 직결됨.		
하위 속성	설명		구체적 예시
개인 역량	구성원 개개인이 보유한 문제 해결 능력, 의사소통 능력, 분석적 사고 등 직무 수행에 필요한 기본적인 역량을 의미함.		· 높음: 복잡한 고객 불만을 논리적으로 해결하는 상담원
			· 낮음: 팀원 간 의사소통 부족으로 오해 발생
기술 역량	조직 구성원들이 보유한 특정 기술 분야(예: 디지털 기술, 인공지능 활용, 특정 산업 생산 기술 등)에 대한 전문성과 숙련도를 의미함.	조직의 핵심 경쟁력과 혁신 능력에 직접적으로 연결됨.	· 높음: AI 기반 솔루션 개발 가능 팀, 빅데이터 분석 전문가 보유
			· 낮음: 레거시 시스템 유지보수 인력 부족

경험 수준	구성원들의 평균 경력, 특정 업무나 산업 분야에서의 숙련도, 그리고 다양한 상황에 대한 실무 경험의 깊이를 나타냄.	풍부한 경험은 위기 대응력을 높임.	· 높음: 평균 근속 10년 이상의 숙련된 생산직 직원
			· 낮음: 신규 입사자 비율이 높아 업무 숙련도 부족
태도 및 동기	직무에 대한 구성원들의 열정, 책임감, 주인의식, 긍정적/부정적 태도, 그리고 업무 수행에 대한 동기 부여 수준을 의미함.	생산성과 직결됨.	· 긍정적: 자발적으로 업무 개선 아이디어를 제안하는 직원
			· 부정적: 업무에 대한 무관심, 수동적인 태도
인력 구성 다양성	조직 내 인력의 연령, 성별, 학력, 경력, 문화적 배경, 전문 분야 등의 다양성 정도를 나타냄.	다양성은 창의성과 문제 해결 능력 향상에 기여함.	· 높음: 다양한 국적과 전공 배경을 가진 연구팀
			· 낮음: 특정 연령대나 학력에 편중된 인력 구성
학습 및 성장 잠재력	구성원들이 새로운 지식을 습득하고, 변화에 적응하며, 지속적으로 자신의 역량을 발전시킬 수 있는 잠재력을 의미함.	미래 리스크 대비에 중요함.	· 높음: 새로운 기술 교육에 적극적으로 참여하고 습득하는 직원
			· 낮음: 변화를 거부하고 기존 방식만 고수하려는 태도
팀워크 및 협업 능력	구성원들이 팀 내외에서 효과적으로 소통하고 협력하여 공동의 목표를 달성하는 능력을 나타냄.		· 높음: 부서 간 긴밀한 협업으로 복잡한 프로젝트 성공
			· 낮음: 팀원 간 갈등으로 업무 지연

프로세스 및 시스템 속성

프로세스 및 시스템 속성은 조직의 업무 절차, 작업 흐름, 그리고 이를 지원하는 정보기술(IT) 시스템 및 데이터 관리 체계를 나타내는 속성입니다. 이 속성은 업무의 효율성과 안정성을 보장하며, 이 속성의 취약점은 곧 운영 리스크로 이어질 수 있습니다. 명확하게 표준화된 업무 절차와 높은 수준의 자동화는 인적 오류를 최소화하고, 업무 처리 속도를 향상시켜 '흐름 리스크'를 효과적으로 줄입니다.

특히, IT 시스템의 안정성과 데이터 관리 품질은 조직의 의사결정 신뢰성과 직결되며, 시스템 장애나 데이터 손실은 치명적인 '멈춤 리스크'를 유발할 수 있습니다. 또한, 내부 통제의 효과성은 프로세스 전반의 부정과 오류를 방지하는 핵심적인 방어선 역할을 합니다. 정보 흐름의 효율성은 부서 간 협업을 원활하게 하고, 위기 상황 발생 시 신속한 정보 공유를 가능하게 하여 '솟음 리스크'에 대한 대응력을 높입니다. 업무 절차의 표준화 정도, 자동화 수준, IT 시스템의 안정성 및 데이터 관리 품질, 내부 통제 효과성, 그리고 정보 흐름의 효율성 등이 여기에 포함됩니다. 이러한 프로세스 및 시스템 속성들은 조직의 일상적인 운영뿐만 아니라, 예측 불가능한 위험에 대한 대응 능력까지 결정하는 중요한 기반이 됩니다.

[표031] 프로세스 및 시스템 속성 하위 속성

5. 프로세스 및 시스템 속성	조직의 업무 절차, 작업 흐름, 그리고 이를 지원하는 정보기술(IT) 시스템 및 데이터 관리 체계를 나타내는 속성임. 업무의 효율성과 안정성을 보장하며, 이 속성의 취약점은 곧 운영 리스크로 이어질 수 있음.		
하위 속성	설명		구체적 예시
프로세스 표준화	업무 절차의 명확성, 일관성, 그리고 매뉴얼화 정도를 의미함.	표준화된 프로세스는 오류를 줄이고 효율성을 높임.	· 높음: 모든 고객 응대 절차가 상세한 매뉴얼로 표준화 · 낮음: 업무 처리 방식이 직원마다 달라 결과의 일관성 부족
자동화 수준	수동으로 처리되는 작업의 비중과 자동화된 프로세스의 범위를 나타냄. 자동화는 인적 오류를 줄이고 처리 속도를 향상시킴.	자동화는 인적 오류를 줄이고 처리 속도를 향상시킴.	· 높음: 로봇 프로세스 자동화(RPA)를 통한 반복 업무 자동 처리 · 낮음: 수기로 모든 서류를 작성하고 결재
IT 시스템 안정성	조직이 사용하는 IT 시스템의 장애 발생 빈도, 장애 발생 시 복구 시간, 시스템의 전반적인 가용성 및 신뢰도를 의미함.		· 높음: 연간 시스템 다운타임 1시간 미만, 재해 복구 시스템 완비 · 낮음: 잦은 시스템 오류로 업무 마비, 데이터 손실 경험
데이터 관리 품질	조직 내 데이터의 정확성, 무결성(훼손되지 않음), 보안성(유출 방지), 그리고 필요한 사람이 쉽게 접근하고 활용할 수 있는 접근성 수준을 나타냄.		· 높음: 고객 정보 암호화, 접근 권한 관리 철저, 데이터 정합성 유지 · 낮음: 중복, 오류가 많은 고객 데이터, 개인 정보 유출 사고 발생
내부 통제 효과성	각 프로세스 단계에 내재된 통제 활동(예: 승인 절차, 검토, 분리)의 유무와 이러한 통제 활동이 리스크를 효과적으로 완화하는 정도를 의미함.		· 높음: 중요 시스템 접근 다단계 인증 필수, 개발자 운영자 역할 분리 · 낮음: 민감 정보 접근권한 과도한 부여, 시스템 변경 승인 절차 부재
정보 흐름 효율성	정보가 조직 내에서 생성되고, 유통되며, 활용되는 과정이 얼마나 신속하고 정확하게 이루어지는지를 나타냄.		· 높음: 실시간 정보 공유 플랫폼 활용, 신속한 의사결정 지원 · 낮음: 정보 특정 부서 집중 공유되지 않음, 장시간 보고서 작성

문화 및 가치 속성

문화 및 가치 속성은 조직 구성원들이 공유하는 가치관, 신념, 행동 규범, 그리고 조직의 전반적인 분위기를 나타내는 속성입니다. 이 속성은 조직의 분위기와 구성원들의 행동 양식을 결정하며, 리스크에 대한 조직의 태도와 대응 방식에 큰 영향을 미칩니다. 강력하고 긍정적인 조직 문화는 리스크를 숨기지 않고 드러내어 공유하게 하며, 문제 해결을 위한 협력적인 분위기를 조성합니다. 또한, 윤리 의식과 준법성이 내재된 문화는 부정 행위의 발생 가능성을 낮추고, 위기 발생 시에도 조직의 명예를 지키는 중요한 방어선이 됩니다. 조직의 소통 개방성, 혁신 지향성, 리스크 수용 태도, 책임감 및 주인의식, 윤리 의식 및 준법성, 학습 문화, 그리고 리더십 스타일 등이 문화 및 가치 속성의 주요 요소입니다. 이러한 문화 및 가치 속성들은 리스크 관리 프레임워크의 토대가 되며, 조직의 회복 탄력성과 지속가능성을 결정하는 가장 근본적인 요소로 작용합니다.

[표032] 문화 및 가치 속성 하위 속성

6. 문화 및 가치 속성	조직 구성원들이 공유하는 가치관, 신념, 행동 규범, 그리고 조직의 전반적인 분위기를 나타내는 속성임. 조직의 분위기와 구성원들의 행동 양식을 결정하며, 리스크에 대한 조직의 태도와 대응 방식에 큰 영향을 미침.		
하위 속성	설명		구체적 예시
소통 개방성	조직 내에서 정보가 얼마나 투명하게 공유되고, 구성원들이 자유롭게 의견을 표현할 수 있는지 소통의 개방성 정도를 의미함.		· 높음: 익명 게시판 운영, CEO와의 정기적인 타운홀 미팅
			· 낮음: 상명하복식 소통, 비판적 의견 제시 어려움
혁신 지향성	새로운 아이디어나 변화에 대한 조직의 수용 태도, 그리고 기존 방식에 대한 저항 정도를 나타냄.		· 높음: 신기술 도입에 적극적, 실패를 용인하는 문화
			· 낮음: 변화를 두려워하고 현상 유지에만 급급
리스크 수용 태도	조직이 리스크를 회피하려는지, 중립적인지, 아니면 적극적으로 리스크를 감수하려는지 그 성향을 의미함.	이는 전략적 의사결정에 큰 영향을 미침.	· 적극적: 신규 시장 진출을 위해 과감한 투자
			· 회피적: 안정적인 기존 사업만 유지
책임감 및 주인의식	구성원 개개인과 부서가 자신의 역할과 업무에 대해 얼마나 강한 책임감과 주인의식을 가지고 있는지를 나타냄.		· 높음: 자신의 업무에 대한 강한 책임감으로 야근도 불사
			· 낮음: '내 일이 아니다'라는 태도로 업무 회피
윤리의식 및 준법성	부정 행위에 대한 조직의 태도, 윤리 강령 준수 여부, 그리고 법규 및 규정을 준수하려는 의지를 의미함.		· 높음: 뇌물 수수 금지 원칙 철저, 내부 고발 시스템 활성화
			· 낮음: 편법을 통한 이익 추구, 법규 위반 사례 발생
학습 문화	조직이 실패를 통해 배우고, 지식을 공유하며, 지속적으로 개선하려는 노력이 얼마나 활성화되어 있는지를 나타냄.		· 높음: 실패 사례 공유 세미나 정기 개최, 지식 공유 플랫폼 활성화
			· 낮음: 실패를 숨기려 하고 지식 공유에 인색
리더십 스타일	최고 경영진 및 중간 관리자들이 조직을 이끌어가는 방식과 구성원들에게 미치는 영향력을 의미함.	조직의 분위기, 의사결정 방식, 변화에 대한 태도, 그리고 조직의 전반적인 성과에 큰 영향을 미침.	· 변혁적 리더십: 비전을 제시하고 구성원에게 영감을 주는 리더
			· 거래적 리더십: 보상과 처벌을 통해 성과를 관리하는 리더
			· 수동적 리더십: 문제 발생 시에만 개입하는 리더

외부 환경 관련 속성

외부 환경 관련 속성은 조직이 외부 환경(시장, 규제, 기술, 경쟁 등)의 변화를 인식하고, 이에 대응하며, 적응하는 방식과 관련된 조직 내부의 특성을 의미합니다. 이 속성은 외부 환경 변화에 대한 조직의 민첩성과 적응력을 나타내며, 시장 및 전략적 리스크 관리에 필수적인 내부 역량입니다.

이 속성은 조직이 외부의 불확실성을 얼마나 효과적으로 내부화하고 관리하는지를 보여 줍니다. 즉, 외부 환경이 아무리 급변하더라도, 조직 내부에 이를 감지하고 분석하며 대응할 수 있는 역량이 갖춰져 있다면 위험을 기회로 전환할 수 있습니다. 시장 변화 민감도는 새로운 트렌드를 빠르게 포착하여 기회를 선점하거나 위협을 회피하는 능력을 의미하며, 규제 준수 역량은 법적 리스크를 사전에 예방하고 조직의 신뢰성을 확보하는 데 필수적입니다.

기술 수용성은 혁신적인 변화에 대한 조직의 개방성을 나타내며, 경쟁 분석 역량은 시장 내 위치를 정확히 파악하고 전략적 우위를 점하는 데 기여합니다. 또한, 이해관계자 관리 역량은 외부와의 긍정적인 관계를 유지하여 잠재적 갈등을 줄이고 협력을 이끌어 내는 중요한 요소입니다. 마지막으로 위기 대응 시스템은 예기치 않은 외부 충격 발생 시 조직의 피해를 최소화하고 빠르게 회복할 수 있는 기반을 제공합니다. 이러한 요소들이 유기적으로 작동할 때 조직은 불확실한 외부 환경 속에서 안정적으로 성장할 수 있습니다.

[표033] 외부 환경 관련 속성 하위 속성

7. 외부 환경 관련 속성	조직이 외부 환경(시장, 규제, 기술, 경쟁 등)의 변화를 인식하고, 이에 대응하며, 적응하는 방식과 관련된 조직 내부의 특성임. 외부 환경 변화에 대한 조직의 민첩성과 적응력을 나타내며, 시장 및 전략적 리스크 관리에 필수적인 내부 역량임.	
하위 속성	설명	구체적 예시
시장 변화 민감도	조직이 시장 동향, 고객 니즈 변화 등을 얼마나 빠르게 감지하고 이에 반응하는지를 의미함.	· 높음: 고객 VOC를 실시간으로 분석하여 제품 개선에 반영 · 낮음: 시장 트렌드 변화를 뒤늦게 인지하여 경쟁에서 뒤처짐
규제 준수 역량	새로운 법규 및 규제 변화에 대한 조직의 이해 수준과 이를 준수하기 위한 내부 시스템 및 프로세스의 역량을 나타냄.	· 높음: 법무팀, 최신 규제 동향 상시 모니터링 내부 지침 업데이트 · 낮음: 변경된 법규를 인지하지 못해 과태료 부과
기술 수용성	신기술 도입 및 활용에 대한 조직의 적극성, 그리고 기술 변화에 대한 적응 능력을 의미함.	· 높음: AI, 클라우드 등 신기술 도입에 적극 투자, 내부 인력 양성 · 낮음: 기존 기술에만 의존하여 디지털 전환에 소극적
경쟁 분석 역량	경쟁사의 동향, 전략, 강점 및 약점을 얼마나 정확하게 파악하고 이를 바탕으로 자사의 전략을 수립하는 역량을 나타냄.	· 높음: 경쟁사 제품,서비스 정기적 벤치마킹, 시장 점유율 변화 분석 · 낮음: 경쟁사 전략에 대한 정보 부족으로 뒤늦은 대응
이해관계자 관리 역량	고객, 공급업체, 정부, 지역사회 등 외부 이해관계자들과의 관계를 얼마나 효과적으로 구축하고 유지하는지를 의미함.	· 높음: 정기적 고객 만족도 조사, 공급업체와 상생 협력 관계 구축 · 낮음: 고객 불만 처리 미흡, 지역사회와의 갈등 발생
위기 대응 시스템	자연재해, 경제 위기, 팬데믹 등 예측 불가능한 외부 충격 발생 시 조직이 얼마나 체계적이고 신속하게 대응할 수 있는 계획과 시스템을 갖추고 있는지를 나타냄.	· 높음: 비상 상황 대비 매뉴얼 구비, 정기적인 모의 훈련 실시 · 낮음: 재난 발생 시 대응 계획 부재, 초기 혼란 가중

이처럼 조직의 다양한 속성들을 이해하고 관리하는 것은 내재된 리스크를 효과적으로 식별하고 통제하는 데 필수적입니다. 각 속성 유형의 강점과 약점을 파악함으로써 조직은 더욱 강건하고 회복탄력적인 시스템을 구축하고, 궁극적으로는 지속 가능한 성장을 이룰 수 있습니다.

단순히 눈에 보이는 현상적인 리스크에만 대응하는 것을 넘어, 리스크의 근원인 조직의 속성을 진단하고 개선하는 것은 마치 병의 증상 치료를 넘어 근본적인 체질 개선을 도모하는 것과 같습니다. 이는 조직의 취약점을 보완하고 잠재력을 극대화하여, 예측 불가능한 미래의 위협에도 흔들리지 않는 견고한 기반을 마련하는 길입니다. 결국 속성 기반의 리스크 관리는 조직의 본질적인 변화를 통해 리스크를 기회로 전환하는 전략적인 접근이라 할 수 있습니다.

제2절 | 속성의 양면성

1. 속성의 양면성과 관련된 개념

조직뿐만 아니라 세상에 존재하는 모든 것은 속성을 가지고 있습니다. 속성은 그 자체로 고정된 가치를 지니기보다는, 어떻게 발현되고 관리되느냐에 따라 다양한 결과를 초래할 수 있습니다. 이는 속성이 지닌 본질적인 특성이자, 리스크 관리의 중요한 출발점이 됩니다.

[표034] 속성 양면성과 관련된 개념

개념		설명	예시(투명성)
속성의 양면성		모든 속성은 긍정적 측면(순기능)과 부정적 측면(역기능)을 동시에 내포함.	투명성은 신뢰 증진(순기능)과 의사결정 비효율(역기능)을 가질 수 있음.
순기능		속성이 조직 목표 달성에 기여하거나 긍정적 결과를 가져오는 바람직한 측면.	공공기관의 정보 공개로 국민 신뢰 증진 및 부패 예방.
역기능		속성이 본래 기능을 못하거나 부정적 결과를 초래하는 측면. 리스크의 직접적 원인.	과도한 정보 공개로 의사결정 경직성 및 전략 노출 위험.
	속성 부족	조직에 특정 속성이 충분하지 않거나 결여되어 발생하는 문제. 역기능 발현의 주요 원인.	정보 비공개로 부패 발생 및 국민 신뢰 하락.
	속성 과잉	특정 속성이 지나치게 강조되거나 과도하게 적용되어 발생하는 문제. 역기능 발현의 주요 원인.	모든 사소한 정보까지 공개하여 업무 효율 저하 및 민감 정보 유출.

1) 속성의 양면성(Attribute Duality)

모든 속성이 본질적으로 두 가지 이상의 측면을 동시에 가질 수 있다는 의미입니다. 즉, 긍정적인 영향을 미치는 '순기능'과 부정적인 영향을 미칠 수 있는 '역기능'을 동시에 내포하고 있습니다. 이는 속성이 특정 상황이나 정도에 따라 다르게 작용할 수 있음을 시사합니다. 예를 들어, '투명성'이라는 속성은 정보 공개를 통해 신뢰를 높이고 부패를 방지하는 순기능이 있지만, 과도한 투명성은 의사결정의 비효율성이나 민감 정보 유출의 역기능을 가질 수 있습니다.

2) 속성의 순기능(Positive Function)

속성이 조직의 목표 달성을 돕거나 긍정적인 결과를 가져오는 본래 의도된 기능 또는 바람직한 측면을 의미합니다. 속성이 적절히 발휘될 때 나타나는 이점이라 할 수 있습니다. '투명성'을 예로 들면, 공공기관이 예산 집행 내역, 사업 추진 과정, 주요 의사결정 회의록 등을 웹사이트에 상세히 공개하고 국민들이 쉽게 접근하여 확인할 수 있도록 하는 상황을 들 수 있습니다. 이러한 투명성은 국민 신뢰 증진, 부패 예방, 책임성 강화 등 긍정적인 결과를 가져옵니다.

3) 역기능(Negative Function)

속성이 본래 의도된 기능을 제대로 수행하지 못하거나, 오히려 조직에 부정적인 결과를 초래하는 측면을 의미합니다. 이러한 역기능은 리스크의 직접적인 원인이 될 수 있습니다. 다시 '투명성'을 예로 들어, 모든 내부 회의록, 심지어 초기 단계의 아이디어 회의 내용이나 민감한 전략적 논의까지 실시간으로 외부에 공개해야 하는 강제적인 규정이 있다고 가정해 봅시다. 이러한 상황은 의사결정의 경직성, 전략 수립의 어려움, 업무 효율성 저하 등 부정적인 결과를 초래하게 됩니다.

여기서 중요한 것은 속성의 역기능이 단순히 속성 자체의 문제로 발생하는 것이 아니라는 점입니다. 속성의 역기능은 주로 해당 속성이 조직 내에서 "부족(Attribute Deficiency)"하거나 "과잉(Attribute Excess)"될 때 발현됩니다.

4) 속성 부족

조직에 특정 속성이 충분히 존재하지 않거나, 아예 결여되어 발생할 수 있는 부정적인 결과나 리스크를 의미합니다. 필요한 속성이 제 역할을 하지 못할 때 나타나는 문제입니다. 예를 들어, 공공기관의 주요 사업 선정 과정이나 계약 체결 과정이 불투명하게 진행되고, 관련 정보가 제대로 공개되지 않으며, 내부 감사도 형식적으로 이루어지는 '투명성 부족' 상황을 생각해 볼 수 있습니다. 이러한 '투명성 부족'은 부패 발생 리스크, 국민 신뢰도 하락 리스크, 자원 낭비 리스크와 같은 역기능을 직접적으로 발현시킵니다.

5) 속성 과잉

특정 속성이 지나치게 강조되거나, 과도하게 적용되어 발생할 수 있는 부정적인 결과나 리스크를 의미합니다. 아무리 좋은 속성이라도 그 정도가 지나치면 오히려 해가 될 수 있다는 점을 보여줍니다. 예를 들어, 모든 업무 과정과 의사결정 단계를 실시간으로 외부에 공개해야 하며, 사소한 정보까지도 투명하게 공개해야 한다는 강박적인 문화가 형성되는 '투명성 과잉' 상황을 들 수 있습니다. 직원들의 개인적인 업무 일지나 사내 메신저 대화 내용까지도 공개 대상이 될 수 있는 이러한 '투명성 과잉'은 업무 효율성 저하 리스크, 민감 정보 유출 리스크, 직원 사기 저하 및 소극적 태도 리스크, 의사결정 지연 리스크와 같은 역기능을 직접적으로 발현시킵니다.

6) 속성의 균형 상태

속성의 부족과 속성의 과잉은 속성이 지닌 역기능이 발현되는 주요한 원인입니다. 속성이 적절한 수준으로 존재하고 관리될 때 순기능을 발휘하지만, 그 양이 부족하거나 지나칠 경우 본래의 긍정적인 의도와는 달리 부정적인 결과를 초래하게 되는 것입니다. 따라서 리스크를 효과적으로 관리하기 위해서는 각 속성의 적정 수준을 파악하고, 부족하거나 과잉되지 않도록 균형을 맞추는 것이 중요합니다.

2. 속성의 역기능 발생 메커니즘: 부족과 과잉의 문제

조직을 구성하는 다양한 속성들은 본래 특정 목적과 기능을 가지고 있습니다. 예를 들어, '인력 역량'은 업무를 효율적으로 수행하고 혁신을 이끌어 내는 순기능을 하며, '의사소통 채널'은 정보의 원활한 흐름과 협업을 촉진하는 순기능을 합니다. 그러나 이러한 속성들이 조직 내에서 적절한 수준을 유지하지 못하고 '부족'하거나 '과잉'될 때, 본래의 순기능을 상실하고 오히려 조직의 성과를 저해하며 다양한 리스크를 초래하는 '역기능'으로 작용하게 됩니다. 이는 마치 인체의 영양소처럼, 부족해도 문제가 되고 과해도 문제가 되는 것과 유사한 이치입니다.

1) 속성 부족으로 인한 역기능에 대한 이해 예시

속성 부족은 조직이 필요로 하는 특정 자원, 능력, 시스템 등이 충분히 갖춰지지 않았을 때 발생합니다. 이는 조직의 목표 달성을 어렵게 하고, 비효율성을 야기하며, 잠재적인 위험을 증가시키는 결과를 초래합니다.

인력 역량 부족

조직이 필요로 하는 전문성, 기술, 경험 등을 갖춘 인력이 충분하지 않을 때 심각한 역기능이 발생합니다. 이는 단순히 인원수 부족을 넘어 필요한 '질적' 역량 부재를 의미합니다. 숙련되지 않거나 전문성이 부족한 인력이 업무를 처리하면서 실수가 잦아지고, 이는 서비스나 제품의 품질 저하로 이어집니다. 예를 들어, 공공기관에서 복잡한 민원 처리에 필요한 역량이 부족한 직원이 배치될 경우, 민원 처리 지연이나 잘못된 안내로 국민 불만이 증폭됩니다. 또한, 디지털 전환이나 새로운 업무 프로세스 도입 시 역량 부족은 변화 저항을 키워 혁신 시도를 좌초시키고 조직 경쟁력을 약화시킵니다. 소수 인력에게 업무가 집중되어 번아웃이나 이직으로 이어질 수 있으며, 업무 성과 부진은 직원 사기 저하와 조직 활력 저하를 초래합니다. 궁극적으로 시장 변화나 새로운 정책 환경에 대한 대응 역량 부족은 중요한 성장 기회를 놓치게 만듭니다.

의사소통 채널 부족

조직 내외부의 정보 흐름을 원활하게 하는 공식적, 비공식적 의사소통 경로가 미흡하거나 비효율적일 때 심각한 역기능이 발생합니다. 정보가 특정 부서나 개인에게만 머물고 전체적으로 공유되지 않거나, 소통 방식이 경직되어 자유로운 의견 교환이 이루어지지 않을 때 이러한 문제가 심화됩니다. 구체적으로 부서 간, 계층 간 정보 공유가 원활하지 않아 '사일로(Silo)' 현상이 심화되며, 이는 중복 업무와 시너지 저해를 야기합니다. 공식 정보 부족은 비공식적인 소문을 무성하게 하여 조직 내 불신과 혼란을 야기하고, 특히 중요한 정책 변경 시 직원들의 불안감을 키웁니다. 또한, 상호 이해 부족은 협업을 어렵게 하고 책임 전가나 갈등을 빈번하게 발생시켜 프로젝트 지연이나 실패로 이어집니다. 중요한 의사결정 시 필요한 정보가 충분히 취합되지 않거나 다양한 관점의 의견이 반영되지 못하여 잘못된 결정이 내려질 가능성이 높아지는 것 또한 주요 역기능입니다.

2) 속성 과잉으로 인한 역기능에 대한 이해 예시

속성 과잉은 특정 자원, 시스템, 절차 등이 지나치게 많거나 복잡하여 오히려 조직의 유연성과 효율성을 저해할 때 발생합니다. 이는 불필요한 비용을 발생시키고, 혁신을 방해하며, 직원들의 자율성을 침해하는 결과를 초래할 수 있습니다.

통제 절차 과잉

조직의 투명성과 효율성을 높이기 위해 도입된 통제 절차나 규정이 지나치게 많고 복잡하여 업무의 흐름을 방해할 때 심각한 역기능이 나타납니다. 모든 가능성을 통제하려는 과도한 시도는 업무의 자율성을 억압하고 불필요한 행정적 부담을 가중시킵니다. 구체적으로 사소한 업무에도 여러 단계의 승인 절차나 복잡한 서류 작업이 요구되면, 업무 처리 속도가 현저히 느려져 긴급 상황 대응력을 떨어뜨리고 생산성을 저해합니다. 직원들은 자율성과 재량권 제한에 불만을 느끼며 업무 동기가 저하되고 수동적인 태도를 보입니다. 새로운 아이디어나 시도가 복잡한 통제 절차에 묶여 실행되기 어려워지면서 조직의 창의성과 혁신 역량이 약화됩니다. 또한, 과도한 통제는 책임 소재를 불분명하게 만들어 문제가 발생했을 때 책임을 미루는 현상을 초래할 수 있습니다.

관료주의 과잉

조직 운영에 있어 규칙, 절차, 계층 구조 등에 대한 지나친 강조와 경직된 적용이 이루어질 때 심각한 역기능이 발생합니다. 효율적인 운영을 위해 설계된 관료주의적 요소들이 본래 목적을 상실하고 형식적인 절차와 규정 준수 자체가 목적이 되어 버리는 상황입니다. 구체적으로 모든 결정이 엄격한 계층 구조와 규정에 얽매이면서 신속한 의사결정이 불가능해지고, 이는 급변하는 외부 환경에 대한 조직의 대응력을 떨어뜨립니다. 새로운 아이디어나 비전이 기존 틀에 맞지 않는다는 이유로 거부되며, 조직은 변화를 두려워하고 과거 방식만을 고수하여 혁신이 저해됩니다. 내부 규정 준수에만 몰두하면서 정작 중요한 고객(국민)의 요구와 편의는 뒷전으로 밀려나 공공서비스의 질 저하로 이어질 수 있습니다. 비효율적인 업무 방식이나 불필요한 자원 낭비가 발생하더라도 이를 개선하기 위한 유연성이 부족해지는 것도 관료주의 과잉의 대표적인 역기능입니다.

3) 적정 수준의 중요성 및 동태적 관리

위에서 살펴본 바와 같이, 조직의 모든 속성에는 '적정 수준'이 존재합니다. 이 적정 수준은 단순히 중간값을 의미하는 것이 아니라, 조직의 목표, 외부 환경, 내부 역량 등 다양한 요소를 고려하여 가장 효율적이고 효과적인 성과를 낼 수 있는 최적의 상태를 의미합니다.

예를 들어, '통제'라는 속성은 조직의 투명성과 안정성을 위해 반드시 필요하지만, 과도한 통제는 혁신을 저해하고 직원들의 사기를 떨어뜨립니다. 반대로 통제가 너무 부족하면 무질서와 비리 발생 가능성이 높아집니다. 따라서 조직은 통제의 적정 수준을 찾아야 하며, 이는 조직의 규모, 사업의 특성, 외부 규제 환경 등에 따라 달라질 수 있습니다.

더욱이, 이 적정 수준은 고정된 것이 아니라 동태적으로 변화합니다. 기술 발전, 사회적 요구 변화, 경쟁 환경 변화 등 외부 요인에 따라 조직이 필요로 하는 속성의 수준도 끊임없이 변하기 때문입니다.

예를 들어, 과거에는 수동적인 업무 처리가 용인되었지만, 디지털 전환 시대에는 신속하고 정확한 데이터 처리 역량이 더욱 중요해지면서 '디지털 역량'의 적정 수준이 상향 조정될 수 있습니다.

따라서 조직은 속성의 현재 수준을 지속적으로 모니터링하고, 외부 환경 변화와 내부 목표 달성 여부를 고려하여 적정 수준을 재평가하며, 필요에 따라 속성을 보완하거나 조절하는 유연한 관리 체계를 갖추어야 합니다.

4) 조직 리스크 및 성과에 미치는 영향

속성의 부족 또는 과잉으로 인한 역기능은 결국 조직의 다양한 리스크를 증가시키고 전반적인 성과에 부정적인 영향을 미칩니다. 업무 처리 오류, 비효율성, 지연 등은 운영상의 리스크를 높여 재정적 손실이나 서비스 중단으로 이어질 수 있습니다.

변화에 대한 대응력 약화, 혁신 저해, 기회 상실 등은 조직의 장기적인 성장 전략에 심각한 위협이 되는 전략 리스크를 증가시킵니다. 고객 불만 증가, 서비스 품질 저하, 내부 갈등 등은 조직의 대외적 이미지와 신뢰도를 훼손할 수 있는 평판 리스크를 야기합니다.

마지막으로, 비효율성으로 인한 비용 증가, 기회 상실로 인한 수익 감소 등은 조직의 재무 건전성을 악화시키는 재무 리스크로 이어질 수 있습니다.

결론적으로, 조직의 속성들은 단순히 존재하는 것을 넘어, 그 양적, 질적 수준이 적절하게 관리될 때 비로소 순기능을 발휘하고 조직의 성공에 기여할 수 있습니다. 속성의 부족과 과잉은 조직의 건강성을 해치고 다양한 리스크를 초래하는 주요 원인이므로, 이에 대한 깊은 이해와 지속적인 관리가 필수적입니다.

3. 속성의 순기능과 역기능, 그리고 리스크 식별

앞서 살펴본 바와 같이 조직이나 시스템을 구성하는 개별적인 "속성(Attribute)"은 본래의 특성이나 성질에 따라 긍정적인 측면(순기능)과 부정적인 측면(역기능)을 동시에 가질 수 있습니다. 이는 마치 동전의 양면과 같아서, 하나의 속성이 특정 상황에서는 강점이 되지만, 다른 상황에서는 오히려 취약점이 되어 리스크를 유발할 수 있음을 의미합니다. 이러한 속성의 양면성은 리스크 식별에 있어 매우 중요한 통찰을 제공합니다. 단순히 부정적인 요소를 찾아내는 것을 넘어, 긍정적으로 보이는 속성 안에도 잠재된 위험이 있을 수 있다는 점을 인지하게 함으로써, 리스크 식별의 깊이와 폭을 확장하고 보다 근원적인 위험에 대한 이해를 돕습니다.

[표034_1] 속성의 양면성과 리스크 식별

속성의 순기능과 역기능: 리스크 식별의 핵심 관점					
구분	개념	리스크 식별과의 연관성	구체적 사례		
속성	조직이나 시스템을 구성하는 본래의 특성이나 성질.	리스크 식별의 대상이자 근본 원인 분석의 출발점.	속성: 전문성, 투명성, 유연성, 통제 등 조직의 고유한 특성		
순기능	어떤 속성이 발휘될 때 조직의 목표 달성, 효율성 증대, 안정성 유지 등 긍정적이고 바람직한 결과를 가져오는 측면이나 역할.	속성의 긍정적 측면으로, 리스크를 완화하거나 기회를 창출하는 요소. 하지만 순기능의 '과잉'은 역기능을 유발하여 리스크의 원인이 될 수 있음.	전문성	고품질 업무 수행, 효율성 증대	
			투명성	신뢰 증진, 부패 방지, 책임성 강화	
			유연성	변화 대응력, 적응성, 창의성	
			통제	안정성 확보, 오류 방지, 법규 준수	
역기능	어떤 속성이 발휘될 때 조직의 목표 달성 저해, 비효율성 초래, 불안정성 야기 등 부정적이고 바람직하지 않은 결과를 가져오는 측면이나 역할.	속성 기반 멈춤 리스크(Stock Risk) 식별의 핵심 단서. 역기능 자체가 리스크의 근본 원인(Cause)이 되거나 리스크 현상(Event)을 유발하는 역할. 순기능의 '과잉' 또는 '부족'으로 인해 역기능이 발생하며, 이는 곧 리스크로 이어짐.	전문성	역기능(과잉): 특정 인력에 대한 과도한 의존성 심화, 지식 공유 부족	
				리스크: 핵심 인력 이탈 시 업무 마비, 지식 전수 실패	
			투명성	역기능(과잉): 과도한 정보 공개로 인한 의사결정 지연, 민감 정보 노출 위험	
				리스크: 의사결정 지연으로 인한 사업 기회 상실, 정보 유출	
			유연성	역기능(부족): 경직된 대응으로 인한 시장 변화 부적응, 혁신 저해	
				리스크: 시장 점유율 하락, 경쟁력 상실	
			통제	역기능(부족): 통제 미흡으로 인한 운영 오류 발생, 부정 행위 증가	
				리스크: 재무적 손실, 법규 위반	

순기능(Positive Function): 어떤 속성이 조직의 목표 달성, 효율성 증대, 안정성 유지 등 긍정적이고 바람직한 결과를 가져오는 측면이나 역할을 의미합니다.

역기능(Negative Function): 어떤 속성이 조직의 목표 달성 저해, 비효율성 초래, 불안정성 야기 등 부정적이고 바람직하지 않은 결과를 가져오는 측면이나 역할을 의미합니다.

리스크 식별과의 연관성: 속성의 역기능이 곧 리스크의 원인
리스크 식별 과정에서 조직의 다양한 속성들을 분석할 때, 단순히 '무엇이 있는가'를 넘어 '그 속성이 어떤 순기능과 역기능을 가질 수 있는가'를 심층적으로 들여다보는 것이 매우 중요합니다. 특히, 속성의 역기능은 '속성 기반 멈춤 리스크(Stock Risk)'를 식별하는 핵심적인 단서가 됩니다.

역기능 자체가 리스크의 원인: 속성의 역기능은 그 자체로 리스크의 근본 원인(Cause)이 되거나, 리스크 현상(Event)을 유발할 수 있습니다. 예를 들어, 조직의 '경직된 문화'라는 속성은 '의사결정 지연'이라는 역기능을 초래하고, 이는 곧 '시장 변화 대응 실패 리스크'의 원인이 될 수 있습니다.

순기능의 과잉 또는 부족으로 인한 역기능: 때로는 속성의 순기능이 '과도'하거나 '부족'할 때 역기능으로 전환되어 리스크를 야기하기도 합니다.

과잉의 역기능: 순기능이 지나칠 때 발생하는 문제입니다.

속성: 전문성
순기능: 고품질 업무 수행, 효율성 증대.
역기능(과잉): 특정 인력에 대한 과도한 의존성 심화, 지식 공유 부족(사일로 현상).
리스크: 핵심 인력 이탈 시 업무 마비 리스크, 지식 전수 실패 리스크.

속성: 투명성
순기능: 신뢰 증진, 부패 방지, 책임성 강화.
역기능(과잉): 과도한 정보 공개로 인한 의사결정 지연, 민감 정보 노출 위험.
리스크: 의사결정 지연으로 인한 사업 기회 상실 리스크, 정보 유출 리스크.

부족의 역기능: 순기능이 충분하지 못할 때 발생하는 문제입니다.

속성: 유연성
순기능: 변화 대응력, 적응성, 창의성.

역기능(부족): 경직된 대응으로 인한 시장 변화 부적응, 혁신 저해.

리스크: 시장 점유율 하락 리스크, 경쟁력 상실 리스크.

속성: 통제

순기능: 안정성 확보, 오류 방지, 법규 준수.

역기능(부족): 통제 미흡으로 인한 운영 오류 발생, 부정 행위 증가.

리스크: 재무적 손실 리스크, 법규 위반 리스크.

이처럼 리스크 식별 과정에서 조직의 속성들을 순기능과 역기능이라는 양면적인 관점에서 심층적으로 분석하면, 단순히 드러난 현상뿐만 아니라 그 현상을 유발하는 근본적인 속성적 원인까지 파악하여 더욱 효과적인 리스크 관리 전략을 수립할 수 있습니다.

4. 속성에 대한 이해: 다양한 속성의 양면성 예시

1) 사람의 감정, 사물 등 속성의 양면성

세상 모든 것에는 각각의 속성이 존재하며, 이 속성들은 본질적으로 긍정적인 면과 부정적인 면, 즉 양면성을 가지고 있습니다.

[표035] 사람의 감정, 사물 등 속성의 양면성

순기능 측면	속성	역기능(속성부족/과잉)측면
지고지순의 인간의 가치, 사랑은 사람에게 행복감, 유대감 형성, 성장과 발전의 원동력, 긍정적 관계 구축, 창의성과 활력 부여, 협의 의미 부여	사랑	집착과 소유욕으로 인한 파괴적 결과 초래, 실망, 상처, 고통을 동반할 수 있음, 낭만적 사랑의 문제점 발생 가능
자기 방어 기제 작동, 부당함에 대한 저항 의지 표출, 공동체 결속력 강화(외부 대상 향한 적대감)	미움	관계 파괴, 분노와 복수심 유발, 정신 건강 악화, 사회적 갈등 심화
타인에 대한 강력한 인정 표현, 사회 변화의 촉매제(차별에 대한 저항), 공동 목표를 위한 동기 부여(특정 집단 향한 중요)	존중	무시와 경시로 인한 갈등, 인간관계 경직, 범죄 유발, 사회 문제 심화
불의에 대한 강력한 항의 표현, 사회변화에 대한 촉매제(차별에 대한 저항), 공동목표를 위한 동기부여(특정 집단 향한 증오)	증오	폭력 및 극단주의 정당화, 인간성 상실, 혐오범죄 유발, 사회 분열 심화
타인에게 친절하고 관대함, 긍정적 상호작용 촉진	착함	이용당하기 쉬움, 단호한 입장 표현의 어려움, 현실적 판단의 어려움
사회 시스템의 취약점 드러내기, 도덕적 기준 재정립 계기 마련, 극복 대상으로서의 성장 동기 부여	악함	파괴, 폭력, 불신 조장, 개인 및 사회에 해악 초래, 공정성 훼손
타인에 대한 깊은 이해와 연민, 도움이 필요한 이에게 베푸는 마음, 용서와 화해를 통한 관계 개선, 공동체 따뜻함 증진	자비	단호함 부족, 공정성 상충, 지나친 자비는 책임 회피나 문제 방치로 이어질 위험, 감정적 소모

어려운 사람 돕기, 사회적 연대 강화, 공동체 의식 함양	측은지심	감정적 소모, 객관적인 판단의 어려움, 공과 사 구분 모호
타인과의 긍정적 관계 형성, 협력 증진, 따뜻한 조직 문화 조성	배려성	단호한 결정 어려움, 지나칠 경우 자신의 의견이나 필요를 소홀히 함
호감 형성 용이, 자신감 증진, 긍정적 첫인상	미모	외모 지상주의, 내면의 가치 평가 절하, 질투나 편견의 대상
활동적인 생활 가능, 삶의 질 향상, 긍정적 마음 유지	건강	질병이나 노화에 취약, 유지 노력 필요, 건강 악화시 삶의 제약
안전성, 불변성, 든든한 존재	바위(비유)	변화에 대한 저항, 경직성, 답답함
유용한 도구(요리, 작업), 보호 수단	칼(은유)	위험한 도구(상해, 파괴)
업무나 학습 공간 제공, 생산성 도구	책상(은유)	속박, 고립, 비활동적인 생활 습관 유발, 공간 부족, 협업 저해

예를 들어, '사랑'이라는 속성은 사람에게 깊은 행복감과 굳건한 유대감을 형성시키며, 개인의 성장과 발전의 원동력이 되고 긍정적인 관계를 구축하는 강력한 순기능을 합니다. 그러나 동시에 사랑은 때로 과도한 집착과 소유욕으로 변질되어 파괴적인 결과를 초래하거나, 예상치 못한 실망과 상처를 낳는 역기능도 내포하고 있습니다. 사랑의 대상이나 상황, 그리고 그 표현의 정도에 따라 긍정과 부정의 경계가 모호해질 수 있는 것입니다. 이처럼 속성은 그 자체로 선하거나 악한 것이 아니라, 상황과 정도, 그리고 발현 방식에 따라 순기능과 역기능이 공존하는 복합적인 특성을 지닙니다.

또한 '미움'은 부당함에 저항하고 자신을 방어하는 기제로 작동하며, 불의에 맞서는 의지를 표출하고 공동체의 결속을 강화하는 역설적인 긍정적 역할을 하기도 합니다. 하지만 이러한 감정이 부족하거나 과도할 경우, 관계 파괴, 맹목적인 분노와 복수심 유발, 나아가 사회적 갈등 심화라는 심각한 부정적 결과를 낳습니다. '존중'은 타인에 대한 강력한 인정과 공동체 내 조화를 이루는 핵심 가치이며, 사회 변화를 촉진하는 동기가 되지만, 그 반대인 무시와 경시가 발생하면 갈등과 불화는 물론, 심지어 범죄로 이어질 수 있는 위험을 내포합니다. '착함'은 친절과 관대함으로 긍정적인 상호작용을 촉진하고 따뜻한 분위기를 조성하는 순기능을 하지만, 지나치게 발현되면 타인에게 이용당하거나 자신의 의견을 제대로 표현하지 못해 손해를 보는 문제가 발생할 수 있습니다.

이 밖에도 '자비', '배려성', '미모', '건강'과 같은 인간의 속성뿐만 아니라, '바위', '칼', '책상'과 같은 사물에까지도 다양한 속성들이 각각의 순기능과 역기능을 동시에 지니고 있습니다. 예를 들어, '칼'은 음식을 준비하거나 위험으로부터 자신을 보호하는 매우 유용한 도구이자 보호 수단이지만, 잘못된 의도나 미숙한 사용으로 인해 사람을 해치거나 사고를 유발하는 위험한 도구가 될 수 있습니다. '책상'은 효율적인 업무 공간을 제공하고 생산성을 높이는 도구로서 역할을 하지만, 과도한 개인 공간의 강조나 경직된 배치로 인해 협업을 저해하거나 구성원 간의 소통을 단절시킬 수도 있습니다.

이처럼 모든 속성은 부족하거나 과잉될 때, 혹은 상황에 맞지 않게 발현될 때 역기능이 발현되어 조직이나 개인에게 부정적인 영향을 미칠 수 있으므로, 적절한 균형과 관리가 필수적입니다. 속성의 양면성을 이해하고 이를 바탕으로 조직 내 리스크를 식별하며 통제하는 것은 내부통제 고도화의 핵심이며, 이를 통해 조직은 긍정적인 속성은 극대화하고 부정적인 속성은 최소화할 수 있습니다.

2) 핵심가치 속성 속에 숨어 있는 양면성

조직의 핵심가치 속성에도 본질적인 양면성이 존재합니다. 이는 아무리 긍정적이고 바람직한 가치라 할지라도, 특정 상황에서 과도하게 적용되거나 다른 가치와 충돌할 때 의도치 않은 역기능을 발휘할 수 있기 때문입니다. 따라서 핵심가치를 맹목적으로 추구하기보다는, 그 이면에 숨겨진 위험 요소를 함께 인식하고 균형을 맞추는 것이 중요합니다.

[표036] 핵심가치 속성 속에 숨어 있는 양면성

순기능 측면	속성	역기능(속성부족/과잉)측면
책임 완수, 조직의 효과성과 투명성 증진, 재무적 책임성 확보, 윤리적 책임 이행	책무성	자율성 발휘 과정에서 재무적 책무성과 혁신간의 딜레마 발생 가능성, 지나친 경직성으로 작용할 수 있음
평등과 형평성 균형, 정당하고 합리적 차별 가능, 사회적 합의를 통해 정립	공정성	완벽한 실현의 어려움, 비례에만 치중할 경우 불평등 존속 가능성
정보 접근성 향상, 신뢰 구축, 소통 원활, 시각적 양면성으로 표현 가능	투명성	정보 공개의 범위와 수위에 대한 논란, 효율성과의 상충 가능성, 기업 투명성의 양면성 존재
맡은 일 완수, 약속 이행, 조직의 안정성 및 성장 기여, 임파워링 리더십에서 권한 부여와 책임 부여의 양면적 효과	책임감	과중한 부담으로 인한 스트레스, 권한 부족시 책임 회피, 실패시 과도한 비난
빠른 문제 해결, 효율성 증대, 변화에 대한 민첩한 대응	신속성	성급함으로 인한 실수나 오류 가능성, 충분한 검토없이 결정
꾸준한 책임감으로 목표 달성 기여, 신뢰 형성	성실성	때로는 융통성 부족이나 과도한 업무량으로 이어 질 수 있음
신뢰 관계 형성, 윤리적 판단의 기준, 투명한 소통	정직성	때로는 불편하거나 어려운 진실을 마주해야 함, 외교적이거나 유연한 대처가 어려울 수 있음
오류 방지, 리스크 최소화, 안정적인 결과 도출	신중성	의사 결정 지연, 기회 상실, 변화에 대한 소극적 대처
희망적인 태도, 문제 해결에 대한 적극성, 어려움 극복 동기 부여, 자신감 향상, 강점에 집중하여 성장기회 모색	긍정적	현실 인식이 부족해지거나 위험을 간과 할 수 있음, 부정적인 측면에서 얻을 수 있는 교훈이나 발전 기회를 놓칠 수 있음, 과도한 낙관주의로 인한 부주의
문제점 및 위험 요소 식별 능력, 비판적 사고를 통한 개선점 도출, 현실적인 분석 및 판단의 기반, 성장을 위한 자기 성찰의 기회, 대비 및 계획 수립의 필요성 인지	부정적	비관적인 태도로 인한 무기력감, 도전 회피, 관계의 어려움 초래, 잠재적 가능성이나 기회를 보지 못함, 불평불만과 회의감
높은 동기 부여, 혁신 및 창의성 증진, 난관 극복 원동력	열정	과도할 경우 소진(번아웃)이나 무리한 시도로 인한 실패 가능성, 다른 관점 무시
문제 해결 능력, 뛰어난 성과 달성, 전문성 인정, 개인적 양면성에 영향	역량	자만심, 타인 무시, 과도한 의존 유발

책무성은 책임 완수와 조직의 효과성, 투명성 증진, 재무적 책임 확보, 윤리적 책임 이행이라는 긍정적 기능을 수행합니다. 그러나 자율성 발휘 과정에서 재무적 책무성과 혁신 간의 딜레마가 발생할 수 있으며, 지나친 경직성으로 작용할 위험도 내포하고 있습니다. 공정성은 평등과 형평성의 균형을 이루고 정당하고 합리적인 차별을 가능하게 하며, 사회적 합의를 통해 정립되는 중요한 가치입니다. 하지만

완벽한 실현이 어렵고, 비례에만 치중할 경우 오히려 불평등이 지속될 수 있습니다.

투명성은 정보 접근성을 높이고 신뢰를 구축하며 원활한 소통을 가능하게 하지만, 정보 공개의 범위와 수위에 대한 논란과 효율성과의 상충 가능성 등 양면성을 지닙니다. 책임감은 맡은 일을 완수하고 조직의 안정성과 성장을 돕는 한편, 과중한 부담으로 인한 스트레스, 권한 부족 시 책임 회피, 실패 시 과도한 비난이라는 부정적 측면도 함께 존재합니다.

신속성은 문제 해결과 효율성 증대, 변화에 민첩하게 대응하는 장점이 있으나, 성급함으로 인한 실수나 충분한 검토 없이 결정하는 단점도 내포합니다. 성실성은 꾸준한 책임감으로 목표 달성에 기여하고 신뢰를 형성하지만, 때로는 융통성 부족이나 과도한 업무량으로 이어질 수 있습니다. 정직성은 신뢰 관계 형성과 윤리적 판단의 기준이 되며 투명한 소통을 가능하게 하지만, 때로는 불편하거나 어려운 진실을 마주해야 하고 유연한 대처가 어려울 수 있습니다.

신중성은 오류 방지와 리스크 최소화, 안정적인 결과 도출에 기여하지만, 의사 결정 지연과 기회 상실, 변화에 소극적으로 대처하는 부작용이 나타날 수 있습니다. 긍정적 태도는 희망적인 태도와 문제 해결에 대한 적극성, 자신감 향상, 성장 기회 모색이라는 순기능을 가지나, 현실 인식 부족, 위험 간과, 부정적 측면에서 얻을 수 있는 교훈이나 발전 기회를 놓치는 역기능, 과도한 낙관주의로 인한 부주의가 발생할 수 있습니다.

부정적 태도는 문제점과 위험 요소를 식별하고 비판적 사고를 통해 개선점을 도출하며 자기 성찰과 대비, 계획 수립의 기회를 제공합니다. 그러나 비관적 태도로 인한 무기력감, 도전 회피, 관계의 어려움, 잠재적 가능성이나 기회를 보지 못하는 문제, 불평불만과 회의감이 부정적 측면입니다. 열정은 높은 동기 부여와 혁신, 창의성 증진, 난관 극복 원동력이지만, 과도할 경우 소진(번아웃)이나 무리한 시도로 인한 실패 가능성, 다른 관점 무시라는 위험이 있습니다. 역량은 뛰어난 문제 해결 능력과 성과 달성, 전문성 인정이라는 긍정적 속성이지만, 자만심, 타인 무시, 과도한 의존을 유발할 수 있습니다.

이처럼 조직의 핵심가치 속성들 속에도 모두 순기능과 역기능, 즉 양면성을 지니고 있으며, 이는 속성의 부족이나 과잉에서 주로 비롯됩니다. 따라서 조직은 각 핵심가치 속성의 균형을 유지하고 적절히 관리함으로써 긍정적인 효과를 극대화하고 부정적인 영향을 최소화해야 합니다. 이러한 이해는 내부 통제 고도화와 리스크 관리에 있어 매우 중요한 출발점이 됩니다.

3) 인간의 속성 정보의 양면성 분석 예시

인간의 속성 정보는 현대 사회에서 개인의 삶을 풍요롭게 하고 다양한 서비스를 제공하는 핵심적인 요소이지만, 동시에 심각한 위험을 초래할 수 있는 본질적인 양면성을 지니고 있습니다. 이러한 정보는 그 활용 방식과 관리 수준에 따라 잠재적 성과와 위험이 극명하게 갈립니다.

[표037] 인간의 속성 정보의 양면성 분석 예시

순기능(잠재적 성과)	인간의 속성 정보 유형	내용	역기능(잠재적 위험)
· 신분 확인을 통한 안전한 서비스 제공 및 거래 · 맞춤형 행정 서비스 및 복지 혜택 제공 · 효율적인 소통 및 연락 체계 구축	기본적인 식별 정보	이름, 생년월일, 성별, 국적, 주소, 연락처(전화번호, 이메일)	· 개인정보 도용 및 사기 · 원치 않는 마케팅 연락 및 스팸 · 프라이버시 침해로 인한 불편
· 보안 시스템 강화를 통한 자산 및 정보 보호(생체 인증) · 건강 상태 모니터링을 통한 질병 예방 및 관리 · 신체 조건에 맞는 맞춤형 제품/서비스 제공	신체적 속성 및 생체정보	키, 몸무게, 혈액형, 외모 특징(머리색, 눈색깔 등), 지문, 얼굴 특징, 홍채, 음성 정보	· 생체 정보 유출 시 돌이킬 수 없는 보안 위협 · 신체적 특징에 기반한 차별 · 동의 없는 위치 추적 및 감시 위험
· 사회적 연결성 강화 및 네트워킹 지원 · 공동체 활동 활성화 및 지원 프로그램 제공 · 개인 맞춤형 소셜/커뮤니티 서비스 제공	사회/관계 정보	가족 관계(배우자, 자녀 유무 등), 혼인 여부, 친분 관계(지인, 친구 등), 소속 단체, SNS 계정, 온라인 활동을 통한 관계 정보	· 사생활 노출 및 스토킹 위험 · 사회적 관계를 이용한 보이스피싱 등 사기 · 특정 관계/소속에 기반한 평판 훼손 또는 차별
· 적합한 일자리 매칭 및 고용 지원 · 경력 개발을 위한 교육/훈련 프로그램 추천 · 전문성 기반의 네트워크 형성 및 협업 기회 증대	직업/학력 정보	직업, 직장명, 직위, 경력, 최종 학력, 전공, 자격증, 기술 및 특기	· 채용/승진 과정에서의 부당한 차별 · 학력/경력 정보 오남용으로 인한 불이익 · 직업 정보를 이용한 타겟 범죄 위험 증가
· 개인의 신용도 기반의 금융 서비스 접근성 향상 · 효율적인 자산 관리 및 재무 설계 지원 · 안전하고 신뢰할 수 있는 금융 거래 환경 조성	재무 정보	소득, 자산 규모, 은행 계좌 정보, 신용카드 정보, 거래 내역, 채무 관계	· 금융 정보 유출로 인한 금전적 손실 및 사기 피해 · 신용 정보 악용으로 인한 금융 거래 제약 · 재산 상태 노출로 인한 타겟 범죄 위험
· 개인의 선호도에 기반한 맞춤형 추천 서비스 · 행동 패턴 분석을 통한 서비스 개선 및 효율성 증대 · 긍정적인 행동 유도를 위한 정책/서비스 설계 (예: 건강한 습관 형성 지원)	행동/성향 정보	취미, 관심사, 선호도(음식, 브랜드, 취향 등), 웹사이트 방문 기록, 구매 내역, 검색 기록, 위치 정보, 통신 기록, 행동 패턴 분석 결과	· 소비/행동 패턴 분석을 통한 조작적 마케팅 또는 가격 차별 · 동의 없는 행동 감시 및 프로파일링 · 특정 성향에 대한 낙인 또는 편견 발생 가능성
· 질병 치료 및 건강 관리를 위한 맞춤형 의료 서비스 · 특정 신념/견해에 기반한 사회적/정치적 활동 지원 · 사회적 약자에 대한 차별 방지 및 보호 정책 마련을 위한 활용(엄격 통제 하)	민감 정보	인종 및 민족, 사상 및 신념, 노동조합 가입/탈퇴, 정당 가입/탈퇴, 정치적 견해, 건강 정보(질병 기록, 치료 내역 등), 성생활(성적 지향 등), 유전 정보, 범죄경력 정보	· 인종, 정치적 견해, 성적 지향 등에 대한 심각한 차별 및 혐오 · 건강/유전 정보 유출로 인한 사회적/경제적 불이익 · 범죄 경력 정보 악용으로 인한 사회생활 제약 · 사상/신념 노출로 인한 불이익 또는 박해 위험(특정 사회)

먼저, 기본적인 식별 정보는 이름, 생년월일, 주소, 연락처 등을 포함하며, 이는 신분 확인을 통해 안전

한 서비스 제공과 거래를 가능하게 하고, 맞춤형 행정 서비스 및 복지 혜택을 제공하며 효율적인 소통 체계를 구축하는 데 필수적입니다. 그러나 이러한 정보가 유출될 경우 개인정보 도용, 사기, 원치 않는 마케팅 연락 및 스팸, 더 나아가 프라이버시 침해로 인한 불편을 야기할 수 있습니다.

신체적 속성 및 생체정보는 지문, 얼굴 특징, 홍채, 음성 정보 등을 포함하며, 보안 시스템 강화를 통한 자산 및 정보 보호(생체 인증), 건강 상태 모니터링을 통한 질병 예방 및 관리, 신체 조건에 맞는 맞춤형 제품/서비스 제공 등 혁신적인 편의를 제공합니다. 하지만 생체 정보 유출은 돌이킬 수 없는 보안 위협으로 이어질 수 있으며, 신체적 특징에 기반한 차별이나 동의 없는 위치 추적 및 감시 위험이 존재합니다.

사회/관계 정보는 가족 관계, 친분 관계, 소속 단체, SNS 계정 등을 포함하며, 사회적 연결성 강화 및 네트워킹 지원, 공동체 활동 활성화, 개인 맞춤형 소셜/커뮤니티 서비스 제공에 기여합니다. 반면, 사생활 노출 및 스토킹 위험, 사회적 관계를 이용한 보이스피싱 등 사기, 특정 관계/소속에 기반한 평판 훼손 또는 차별과 같은 역기능이 발생할 수 있습니다.

직업/학력 정보는 직업, 직장명, 경력, 학력, 자격증 등을 포함하며, 적합한 일자리 매칭 및 고용 지원, 경력 개발을 위한 교육/훈련 프로그램 추천, 전문성 기반의 네트워크 형성 및 협업 기회 증대에 활용됩니다. 하지만 채용/승진 과정에서의 부당한 차별, 학력/경력 정보 오남용으로 인한 불이익, 직업 정보를 이용한 타깃 범죄 위험 증가 등의 부작용을 낳을 수 있습니다.

재무 정보는 소득, 자산 규모, 은행 계좌, 신용카드 정보 등을 포함하여 개인의 신용도 기반 금융 서비스 접근성 향상, 효율적인 자산 관리 및 재무 설계 지원, 안전하고 신뢰할 수 있는 금융 거래 환경 조성에 필수적입니다. 반대로 금융 정보 유출로 인한 금전적 손실 및 사기 피해, 신용 정보 악용으로 인한 금융 거래 제약, 재산 상태 노출로 인한 타깃 범죄 위험에 노출될 수 있습니다.

행동/성향 정보는 취미, 관심사, 웹사이트 방문 기록, 구매 내역, 검색 기록, 위치 정보, 행동 패턴 분석 결과 등을 포함하며, 개인의 선호도에 기반한 맞춤형 추천 서비스, 행동 패턴 분석을 통한 서비스 개선 및 효율성 증대, 긍정적인 행동 유도 정책 설계에 활용됩니다. 그러나 소비/행동 패턴 분석을 통한 조작적 마케팅 또는 가격 차별, 동의 없는 행동 감시 및 프로파일링, 특정 성향에 대한 낙인 또는 편견 발생 가능성이 있습니다.

마지막으로, 민감 정보는 인종, 사상, 신념, 건강 정보, 성생활, 범죄경력 정보 등을 포함하며, 질병 치료 및 건강 관리를 위한 맞춤형 의료 서비스, 특정 신념/견해에 기반한 사회적/정치적 활동 지원, 사회적 약자에 대한 차별 방지 및 보호 정책 마련을 위한 활용 등 중요한 순기능을 가집니다. 하지만 인종, 정치적 견해, 성적 지향 등에 대한 심각한 차별 및 혐오, 건강/유전 정보 유출로 인한 사회적/경제적 불이익, 범죄 경력 정보 악용으로 인한 사회생활 제약, 사상/신념 노출로 인한 불이익 또는 박해 위험 등 가장 치명적인 역기능을 내포합니다.

결론적으로, 인간의 속성 정보는 개인의 삶을 풍요롭게 하고 사회 발전에 기여하는 막대한 잠재력을 지니지만, 그 오남용 시에는 개인의 인권과 안전을 심각하게 위협하는 위험으로 작용할 수 있습니다. 따라서 이러한 정보의 수집, 활용, 보관에 있어 매우 신중한 접근과 엄격한 통제가 필수적입니다.

4) 기업 이해관계자 속성의 양면성 분석 예시

기업의 이해관계자들은 양면성을 지닌 속성으로 존재합니다. 주주는 자본 제공으로 기업 가치를 높이지만, 단기 이익 추구로 장기 성장을 저해할 수 있습니다. 정부는 안정적 환경을 제공하나 과도한 규제로 활동을 제약하기도 합니다. NGO는 사회적 책임 촉진에 기여하지만 비현실적 요구로 평판을 손상시킬 수 있습니다. 언론은 투명성을 높이나 선정적 보도로 명예를 훼손할 수 있으며, 고객은 수익을 창출하지만 불매 운동으로 손상을 입히기도 합니다. 임직원 또한 생산성을 높이는 핵심 자산이지만, 비윤리적 행위는 기업 평판을 해칩니다. 이처럼 각 이해관계자는 기업에 순기능과 동시에 잠재적 리스크를 안겨주므로, 이들의 복합적 속성을 이해하고 관리하는 것이 기업 경영의 핵심입니다.

[표038] 기업 이해관계자 속성의 양면성 분석 예시

이해관계자	의미 및 순기능	역기능
주주	기업의 소유주로서 자본 제공, 효율적인 경영 요구, 의결권을 통한 기업 지배구조 참여 및 기업 가치 증대 기여.	단기적인 이익 극대화에 치중한 장기 성장 저해 가능성, 과도한 배당 요구, 적대적 M&A 시도 등으로 인한 경영 부담 발생.
채권자	기업에 자금 대여를 통한 운영 유동성 제공, 재무 건전성 모니터링을 통한 건전한 경영 활동 유도.	엄격한 상환 요구, 추가 자금 지원 거부, 과도한 담보 요구 등으로 인한 재무 부담 가중 또는 유동성 위기 초래.
정부	법적, 제도적 환경 구축을 통한 기업 활동 안정성 보장, 인프라 제공 및 공정한 시장 경쟁을 통한 기업 성장 지원.	과도한 규제, 높은 세금 부과, 정치적 개입, 일관성 없는 정책 등으로 인한 기업 활동 제약 및 예측 불가능성 증가.
NGO	기업의 사회적 책임(CSR) 활동 촉진, 환경·인권 등 사회적 가치 인식 제고, 비윤리적 행위 감시를 통한 건전한 기업 경영 유도.	비현실적인 요구, 과도한 비판, 부정적인 여론 형성 등을 통한 사업 활동 방해 또는 평판 손상.
언론	기업 활동 정보 대중 전달을 통한 투명성 제고, 기업의 사회적 역할 감시, 여론 형성을 통한 긍정적/부정적 영향 미침.	선정적인 보도, 편파적인 정보 전달, 허위 사실 유포 등으로 인한 기업 명예 훼손 또는 불필요한 논란 야기.
지역사회	노동력 제공 및 제품 소비를 통한 매출 기여, 기업의 사회적 활동 지지를 통한 사업 정당성 부여.	환경 문제, 소음, 교통 체증 등 기업 활동으로 인한 부정적 영향에 대한 항의, 지역 이기주의(NIMBY)로 인한 사업 확장 저해.
고객	제품/서비스 구매를 통한 매출 및 수익 창출, 피드백을 통한 제품/서비스 개선 및 혁신 유도.	제품 불만, 불매 운동, 부정적인 리뷰 확산 등으로 인한 매출 및 브랜드 이미지 손상, 과도한 요구 발생.
경쟁회사	시장 내 경쟁을 통한 기업의 혁신 및 효율성 촉진, 제품/서비스 품질 향상을 통한 시장 전체 성장 견인.	과도한 가격 경쟁, 불공정 마케팅, 지식재산권 침해 등으로 인한 수익성 악화 또는 법적 분쟁 발생.

협력회사	원자재, 부품, 서비스의 안정적 공급을 통한 생산 활동 가능화, 상호 협력을 통한 공급망 효율성 증대.	공급망 차질, 품질 문제, 가격 인상 등으로 인한 생산 차질 또는 비용 증가, 부도덕한 관행으로 인한 기업 평판 영향.
임직원	핵심 자산으로서 노동력, 기술, 아이디어 제공을 통한 생산성 향상, 기업 문화 형성 및 혁신 주도.	낮은 사기, 잦은 이직, 노사 갈등, 내부 비리, 비윤리적 행위 등으로 인한 생산성 저하 및 평판 손상 초래.

5) 국민체육진흥공단(KSPO)의 주요 속성 분석: 사행산업 특수성과 그 양면성

국민체육진흥공단은 여타 공공기관과는 확연히 다른 독특한 사업 모델을 지니고 있습니다. 바로 스포츠토토, 경륜경정 등 사행산업을 직접 운영하여 체육진흥기금을 조성하고, 이를 통해 국민 체육 진흥이라는 공공 목적을 달성한다는 점입니다. 이러한 특수성은 공단의 다양한 속성들에 깊이 반영되어 있으며, 각 속성은 긍정적인 순기능과 함께 관리해야 할 역기능을 동시에 내포하고 있습니다.

[표039] 국민체육진흥공단의 속성의 양면성 분석 예시

속성	의미	순기능(긍정적 측면)	역기능(부정적 측면)
1. 재원 조달의 특수성 (사행산업 운영)	스포츠토토, 경륜경정 등 사행산업을 직접 운영하여 체육진흥기금을 조성하는 공단의 독특한 재원 확보 방식.	안정적이고 대규모의 체육진흥기금 조성, 정부 예산 의존도 감소, 다양한 체육 사업 지원 가능.	사행산업 운영에 따른 사회적 비판 및 부정적 인식, 중독 문제 발생 가능성, 불법 사행산업과의 경쟁 심화.
2. 공공성 및 사회적 책임 지향	국민 체육 진흥이라는 공공 목적을 달성하고, 사행산업 운영에 따른 사회적 책임을 다하려는 공단의 지향점.	국민 체육 증진, 스포츠 복지 실현, 건전한 여가 문화 조성에 기여.	사행산업 운영으로 인한 공공성 훼손 논란, 사회적 비난에 대한 리스크, 이중적 이미지 관리의 어려움.
3. 사업 포트폴리오의 다양성	스포츠토토, 경륜경정, 올림픽공원 관리, 스포츠 시설 운영 등 공단이 수행하는 여러 종류의 사업 영역.	스포츠토토, 경륜경정, 올림픽공원 관리, 스포츠 시설 운영 등 다각화된 사업을 통한 안정적 수익 창출 및 체육 진흥 기여.	사업 간 시너지 부족, 복잡한 사업 구조로 인한 관리의 어려움, 각 사업별 특성에 맞는 리스크 관리의 복잡성.
4. 엄격한 규제 환경 준수	사행산업통합감독위원회(사감위) 등 관련 법규 및 규제 기관의 엄격한 감독을 받는 공단의 외부 환경적 특성.	사행산업통합감독위원회(사감위) 등 엄격한 규제 준수를 통해 건전성 확보 및 투명성 유지, 사회적 신뢰도 제고 노력.	규제 변화에 따른 사업 불확실성, 불법 사행산업과의 경쟁 심화, 사회적 인식 변화에 따른 사업 위축 가능성.
5. 스포츠 산업 생태계와의 밀접성	스포츠 단체, 선수, 팬 등 스포츠 산업 전반과 긴밀하게 연결되어 있는 공단의 위치와 역할.	스포츠 산업 발전 기여, 스포츠 이벤트 활성화, 국민 스포츠 참여 유도 및 저변 확대.	특정 스포츠 종목 또는 이벤트에 대한 의존도, 스포츠계 이슈가 공단 이미지에 미치는 영향.
6. 내부 통제 및 건전화 시스템	사행산업의 건전한 운영과 중독 예방을 위해 공단 내부에 구축된 관리 및 통제 체계.	사행산업의 건전한 운영을 위한 내부 통제 시스템 구축, 중독 예방 및 치유 프로그램 운영을 통한 사회적 책임 이행.	내부 통제 실패 시 사회적 비난 및 법적 리스크, 건전화 노력의 실질적 효과에 대한 의문 제기.
7. 디지털 전환 및 온라인 서비스 역량	온라인 발매 시스템 구축, 디지털 마케팅 등 디지털 기술을 활용하여 사업을 운영하고 서비스를 제공하는 공단의 능력.	온라인 발매 시스템 구축, 디지털 마케팅 강화, 효율적인 사업 운영 및 고객 접근성 향상.	사이버 보안 리스크, 디지털 소외 계층 발생, 시스템 오류로 인한 서비스 중단 및 고객 불만.

8. 다양한 이해관계자 관리	정부, 스포츠 단체, 국민, 사행산업 이용자 등 공단의 사업에 영향을 미치거나 영향을 받는 여러 주체들과의 관계 관리 능력.	정부, 스포츠 단체, 국민, 사행산업 이용자 등 다양한 이해관계자와의 원활한 소통 및 협력, 정책 추진의 동력 확보.	이해관계자 간 상충되는 요구 조정의 어려움, 특정 집단의 비판에 취약, 갈등 발생 시 이미지 손상.
9. 공공기관으로서의 조직 문화	공공기관으로서의 사명감, 투명성, 청렴성 등을 중시하는 공단 내부의 가치와 행동 양식.	공공기관으로서의 사명감, 투명하고 청렴한 업무 처리, 국민을 위한 서비스 제공 지향.	경직된 관료주의, 혁신 저해, 시장 변화에 대한 둔감성, 비효율적인 의사결정.
10. 대규모 시설 운영 및 관리 전문성	올림픽공원 등 대규모 체육 및 문화 시설을 효율적으로 운영하고 관리하는 공단의 역량.	올림픽공원 등 대규모 체육/문화 시설의 효율적 관리 및 운영, 국민 여가 공간 제공 및 문화 향유 기회 확대.	시설 노후화에 따른 유지보수 비용 증가, 안전사고 리스크, 시설 활용률 저조 및 수익성 문제.

첫째, 공단의 가장 두드러진 속성은 바로 재원 조달의 특수성입니다. 스포츠토토와 경륜경정 같은 사행산업을 직접 운영함으로써, 공단은 안정적이고 대규모의 체육진흥기금을 조성하여 정부 예산에 대한 의존도를 낮추고 다양한 체육 사업을 지원할 수 있는 순기능을 가집니다. 그러나 동시에 사행산업 운영에 따른 사회적 비판과 부정적 인식을 감수해야 하며, 중독 문제 발생 가능성과 불법 사행산업과의 경쟁 심화라는 역기능에 직면합니다.

이러한 재원 조달 방식에도 불구하고, 공단은 공공성 및 사회적 책임 지향이라는 중요한 속성을 유지합니다. 국민 체육 증진, 스포츠 복지 실현, 건전한 여가 문화 조성에 기여하는 것이 공단의 순기능이지만, 사행산업 운영으로 인한 공공성 훼손 논란과 사회적 비난에 대한 리스크, 그리고 이중적 이미지 관리의 어려움은 공단이 지속적으로 해결해야 할 역기능입니다.

공단은 사업 포트폴리오의 다양성을 통해 안정적인 수익을 창출하고 체육 진흥에 기여합니다. 스포츠토토와 경륜경정 외에도 올림픽공원 관리, 스포츠 시설 운영 등 여러 사업 영역을 수행하는 것이 순기능입니다. 하지만 사업 간 시너지가 부족하거나 복잡한 사업 구조로 인해 관리가 어렵고, 각 사업별 특성에 맞는 리스크 관리의 복잡성이 증가하는 것은 역기능으로 작용할 수 있습니다.

또한, 공단은 엄격한 규제 환경 준수라는 속성 아래 사행산업통합감독위원회(사감위) 등 관련 법규 및 규제 기관의 엄격한 감독을 받습니다. 이는 건전성 확보와 투명성 유지, 사회적 신뢰도 제고 노력이라는 순기능을 가져오지만, 규제 변화에 따른 사업 불확실성, 불법 사행산업과의 경쟁 심화, 그리고 사회적 인식 변화에 따른 사업 위축 가능성이라는 역기능을 안고 있습니다.

공단은 스포츠 산업 생태계와의 밀접성을 통해 스포츠 산업 발전과 이벤트 활성화, 국민 스포츠 참여 유도 및 저변 확대에 기여하는 순기능을 수행합니다. 반면, 특정 스포츠 종목이나 이벤트에 대한 의존도가 높아지거나 스포츠계 이슈가 공단 이미지에 부정적인 영향을 미칠 수 있다는 역기능도 존재합니다.

사행산업의 건전한 운영과 중독 예방을 위해 공단은 내부 통제 및 건전화 시스템을 구축하고 있습니다. 이는 사회적 책임을 이행하고 건전한 운영을 도모하는 순기능을 가지지만, 내부 통제 실패 시 사회적 비난과 법적 리스크에 직면할 수 있으며, 건전화 노력의 실질적 효과에 대한 의문이 제기될 수 있다는 역기능도 무시할 수 없습니다.

최근에는 디지털 전환 및 온라인 서비스 역량을 강화하여 온라인 발매 시스템 구축과 디지털 마케팅을 통해 효율적인 사업 운영과 고객 접근성 향상이라는 순기능을 추구하고 있습니다. 그러나 사이버 보안 리스크, 디지털 소외 계층 발생, 그리고 시스템 오류로 인한 서비스 중단 및 고객 불만이라는 역기능에 대한 대비도 필수적입니다.

공단은 정부, 스포츠 단체, 국민, 사행산업 이용자 등 다양한 이해관계자 관리를 통해 원활한 소통과 협력을 이루고 정책 추진의 동력을 확보하는 순기능을 가집니다. 하지만 이해관계자 간 상충되는 요구를 조정하기 어렵고, 특정 집단의 비판에 취약하며, 갈등 발생 시 이미지 손상이라는 역기능에 직면할 수 있습니다.

공공기관으로서의 조직 문화는 공단의 중요한 속성 중 하나입니다. 사명감, 투명성, 청렴성 등을 중시하며 국민을 위한 서비스 제공을 지향하는 것이 순기능이지만, 경직된 관료주의, 혁신 저해, 시장 변화에 대한 둔감성, 그리고 비효율적인 의사결정이라는 역기능이 나타날 수도 있습니다.

마지막으로, 올림픽공원 등 대규모 시설 운영 및 관리 전문성을 통해 국민 여가 공간 제공 및 문화 향유 기회 확대라는 순기능을 수행합니다. 그러나 시설 노후화에 따른 유지보수 비용 증가, 안전 사고 리스크, 그리고 시설 활용률 저조 및 수익성 문제라는 역기능도 함께 관리해야 합니다.

6) 공공부문 공통속성의 양면성 분석 예시

공공부문의 속성들도 양면성을 지닙니다. 공공성, 투명성, 책임성, 법규 준수, 효율성 등은 기관 운영의 중요한 순기능을 하지만, 지나치거나 부족하면 비효율, 경직성, 갈등, 혁신 저해 등 역기능을 초래할 수 있습니다. 정치적 영향력, 예산 제약, 다양한 이해관계자, 관료주의 역시 마찬가지입니다. 이러한 속성들의 균형 잡힌 이해와 관리가 중요합니다.

[표040] **공공부문 공통속성의 양면성 분석 예시**

No.	속성	순기능	역기능
1	공공성 및 형평성	국민 전체의 이익을 위해 공정하고 평등하게 서비스를 제공하는 원칙. 사회적 약자 보호와 공정한 자원 배분을 통해 사회통합과 신뢰 구축에 기여함.	지나친 평등 강조로 인한 자원 배분 비효율, 특정 집단에 대한 불합리한 차별 발생 가능성이 있음.

2	투명성 및 공개성	공공기관의 업무와 의사결정 과정을 국민에게 공개하여 신뢰를 확보하는 원칙. 부패 방지, 국민 신뢰 증진, 정책의 정당성 확보에 기여함.	과도한 정보 공개로 인한 업무 비효율, 민감 정보 노출 위험, 의사결정 지연을 초래할 수 있음.
3	책임성 및 설명 의무	공공기관이 자신의 업무에 대해 국민과 상급기관에 책임을 지고 설명할 의무. 업무의 투명성과 신뢰성을 강화하고 부정행위 예방에 기여함.	과도한 책임 부담으로 인한 경직성, 책임 회피 현상 발생 가능성이 있음.
4	법규 준수 및 절차의 엄격성	관련 법령과 규정을 철저히 준수하며 절차를 엄격히 지키는 원칙. 공정한 업무 수행과 법적 안정성 확보에 기여함.	지나친 절차주의로 인한 업무 지연, 융통성 부족으로 혁신을 저해할 수 있음.
5	정치적 영향력	공공기관이 정치적 환경과 정책 변화에 영향을 받는 특성. 정부 정책과의 연계 강화, 정책 일관성 유지에 기여함.	정치적 편향성, 공정성 훼손, 장기적 정책 추진의 어려움을 야기할 수 있음.
6	예산 제약 및 효율성 요구	한정된 예산 내에서 최대의 성과를 내야 하는 재정적 제약과 효율성 요구. 자원의 효율적 배분과 낭비 최소화에 기여함.	과도한 비용 절감으로 서비스 질 저하, 단기 성과 위주 정책 추진으로 이어질 수 있음.
7	다양한 이해관계자	공공부문이 다양한 국민, 단체, 정부 등 여러 이해관계자의 요구를 조정해야 하는 특성. 다양한 의견 수렴과 사회적 합의 도출에 기여함.	이해관계 충돌로 인한 의사결정 지연, 갈등 심화를 초래할 수 있음.
8	관료주의 및 경직성	규칙과 절차에 엄격히 의존하는 조직 문화와 구조적 특성. 업무의 일관성과 안정성 유지에 기여함.	변화 대응력 저하, 혁신 저해, 비효율적 업무 처리를 야기할 수 있음.

제3절 | 속성 식별 방법(KSPO 예시)

조직의 속성을 효과적으로 식별하는 것은 단순한 현황 파악을 넘어, 내재된 리스크를 선제적으로 찾아내고 관리하기 위한 필수적인 과정입니다. 이는 마치 질병의 증상만을 보는 것이 아니라, 환자의 체질과 생활 습관 같은 근본적인 속성을 진단하여 미래의 위험을 예측하고 예방하는 것과 같습니다. 다양한 채널을 통해 정보를 수집하고 분석함으로써 조직의 본질적인 특성을 파악하고, 이와 연계된 리스크를 식별할 수 있습니다.

1. 조직속성 7가지 분류체계 기준 속성식별 방법

조직의 속성을 분류하고 식별하는 다양한 방법론이 존재할 수 있습니다. 본서에서는 조직 속성의 7가지 분류 체계(사업 모델 특성 속성, 전략 속성, 조직 구조 속성, 인력 및 역량 속성, 프로세스 및 시스템 속성, 문화 및 가치 속성, 외부 환경 관련 속성)에 따른 체계적인 속성 식별 방법과, 필자가 실무에서 활용하고 있는 실무적 속성 식별 접근법 및 기관 홈페이지와 ALIO공개 정보를 활용하는 방법을 소개하겠습니다.

그러나 속성 식별과 그로 인해 비롯되는 역기능, 즉 리스크를 식별하는 과정은 단순히 이론적 지식만으로는 충분하지 않습니다. 이는 풍부한 경험과 고도의 전문성이 필요한 영역이며, 현재까지 표준적이고 체계적인 방법론이 정립되어 있지 않은 상황입니다. 정형화된 틀에만 의존하기보다는, 조직의 고유한 맥락과 특성을 깊이 이해하려는 노력이 선행되어야 합니다.

관행에 기댄 효과성 없는 용이성이나 효율성은 무의미할 뿐만 아니라, 귀중한 자원의 낭비로 이어질 수 있다는 점을 우리는 경계해야 합니다. 표준 자체의 문제점을 의심하고, 실제적인 효과를 가져올 수 있는 접근 방식을 모색하는 것이 중요합니다. 이러한 현실적인 제약 속에서, 필자는 그동안의 경험을 통해 얻은 통찰과 실용적인 접근 방식을 간략하게 소개하고자 합니다. 예시에 인용한 기관은 앞서 10가지 속성을 식별하여 예시한 국민체육진흥공단입니다.

1) 사업 모델 특성 속성: 조직의 존재 이유와 내재된 위험 파악

사업 모델 특성 속성은 조직의 핵심적인 가치 창출 방식과 운영의 본질을 정의하며, 이는 조직의 고유한 리스크 프로파일을 형성하는 데 가장 중요한 속성입니다. 이 속성을 식별함으로써 조직의 존재 이유와 내재된 위험 요소를 파악합니다.

[표041] 사업모델 특성 분석 예시

하위 속성	식별 방법 및 예시	결과 속성
업종/업태 특성	조직의 주요 사업 분야(제조, 서비스, 공공 등) 정의 및 해당 업종 내재 리스크(규제, 시장 변동성, 안전 등) 분석. 예: 국민체육진흥공단의 '사행산업'과 '공공서비스' 업태 식별 및 각 특성(사행성 통제, 공공성 등) 도출.	조직의 사업 분야별 고유 위험 특성
가치 창출 방식	조직이 고객이나 수혜자에게 가치를 제공하는 방식(제품 생산, 직접 서비스, 플랫폼 운영 등) 분석. 예: 공단의 '경륜/경정 운영을 통한 수익 창출'과 '체육 진흥 사업을 통한 공공 가치 제공' 방식 식별.	조직의 핵심적인 가치 제공 메커니즘
수익 모델	조직의 재원 확보 방식(제품 판매, 서비스 이용료, 정부 출연금, 기금 운용 수익 등) 분석. 예: 공단의 '경륜/경정 투표권 판매 수익', '체육진흥기금 운용 수익', '정부 예산 지원' 재원 조달 방식 식별.	조직의 재원 확보 구조 및 안정성
주요 자산 유형	조직이 가치 창출에 사용하는 핵심 자산(물리적 시설, 지적 재산권, 데이터, 인적 자원, 브랜드 가치 등) 파악. 예: 공단의 '경륜/경정장 시설', '투표 시스템 및 데이터', '스포츠 전문가 인력', '브랜드' 등 주요 자산 식별.	조직의 핵심 운영 자원 및 그 중요성
핵심 고객/수혜자	조직이 서비스를 제공하거나 영향을 미치는 대상(일반 소비자, 특정 계층, 전 국민 등) 정의 및 특성/요구사항 분석. 예: 공단의 '경륜/경정 이용객', '스포츠 복지 국민', '체육 단체 및 선수' 등 핵심 고객/수혜자 식별.	조직의 서비스 대상 및 그 특성
경쟁자	조직의 제품/서비스와 유사하거나 대체 가능한 직간접 경쟁자 파악 및 시장 점유율, 전략, 강점/약점 분석. 예: 공단 사행산업 부문의 '로또', '경마', '복권' 등 경쟁자, 공공서비스 부문의 '지자체/민간 시설' 경쟁자 식별.	경쟁 환경의 강도 및 특성, 경쟁 우위 요소

업종/업태 특성은 조직의 주요 사업 분야와 그에 내재된 고유 위험을 파악하는 과정입니다. 예를 들어,

국민체육진흥공단이 '사행산업'과 '공공서비스'라는 두 가지 업태를 동시에 운영하는 특성을 식별함으로써, 사행성 규제 리스크나 공공성 훼손 리스크와 같은 고유 위험 특성을 명확히 인지할 수 있습니다.

가치 창출 방식은 조직이 고객이나 수혜자에게 가치를 제공하는 핵심 메커니즘을 분석합니다. 공단이 '경륜/경정 운영을 통한 수익 창출'과 '체육 진흥 사업을 통한 공공 가치 제공'이라는 이중적인 가치 창출 방식을 식별함으로써, 한쪽 가치 창출 방식의 실패가 다른 쪽에도 영향을 미치는 사업 포트폴리오 리스크를 예측할 수 있습니다.

수익 모델은 조직의 재원 확보 구조와 그 안정성을 분석합니다. 공단이 '경륜/경정 투표권 판매 수익' 등에 크게 의존하는 수익 모델을 식별한다면, 시장 변동성으로 인한 재정 불안정 리스크가 높음을 인지할 수 있습니다.

주요 자산 유형은 조직의 핵심 운영 자원과 그 중요성을 파악합니다. 공단의 '경륜/경정장 시설', '투표 시스템', '스포츠 전문가 인력' 등 주요 자산을 식별함으로써, 이들 자산의 손상이나 기능 마비가 초래할 운영 중단 리스크나 핵심 역량 상실 리스크를 예측합니다.

핵심 고객/수혜자는 조직의 서비스 대상과 그 특성을 분석합니다. 공단의 '경륜/경정 이용객'과 '스포츠 복지 국민'처럼 상이한 고객/수혜자 집단을 식별함으로써, 각 집단의 요구 불충족이 야기할 고객 불만 리스크나 사회적 비판 리스크를 파악합니다.

경쟁자는 경쟁 환경의 강도와 특성, 조직의 경쟁 우위 요소를 분석합니다. 공단 사행산업 부문의 '로또', '경마' 등 경쟁자를 식별함으로써, 시장 점유율 하락 리스크나 수익성 악화 리스크를 예측하고 대응할 수 있습니다.

2) 전략 속성: 조직의 미래 방향성과 실행 과정에서의 위험 예측

전략 속성은 조직의 장기적인 방향성과 목표 달성 방식을 정의하며, 이는 조직의 미래 지향성, 실행력, 그리고 외부 환경 변화에 대한 적응력을 파악하는 데 중요합니다. 전략의 불명확성이나 실행력 부족은 직접적인 리스크로 이어집니다.

[표042] 전략 속성 분석 예시

하위 속성	식별 방법 및 예시	결과 속성
전략 수립 및 명확성	중장기 경영 전략 문서, 연간 사업 계획서 분석을 통한 전략 목표/방향성의 구체성 및 명확성 평가. 임직원 대상 설문조사/인터뷰를 통한 전략 이해도/공유 정도 확인. 예: 공단의 '디지털 혁신 전략'의 구체적 목표와 실행 계획 포함 여부 및 전 직원의 이해도 분석.	전략의 구체성 및 조직 내 공유도

전략 실행 역량	전략 과제별 달성률, 전략 관련 주요 프로젝트 성공률, 전략 실행 전담 조직/인력 배치 현황, 전략적 자원 배분 현황 평가. 예: 공단의 'ESG 경영 강화 전략'에 따른 시스템 도입, 사회 공헌 활동 확대 등 실행 효과성 및 예산/인력 지원 측정.	전략 목표 달성을 위한 실행력
전략 유연성/적응성	전략 재검토 및 수정 주기, 외부 환경 변화(팬데믹, 경제 위기 등) 발생 시 전략 조정 사례 및 소요 시간, 전략적 의사결정의 신속성 분석. 예: 코로나19 팬데믹 시 공단의 비대면 서비스 전환 등 새로운 전략 수립 및 실행 속도 분석.	환경 변화에 대한 전략의 적응성
전략적 차별화	조직의 핵심 경쟁 우위 요소 정의, 경쟁 기관/기업과의 차별화된 서비스/제품 포트폴리오, 브랜드 이미지 분석, 고객/수혜자 인식 조사 등을 통한 독특한 강점 파악. 예: 공단의 '사회 환원' 및 '체육 진흥' 공공적 가치 활용 전략 및 대국민 이미지 영향 분석.	조직의 핵심 경쟁력 및 차별화 포인트
자원 배분 전략	예산 배분 내역, 인력 배치 현황, 주요 프로젝트/사업 투자 우선순위 분석을 통한 전략적 목표와의 정합성 평가. 예: 공단의 연간 예산이 중장기 전략 목표(디지털 전환, 스포츠 복지 확대)와 일치하게 배분되는지, 핵심 전략 사업에 인력/예산 우선 투입 여부 검토.	전략적 우선순위에 따른 자원 배분의 합리성

전략 수립 및 명확성은 전략의 구체성과 조직 내 공유도를 파악합니다. 공단의 '디지털 혁신 전략'이 불명확하거나 전 직원이 이해하지 못한다면, 전략 실행 실패 리스크나 자원 낭비 리스크를 식별할 수 있습니다.

전략 실행 역량은 전략 목표 달성을 위한 실제 실행력을 평가합니다. 'ESG 경영 강화 전략'에 따른 시스템 도입이나 활동이 미흡하다면, 목표 미달성 리스크나 평판 손상 리스크가 발생할 수 있습니다.

전략 유연성/적응성은 환경 변화에 대한 전략의 적응성을 분석합니다. 코로나19 팬데믹과 같은 상황에서 공단이 신속하게 전략을 조정하지 못했다면, 시장 기회 상실 리스크나 운영 위기 리스크를 식별할 수 있습니다.

전략적 차별화는 조직의 핵심 경쟁력 및 차별화 포인트를 파악합니다. 공단이 '사회 환원' 등 공공적 가치로 차별화하지 못하면, 경쟁 우위 상실 리스크나 수익성 악화 리스크에 직면할 수 있습니다.

자원 배분 전략은 전략적 우선순위에 따른 자원 배분의 합리성을 평가합니다. 중장기 전략 목표와 불일치하게 예산이나 인력이 배분된다면, 전략 실패 리스크나 재정 비효율 리스크가 발생할 수 있습니다.

3) 조직 구조 속성: 비효율 및 통제 미흡으로 인한 위험 식별

조직 구조는 조직의 골격이자 의사결정 및 정보 흐름의 기본 틀을 제공합니다. 이 속성을 식별함으로써 조직의 효율성, 유연성, 그리고 잠재적 병목 현상과 그로 인한 리스크를 파악할 수 있습니다. 잘 설계된 조직 구조는 업무의 명확성을 높이고 책임 소재를 분명히 하여 운영상의 혼란을 최소화합니다. 반대로 경직되거나 복잡한 구조는 정보의 흐름을 방해하고 의사결정을 지연시켜 비효율성을 초래하며, 이는 곧 다양한 리스크의 근원이 됩니다.

예를 들어, 과도하게 중앙집권적인 의사결정 체계는 현장 상황에 대한 빠른 대응을 어렵게 하여 시장 변화 리스크를 증폭시킬 수 있습니다. 또한, 부서 간 협업이 부족하거나 사일로(Silo) 현상이 심화된 조직 구조는 중요한 정보가 공유되지 않아 복합적인 문제 해결에 실패하거나, 통제 사각지대를 발생시켜 부정 리스크에 취약해질 수 있습니다. 보고 라인의 불명확성은 책임 회피를 유발하고, 권한 위임의 부재는 직무 만족도 저하와 인재 이탈 리스크로 이어질 수 있습니다. 따라서 조직 구조 속성을 면밀히 분석하는 것은 단순히 효율성 증대를 넘어, 조직의 안정성과 리스크 대응 역량을 근본적으로 강화하는 핵심적인 작업입니다. 이 속성을 통해 조직은 숨겨진 위험을 찾아내고, 더욱 견고하며 민첩한 시스템으로 진화할 수 있습니다.

[표043] 조직 구조 속성 분석 예시

하위 속성	식별 방법 및 예시	결과 속성
조직 형태	조직도, 직제 규정, 부서별 기능 정의서 등 분석을 통한 조직 형태(기능별, 사업부, 매트릭스 등) 식별. 예: 국민체육진흥공단의 조직도 분석을 통한 사업 본부 운영 형태 또는 기능별 조직 여부 파악 및 적절성 진단.	조직 형태의 유형
의사결정 집중도	주요 의사결정(예산 승인, 사업 계획 확정, 인사 발령)의 최종 승인권자, 의사결정 과정 참여자 범위, 의사결정 소요 시간 분석. 예: 주요 사업 예산 편성과 집행 과정에서 최종 결정 단계 및 실무진 의견 반영 정도 분석.	의사결정의 중앙집중화 또는 분권화 정도
보고 체계 명확성	조직도상 보고 라인, 직무 기술서의 보고 관계, 실제 업무 수행 시 보고 절차 준수 여부 확인. 예: 직원이 직속 상사 인지 및 정해진 보고 라인 준수 여부 인터뷰/문서 검토.	보고 라인의 명확성 수준
권한 위임 수준	직무 기술서, 결재 규정, 위임전결 규정 등을 통한 하위 직급/부서 위임 권한 범위/수준 파악. 예: 팀장급 직원의 팀 예산 자체 집행 가능 범위, 프로젝트 최종 의사결정 권한 규정 확인 및 실제 활용 여부 식별.	권한 위임의 범위와 깊이
부서 간 연계성	부서 간 협업 프로젝트 수, 공동 회의 빈도, 정보 공유 시스템 활용률, 부서 간 이동 인력 비율 분석. 예: 홍보팀과 사업팀 간 공동 캠페인 프로젝트 수, 정기적 협의체 운영, 협업 시스템 활용 정도 파악.	부서 간 협업 및 정보 공유의 활성화 정도
직무 분장 명확성	직무 기술서, 업무 분장표, 개인별 업무 목표 설정 내용 검토. 직무 중복 또는 누락 여부 확인. 예: 각 직원의 직무 기술서에 업무 범위/책임 명확성, 유사 업무 중복/필수 업무 누락 여부 분석.	직무 정의 및 책임 분배의 구체성

조직 형태는 조직 형태의 유형을 파악하여 구조적 비효율성 리스크를 식별합니다. 국민체육진흥공단의 조직 형태가 사업 특성에 부합하지 않는다면, 업무 비효율 리스크나 의사결정 지연 리스크를 초래할 수 있습니다.

의사결정 집중도는 의사결정의 중앙집중화 또는 분권화 정도를 분석합니다. 과도한 집중은 신속한 대응 부족 리스크를, 지나친 분권화는 통제 부족 리스크를 야기할 수 있습니다.

보고 체계 명확성은 보고 라인의 명확성 수준을 확인합니다. 보고 체계가 불분명하면 정보 왜곡 리스크나 책임 회피 리스크가 발생할 수 있습니다.

권한 위임 수준은 권한 위임의 범위와 깊이를 파악합니다. 적절한 권한 위임이 이루어지지 않으면 업무 병목 리스크나 직원 동기 저하 리스크를 초래할 수 있습니다.

부서 간 연계성은 부서 간 협업 및 정보 공유의 활성화 정도를 분석합니다. 연계성이 부족하면 정보 사일로 리스크나 중복 업무 리스크가 발생할 수 있습니다.

직무 분장 명확성은 직무 정의 및 책임 분배의 구체성을 확인합니다. 직무 분장이 모호하면 업무 누락 리스크나 갈등 발생 리스크를 야기할 수 있습니다.

4) 인력 및 역량 속성: 인적 자원 관련 잠재적 위험 진단

조직의 인력과 그들이 보유한 역량은 조직 성과에 직접적인 영향을 미치는 핵심 속성입니다. 이 속성을 식별함으로써 인력 운용의 효율성과 인적 자원 관련 잠재적 리스크를 파악할 수 있습니다.

[표044] 인력 및 역량 속성 분석 예시

하위 속성	식별 방법 및 예시	결과 속성
개인 역량	성과 평가 결과, 역량 진단 도구(역량 평가), 교육 훈련 이수 현황, 다면 평가 결과 등 활용. 예: 직무기술서 필수 역량 대비 직원의 실제 수행 능력 정기적 역량 평가/피드백을 통한 식별 및 교육 계획 수립.	개별 직무 수행 능력 수준
기술 역량	보유 기술 자격증 현황, 특정 기술 프로젝트 참여 경험, 기술 관련 교육 이수 시간, 특허 출원/등록 건수 분석. 예: AI, 빅데이터 분석 기술 보유 직원 수, 관련 기술 교육 이수율, 기술 활용 프로젝트 성공 사례 등을 통한 조직 기술 역량 식별.	조직의 기술 보유 및 활용 수준
경험 수준	직무 경력, 유사 프로젝트 참여 경험, 특정 분야 전문 경력 기간, 성공/실패 사례 학습 경험 분석. 예: 신규 사업 추진팀 구성 시 유사 사업 분야 5년 이상 경력 인력 비율, 과거 프로젝트 교훈 공유 문화 여부 등을 통한 경험 수준 식별.	인력의 직무 및 분야별 경험 축적도
태도 및 동기	직원 만족도 조사, 조직 문화 설문, 리더의 관찰 평가, 자발적 학습 참여율, 아이디어 제안 건수 등을 통한 파악. 예: 직원 설문조사를 통한 업무 만족도, 조직 목표 공감 정도, 새로운 도전 의지 등을 통한 태도/동기 수준 식별.	업무에 대한 긍정적/적극적 자세
인력 구성 다양성	성별, 연령, 학력, 경력, 전공, 출신 지역 등 인력 구성 통계적 분포 분석 및 다양성 관련 정책 유무 확인. 예: 신규 채용 시 성별, 연령별 비율 분석, 다양한 배경 인력의 조직 내 포용 정도 및 혁신 기여 여부 식별.	인력 구성의 포괄적 범위와 포용성
학습 및 성장 잠재력	교육 훈련 참여율/이수 성과, 멘토링 프로그램 참여도, 자기개발 계획 수립/실행 여부, 새로운 업무에 대한 도전 의지 평가. 예: 직원의 자발적 신기술 교육 참여 비율, 멘토링 프로그램 통한 성장 사례, 새로운 업무 도전 의지 등을 통한 학습/성장 잠재력 식별.	조직 및 개인의 미래 성장 가능성
팀워크 및 협업 능력	팀 프로젝트 성공률, 팀원 간 피드백 빈도, 협업 도구 활용률, 팀워크 관련 설문조사 결과 분석. 예: 부서 간 협업 프로젝트 목표 달성률, 팀원 간 피드백 교환 빈도, 공동 목표를 위한 희생 태도 등을 통한 팀워크/협업 능력 식별.	구성원 간 협력적 관계 형성 및 유지 능력

개인 역량은 개별 직무 수행 능력 수준을 파악합니다. 필수 역량 부족은 업무 오류 리스크나 서비스 품질 저하 리스크를 초래할 수 있습니다.

기술 역량은 조직의 기술 보유 및 활용 수준을 분석합니다. 최신 기술 역량 부족은 혁신 지연 리스크나 경쟁력 약화 리스크로 이어질 수 있습니다.

경험 수준은 인력의 직무 및 분야별 경험 축적도를 확인합니다. 경험 부족은 실패 반복 리스크나 전문성 결여 리스크를 야기할 수 있습니다.

태도 및 동기는 업무에 대한 긍정적/적극적 자세를 파악합니다. 낮은 동기는 생산성 저하 리스크나 직원 이탈 리스크를 초래할 수 있습니다.

인력 구성 다양성은 인력 구성의 포괄적 범위와 포용성을 분석합니다. 다양성 부족은 창의성 저해 리스크나 편향된 의사결정 리스크를 야기할 수 있습니다.

학습 및 성장 잠재력은 조직 및 개인의 미래 성장 가능성을 평가합니다. 학습 문화가 부족하면 조직 정체 리스크나 인력 경쟁력 약화 리스크로 이어질 수 있습니다.

팀워크 및 협업 능력은 구성원 간 협력적 관계 형성 및 유지 능력을 분석합니다. 협업 부족은 프로젝트 지연 리스크나 내부 갈등 리스크를 초래할 수 있습니다.

5) 프로세스 및 시스템 속성: 운영 효율성 저해 및 시스템 오류 위험 진단

조직의 업무 프로세스와 이를 지원하는 시스템은 효율성과 안정성을 결정하는 중요한 속성입니다. 이 속성을 식별함으로써 업무 처리의 병목 현상, 오류 발생 가능성, 그리고 자동화 수준과 관련된 리스크를 파악할 수 있습니다.

[표045] 프로세스 및 시스템 속성 분석 예시

하위 속성	식별 방법 및 예시	결과 속성
프로세스 표준화	업무 매뉴얼, 표준운영절차(SOP) 유무 및 실제 준수율 점검, 감사 보고서, 프로세스 맵 등을 통한 업무 처리 일관성/정형화 정도 식별. 예: 민원 처리 절차 매뉴얼 상세도, 실제 민원 처리 시 매뉴얼 준수율 점검.	업무 처리 방식의 일관성 및 정형화 정도
자동화 수준	반복적인 업무의 자동화 시스템 도입 현황(RPA), 수작업 비율, 시스템 연동률 분석. 예: 급여 계산, 문서 관리, 데이터 입력 등 반복 업무의 시스템 자동화 정도 및 수작업 비율 파악.	반복 업무의 시스템 처리 비중

IT 시스템 안정성	시스템 다운타임(정지 시간), 오류 발생 빈도, 보안 취약점 점검 결과, 백업/복구 시스템 유무 확인. 예: 웹사이트/내부 업무 시스템 월별 다운타임 기록, 사용자 불만 접수 건수, 정기적 보안 취약점 진단 결과 분석.	정보 시스템의 운영 신뢰도
데이터 관리 품질	데이터 정합성(일관성) 검증 결과, 데이터 입력 오류율, 데이터 최신성 유지 여부, 데이터 표준화 수준 분석. 예: 고객 정보 데이터베이스에서 정보 중복/오탈자 여부, 최신 상태 유지 여부 주기적 검증.	데이터의 정확성 및 신뢰성
내부 통제 효과성	내부 감사 결과, 통제 활동 수행 증적, 통제 위반 사례 발생 빈도, 통제 활동의 적절성/효율성 평가. 예: 예산 집행 과정 승인 절차 준수 여부, 통제 활동의 부정행위 예방 효과성 내부 감사 보고서/통제 위반 사례 분석.	내부 통제 시스템의 실질적 작동 수준
정보 흐름 효율성	정보 공유 시스템(그룹웨어, 협업 툴) 활용률, 정보 전달 소요 시간, 정보 접근성 수준, 정보 공유 관련 직원 만족도 분석. 예: 중요 공지사항 전 직원 전달 신속성, 필요 정보 접근 용이성, 정보 공유 시스템 사용률/직원 설문조사.	정보 전달 및 공유의 신속성 및 용이성

프로세스 표준화는 업무 매뉴얼, 표준운영절차(SOP) 유무 및 실제 준수율 점검, 감사 보고서, 프로세스 맵 등을 통해 업무 처리 일관성 및 정형화 정도를 식별합니다. 민원 처리 절차 매뉴얼 상세도, 실제 민원 처리 시 매뉴얼 준수율 점검을 통해 이를 파악하는데, 표준화가 미흡하면 업무 오류 리스크나 서비스 품질 저하 리스크를 초래할 수 있습니다.

자동화 수준은 반복적인 업무의 자동화 시스템 도입 현황(RPA), 수작업 비율, 시스템 연동률 분석으로 식별합니다. 급여 계산, 문서 관리, 데이터 입력 등 반복 업무의 시스템 자동화 정도 및 수작업 비율 파악을 통해 이를 확인하는데, 자동화가 부족하면 운영 비효율 리스크나 인적 오류 리스크가 증가합니다.

IT 시스템 안정성은 시스템 다운타임(정지 시간), 오류 발생 빈도, 보안 취약점 점검 결과, 백업/복구 시스템 유무 확인으로 식별합니다. 웹사이트나 내부 업무 시스템의 월별 다운타임 기록, 사용자 불만 접수 건수, 정기적 보안 취약점 진단 결과 분석을 통해 이를 파악하는데, 시스템이 불안정하면 업무 중단 리스크나 정보 유실 리스크로 이어질 수 있습니다.

데이터 관리 품질은 데이터 정합성(일관성) 검증 결과, 데이터 입력 오류율, 데이터 최신성 유지 여부, 데이터 표준화 수준 분석으로 식별합니다. 고객 정보 데이터베이스에서 정보 중복/오탈자 여부, 최신 상태 유지 여부 주기적 검증을 통해 이를 확인하는데, 데이터 품질이 낮으면 잘못된 의사결정 리스크나 법규 위반 리스크를 야기할 수 있습니다.

내부 통제 효과성은 내부 감사 결과, 통제 활동 수행 증적, 통제 위반 사례 발생 빈도, 통제 활동의 적절성/효율성 평가로 식별합니다. 예산 집행 과정 승인 절차 준수 여부, 통제 활동의 부정행위 예방 효과성 내부 감사 보고서/통제 위반 사례 분석을 통해 이를 파악하는데, 통제가 비효과적이면 부정 비리 리스크나 재정 손실 리스크가 증대됩니다.

정보 흐름 효율성은 정보 공유 시스템(그룹웨어, 협업 툴) 활용률, 정보 전달 소요 시간, 정보 접근성 수준, 정보 공유 관련 직원 만족도 분석으로 식별합니다. 중요 공지사항 전 직원 전달 신속성, 필요 정보 접근 용이성, 정보 공유 시스템 사용률/직원 설문조사를 통해 이를 파악하는데, 정보 흐름이 비효율적이면 의사소통 단절 리스크나 업무 지연 리스크를 초래할 수 있습니다.

6) 문화 및 가치 속성: 조직 분위기와 구성원 행동으로 인한 위험 진단

조직의 문화와 가치는 구성원들의 행동과 의사결정에 깊은 영향을 미치는 무형의 속성입니다. 이 속성을 식별함으로써 조직의 응집력, 혁신성, 그리고 윤리적 수준과 관련된 잠재적 리스크를 파악할 수 있습니다.

[표046] 문화 및 가치 속성 분석 예시

하위 속성	식별 방법 및 예시	결과 속성
소통 개방성	직원 설문조사(자유로운 의견 개진 분위기), 익명 게시판 활성화 정도, 경영진과의 소통 채널 다양성/활용률 분석. 예: 직원들이 상사/경영진에게 자유롭게 의견 제시 가능 여부, 익명 게시판/제안 제도 활성화 정도 설문조사/참여율 분석.	조직 내 자유로운 의견 교환 분위기
혁신 지향성	신규 아이디어 제안 건수/채택률, R&D 투자 비중, 실패에 대한 관용 문화 유무, 신기술/업무 방식 도입 속도 확인. 예: 직원들의 아이디어 제안 빈도, 실제 업무 적용률, 실패 시 학습 기회 삼는 문화 분석.	새로운 시도 및 변화에 대한 조직의 태도
리스크 수용 태도	새로운 도전/불확실한 상황에 대한 조직의 반응, 리스크 관리 정책의 보수성/진취성, 과거 실패 사례 학습 방식 평가. 예: 신규 사업 추진 시 예상 리스크에 대한 조직의 적극적/보수적 대응 태도, 경영진 의사결정 방식/관련 정책 문서 분석.	불확실성 및 위험에 대한 조직의 포용 정도
책임감 및 주인의식	업무 완수율, 문제 발생 시 책임 회피 여부, 자발적인 업무 개선 노력, 조직 목표에 대한 이해/몰입도 관찰/평가. 예: 자신의 업무 범위를 넘어 조직 성과 위해 노력하는 직원 비율, 문제 발생 시 책임 전가 아닌 해결 태도 일반화 여부.	업무에 대한 소유 의식 및 완수 의지
윤리의식 및 준법성	윤리 강령 준수 교육 이수율, 윤리 위반 사례 발생 빈도, 내부 고발 시스템 활성화 정도, 법규 위반으로 인한 제재 이력 분석. 예: 모든 직원의 윤리 강령 교육 정기 이수 여부, 비윤리적 행위/법규 위반 사례 발생 시 내부 고발/처리 시스템 작동 여부.	조직 구성원의 도덕적 기준 및 법규 준수 성향
학습 문화	정기적 교육 훈련 프로그램 참여율, 지식 공유 시스템 활용률, 학습 동아리 활동 유무, 실패로부터의 학습 문화 평가. 예: 직원의 자발적 신기술 교육 참여 비율, 성공/실패 사례 공유 및 학습 문화 활성화 정도.	지속적인 지식 습득 및 공유 풍토
리더십 스타일	리더십 역량 평가, 직원 설문조사(리더의 소통/의사결정/동기 부여 능력 등), 리더의 코칭/멘토링 활동 분석. 예: 리더의 팀원 의견 경청/반영 정도, 위기 상황 명확/단호한 의사결정, 팀원 성장 지원 정도 설문조사/관찰.	조직의 의사결정 및 구성원 관리 방식

소통 개방성은 직원 설문조사(자유로운 의견 개진 분위기), 익명 게시판 활성화 정도, 경영진과의 소통

채널 다양성/활용률 분석으로 식별합니다. 직원들이 상사나 경영진에게 자유롭게 의견을 제시할 수 있는지 여부 등을 통해 이를 파악하는데, 소통이 폐쇄적이면 내부 불만 증폭 리스크나 혁신 아이디어 상실 리스크가 발생할 수 있습니다.

혁신 지향성은 신규 아이디어 제안 건수/채택률, R&D 투자 비중, 실패에 대한 관용 문화 유무, 신기술/업무 방식 도입 속도 확인으로 식별합니다. 직원들의 아이디어 제안 빈도, 실제 업무 적용률, 실패 시 학습 기회 삼는 문화 분석을 통해 이를 파악하는데, 혁신이 부족하면 경쟁력 약화 리스크나 시장 변화 대응 실패 리스크로 이어질 수 있습니다.

리스크 수용 태도는 새로운 도전/불확실한 상황에 대한 조직의 반응, 리스크 관리 정책의 보수성/진취성, 과거 실패 사례 학습 방식 평가로 식별합니다. 신규 사업 추진 시 예상 리스크에 대한 조직의 대응 태도 등을 통해 이를 파악하는데, 과도하게 보수적이면 성장 기회 상실 리스크를, 지나치게 진취적이면 예측 불가능한 손실 리스크를 야기할 수 있습니다.

책임감 및 주인의식은 업무 완수율, 문제 발생 시 책임 회피 여부, 자발적인 업무 개선 노력, 조직 목표에 대한 이해/몰입도 관찰/평가로 식별합니다. 자신의 업무 범위를 넘어 조직 성과 위해 노력하는 직원 비율 등을 통해 이를 파악하는데, 책임감과 주인의식이 부족하면 업무 태만 리스크나 조직 활력 저하 리스크를 초래할 수 있습니다.

윤리의식 및 준법성은 윤리 강령 준수 교육 이수율, 윤리 위반 사례 발생 빈도, 내부 고발 시스템 활성화 정도, 법규 위반으로 인한 제재 이력 분석으로 식별합니다. 윤리 강령 교육 이수 여부, 비윤리적 행위 발생 시 내부 고발/처리 시스템 작동 여부 등을 통해 이를 파악하는데, 윤리의식이 낮으면 법적 제재 리스크나 평판 손상 리스크가 심화됩니다.

학습 문화는 정기적 교육 훈련 프로그램 참여율, 지식 공유 시스템 활용률, 학습 동아리 활동 유무, 실패로부터의 학습 문화 평가로 식별합니다. 직원의 자발적 신기술 교육 참여 비율, 성공/실패 사례 공유 및 학습 문화 활성화 정도 등을 통해 이를 파악하는데, 학습 문화가 미흡하면 조직 역량 정체 리스크나 경쟁력 약화 리스크를 초래할 수 있습니다.

리더십 스타일은 리더십 역량 평가, 직원 설문조사(리더의 소통/의사결정/동기 부여 능력 등), 리더의 코칭/멘토링 활동 분석으로 식별합니다. 리더의 팀원 의견 경청/반영 정도, 위기 상황 명확/단호한 의사결정 등을 통해 이를 파악하는데, 리더십이 부적절하면 직원 사기 저하 리스크나 조직 목표 미달성 리스크가 발생할 수 있습니다.

7) 외부 환경 관련 속성: 외부 위협 및 기회에 대한 대응 역량 진단

조직을 둘러싼 외부 환경은 조직의 생존과 성장에 직접적인 영향을 미치는 속성입니다. 이는 시장의 변화, 규제 동향, 기술 발전, 경쟁 상황, 사회적 가치 변화 등 조직 외부에서 발생하는 모든 요소를 포함합니다. 이 속성을 식별함으로써 외부로부터의 기회와 위협 요인을 파악하고, 조직의 대응 역량 및 관련 리스크를 진단할 수 있습니다. 특히 예측 불가능한 외부 환경 변화는 조직에 중대한 '솟음 리스크'를 야기할 수 있으므로, 이를 얼마나 민감하게 감지하고 유연하게 적응하는지가 조직의 생존력을 좌우합니다. 따라서 외부 환경 속성을 분석하는 것은 단순히 위협을 피하는 것을 넘어, 새로운 성장 기회를 포착하고 전략적 우위를 확보하는 데 필수적인 통찰을 제공합니다.

[표047] 외부 환경 관련 속성 분석 예시

하위 속성	식별 방법 및 예시	결과 속성
시장 변화 민감도	시장 동향 분석 보고서 주기, 신규 경쟁자 출현 대응 속도, 고객 요구 변화에 대한 제품/서비스 개선 주기 분석. 예: 공공서비스 수요 변화나 경쟁 기관 신규 서비스 도입에 대한 인지 속도 및 대응 전략 수립 정도.	외부 환경 변화에 대한 조직의 인지 및 반응 속도
규제 준수 역량	관련 법규/규제 변화 모니터링 시스템 유무, 법규 위반 사례 발생 빈도, 규제 준수 관련 교육 이수율 확인. 예: 개인정보보호법, 중대재해처벌법 등 주요 법규 변화 신속 파악 및 내부 규정/절차 업데이트 속도.	법규 및 규제 준수 능력
기술 수용성	신기술 도입 속도, 신기술 관련 R&D 투자 비중, 신기술 활용 인력 교육 현황, 기술 도입에 대한 조직 구성원의 저항 정도 평가. 예: AI, 빅데이터, 블록체인 등 신기술 업무 도입 속도 및 직원들의 수용 태도 분석.	신기술 도입 및 활용에 대한 조직의 개방성
경쟁 분석 역량	경쟁사 동향 분석 보고서 주기/내용 깊이, 경쟁사 벤치마킹 활동 유무, 경쟁 우위 요소에 대한 명확한 인식 정도 분석. 예: 유사 공공서비스 기관/민간 기업의 서비스, 전략, 성과 체계적 분석 및 자 기관 강점/약점 파악 정도.	경쟁 환경 분석 및 전략 수립 능력
이해관계자 관리 역량	주요 이해관계자(국민, 정부, 협력사 등)와의 소통 채널 다양성/활성화 정도, 이해관계자 만족도 조사 결과, 갈등 발생 시 해결 프로세스 평가. 예: 국민과의 소통 채널(국민신문고, SNS) 운영 현황, 주요 이해관계자 그룹별 만족도 조사 결과.	다양한 이해관계자와의 관계 형성 및 유지 능력
위기 대응 시스템	위기 관리 매뉴얼 유무 및 정기적 업데이트, 위기 대응 훈련 실시 빈도, 실제 위기 발생 시 대응 속도/효과성, 비상 계획 수립 여부 확인. 예: 재난, 민원 사태, 정보 유출 등 잠재적 위기 대응 매뉴얼 구체성, 모의 훈련 통한 실제 대응 신속성/효과성.	예상치 못한 상황에 대한 조직의 준비 및 대응 태세

시장 변화 민감도는 시장 동향 분석 보고서 주기, 신규 경쟁자 출현 대응 속도, 고객 요구 변화에 대한 제품/서비스 개선 주기 분석으로 식별합니다. 공공서비스 수요 변화나 경쟁 기관 신규 서비스 도입에 대한 인지 속도 및 대응 전략 수립 정도를 통해 이를 파악하는데, 민감도가 낮으면 시장 기회 상실 리스크나 경쟁력 약화 리스크를 야기합니다.

규제 준수 역량은 관련 법규/규제 변화 모니터링 시스템 유무, 법규 위반 사례 발생 빈도, 규제 준수 관련 교육 이수율 확인으로 식별합니다. 주요 법규 변화 신속 파악 및 내부 규정/절차 업데이트 속도를 통해 이를 파악하는데, 규제 준수 역량이 부족하면 법적 제재 리스크나 사업 중단 리스크에 직면합니다.

기술 수용성은 신기술 도입 속도, 신기술 관련 R&D 투자 비중, 신기술 활용 인력 교육 현황, 기술 도입에 대한 조직 구성원의 저항 정도 평가로 식별합니다. 신기술 업무 도입 속도 및 직원들의 수용 태도 분석을 통해 이를 파악하는데, 기술 수용성이 낮으면 디지털 전환 지연 리스크나 기술 낙후 리스크를 초래합니다.

경쟁 분석 역량은 경쟁사 동향 분석 보고서 주기/내용 깊이, 경쟁사 벤치마킹 활동 유무, 경쟁 우위 요소에 대한 명확한 인식 정도 분석으로 식별합니다. 경쟁 기관/민간 기업의 서비스, 전략, 성과 체계적 분석 및 자 기관 강점/약점 파악 정도를 통해 이를 파악하는데, 경쟁 분석이 미흡하면 시장 점유율 하락 리스크나 전략 실패 리스크가 발생합니다.

이해관계자 관리 역량은 주요 이해관계자(국민, 정부, 협력사 등)와의 소통 채널 다양성/활성화 정도, 이해관계자 만족도 조사 결과, 갈등 발생 시 해결 프로세스 평가로 식별합니다. 국민과의 소통 채널 운영 현황, 주요 이해관계자 그룹별 만족도 조사 결과를 통해 이를 파악하는데, 관리 역량이 부족하면 평판 손상 리스크나 사업 추진 제약 리스크를 야기할 수 있습니다.

위기 대응 시스템은 위기 관리 매뉴얼 유무 및 정기적 업데이트, 위기 대응 훈련 실시 빈도, 실제 위기 발생 시 대응 속도/효과성, 비상 계획 수립 여부 확인으로 식별합니다. 재난, 민원 사태, 정보 유출 등 잠재적 위기 대응 매뉴얼 구체성, 모의 훈련을 통한 실제 대응 신속성/효과성을 통해 이를 파악하는데, 위기 대응 시스템이 미흡하면 대규모 손실 리스크나 기관 신뢰도 붕괴 리스크에 직면합니다.

2. 실무 활용 속성 식별 방법

조직은 살아 있는 유기체와 같아서 단순히 눈에 보이는 것 이상으로 다양한 복잡한 요소들이 얽혀 있습니다. 따라서 조직의 속성을 효과적으로 파악하기 위한 '비결'이라고 할 만한 단 하나의 마법 같은 방법은 없지만, 다음과 같은 다각적인 접근 방식들을 활용하시면 조직의 속성을 심층적으로 이해하는 데 큰 도움이 될 수 있습니다. 필자가 국민체육진흥공단에 일부 적용한 방법이기도 합니다.

조직의 속성을 효과적으로 식별하기 위해서는 다각적인 접근 방식이 필수적입니다. 공식적인 문서 검토를 통해 조직의 명시된 목표, 정책, 절차 등 공식적인 속성을 파악하는 것이 시작입니다. 여기에 구성원과의 심층적인 소통(인터뷰, 설문조사)을 더하여 실제 업무 현장의 문화, 비공식적인 관계, 숨겨진 문제점 등 비공식적이고 내재된 속성을 발견해야 합니다. 또한, 운영 데이터 분석을 통해 정량적인 성과 지표와 패턴을 파악하고, 외부 시각(벤치마킹, 전문가 자문)을 활용하여 조직의 강점과 약점을 객관적으로 진단해야 합니다. 이처럼 다양한 채널을 통해 정보를 수집하고 분석함으로써, 조직의 속성을 입체적으로 이해하고 리스크를 더욱 정확하게 식별할 수 있습니다.

[표048] 속성 분석 방법 예시

구분	세부 방법	구체적인 내용 및 분석 방법	파악 가능한 속성
1. 공식 문서 및 정책 검토	미션, 비전, 핵심 가치 분석	조직이 왜 존재하며 무엇을 지향하는지, 구성원들이 공유해야 할 근본적인 가치가 무엇인지 정의한 문구를 검토함.	조직의 근본적인 목적, 이상향, 공유 가치, 정체성, 문화적 기반
	전략 계획 및 목표 분석	중장기 전략 목표, 연간 사업 계획, 핵심 과제 등을 분석하여 조직의 우선순위, 자원 배분 방향, 성과 측정 기준 등을 파악함.	목표 지향성, 우선순위, 전략적 방향, 중요하게 생각하는 성과 영역
	조직 구조 및 직무 기술서 검토	공식적인 조직도, 부서별 기능, 직급 체계, 각 직무의 책임과 권한 범위 등을 파악하여 조직의 공식적인 계층 구조와 역할 분담을 이해함.	공식적인 권한 체계, 의사결정 경로, 전문성 집중 영역, 책임과 권한의 명확성 또는 모호성
	내부 규정, 절차, 지침 분석	인사 규정, 예산 집행 절차, 업무 처리 매뉴얼, 내부 통제 지침 등을 검토하여 업무 수행 방식, 통제 강도, 의사결정 방식 등을 파악함.	공식적인 업무 표준, 통제 수준, 규칙 준수 문화, 절차 지향성
	과거 보고서 분석	연간 보고서, 감사 보고서, 사업 보고서, 이사회 회의록 등을 분석하여 과거 성과, 주요 결정 사항, 문제점 발생 이력 및 대응 방식 등을 파악함.	조직의 변화 이력, 과거의 성공/실패 패턴, 투명성 수준, 과거의 리스크 관리/통제 노력
2. 구성원과의 심층 소통	개별 면담/인터뷰	다양한 직위(경영진, 관리자, 실무자) 및 부서의 구성원과 1:1 대화를 통해 조직에 대한 개인적인 경험, 인식, 고충, 아이디어 등을 심층적으로 청취함.	개인의 조직 인식, 비공식적 문화, 소통의 질, 리더십에 대한 평가, 숨겨진 불만 또는 만족 요인, 개인의 동기 부여 요인
	워크숍 또는 그룹 토의	특정 주제(예: 조직 문화 개선, 리스크 식별)에 대해 여러 구성원이 함께 논의하며 집단적인 의견, 공유된 인식, 팀워크 스타일 등을 파악함.	팀워크 문화, 집단 의사결정 방식, 정보 공유 수준, 부서 간 협력 또는 갈등 양상
	업무 현장 관찰	실제 업무가 진행되는 과정을 직접 보고 들으며 공식적인 매뉴얼과 실제 행동 간의 차이, 비공식적인 소통 패턴, 돌발 상황 대처 방식 등을 파악함.	실제 업무 처리 효율성/비효율성, 비공식적 협업 방식, 문제 해결 접근 방식, 현장의 암묵적인 규칙
3. 데이터 분석 및 지표 활용	핵심 성과 지표(KPIs) 분석	매출, 비용, 생산성, 서비스 만족도, 안전사고율 등 조직이 관리하는 주요 성과 지표의 추이를 분석하여 조직 운영의 강점과 약점을 객관적으로 파악함.	성과 관리의 중요성, 효율성/효과성 수준, 특정 영역에 대한 집중도
	직원/고객 만족도/피드백 분석	직원 만족도 조사, 고객 만족도 조사, VOC(Voice of Customer), 제안 시스템 등을 통해 수집된 데이터를 분석하여 내부 구성원과 외부 고객의 인식을 파악함.	조직 문화에 대한 인식, 소통 만족도, 서비스 품질 인식, 개선 의지, 강점과 약점에 대한 내부/외부의 시각
	사건/사고 및 리스크 현황 분석	업무 오류, 보안 침해, 규정 위반, 재정적 손실 등의 발생 이력과 원인 분석 보고서를 검토하여 조직 운영상의 취약점, 통제 미흡 영역, 리스크 관리 수준 등을 파악함.	리스크에 대한 노출 수준, 통제 시스템의 효과성, 반복되는 문제 유형, 위기 대응 능력

4. 비공식 채널 및 외부 시각	비공식적 대화 및 정보 활용	공식 회의석상 밖에서의 대화, 소문, 내부 게시판의 분위기 등을 통해 구성원들의 솔직한 생각, 조직에 대한 불만이나 기대, 비공식적인 리더십 등을 파악함.	비공식적 조직 문화, 구성원 사기, 소통의 솔직성, 숨겨진 갈등 또는 협력 관계
	외부 이해관계자 의견 청취	고객, 협력사, 감독 기관, 언론, 지역 사회 등 조직 외부의 시각을 통해 조직의 평판, 사회적 책임 수행 정도, 외부 환경과의 상호작용 방식 등을 파악함.	외부에서의 평판, 신뢰도, 사회적 기여도, 이해관계자 관계 관리 역량
	산업 및 경쟁 기관 비교	동종 업계나 유사한 규모/특성의 다른 조직과 비교하여 우리 조직의 경쟁력, 차별점, 산업 내 위치, 벤치마킹 대상 등을 파악함.	상대적인 강점과 약점, 시장 또는 분야 내에서의 특수성, 혁신성 수준(상대적)

1) 공식 문서 및 정책 검토를 통한 속성 및 리스크 식별

조직의 공식 문서는 그 조직의 지향점과 운영 원칙을 담고 있으며, 이는 조직의 기본적인 속성을 이해하는 출발점입니다. 이러한 문서들을 비판적으로 검토함으로써, 문서에 명시된 속성이 제대로 작동하지 않을 때 발생할 수 있는 리스크를 식별할 수 있습니다.

미션, 비전, 핵심 가치 분석은 조직의 근본적인 목적, 이상향, 공유 가치, 정체성, 그리고 문화적 기반이라는 속성을 파악하게 합니다. 만약 이러한 가치들이 현실과 괴리가 있다면, 조직 방향성 혼란 리스크나 구성원 동기 저하 리스크를 식별할 수 있습니다.

전략 계획 및 목표 분석은 조직의 목표 지향성, 우선순위, 전략적 방향, 그리고 중요하게 생각하는 성과 영역이라는 속성을 드러냅니다. 전략이 불명확하거나 비현실적일 경우, 목표 미달성 리스크나 자원 낭비 리스크가 발생할 수 있습니다.

조직 구조 및 직무 기술서 검토는 공식적인 권한 체계, 의사결정 경로, 전문성 집중 영역, 그리고 책임과 권한의 명확성 또는 모호성이라는 속성을 파악하는 데 기여합니다. 직무 분장이 모호하거나 권한 위임이 불분명할 경우, 업무 비효율 리스크나 책임 회피 리스크를 식별할 수 있습니다.

내부 규정, 절차, 지침 분석은 공식적인 업무 표준, 통제 수준, 규칙 준수 문화, 그리고 절차 지향성이라는 속성을 식별하게 합니다. 규정이 불합리하게 복잡하거나 형식적인 경우, 업무 지연 리스크나 규제 준수 위반 리스크로 이어질 수 있습니다.

과거 보고서 분석은 조직의 변화 이력, 과거의 성공 및 실패 패턴, 투명성 수준, 그리고 과거의 리스크 관리 및 통제 노력이라는 속성을 엿볼 수 있게 합니다. 반복되는 문제 유형이나 미흡한 대응 방식은 재발 리스크나 위기 대응 능력 부족 리스크를 시사합니다.

2) 구성원과의 심층 소통을 통한 속성 및 리스크 식별

공식 문서만으로는 파악하기 어려운 조직의 비공식적인 측면과 실제 작동 방식을 이해하기 위해서는 구성원들과의 직접적인 소통이 필수적입니다. 이 과정에서 드러나는 속성들은 조직의 숨겨진 리스크를 밝히는 데 중요합니다.

개별 면담 또는 인터뷰를 통해 개인의 조직 인식, 비공식적 문화, 소통의 질, 리더십에 대한 평가, 숨겨진 불만 또는 만족 요인, 그리고 개인의 동기 부여 요인이라는 속성을 파악할 수 있습니다. 소통의 질이 낮거나 숨겨진 불만이 많다면, 직원 사기 저하 리스크나 핵심 인력 이탈 리스크를 식별할 수 있습니다.

워크숍 또는 그룹 토의는 팀워크 문화, 집단 의사결정 방식, 정보 공유 수준, 그리고 부서 간 협력 또는 갈등 양상이라는 속성을 드러냅니다. 집단 내 갈등이 심하거나 정보 공유가 원활하지 않을 경우, 협업 실패 리스크나 프로젝트 지연 리스크가 발생할 수 있습니다.

업무 현장 관찰은 실제 업무 처리 효율성 및 비효율성, 비공식적 협업 방식, 문제 해결 접근 방식, 그리고 현장의 암묵적인 규칙이라는 속성을 이해하는 데 도움을 줍니다. 공식 매뉴얼과 실제 행동 간의 괴리가 크다면, 운영 효율성 저하 리스크나 내부 통제 우회 리스크를 식별할 수 있습니다.

3) 데이터 분석 및 지표 활용을 통한 속성 및 리스크 식별

객관적인 데이터를 분석하고 지표를 활용하는 것은 조직의 속성을 정량적으로 파악하고 변화를 추적하는 데 매우 중요합니다. 이러한 데이터는 조직의 강점과 약점, 그리고 잠재적 리스크를 명확히 보여줍니다.

핵심 성과 지표(KPIs) 분석은 성과 관리의 중요성, 효율성 및 효과성 수준, 그리고 특정 영역에 대한 집중도라는 속성을 식별하게 합니다. 특정 KPI가 지속적으로 부진하다면, 사업 목표 미달성 리스크나 경쟁력 약화 리스크를 파악할 수 있습니다.

직원 및 고객 만족도/피드백 분석은 조직 문화에 대한 인식, 소통 만족도, 서비스 품질 인식, 개선 의지, 그리고 강점과 약점에 대한 내부/외부의 시각이라는 속성을 파악합니다. 낮은 만족도나 반복되는 불만은 고객 이탈 리스크나 직원 생산성 저하 리스크를 시사합니다.

사건/사고 및 리스크 현황 분석은 리스크에 대한 노출 수준, 통제 시스템의 효과성, 반복되는 문제 유형, 그리고 위기 대응 능력이라는 속성을 식별하는 데 필수적입니다. 반복되는 사고나 통제 위반은 운영 중단 리스크나 재정적 손실 리스크로 직결될 수 있습니다.

4) 비공식 채널 및 외부 시각을 통한 속성 및 리스크 식별

조직의 공식적인 시스템을 넘어, 비공식적인 정보 흐름과 외부의 시각을 통해 조직의 숨겨진 면모와 외부 평판을 이해하고, 이와 관련된 리스크를 식별할 수 있습니다.

비공식적 대화 및 정보 활용은 비공식적 조직 문화, 구성원 사기, 소통의 솔직성, 그리고 숨겨진 갈등 또는 협력 관계라는 속성을 파악하게 합니다. 비공식 채널에서 부정적인 소문이 확산되거나 불만이 고조된다면, 조직 사기 저하 리스크나 내부 갈등 심화 리스크를 식별할 수 있습니다.

외부 이해관계자 의견 청취는 외부에서의 평판, 신뢰도, 사회적 기여도, 그리고 이해관계자 관계 관리 역량이라는 속성을 드러냅니다. 외부 이해관계자들의 부정적인 시각이나 불만이 크다면, 평판 리스크나 사업 추진 제약 리스크로 이어질 수 있습니다.

산업 및 경쟁 기관 비교는 상대적인 강점과 약점, 시장 또는 분야 내에서의 특수성, 그리고 혁신성 수준(상대적)이라는 속성을 파악합니다. 경쟁 우위가 약화되거나 시장 변화에 둔감하다면, 시장 점유율 하락 리스크나 경쟁력 상실 리스크를 시사합니다.

이러한 다양한 방법을 종합적으로 활용함으로써 조직의 속성을 다각도로 식별하고, 이를 통해 리스크 관리 및 내부통제 고도화를 위한 심층적인 통찰을 얻을 수 있습니다. 속성 식별은 리스크 관리의 첫걸음이자 가장 중요한 단계임을 다시 한번 강조합니다.

3. 홈페이지 공개 정보를 통한 속성 및 리스크 식별

국민체육진흥공단 홈페이지는 단순한 정보 제공을 넘어, 공단의 운영 방식, 가치 지향점, 그리고 대국민 소통 의지를 엿볼 수 있는 중요한 창구입니다. 홈페이지의 각 메뉴와 하위 내용들은 공단의 다양한 속성을 드러내며, 동시에 특정 정보의 부재나 불명확성은 잠재적 리스크를 시사하기도 합니다.

[표049] 국민체육진흥공단 홈페이지 정보

메뉴	하위 내용	제공 정보
국민참여	정책 제안	정책 및 사업 아이디어 제안 게시판 정보
	공모 참여	공단 주최 각종 공모전 내용 및 참여 안내
	자유 게시판	국민 의견 교환 및 질문 공간 정보
	설문 조사	정책 및 서비스 관련 국민 의견 수렴 목적의 설문 조사 정보
	국민소통마당	공단 활동 참여 및 의견 제시 통합 창구 정보

알림·소식	공지사항	공단 주요 정책, 서비스, 행사 등 공식 알림 정보
	보도자료	공단 주요 성과, 사업 추진, 행사 결과 등 언론 배포 자료 정보
	체육소식	스포츠계 및 공단 관련 체육 행사 소식 정보
	입찰 공고	공단 발주 사업, 물품 구매, 용역 등 입찰 정보
	채용 공고	공단 임직원 채용 상세 정보
열린경영	**통합 공시**	**ALIO 연계 공단 경영 정보 통합 공시 내용**
	ESG 경영	환경, 사회, 지배구조 관련 경영 활동 계획 및 성과 정보
	윤리 경영	윤리 강령, 활동, 감사 결과 등 청렴 경영 노력 안내
	인권 경영	인권 경영 선언문, 지침, 침해 신고 등 인권 존중 활동 공개
	사전 정보 공개	국민 알 권리 보장을 위한 사전 공개 정보 목록
사업안내	체육진흥기금	기금 조성, 운용, 사용처 등 체육진흥기금 전반적 정보
	스포츠 복지	문화누리카드, 스포츠강좌이용권 등 복지 사업 상세 안내
	스포츠 산업 지원	스포츠 기업 육성, 금융 지원 등 산업 활성화 사업 소개
	시설 관리	올림픽공원, 미사리경정공원 등 주요 체육 시설 정보 및 이용 안내
	경륜·경정 사업	경륜 및 경정 경기 운영, 베팅 규정, 건전화 노력 등 사업 정보
KSPO소개	이사장 인사말	기관장의 비전 및 경영 철학 메시지
	비전 및 미션	공단의 존재 이유 및 미래 지향점 제시
	연혁	공단의 설립부터 현재까지의 주요 역사 및 발전 과정
	조직도	공단의 조직 구조 및 부서별 역할 정보
	찾아오시는 길	공단 본사 및 주요 사업장 위치, 교통편 안내

1) 국민참여 메뉴를 통한 식별

'국민참여' 메뉴는 공단의 국민 참여 수준과 소통 개방성이라는 속성을 직접적으로 보여 줍니다. '정책 제안', '자유 게시판', '설문 조사', '국민소통마당' 등 다양한 채널의 존재는 공단이 국민의 의견을 경청하고 운영에 반영하려는 수용성을 가졌음을 나타냅니다. 반면, 만약 이러한 채널들이 형식적으로만 존재하고 실제 피드백에 대한 응답이 미흡하거나, 제안된 아이디어가 실제 정책에 반영되지 않는다면, 이는 국민 소통 부족 리스크나 국민 불만 증폭 리스크로 이어질 수 있습니다. '공모 참여'는 공단의 혁신 지향성과 국민 아이디어 활용 역량을 보여 주지만, 참여율이 저조하거나 공모전 이후 아이디어의 활용이 불분명하다면 혁신 동력 저하 리스크를 시사할 수 있습니다.

2) 알림·소식 메뉴를 통한 식별

'알림·소식' 메뉴는 공단의 정보 공개의 투명성과 대외 소통 역량을 판단하는 중요한 지표입니다. '공지사항', '보도자료', '체육소식'의 정기적이고 명확한 업데이트는 공단의 정보 제공의 시의성과 투명성을 나타냅니다. 그러나 업데이트가 지연되거나 내용이 불분명할 경우 정보 불균형 리스크나 대국민 신뢰 저하 리스크가 발생할 수 있습니다. 특히 '입찰 공고'와 '채용 공고'는 공단의 공정성과 계약 및 채용 절차의 적법성을 보여 주는 핵심 정보입니다. 만약 이들 정보가 불완전하거나 접근이 어렵다면 불공정 시비 리스크나 우수 인력/업체 확보 실패 리스크로 이어질 위험이 있습니다.

3) 열린경영 메뉴를 통한 식별

'열린경영'은 공공기관으로서 공단의 투명성, 책임성, 윤리적 지배구조를 강조하는 메뉴입니다. '통합공시(ALIO 연계)'는 공단의 경영 투명성과 재무 건전성을 직접적으로 보여 주며, 정보의 최신성과 상세함은 정보 공개의 포괄성을 나타냅니다. 정보가 불충분하거나 해석하기 어렵다면 경영 정보 불신 리스크로 이어집니다. 'ESG 경영', '윤리 경영', '인권 경영'은 공단의 지속가능경영 의지와 사회적 책임 이행을 표명하는 속성입니다. 다만, 이러한 선언이 구체적인 활동과 성과로 이어지지 않는다면, 단순한 '그린워싱'이나 '블루워싱'으로 비쳐 평판 손상 리스크를 초래할 수 있습니다. '사전 정보 공개'는 공단의 정보 공개 적극성과 국민 알 권리 존중 속성을 드러냅니다.

4) 사업안내 메뉴를 통한 식별

'사업안내' 메뉴는 공단의 사업 운영 범위와 공공 서비스 제공 역량이라는 핵심 속성을 보여 줍니다. '체육진흥기금' 정보는 공단의 재정 투명성과 기금 운용의 효율성을 나타내며, 기금 사용처의 불명확성은 기금 운용 비효율 리스크를 시사합니다. '스포츠 복지', '스포츠 산업 지원', '시설 관리' 등은 공단의 사회 기여도와 사업 운영의 전문성 속성을 드러냅니다. 서비스 내용이 불충분하거나 접근성이 낮다면 서비스 품질 저하 리스크나 국민 만족도 저하 리스크가 발생할 수 있습니다. 특히 '경륜·경정 사업'은 공단의 사업 운영 전문성과 함께 건전화 노력 및 사회적 책임이라는 중요한 속성을 보여 주지만, 사행성 관리 소홀은 사회적 부작용 리스크나 평판 리스크로 이어질 수 있습니다.

5) KSPO소개 메뉴를 통한 식별

'KSPO소개'는 공단 자체의 기관 정체성과 리더십 비전을 보여 주는 속성입니다. '이사장 인사말'은 공단의 리더십 비전과 경영 철학을, '비전 및 미션'은 공단의 존재 이유와 미래 지향성을 나타냅니다. 만약 이러한 비전이 실제 운영과 괴리가 있다면 리더십 신뢰도 저하 리스크나 조직 방향성 혼란 리스크가 발생할 수 있습니다. '연혁'은 공단의 역사성과 발전 과정을, '조직도'는 조직 구조의 명확성과 책임 분담을 보여 주지만, 복잡하거나 불분명한 조직도는 조직 운영 비효율 리스크를 시사할 수 있습니다. '찾아오시는 길'은 공단의 접근성과 편의성 속성을 반영합니다.

이처럼 국민체육진흥공단 홈페이지에 공개된 정보들을 다각도로 분석함으로써, 공단이 지닌 다양한 속성들을 식별하고, 이 속성들이 제대로 발현되지 않을 때 발생할 수 있는 잠재적 리스크들을 파악할 수 있습니다.

4. ALIO 공개 정보를 통한 속성 및 리스크 식별

ALIO 시스템은 국민체육진흥공단이 공공기관으로서 투명하고 책임 있는 경영을 수행하고 있음을 보여주는 공식적인 정보 공개 플랫폼입니다. 이곳에 공개된 방대한 데이터는 공단의 내재된 속성을 식별하고, 특정 정보의 흐름이나 내용 분석을 통해 잠재적인 리스크를 파악하는 데 중요한 통찰을 제공합니다. 특히 재무 현황, 사업 실적, 조직 운영, 인력 구성 등 다양한 범주의 정량적 및 정성적 데이터는 공단의 체질과 강점, 그리고 취약점을 객관적으로 드러냅니다. 이러한 정보들을 면밀히 분석함으로써, 공단의 고유한 '속성'에서 비롯되는 '멈춤 리스크'를 진단하고, 나아가 정보의 비정상적인 흐름이나 특정 패턴을 통해 '흐름 리스크'의 징후를 포착할 수 있습니다. ALIO는 단순한 정보 창구를 넘어, 공공기관의 투명성을 기반으로 리스크 관리의 실마리를 제공하는 귀중한 자산이 되는 것입니다.

[표050] 국민체육진흥공단 ALIO 공개 정보

분류	항목	공개 정보 내용
1. 기관 운영	일반 현황	기관의 설립 목적, 주요 기능, 조직 구성 등
	내부 규정	기관 운영의 근거가 되는 주요 규정 및 지침
	임직원 수	전체 임직원 수 및 직급별 현황
	임원 현황	임원의 직위, 임기, 보수 등 상세 현황
	신규채용 현황	신규 채용된 임직원 현황 및 채용 공고
	퇴직 임직원 재취업 현황	퇴직 임직원의 재취업 관련 정보
	남녀 이직자 비율	성별 이직 현황
	징계 현황	징계 제도 운영 현황 및 징계 처분 결과
	기관장 업무추진비	기관장의 업무추진비 사용 내역
	복리후생비	복리후생비 지출 현황, 관련 제도 운영 현황
	국외 출장 내역	임원들의 국외 출장 내역
	노동조합 관련 현황	노동조합 관련 정보
	소송 및 법률자문 현황	기관 관련 소송 진행 상황 및 법률 자문 내역
2. ESG 운영	ESG 경영 현황	기관의 ESG 경영 전반 계획 및 실적
	온실가스 감축 실적	온실가스 배출량 및 감축 노력
	저공해 자동차 현황	보유 차량 중 저공해 자동차 비율
	에너지,폐기물,용수 사용량	자원 사용 및 관리 현황
	녹색제품 구매실적	친환경 제품 구매 실적
	환경법규 위반 현황	환경 관련 법규 위반 여부
	산업재해 및 안전사고 현황	산업재해 사고사망자/안전사고 발생 현황
	안전경영책임보고서	안전 관리 활동 및 성과 보고서
	개인정보보호 관련 현황	개인정보 보호 조치 및 위반 현황
	사회 공헌 활동	기관의 사회 공헌 활동 내역
	인권 경영	인권 경영 체계 및 활동 내역
	일·가정 양립 지원제도	임직원 복지 및 일·가정 양립 지원 제도

2. ESG 운영	장애인 고용 현황	장애인 고용 비율 및 관련 노력
	구매 실적	혁신조달 및 중소기업 제품 구매
3. 경영 성과	주요 사업 실적	기관의 핵심 사업별 성과 및 추진 현황
	재무 현황	재무제표(재정 상태표, 운영 성과표 등) 요약
	예산 및 결산	연간 예산 편성 및 집행 내역, 결산 보고서
4. 대내외 평가	공공기관 경영평가 결과	기획재정부 등 정부 경영평가 등급, 주요 내용
	청렴도 평가 결과	권익위원회 청렴도 평가 등급
	안전관리등급	고용노동부 안전관리 관련 등급
	동반성장 평가 결과	동반성장 관련 평가 결과
	고객만족도 조사 결과	고객 만족도 조사 결과 및 서비스 개선 노력
	국민인식도 조사 결과	기관에 대한 국민 인식 조사 결과
	자체감사활동 심사 결과	감사원 자체감사 활동 심사 결과
5. 기금 현황	국민체육진흥기금 현황	기금 조성, 운용 수익, 사용처 및 배분 현황
	기금운용평가 결과	운용의 효율성, 투명성 평가 결과
6. 기타 공시	주요 수시 공시	정기 공시 외에 수시로 발생 경영 정보
	입찰 공고	각종 사업 및 물품 구매 관련 입찰 정보
	공공데이터 제공 현황	공공데이터 개방 및 활용 관련 정보
	알리오플러스 뉴스	기관의 최신 소식 및 홍보 자료

1) 기관 운영 정보를 통한 식별

'기관 운영' 정보는 공단의 기본적인 투명성과 인력 관리 역량 등의 속성을 드러냅니다. '일반 현황'은 공단의 조직 구조 명확성과 운영 원칙을 보여 줍니다. 특히 '내부 규정'은 기관 운영의 근거가 되는 주요 규정 및 지침을 담고 있는데, 이 중 '직제규정 시행세칙'과 같은 문서에는 공단의 조직별 구체적인 직무 내용이 상세히 수록되어 있습니다.

이는 공단의 조직 구조 속성과 직무 분장 명확성을 식별하는 데 결정적인 단서가 되며, '인사규정' 등과 함께 분석할 경우 공단의 인력 운영의 투명성과 리스크 관리 체계를 심층적으로 이해할 수 있는 중요한 정보원입니다. 만약 직무 내용이 불명확하거나 책임과 권한이 모호하게 규정되어 있다면 업무 비효율 리스크나 책임 회피 리스크로 이어질 수 있습니다.

'임직원 수', '임원 현황', '신규채용', '퇴직 임직원 재취업 현황', '남녀 이직자 비율' 등은 공단의 인사 관리 투명성과 인력 운영의 효율성을 가늠하게 합니다. 만약 특정 직급의 이직률이 높거나 재취업 현황이 불투명하다면 인력 유출 리스크나 도덕적 해이 리스크를 의심해 볼 수 있습니다. '징계 현황'은 공단의 윤리 의식과 내부 통제 강도를 보여 주며, 징계 건수가 많거나 중대한 징계가 반복된다면 윤리 경영 리스크나 내부 통제 미흡 리스크를 시사합니다.

'기관장 업무추진비'와 '복리후생비'는 공단의 재정 운용의 투명성과 방만 경영 여부를 판단하는 기준이 되며, 과도하거나 불명확한 지출은 예산 낭비 리스크나 국민 불신 리스크로 이어질 수 있습니다. '국외 출장 내역', '노동조합 관련 현황', '소송 및 법률자문 현황' 등은 공단의 업무 투명성, 노사 관계 안정성, 법적 리스크 관리 능력 등을 파악하게 합니다.

2) ESG 운영 정보를 통한 식별

'ESG 운영' 분류는 공단의 지속가능경영 의지와 사회적 책임 이행 수준이라는 속성을 보여 줍니다. 'ESG 경영 현황'은 공단의 전략적 우선순위와 미래 지향성을 나타냅니다. '온실가스 감축 실적', '에너지/폐기물/용수 사용량', '녹색제품 구매실적', '환경법규 위반 현황' 등 환경 관련 정보는 공단의 환경 책임 이행 수준을 가늠하게 하며, 환경법규 위반이 잦다면 환경 규제 준수 리스크나 평판 리스크를 내포합니다.

'산업재해 및 안전사고 현황', '안전경영책임보고서'는 공단의 안전 관리 역량과 직원 안전에 대한 책임감을 보여 주며, 사고 발생 빈도가 높다면 안전 리스크와 인명 피해 리스크를 시사합니다. '개인정보보호 관련 현황'은 공단의 정보 보안 역량과 개인정보 보호 책임성을 나타내며, 유출 사고 이력이 있다면 정보 유출 리스크와 법적 제재 리스크가 부각됩니다. '사회 공헌 활동', '인권 경영', '일·가정 양립 지원제도', '장애인 고용 현황', '구매 실적' 등 사회 관련 정보는 공단의 사회적 기여도와 다양성 포용성을 보여 주며, 이러한 활동이 미흡하다면 사회적 책임 미흡 리스크나 기업 이미지 손상 리스크가 발생할 수 있습니다.

3) 경영 성과 정보를 통한 식별

'경영 성과' 분류는 공단의 운영 효율성과 재무 건전성, 그리고 전략 실행 능력이라는 핵심 속성을 보여 줍니다. '주요 사업 실적'은 공단의 핵심 사업 성공률과 목표 달성 역량을 나타냅니다. 실적이 저조하다면 사업 운영 리스크나 전략 실패 리스크를 시사합니다. '재무 현황'과 '예산 및 결산'은 공단의 재정 안정성과 예산 관리의 투명성을 직접적으로 보여 주며, 적자 지속이나 예산 집행의 불투명성은 재무 리스크나 공공 자금 낭비 리스크로 이어집니다.

4) 대내외 평가 정보를 통한 식별

'대내외 평가' 분류는 공단의 객관적인 성과 수준과 외부 신뢰도라는 속성을 나타냅니다. '공공기관 경영평가 결과', '청렴도 평가 결과', '안전관리등급', '동반성장 평가 결과', '고객만족도 조사 결과', '국민인식도 조사 결과', '자체감사활동 심사 결과' 등은 공단이 정부, 국민, 협력사 등 다양한 이해관계자로부터 받는 평가를 종합적으로 보여줍니다. 낮은 등급이나 지속적인 하락세는 공단의 경영 효율성 저하 리스크, 청렴성 리스크, 안전 관리 미흡 리스크, 고객 불만 리스크, 국민 신뢰도 하락 리스크 등 복합적인 리스크를 시사하며, 이는 궁극적으로 기관의 정당성 훼손 리스크로 이어질 수 있습니다.

5) 기금 현황 정보를 통한 식별

'기금 현황' 분류는 국민체육진흥공단 고유의 기금 운용 전문성과 재정 관리의 투명성이라는 속성을 보여 줍니다. '국민체육진흥기금 현황'은 기금 조성 규모, 운용 수익, 사용처 및 배분 현황을 상세히 공개하여 공단의 기금 관리 책임성을 나타냅니다. '기금운용평가 결과'는 기금 운용의 효율성과 투명성에 대한 외부 평가를 보여 주며, 운용 실적이 저조하거나 평가 등급이 낮다면 기금 운용 리스크나 공공 자금 손실 리스크를 시사합니다. 이는 공단 본연의 설립 목적 달성에도 영향을 미칠 수 있습니다.

6) 기타 공시 정보를 통한 식별

'기타 공시' 분류는 공단의 운영 유연성과 정보 공개의 포괄성이라는 속성을 보여 줍니다. '주요 수시 공시'는 정기 공시 외에 발생하는 중요 경영 정보를 적시에 공개하는 공단의 정보 공개 의지를 나타내며, 수시 공시의 지연이나 누락은 정보 은폐 리스크나 투명성 부족 리스크를 야기할 수 있습니다. '입찰 공고'는 공단의 사업 추진 투명성과 공정성을 보여 주며, 입찰 과정의 불투명성은 부정 비리 리스크나 업체 선정 불공정 리스크로 이어질 수 있습니다. '공공데이터 제공 현황'은 공단의 데이터 개방성과 국민 편익 증진 노력을 나타내며, '알리오플러스 뉴스'는 공단의 대외 홍보 역량과 최신 정보 전달 속도를 보여 줍니다.

이처럼 ALIO 시스템의 공개 정보는 국민체육진흥공단의 다양한 속성들을 입체적으로 파악하고, 각 속성에서 파생될 수 있는 잠재적 리스크를 심층적으로 식별하는 데 매우 유용한 자료가 됩니다.

5. KSPO의 10가지 핵심 속성 식별과 식별 이유와 근거

국민체육진흥공단(KSPO)의 리스크를 효과적으로 관리하고 내부통제를 고도화하기 위해서는, 공단이 지닌 고유한 속성들을 명확하게 식별하는 것이 필수적입니다. 이러한 속성들은 공단의 설립 목적, 사업 구조, 운영 방식, 그리고 사회적 역할에 깊이 뿌리내리고 있으며, 다양한 공식 문서와 자료들을 통해 그 존재를 확인할 수 있습니다. 다음은 공단을 정의하는 10가지 핵심 속성과 이를 식별한 구체적인 근거들입니다.

[표051] 국민체육진흥공단 속성 식별 근거 1

식별된 조직 속성	속성으로 식별한 이유	분석 근거
1. 재원 조달의 특수성 (사행산업 운영)	국민체육진흥공단은 일반적인 공공기관과 달리 세금이나 정부 출연금이 아닌, 스포츠토토, 경륜, 경정 등 사행산업의 수익금을 주된 재원으로 체육진흥기금을 조성함. 이러한 독특한 재원 조달 방식은 공단의 사업 구조와 운영 방식, 그리고 사회적 역할에 근본적인 영향을 미치므로, 공단을 정의하는 가장 핵심적인 속성임.	· 국민체육진흥법(사행산업 운영 근거) · 공단 사업보고서(스포츠토토, 경륜, 경정 사업 매출 및 기금 조성 현황) · 기금운용계획 및 결산보고서(체육진흥기금 재원 구성) · 사행산업통합감독위원회(사감위) 자료(공단의 사행산업 비중)

2. 공공성 및 사회적 책임 지향	공단은 사행산업을 운영하지만, 그 궁극적인 목적은 국민 체육 진흥이라는 공공의 이익에 있음. 사행산업으로 인한 사회적 문제에 대한 책임 의식과 이를 해결하려는 노력은 공공기관으로서의 정체성을 확립하고 사회적 정당성을 확보하는 데 필수적이므로, 공단의 핵심적인 지향점 속성으로 분석됨.	· 국민체육진흥법(공단의 설립 목적: 국민 체육 진흥) · 공단 연간보고서 및 사회공헌활동 보고서(체육진흥기금 활용 사업 내용, 중독 예방 및 치유 프로그램) · 공단 비전 및 미션 선언문
3. 사업 포트폴리오의 다양성	공단은 단일 사업에 국한되지 않고, 사행산업 운영, 시설 관리, 스포츠 산업 지원 등 여러 종류의 사업을 동시에 수행함. 이러한 다각화된 사업 영역은 공단의 운영 복잡성과 역량의 폭을 나타내며, 각 사업 간의 시너지 및 리스크 관리의 특성을 규정하므로 중요한 속성으로 식별됨.	· 공단 웹사이트(주요 사업 소개 페이지) · 공단 사업 계획서 및 실적 보고서(스포츠토토, 경륜경정, 올림픽공원, 스포츠 시설, 스포츠 산업 지원 등) · 조직도(다양한 사업 부서 존재)
4. 엄격한 규제 환경 준수	사행산업은 사회적 파급력이 커서 정부의 강력한 규제와 감독을 받음. 공단은 이러한 엄격한 규제 환경 속에서 사업을 영위해야 하므로, 규제 준수 역량과 태도는 공단의 사업 안정성과 대외 신뢰도를 결정하는 매우 중요한 속성임.	· 사행산업통합감독위원회(사감위) 관련 법규 및 지침 · 국민체육진흥법 및 하위 법령(사행산업 관련 규제 조항) · 공단 내부 규정(규제 준수 관련 지침) · 감사원 감사 보고서, 국회 국정감사 자료(규제 준수 관련 지적 사항)
5. 스포츠 산업 생태계와의 밀접성	공단의 설립 목적 자체가 국민 체육 진흥이므로, 스포츠 단체, 선수, 팬, 관련 기업 등 스포츠 산업 생태계 전반과의 긴밀한 관계는 공단의 존재 이유이자 사업 수행의 필수적인 조건임. 이 관계의 특성은 공단의 사업 방향과 대외적 영향력을 규정하는 핵심 속성임.	· 체육진흥기금 지원 사업 목록(각종 스포츠 단체, 선수, 대회 지원 내역) · 스포츠 산업 육성 관련 공단 사업 계획 및 실적 · 공단과 스포츠 단체 간의 협약 및 파트너십 자료

1) 재원 조달의 특수성(사행산업 운영)

국민체육진흥공단은 일반적인 공공기관과 달리 세금이나 정부 출연금이 아닌, 스포츠토토, 경륜, 경정 등 사행산업의 수익금을 주된 재원으로 체육진흥기금을 조성합니다. 이러한 독특한 재원 조달 방식은 공단의 사업 구조와 운영 방식, 그리고 사회적 역할에 근본적인 영향을 미치므로, 공단을 정의하는 가장 핵심적인 속성으로 식별되었습니다. 이는 국민체육진흥법에 명시된 사행산업 운영 근거, 공단 사업 보고서의 스포츠토토 및 경륜·경정 사업 매출 및 기금 조성 현황, 기금운용계획 및 결산보고서의 체육진흥기금 재원 구성, 그리고 사행산업통합감독위원회(사감위) 자료를 통해 공단의 사행산업 비중을 확인함으로써 명확히 분석할 수 있습니다.

2) 공공성 및 사회적 책임 지향

공단은 사행산업을 운영하지만, 그 궁극적인 목적은 국민 체육 진흥이라는 공공의 이익에 있습니다. 사행산업으로 인한 사회적 문제에 대한 책임 의식과 이를 해결하려는 노력은 공공기관으로서의 정체성을 확립하고 사회적 정당성을 확보하는 데 필수적이므로, 공단의 핵심적인 지향점 속성으로 분석됩니다. 이러한 속성은 국민체육진흥법에 명시된 공단의 설립 목적, 공단 연간보고서 및 사회공헌활동 보고서에 담긴 체육진흥기금 활용 사업 내용과 중독 예방 및 치유 프로그램 운영 현황, 그리고 공단의 비전 및 미션 선언문을 통해 그 지향점을 확인할 수 있습니다.

3) 사업 포트폴리오의 다양성

공단은 단일 사업에 국한되지 않고, 사행산업 운영, 시설 관리, 스포츠 산업 지원 등 여러 종류의 사업을 동시에 수행합니다. 이러한 다각화된 사업 영역은 공단의 운영 복잡성과 역량의 폭을 나타내며, 각 사업 간의 시너지 및 리스크 관리의 특성을 규정하므로 중요한 속성으로 식별됩니다. 이는 공단 웹사이트의 주요 사업 소개 페이지, 공단 사업 계획서 및 실적 보고서에 나타난 스포츠토토, 경륜경정, 올림픽공원, 스포츠 시설, 스포츠 산업 지원 등 다양한 사업 내용, 그리고 조직도에 나타난 다양한 사업 부서의 존재를 통해 분석할 수 있습니다.

4) 엄격한 규제 환경 준수

사행산업은 사회적 파급력이 커서 정부의 강력한 규제와 감독을 받습니다. 공단은 이러한 엄격한 규제 환경 속에서 사업을 영위해야 하므로, 규제 준수 역량과 태도는 공단의 사업 안정성과 대외 신뢰도를 결정하는 매우 중요한 속성으로 식별됩니다. 이는 사행산업통합감독위원회(사감위) 관련 법규 및 지침, 국민체육진흥법 및 하위 법령의 사행산업 관련 규제 조항, 공단 내부 규정의 규제 준수 관련 지침, 그리고 감사원 감사 보고서 및 국회 국정감사 자료에 나타난 규제 준수 관련 지적 사항들을 통해 확인할 수 있습니다.

5) 스포츠 산업 생태계와의 밀접성

공단의 설립 목적 자체가 국민 체육 진흥이므로, 스포츠 단체, 선수, 팬, 관련 기업 등 스포츠 산업 생태계 전반과의 긴밀한 관계는 공단의 존재 이유이자 사업 수행의 필수적인 조건입니다. 이 관계의 특성은 공단의 사업 방향과 대외적 영향력을 규정하는 핵심 속성으로 식별됩니다. 이는 체육진흥기금 지원 사업 목록에 나타난 각종 스포츠 단체, 선수, 대회 지원 내역, 스포츠 산업 육성 관련 공단 사업 계획 및 실적, 그리고 공단과 스포츠 단체 간의 협약 및 파트너십 자료를 통해 분석할 수 있습니다.

[표052] 국민체육진흥공단 속성 식별 근거 2

식별된 조직 속성	속성으로 식별한 이유	분석 근거
6. 내부 통제 및 건전화 시스템	사행산업의 특성상 발생할 수 있는 중독, 불법 행위 등의 사회적 역기능을 최소화하고 사업의 건전성을 유지하기 위한 내부 시스템은 공단의 지속 가능한 운영에 필수적임. 따라서 이러한 통제 및 건전화 노력은 공단의 운영 안정성과 사회적 책임 이행을 나타내는 중요한 속성임.	· 공단 내부통제 규정 및 지침(사행산업 운영 관련) · 중독 예방 및 치유 프로그램 운영 보고서 · 감사 보고서(내부 통제 시스템 평가 내용) · 사행산업통합감독위원회(사감위)의 건전화 평가 지표
7. 디지털 전환 및 온라인 서비스 역량	현대 사회에서 디지털 기술은 사업 운영의 효율성과 고객 접근성을 결정하는 핵심 요소임. 공단이 대규모 대국민 서비스를 제공하고 있기에, 온라인 발매 및 디지털 마케팅 역량은 공단의 사업 확장성, 고객 편의성, 그리고 사이버 보안 리스크 관리와 직결되는 중요한 속성임.	· 스포츠토토 온라인 발매 시스템 및 모바일 앱 운영 현황 · 공단 웹사이트 및 디지털 마케팅 활동 내역 · IT 시스템 구축 및 운영 관련 예산/보고서

8. 다양한 이해관계자 관리	공단은 정부, 국회, 스포츠 단체, 이용자, 시민단체 등 매우 다양한 이해관계자들과 복잡하게 얽혀 있음. 이들의 상충되는 요구를 조율하고 긍정적인 관계를 유지하는 능력은 공단의 평판, 정책 추진력, 그리고 위기 관리 능력에 직접적인 영향을 미치므로, 중요한 대외 관계 속성임.	· 공단 연간보고서(이해관계자 소통 및 협력 활동 내용) · 국회 국정감사 자료, 언론 보도(공단 관련 이해관계자 이슈) · 고객 만족도 조사 결과(이용자 의견 수렴)
9. 공공기관으로서의 조직 문화	공단은 '공공기관'이라는 법적 지위와 사회적 기대를 받음. 이에 따라 투명성, 청렴성, 공정성, 국민 봉사 등 공공기관에 요구되는 가치들이 조직 내부에 문화로 자리 잡게 되며, 이는 구성원들의 행동 양식과 의사결정 방식에 영향을 미치므로 중요한 내부 속성임	· 공단 윤리 강령 및 행동 규범 · 직원 만족도 조사 결과(조직 문화 관련 항목) · 인사 규정 및 평가 시스템(공정성, 투명성 관련) · 내부 감사 보고서(청렴도, 규정 준수 관련)
10. 대규모 시설 운영 및 관리 전문성	공단은 올림픽공원과 같은 국가적 대규모 체육 및 문화 시설을 직접 운영하고 관리하는 역할을 수행함. 이러한 시설의 효율적이고 안전한 운영은 공단의 핵심 사업 중 하나이며, 이는 시설 관리 역량과 관련된 전문성을 공단의 중요한 속성으로 만듦.	· 올림픽공원 등 공단 소유/관리 시설 현황 및 운영 계획 · 시설 유지보수 및 안전 관리 관련 보고서 · 시설 이용 현황 및 수익성 분석 자료

6) 내부 통제 및 건전화 시스템

사행산업의 특성상 발생할 수 있는 중독, 불법 행위 등의 사회적 역기능을 최소화하고 사업의 건전성을 유지하기 위한 내부 시스템은 공단의 지속 가능한 운영에 필수적입니다. 따라서 이러한 통제 및 건전화 노력은 공단의 운영 안정성과 사회적 책임 이행을 나타내는 중요한 속성으로 식별됩니다. 이는 공단 내부통제 규정 및 지침(특히 사행산업 운영 관련), 중독 예방 및 치유 프로그램 운영 보고서, 감사 보고서(내부 통제 시스템 평가 내용), 그리고 사행산업통합감독위원회(사감위)의 건전화 평가 지표를 통해 확인할 수 있습니다.

7) 디지털 전환 및 온라인 서비스 역량

현대 사회에서 디지털 기술은 사업 운영의 효율성과 고객 접근성을 결정하는 핵심 요소입니다. 공단이 대규모 대국민 서비스를 제공하고 있기에, 온라인 발매 및 디지털 마케팅 역량은 공단의 사업 확장성, 고객 편의성, 그리고 사이버 보안 리스크 관리와 직결되는 중요한 속성으로 식별됩니다. 이는 스포츠 토토 온라인 발매 시스템 및 모바일 앱 운영 현황, 공단 웹사이트 및 디지털 마케팅 활동 내역, 그리고 IT 시스템 구축 및 운영 관련 예산/보고서를 통해 분석할 수 있습니다.

8) 다양한 이해관계자 관리

공단은 정부, 국회, 스포츠 단체, 이용자, 시민단체 등 매우 다양한 이해관계자들과 복잡하게 얽혀 있습니다. 이들의 상충되는 요구를 조율하고 긍정적인 관계를 유지하는 능력은 공단의 평판, 정책 추진력, 그리고 위기 관리 능력에 직접적인 영향을 미치므로, 중요한 대외 관계 속성으로 식별됩니다. 이는 공단 연간보고서에 나타난 이해관계자 소통 및 협력 활동 내용, 국회 국정감사 자료와 언론 보도에 나타난 공단 관련 이해관계자 이슈, 그리고 고객 만족도 조사 결과(이용자 의견 수렴) 등을 통해 확인할 수 있습니다.

9) 공공기관으로서의 조직 문화

공단은 '공공기관'이라는 법적 지위와 사회적 기대를 받습니다. 이에 따라 투명성, 청렴성, 공정성, 국민 봉사 등 공공기관에 요구되는 가치들이 조직 내부에 문화로 자리 잡게 되며, 이는 구성원들의 행동 양식과 의사결정 방식에 영향을 미치므로 중요한 내부 속성으로 식별됩니다. 이는 공단 윤리 강령 및 행동 규범, 직원 만족도 조사 결과(조직 문화 관련 항목), 인사 규정 및 평가 시스템(공정성, 투명성 관련), 그리고 내부 감사 보고서(청렴도, 규정 준수 관련)를 통해 분석할 수 있습니다.

10) 대규모 시설 운영 및 관리 전문성

공단은 올림픽공원과 같은 국가적 대규모 체육 및 문화 시설을 직접 운영하고 관리하는 역할을 수행합니다. 이러한 시설의 효율적이고 안전한 운영은 공단의 핵심 사업 중 하나이며, 이는 시설 관리 역량과 관련된 전문성을 공단의 중요한 속성으로 만듭니다. 이는 올림픽공원 등 공단 소유/관리 시설 현황 및 운영 계획, 시설 유지보수 및 안전 관리 관련 보고서, 그리고 시설 이용 현황 및 수익성 분석 자료를 통해 분석할 수 있습니다.

6. 속성의 속성: 리스크 식별의 정밀도를 높이는 핵심 관점

조직의 속성을 식별하는 것은 리스크 관리의 출발점입니다. 우리는 흔히 '공정성', '투명성', '책임성'과 같은 핵심가치들을 조직의 중요한 속성으로 이야기합니다. 하지만 이러한 추상적인 개념만으로는 조직의 강점과 약점, 그리고 그로 인해 발생하는 리스크를 구체적으로 파악하는 데 한계가 있습니다. 바로 이때, '속성의 속성'이라는 개념이 빛을 발합니다.

[표053] 핵심가치들의 속성의 속성 분석

속성	설명	속성의 속성(Attribute's Attribute)
공정성	모든 사람에게 동등한 기회를 제공하고 차별 없이 대우하는 것	객관성, 일관성, 투명성, 접근성, 포용성, 비차별성
투명성	정보에 대한 접근성을 보장하고 의사 결정 과정을 공개하는 것	접근 용이성, 이해 가능성, 적시성, 정확성, 완전성, 관련성
신뢰성	약속을 지키고, 기대에 부응하며, 일관된 품질을 유지하는 것	예측 가능성, 일관성, 정직성, 능력, 책임감, 투명성
책임성	자신의 행동과 결정에 대해 책임을 지고 결과를 감수하는 것	설명 책임, 의무감, 자율성, 주도성, 결과 감수, 윤리의식
성실성	맡은 일에 최선을 다하고, 정직하며, 꾸준히 노력하는 것	헌신, 노력, 인내, 규율, 윤리, 정직
정직성	진실을 말하고, 속임수나 기만 없이 행동하는 것	진실성, 투명성, 윤리의식, 도덕성, 공정성
개방성	새로운 아이디어를 수용하고 다양한 의견을 경청하는 것	수용성, 포용성, 경청, 비판적 사고, 다양성 존중
연대성	공동의 목표를 위해 협력하고 서로를 지지하는 것	협력, 상호 지원, 공감, 이해, 공동체 의식
전문성	해당 분야 깊은 지식과 기술을 보유하고 능숙하게 업무를 수행하는 것	지식, 기술, 숙련, 경험, 학습 능력, 문제 해결 능력

열정	업무에 대한 뜨거운 마음, 긍정적인 태도, 적극적으로 참여하는 것	몰입, 헌신, 긍정, 적극성, 창의성, 동기 부여
적극성	어떤 일에 능동적으로 참여하고, 주도적으로 행동하려는 태도	자발성, 솔선수범, 과감성, 추진력, 끈기, 책임감
창의성	새롭고 독창적인 아이디어를 산출하고 문제를 해결하는 능력	상상력, 독창성, 융통성, 문제 해결 능력, 비판적 사고, 개방성
자율성	스스로 판단하고 결정하며, 자신의 행동에 책임을 지는 능력	독립성, 책임감, 자기 통제, 판단력, 의사 결정 능력, 주도성
주도성	스스로 목표를 설정하고 계획을 수립하여 일을 추진하는 능력	목표 설정 능력, 계획 수립 능력, 실행력, 리더십, 책임감, 문제 해결 능력
진실성	사실에 근거 말하고 행동하며, 거짓이나 속임수를 사용하지 않는 태도	정직성, 투명성, 도덕성, 윤리의식, 신뢰성, 공정성
윤리의식	사회 구성원이 지켜야 할 도덕적 가치, 규범을 인식하고 따르는 마음	도덕성, 공정성, 책임감, 양심, 사회적 책임, 준법 정신
역량	특정 업무, 역할의 성공적 수행에 필요한 지식, 기술, 태도의 총합	지식, 기술, 경험, 숙련도, 문제 해결 능력, 의사소통 능력
능력	주어진 과제나 목표를 달성할 수 있는 잠재력 또는 실제적인 힘	지능, 재능, 기술, 숙련도, 경험, 문제 해결 능력

'속성의 속성'은 하나의 큰 속성(예: 공정성)이 다시 여러 개의 하위 속성(예: 객관성, 일관성, 투명성, 접근성, 포용성, 비차별성)으로 구성되어 있음을 보여 줍니다. 이는 마치 복잡한 기계를 이해하기 위해 전체 기계의 기능을 아는 것을 넘어, 각 부품의 역할과 작동 방식을 알아야 하는 것과 같습니다. 이러한 세분화된 접근 방식은 속성 식별과 리스크 식별의 정밀도를 획기적으로 높여 줍니다.

속성 식별 관점에서의 필요성은 다음과 같습니다. 단순히 "우리 조직은 투명성을 추구한다"라고 말하는 것만으로는 부족합니다. '투명성'이라는 속성을 '정보에 대한 접근성 보장'과 '의사 결정 과정 공개'라는 의미로 정의하고, 다시 이를 '접근 용이성', '이해 가능성', '적시성', '정확성', '완전성', '관련성'이라는 하위 속성으로 분해함으로써, 우리는 조직이 어떤 측면에서 투명한지, 그리고 어떤 측면에서 투명성이 부족한지 훨씬 구체적으로 파악할 수 있습니다. 예를 들어, 정보는 '적시성' 있게 제공되지만 '완전성'이 부족할 수도 있고, 정보는 '정확'하지만 '접근 용이성'이 떨어질 수도 있습니다. 이처럼 속성의 속성을 파악해야만 해당 속성의 진정한 수준을 정확하게 진단할 수 있습니다.

리스크 식별 관점에서의 필요성은 더욱 명확해집니다. 속성의 역기능은 속성의 부족 또는 과잉에서 비롯된다고 앞서 논의했습니다. 만약 '투명성 부족'이라는 리스크를 식별했다면, '속성의 속성' 분석을 통해 구체적으로 어떤 하위 속성이 부족한지를 밝혀낼 수 있습니다. 예를 들어, '정보의 완전성 부족'으로 인해 중요한 사실이 누락될 리스크, '정보의 이해 가능성 부족'으로 인해 오해가 발생할 리스크, 혹은 '정보의 적시성 부족'으로 인해 의사결정 시기를 놓칠 리스크 등으로 세분화하여 식별할 수 있습니다. 이는 "투명성 부족"이라는 막연한 리스크 대신, "정보의 완전성 부족으로 인한 잘못된 투자 결정 리스크"와 같이 훨씬 구체적이고 실행 가능한 리스크를 도출할 수 있게 합니다.

결론적으로, '속성의 속성'은 조직의 핵심가치나 특성을 더욱 깊이 있고 세밀하게 이해하는 데 필수적인 개념입니다. 이는 추상적인 개념을 구체적인 분석의 대상으로 전환하고, 그 결과로 도출되는 리스크 또한 더욱 명확하고 측정 가능하게 만듭니다. 결국, 리스크 관리의 효과성을 높이고 조직이 직면한 문제를 근원적으로 해결하기 위해서는, 속성 자체의 의미를 넘어 그 속성을 구성하는 미시적 요소들까지 파악하는 '속성의 속성' 분석이 수반되어야 합니다.

제4절 | 속성기반 멈춤(Stock) 리스크 식별

1. 속성에서 리스크로

지금까지 우리는 국민체육진흥공단의 고유한 특성을 나타내는 10가지 핵심 속성을 식별하고, 각 속성이 지닌 긍정적인 면(순기능)과 부정적인 면(역기능)을 심층적으로 분석했습니다. 이 단계는 조직의 본질적인 강점과 잠재적 취약점을 이해하는 데 중요한 기반을 마련했습니다. 이제 이 분석을 기반으로, 각 속성의 역기능이 실제 조직에 어떤 구체적인 잠재적 위험으로 작용하는지, 그리고 이러한 위험들이 궁극적으로 조직의 목표 달성에 어떤 부정적인 영향을 미칠 수 있는지를 명확히 정의하는 과정을 살펴보겠습니다.

이는 단순히 속성의 부정적인 면을 나열하는 것을 넘어, 그 역기능이 특정 상황이나 조건에서 어떻게 구체적인 문제(리스크)로 발현되는지를 식별하는 작업입니다. 예를 들어, '인력 부족'이라는 속성의 역기능이 '업무 지연'이나 '과부하로 인한 오류 증가'와 같은 구체적인 프로세스 리스크로 이어지는 과정을 파악하는 것입니다. 이러한 전환은 추상적인 속성의 약점을 실질적인 관리 대상으로 바꾸어, 리스크를 보다 효과적으로 통제하고 대응하기 위한 첫걸음이 됩니다. 속성 기반의 리스크 식별은 리스크의 근원을 정확히 진단하고, 재발을 방지하며, 궁극적으로 조직의 체질을 개선하는 데 필수적인 통찰을 제공할 것입니다.

[표054] 국민체육진흥공단 속성 기반 멈춤(Stock) 리스크 식별 1

속성	속성 의미	속성 역기능 내용	범주	No	식별 리스크 이름	리스크 의미
1. 재원 조달의 특수성 (사행산업 운영)	스포츠토토, 경륜경정 등 사행산업을 직접 운영하여 체육진흥기금을 조성하는 공단의 독특한 재원 확보 방식	사행산업 운영에 따른 사회적 비판 및 부정적 인식, 중독 문제 발생 가능성, 불법 사행산업과의 경쟁 심화	전략	SR01	불법 사행산업 경쟁 심화	불법 사행산업 확산으로 합법 시장 위축 및 수익성 악화 위험
			전략	SR02	사행산업 수익 감소에 따른 재정 불안정	주 수입원 감소로 기금 조성 차질 및 재정 불안정 위험
2. 공공성 및 사회적 책임 지향	국민 체육 진흥이라는 공공 목적을 달성하고, 사행산업 운영에 따른 사회적 책임을 다하려는 공단의 지향점	사행산업 운영으로 인한 공공성 훼손 논란, 사회적 비난에 대한 리스크, 이중적 이미지 관리의 어려움	평판	SR03	사행산업 부정적 인식 확산	사행산업 비판 확산으로 기관 대외 이미지 손상 위험
			평판	SR04	공공성 훼손 논란	사행산업 운영으로 공공적 사명 훼손 및 신뢰도 하락 위험
			ESG	SR05	사회적 책임 이행 미흡	CSR 활동 미흡으로 정부/시민사회 제재 및 비난 위험
			평판	SR06	이중 이미지 관리 실패	사행-공공 이중 이미지 관리 실패로 정체성 혼란 위험
3. 사업 포트폴리오의 다양성	스포츠토토, 경륜경정, 올림픽공원 관리, 스포츠 시설 운영 등 공단이 수행하는 여러 종류의 사업 영역	사업 간 시너지 부족, 복잡한 사업 구조로 인한 관리의 어려움, 각 사업별 특성에 맞는 리스크 관리의 복잡성	운영	SR07	사업 포트폴리오 시너지 부족	사업 간 연계 실패로 자원 배분 비효율 발생 위험
			운영	SR08	복잡한 사업 구조 관리 역량 부족	복잡한 사업 구조로 통합 관리 어려워 운영 효율 저하 위험
			전략	SR09	맞춤형 관리 체계 미흡	사업별 맞춤 리스크 관리 실패로 잠재 위험 대응 미흡 위험

4. 엄격한 규제 환경 준수	사행산업통합감독위원회(사감위) 등 관련 법규 및 규제 기관의 엄격한 감독을 받는 공단의 외부 환경적 특성	규제 변화에 따른 사업 불확실성, 불법 사행산업과의 경쟁 심화, 사회적 인식 변화에 따른 사업 위축 가능성	전략	SR10	규제 변화 예측 및 대응 실패	규제 변화 예측/대응 실패로 사업 불확실성 증대 위험
			운영	SR11	규제 준수 미흡으로 인한 법적 제재	규제 미준수로 법적 제재, 과태료 부과 등 손실 발생 위험
			평판	SR12	반사행성 정서 확산	사행산업 부정 정서 확산으로 사업 압력 증가 및 위축 위험
5. 스포츠 산업 생태계와의 밀접성	스포츠 단체, 선수, 팬 등 스포츠 산업 전반과 긴밀하게 연결되어 있는 공단의 위치와 역할	특정 스포츠 종목 또는 이벤트에 대한 의존도, 스포츠계 이슈가 공단 이미지에 미치는 영향	전략	SR13	특정 스포츠 종목 의존도 심화	특정 종목 의존 과도로 인기 하락 시 사업 안정성 저해 위험
			평판	SR14	스포츠계 이슈 전이	스포츠계 부정 이슈 전이로 공단 대외 신뢰도 하락 위험

1) 재원 조달의 특수성(사행산업 운영) 속성에서 리스크 식별

국민체육진흥공단은 스포츠토토, 경륜경정 등 사행산업을 직접 운영하여 체육진흥기금을 조성하는 독특한 재원 확보 방식을 가지고 있습니다. 이러한 재원 조달의 특수성은 안정적인 기금 조성이라는 순기능을 제공하지만, 동시에 사회적 비판, 중독 문제 발생 가능성, 그리고 불법 사행산업과의 경쟁 심화라는 역기능을 내포합니다.

이 역기능은 다음과 같은 리스크로 이어집니다:

SR01: 불법 사행산업 경쟁 심화
불법 사행산업의 확산에 효과적으로 대응하지 못하여 합법 사행산업 시장 위축 및 수익성 악화가 발생할 위험입니다.

SR02: 사행산업 수익 감소에 따른 재정 불안정
주 수입원인 사행산업 매출이 외부 요인(경기 침체, 국민 인식 변화 등)으로 감소하여 체육진흥기금 조성에 차질이 생기고 재정적 불안정이 심화될 위험입니다.

2) 공공성 및 사회적 책임 지향 속성에서 리스크 식별

공단은 국민 체육 진흥이라는 공공 목적을 달성하고, 사행산업 운영에 따른 사회적 책임을 다하려는 지향점을 가지고 있습니다. 그러나 이러한 공공성 및 사회적 책임 지향은 사행산업 운영으로 인한 공공성 훼손 논란, 사회적 비난, 그리고 이중적 이미지 관리의 어려움이라는 역기능을 동반합니다.

이 역기능은 다음과 같은 리스크로 나타납니다:

SR03: 사행산업 부정적 인식 확산
사행산업 운영에 대한 사회적 비판 및 부정적 인식이 확산되어 기관의 대외 이미지가 손상될 위험입니다.

SR04: 공공성 훼손 논란
사행산업 운영으로 인해 국민 체육 진흥이라는 공단의 공공적 사명이 훼손된다는 논란이 발생하여 대국민 신뢰도가 하락할 위험입니다.

SR05: 사회적 책임 이행 미흡
사회적 책임(CSR) 활동이 기대에 미치지 못하거나 비난을 받아 정부 및 시민 사회로부터 제재를 받을 위험입니다.

SR06: 이중 이미지 관리 실패
사행산업 운영과 공공성 추구라는 이중적인 기관 이미지를 효과적으로 관리하지 못하여 기관의 정체성 혼란 및 대외 메시지 전달에 실패할 위험입니다.

3) 사업 포트폴리오의 다양성 속성에서 리스크 식별

공단은 스포츠토토, 경륜경정, 올림픽공원 관리, 스포츠 시설 운영 등 여러 종류의 사업 영역을 수행하는 사업 포트폴리오의 다양성을 가집니다. 이는 안정적 수익 창출에 기여하지만, 사업 간 시너지 부족, 복잡한 사업 구조로 인한 관리의 어려움, 그리고 각 사업별 특성에 맞는 리스크 관리의 복잡성이라는 역기능을 수반합니다.

이 역기능은 다음과 같은 리스크로 이어집니다:

SR07: 사업 포트폴리오 시너지 부족
다각화된 사업 영역 간 유기적인 연계 및 시너지 창출에 실패하여 자원 배분의 비효율성이 발생할 위험입니다.

SR08: 복잡한 사업 구조 관리 역량 부족
다양한 사업 영역의 복잡한 구조로 인해 통합적인 관리 및 통제 시스템 구축에 어려움을 겪어 운영 효율성이 저하될 위험입니다.

SR09: 맞춤형 관리 체계 미흡
각 사업별 고유한 특성과 위험 요소를 고려한 맞춤형 리스크 관리 체계를 구축하지 못하여 잠재적 위험에 효과적으로 대응하지 못할 위험입니다.

4) 엄격한 규제 환경 준수 속성에서 리스크 식별

공단은 사행산업통합감독위원회(사감위) 등 관련 법규 및 규제 기관의 엄격한 감독을 받는 엄격한 규제 환경 준수라는 외부 환경적 특성을 지닙니다. 이는 건전성 확보와 투명성 유지에 기여하지만, 규제 변화에 따른 사업 불확실성, 그리고 사회적 인식 변화에 따른 사업 위축 가능성이라는 역기능을 내포합니다.

이 역기능은 다음과 같은 리스크로 발현됩니다:

SR10: 규제 변화 예측 및 대응 실패
엄격한 규제 환경 변화를 사전에 예측하고 효과적으로 대응하지 못하여 사업 운영의 불확실성이 증대되거나 제약을 받을 위험입니다.

SR11: 규제 준수 미흡으로 인한 법적 제재
강화되는 법규 및 규제 환경을 준수하지 못하여 법적 제재, 과태료 부과 등 직접적인 손실이 발생할 위험입니다.

SR12: 반사행성 정서 확산
사회 전반의 사행산업에 대한 부정적 인식(반사행성 정서)이 확산되어 공단의 사업 운영에 대한 사회적 압력이 증가하거나 사업 범위가 위축될 위험입니다.

5) 스포츠 산업 생태계와의 밀접성 속성에서 리스크 식별

공단은 스포츠 단체, 선수, 팬 등 스포츠 산업 전반과 긴밀하게 연결되어 있는 스포츠 산업 생태계와의 밀접성을 가집니다. 이는 스포츠 산업 발전 기여라는 순기능이 있지만, 특정 스포츠 종목 또는 이벤트에 대한 의존도, 그리고 스포츠계 이슈가 공단 이미지에 미치는 영향이라는 역기능을 동반합니다.

이 역기능은 다음과 같은 리스크로 이어집니다:

SR13: 특정 스포츠 종목 의존도 심화
특정 스포츠 종목이나 이벤트에 대한 사업 의존도가 과도하여 해당 종목의 인기 하락 또는 이벤트 취소 시 사업 안정성이 저해될 위험입니다.

SR14: 스포츠계 이슈 전이
스포츠계에서 발생하는 부정적 이슈(승부 조작, 폭력, 약물 등)가 공단의 이미지에 전이되어 대외 신뢰도가 하락할 위험입니다.

[표055] 국민체육진흥공단 속성 기반 멈춤(Stock) 리스크 식별 2

속성	속성 의미	속성 역기능 내용	범주	No	식별 리스크 이름	리스크 의미
6. 내부 통제 및 건전화 시스템	사행산업의 건전한 운영과 중독 예방을 위해 공단 내부에 구축된 관리 및 통제 체계	내부 통제 실패 시 사회적 비난 및 법적 리스크, 건전화 노력의 실질적 효과에 대한 의문 제기	운영	SR15	사행 중독 문제 관리 실패	중독 문제 관리 실패로 사회적 문제 야기 및 책임론 부각 위험
			운영	SR16	내부 통제 시스템 실패	내부 통제 미작동으로 중독 확산, 불법 행위 발생 위험
			ESG	SR17	건전화 노력 실효성 의문 제기	건전화 노력 효과 의문 지속 제기로 외부 신뢰 저하 위험
7. 디지털 전환 및 온라인 서비스 역량	온라인 발매 시스템 구축, 디지털 마케팅 등 디지털 기술을 활용하여 사업을 운영하고 서비스를 제공하는 공단의 능력	사이버 보안 리스크, 디지털 소외 계층 발생, 시스템 오류로 인한 서비스 중단 및 고객 불만	IT	SR18	사이버 보안 침해	온라인 플랫폼 해킹/데이터 유출로 서비스 중단, 개인정보 침해 위험
			운영	SR19	디지털 소외 계층 발생	디지털 전환 중 소외 계층 발생으로 불만 증가 위험
			IT	SR20	시스템 오류 및 서비스 중단	시스템 오류/장애로 서비스 중단 및 고객 불만 폭증 위험
			전략	SR21	디지털 전환 지연	디지털 전환 지연으로 대응력 저하 및 경쟁 우위 상실 위험
			IT	SR22	개인정보 유출 및 오남용	개인정보 유출/오남용으로 법적 제재, 금전 손실, 신뢰도 하락 위험
8. 다양한 이해관계자 관리	정부, 스포츠 단체, 국민, 사행산업 이용자 등 공단의 사업에 영향을 미치거나 영향을 받는 여러 주체들과의 관계 관리 능력	이해관계자 간 상충되는 요구 조정의 어려움, 특정 집단의 비판에 취약, 갈등 발생 시 이미지 손상	운영	SR23	이해관계자 요구 충돌 조정 실패	이해관계자 요구 조정 실패로 갈등 심화 위험
			평판	SR24	특정 집단 비판에 취약	특정 집단 비판/여론 공격에 취약하여 평판 손상 위험
			평판	SR25	SNS 발 가짜뉴스 및 여론 악화	SNS 가짜뉴스 확산으로 기관 평판 심각한 손상 위험
9. 공공기관으로서의 조직 문화	공공기관으로서의 사명감, 투명성, 청렴성 등을 중시하는 공단 내부의 가치와 행동 양식	경직된 관료주의, 혁신 저해, 시장 변화에 대한 둔감성, 비효율적인 의사결정	전략	SR26	경직된 관료주의로 인한 혁신 저해	경직된 관료주의로 시장 둔감, 비효율적 의사결정, 혁신 동력 상실 위험
			운영	SR27	의사결정 지연 및 비효율	경직된 문화/절차로 의사결정 지연, 사업 기회 상실 위험
			ESG	SR28	인권 침해 및 차별 발생	인권 경영 미흡으로 임직원/외부 인권 침해 및 차별 발생 위험
10. 대규모 시설 운영 및 관리 전문성	올림픽공원 등 대규모 체육 및 문화 시설을 효율적으로 운영하고 관리하는 공단의 역량	시설 노후화에 따른 유지보수 비용 증가, 안전사고 리스크, 시설 활용률 저조 및 수익성 문제	안전	SR29	시설 노후화 및 안전사고	시설 노후화로 유지보수 증가 및 안전사고 발생 가능성 증가
			운영	SR30	시설 운영 비효율 및 수익성 저하	시설 활용/운영 비효율로 재정적 비효율 발생 위험

6) 내부 통제 및 건전화 시스템 속성에서 리스크 식별

공단은 사행산업의 건전한 운영과 중독 예방을 위해 내부 통제 및 건전화 시스템을 구축하고 있습니다. 이는 사회적 책임 이행에 기여하지만, 내부 통제 실패 시 사회적 비난 및 법적 리스크, 그리고 건전화 노력의 실질적 효과에 대한 의문 제기라는 역기능을 내포합니다.

이 역기능은 다음과 같은 리스크로 발현됩니다:

SR15: 사행 중독 문제 관리 실패
사행산업 이용자의 중독 문제를 효과적으로 관리하지 못하여 사회적 문제 야기 및 기관의 책임론이 부각될 위험입니다.

SR16: 내부 통제 시스템 실패
사행산업 건전화를 위한 내부 통제 시스템이 제대로 작동하지 않아 중독 문제 확산, 불법 행위 발생 등 사회적 비난을 초래할 위험입니다.

SR17: 건전화 노력 실효성 의문 제기
사행산업 건전화 및 중독 예방 노력이 실제적인 효과를 거두지 못하거나, 그 실효성에 대한 외부의 의문이 지속적으로 제기될 위험입니다.

7) 디지털 전환 및 온라인 서비스 역량 속성에서 리스크 식별

공단은 온라인 발매 시스템 구축, 디지털 마케팅 등 디지털 기술을 활용하여 사업을 운영하고 서비스를 제공하는 디지털 전환 및 온라인 서비스 역량을 가집니다. 이는 효율적인 사업 운영과 고객 접근성 향상이라는 순기능이 있지만, 사이버 보안 리스크, 디지털 소외 계층 발생, 그리고 시스템 오류로 인한 서비스 중단 및 고객 불만이라는 역기능을 동반합니다.

이 역기능은 다음과 같은 리스크로 이어집니다:

SR18: 사이버 보안 침해
온라인 발매 시스템 및 디지털 플랫폼에 대한 사이버 공격(해킹, 데이터 유출 등)으로 인해 서비스 중단, 개인정보 침해 등 피해가 발생할 위험입니다.

SR19: 디지털 소외 계층 발생
디지털 전환 및 온라인 서비스 강화 과정에서 디지털 기기 사용이 어려운 계층이 서비스에서 소외되어 불만이 발생할 위험입니다.

SR20: 시스템 오류 및 서비스 중단
온라인 발매 시스템 또는 기타 디지털 시스템의 기술적 오류나 장애로 인해 서비스가 중단되거나 고객 불만이 폭증할 위험입니다.

SR21: 디지털 전환 지연
디지털 기술 도입 및 온라인 서비스 역량 강화가 지연되어 시장 변화에 대한 대응력이 떨어지고 경쟁 우위를 상실할 위험입니다.

SR22: 개인정보 유출 및 오남용
기관이 보유한 개인정보가 유출되거나 동의 없이 오남용되어 법적 제재, 금전적 손실, 고객 신뢰도 하락을 초래할 위험입니다.

8) 다양한 이해관계자 관리 속성에서 리스크 식별

공단은 정부, 스포츠 단체, 국민, 사행산업 이용자 등 공단의 사업에 영향을 미치거나 영향을 받는 여러 주체들과의 다양한 이해관계자 관리 능력을 가집니다. 이는 원활한 소통 및 협력이라는 순기능이 있지만, 이해관계자 간 상충되는 요구 조정의 어려움, 특정 집단의 비판에 취약, 그리고 갈등 발생 시 이미지 손상이라는 역기능을 내포합니다.

이 역기능은 다음과 같은 리스크로 발현됩니다:

SR23: 이해관계자 요구 충돌 조정 실패
다양한 이해관계자 간 상충되는 요구를 효과적으로 조정하지 못하여 갈등이 심화될 위험입니다.

SR24: 특정 집단 비판에 취약
사회적 비판에 취약한 공공기관의 특성상, 특정 이해관계자 집단의 비판이나 여론 공격에 효과적으로 대응하지 못하여 평판이 손상될 위험입니다.

SR25: SNS발 가짜뉴스 및 여론 악화
소셜 미디어를 통해 잘못된 정보나 악성 루머, 부정적 여론이 빠르게 확산되어 기관의 평판에 심각한 손상을 입힐 위험입니다.

9) 공공기관으로서의 조직 문화 속성에서 리스크 식별

공단은 공공기관으로서의 사명감, 투명성, 청렴성 등을 중시하는 공공기관으로서의 조직 문화를 가집니다. 이는 사명감과 투명한 업무 처리라는 순기능이 있지만, 경직된 관료주의, 혁신 저해, 시장 변화에 대한 둔감성, 그리고 비효율적인 의사결정이라는 역기능을 동반합니다.

이 역기능은 다음과 같은 리스크로 이어집니다:

SR26: 경직된 관료주의로 인한 혁신 저해
공공기관으로서의 경직된 관료주의적 조직 문화로 인해 시장 변화에 대한 둔감성, 비효율적인 의사결정, 혁신 동력 상실이 발생할 위험입니다.

SR27: 의사결정 지연 및 비효율
경직된 조직 문화나 복잡한 절차로 인해 중요 의사결정이 지연되거나 비효율적으로 이루어져 사업 기회를 놓치거나 문제 해결이 늦어질 위험입니다.

SR28: 인권 침해 및 차별 발생
인권 경영 체계가 미흡하거나 실제 운영 과정에서 임직원 또는 외부 이해관계자에 대한 인권 침해 및 차별이 발생하여 법적/사회적 비난을 받을 위험입니다.

10) 대규모 시설 운영 및 관리 전문성 속성에서 리스크 식별

공단은 올림픽공원 등 대규모 체육 및 문화 시설을 효율적으로 운영하고 관리하는 대규모 시설 운영 및 관리 전문성을 가집니다. 이는 국민 여가 공간 제공이라는 순기능이 있지만, 시설 노후화에 따른 유지보수 비용 증가, 안전사고 리스크, 그리고 시설 활용률 저조 및 수익성 문제라는 역기능을 내포합니다.

이 역기능은 다음과 같은 리스크로 발현됩니다:

SR29: 시설 노후화 및 안전사고
올림픽공원 등 대규모 시설의 노후화로 인해 유지보수 비용이 증가하고, 시설 관리 미흡으로 인한 안전사고 발생 가능성이 증가할 위험입니다.

SR30: 시설 운영 비효율 및 수익성 저하
대규모 시설의 활용률이 저조하거나 운영 효율성이 떨어져 시설 관리 비용 대비 수익성이 낮아지는 재정적 비효율이 발생할 위험입니다.

이처럼 각 속성의 역기능을 면밀히 분석함으로써, 조직이 직면할 수 있는 잠재적 리스크들을 구체적으로 식별할 수 있습니다. 이 과정은 리스크 관리의 첫걸음이자, 효과적인 내부통제 시스템을 구축하기 위한 필수적인 토대입니다.

국민체육진흥공단의 사업 목적과 연결하여 식별된 리스크들의 특성을 분석해 드리겠습니다. 공단의 사업 목적은 크게 '체육진흥기금 조성(주로 사행산업 운영을 통해)'과 '국민체육진흥 및 스포츠 복지 실현(기금 활용)'으로 나눌 수 있습니다. 이러한 이중적인 특성이 리스크의 핵심적인 원인이 됩니다.

2. 국민체육진흥공단 식별 리스크 특성 분석

국민체육진흥공단은 '국민체육진흥법'에 근거하여 국민체육진흥기금을 조성하고 이를 바탕으로 국민의 건강 증진 및 스포츠 활성화에 기여하는 공공기관입니다. 이러한 사업 목적은 공단이 직면하는 리스크의 특성을 규정하는 핵심적인 요소가 됩니다. 속성을 분석하여 속성의 역기능에서 식별한 30가지 리스크는 공단의 고유한 사업 모델과 공공기관으로서의 역할에서 파생되는 복합적인 도전 과제들을 명확히 제시하고 있습니다.

1) 사행산업 운영과 관련된 리스크: 재원 조달의 양면성

공단의 주된 재원 조달 방식이 경륜·경정 및 스포츠토토와 같은 사행산업 운영이라는 점에서 많은 리스크가 발생합니다.

수익성 및 재정 안정성 위협

"SR01(불법 사행산업 경쟁 심화), SR02(사행산업 수익 감소에 따른 재정 불안정)"는 공단의 핵심 수익원이 외부 환경(불법 시장, 경기 침체, 국민 인식 변화)에 매우 취약함을 보여 줍니다. 이는 곧 국민체육진흥기금 조성에 직접적인 차질을 야기하여 공단의 사업 목적 달성을 어렵게 할 수 있습니다.

사회적 비판 및 평판 위험

"SR03(사행산업 부정적 인식 확산), SR12(반사행성 정서 확산)"는 사행산업 운영 자체에 대한 사회적 비판과 부정적 인식이 공단의 평판에 지속적으로 악영향을 미칠 수 있음을 나타냅니다. 이는 공공기관으로서의 신뢰도 저하로 직결됩니다.

건전화 및 중독 관리 실패

"SR15(사행 중독 문제 관리 실패), SR16(내부 통제 시스템 실패), SR17(건전화 노력 실효성 의문 제기)"은 사행산업의 사회적 부작용인 중독 문제를 제대로 관리하지 못하거나, 이를 위한 내부 시스템이 미흡할 경우 사회적 비난과 책임론에 직면할 위험을 강조합니다. 이는 공단의 사회적 책임 이행 역량과 직결됩니다.

2) 공공성 및 스포츠 진흥 목적과 관련된 리스크: 사명 달성의 도전

공단은 조성된 기금을 국민체육진흥이라는 공공 목적에 사용해야 하는 책무를 가집니다.

공공성 훼손 논란

"SR04(공공성 훼손 논란), SR06(이중 이미지 관리 실패)"는 사행산업 운영과 공공성 추구라는 공단의 이중적 특성에서 발생하는 정체성 혼란과 대국민 신뢰도 하락의 위험을 나타냅니다. "SR05(사회적 책임 이행 미흡)"는 공공기관으로서 사회적 기대에 부응하지 못할 경우 발생할 수 있는 리스크입니다.

스포츠 산업 생태계와의 상호작용

"SR13(특정 스포츠 종목 의존도 심화)"은 기금 배분 및 사업 지원의 편중이 발생할 경우 특정 종목의 부진이 공단 사업 안정성으로 이어질 수 있음을 보여줍니다. "SR14(스포츠계 이슈 전이)"는 스포츠계의 비윤리적 행위나 부정적 이슈가 공단의 이미지에 직접적인 타격을 줄 수 있음을 시사합니다.

3) 공공기관으로서의 운영 및 관리 리스크: 효율성과 투명성 도전

공단은 일반 기업과 달리 공공기관으로서의 특수한 운영 환경과 엄격한 규제를 받으며, 이는 다양한 운영 및 관리 리스크로 이어집니다.

복잡한 조직 및 사업 관리

"SR07(사업 포트폴리오 시너지 부족), SR08(복잡한 사업 구조 관리 역량 부족), SR09(맞춤형 관리 체계 미흡)"는 공단의 다각화된 사업 영역과 복잡한 구조로 인해 발생하는 운영 비효율 및 관리의 어려움을 나타냅니다.

규제 및 법적 리스크

"SR10(규제 변화 예측 및 대응 실패), SR11(규제 준수 미흡으로 인한 법적 제재)"은 엄격한 규제 환경 속에서 법규 준수 실패 시 발생할 수 있는 직접적인 법적, 재정적 손실 위험을 강조합니다.

디지털 전환 및 IT 리스크

"SR18(사이버 보안 침해), SR20(시스템 오류 및 서비스 중단), SR22(개인정보 유출 및 오남용)"는 온라인 발매 시스템 등 디지털 기술 활용이 증가함에 따라 발생하는 IT 보안 및 시스템 안정성 관련 치명적 리스크입니다. "SR19(디지털 소외 계층 발생)"는 서비스 편의성 추구 과정에서 발생할 수 있는 사회적 책임 관련 리스크이며, "SR21(디지털 전환 지연)"은 기술 변화에 대한 대응력 부족으로 인한 경쟁력 상실 위험입니다.

이해관계자 관리

"SR23(이해관계자 요구 충돌 조정 실패), SR24(특정 집단 비판에 취약), SR25(SNS발 가짜뉴스 및 여론 악화)"는 정부, 국민, 이용자 등 다양한 이해관계자들의 상충되는 요구를 조정하지 못하거나, 소셜미디어를 통한 부정적 여론 확산에 취약하여 평판이 손상될 위험을 나타냅니다.

조직 문화 및 의사결정

"SR26(경직된 관료주의로 인한 혁신 저해), SR27(의사결정 지연 및 비효율)"은 공공기관의 고질적인 문제인 관료주의가 혁신을 저해하고 비효율적인 의사결정으로 이어질 수 있음을 보여 줍니다. "SR28(인권 침해 및 차별 발생)"은 공공기관으로서 인권 경영의 중요성을 간과할 때 발생할 수 있는 법적, 사회적 리스크입니다.

시설 관리

"SR29(시설 노후화 및 안전사고), SR30(시설 운영 비효율 및 수익성 저하)"은 올림픽공원 등 대규모 시설을 관리하는 공단의 특성상 발생하는 물리적 안전 및 재정적 효율성 관련 리스크입니다.

종합적으로 볼 때, 국민체육진흥공단의 리스크들은 '사행산업'이라는 특수한 재원 조달 방식과 '공공기관'이라는 지위, 그리고 '국민체육진흥'이라는 공공 목적 사이의 복잡한 상호작용에서 비롯됩니다. 이 리스크들은 단순히 재무적 손실을 넘어 공단의 사회적 정당성, 평판, 그리고 궁극적인 사업 목적 달성 능력에 심각한 영향을 미칠 수 있습니다.

제5절 | 왜 속성 기반 리스크가 식별되어야 하는가?

현대 조직은 복잡하고 불확실한 환경 속에서 다양한 위험에 직면합니다. 이러한 위험을 효과적으로 관리하기 위해서는 단순히 눈에 보이는 현상이나 과거의 사건만을 다루는 것을 넘어, 조직의 본질적인 특성에서 비롯되는 근원적인 위험을 식별하는 것이 필수적입니다. 이는 마치 질병의 증상만 치료하는 것이 아니라, 근본적인 원인을 찾아내어 체질을 개선하는 것과 같습니다. 바로 여기에 "속성 기반 멈춤 리스크(Stock Risk)"를 리스크 관리 체계 내에서 반드시 식별해야 하는 이유가 있습니다.

기존의 프로세스 중심 리스크 식별 방식은 업무 흐름상의 오류나 비효율성을 파악하는 데는 유용하지만, 조직의 구조적 취약점이나 내재된 역량 부족과 같은 본질적인 문제(멈춤 리스크)를 포착하는 데는 한계가 명확합니다. 이러한 멈춤 리스크는 당장 눈에 띄는 사고를 유발하지 않을 수 있지만, 장기적으로 조직의 성장 동력을 약화시키고 위기 발생 시 치명적인 결과를 초래할 수 있습니다. 따라서 속성 기반 리스크 식별은 조직의 체질을 진단하고, 숨겨진 취약점을 선제적으로 관리하며, 궁극적으로 조직의 회복탄력성과 지속가능성을 강화하는 데 결정적인 역할을 합니다. 이는 리스크 관리의 패러다임을 현상 중심에서 본질 중심으로 전환하는 중요한 단계입니다.

1. 속성 기반 리스크 식별이 필수적인 이유

[표056] 속성 기반 멈춤(Stock) 리스크 식별이 필수적인 이유

구분		내용
정의		조직의 고유한 특성(속성)에서 비롯되는 잠재적 위험. 속성 자체의 양면성(순기능/역기능) 또는 속성의 부족/과잉으로 인해 발생하는 리스크. 조직의 본질적 특성에서 기인하는 근원적(멈춤리스크,Stock Risk(SR)) 위험
전통적 리스크 (프로세스기반, 흐름리스크) 특징	예측 가능성	비교적 예측 가능하며, 과거 데이터/경험 기반 분석 및 관리 가능(알려진 미지)
	원인-결과	원인과 결과가 비교적 명확하고 비례적
	복합성	단일 원인 또는 제한적 요인에 의해 발생
	가시성	징후가 비교적 명확하여 인식 용이
	파급력	통제 범위 내에서 확산 및 영향력 예측 가능
속성(멈춤) 리스크의 본질적 특징	내재성	조직의 DNA처럼 본질적으로 존재하며 조직과 분리하기 어려움
	양면성 기반	속성 자체에 순기능과 역기능이 공존하며, 이 역기능이 리스크로 발현됨
	정도 의존성	속성의 '부족' 또는 '과잉'이 리스크를 유발하며, 적정 수준 유지가 중요함
	근원적 성격	다른 운영 리스크나 전략 리스크의 근본 원인이 되는 경우가 많음
	비정형성	특정 사건보다 조직의 지속적 특성에서 기인, 정형화된 모델로 예측하기 어려움
주목 이유	근본 원인 해결	리스크의 표면적 현상보다 근본적인 원인에 접근하여 지속 가능한 관리 가능
	선제적 예방	속성 관리를 통해 잠재적 위험을 사전 예방하고, 문제 발생 가능성 자체를 낮춤
	종합적 통찰	조직의 강점과 약점을 총체적으로 이해하여 전략적 의사결정에 기여
	지속 가능한 성장	조직의 본질적 특성을 개선함으로써 장기적인 회복탄력성 및 경쟁력 강화

멈춤(Stock) 리스크는 조직의 고유한 특성, 즉 속성에서 비롯되는 잠재적 위험을 의미합니다. 이는 속성 자체의 양면성(순기능과 역기능)이나 속성의 부족 또는 과잉으로 인해 발생하는 위험으로서, 조직의 본질적 특성에서 기인하는 근원적인 위험입니다. 이는 마치 하던 일을 멈추고 깊이 사색하게 만드는 근원적인 의문과 같습니다.

프로세스 기반의 전통적인 리스크 관리 방식이 주로 '흐름 리스크(Flow Risk)'에 초점을 맞추어 비교적 예측 가능하고 원인과 결과가 명확한, 단일 원인으로 발생하는 가시적인 위험들을 다루는 것과 달리, 멈춤 리스크는 그 본질에서부터 차이를 보입니다. 멈춤 리스크는 조직의 DNA처럼 내재되어 있어 조직과 분리하기 어렵습니다.

속성 자체에 순기능과 역기능이 공존하며, 이 역기능이 리스크로 발현된다는 '양면성 기반'의 특징을 가집니다. 또한, 속성의 '부족' 또는 '과잉'이라는 '정도 의존성'이 리스크를 유발하므로, 적정 수준의 유지가 중요합니다. 더 나아가, 멈춤 리스크는 다른 운영 리스크나 전략 리스크의 근본 원인이 되는 경우가 많다는 점에서 '근원적 성격'을 띠며, 특정 사건보다는 조직의 지속적인 특성에서 기인하기에 정형화된 모델로 예측하기 어려운 '비정형성'을 보입니다.

그렇다면 왜 우리는 속성 기반 멈춤 리스크에 주목하고 이를 리스크 관리 체계 내에서 식별해야 할까요?

첫째, 근본 원인 해결을 가능하게 합니다. 리스크의 표면적인 현상에만 집중하는 것이 아니라, 그 현상을 야기하는 조직 속성의 근본적인 원인에 접근함으로써 지속 가능한 리스크 관리를 실현할 수 있습니다. 이는 문제의 뿌리를 뽑는 것과 같습니다.

둘째, 선제적 예방의 효과를 가져옵니다. 속성 관리를 통해 잠재적 위험을 사전에 인지하고 예방할 수 있으며, 이는 문제 발생 가능성 자체를 낮추는 효과적인 방법이 됩니다. 문제가 터진 후에 수습하는 것이 아니라, 문제가 발생하지 않도록 미리 대비하는 지혜를 제공합니다.

셋째, 종합적 통찰을 제공합니다. 멈춤리스크를 식별하는 과정은 조직의 강점과 약점을 총체적으로 이해하는 데 기여하며, 이는 보다 균형 잡힌 시각으로 전략적 의사결정을 내리는 데 필수적인 통찰을 제공합니다.

마지막으로, 지속 가능한 성장의 기반이 됩니다. 조직의 본질적 특성인 속성을 개선하고 관리함으로써, 장기적인 관점에서 조직의 회복탄력성과 경쟁력을 강화할 수 있습니다. 이는 단순히 위기를 모면하는 것을 넘어, 조직이 더욱 단단하고 유연하게 성장할 수 있는 토대를 마련하는 것입니다.

결론적으로, 속성 기반 멈춤리스크는 조직의 심층적인 건강 상태를 진단하고 미래의 위험을 예방하며, 궁극적으로 지속 가능한 성장을 이루기 위해 리스크 관리 체계 내에서 반드시 식별되고 관리되어야 할 핵심적인 요소입니다.

2. 민간의 프로세스 기반, 공공에는 '맞지 않는 옷'

민간기업이 프로세스 효율성을 기반으로 리스크 관리와 내부통제 체계를 갖추는 것은 지극히 합리적입니다. 이는 민간기업의 궁극적인 목표인 이윤 창출과 시장 경쟁력 확보에 직접적으로 기여하기 때문입니다. 효율적인 프로세스는 비용 절감과 생산성 향상을 통해 기업의 수익성을 높이며, 동시에 내부통제는 운영 리스크를 최소화하여 재무적 손실을 방지하고 기업 가치를 보호하는 핵심적인 역할을 수행합니다.

[표057] 공공/민간 프로세스 역할과 리스크 식별 차이

구분	공공부문	민간기업
프로세스의 역할	공정성 및 투명성 확보, 책무성 및 법규 준수, 안정적이고 일관된 서비스 제공, 부패 방지 및 내부통제 강화 수단	생산성 향상, 비용 절감, 품질 개선, 고객 경험 차별화, 시장 반응 속도 향상, 혁신 가속화, 핵심역량 자체
리스크 관리 초점	권한 남용, 부패, 법규 위반, 공정성 훼손, 국민 신뢰 상실, 정책 실패, 예산 낭비 등 공공 고유의 윤리적/사회적/정책적 리스크	시장 변동성, 경쟁 심화, 기술 변화, 재무적 손실, 평판 리스크, 운영 효율성 저하, 법적 분쟁
주요 목표	사회 전체의 공익 실현, 국민 복지 증진, 사회 문제 해결	이윤 극대화, 시장 점유율 확대, 주주 가치 증대
가치 창출 방식	보편적 서비스 제공, 사회적 형평성 증진, 정책 효과 달성	혁신적인 제품/서비스 개발, 고객 경험 개선, 비용 절감, 새로운 시장 창출
경쟁 우위 원천	법적 권한 및 독점적 지위, 국민 신뢰, 정책 전문성, 공정성, 투명성	기술 혁신, 독점적 특허, 강력한 브랜드 파워, 시장 점유율, 효율적인 운영 프로세스, 고객 데이터 활용 능력
인적 자원 역량	청렴성, 봉사 정신, 정책 전문성, 공익 지향적 문제 해결 능력, 윤리의식	창의성, 시장 분석 및 예측 능력, 영업/마케팅 역량, 기술 전문성, 이윤 창출을 위한 문제 해결 능력
성과 측정 기준	정책 목표 달성률, 국민 만족도, 예산 효율성, 청렴도, 사회적 영향력	매출액, 영업이익, 시장 점유율, 주가, 고객 만족도(수익 기여도), 신제품 개발률, 투자 수익률

민간기업의 주된 목표는 이윤 극대화와 시장 경쟁 우위 확보에 있으며, 이를 위해 생산성 향상, 비용 절감, 품질 개선, 고객 경험 차별화 등 모든 운영 활동에서 효율성을 추구합니다. 따라서 민간기업에게 리스크는 주로 프로세스상의 오류, 비효율성, 지연, 또는 시장 변동성 등과 같이 운영 및 재무적 손실로 직결되는 문제로 인식됩니다. 쿠팡이 로켓배송 프로세스의 오류를 리스크로 관리하고, 토요타가 생산 과정의 낭비 요소를 리스크로 제거하는 것은 모두 프로세스 최적화를 통해 효율성과 수익성을 높이기 위함입니다. 이러한 맥락에서 프로세스 기반의 리스크 식별 및 통제는 민간기업에게 가장 적합하고 효과적인 접근 방식입니다.

그러나 공공부문이 이러한 민간의 방식을 비판 없이 추종하여 리스크 식별 등을 프로세스에만 집중하는 것은 심각한 오류를 초래할 수 있습니다. 공공부문의 핵심 가치는 이윤이 아닌 공정성, 투명성, 책무성, 그리고 국민 신뢰에 있습니다. 공공기관이 직면하는 주요 리스크는 단순히 업무 절차상의 비효율성이나 운영 오류를 넘어섭니다. 오히려 직무 담당자의 권한 남용, 부패, 이해충돌, 윤리적 해이, 법규 위반, 그리고 이로 인한 국민 신뢰 상실과 같은 본질적인 위험이 더욱 중요합니다.

예를 들어, 특정 공무원이 인허가 과정에서 부당한 청탁을 받고 특혜를 제공하는 리스크는 '인허가 프로세스' 자체의 문제라기보다는, '인허가 담당 직무'가 가진 권한의 속성과 그 직무를 수행하는 사람의 윤리성에 더 깊이 연결되어 있습니다. 프로세스 기반의 리스크 식별은 이러한 절차적 오류는 잡아낼 수 있을지 몰라도, 직무 담당자의 재량권 남용이나 부패와 같은 '속성 기반' 리스크는 간과하기 쉽습니다. 모든 절차가 매뉴얼대로 진행되었음에도 불구하고, 직무 담당자의 의도적인 행위로 인해 공정성이 훼손될 수 있기 때문입니다.

결과적으로, 공공부문이 민간과 같은 방식으로 프로세스에만 집중하여 리스크를 식별하면, 기관 전체 차원의 시스템적인 부패, 권한 남용, 공정성 훼손과 같은 심각한 리스크들을 놓치게 됩니다. 이러한 리스크들은 특정 프로세스 단계의 문제가 아니라, 직무 고유의 특성, 권한의 집중, 그리고 조직 문화와 밀접하게 연관되어 있기 때문입니다. 이는 결국 리스크 관리의 사각지대를 만들고, 공공부문의 본질적인 가치를 훼손하며, 국민의 신뢰를 잃게 되는 치명적인 결과를 낳을 수 있습니다. 따라서 공공부문은 민간의 프로세스 기반 리스크 관리 방식을 무비판적으로 수용하기보다, 자신의 고유한 특성, 즉 직무의 속성에 기반한 리스크 식별에 더욱 집중해야 합니다.

3. 공공 속성 기반 식별이 필수적인 이유

공공서비스는 국민의 삶에 직접적인 영향을 미치며, 그 어떤 분야보다 높은 수준의 신뢰와 책임이 요구됩니다. 국민의 세금으로 운영되고 공익을 최우선 가치로 삼는 특성상, 공공서비스의 작은 오류나 미흡함도 국민 전체의 불신으로 이어질 수 있습니다. 그러나 공공서비스 직무가 가진 고유한 특성들로 인해, 우리는 때때로 예상치 못한 리스크에 직면하곤 합니다. 예컨대, 공공서비스는 독점적 지위, 광범위한 권한, 그리고 정치적 영향력에 노출되는 경우가 많아, 개인의 윤리성이나 조직의 투명성 같은 속성이 매우 중요하게 작용합니다. 이러한 리스크들은 단순히 업무 절차상의 오류, 즉 '프로세스'의 문제로만 치부하기 어렵습니다. 프로세스 개선만으로는 이러한 속성에서 기인하는 본질적인 위험을 해결하기 어렵기 때문입니다. 오히려 해당 직무가 본질적으로 지닌 '속성'에서 기인하는 경우가 많으며, 바로 이 지점에서 속성 기반 리스크 식별이 선택이 아닌 필수가 됩니다. 이는 공공서비스의 특성을 정확히 이해하고, 그에 맞는 근원적인 리스크 관리 방안을 마련하기 위한 첫걸음이자, 국민의 신뢰를 확보하는 핵심적인 방법론입니다.

[표057_1] 공공 속성 기반 식별이 필수인 이유

공공서비스 직무의 주요 특성	내재위험 요소	직무 수행 주체 (담당자)의 필수 속성	리스크 발현	프로세스문제가 아닌 속성의 문제
1. 공적 성격과 높은 수준의 책임성	공익실현, 봉사, 국민 전체에 대한 책임, 공정성, 투명성 등 핵심 속성 관련	공적 책임성	공공책임성이 제대로 발현되지 않거나 사적 이익이 개입될 때 발생.(예: 예산 낭비, 부당 집행)	프로세스의 결함보다는 직무의 기본적인 성격과 윤리의식의 문제임
2. 법규 해석 및 재량권 행사	전문적 판단, 해석 권한, 재량 등 속성 관련	전문적 판단과 재량	자의적 해석, 잘못된 판단, 특정 집단에 유리한 적용	프로세스는 판단의 '시기'나 '기준'을 정할 수 있으나 '내용'까지 통제하기 어려움.
3. 도덕적 해이 및 부패 가능성	권한 행사, 공적 자원 관리, 정보접근 등 속성 관련	다양한 권한과 자원 관리	개인적 이득을 위한 권한 남용, 내부 정보 유출, 부패 연루 등	프로세스는 절차적 통제를 제공하지만 리스크의 근원은 직무가 가진 권한과 자원 관리 속성 자체에 있음.
4. 외부 환경 및 이해관계자 압력의 민감성	외부 환경(정치,환경, 언론,시민단체 등) 민감성, 이해관계자 관리 등 속성 관련	민감한 외부환경과의 '관계'	부당한 외부 압력 굴복, 특정 이해관계자 특혜 제공, 여론에 따른 왜곡된 정책 결정 등	외부환경 민감성 위험은 특정 업무 절차상의 오류가 아니라 직무가 놓인 외부 환경과의 관계라는 속성에서 비롯됨
5. 서비스 품질의 주관적 요소	친절함, 적극성, 공감 능력, 소통 방식 등 '서비스 태도' 속성, 기관 문화 등 속성 관련	서비스 태도	프로세스 절차서에 명확히 기술하기 어려운 주관적 요소(불친절, 소극적 응대 등)	서비스 품질은 업무 절차 준수 여부보다는 담당자의 태도와 역량이라는 속성에서 기인함

1) 공적 성격과 높은 수준의 책임성

공공서비스 직무는 공익 실현, 국민 전체에 대한 봉사, 공정성, 투명성 등 핵심적인 공적 속성을 가집니다. 이러한 공적 책임성이 제대로 발현되지 않거나 사적 이익이 개입될 때 예산 낭비, 부당 집행과 같은 리스크가 발생합니다. 이는 프로세스의 결함이라기보다는, 직무의 기본적인 성격과 그를 수행하는 주체의 윤리의식이라는 속성에서 비롯되는 문제인 것입니다.

2) 법규 해석 및 재량권 행사

공공서비스 직무는 법규 해석 권한이나 재량권 행사와 같은 전문적 판단 속성을 내포합니다. 그러나 이러한 전문적 판단과 재량이 자의적인 해석이나 잘못된 판단, 특정 집단에 유리한 적용으로 이어질 때 리스크가 발생합니다. 프로세스는 판단의 '시기'나 '기준'을 정할 수는 있지만, 그 판단의 '내용'까지 통제하기는 어렵습니다. 리스크의 근원은 바로 직무가 가진 판단과 재량의 속성 자체에 있는 것입니다.

3) 도덕적 해이 및 부패 가능성

공공서비스 직무는 권한 행사, 공적 자원 관리, 정보 접근 등 다양한 속성을 가집니다. 이러한 속성들은 개인적 이득을 위한 권한 남용, 내부 정보 유출, 부패 연루와 같은 도덕적 해이와 부패 가능성으로 이어질 수 있습니다. 프로세스는 절차적 통제를 제공하지만, 리스크의 근원은 직무가 가진 권한과 자원 관리라는 속성 자체에 깊이 뿌리내리고 있습니다.

4) 외부 환경 및 이해관계자 압력의 민감성

공공서비스 직무는 정치, 환경, 언론, 시민단체 등 외부 환경에 대한 높은 민감성과 다양한 이해관계자 관리라는 속성을 지닙니다. 이러한 민감한 외부 환경과의 '관계' 속성으로 인해 부당한 외부 압력에 굴복하거나, 특정 이해관계자에게 특혜를 제공하거나, 여론에 따라 왜곡된 정책 결정을 내릴 리스크가 발생합니다. 이는 특정 업무 절차상의 오류가 아니라, 직무가 놓인 외부 환경과의 관계라는 속성에서 비롯되는 위험입니다.

5) 서비스 품질의 주관적 요소

공공서비스는 친절함, 적극성, 공감 능력, 소통 방식 등 '서비스 태도'와 같은 주관적인 속성을 포함합니다. 프로세스 절차서에 명확히 기술하기 어려운 불친절, 소극적 응대와 같은 주관적 요소에서 서비스 품질 저하 리스크가 발생합니다. 이는 업무 절차 준수 여부보다는, 서비스를 제공하는 담당자의 태도와 역량이라는 속성에서 기인하는 문제인 것입니다.

이처럼 공공서비스 직무에서 발생하는 많은 리스크는 단순히 프로세스의 개선만으로는 해결하기 어렵습니다. 직무의 본질적인 성격, 즉 '속성'에 내재된 위험 요소들을 정확히 식별하고 관리하는 것이 중요합니다. 따라서 공공부문에서는 속성 기반 리스크 식별이 선택이 아닌 필수가 되어야 하며, 이를 통해 더욱 신뢰받는 공공서비스를 제공할 수 있을 것입니다.

4. 프로세스에서 식별하기 어려운 공공 30가지 리스크

아래 표에 예시된 30가지 리스크는 공공부문의 특수한 환경과 역할 속에서 발생하며, 단순히 업무 절차상의 오류를 넘어 조직의 구조, 권한, 문화, 그리고 외부와의 관계에서 기인하는 본질적인 위험들을 보여 줍니다. 이러한 리스크들은 일반적인 프로세스 기반의 접근 방식으로는 포착하기 매우 어렵습니다. 왜냐하면 이들은 특정 업무 흐름에 직접적으로 나타나기보다는, 조직의 내재된 속성이나 시스템적 취약성에서 비롯되기 때문입니다. 단순히 절차를 개선하는 것만으로는 해결되지 않으며, 공공기관의 특성과 역할에 대한 깊은 이해 없이는 식별조차 불가능한 경우가 많습니다. 이러한 위험들을 간과할 경우, 아무리 효율적인 프로세스를 갖추더라도 국민 신뢰 상실이나 공공 서비스의 질 저하와 같은 치명적인 결과를 초래할 수 있습니다.

[표058] 프로세스에서 식별하기 어려운 공공부문 30가지 리스크

그룹	No	속성	리스크
1. 권한 및 책임 관련 리스크	01	높은 직무 자율성, 자기 완결성	내부 통제 미비로 인한 부정행위(비리 등) 발생 가능성
	02	예산 집행 권한 보유	예산 횡령, 부당 사용 가능성
	03	인허가 승인 또는 반려 권한 보유	부당한 차별, 뇌물 수수, 절차 무시 가능성
	04	고객 대면 업무 수행	불친절한 응대로 인한 고객 불만 및 평판 저하 가능성
	05	고도의 전문 기술 지식 보유자	해당 개인에게 과도하게 의존하게 되는 리스크
	06	개인 정보 또는 민감 정보 처리 권한 보유	개인 정보 유출 또는 오용으로 인한 사생활 침해 가능성
	07	법률 또는 규정 해석 권한 보유	자의적 법 해석, 잘못된 법 적용으로 인한 불공정 또는 위법 행정 조치 가능성
	08	불확실한 상황에 대한 판단 및 결정 권한 보유	불합리한 판단으로 인한 고객 불만 및 평판 저하 가능성
	09	고객 또는 특정 이해관계자와의 비공식적 접촉 가능성	부적절한 청탁 또는 특혜 제공 등 비리 발생 가능성('키맨' 관리 소홀)
	10	취약한 정보 접근 권한 보유	허가되지 않은 정보 접근, 정보 유출 등 불법적인 정보 이용 가능성
	11	회사 기밀 정보 접근 권한 보유	내부자 거래, 경쟁사 유출 등 불법적인 정보 이용 가능성
	12	핵심 시스템 접근 권한 보유(IT)	핵심 시스템 접근 통제 실패, 고의적/실수적 시스템 장애 유발 가능성
	13	대규모 프로젝트 의사결정 권한 보유	비합리적인 판단, 압력에 의한 잘못된 프로젝트 결정으로 프로젝트 실패 가능성
	14	높은 윤리적 요구되는 직무(예: 계약 담당, 감사 담당)	이해충돌 발생, 도덕적 해이, 금품 수수 등 부정행위 가능성
	15	정책 수립 및 결정 권한 보유	특정 집단에 유리하거나 공익에 반하는 정책 결정 가능성
	16	내부 의사결정 권한 집중	의사결정의 편향, 독단적 결정으로 인한 조직 위험 증가
2. 정보 및 소통 관련 리스크	17	별도 외부 통보 재량	잘못된 정보 전달 또는 부적절한 소통으로 인한 평판 하락 가능성
	18	내부 감사 또는 감독 기능 수행	내부 감사 또는 감독 소홀로 인한 비리 또는 오류 적발 실패 가능성
	19	특정 서비스 제공	특정 서비스 품질 개선 노력 부족, 고객(국민) 불만 야기 가능성
	20	규제/감독 권한 보유	과도하거나 미흡한 규제, 특정 대상에 대한 차별적 감독 가능성
	21	빈번한 외부 이해관계자 접촉	외부 로비나 압력에 의한 의사결정 왜곡 가능성
	22	긴급 상황 대처 필요성 높은 직무(예: 재난, 응급 서비스)	부적절하거나 지연된 초기 대응으로 인한 피해 확산 가능성
	23	내부 고발 시스템 관리(조직 속성)	내부 고발자 정보 유출 또는 불이익 발생 가능성
	24	정보 왜곡 및 전달 지연	조직 내 정보 흐름 장애로 인한 의사결정 오류 및 대응 지연
	25	비공식적 정보 채널의 영향력	공식 채널의 무력화, 정보 왜곡 및 루머 확산으로 인한 조직 혼란
3. 자산 및 재무 관련 리스크	26	현금 또는 실물 자산 취급	횡령, 절도 또는 손실 발생 가능성
	27	자산 관리 시스템 취약	자산 분실, 부정 사용 및 회계 부정 가능성
4. 조직 및 운영 특성 관련 리스크	28	안전 관리 또는 현장 책임	안전 수칙 미준수 또는 관리 소홀로 인한 산업 재해 발생 가능성
	29	대규모 조직의 특성	부서 간 소통 단절(사일로), 책임 회피, 비효율적 업무 진행 가능성
	30	조직 문화의 경직성	변화 저항, 혁신 저해 및 직원 사기 저하

1) 권한 및 책임 관련 리스크

이 그룹의 리스크들은 조직 내 특정 직무나 개인이 보유한 권한, 자율성, 전문성, 정보 접근성 등 본질적인 속성에서 파생됩니다. '높은 직무 자율성'이나 '예산 집행 권한', '인허가 승인 권한', '정책 수립 및

결정 권한' 등은 조직의 효율적 운영을 위한 필수적인 속성이지만, 동시에 '부정행위', '횡령', '부당한 차별', '자의적 법 해석'과 같은 위험을 내포합니다. 또한, '고도의 전문 기술 지식 보유자'에게 과도하게 의존하게 되거나, '개인 정보 또는 기밀 정보 처리 권한'을 가진 직무에서 '정보 유출' 리스크가 발생하는 것은, 특정 역할이 가진 고유한 특성(속성) 때문이지 프로세스상의 결함만으로 설명하기 어렵습니다. '불확실한 상황에 대한 판단 및 결정 권한'이나 '대규모 프로젝트 의사결정 권한'은 그 자체로 '불합리한 판단'의 위험을 수반하며, '내부 의사결정 권한 집중'은 조직 구조의 속성에서 비롯된 편향 위험을 나타냅니다. 이들은 프로세스만으로는 통제하기 어려운 인간의 재량, 윤리성, 그리고 권한의 본질적인 양면성과 깊이 연관되어 있습니다.

2) 정보 및 소통 관련 리스크

이 그룹은 조직 내부 및 외부와의 정보 흐름, 소통 방식, 그리고 감시 기능의 속성에서 발생하는 위험을 다룹니다. '별도 외부 통보 재량'은 정보 전달자의 주관적 판단이라는 속성에서 '잘못된 정보 전달'의 위험을 낳습니다. '내부 감사 또는 감독 기능 수행'은 감시 역할의 본질적 속성상 '소홀'의 위험을 내포합니다. '특정 서비스 제공'이나 '규제/감독 권한 보유'는 공공기관의 역할 속성상 '품질 개선 노력 부족'이나 '차별적 감독'의 위험으로 이어질 수 있습니다. 특히 '정보 왜곡 및 전달 지연'이나 '비공식적 정보 채널의 영향력'은 정보가 유기적으로 흐르는 과정에서 발생하는 복합적인 문제로, 단순히 공식적인 소통 프로세스만으로 통제하기 어렵습니다. '내부 고발 시스템 관리'는 그 시스템 자체가 가진 속성상 '정보 유출' 위험을 안고 있으며, '빈번한 외부 이해관계자 접촉'은 관계의 속성에서 '외부 로비'의 위험을 발생시킵니다. 이들은 정보의 비대칭성, 관계의 역학, 그리고 인간의 비공식적 상호작용이 리스크로 발현되는 양상을 보여 줍니다.

3) 자산 및 재무 관련 리스크

이 그룹은 조직이 취급하는 자산의 특성과 관련된 직접적인 위험을 포함합니다. '현금 또는 실물 자산 취급'은 그 자산의 속성상 '횡령, 절도 또는 손실'의 가능성을 내포합니다. 또한 '자산 관리 시스템 취약'은 시스템 자체의 내재된 속성으로 인해 '분실, 부정 사용 및 회계 부정'의 위험을 야기합니다. 이들은 주로 물리적 자산의 관리 및 시스템의 견고성과 관련된 위험으로, 프로세스 외적인 시스템의 본질적 취약성이 주요 원인이 됩니다.

4) 조직 및 운영 특성 관련 리스크

이 그룹의 리스크들은 조직 전체의 구조, 문화, 그리고 운영 방식의 본질적인 속성에서 기인합니다. '안전 관리 또는 현장 책임'은 해당 직무의 고유한 특성상 '안전 수칙 미준수'의 위험을 안고 있습니다. '내부 고소 또는 감사 단독 수행'과 '대규모 조직의 특성'은 조직 구조의 속성상 '부서 간 소통 단절(사일로)', '책임 회피', '비효율적 업무 진행'과 같은 고질적인 문제를 야기합니다. 마지막으로 '조직 문화의 경직성'은 조직이라는 유기체의 문화적 속성에서 비롯되는 '변화 저항', '혁신 저해', '직원 사기 저하'와 같은 위험을 나타냅니다. 이들은 조직이라는 시스템의 내재적 특성이 리스크로 발현되는 양상을 보여주며, 단순한 프로세스 개선만으로는 해결하기 어려운 근본적인 변화를 요구합니다.

5. 공공 30가지 속성에 대한 직접 통제 방안 예시

조직의 속성을 이해하는 것은 리스크를 식별하는 첫걸음입니다. 그러나 더 나아가, 식별된 속성의 역기능을 최소화하고 순기능을 극대화하기 위해서는 해당 속성에 대한 직접적인 통제 방안을 마련하고 실행하는 것이 중요합니다. 지금부터 공공부문 5가지 그룹의 30개 속성에 대한 각각의 통제 방안을 예시하겠습니다.

[표059] 조직문화 및 리더십 관련 속성 11가지 통제 방안

범주	의미	No	속성	구체적인 예시	통제 방안 예시
1. 조직 문화 및 리더십	조직 구성원들이 공유하는 가치관, 신념, 행동양식, 그리고 리더십의 특성과 관련된 속성. 이는 조직의 유연성, 혁신성, 그리고 변화에 대한 태도를 결정하는 근본적인 요인임.	1	경직된 규정 중심 문화	보조금 지급 심사 시, 신청 서류의 작은 오류에도 기계적으로 탈락시켜 자격 있는 수혜자에게 보조금 미지급	· 규정 적용의 유연성 지침 마련 및 심사자 교육 · 예외 상황 판단 위한 심사위원회 운영 · 신청 서류 보완 기회 제공 절차 마련
		2	과도한 형식주의	보고서 작성 및 결재 시, 내용의 본질보다 형식이나 체계에만 집착하여 불필요한 시간과 자원 소요	· 보고서 양식 간소화 및 필수 정보 위주 작성 지침 · 내용 중심의 보고 문화 확립 위한 리더십의 변화 · 보고 단계 축소 및 결재 권한 위임 확대
		3	책임 회피 경향	어려운 의사결정 시, 책임 소재가 불분명한 결정을 미루거나 상위 기관으로 떠넘겨 정책 결정 지연	· 명확한 의사결정 권한 및 책임 분배 · 의사결정 기한 설정 및 준수 모니터링 · 리스크 분담 및 공유 문화 조성 · 의사결정 지원 시스템 또는 위원회 운영
		4	보수적이고 위험 회피적인 태도	새로운 제도 시범 운영 절차에서, 잠재적 문제 발생을 지나치게 우려하여 시범 운영 절차가 복잡해지고 지연	· 새로운 시도에 대한 리스크·이점 분석 프레임워크 도입 · 합리적인 수준의 위험 허용 기준 설정 및 공유 · 시범 사업 실패에 대한 면책 및 학습 문화 조성 · 신속한 의사결정 위한 전결 권한 확대
		5	상명하복의 경직된 소통 구조	현장 정보 수렴 및 보고 시, 현장의 문제점이나 개선 아이디어가 상부에 제대로 전달되지 못하고 왜곡되거나 누락	· 익명 제보 시스템 또는 건의함 운영 · 정기적인 하위 직급 직원과의 간담회 활성화 · 사실 기반 보고 문화 장려 및 왜곡 보고에 대한 불이익 강화 · 수평적 소통 강조하는 리더십 교육

		6	낮은 공공 서비스 품질에 대한 자체 개선 의지 부족	(독점적 지위의 역기능) 시민들이 낮은 서비스 품질에 만성적으로 불만을 가지지만, 경쟁 기관이 없어 기관의 실질적인 개선 노력 미흡	· 정기적인 시민 만족도 조사 및 결과 공개 의무화 · 서비스 품질 개선 목표 설정 및 성과 평가 연동 · 시민 참여형 서비스 개선 위원회 운영 · 유사 기관 벤치마킹 및 우수 사례 학습
		7	부정부패에 대한 둔감한 문화	내부 고발 채널이나 감사에도 불구하고 구조적인 비리가 만연하여 기관의 신뢰도 추락	· 독립적인 감사 기구 권한 강화 · 내부 고발자 보호 및 포상 시스템 실효성 확보 · 윤리 강령 준수 및 부정 행위 발견 시 엄정한 처벌 · 고위직 리더의 윤리적 솔선수범 강조
		8	소극적인 리스크 관리 문화	잠재적인 큰 위험(예: 재난 대응 시스템 취약성)을 알면서도 개선하지 않아 실제 위기 발생 시 대규모 피해 야기	· 공식적인 전사적 리스크 관리(ERM) 시스템 구축 및 운영 · 리스크 관리 책임 및 역할 명확화 · 리스크 관리 교육 및 훈련 의무화 · 위기 발생 시나리오 기반 훈련(Drill) 정기적 실시
		9	과도한 규제 중심적 사고	신산업 관련 허가 절차 과도하게 복잡 + 신산업 분야의 발전 저해, 국가 경쟁력 약화, 민간 부문의 불만 증대	· 규제 샌드박스 등 혁신 촉진 제도 운영 · 신산업 특성 고려한 유연하고 간소화된 인허가 절차 마련 · 민간 전문가 및 기업과 협의 채널 구축 · 규제 영향 평가 시 경제 활성화 및 혁신 효과 포함
		10	낮은 협업 문화	공동 목표 달성 위한 부서 간 회의 및 정보 공유 비활발 + 복합 사회 문제 해결 통합적 접근 실패, 공공 서비스의 사각지대 발생 및 효과성 저하	· 부서 간 공동 목표 및 성과 지표 설정 · 협업 플랫폼 및 도구 지원 · 부서 간 교류 및 합동 근무 프로그램 운영 · 복합 문제 해결 위한 태스크포스(TF) 구성 활성화
		11	변화 관리 역량 부족	새로운 IT 시스템 도입 시 직원 교육 및 적응 프로세스 부실 + 새로운 시스템 도입 효과 미미, 직원 사기 저하, 대국민 서비스 혼란 발생 가능성	· 변화 관리 계획 수립 의무화 및 전문가 참여 · 시스템 도입 전 충분한 사용자 교육 및 사전 테스트 · 변화 과정에서의 직원 소통 및 심리적 지원 강화 · 변화에 대한 저항 관리 및 성공 사례 공유

1) 조직 문화 및 리더십 관련 속성 통제 방안

조직 문화와 리더십은 조직 구성원들이 공유하는 가치관, 신념, 행동 양식, 그리고 리더십의 특성과 관련된 속성입니다. 이는 조직의 유연성, 혁신성, 그리고 변화에 대한 태도를 결정하는 근본적인 요인이기에, 이 범주의 속성들을 통제하는 것은 조직의 근본적인 변화를 이끌어 내는 데 필수적입니다.

조직 문화와 리더십 속성의 역기능은 주로 경직성, 형식주의, 책임 회피, 보수주의, 소통의 단절, 그리고 변화에 대한 저항으로 나타납니다. 이를 통제하기 위해서는

첫째, 규정과 절차에 대한 유연성을 확보하는 것이 중요합니다. 규정 적용에 대한 지침을 마련하고, 예외 상황을 판단할 수 있는 심사위원회나 보완 기회를 제공하는 절차를 도입하여 불필요한 경직성을 해소해야 합니다. 또한, 내용 중심의 보고 문화를 확립하고 보고 단계를 축소하며 결재 권한을 확대함으로써 과도한 형식주의를 타파해야 합니다.

둘째, 명확한 책임과 권한을 부여하고 리더십의 변화를 유도해야 합니다. 의사결정 권한과 책임을 명확히 분배하고, 의사결정 기한을 설정하며, 리스크를 분담하고 공유하는 문화를 조성해야 합니다. 특히 고위직 리더가 윤리적 솔선수범을 보이고 수평적 소통을 강조하는 교육을 통해 조직 전반의 책임 회피 경향과 상명하복의 경직된 소통 구조를 개선해야 합니다.

셋째, 혁신과 리스크 관리에 대한 조직의 태도를 전환해야 합니다. 새로운 시도에 대한 리스크와 이점을 분석하는 프레임워크를 도입하고, 합리적인 수준의 위험 허용 기준을 설정하여 보수적이고 위험 회피적인 태도를 극복해야 합니다. 시범 사업 실패에 대한 면책과 학습 문화를 조성하여 혁신을 장려하고, 공식적인 전사적 리스크 관리(ERM) 시스템을 구축하여 리스크 관리 책임과 역할을 명확히 해야 합니다.

넷째, 지속적인 개선 의지와 협업 문화를 구축해야 합니다. 정기적인 시민 만족도 조사를 통해 서비스 품질 개선 목표를 설정하고 성과 평가와 연동해야 합니다. 부서 간 공동 목표를 설정하고 협업 플랫폼을 지원하며, 교류 프로그램을 운영하여 낮은 협업 문화를 개선하고 복합 사회 문제 해결을 위한 통합적 접근을 강화해야 합니다.

마지막으로, 변화 관리 역량을 강화해야 합니다. 변화 관리 계획 수립을 의무화하고 전문가의 참여를 독려하며, 새로운 시스템 도입 시 충분한 사용자 교육과 소통, 심리적 지원을 통해 변화에 대한 저항을 관리하고 성공적인 변화를 이끌어야 합니다.

2) 운영 효율성 및 의사결정 속성 관련 통제 방안

운영 효율성 및 의사결정 속성은 조직의 업무 처리 방식, 정보 흐름, 그리고 의사결정 구조와 관련된 속성입니다. 이는 조직의 전반적인 생산성, 신속성, 그리고 자원 배분의 합리성에 직접적인 영향을 미치므로, 이 범주의 속성들을 효과적으로 통제하는 것은 공공서비스의 품질과 조직의 대응력을 높이는 데 핵심적입니다.

[표060] 운영 효율성 및 의사결정 관련 속성 6가지 통제 방안

범주	의미	No	속성	구체적인 예시	통제 방안 예시
2. 운영 효율성 및 의사결정	조직의 업무 처리 방식, 정보 흐름, 그리고 의사결정 구조와 관련된 속성. 이는 조직의 전반적인 생산성, 신속성, 그리고 자원 배분의 합리성에 직접적인 영향을 미침.	12	부서 이기주의 심화	합동 민원 처리 시, 각 부서가 자신의 업무 범위만 주장하며 책임을 회피하여 민원 처리 지연	· 통합 민원 처리 시스템 구축 및 공동 목표 설정 · 부서 간 업무 분장 명확화 및 협업 절차 규정 · 합동 처리 성과에 대한 공동 책임/평가 도입
		13	단기 성과 중심의 예산/평가 구조	장기적인 관점에서 필요한 투자나 혁신적인 시도가 어렵고 단기적인 가시적 성과에만 집중	· 평가 지표에 장기적 성과 및 혁신 관련 항목 포함 · 전략적/혁신 사업 위한 별도 예산 및 평가 체계 마련 · 예산 편성 및 평가 과정에 장기적 목표 반영 의무화 · 단기적 재무 성과 외 사회적 가치 창출 평가 강화
		14	비효율적인 인력 운영	조직 전체적으로 인력 배치 불균형, 핵심 인력 부족 등으로 전반적인 공공 서비스 생산성 및 품질 저하	· 정기적인 인력 수요/공급 예측 및 배치 계획 수립 · 핵심 직무 정의 및 전문성 확보 위한 경력 개발 경로 마련 · 성과 관리 시스템 개선 및 역량 개발 지원 강화 · 유연 근무 등 생산성 향상 위한 제도 도입
		15	느린 의사결정 속도	긴급 예산 집행 절차 지연 + 재난 발생 시 복구 지연 및 주민 피해 확대, 정부의 무능에 대한 비판 여론 형성	· 긴급 상황별 의사결정 매뉴얼 및 전결 권한 확대 · 위기 상황 소통 채널 및 대국민 정보 제공 시스템 구축 · 현장 책임자에게 일정 범위 의사결정 권한 위임 · 위기 소통 담당자 지정 및 훈련
		16	부서 간 정보 공유 시스템 미비	특정 민원 처리 시 여러 부서 정보 종합 불가 + 시민이 여러 부서에 동일 정보 반복 제출, 종합적, 일관된 서비스 제공 실패, 시민 만족도 저하	· 통합 정보 시스템 구축 및 부서 간 데이터 연동 · 부서 간 정기 회의 및 정보 공유 의무화 · 시민 중심의 서비스 디자인 및 제공 체계 구축 · 민원 유형별 통합 안내 시스템 마련
		17	과도한 위임 전결의 부재	사소한 결정도 상위 결재권자 집중, 업무 병목 현상 발생 + 조직 전체의 업무 속도 저하, 현장 대응력 약화, 시민 요구에 대한 민첩한 대응 불가	· 직무 분석 기반 합리적인 위임 전결 기준 재설정 · 하위 직급 직원의 의사결정 역량 강화 교육 · 신속한 의사결정 필요한 업무에 대한 패스트 트랙 절차 도입 · 직원에 대한 신뢰 기반의 자율성 존중 문화 조성

이 범주의 속성 역기능은 주로 부서 이기주의, 단기 성과 중심주의, 인력 운영의 비효율, 느린 의사결정 속도, 정보 공유 시스템 미비, 그리고 과도한 위임 전결의 부재로 나타납니다. 이를 통제하기 위해서는

첫째, 조직 내 협업 및 정보 공유 체계를 강화해야 합니다. 부서 간 통합 민원 처리 시스템을 구축하고 공동 목표를 설정하며, 업무 분장을 명확화하고 협업 절차를 규정하여 부서 이기주의를 해소해야 합니다. 부서 간 정기 회의와 정보 공유를 의무화하고 통합 정보 시스템을 구축하여 부서 간 정보 공유 시스템 미비로 인한 비효율을 제거해야 합니다.

둘째, 성과 관리 및 예산 구조를 장기적 관점으로 재편해야 합니다. 평가 지표에 장기적 성과 및 혁신 관련 항목을 포함하고, 전략적/혁신 사업을 위한 별도 예산 및 평가 체계를 마련하여 **단기 성과 중심의 예산 및 평가 구조에서 벗어나야 합니다.** 예산 편성 및 평가 과정에 장기적 목표를 반영하고, 단기적 재무 성과 외 사회적 가치 창출에 대한 평가를 강화하여 비효율적인 인력 운영을 개선하고 조직 전체의 생산성을 높여야 합니다.

셋째, 의사결정 프로세스를 혁신하고 권한 위임을 확대해야 합니다. 긴급 상황별 의사결정 매뉴얼을 마련하고 전결 권한을 확대하여 느린 의사결정 속도를 개선해야 합니다. 위기 상황 소통 채널 및 대국민 정보 제공 시스템을 구축하고, 현장 책임자에게 일정 범위의 의사결정 권한을 위임하여 현장 대응력을 높여야 합니다. 직무 분석을 기반으로 합리적인 위임 전결 기준을 재설정하고, 하위 직급 직원의 의사결정 역량을 강화하는 교육을 통해 과도한 위임 전결의 부재로 인한 업무 병목 현상을 해소해야 합니다.

3) 인력 및 전문성 속성 관련 통제 방안

인력 및 전문성 속성은 조직을 구성하는 인적 자원의 질적 수준, 전문성, 그리고 인력 운영 시스템과 관련된 속성입니다. 이는 조직의 핵심 역량 확보 및 유지에 필수적인 요소이므로, 이 범주의 속성들을 효과적으로 통제하는 것은 공공기관의 지속 가능한 성장과 서비스 품질 향상에 직결됩니다.

[표061] 인력 및 전문성 관련 속성 5가지 통제 방안

범주	의미	No	속성	구체적인 예시	통제 방안 예시
3. 인력 및 전문성	조직을 구성하는 인적 자원의 질적 수준, 전문성, 그리고 인력 운영 시스템과 관련된 속성. 이는 조직의 핵심 역량 확보 및 유지에 필수적인 요소임.	18	전문성 부족 (특정 분야)	복잡한 계약 검토 시, 계약 내용의 기술적/법률적 측면을 제대로 파악하지 못해 기관에 불리한 계약 체결	· 분야별 전문가 풀(내부/외부) 확보 및 자문 시스템 운영 · 복잡 계약 전담 검토 부서 또는 위원회 설치 · 계약 담당자 전문성 향상 위한 교육 의무화
		19	잦은 인사 이동	특정 업무의 인수인계 시, 담당자 변경 시 업무 내용이나 노하우가 제대로 인계되지 않아 업무 연속성 저해	· 표준 인수인계 절차 및 체크리스트 마련 · 업무 매뉴얼 및 지식 관리 시스템(KMS) 구축/활성화 · 팀 단위 업무 수행 및 공유 문화 장려 · 핵심 직무 담당자 순환 주기 완화 고려
		20	경직된 인사 시스템	유능한 인력의 핵심 보직 배치 어려움, 성과 낮은 직원의 개선 기회 부족 + 조직 전체의 활력 저하 및 비효율 심화, 공직 사회 부정적 인식 확대	· 유연한 인력 운용 및 보직 관리 시스템 도입 · 성과 및 역량 기반 인센티브 및 경력 개발 경로 강화 · 공직의 가치 및 중요성에 대한 대내외 소통 강화 · 외부 전문가 영입 또는 개방형 직위 확대
		21	책임자 변경 잦음	장기 프로젝트 관리 일관성 부족 + 프로젝트 지연 및 예산 초과, 대규모 공공 사업에 대한 불신 확산	· 장기 프로젝트 책임자 최소 근무 기간 설정 · 프로젝트 관리 전문성 강화 교육 및 자격 제도 도입 · 프로젝트 진행 과정 및 결과에 대한 투명한 정보 공개 · 주요 프로젝트 의사결정 위원회 구성 및 운영

		22	데이터 분석 및 활용 역량 부족	정책 효과 분석 프로세스 부실 + 비효율적인 정책 지속, 국민 세금 낭비, 정책 실패에 대한 비판 야기	· 데이터 분석 전문가 채용 및 육성 · 데이터 수집, 분석, 활용 위한 시스템 및 인프라 구축 · 데이터 기반 의사결정 문화 확산 위한 교육 · 정책 효과 평가 결과 공개 및 환류 시스템 구축

이 범주의 속성 역기능은 주로 특정 분야의 전문성 부족, 잦은 인사이동으로 인한 업무 연속성 저해, 경직된 인사 시스템, 책임자 변경의 빈번함, 그리고 데이터 분석 및 활용 역량 부족으로 나타납니다. 이를 통제하기 위해서는

첫째, 핵심 분야의 전문성을 강화하고 인력 운영의 유연성을 확보해야 합니다. 복잡하거나 전문성이 요구되는 업무에 대비하여 분야별 전문가 풀(내부/외부)을 확보하고 자문 시스템을 운영해야 합니다. 또한, 복잡 계약 전담 검토 부서나 위원회를 설치하고, 담당자들의 전문성 향상을 위한 교육을 의무화하여 전문성 부족 문제를 해결해야 합니다.

둘째, 업무 연속성을 확보하고 지식 관리 시스템을 체계화해야 합니다. 잦은 인사 이동으로 인한 업무 공백과 노하우 유실을 방지하기 위해 표준 인수인계 절차와 체크리스트를 마련하고, 업무 매뉴얼 및 지식 관리 시스템(KMS) 구축 및 활성화를 통해 지식 공유 문화를 장려해야 합니다. 핵심 직무 담당자의 순환 주기를 완화하는 방안도 고려하여 업무의 안정성을 높여야 합니다.

셋째, 인사 시스템을 개선하고 성과 및 역량 기반의 인력 운영을 강화해야 합니다. 경직된 인사 시스템으로 인한 조직 활력 저하와 비효율을 해소하기 위해 유연한 인력 운용 및 보직 관리 시스템을 도입해야 합니다. 성과 및 역량 기반의 인센티브와 경력 개발 경로를 강화하여 유능한 인력의 핵심 보직 배치를 용이하게 하고, 공직의 가치 및 중요성에 대한 대내외 소통을 강화해야 합니다. 외부 전문가 영입이나 개방형 직위 확대를 통해 조직의 전문성을 높이는 것도 중요합니다.

넷째, 장기 프로젝트 관리 역량을 강화하고 데이터 기반 의사결정 문화를 확산해야 합니다. 책임자 변경이 잦아 발생하는 장기 프로젝트 관리의 일관성 부족 문제를 해결하기 위해 장기 프로젝트 책임자의 최소 근무 기간을 설정하고, 프로젝트 관리 전문성 강화 교육 및 자격 제도를 도입해야 합니다. 데이터 분석 전문가를 채용하고 육성하며, 데이터 수집, 분석, 활용을 위한 시스템 및 인프라를 구축하여 데이터 분석 및 활용 역량 부족 문제를 해소해야 합니다. 또한, 데이터 기반 의사결정 문화 확산을 위한 교육을 실시하고 정책 효과 평가 결과 공개 및 환류 시스템을 구축하여 비효율적인 정책이 지속되는 것을 방지해야 합니다.

4) 시스템 및 내부 통제 속성 관련 통제 방안

시스템 및 내부 통제 속성은 조직의 정보기술(IT) 시스템, 정보 관리 방식, 그리고 부정 방지 및 효율성 증진을 위한 내부 통제 메커니즘과 관련된 속성입니다. 이는 운영의 안정성과 투명성을 담보하므로, 이 범주의 속성들을 효과적으로 통제하는 것은 공공기관의 신뢰성과 재정 건전성을 확보하는 데 필수적입니다.

[표062] 시스템 및 내부통제 관련 속성 5가지 통제 방안

범주	의미	No	속성	구체적인 예시	통제 방안 예시
4. 시스템 및 내부 통제	조직의 정보기술(IT) 시스템, 정보 관리 방식, 그리고 부정 방지 및 효율성 증진을 위한 내부 통제 메커니즘과 관련된 속성. 이는 운영의 안정성과 투명성을 담보함.	23	IT 시스템 도입 시 사용자 요구 반영 부족	새로운 대민 서비스 IT 시스템 운영 시, 사용성 낮은 시스템으로 인해 업무 효율성 저하 및 민원인 불만 증가	· 시스템 기획/개발 단계, 최종 사용자(공무원, 시민) 참여 확대 · 사용자 테스트 및 피드백 반영 절차 의무화 · 충분한 사용자 교육 및 지속적인 기술 지원 체계 구축
		24	과도한 개인 정보 수집 관행	민원 처리 시 정보 수집 과정에서, 민원 처리에 불필요한 개인 정보를 수집하여 개인 정보 유출 위험 증가	· 개인정보 수집 최소화 원칙 수립 및 교육 · 개인정보 보유 항목 및 목적 명확화 · 개인정보처리방침 준수 감사 강화 · 안전한 정보 수집/저장 시스템 구축
		25	과도한 투명성 (정보 공개) 강조	(맥락 없는) 비공개되어야 할 전략적 협상 정보나 개인 정보 유출, 기관 운영에 차질 발생 또는 소송 위험	· 정보 공개 범위 및 절차에 대한 명확한 기준 수립 · 비공개 대상 정보 관리 강화 및 직원 교육 · 정보 공개 전 법률적 검토 절차 마련 · 중요한 정보 유출 발생 시 대응 계획 수립
		26	과도한 보안 통제	(균형 없는) 업무 효율성을 심각하게 저해하고 필요한 정보 공유까지 막아버려 혁신 저해 및 의사결정 지연	· 리스크 기반 보안 통제 수준 결정(중요도, 정보 민감도 고려) · 보안 정책 수립 시 사용자 편의성 및 업무 효율성 고려 · 보안 관련 예외 처리 절차 마련 및 적용 · 보안 정책에 대한 직원 교육 및 의견 수렴
		27	내부 통제 시스템의 형식적 운영	내부 통제 절차 준수 여부 점검 소홀 + 횡령, 예산 낭비 등 부정 행위 발생 증가, 기관의 재정적 손실 및 심각한 평판 손상	· 내부 통제 담당자 전문성 및 독립성 강화 · 통제 활동 점검 주기 단축 및 무작위 점검 확대 · 위반 발생 시 보고 및 처리 절차 강화 · 윤리 교육 및 부정 방지 문화 정착 노력 지속

이 범주의 속성 역기능은 주로 IT 시스템 도입 시 사용자 요구 반영 부족, 과도한 개인정보 수집 관행, 과도한 투명성(정보 공개) 강조, 과도한 보안 통제, 그리고 내부 통제 시스템의 형식적 운영으로 나타납니다. 이를 통제하기 위해서는

첫째, IT 시스템의 사용자 친화성과 효율성을 최우선으로 고려해야 합니다. 시스템 기획 및 개발 단계부터 최종 사용자(공무원, 시민)의 참여를 확대하고, 사용자 테스트 및 피드백 반영 절차를 의무화해야 합니다. 또한, 충분한 사용자 교육과 지속적인 기술 지원 체계를 구축하여 시스템 도입으로 인한 업무 효율성 저하와 민원인 불만을 방지해야 합니다.

둘째, 개인정보 보호 및 정보 공개의 균형을 확립해야 합니다. 개인정보 수집 최소화 원칙을 수립하고 교육하며, 개인정보 보유 항목 및 목적을 명확화하고 처리 방침 준수에 대한 감사를 강화하여 과도한 개인정보 수집 관행으로 인한 유출 리스크를 줄여야 합니다. 동시에, 정보 공개 범위 및 절차에 대한 명확한 기준을 수립하고 비공개 대상 정보 관리를 강화하며 직원 교육을 통해 과도한 투명성 강조로 인한 전략적 정보나 개인정보 유출을 방지해야 합니다. 정보 공개 전 법률적 검토 절차를 마련하고 중요한 정보 유출 발생 시 대응 계획을 수립하여 소송 위험에 대비해야 합니다.

셋째, 보안 통제와 업무 효율성 간의 균형점을 찾고 내부 통제 시스템의 실효성을 강화해야 합니다. 리스크 기반의 보안 통제 수준을 결정하고, 보안 정책 수립 시 사용자 편의성과 업무 효율성을 고려해야 합니다. 보안 관련 예외 처리 절차를 마련하고 적용하며, 보안 정책에 대한 직원 교육 및 의견 수렴을 통해 과도한 보안 통제로 인한 혁신 저해와 의사결정 지연을 막아야 합니다. 또한, 내부 통제 담당자의 전문성 및 독립성을 강화하고, 통제 활동 점검 주기를 단축하며 무작위 점검을 확대해야 합니다. 위반 발생 시 보고 및 처리 절차를 강화하고, 윤리 교육 및 부정 방지 문화 정착 노력을 지속하여 내부 통제 시스템의 형식적 운영으로 인한 부정행위 발생을 근절해야 합니다.

5) 외부 관계 및 환경 대응 관련 속성 통제 방안

외부 관계 및 환경 대응 속성은 조직이 외부 환경(정치, 시장, 이해관계자 등)의 변화를 인식하고, 이에 대응하며, 외부 주체들과 관계를 구축하고 관리하는 방식과 관련된 속성입니다. 이는 조직의 적응력과 대외 신뢰도에 직접적인 영향을 미치므로, 이 범주의 속성들을 효과적으로 통제하는 것은 공공기관의 지속 가능한 발전과 사회적 정당성 확보에 필수적입니다.

[표063] 외부 관계 및 환경 대응 관련 속성 3가지 통제 방안

범주	의미	No	속성	구체적인 예시	통제 방안 예시
5. 외부 관계 및 환경 대응	조직이 외부 환경(정치, 시장, 이해관계자 등)의 변화를 인식하고, 이에 대응하며, 외부 주체들과 관계를 구축하고 관리하는 방식과 관련된 속성. 이는 조직의 적응력과 대외 신뢰도에 영향을 미침.	28	정치적 압력에 취약한 구조	외부 정치적 요인에 따라 일관성 없는 정책 추진 및 장기적인 비전 상실	· 정책 결정 과정의 투명성 및 공개성 강화 · 장기적 관점의 전략 계획 수립 및 준수 노력 · 독립적인 전문가 자문 그룹 활용 · 기관장의 정치적 중립성 확보 노력
		29	외부 변화에 대한 느린 학습 속도	사회적 요구 변화나 기술 발전(예: 디지털 전환)에 적응하지 못하여 시대에 뒤처지거나 관련 서비스 제공에 실패	· 미래 환경 변화 예측 및 분석 시스템 구축 (Horizon Scanning) · 직원 학습 조직 문화 조성 및 교육 지원 확대 · 외부 전문가와의 교류 및 협력 활성화 · 새로운 기술/제도 도입 위한 실험(Pilot) 장려
		30	이해관계자 소통 채널 부족	시민, 전문가 등 다양한 이해관계자의 의견을 제대로 수렴하지 못하여 정책 수립 시 사회적 갈등 유발	· 이해관계자 그룹 소통 채널(온라인, 오프라인) 구축 및 활성화 · 정책 수립 과정에 대한 정보 공개 및 의견 수렴 절차 의무화 · 시민 참여 플랫폼 구축 및 운영 · 수렴된 의견의 정책 반영 결과 공개 및 피드백

이 범주의 속성 역기능은 주로 정치적 압력에 대한 취약성, 외부 변화에 대한 느린 학습 속도, 그리고 이해관계자 소통 채널 부족으로 나타납니다. 이를 통제하기 위해서는

첫째, 조직의 독립성과 정책 결정 과정의 투명성을 강화해야 합니다. 정책 결정 과정의 투명성과 공개성을 높이고, 장기적 관점의 전략 계획을 수립하며 이를 일관되게 준수하려는 노력을 기울여야 합니다. 독립적인 전문가 자문 그룹을 적극 활용하고, 기관장의 정치적 중립성을 확보하려는 노력을 통해 외부 정치적 요인에 흔들리지 않는 견고한 정책 추진 기반을 마련해야 합니다.

둘째, 외부 변화에 대한 학습 및 적응 속도를 높여야 합니다. 미래 환경 변화를 예측하고 분석하는 시스템(예: Horizon Scanning)을 구축하여 사회적 요구 변화나 기술 발전과 같은 외부 신호를 조기에 감지해야 합니다. 직원들이 지속적으로 학습하고 성장하는 조직 문화를 조성하고 교육 지원을 확대하며, 외부 전문가와의 교류 및 협력을 활성화하여 외부 지식을 조직 내부로 흡수해야 합니다. 새로운 기술이나 제도를 도입하기 위한 실험(Pilot)을 장려하여 변화에 대한 조직의 민첩성과 수용성을 높여야 합니다.

셋째, 다양한 이해관계자와의 소통 및 관계 관리 역량을 강화해야 합니다. 시민, 전문가 등 다양한 이해관계자 그룹과의 소통 채널(온라인, 오프라인)을 구축하고 활성화하여 의견 수렴의 폭을 넓혀야 합니다. 정책 수립 과정에 대한 정보를 적극적으로 공개하고 의견 수렴 절차를 의무화하며, 시민 참여 플랫폼을 구축 및 운영하여 국민의 목소리가 정책에 반영될 수 있도록 해야 합니다. 수렴된 의견의 정책 반영 결과를 공개하고 피드백을 제공함으로써 이해관계자들의 신뢰를 얻고 사회적 갈등을 예방해야 합니다.

제5장
솟아오르는 위협, 창발 리스크

현대 사회는 과거와는 비교할 수 없을 정도로 복잡하고 빠르게 변화하고 있습니다. 기술의 초연결성, 글로벌 경제의 상호 의존성, 그리고 예측 불가능한 사회·환경적 변수들이 끊임없이 등장하며 조직의 안정성을 위협하고 있습니다. 이러한 환경 속에서 우리는 기존의 리스크 관리 방식으로는 포착하기 어려운 새로운 형태의 위협, 즉 '창발 리스크(솟음 리스크)'에 주목해야 합니다.

[표064] 창발 리스크에 대한 이해

구분		내용
정의		기존 리스크 관리 체계나 예측 모델로 파악/통제하기 어려운, 새롭게 출현하는 복합적이고 비선형적인 위험. 복잡한 시스템 내 여러 요소들이 상호작용하며 예상치 못한 방식으로 '솟아오르는' 위협(솟음리스크, Emergence Risk(ER))의 형태.
전통적 리스크 (프로세스기반, 흐름리스크) 특징	예측 가능성	비교적 예측 가능하며, 과거 데이터/경험 기반 분석 및 관리 가능(알려진 미지)
	원인-결과	원인과 결과가 비교적 명확하고 비례적
	복합성	단일 원인 또는 제한적 요인에 의해 발생
	가시성	징후가 비교적 명확하여 인식 용이
	파급력	통제 범위 내에서 확산 및 영향력 예측 가능
창발(솟음) 리스크 특징	예측 불가능성	과거 패턴/데이터로는 예측 어려움(알려지지 않은 미지)
	비선형성	원인과 결과가 비례적이지 않으며, 작은 변화가 거대한 파급 효과 초래
	복합성 및 상호 연결성	여러 요인이 복합적으로 얽혀 발생하며, 분야 간 빠른 전이 및 증폭
	비가시성	초기 징후가 미미하거나 감지 어려움
	급진성 및 파급력	발현 시 매우 빠른 속도로 확산되며 광범위한 영향
주목 이유	파괴적인 영향력	조직의 존립 자체를 위협할 수 있는 파괴적인 힘
	기회 상실 위험	위협 회피를 넘어 새로운 시장 개척/혁신 기회 포착 가능성
	기존 리스크 관리의 한계	전통적 방법론으로는 포착/대응 불가능한 영역

제1절 | 창발현상 기반 '솟음' 리스크에 대한 이해

1. 창발 리스크란 무엇인가?

창발 리스크는 기존의 리스크 관리 체계나 예측 모델로는 파악하기 어려운, 새롭게 출현하는 복합적이고 비선형적인 위험을 의미합니다. 이는 단순한 개별 위험의 합이 아니라, 복잡한 시스템 내에서 여러 요소들이 상호 작용하며 예상치 못한 방식으로 '솟아오르는' 위협의 형태를 띱니다.

이러한 창발 리스크는 발생 범위와 영향력에 따라 크게 두 가지로 구분됩니다. '매크로 창발 리스크'는 전 지구적 팬데믹, 급격한 기후 변화, AI와 같은 파괴적 기술의 사회적 영향처럼 개별 조직의 통제 범위를 넘어서는 대규모 복합 위험을 의미하며, 광범위하고 시스템적인 영향을 미칩니다.

반면 '마이크로 창발 리스크'는 개별 조직이나 특정 프로젝트, 팀과 같은 작은 시스템 내부에서 발생하는 복합적 위험입니다. 예를 들어, 부서 간 비공식적 소통 단절이 누적되어 대규모 프로젝트 실패로 이어지거나, 작은 시스템 오류들이 복합적으로 작용하여 전체 IT 시스템 마비를 초래하는 경우 등이 이에 해당합니다.

결론적으로, 창발 리스크는 매크로 스케일에서부터 마이크로 스케일에 이르기까지 다양한 층위에서 발생하며, 이들은 서로 영향을 주고받으며 증폭될 수 있습니다. 이러한 다층적인 이해는 리스크 관리의 복잡성을 가중시키지만, 동시에 더 정교한 대응 전략을 수립하는 데 필수적인 관점을 제공합니다.

2. 프로세스 기반 리스크와 창발 리스크의 차이

전통적인 리스크는 비교적 예측 가능하고, 원인과 결과가 명확하며, 과거의 데이터와 경험을 바탕으로 분석하고 관리할 수 있는 위험을 말합니다. 예를 들어, 시장 변동성, 금리 인상, 원자재 가격 상승, 특정 설비 고장, 인력 이탈 등은 과거의 통계와 모델을 통해 발생 확률과 잠재적 영향을 어느 정도 산정할 수 있습니다. 이러한 리스크는 '알려진 미지(known unknowns)'의 영역에 속하며, 정형화된 리스크 관리 프로세스와 통제 메커니즘을 통해 효과적으로 대응할 수 있었습니다.

그러나 창발 리스크는 이러한 전통적인 리스크의 범주를 넘어섭니다. 그 근원적인 차이는 다음과 같습니다.

예측 불가능성: 창발 리스크는 과거의 패턴이나 데이터로는 예측하기 어렵습니다. 이는 '알려지지 않은 미지(unknown unknowns)'의 영역에 가깝습니다.

비선형성: 원인과 결과가 직접적이고 비례적이지 않습니다. 작은 변화나 사소한 사건이 복잡한 상호작용을 거쳐 예상치 못한 거대한 파급 효과를 일으킬 수 있습니다.

복합성 및 상호 연결성: 단일 원인으로 발생하는 것이 아니라, 여러 요인이 복합적으로 얽히고설켜 발생하며, 한 분야의 리스크가 다른 분야로 빠르게 전이되고 증폭되는 특성을 가집니다.

비가시성: 초기에는 그 징후가 미미하거나 전혀 감지되지 않아 위험으로 인식하기 어렵습니다. 수면 아래에서 서서히 형성되다가 어느 순간 갑자기 수면 위로 솟아오르는 경향이 있습니다.

급진성과 파급력: 일단 발현되면 매우 빠른 속도로 확산되며, 통제하기 어려운 광범위한 영향을 미칠 수 있습니다.

예를 들어, 과거에는 특정 기업의 재무 리스크가 해당 기업에 국한되는 경향이 강했지만, 현대에는 SNS를 통한 평판 리스크가 순식간에 확산되어 기업의 존립을 위협하거나, 특정 기술의 오용이 사회 전체의 윤리적 문제로 비화되는 등 창발 리스크의 양상이 더욱 복합적이고 광범위해지고 있습니다.

3. 왜 창발 리스크에 주목해야 하는가

우리가 '예측 불가능성의 시대' 또는 'VUCA 시대'라고 부르는 오늘날, 창발 리스크에 대한 이해와 대응은 조직의 생존과 성장을 위한 필수 역량이 되었습니다. 이는 과거의 성공 방정식이나 리스크 관리 모델이 더 이상 유효하지 않기 때문입니다.

창발 리스크에 주목해야 하는 첫째 이유는 발현 시 조직의 핵심 역량을 마비시키고 존립을 위협할 수 있는 파괴적인 영향력 때문입니다. 둘째, 이는 단순히 위협이 아니라 새로운 기술이나 사회 변화 속에서 기회 요인과 연결되기도 하여, 조기 감지 능력은 위협 회피를 넘어 새로운 시장 개척의 기회로 이어질 수 있습니다. 셋째, '알려진 위험'에 초점을 맞춘 전통적 리스크 관리 방법론으로는 창발 리스크를 포착하거나 그 영향력을 과소평가하는 한계가 명확해졌기 때문입니다.

결론적으로, 창발 리스크는 새로운 위협이자 동시에 새로운 기회를 발견할 수 있는 잠재적 영역이며, 예측 불가능한 미래에 대비하여 지속 가능한 성장을 이루기 위해서는 그 근원을 이해하고 선제적이고 유연한 대응 전략을 수립하는 것이 무엇보다 중요합니다.

4. 창발성 발현 환경의 혁명적 변화

불과 30년 전인 1990년대 중반과 현재 2020년대 중반의 경영 환경은 상상하기 어려울 정도로 변화했습니다. 이 극적인 변화는 조직이 직면하는 리스크의 근원까지도 뒤바꿔 놓았으며, 이제 '창발 리스크'에 대한 체계적인 관리는 선택이 아닌 필수가 되었습니다. 특히, 30년 전에 제정된 프로세스 중심의 리스크 관리나 내부통제 운영 체계로서는 더 이상 이러한 변화된 환경의 위험을 감당할 수 없는 상황에 이르렀습니다. 과거에는 예측 가능했던 위험조차도 오늘날에는 예측 불가능한 방식으로 솟아오르는 '창발'의 영역으로 편입되고 있습니다.

[표065] 창발성 발현 환경의 혁명적 변화

경영의 초점	피터드러커 1954년 경영의 실제 "측정하지 않으면 관리할 수 없다" → 1950년대 제조업 중심 통계적QC → 1995년 GE 잭월치 6시그마 주도		
	COSO 내부통제 프레임웍(ICIF) → 1992년 제정/ 2013년 개정		
구분	30년 전(1990년대 중반)	현재(2020년대 중반)	창발성 발현 조건의 변화
산업 구조	제조업 중심: 인간 노동력이 중요 대량 생산, 효율성 중시 수직 계열화된 공급망	서비스, 지식 기반 산업 중심: 자동화, AI, 플랫폼 경제 확산 유연성, 혁신, 고객 경험 중시 글로벌 가치 사슬	제조업 중심에서 서비스/지식 기반 산업으로 전환 이는 인적 자본의 역할 변화, 비즈니스 모델 혁신, 가치 창출 방식 변화를 의미하며, 새로운 유형의 창발성과 리스크 발생 가능성을 높임
정보 환경	정보량 적음, 접근성 제한적(책, 신문, TV, 라디오) 특정 분야 전문 정보 획득 어려움 정보 확산 속도 느림	정보량 기하급수적 증가, 접근성 매우 높음(인터넷, 스마트폰, 소셜 미디어, 빅데이터) 다양한 분야 전문 지식/데이터 쉽게 획득 정보 확산 속도 매우 빠름	아이디어 결합 및 새로운 패턴 발견 가능성 증대 정보 과잉 및 신뢰성 문제 발생 의미 있는 정보 식별 및 연결 능력 중요
상호 작용 방식/ 범위	대면 만남, 유선 전화, 팩스, 우편 등 물리적 방식 의존 지리적 제한 즉각적 협업/정보 공유 어려움	온라인 플랫폼(SNS, 메신저, 화상 회의, 온라인 커뮤니티) 활용 시공간 제약 없이 실시간 소통/협업 가능 다양한 배경/지식/경험 가진 사람들 쉽게 연결	네트워크 효과'를 통한 창발성 중요 집단 지성 형성, 오픈 소스 프로젝트 등 새로운 협력 모델 등장
다양성/ 아이디어 결합	접할 수 있는 아이디어/관점 제한적 특정 분야 내 지식 공유/협업 중심	글로벌화/온라인 연결성 증대로 다양한 문화/배경/분야 아이디어 접할 기회 증가 이질적 아이디어/관점 충돌/결합 용이	아이디어 간 '교차 지점'에서의 결합 용이성 증대 창발성 원동력 강화
기술적 도구	데이터 분석/시뮬레이션 도구 미발달 복잡한 데이터 처리 및 패턴 발견에 한계	빅데이터 분석, AI, 머신러닝, 복잡계 모델링 등 기술 도구 발전 방대한 데이터 분석 및 복잡 시스템 시뮬레이션 가능	인간 직관과 함께 기술적 분석 도구 활용하여 새로운 통찰 획득 가능 창발적 아이디어 발견 및 검증 방식 변화
조직/사회 구조	위계적/경직적 구조 정보 흐름 제한, 의사결정 느림 아이디어 흐름 및 실험 제약	수평적 소통, 민첩한(Agile) 조직 구조 시도 유연 근무, 자율적 팀 운영 가능 아이디어 실험 및 피드백 반영 용이 개인 다양성/창의성 존중 분위기	아이디어 흐름 및 실험 과정 촉진 창발성 나타날 수 있는 물리적/문화적 환경 개선 실패를 두려워하지 않는 문화 중요

우리가 '예측 불가능성의 시대'라 부르는 오늘날, 지난 30년간의 근본적인 환경 변화는 창발 리스크를 폭발적으로 증가시켰습니다. 제조업 중심에서 자동화, AI, 플랫폼 경제 기반의 지식 산업으로의 전환과 빅데이터, 머신러닝 등 기술 도구의 발전은 새로운 유형의 창발성과 리스크를 낳았습니다.

정보량의 기하급수적 증가와 초연결성(인터넷, 소셜 미디어)은 아이디어의 결합과 확산 속도를 상상 이상으로 빠르게 만들었으며, 이는 긍정적 창발과 동시에 가짜뉴스 확산 같은 부정적 창발의 파급력 또한 증대시켰습니다. 또한, 글로벌화로 인한 아이디어 다양성 증대와 위계적 조직에서 유연한 구조로의 변화는 혁신을 가속화하지만, 동시에 예상치 못한 복합 리스크와 통제의 어려움을 동반합니다.

결론적으로, 산업, 정보, 상호작용, 기술, 조직 구조의 변화는 창발성 발현 조건을 근본적으로 바꾸어 놓았습니다. 이제 조직은 예측 불가능하게 솟아오르는 위협에 상시적으로 노출되어 있으므로, 창발 리스크 관리 역량을 갖추는 것이 생존과 지속 가능한 성장을 위한 절대적인 필수가 되었습니다.

제2절 | 창발현상과 통제 방안

1. 일상생활에서의 창발현상

고속도로 정체, 갑자기 전 세계를 휩쓰는 유행, 콘서트장에서 나도 모르게 폭발하는 에너지. 이 모든 것이 바로 '창발 현상'입니다. 이는 개별 요소들이 단순한 규칙에 따라 움직였을 뿐인데, 복잡한 상호작용을 통해 예상치 못한 새로운 특성이나 행동 패턴이 돌연히 솟아나는 것을 의미합니다. 개별 요소의 특성만으로는 전체 시스템의 행동을 예측하기 어렵다는 점에서 '부분의 합보다 큰 전체'라는 특성을 가집니다. 긍정적일 수도, 부정적일 수도 있으며, 예측하기 어렵다는 점에서 흥미로우면서도 때로는 리스크와 연결됩니다.

특히 부정적인 창발 현상은 조직이나 사회에 심각한 위협이 될 수 있어, 이를 이해하고 관리하는 것이 중요합니다. 이러한 창발 현상은 복잡계 이론의 핵심 개념으로, 자연 현상부터 사회 시스템에 이르기까지 광범위하게 관찰됩니다. 단순한 인과 관계로 설명하기 어려운 예측 불가능성이 특징이며, 이는 리스크 관리의 새로운 도전 과제로 떠오르고 있습니다.

이제 우리 주변의 흥미로운 창발 현상들을 함께 살펴보겠습니다.

[표066] 생활 속의 창발 현상

현상	구성 요소	개별 요소의 단순 규칙	상호 작용	창발 현상
차량 정체 (특히 유령 정체)	개별 차량 (운전자)	앞차와의 안전 거리 유지, 속도 조절, 브레이크/가속, 차선 변경 등	운전자들이 서로의 움직임(속도, 거리)에 반응하며 브레이크 파동 등이 뒤로 전달(피드백 루프)	사고나 장애물 없이도 특정 구간에서 차량 흐름이 멈췄다 가기를 반복하는 정체 파동 발생(개별 운전자의 의도나 능력으로 설명 불가)
SNS 유행 (밈, 챌린지, 특정 정보 확산)	개별 사용자, 콘텐츠	관심 있는 콘텐츠에 반응 (좋아요, 공유, 댓글), 자신의 생각/경험 게시	사용자들이 콘텐츠를 공유하고 반응하며 정보가 빠르게 확산. 알고리즘이 사용자 반응 기반 콘텐츠 추천(피드백 루프)	특정 이미지, 문구, 영상 등이 예상치 못한 속도로 퍼져나가 사회적 유행(트렌드) 형성(소수의 의도만으로 제어 불가)
새떼의 환상적인 군무	개별 새	옆 친구와 너무 멀어지지 않기, 충돌 피하기, 옆 친구와 속도 맞추기	단순 규칙들이 수많은 새들 사이에서 복잡하게 상호작용	지휘자 없이도 마치 한 폭의 그림 같은 아름답고 복잡한 패턴의 군무 형성(개별 새의 합 이상)

스포츠 경기장/ 콘서트장의 압도적인 분위기	개별 관중	선수/공연자 응원, 환호, 박수, 야유 등 감정 표현	주변 관중의 행동, 소리, 에너지에 동조하며 집단적으로 반응(모방 및 동조 심리)	개개인의 단순한 감정 표현이 합쳐져 경기장 전체를 압도하는 열광적이거나 긴장감 넘치는 분위기 형성(개인의 합 이상)
도시 특정 거리의 '힙'한 변신 또는 침체	개별 상점 주인, 거주민, 젊은이, 작은 카페 등	독특한 시도, 자발적인 모임, 소셜 미디어를 통한 입소문, 우연한 개업 등	이 요소들이 서로 영향을 주고받으며, 특정 거리가 '힙'한 명소로 변모하거나 활력을 잃고 쇠퇴	계획만으로는 통제하기 어려운 도시의 생명력과 같은, 특정 지역의 자발적인 활성화 또는 침체 현상

우리 주변에는 개별 요소들의 단순한 행동이 모여 예상치 못한 거대한 결과를 만들어 내는 '창발 현상'이 곳곳에 숨어 있습니다.

도로 위 유령 정체: 운전자 각자가 안전거리를 지키며 브레이크를 밟는 단순한 행동들이 파동처럼 전달되어, 사고 없이도 고속도로가 막히는 현상입니다.

SNS 밈(Meme) 대확산: '좋아요'나 공유 같은 소소한 클릭들이 알고리즘과 결합하여, 특정 콘텐츠가 예상치 못한 속도로 퍼져나가 사회적 유행을 만듭니다.

새떼의 환상적인 군무: 각 새들이 '옆 친구와 부딪히지 않기' 등 단순한 규칙만 따르는데도, 전체적으로는 마치 지휘자가 있는 듯한 아름답고 복잡한 군무가 펼쳐집니다.

스포츠 경기장/콘서트장의 압도적인 분위기: 개별 관중의 응원과 환호가 주변에 동조하며 합쳐져, 개인의 합을 훨씬 뛰어넘는 열광적인 집단 에너지가 형성됩니다.

도시 특정 거리의 '힙'한 변신: 개별 상점의 독특한 시도, 입소문, 작은 카페 등이 우연히 모여들어, 계획 없이도 특정 거리가 인기 명소로 '창발'되거나 쇠퇴하기도 합니다.

이처럼 창발 현상은 개별 요소들의 단순한 행동이 복잡하게 상호 작용하며 예상치 못한 새로운 특성이나 행동 패턴이 솟아나는, 복잡계 세상의 흥미로운 마법입니다.

2. 복잡계에서의 창발 현상

우리는 '복잡계'라는 거대한 시스템 속에 살고 있습니다. 인간의 뇌부터 거대한 주식 시장, 그리고 우리 몸속의 면역 체계까지, 이 모든 복잡계는 수많은 개별 구성 요소들이 각자의 단순한 규칙에 따라 움직이며 서로 영향을 주고받습니다. 그런데 이 단순한 움직임들이 모여 예상치 못한, 때로는 경이로운 '창발 현상'을 만들어 내곤 합니다.

그럼 복잡계 속의 흥미로운 창발 현상들을 함께 살펴보겠습니다.

[표067] 복잡계 속의 창발 현상

복잡계	개별 구성 요소	개별 요소의 단순 규칙	상호 작용	창발 현상
뇌	뉴런	1. 특정 수준 이상 자극 시 활성화 2. 시냅스를 통해 신호 전달 3. 신호 전달 강도는 학습/경험 따라 변화	뉴런들이 시냅스를 통해 복잡한 네트워크 형성. 전기화학적 신호 지속적으로 주고받음. 시냅스 연결 강도가 변화하면서 학습과 기억이 이루어짐	의식, 사고, 감정, 기억, 학습 능력, 창의성
면역 체계	면역 세포 (T세포, B세포 등), 항원	1. 면역 세포는 항원 인식 및 공격 2. B세포는 항체 생성 3. 면역 기억 형성	면역 세포들은 항원을 만나면 활성화되어 증식하고 공격. B세포는 항체를 생성하여 항원 제거. 일부 면역 세포는 기억 세포로 남아 다음 침입에 대비. 복잡한 신호 전달 체계를 통해 면역 반응 조절	질병으로부터 신체 보호, 자가 면역 질환, 알레르기
개미 군집	개미 한 마리	1. 페로몬 남기기 2. 페로몬 따라가기 3. 페로몬 농도 진한 길 선호 4. 장애물 회피	개미들이 페로몬을 남기고, 다른 개미들이 그 페로몬을 따라가는 과정 반복. 페로몬 농도에 따라 경로 선택이 강화되는 피드백 루프 형성	최단 경로 탐색, 효율적인 식량 운반, 복잡한 개미집 건설
주식 시장	주식 거래자, 기업 정보, 뉴스	1. 거래자는 이익 극대화 위해 주식 매매 2. 기업은 실적에 따라 정보 공개 및 배당 결정 3. 뉴스는 시장 참여자 판단에 영향	거래자들이 서로 다른 정보 바탕으로 매수/매도 주문. 주문 체결 통해 가격 결정. 가격 변동은 다시 거래자들의 투자 심리에 영향. 긍정적/부정적 피드백 루프 형성	가격 결정, 자원 배분, 시장 추세 (강세/약세), 거품, 폭락
기업	직원, 부서, 경영진, 주주	1. 직원은 업무 규칙 및 절차 준수 2. 부서는 목표 달성 위해 협력/경쟁 3. 경영진은 전략 결정 및 자원 배분 4. 주주는 투자 수익 추구	직원들은 서로 소통하고 협력/경쟁하며 정보 교환. 부서들은 자원 할당 두고 경쟁. 경영진은 시장 변화에 따라 전략 수정. 주주들은 경영 성과에 따라 투자 결정.	조직 문화, 혁신, 생산성, 시장 점유율, 기업 평판, 위기 관리 능력
공공 기관	공무원, 부서, 시민, 정부	1. 공무원은 법규 준수 및 공공 서비스 제공 2. 부서는 정책 목표 달성 위해 협력/경쟁 3. 정부는 예산 배정 및 정책 결정 4. 시민은 서비스 이용 및 의견 제시	공무원들은 법규 따라 업무 처리 및 민원 처리. 부서들은 예산 확보 위해 경쟁. 정부는 여론 수렴하여 정책 결정. 시민들은 서비스 평가, 의견 제시.	정책 효과, 공공 서비스 품질, 시민 만족도, 투명성, 책임성, 부패 수준

복잡계에서 나타나는 '창발 현상'은 개별 요소들의 단순한 규칙과 상호작용이 모여, 개별 요소만으로는 설명할 수 없는 새롭고 고차원적인 특성이나 행동이 나타나는 현상을 의미합니다. 이는 예상치 못하고 때로는 경이로운 결과를 만들어 내며, 우리 주변 곳곳에서 관찰할 수 있습니다.

예를 들어, 뇌 속의 수십억 개 뉴런들이 특정 자극에 활성화되고 시냅스를 통해 신호를 주고받는 단순한 활동이 모여 '의식', '사고', '감정', '기억', '학습 능력', '창의성'과 같은 고차원적인 현상을 창발합니다. 면역 체계 또한 면역 세포들이 항원을 인식하고 공격하며 항체를 생성하는 복잡한 상호작용을 통해 질병으로부터 스스로를 보호하는 '면역'이라는 놀라운 방어 능력을 발현합니다.

또한, 개미 군집은 개미 한 마리가 페로몬을 남기고 따라가는 단순한 규칙을 따르지만, 수많은 개미들이 이 규칙을 반복하며 '최단 경로 탐색'이나 '복잡한 개미집 건설'과 같은 집단행동을 창발해 냅니다. 주식 시장에서는 개별 거래자들이 이익 극대화를 위해 주식을 사고파는 단순한 행동과 정보 반응, 투자 심리 변화가 어우러져 '시장 추세', '거품', '폭락'과 같은 거대한 시장 현상이 나타납니다.

나아가, 기업은 직원, 부서, 경영진, 주주 등 다양한 구성 요소들이 업무 규칙을 준수하고 협력하며 정보를 교환하는 상호작용 속에서 '조직 문화', '혁신', '생산성', '기업 평판'과 같은 고유한 특성들을 창발합니다. 마찬가지로 공공 기관 또한 공무원, 부서, 시민, 정부 등 다양한 요소들이 법규 준수, 서비스 제공, 정책 결정, 의견 제시 등의 복잡한 상호작용을 통해 '정책 효과', '공공 서비스 품질', '시민 만족도', '투명성', '책임성'과 같은 중요한 특성들을 만들어 냅니다.

이처럼 복잡계의 창발 현상은 개별 구성 요소의 합을 넘어선 전체 시스템의 독특한 특성을 형성하며, 우리가 살아가는 세상을 더 깊이 이해하는 데 중요한 통찰을 제공합니다.

3. 공공부문 마이크로 창발 리스크

'마이크로 창발 리스크'는 매뉴얼대로 업무를 처리해도 문제가 발생하거나, 직원 간의 미묘한 상호작용으로 조직 전체에 무기력한 기운이 감돌거나, 특정 정보가 순식간에 확산되어 혼란을 야기하는 등, 조직 내부의 미세한 상호작용에서 발생하는 예측 불가능한 현상들을 의미합니다. 이는 외부의 거대한 파도와 같은 '매크로 창발 리스크'와 달리, 조직 내부에서 '솟아나는' 특성을 가집니다. 공공기관에서도 이러한 마이크로 창발 리스크를 흔히 마주할 수 있습니다.

[표068] 공공부문 마이크로 창발 리스크

영역	공공부문에서의 마이크로 창발적 현상		식별 리스크(공공기관)
혁신/전략	자발적인 정책 개선	현장 공무원, 시민들의 의견, 기술 변화 등이 상호작용하며 비공식적으로 더 효율적이거나 시민 친화적인 정책 실행 방식/아이디어가 나타남.	· 비공식 실행 방식의 비표준화 및 일관성 부족 · 공식적인 정책과의 괴리로 인한 혼란 · 예상치 못한 부작용 발생 · 정책 결정권자 인지 부족으로 인한 기회 상실
	공직 가치의 혼란 및 재정립	공직 수행 과정에서 외부 환경 변화, 세대 차이, 다양한 가치관 충돌 등으로 인해 공직 가치에 대한 기존의 기준이 흔들리거나 새로운 가치관이 형성됨.	· 공직자 행동 기준의 불명확성 · 업무 수행의 일관성 부족 · 대국민 신뢰 저하 · 내부 갈등 심화 · 부정부패 가능성 증대

조직 문화/인적 자원	집단 무기력증 또는 과도한 관행	과거의 실패 경험, 경직된 시스템, 반복되는 비효율 등으로 인해 구성원들이 자발적인 노력을 포기하거나, 비효율적인 관행이 당연시되는 분위기가 형성됨.	· 업무 효율성 및 생산성 저하 · 혁신 저해 및 변화에 대한 저항 심화 · 시민 만족도 하락 · 청렴도 저하 가능성
	철밥통/연공서열 문화 고착화	능력이나 성과보다는 근속 연수나 기존 지위가 중요시되고, 변화나 혁신 노력의 동기가 약화되는 현상.	· 조직 역량 저하 · 유능한 인력 이탈 · 무사안일주의 확산 · 공공 서비스 품질 개선 지연
정보/지식	오픈 데이터 활용 및 시민 참여 기반 지식 창출	공공 데이터 개방, 시민 제안 시스템 등을 통해 민간 및 시민의 집단 지성이 정책 결정이나 서비스 개선에 필요한 새로운 정보를 생성함.	· 개방 데이터의 오류 또는 편향성 리스크 · 수렴된 의견의 대표성/신뢰성 문제 · 악의적인 목적의 정보 생성 가능성 · 정책 결정 과정의 복잡성 증대
	가짜 뉴스 및 왜곡된 정보 확산	소셜 미디어 등 다양한 채널을 통해 검증되지 않거나 의도적으로 왜곡된 정보가 빠르게 확산되어 정책 집행 또는 기관 운영에 영향을 미침.	· 정책 효과 저해 · 대국민 신뢰 손상 · 사회적 혼란 및 갈등 유발 · 비효율적인 대응 자원 낭비
운영/프로세스	비공식적인 업무 처리 방식	공식적인 매뉴얼이나 절차와 달리, 현장에서 직원들 간의 비공식적인 합의나 편의에 따라 업무를 처리하는 방식이 형성됨.	· 업무 처리의 비일관성 및 불공정성 · 감사 추적의 어려움 · 규정 위반 가능성 증가 · 문제 발생 시 책임 소재 불분명
	조직 구조 변화에 따른 비효율	기능별/팀별 조직 개편, 민관 협력 확대 등 조직 구조의 변화 과정에서 예상치 못한 소통 단절, 책임 공백, 중복 업무 등이 발생함.	· 정책 집행의 비효율성 · 예산 낭비 · 직원 혼란 및 사기 저하 · 대민 서비스 질 저하
평판/외부 관계	대국민 신뢰 수준 변화	언론 보도, 소셜 미디어 여론, 공직자 행동 등이 복합적으로 작용하여 기관 또는 공공 부문 전반에 대한 대국민 신뢰 수준이 예상치 못하게 변화함.	· 정책 추진 동력 약화 · 국민 협조 부족으로 인한 행정 효율 저하 · 정치적 정당성 약화 · 사회적 갈등 심화
	시민 사회/이익 집단의 예상치 못한 저항	특정 정책이나 사업 추진에 대해 개별 집단들의 상호작용 및 정보 공유를 통해 예상치 못한 강력한 반대 운동이나 집단 행동이 나타남.	· 정책/사업 추진 지연 또는 철회 · 행정 비용 증가 · 사회적 갈등 심화 · 정책 신뢰도 하락

첫째, 혁신과 전략 측면에서는 현장의 자발적인 정책 개선 시도가 비공식적인 실행으로 인해 일관성을 저해하거나 혼란을 야기할 수 있으며, 급변하는 환경 속 공직 가치의 혼란은 공직자의 행동 기준을 불명확하게 만들어 신뢰 저하와 내부 갈등을 초래할 수 있습니다.

둘째, 조직 문화와 인적 자원 측면에서는 과거의 실패나 경직된 시스템으로 인한 '집단 무기력증'이 업무 효율성과 혁신을 저해하고 시민 만족도 하락으로 이어질 수 있습니다. 또한, 능력보다 연공서열이 중시되는 문화는 유능한 인력 유출과 공공 서비스 품질 저하를 야기할 수 있습니다.

셋째, 정보와 지식 측면에서는 오픈 데이터 활용이나 시민 참여를 통한 지식 창출이 긍정적이지만, 데이터의 오류나 왜곡된 정보, 심지어 가짜 뉴스의 확산은 정책 효과를 저해하고 대국민 신뢰를 손상시키며 사회적 혼란을 야기할 수 있습니다.

넷째, 운영과 프로세스 측면에서는 공식적인 매뉴얼과 다른 비공식적인 업무 처리 방식이 비일관성, 불공정성, 책임 소재 불분명을 초래할 수 있으며, 조직 구조 변화 과정에서 예상치 못한 소통 단절이나 중복 업무가 발생하여 정책 집행의 비효율성과 대민 서비스 질 저하로 이어질 수 있습니다.

마지막으로, 평판과 외부 관계 측면에서는 언론 보도나 여론 등에 따라 대국민 신뢰 수준이 예상치 못하게 변화하여 정책 추진 동력을 약화시키거나, 시민 사회 및 이익 집단의 예상치 못한 강력한 저항이 정책 지연이나 사회적 갈등을 심화시킬 수 있습니다.

이처럼 공공기관 내부의 미세한 상호작용과 외부 환경과의 복잡한 관계 속에서 다양한 마이크로 창발 리스크들이 끊임없이 '솟아나고' 있습니다. 예측 불가능한 시대에 공공기관이 지속적으로 발전하고 국민의 신뢰를 얻기 위해서는 이러한 현상들을 조기에 인지하고 효과적으로 관리하는 것이 핵심적인 과제입니다.

4. 기업의 마이크로 창발 리스크

기업은 끊임없이 변화하고 성장하는 살아 있는 유기체와 같습니다. 수많은 직원들, 부서들, 프로세스들이 각자의 역할을 수행하며 거대한 목표를 향해 나아가죠. 그런데 때로는 아무도 의도하지 않았지만, 이 미세한 요소들의 상호작용 속에서 예상치 못한 새로운 현상들이 '솟아나는' 경우가 있습니다. 이것이 바로 마이크로 창발 리스크입니다. 이는 개별적인 문제로 보이지 않지만, 내부 요소들의 복합적인 작용으로 인해 발생하는, 국지적이지만 파급력이 큰 위험을 의미합니다. 단일 원인으로 설명하기 어렵고, 예측 및 통제가 쉽지 않다는 특징을 가집니다.

기업에서 우리가 종종 마주할 수 있는 마이크로 창발 리스크들을 함께 살펴보겠습니다.

[표069] 기업 마이크로 창발 리스크

영역	기업에서의 창발적 현상		식별 리스크(기업)
혁신/전략	예상치 못한 사업 모델 등장	시장 변화, 기술 융합, 고객 피드백 등이 복합적으로 작용하여 계획에 없던 새로운 수익 모델이나 사업 방식이 자연스럽게 나타남.	· 기존 사업의 잠식 · 새로운 모델에 대한 통제/관리 시스템 부재 · 관련 법규/규제 미비로 인한 리스크 발생 · 핵심 역량 분산 위험
	전략적 표류 (Strategic Drift)	의도하지 않았지만 일상적인 의사결정 및 시장 반응이 누적되어 초기 전략 방향과 다른 방향으로 조직의 전략이 변화함.	· 핵심 경쟁력 상실 · 자원 낭비 · 시장 기회 상실 · 내부 구성원의 혼란 및 사기 저하
평판/ 외부 관계	바이럴 효과 (Viral Effect)	소셜 미디어 등을 통해 특정 정보나 평판이 예측 불가능한 속도로 확산되어 기업 이미지에 긍정적 또는 부정적 영향을 미침.	· 통제 불가능한 평판 손상 또는 개선 · 위기 대응 실패 시 파급 효과 증대 · 마케팅/홍보 활동의 예측 불가능성 증가
	기존 고객/사용자의 집단 반발	제품/서비스 변경, 가격 인상 등에 대해 개별적으로는 작은 불만이 집단적인 상호작용을 통해 예상치 못한 규모의 반발로 확산됨.	· 매출 급감 · 브랜드 이미지 손상 · 소송 위험 · 신규 고객 확보 어려움
조직 문화/ 인적 자원	비공식 네트워크 형성	부서, 직급과 무관하게 개인 간 친분, 공유된 관심사 등에 따라 비공식적인 소통 채널이나 그룹이 형성됨.(긍정/부정적 모두 가능)	· 공식적인 정보 전달 체계 우회 · 루머 확산 및 잘못된 정보 공유 · 특정 그룹 내 파벌 형성 및 부서 간 장벽 강화 · 긍정적 네트워크 활용 부재 시 혁신 저해
	사일로 현상 심화	부서/팀 간의 정보 공유 및 협업이 저해되고 각자 고립되어 자신들의 목표에만 집중하는 현상이 강화됨.(공식적 조직 구조와 별개로 나타날 수 있음)	· 의사 결정 오류 · 자원 낭비 및 비효율 증대 · 고객 경험 일관성 저하 · 위기 발생 시 부서 간 책임 전가
정보/지식	집단 지성 발현	다양한 배경을 가진 구성원들이 상호작용하며 개별적으로는 생각하기 어려운 창의적인 아이디어나 문제 해결 방식이 나타남.	· 아이디어 실행을 위한 자원/지원 체계 미비 시 기회 상실 · 통제되지 않은 아이디어 확산으로 인한 혼란 · 집단 사고(Groupthink)의 함정에 빠질 위험
	정보 과부하 및 필터 버블	정보가 폭증하고 개인별 맞춤 정보 제공이 강화되면서 구성원들이 중요한 정보를 놓치거나 특정 관점에만 매몰되는 현상.	· 의사 결정 오류 및 비효율 · 조직 내 정보 비대칭 심화 · 변화에 대한 둔감성 · 소통 단절 및 갈등 유발
운영/ 프로세스	쉐도우 IT (Shadow IT)	공식적인 승인 절차 없이 부서/개인이 업무 효율을 위해 비공식적으로 IT 솔루션이나 시스템을 도입/활용하는 현상.	· 보안 취약성 증가 · 시스템 간 비호환성 발생 · 데이터 관리의 어려움 · 규정 준수 문제 발생
	예상치 못한 병목 현상	여러 프로세스 단계와 자원의 상호작용 결과, 개별 단계의 문제로는 예측할 수 없었던 새로운 병목 현상이 시스템 전반에서 발생함.	· 생산성 저하 및 비용 증가 · 고객 불만 증가 · 납기 지연 또는 서비스 지연 · 자원 배분의 비효율성

먼저, 혁신과 전략 측면에서는 시장 변화와 고객 피드백 속에서 예상치 못한 새로운 사업 모델이 나타나 기존 사업을 잠식하거나 통제 시스템 부재로 혼란을 야기할 수 있으며, 일상적인 의사결정이 누적

되어 기업의 전략이 의도치 않은 방향으로 서서히 변화하는 '전략적 표류'가 발생하여 핵심 경쟁력 상실과 자원 낭비를 초래할 수 있습니다.

다음으로, 평판과 외부 관계에서는 소셜 미디어를 통한 정보 확산이 긍정적인 '바이럴 효과'를 가져오기도 하지만, 부정적인 정보가 통제 불가능하게 퍼져나가 기업 평판에 치명적인 손상을 입힐 수 있습니다. 또한, 제품이나 서비스 변경에 대한 개별 고객들의 작은 불만이 집단적 상호작용을 통해 예상치 못한 규모의 반발로 확산되어 매출 급감이나 브랜드 이미지 손상을 야기하기도 합니다.

조직 문화와 인적 자원 영역에서는 공식 채널을 우회하는 비공식 네트워크가 형성되어 정보 공유를 촉진할 수도 있지만, 루머 확산이나 파벌 형성으로 이어질 리스크가 있습니다. 더불어, 부서 간 정보 공유와 협업이 저해되고 각자의 목표에만 집중하는 '사일로 현상'이 심화되면 의사 결정 오류와 비효율이 증대될 수 있습니다.

정보와 지식 측면에서는 다양한 배경을 가진 구성원들의 상호작용으로 창의적인 아이디어가 발현되는 '집단 지성'이 혁신 동력이 되지만, 아이디어 실행 지원 부족이나 '집단 사고'의 함정에 빠질 위험도 있습니다. 또한, 정보의 폭증과 맞춤형 정보 제공으로 인한 '정보 과부하'나 '필터 버블'은 중요한 정보 누락, 의사 결정 오류, 그리고 소통 단절을 유발할 수 있습니다.

마지막으로, 운영과 프로세스에서는 공식 승인 없이 비공식적으로 IT 솔루션을 도입하는 '쉐도우 IT'가 당장의 효율을 높일 수 있으나 보안 취약성을 증가시키고, 여러 프로세스 단계의 상호작용 결과 개별 문제로는 예측할 수 없었던 '병목 현상'이 발생하여 생산성 저하와 고객 불만을 야기할 수 있습니다.

이처럼 기업은 복잡한 내부 상호작용과 외부 환경과의 관계 속에서 다양한 마이크로 창발 리스크에 직면하게 됩니다. 이러한 현상들을 조기에 인지하고 유연하게 대응하는 것이 기업의 지속적인 성장과 위기 관리 능력에 매우 중요합니다.

5. 일상생활 창발 리스크 통제 방안 예시

우리 일상에서 경험하는 다양한 현상 중에는 개별 요소들의 단순한 상호작용이 모여 예측 불가능해 보이는 결과를 만들어 내는 '마이크로 창발 리스크'가 존재합니다. 이러한 리스크는 특정 개인이나 작은 집단의 행동이 예상치 못한 파급 효과를 일으키며 사회 전반에 영향을 미칠 수 있습니다. 이러한 현상들은 겉으로 보기에 통제하기 어려워 보이지만, 그 발생 원리를 이해하고 적절한 통제 방안을 적용함으로써 충분히 관리될 수 있습니다.

[표070] 일상생활 속 창발 리스크 통제 방안 예시

현상	발생 가능한 리스크(창발적 결과)	통제 방법(리스크 완화 및 긍정적 창발 촉진)
차량 정체 (특히 유령 정체)	· 운전자 피로도 증가 및 안전 운전 방해 · 사고 발생 위험 증가 · 불필요한 연료 소비 및 대기 오염 악화 · 통행 시간 예측 불가능성 증대 및 사회/경제적 비용 증가 · 운전자 간 분노 및 공격적 운전 유발	· 운전자 교육 강화(안전 거리 확보, 급제동/급가속 자제) · 스마트교통시스템(교통량모니터링,신호제어최적화) · 차간 거리 자동 조절 기술(ACC) 보급 확대 · 대중교통 이용 활성화 및 교통 수요 관리 · 정체 구간 정보 실시간 제공
SNS 유행 (밈, 챌린지, 특정 정보 확산)	· 허위 정보, 가짜 뉴스의 빠른 확산으로 인한 사회적 혼란 · 특정 개인/집단에 대한 사이버 폭력 및 평판 훼손 · 유해 콘텐츠 확산(도박, 혐오 표현 등) · 집단 사고(Groupthink) 또는 편향된 여론 형성 · 개인정보 유출 위험 증가(챌린지 참여 등) · 단기적인 트렌드 추종, 비본질적인 가치 소비 확산	· 플랫폼 차원의 알고리즘 개선(유해 콘텐츠 필터링) · 사용자 대상 미디어 리터러시 교육 · 허위 정보 신고 및 삭제 절차 강화 · 익명성 기반 악성 댓글/게시물에 대한 법적/기술적 대응 · 다양한 관점의 정보에 노출될 수 있는 기능 제공 · 개인정보 보호 가이드라인 제시
스포츠 경기장/콘서트장의 분위기	· 과도한 흥분으로 인한 안전사고 발생 위험(압사 등) · 타인에 대한 공격적인 행동(폭력, 야유) · 질서 문란 및 소음 공해 · 부정적인 분위기 확산 시 선수/공연자에게 악영향 · 예상치 못한 집단 행동으로 인한 통제 어려움	· 안전 관리 인력 및 시스템 강화(인파 통제, 비상구 확보) · 안전 수칙 및 에티켓 교육/홍보 · 과도한 행동에 대한 제재(퇴장 등) · 긍정적인 응원 문화 캠페인 · 관중의 움직임/밀집도 실시간 모니터링 시스템 활용 · 비상 상황 발생 시 대피 절차 명확화
시장 유행 (패션, 상품 인기)	· 단기적인 유행 추종으로 인한 불필요한 소비 및 낭비 · 유행에 뒤처지는 것에 대한 심리적 압박 · 유행 산업 예측 불가능성, 기업의 투자/재고 관리 리스크 · 과도한 경쟁 및 모방으로 인한 시장 비효율 · 소수 인플루언서에게 과도한 영향력 집중	· 개인의 가치관 및 취향 존중 교육 · 지속 가능한 소비 문화 확산 노력 · 기업의 시장 트렌드 분석 역량 강화 · 다양한 채널 통한 정보 제공 및 비판적 사고 장려 · 인플루언서 마케팅의 투명성 및 윤리 규제 강화 · 장기적인 브랜드 가치 구축 노력
도시의 활력 또는 침체	· (침체 시) 범죄율 증가 및 치안 불안정 · (침체 시) 공공 서비스 및 인프라 노후화 가속 · (침체 시) 거주민 및 상점 이탈로 인한 경제 기반 약화 · (활력 시 과밀) 주거 비용 상승 및 주거 환경 악화 · (활력 시 과밀) 교통 체증 및 환경 문제 심화 · (활력 시 급변) 젠트리피케이션으로 인한 원주민/상점 이탈	· 지역 특성 기반 도시 재생 전략 수립(맞춤형 지원) · 일자리 창출 및 경제 활성화 노력 · 치안 유지 및 범죄 예방 활동 강화 · 공공 서비스 및 인프라 투자 확대 · 주택 공급 확대 및 주거 안정 정책 · 교통 시스템 개선 및 환경 규제 강화 · 젠트리피케이션 완화 위한 정책(상가 임대료 안정 등)

예를 들어, 차량 정체, 특히 사고 없이 발생하는 '유령 정체'는 운전자 피로, 환경 오염, 통행 시간 예측 불가능성 등의 리스크를 동반합니다. 하지만 운전자 교육을 통한 안전거리 확보 유도, 스마트교통시스템을 활용한 신호 최적화, 차간 거리 자동 조절 기술 보급, 대중교통 활성화, 실시간 정체 정보 제공 등을 통해 시스템적으로 관리될 수 있습니다.

SNS 유행 현상 역시 허위 정보 확산, 사이버 폭력, 유해 콘텐츠 노출과 같은 리스크를 내포합니다. 이는 플랫폼 알고리즘 개선, 사용자 대상 미디어 리터러시 교육, 허위 정보 신고 및 삭제 절차 강화, 익명성 기반 악성 게시물에 대한 법적·기술적 대응, 그리고 다양한 관점의 정보 노출 기능을 제공하여 부정적 확산을 예방하고 긍정적 활용을 유도할 수 있습니다.

스포츠 경기장이나 콘서트장의 분위기는 압도적인 열기를 동반하지만, 동시에 안전사고, 공격적인 행동, 질서 문란 등의 리스크로 이어질 수 있습니다. 안전 관리 인력 및 시스템 강화, 안전 수칙 및 에티켓 교육, 과도한 행동 제재, 긍정적인 응원 문화 캠페인, 실시간 관중 모니터링 및 비상 대피 절차 명확화를 통해 안전을 확보하고 긍정적인 분위기를 유지할 수 있습니다.

시장 유행으로 인한 특정 상품이나 패션의 갑작스러운 인기는 불필요한 소비, 심리적 압박, 기업의 예측 불가능성 증대 등의 리스크를 발생시킵니다. 이는 개인의 가치관 및 지속 가능한 소비 교육, 기업의 시장 트렌드 분석 역량 강화, 비판적 사고 장려, 인플루언서 마케팅의 투명성 및 윤리 규제 강화, 장기적인 브랜드 가치 구축 노력을 통해 완화될 수 있습니다.

마지막으로, 도시의 활력 또는 침체 현상은 범죄율 증가, 인프라 노후화, 경제 기반 약화(침체 시) 또는 주거 비용 상승, 교통 체증, 젠트리피케이션(활력 시)과 같은 리스크를 동반합니다. 지역 특성 기반 도시 재생 전략, 일자리 창출, 치안 강화, 공공 서비스 및 인프라 투자 확대, 주택 공급 및 주거 안정 정책, 교통 시스템 개선, 젠트리피케이션 완화 정책 등 다각적인 노력을 통해 부정적 변화를 예방하고 긍정적 발전을 유도할 수 있습니다.

이처럼 우리 일상생활 속 마이크로 창발 리스크들은 눈에 잘 띄지 않거나 예측하기 어렵게 느껴질 수 있으나, 그 존재를 인지하고 적절한 통제 방안을 마련한다면 충분히 예방하고 관리할 수 있습니다. 우리는 이미 이러한 복잡계 현상들을 일상에서 효과적으로 통제하며 살아가고 있습니다.

6. 공공부문 창발 리스크 통제 방안

공공부문은 그 특성상 다양한 이해관계자와 복잡한 환경에 노출되어 있어 창발 리스크에 더욱 취약할 수 있습니다. 공공의 이익과 직결된 서비스 제공, 그리고 투명성과 책임성이 강조되는 환경은 예측 불가능한 상호작용의 결과를 더욱 민감하게 만듭니다. 이러한 리스크를 통제하기 위해서는 그 규모와 발생 원인에 따라 차별화된 접근이 필요합니다.

특히, 매크로 창발 리스크는 시스템적이고 광범위한 대응을, 마이크로 창발 리스크는 국지적이지만 신속한 감지 및 유연한 조치를 요구합니다. 궁극적으로는 조직의 회복 탄력성과 적응력을 높여 예측 불가능한 상황에서도 공공 서비스의 연속성을 확보하는 것이 중요합니다.

[표071] 공공부문 창발(솟음) 리스크 통제 방안

리스크 유형	통제 접근 방식	구체적 통제 방안	예시
매크로 창발 리스크 (전 지구적, 국가적, 산업 전반의 대규모 시스템적 위험)	예측, 적응, 협력, 회복탄력성 강화	1. 선제적 감지 및 조기 경보 시스템 구축	국내외 싱크탱크, 연구기관 네트워크 강화 및 호라이즌 스캐닝 정기 실시. 빅데이터/AI 기반 예측 모델 활용하여 미세 신호(Weak Signals) 포착.
		2. 시나리오 플래닝 및 불확실성 대비	다양한 미래 시나리오 개발 및 각 시나리오별 영향 분석/대응 전략 수립.
		3. 협력적 거버넌스 및 네트워크 강화	정부 부처, 민간 기업, 학계, 시민 사회 등과의 협력 네트워크 구축 및 강화. 정보 공유, 공동 연구, 합동 대응 훈련 실시.
		4. 회복탄력성(Resilience) 및 유연성 강화	비상 계획(BCP) 마련, 자원 다변화, 재정적 완충 장치 구축. 조직 구조/프로세스 유연 설계.
마이크로 창발 리스크 (개별 조직 내부, 프로젝트, 팀 수준의 복합적 위험)	내부 역동성 관리, 소통 활성화, 학습 문화 조성, 시스템적 개선	1. 개방적 소통 및 피드백 채널 활성화	임직원 대상 익명 게시판, 제안 시스템, 타운홀 미팅 운영. 수렴된 의견에 대한 투명한 피드백 절차 마련.
		2. 심리적 안전감(Psychological Safety) 조성	실패를 비난 대신 학습 기회로 삼는 문화 조성. 리더의 솔선수범 및 교육을 통한 신뢰 분위기 형성.
		3. 교차 기능적 협업 및 지식 공유 촉진	부서 간 협업 프로젝트 장려. 통합 지식 관리 시스템(KMS) 구축 및 활용 독려. 인력 교류/합동 근무 프로그램 운영.
		4. 데이터 기반의 조직 진단 및 행동 분석	임직원 만족도, 조직 문화 진단 설문, 내부 소통 데이터 분석을 통한 이상 징후 감지. 익명 데이터 활용 행동 패턴 분석 시도.
		5. 리더십의 역할 변화 및 역량 강화	리더들이 코칭, 촉진, 동기 부여, 변화 관리에 중점을 두도록 리더십 교육 프로그램 강화.

매크로 창발 리스크는 전 지구적, 국가적, 또는 산업 전반에 걸쳐 발생하는 대규모의 복합적 위험으로, 개별 공공기관이 직접 통제하기는 어렵습니다. 따라서 이러한 리스크에 대응하기 위해서는 미래 트렌드와 잠재적 위협 요인을 정기적으로 분석하고 미세한 신호까지 포착하는 선제적 감지 및 조기 경보 시스템을 구축해야 합니다.

또한, 불확실한 미래 상황에 대비하여 다양한 시나리오를 개발하고 이에 따른 대응 전략을 마련하는 시나리오 플래닝이 중요하며, 정부 부처, 민간 기업, 학계, 시민 사회 등 다양한 주체들과의 협력 네트워크를 강화하여 집단 지성을 활용해야 합니다. 예측 불가능한 외부 충격에도 조직이 본래 기능을 유지하고 빠르게 회복할 수 있도록 비상 계획 수립, 자원 다변화, 재정적 완충 장치 마련 등을 통해 회복탄력성과 유연성을 강화하는 것이 필수적입니다.

반면, 마이크로 창발 리스크는 개별 공공기관 내부의 미세한 상호작용에서 솟아나는 위험으로, 조직 문화, 소통 방식, 비공식적 관계 등과 밀접하게 관련됩니다. 이를 통제하기 위해서는 임직원들이 자유롭게 의견을 개진하고 문제를 제기할 수 있는 개방적 소통 및 피드백 채널을 활성화해야 합니다.

실패나 실수에 대한 비난보다는 학습의 기회로 삼는 심리적 안전감(Psychological Safety)을 조성하여 구성원들이 솔직하게 소통할 수 있는 분위기를 만들어야 합니다. 부서 간 장벽을 허물고 공동의 목표를 위한 교차 기능적 협업과 지식 공유를 촉진하며, 임직원 만족도 조사나 내부 소통 채널 데이터 분석 등 데이터 기반의 조직 진단 및 행동 분석을 통해 미세한 변화나 이상 징후를 감지해야 합니다. 마지막으로, 리더들이 통제와 지시를 넘어 코칭, 촉진, 동기 부여, 변화 관리에 중점을 두도록 리더십의 역할 변화 및 역량 강화를 지원하는 것이 중요합니다.

이처럼 매크로 리스크는 예측, 적응, 협력, 회복탄력성에 중점을 두어 광범위하게 관리하고, 마이크로 리스크는 내부 역동성 관리, 소통 활성화, 학습 문화 조성, 시스템적 개선에 초점을 맞추어 섬세하게 접근함으로써 공공기관은 예측 불가능한 시대에 지속적으로 발전하고 국민의 신뢰를 확보할 수 있을 것입니다.

7. 기업 창발 리스크 통제 방안

기업이 직면하는 위험은 크게 전 지구적, 국가적, 산업 전반에 걸친 대규모 복합적 위험인 '매크로 창발 리스크'와, 기업 내부의 미세한 상호작용에서 솟아나는 '마이크로 창발 리스크'로 나눌 수 있습니다. 각 리스크의 특성에 맞춰 효과적인 통제 방안을 마련하는 것이 중요합니다.

[표072] 기업 창발 리스크 통제 방안

리스크 유형	통제 접근 방식	통제 방안	예시
매크로 창발 리스크 (글로벌 경제, 산업 패러다임, 기술 혁명 등)	예측, 적응, 협력, 회복탄력성 강화	1. 전략적 감지 및 미래 예측 시스템 구축	시장 분석팀/전략 기획팀에서 글로벌 트렌드, 파괴적 기술, 지정학적 변화 등 '약한 신호(Weak Signals)'를 상시 모니터링하고 분석하는 전담 조직 운영.
		2. 시나리오 플래닝 및 다중 전략 수립	미래 시장 변화, 기술 충격, 규제 환경 변화 등 다양한 시나리오를 개발하고, 각 시나리오별 비즈니스 연속성 계획(BCP) 및 적응 전략을 미리 수립.
		3. 공급망 및 시장 다변화 전략	특정 국가/지역 또는 공급업체에 대한 의존도를 낮추기 위해 생산 기지, 원자재 공급처, 판매 시장을 다변화하여 외부 충격에 대한 탄력성 확보.
		4. 외부 파트너십 및 산업 협력 강화	경쟁사, 스타트업, 연구기관 등과의 개방형 혁신(Open Innovation) 협력, 산업 컨소시엄 참여를 통해 정보 공유 및 공동 대응 역량 강화.
		5. 재무적 완충 능력 확보	불확실한 외부 환경 변화에 대응할 수 있도록 충분한 현금성 자산 확보, 유동성 관리 강화, 비상 자금 운용 계획 수립.

마이크로 창발 리스크 (조직 문화, 소통, 프로세스, 비공식 네트워크 등)	내부 역동성 관리, 소통 활성화, 학습 문화 조성, 시스템적 개선	1. 개방적 소통 및 심리적 안전감 조성	익명 제안 시스템, 정기적인 CEO/리더와의 대화 채널 운영. 실패를 학습 기회로 삼는 문화 조성 및 상호 존중 피드백 장려.
		2. 교차 기능/부서 간 협업 강화	부서 간 태스크포스(TF) 활성화, 공동 프로젝트 인센티브 제공, 통합 협업 플랫폼 도입을 통한 정보 공유 및 시너지 창출.
		3. 애자일(Agile) 조직 문화 및 유연한 프로세스 도입	소규모 팀 기반의 반복적/점진적 개발 방식 도입. 빠른 피드백 루프 구축. 변화에 대한 조직의 민첩성 및 적응력 향상.
		4. 내부 데이터 분석을 통한 이상 징후 감지	직원 만족도, 소통 데이터, 업무 프로세스 데이터 분석을 통해 조직 문화 변화, 비효율적 관행, 비공식 네트워크의 부정적 영향 등 미세한 이상 징후 포착.
		5. 리더십의 역할 변화 및 역량 강화	리더들이 지시보다 코칭, 동기 부여, 변화 관리자 역할에 집중하도록 교육. 비공식적 네트워크를 긍정적으로 활용하는 리더십 역량 개발.
		6. 실험 및 학습 문화 장려	새로운 아이디어/프로젝트에 대한 소규모 실험(Pilot)을 장려하고, 실패를 통해 배우는 학습 조직 문화 구축. 지식 공유 플랫폼 활성화.

매크로 창발 리스크 통제 방안은 기업의 통제 범위를 넘어서는 시스템적 위험에 대응하기 위한 것으로, 주로 미래 예측, 적응, 외부 협력, 그리고 재무적 회복탄력성 강화에 초점을 맞춥니다. 이를 위해 기업은 글로벌 트렌드나 파괴적 기술과 같은 '약한 신호'를 상시적으로 모니터링하고 분석하는 전략적 감지 및 미래 예측 시스템을 구축해야 합니다.

또한, 미래의 불확실한 상황에 대비하여 다양한 시나리오를 개발하고 이에 대한 다중 전략을 수립하는 시나리오 플래닝이 필수적입니다. 특정 국가나 공급업체에 대한 의존도를 낮추기 위한 공급망 및 시장 다변화 전략을 추진하고, 경쟁사, 스타트업, 연구기관 등과의 개방형 혁신 및 산업 협력을 강화하여 집단 지성을 활용해야 합니다. 무엇보다 불확실한 외부 환경 변화에 대응할 수 있도록 충분한 현금성 자산 확보와 유동성 관리를 통해 재무적 완충 능력을 확보하는 것이 기업의 회복 기반이 됩니다.

마이크로 창발 리스크 통제 방안은 조직 문화, 소통 방식, 비공식적 관계 등 기업 내부 역동성과 밀접하게 관련된 위험을 관리하는 데 중점을 둡니다. 이를 위해서는 임직원들이 자유롭게 의견을 개진하고 문제를 제기할 수 있는 개방적 소통 채널을 활성화하고, 실패를 학습의 기회로 삼는 심리적 안전감을 조성하여 솔직한 소통 문화를 구축해야 합니다.

부서 간 장벽을 허물고 공동의 목표를 위한 교차 기능 및 부서 간 협업을 강화하며, 애자일(Agile) 조직 문화와 유연한 프로세스를 도입하여 변화에 대한 민첩성과 적응력을 향상시키는 것이 필요합니다. 또한, 직원 만족도 조사나 내부 소통 데이터 분석 등 데이터 기반의 조직 진단을 통해 미세한 이상 징후를 조기에 포착하고 선제적으로 관리해야 합니다.

마지막으로, 리더들이 통제와 지시를 넘어 코칭, 촉진, 동기 부여, 변화 관리자 역할에 집중하도록 리더십의 역할 변화 및 역량 강화를 지원하고, 새로운 아이디어를 실험하고 실패를 통해 배우는 학습 문화를 장려하여 조직 전체의 역량을 강화해야 합니다.

이처럼 기업은 매크로 리스크에 대해서는 예측과 외부 협력을 통한 거시적 대응을, 마이크로 리스크에 대해서는 내부 소통과 조직 문화 개선을 통한 미시적 접근을 병행함으로써 예측 불가능한 시대에 지속적으로 성장하고 경쟁력을 확보할 수 있을 것입니다.

8. 창발 리스크 시대의 생존과 성장

우리는 지금, 예측 불가능한 '솟음'이 일상이 된 복잡계 시대에 살고 있습니다. 과거의 경험과 데이터만으로는 설명할 수 없는 '창발 리스크'는 더 이상 먼 미래의 이야기가 아니라, 조직의 생존과 성장을 좌우하는 현실적인 위협이자 동시에 새로운 기회의 원천이 되고 있습니다. 전통적인 리스크 관리 방식이 개별적이고 가시적인 '흐름 리스크'에 집중했다면, 이제는 조직의 본질적인 특성에서 비롯되는 '멈춤 리스크', 그리고 복잡한 상호작용 속에서 불시에 솟아오르는 '창발 리스크'라는 새로운 차원의 위험을 이해하고 관리해야 합니다.

지난 30년간의 급격한 환경 변화는 이러한 창발 리스크의 발현 조건을 강화시켰습니다. 제조업 중심에서 서비스 및 지식 기반 산업으로의 전환, 정보의 폭발적 증가와 초고속 확산, 시공간을 초월한 상호작용, 아이디어의 이질적 결합, 그리고 기술 도구의 발전은 모두 창발적 현상을 가속화하는 요인이었습니다. 이러한 변화 속에서, 30년 전에 제정된 프로세스 중심의 리스크 관리 체계나 내부통제 운영 방식으로는 더 이상 예측 불가능한 위험을 효과적으로 감당할 수 없는 상황에 이르렀습니다.

따라서 창발 리스크 시대의 조직에게는 새로운 패러다임의 전환이 요구됩니다. 첫째, 인식의 전환이 필요합니다. 리스크를 단순히 회피하거나 제거해야 할 대상으로만 볼 것이 아니라, 조직의 본질적인 특성과 외부 환경의 복합적 상호작용에서 솟아나는 자연스러운 현상으로 이해해야 합니다. 둘째, 관점의 확장이 중요합니다. 눈에 보이는 '흐름'만을 쫓을 것이 아니라, 잠시 멈춰 서서 조직의 근원적인 '속성'을 성찰하고, 그 속성에서 비롯되는 '멈춤 리스크'를 깊이 들여다보는 통찰력이 필요합니다. 셋째, 대응 역량의 진화가 필수적입니다. 예측 불가능한 '솟음'에 대비하기 위해 약한 신호를 감지하고, 다양한 시나리오를 통해 미래를 상상하며, 조직의 민첩성과 회복탄력성을 강화하는 유연한 시스템을 구축해야 합니다.

창발 리스크는 조직에게 끊임없는 학습과 적응을 요구합니다. 이는 단순히 위협을 피하는 것을 넘어, 불확실성 속에서 새로운 기회를 포착하고 혁신을 주도할 수 있는 역량을 길러주는 과정이기도 합니다. 결국, 창발 리스크 시대의 생존과 성장은 변화를 두려워하지 않고, 예측 불가능성을 포용하며, 끊임없이 진화하는 조직만이 누릴 수 있는 특권이 될 것입니다.

 **제6장**

 내부통제 고도화를 위한 병행과제

제1절 | 리스크관리 및 내부통제 인식전환

1. 리스크관리와 내부통제의 관계: 상호 보완적 역할

조직이 불확실한 환경 속에서 목표를 달성하고 지속 가능한 성장을 이루기 위해서는 '리스크관리(Risk Management, RM)'와 '내부통제(Internal Control, IC)'(이하 RM&IC)가 핵심적인 역할을 수행합니다. 이 두 개념은 종종 혼용되기도 하지만, 명확한 구분과 함께 상호 의존적인 관계를 가집니다. 일반적으로 내부통제는 리스크관리의 하위 개념이자 핵심적인 수단으로 이해됩니다.

국제내부감사협회(IIA)는 이러한 관계를 명확히 구분하여, 리스크관리를 '프로세스(Process)'의 개념으로, 내부통제를 '실행(Action)'의 개념으로 정의하고 있습니다. 우리나라의 '금융사지배구조법'에서도 이 둘을 구분하여 명시하고 있습니다.

[표073] 리스크관리와 내부통제 상호 관계

구분	리스크관리 (Risk Management:RM)	내부통제 (Internal Control:IC)	관계
정의	조직의 목표 달성을 저해할 수 있는 모든 유형의 불확실성을 식별, 분석, 평가, 대응하는 전사적이고 전략적인 '프로세스'	조직의 목표 달성에 대한 합리적인 보증을 제공하기 위해 구성원들에 의해 영향을 받는 '실행' 또는 '시스템'	리스크관리가 '무엇을 할 것인가'를 정의하면, 내부통제는 그 '무엇'을 실제로 '어떻게 할 것인가'를 구현하는 수단.
주요 초점	조직의 목표 달성을 저해하는 모든 불확실성(전략, 운영, 재무, 규제 등) 관리	재무 보고의 신뢰성, 법규 및 정책 준수, 운영의 효율성/효과성 달성	내부통제는 리스크관리에서 식별된 리스크를 경감시키기 위한 구체적인 통제 활동에 초점을 맞춤.
역할/성격	전략적, 전사적, 미래 지향적. '나침반'이자 '지도' 역할.	운영적, 일상적, 현재 지향적. '항해 기술'이자 '안전 장치' 역할.	리스크관리가 방향을 제시하면, 내부통제는 그 방향으로 나아가기 위한 실질적인 행동을 제공함.
활동 범위	리스크 식별, 분석, 평가, 대응 전략 수립(회피, 완화, 전가, 수용) 등 광범위한 계획 및 의사결정 과정	통제 환경, 리스크 평가, 통제 활동, 정보 및 의사소통, 모니터링 활동 등 구체적인 절차, 정책, 시스템의 실행	리스크관리는 '계획'과 '전략'의 영역, 내부통제는 '실행'과 '운영'의 영역에 해당함.
목표	조직의 목표 달성 저해 요인 최소화 및 기회 극대화	조직의 목표 달성에 대한 합리적인 보증 제공(오류, 부정, 비효율 방지)	궁극적으로 동일한 목표(조직의 안정적 목표 달성)를 지향하며, 상호 보완적으로 기여함.
상호 관계	리스크관리가 없으면 내부통제는 방향성을 상실하고, 내부통제가 없으면 리스크관리는 실행력을 잃음. 지속적인 피드백 루프를 통해 시너지 효과 창출.	리스크관리가 '무엇을 통제할 것인가'를 결정하면, 내부통제는 '어떻게 통제할 것인가'를 실행함.	두 기능은 분리될 수 없으며, 조화롭게 작동할 때 조직은 불확실한 환경 속에서 안정적으로 성장 가능함.

1) 리스크관리(Risk Management)의 주요 초점 및 역할

리스크관리는 조직의 목표 달성을 저해할 수 있는 모든 유형의 불확실성(위험과 기회 모두 포함)을 식별하고, 분석하며, 평가하고, 이에 적절히 대응하는 "전사적이고 전략적인 '프로세스'"입니다. 리스크관리는 조직의 비전과 목표 설정에서부터 시작하여, 잠재적 리스크를 파악하고 그 영향을 최소화하거나 기회를 극대화하기 위한 방안을 모색하는 광범위한 활동을 포함합니다.

초점

조직의 목표 달성을 저해하는 모든 유형의 불확실성(전략, 운영, 재무, 규제 준수 등) 관리.

특징

전략적이고 전사적이며 미래 지향적입니다. 리스크를 식별하고 평가하며, 회피, 완화, 전가, 수용과 같은 대응 전략을 수립하는 '계획 및 의사결정' 과정에 가깝습니다.

활동

리스크 식별(무엇이 위험한가?), 리스크 분석(얼마나 위험한가?), 리스크 평가(어떤 리스크가 중요한가?), 리스크 대응(어떻게 할 것인가?) 등의 단계를 포함합니다.

2) 내부통제(Internal Control)의 주요 초점 및 역할

내부통제는 조직의 목표 달성에 대한 합리적인 보증을 제공하기 위해 조직의 이사회, 경영진 및 다른 구성원들에 의해 영향을 받는 "'실행' 또는 '시스템'"입니다.

내부통제는 특히 공공은 책무성의 확보, 법과 규정의 준수, 운영의 효율성과 효과성, 자원의 보호에 중점을 두고 기업은 내부회계관리제도 체계하에 재무 보고의 신뢰성 확보, 관련 법규 및 정책 준수, 그리고 운영의 효율성과 효과성 달성에 중점을 둡니다.

이는 리스크관리 프로세스에서 식별된 위험을 실제로 경감시키기 위한 "구체적인 '행동'"입니다. PwC에서도 내부통제 시스템이 회사에 부정적인 영향을 미치는 사건의 발생 가능성을 감소시키는 역할을 한다고 설명합니다.

초점

재무 보고의 신뢰성, 법규 준수, 운영의 효율성/효과성 달성에 대한 합리적 보증 제공.

특징

운영적이고 일상적이며 현재 지향적입니다. 리스크를 경감시키는 구체적인 절차, 정책, 시스템 등의 '실질적 행동'입니다.

활동

COSO(Committee of Sponsoring Organizations of the Treadway Commission) 프레임워크에 따르면 통제 환경, 리스크 평가, 통제 활동, 정보 및 의사소통, 모니터링 활동의 다섯 가지 구성요소를 가집니다.

3) 상호 의존성 및 시너지 효과

RM&IC는 서로 분리될 수 없는 상호 의존적인 관계를 가집니다.

리스크관리가 없으면 내부통제는 방향성을 상실합니다. 조직이 어떤 위험에 직면해 있는지 명확히 알지 못한다면, 그 위험을 통제하기 위한 내부통제는 엉뚱한 곳에 자원을 낭비하거나 중요한 위험을 놓칠 수 있습니다. 즉, 리스크관리가 '무엇을 통제할 것인가'를 정의하면, 내부통제는 그 '무엇'에 대한 구체적인 통제 방안을 제공합니다.

내부통제가 없으면 리스크관리는 실행력을 잃습니다. 리스크관리 프로세스를 통해 아무리 정교한 위험 대응 전략을 수립하더라도, 이를 실제로 구현하고 실행할 수 있는 내부통제 시스템이 없다면 그 전략은 단순한 계획에 불과합니다. 내부통제는 리스크관리의 대응 전략이 현실에서 작동하도록 만드는 '손과 발'의 역할을 합니다.

이 둘은 지속적인 피드백 루프를 형성하며 시너지 효과를 창출합니다. **리스크관리가 새로운 위험을 식별하고 기존 위험을 재평가하면, 내부통제는 이에 맞춰 통제 활동을 설계하거나 개선합니다.** 그리고 내부통제의 실행 결과는 다시 **리스크관리의 모니터링과 재평가에 활용**되어 전반적인 리스크 관리 역량을 지속적으로 향상시키는 선순환 구조를 이룹니다.

결론: 경영의 두 축

결론적으로, RM&IC는 조직 경영의 두 축으로서 상호 긴밀하게 연결되어 있습니다. 리스크관리가 조직의 전략적 목표 달성을 위한 '나침반'이자 '지도'라면, 내부통제는 그 목표를 향해 나아가는 '항해 기술'이자 '안전장치'라고 할 수 있습니다. 이 두 가지가 조화롭게 작동할 때, 조직은 목표를 향해 안정적으로 나아갈 수 있습니다.

2. 리스크관리 없는 내부통제의 딜레마

조직의 목표 달성과 지속 가능한 성장을 위해서는 RM&IC가 필수적입니다. 그러나 이 두 개념을 동일하게 인식하거나, 내부통제가 리스크관리를 포괄한다는 잘못된 이해는 현장에서 심각한 혼란과 비효율을 야기하는 근본적인 원인이 됩니다. 특히 감독기관에서 '리스크관리'에 대한 명확한 방향 제시 없이 '내부통제'만을 강조할 때, 이러한 문제는 더욱 심화됩니다.

리스크관리는 '무엇을 통제할 것인가'를 정의하는 전략적이고 전사적인 '프로세스'입니다. 이는 조직이 직면한 모든 불확실성, 즉 전략적 위험부터 운영 위험, 재무 위험, 그리고 예측 불가능한 창발적 위험(솟음 리스크)과 조직의 본질적 특성에서 비롯되는 근원적 위험(멈춤 리스크)에 이르기까지, 모든 잠재적 리스크를 식별하고 평가하는 것을 핵심으로 합니다.

반면, 내부통제는 리스크관리 프로세스에서 식별된 위험을 실제로 경감시키기 위한 구체적인 '실행' 또는 '시스템'입니다. 이는 '어떻게 통제할 것인가'에 대한 해답을 제공하며, 프로세스상의 오류를 방지하고 법규를 준수하며 운영의 효율성을 확보하는 데 중점을 둡니다.

이러한 명확한 관계를 이해하지 못하고 감독기관에서 "내부통제를 강화하라", "내부통제를 고도화하라"라는 지시가 내려올 때, 현장에서는 다음과 같은 혼란과 문제점이 발생합니다.

1) 통제의 방향성 상실과 자원의 비효율적 배분

리스크관리라는 '나침반' 없이 내부통제라는 '항해 기술'만을 요구받는 상황과 같습니다. 조직은 '무엇을, 왜 통제해야 하는가'에 대한 명확한 이해 없이 무작정 통제 활동을 늘리게 됩니다. 이는 불필요하거나 중요하지 않은 영역에 과도한 자원(인력, 시간, 예산)을 낭비하게 만들고, 정작 중요한 리스크는 간과하는 결과를 초래합니다. 내부통제 활동이 목적 없이 확산되면서 조직의 전반적인 운영 효율성이 저하되고 피로도만 가중됩니다.

2) 신규 리스크에 대한 맹점과 통제 시스템의 정체

감독기관의 지시가 주로 과거에 발생했거나 이미 알려진 리스크(주로 흐름 리스크)에 대한 통제 강화를 요구하는 경향이 있습니다. 문제는 리스크관리의 핵심인 '리스크 식별' 단계가 제대로 선행되지 않으면, 조직은 새로운 리스크를 인지하지 못한다는 점입니다. 내부통제는 '리스크 평가' 단계부터 시작되는 경우가 많은데, 이는 이미 식별된 리스크를 대상으로 하기 때문에, 빠르게 변화하는 환경에서 솟아오르는 창발 리스크나 조직의 속성 변화에서 발생하는 멈춤 리스크와 같은 신규 리스크는 관리 대상에서 누락되는 맹점이 발생합니다.

결과적으로, 내부통제 시스템은 과거의 문제에만 갇혀 새로운 위험을 포착하고 대응하는 능력을 상실하게 됩니다. 이는 내부통제가 정체되고 경직된 형태로 운영되면서, 변화하는 환경에 적응하지 못하고 실효성을 잃게 되는 주요 원인이 됩니다.

3) 형식적인 운영과 책임 전가 문화의 확산

리스크에 대한 명확한 인식이 없는 상태에서 통제만 강요되면, 조직은 형식적인 통제 활동에 매달리게 됩니다. 규정 준수라는 명분 아래 불필요한 절차와 서류 작업만 늘어나고, 실질적인 위험 경감 효과는 미미해집니다. 이는 구성원들에게 내부통제가 '불필요한 업무'라는 인식을 심어주어, 소극적인 참여와 책임 전가 문화를 확산시킬 수 있습니다. 결국, 리스크가 발생했을 때 누구의 책임인지 불분명해지는 악순환에 빠지게 됩니다.

4) 왜곡된 인식으로 인한 근본적인 문제 해결 실패

RM&IC를 동일시하는 인식의 오류는 문제의 근본 원인을 잘못 진단하게 만듭니다. 리스크가 발생하면 '내부통제가 미흡했다'고만 판단하고, 실제로는 그 리스크를 식별하는 리스크관리 프로세스 자체가 부재했거나, 혹은 조직의 본질적인 속성(멈춤 리스크)이나 외부의 복잡한 상호작용(솟음 리스크)에서 비롯된 것임을 간과하게 됩니다. 이는 끊임없이 표면적인 통제만을 강화하다가 결국 근본적인 문제 해결에 실패하고, 조직의 리스크 관리 역량은 제자리걸음을 하게 만드는 치명적인 결과를 초래합니다.

결론적으로, RM&IC는 조직의 목표 달성을 위한 필수적인 두 바퀴입니다. 리스크관리라는 '무엇을 통제할 것인가'에 대한 전략적인 인식이 선행되지 않은 채, 내부통제라는 '어떻게 통제할 것인가'만을 강요하는 것은 조직을 혼란에 빠뜨리고, 새로운 위험에 무방비 상태로 노출시키며, 궁극적으로는 통제 시스템 자체를 무력화시키는 결과를 낳을 것입니다. 진정한 내부통제 고도화는 리스크관리에 대한 명확한 이해와 선행을 전제로 해야만 가능합니다.

3. RM&IC는 곧 경영 그 자체

RM&IC 역할에 대한 명확한 인식에서 더 나아가 내부통제의 고도화를 위해서는 'RM&IC가 곧 경영 그 자체'라는 인식의 확장이 반드시 선행되어야 합니다. 경영이란 조직이 설정한 목표를 달성하기 위해 자원을 효율적으로 배분하고 활용하는 일련의 과정이며, 이 과정은 계획(Planning), 조직화(Organizing), 지휘(Leading), 통제(Controlling)라는 네 가지 핵심 기능으로 설명됩니다. 그런데 이 네 가지 기능을 자세히 들여다보면, 모든 경영행위가 본질적으로 '리스크를 관리하고 통제'하는 행위와 밀접하게 연결되어 있음을 알 수 있습니다.

먼저, 계획은 조직이 나아갈 방향과 목표를 설정하고, 이를 달성하기 위한 구체적인 방법과 절차를 수립하는 기능입니다. 이는 곧 미래의 불확실성과 잠재적 리스크를 줄이고 조직의 행동을 특정한 방향으로 이끌기 위한 '선제적 리스크 관리이자 사전적 통제' 행위라 할 수 있습니다. 무엇을 할지, 어떻게 할지를 미리 정함으로써 무질서와 낭비를 방지하고 예측 가능성을 높이는 것은, 곧 발생 가능한 리스크를 사전에 식별하고 대응하는 과정입니다.

다음으로, 조직화는 목표 달성에 필요한 인적, 물적 자원을 구조화하고 각자의 역할과 책임을 명확히 하는 과정입니다. 이는 자원의 중복, 누락, 비효율성이라는 리스크를 최소화하고, 구성원들이 정해진 틀 안에서 효율적으로 움직이도록 '구조적으로 리스크를 통제'하는 행위입니다. 누가 무엇을, 누구에게 보고할지, 어떤 권한을 가질지 등을 정하는 것은 곧 조직 운영의 리스크를 줄이는 통제의 한 형태입니다.

지휘는 설정된 목표를 향해 구성원들이 효과적으로 움직이도록 동기를 부여하고 이끌어 가는 기능입니다. 여기에는 리더십, 의사소통, 동기 부여 등이 포함되는데, 이 또한 구성원들의 행동이 조직의 목표와 일치하도록, 그리고 불필요한 리스크를 유발하지 않도록 '행동을 통제하며 리스크를 관리'하는 측면이 강합니다. 예를 들어, 명확한 지시와 피드백은 업무의 일탈을 방지하고 바람직한 방향으로 이끄는 통제 활동이자 리스크 완화 조치입니다.

그리고 마지막 통제 기능은 계획된 목표와 실제 성과를 비교하고, 차이가 발생했을 때 이를 수정하는 가장 직접적인 통제 행위입니다. 성과를 측정하고, 표준과 비교하며, 차이에서 발생하는 리스크를 식별하고 필요한 경우 시정 조치를 취하는 이 과정은 조직이 목표에서 벗어나지 않도록 '성과를 통제하고 관련 리스크를 관리'하는 핵심적인 역할을 합니다.

결국, 경영의 모든 기능은 조직의 목표 달성을 위한 '일탈 방지'와 '예측 가능성 확보'라는 통제의 목적을 내포하고 있습니다. 이러한 관점에서 보면, 효과적인 경영은 곧 효과적인 리스크 관리이자 내부통제라 할 수 있습니다. 경영행위는 본질적으로 조직의 목표 달성을 저해하는 불확실성, 즉 리스크를 식별하고 통제하며 관리하는 행위와 동일 선상에 놓여 있습니다. 통제는 단순히 억압이나 제한이 아니라, 조직이 원하는 방향으로 나아가도록 질서와 효율을 부여하고, 잠재적 위험으로부터 조직을 보호하는 강력한 힘인 것입니다.

내부통제 고도화의 첫걸음은 바로 "RM&IC가 곧 경영행위의 거의 모든 것이며, 경영 그 자체이다"라는 인식의 확장에서 시작됩니다.

4. 공공부문의 리스크 둔감성

공공부문은 '국민을 위한 봉사'라는 숭고한 목적을 지향하며 운영됩니다. 그러나 이러한 특성으로 인해 일반 기업과는 다른 리스크 체감의 메커니즘을 가지며, 때로는 리스크에 대한 둔감성을 보이기도 합니다. 이는 공공부문 조직과 구성원들이 처한 환경적, 구조적, 문화적 요인에서 비롯됩니다. 기업과 비교해서 살펴보겠습니다.

[표074] 공공부문과 기업의 리스크 체감 환경 차이

구분	기업	공공부문
1. 경쟁 및 시장 압력	생존을 위해 끊임없이 경쟁하고 시장의 선택을 받음. 고객 이탈, 매출 감소 등 시장 리스크를 매일 체감함.	특정 서비스/기능을 법적으로 독점하거나 시장 경쟁에서 자유로운 지위 가짐. 시장 실패, 고객 이탈, 매출 감소와 같은 시장 리스크로부터 상대적으로 자유로움.
2. 고용 안정성	성과 미달, 구조조정, 기업 도산 등으로 일자리를 잃을 수 있는 고용 불안정 리스크를 안고 있음. 개인의 리스크 체감 극대화.	법적으로 고용이 보장되는 '철밥통'이라는 인식이 강함. 해고 위험이 매우 낮고, 조직 성과 부진이 개인 고용에 직접 영향을 미 주지 않아 개인 차원의 리스크 체감이 현저히 낮음.
3. 재원 구조	매출과 이익 창출을 통해 재원을 확보하며 시장 변동성과 고객 선택에 직접적으로 영향을 받음.	주된 재원이 세금, 정부 출연금 또는 법적으로 보장된 특정 사업 수익임. 시장의 직접적인 선택보다 정책 결정이나 법적 근거에 의해 안정적으로 확보되는 경향.
4. 성과 측정 및 평가	매출액, 영업이익, 시장 점유율 등 명확하고 정량적인 지표로 성과 측정. 조직과 개인의 생존 및 보상과 직접 연결됨.	'공익 실현', '정책 목표 달성', '법규 준수' 등 추상적이거나 정량화하기 어려운 지표로 측정됨. 성과 평가가 주로 '프로세스 준수'나 '예산 집행률'에 초점을 맞춰 리스크 관리 효과가 개인 평가/보상에 반영되기 어려움.
5. 조직 문화 및 의사결정	혁신과 빠른 의사결정을 통해 시장 변화에 대응하려는 문화가 강함. 리스크를 감수하며 기회를 포착하는 경향.	'안정성', '공정성', '투명성' 중시 문화가 경직된 관료주의와 리스크 회피적인 태도로 이어짐. 새로운 시도에 대한 책임 부담으로 리스크를 회피하거나 숨기려는 경향. 의사결정 과정이 복잡하고 느려 신속 대응이 어려움.

1) 경쟁 부재 및 독점적 지위

기업은 생존을 위해 끊임없이 경쟁하고 시장의 선택을 받아야 합니다. 고객을 잃으면 매출이 줄고, 경쟁에서 뒤처지면 도태될 수 있다는 절박한 리스크를 매일 체감합니다.

공공부문: 대부분의 공공기관은 특정 서비스나 기능을 법적으로 독점하거나, 시장 경쟁에서 자유로운 지위를 가집니다. 국민은 특정 공공서비스를 이용할 때 다른 대안이 없는 경우가 많습니다. 이러한 독점적 지위는 시장 실패의 위험, 고객 이탈의 압력, 매출 감소의 위협 등 기업이 매일 마주하는 시장 리스크로부터 자유롭게 만듭니다. 따라서 '서비스 품질이 저하되면 고객이 떠난다'는 식의 직접적인 리스크 체감이 약해질 수밖에 없습니다.

2) 고용 안정성

기업의 직원은 성과 미달, 구조조정, 기업 도산 등 다양한 이유로 일자리를 잃을 수 있다는 고용 불안정 리스크를 안고 있습니다. 이는 개인의 리스크 체감을 극대화하는 요인입니다.

공공부문: 공직자는 법적으로 고용이 보장되는 '평생직장'이라는 인식이 강합니다. 심각한 비위가 아닌 이상 해고될 위험이 매우 낮으며, 조직의 성과가 부진하더라도 개인의 고용에는 직접적인 영향이 없는 경우가 많습니다. 이러한 높은 고용 안정성은 개인 차원의 리스크 체감을 현저히 낮춥니다. '내가 리스크를 관리하지 못해도 내 자리는 안전하다'는 인식이 만연할 경우, 리스크를 적극적으로 식별하고 대응하려는 동기가 약화될 수 있습니다.

3) 재원 구조의 차이

기업은 매출과 이익 창출을 통해 재원을 확보하며, 이는 시장의 변동성과 고객의 선택에 직접적으로 영향을 받습니다.

공공부문: 공공기관의 주된 재원은 세금이나 정부 출연금, 또는 법적으로 보장된 특정 사업 수익(예: 사행산업 수익)입니다. 이는 시장의 직접적인 선택보다는 정부의 정책 결정이나 법적 근거에 의해 안정적으로 확보되는 경향이 있습니다. 따라서 '재원이 고갈될 위험'이나 '매출이 줄어 사업이 위태로울 위험'과 같은 직접적인 재무 리스크 체감이 상대적으로 낮습니다. 예산 낭비나 비효율이 발생해도 당장 조직이 문을 닫는 상황은 드뭅니다.

4) 성과 측정 및 평가 방식의 차이

기업은 매출액, 영업이익, 시장 점유율 등 명확하고 정량적인 지표로 성과를 측정하며, 이는 직접적으로 조직과 개인의 생존 및 보상과 연결됩니다.

공공부문: 공공기관의 성과는 '공익 실현', '정책 목표 달성', '법규 준수' 등 추상적이거나 정량화하기 어려운 지표로 측정되는 경우가 많습니다. 또한, 성과 평가가 주로 '프로세스 준수 여부'나 '예산 집행률'에 초점을 맞추는 경향이 있습니다. 이는 실질적인 리스크 관리의 효과나 실패가 개인의 평가나 보상에 직접적으로 반영되기 어렵게 만듭니다. '규정대로 했으니 문제없다'는 인식이 강해지면서, 리스크를 선제적으로 관리하기보다는 규정 준수에만 매몰되는 형식주의가 심화될 수 있습니다.

5) 조직 문화 및 의사결정 구조

기업은 혁신과 빠른 의사결정을 통해 시장 변화에 대응하려는 문화가 강합니다. 리스크를 감수하더라도 새로운 시도를 통해 기회를 포착하려는 경향이 있습니다.

공공부문: '안정성', '공정성', '투명성'을 중시하는 공공기관의 특성은 때때로 경직된 관료주의와 리스크 회피적인 문화로 이어집니다. 새로운 시도나 변화는 '규정 위반'이나 '실패 시 책임'에 대한 부담으로 작용하여, 리스크를 적극적으로 관리하기보다는 회피하거나 숨기려는 경향을 보일 수 있습니다. 의사결정 과정이 복잡하고 느려, 리스크가 발생해도 신속하게 대응하기 어려운 구조적 문제도 존재합니다. 또한, 책임이 여러 계층에 분산되어 있어 개인이 리스크에 대한 직접적인 책임감을 느끼기 어려운 구조이기도 합니다.

결론적으로, 공공부문이 리스크를 체감하지 못하는 것은 리스크가 '없어서'가 아니라, 리스크의 성격과 발현 방식, 그리고 리스크에 대한 대응의 결과가 조직과 개인에게 미치는 영향이 기업과는 다르기 때문입니다. 시장 경쟁과 생존의 압력에서 상대적으로 자유롭고, 고용 안정성이 높으며, 재원 구조가 다르다는 점들이 복합적으로 작용하여 리스크에 대한 둔감성을 낳습니다.

우리는 종종 "암보험의 보장을 받는다고 해서 건강 관리를 소홀히 할 수는 없지 않은가?"라는 비유를 통해 삶의 지혜를 얻곤 합니다. 이 비유는 예방과 대비의 중요성을 강조하며, 단순히 안전망이 있다는 이유로 본질적인 노력을 게을리해서는 안 된다는 통찰을 담고 있습니다.

공공 부문에서 리스크 둔감성은 마치 든든한 암보험에 가입되어 있다는 사실만으로 건강 검진을 미루고, 좋지 않은 생활 습관을 유지하는 것과 다르지 않습니다. 결국 국민에게 돌아갈 서비스의 질을 저하시키고, 불필요한 사회적 비용을 발생시키며, 궁극적으로는 공공 기관에 대한 신뢰를 훼손할 수 있습니다. 이는 단순히 한 번의 실수가 아니라, 리스크에 대한 인식이 부재하여 발생하는 구조적인 문제입니다.

따라서 공공 부문은 현재의 안정적인 재원이나 제도적 안전망에 안주하지 않고, 끊임없이 잠재적 리스크를 식별하고, 이를 최소화하기 위한 선제적인 노력을 기울여야 합니다. 이는 단순히 규제 준수를 넘어, 공공의 가치를 실현하고 국민의 삶에 긍정적인 영향을 미치기 위한 필수적인 과정입니다. 건강한 조직만이 지속적으로 좋은 서비스를 제공할 수 있음을 잊지 말아야 할 것입니다.

5. 내부통제 자율점검의 한계

대부분의 공공부문 내부통제 운영체제에서 핵심적으로 의존하고 있는 "내부통제 자율점검"은 현업부서가 자신의 업무 프로세스를 스스로 점검하고 통제하는 방식입니다. 이는 일견 효율적이고 자율성을 높이는 것처럼 보이지만, 리스크 관리와 내부통제에 대한 깊이 있는 이해와 인식의 오류가 만연한 환경에서는 심각한 맹점을 가집니다. 특히, 자율점검은 주로 '흐름 리스크(Flow Risk)'와 같이 눈에 보이는 프로세스상의 오류나 절차 준수 여부를 확인하는 데 초점을 맞추는 경향이 있습니다.

그러나 조직의 본질적인 특성에서 기인하는 '속성 리스크(멈춤 리스크)'와 예측 불가능하게 솟아오르는 '창발 리스크(솟음 리스크)'는 이러한 자율점검 방식으로는 거의 식별될 수 없는 사각지대에 놓이게 됩니다. 속성 리스크는 조직의 체질과 관련된 문제로, 스스로의 업무를 점검하는 현업 부서의 시야로는 파악하기 어려운 근원적인 약점인 경우가 많습니다. 마찬가지로 창발 리스크는 개별 부서의 통제 범위를 넘어서는 복합적인 상호작용의 결과이므로, 자율점검만으로는 그 발생 가능성조차 인지하기 어렵습니다.

이러한 한계는 결국 자율점검이 '하는 척'에 그치거나, 중요한 위험을 간과하여 더 큰 문제로 이어질 수 있는 위험을 내포합니다. 이제 내부통제 자율점검의 한계와 이에 대한 효과적인 대안에 대하여 살펴보겠습니다.

[표075] 내부통제 자율점검의 한계와 대안

구분	리스크 유형	문제점/자율점검의 한계		대안/해결 방안
자율 점검의 적합성	프로세스 기반 리스크 (흐름 리스크)	· 업무 절차상의 오류, 누락 등 비교적 정형화된 위험 · 현업부서가 자신의 일상 업무를 잘 알기에 어느 정도 식별 가능 · 대부분의 공공기관 리스크 관리가 이 수준에 머무름 · '기존 통제 활동' 준수 여부에 초점, 새로운 리스크 발굴 역부족	Bottom-up 현행 유지	· 현업부서의 프로세스 개선 역량 강화 · 정형화된 통제 활동의 효율성 제고
자율 점검의 한계	속성 기반 리스크 (멈춤 리스크)	· 조직의 본질적 특성(문화, 리더십, 인력 역량)에서 기인 · 현업부서 담당자에게는 너무 당연하거나 내재되어 있어 스스로 인지하기 어려움 · 조직 전체의 구조와 문화에 걸쳐 나타나 개별 부서 시야로 파악 불가	Top-down 전략기능신설	· 최고 경영진 및 이사회의 역할 강화: 조직 전체 조망, 리스크 관리 리더십 발휘 · 필요시 조직 속성 분석 리스크 식별 외부 전문가 활용 · 전략적 리스크 관리 전담 조직 운영: 속성 리스크 진단 도구 활용, 통합적 식별
	창발 기반 리스크 (솟음 리스크)	· 개별 요소들의 복잡한 상호작용에서 예측 불가능하게 솟아오르는 위험 · 특정 프로세스나 한 부서 업무 범위를 넘어 발생 · 현업부서 담당자는 업무 흐름에 매몰되어 복합적 상호작용 감지 어려움 · 과거 데이터나 정형화된 모델로 예측 불가		· 매크로 창발 리스크는 위기대응 업무연속성계획(BCP)대응 · 조직내부 또는 국지적 마이크로 창발 리스크 식별 통제에 주력 · 약한 신호 감지 기법(호라이즌 스캐닝) 활용, 미래 시나리오 기반 예측 · 다학제적/교차 기능적 협업 및 외부 전문가 활용: 객관적이고 다각적인 분석 수행
총체적 대안	리스크관리 시스템	· 인식의 전환: 리스크관리와 내부통제 관계 명확화, 리스크 식별 선행 · 평가 시스템 혁신: 본질적 리스크 관리 유도, 창발/속성 리스크 평가 반영 · 내부 문화 변화: 리스크 포용, 학습, 심리적 안전감 조성, 협업 강화 · 기술의 전략적 활용: 데이터 기반 감지, 자동화된 통제	Top-down과 Bottom-up의 유기적 연계	· 지속적인 모니터링 및 피드백 시스템 구축 · 리스크관리 및 내부통제 전사적 역량 강화

1) 프로세스 리스크와 자율점검의 적합성(Bottom-up)

현업부서 중심의 자율점검은 '프로세스 리스크'를 관리하는 데는 어느 정도 효과적일 수 있습니다. 프로세스 리스크는 업무 절차상의 오류, 누락, 비효율 등 비교적 정형화되고 안정화된 업무 흐름 내에서 발생하는 위험입니다. 현업부서 담당자들은 자신의 일상적인 업무 프로세스를 가장 잘 알고 있기 때문에, 매뉴얼 준수 여부, 절차상 오류, 또는 개선 가능한 지점 등을 스스로 점검할 수 있습니다. 이는 과거에 발생했던 문제나 이미 알려진 위험에 대한 '수동적 통제'에 가깝습니다.

그러나 문제는 대부분의 공공기관에서 리스크 관리의 범위가 이 '프로세스 리스크' 수준에 머무른다는 점입니다. 자율점검의 초점이 '기존에 해오던 통제 활동'의 준수 여부나 '안정화된 프로세스' 내의 작은 오류를 찾는 데 맞춰져 있다면, 이는 새로운 리스크를 발굴하거나 근원적인 문제를 해결하는 데는 역부족입니다.

2) 속성 리스크와 창발 리스크: 자율점검의 한계

우리가 진정으로 주목해야 할 '속성 리스크'와 '창발 리스크'는 현업부서 중심의 자율점검으로는 사실상 식별이 불가능합니다.

속성 리스크(멈춤 리스크)의 비가시성

속성 리스크는 조직의 문화, 리더십, 인력 역량, 핵심 가치 등 조직의 본질적인 특성에서 비롯됩니다. 예를 들어, '경직된 관료주의', '책임 회피 경향', '부서 이기주의'와 같은 속성들은 현업부서 담당자들에게는 너무나 당연하거나, 혹은 너무 깊이 내재되어 있어 스스로는 인지하기 어려운 '체질'과 같습니다. 자신이 속한 시스템의 근본적인 문제를 객관적으로 진단하기란 매우 어렵습니다. "우리는 원래 이렇게 해 왔어"라는 관행 속에서, 해당 속성이 리스크의 근원임을 깨닫기란 불가능에 가깝습니다. 속성 리스크는 개별 프로세스의 문제가 아니라 조직 전체의 구조와 문화에 걸쳐 나타나므로, 개별 부서의 시야로는 파악하기 어렵습니다.

창발 리스크(솟음 리스크)의 예측 불가능성 및 복합성

창발 리스크는 개별 요소들의 복잡한 상호작용에서 예측 불가능하게 솟아오르는 위험입니다. 이는 특정 프로세스나 한 부서의 업무 범위 밖에서 발생하는 경우가 대부분입니다. 현업부서 담당자들은 자신의 업무 흐름에 매몰되어 있기 때문에, 여러 부서나 외부 환경과의 복합적인 상호작용에서 발생하는 '약한 신호'나 비선형적인 파급 효과를 감지하기 어렵습니다. 창발 리스크는 과거 데이터나 정형화된 모델로 예측하기 어렵기에, 일상 업무에 기반한 자율점검으로는 그 징후조차 포착하기 힘듭니다.

결론적으로, 현업부서의 자율점검은 이미 안정화된 프로세스 리스크에 대한 사후적 통제에는 기여할 수 있지만, 조직의 체질과 시스템 전체의 복합적 상호작용에서 발생하는 신규 리스크나 근원적인 리스크를 식별하고 관리하는 데는 치명적인 한계를 가집니다. 이는 리스크 관리의 핵심인 '리스크 식별'이 제대로 이루어지지 않아, 내부통제 시스템이 '껍데기'만 남고 실효성을 잃게 되는 주요 원인이 됩니다.

3) 대안: 속성 및 창발 리스크 관리를 위한 Top-down 접근

속성 리스크와 창발 리스크는 그 근원상 Top-down 방식의 접근이 필수적입니다.

최고 경영진 및 이사회의 역할 강화

조직 전체의 비전과 전략을 수립하는 최고 경영진과 이사회는 속성 리스크와 창발 리스크를 식별하고 관리하는 최종적인 책임자이자 주체입니다. 이들은 조직 전체를 조망하는 시야를 바탕으로 조직의 핵심 속성을 진단하고, 외부 환경 변화의 약한 신호를 포착하며, 미래 시나리오를 통해 잠재적 위협을 예측해야 합니다. 리스크 관리에 대한 확고한 의지와 리더십을 통해 전사적인 리스크 관리 문화를 조성하는 것이 중요합니다.

전략적 리스크 관리 전담 조직의 운영

개별 현업부서가 아닌, 조직 전체의 리스크를 통합적으로 관리하는 전담 부서(예: ERM팀, 전략기획팀 내 리스크 관리 기능)를 강화해야 합니다. 이들은 속성 리스크 진단 도구(조직 문화 진단, 리더십 평가 등)와 창발 리스크 감지 기법(호라이즌 스캐닝, 약한 신호 분석 등)을 활용하여 Top-down 방식으로 리스크를 식별하고 평가합니다.

다학제적/교차 기능적 협업 및 외부 전문가 활용

속성 리스크와 창발 리스크는 단일 전문 분야의 시각으로는 파악하기 어렵습니다. 다양한 부서의 전문가, 그리고 외부의 객관적인 시각(컨설턴트, 학계 전문가 등)을 가진 인력들이 참여하는 워크숍, 포럼, 자문 위원회 등을 통해 다각적인 분석을 수행해야 합니다. 이는 현업의 경험과 외부의 전문성을 결합하여 리스크 식별의 깊이와 객관성을 높이는 데 기여합니다.

지속적인 모니터링 및 피드백 시스템 구축

Top-down 방식으로 식별된 속성 및 창발 리스크는 주기적으로 모니터링하고 평가되어야 합니다. 이 과정에서 필요한 경우 현업부서의 데이터를 활용하고, 식별된 리스크에 대한 대응 방안을 현업과 공유하며 피드백을 받아야 합니다. 이는 Top-down과 Bottom-up의 유기적인 연계를 통해 전사적인 리스크 관리 역량을 강화하는 선순환 구조를 만듭니다.

공공부문의 내부통제 고도화는 더 이상 '자율점검'이라는 이름 아래 현업부서에 모든 책임을 전가하는 방식으로는 불가능합니다. 리스크관리의 본질을 이해하고, 속성 리스크와 창발 리스크라는 새로운 차원의 위협을 인지하며, 최고 경영진의 리더십 아래 Top-down 방식으로 접근하는 것이야말로 국민의 신뢰를 회복하고 지속 가능한 공공서비스를 제공하기 위한 유일한 길입니다.

제2절 | 공공부문의 리스크 인식

1. 외부평가

공공기관이 가장 민감하게 신경 쓰는 감독기관은 "기획재정부(경영평가 주관), 국민권익위원회(청렴도 평가), 감사원(감사)"입니다. 이들 기관은 공공기관의 예산, 인사, 평판에 직접적이고 강력한 영향을 미치기 때문입니다. 그러나 이 외에도 공공기관의 성과평가에 직간접적으로 영향을 미치거나 압력으로 작용하는 다양한 평가와 감독 주체들이 존재합니다.

1) 주요 민감 감독기관(직접적이고 강력한 영향)

기획재정부

공기업 및 준정부기관의 경영평가를 총괄하며, 평가 결과는 기관장의 임면, 예산 배정, 직원의 성과급 등 기관 운영 전반에 결정적인 영향을 미칩니다.

국민권익위원회

공공기관의 종합청렴도 평가를 실시하며, 그 결과는 기재부 경영평가에 반영될 뿐만 아니라, 기관의 윤리적 이미지와 대국민 신뢰도에 큰 영향을 줍니다.

감사원

국가의 세입·세출 결산 확인, 행정 기관 및 공무원 직무 감찰 등을 통해 공공기관의 재무 건전성, 운영의 합법성 및 효율성을 감사합니다. 감사 결과는 법적 처벌, 징계, 개선 권고 등으로 이어져 기관에 매우 큰 부담으로 작용합니다.

2) 성과평가에 직접 영향을 주거나 압력으로 작용하는 기타 평가

위에 언급된 주요 3개 기관 외에도, 공공기관의 성과와 운영에 직간접적인 영향을 미치는 평가 및 감독 주체들이 있습니다.

주무부처의 개별 평가(특히 기타공공기관)

기타공공기관은 기재부 경영평가 대상이 아니지만, 해당 기관을 소관하는 주무부처(예: 교육부, 문화

체육관광부 등)로부터 자체적인 경영평가를 받습니다. 이 평가는 기관장의 임면, 예산 배정, 사업 추진 등에 직접적인 영향을 미치므로 매우 중요합니다.

지방자치단체 합동 평가(행정안전부 주관)

광역 및 기초 지방자치단체를 대상으로 중앙정부의 주요 정책 과제 추진 실적 등을 종합적으로 평가합니다. 평가 결과는 특별교부세 배정 등 재정적 인센티브와 연계되며, 지자체장의 성과로도 연결됩니다.

지방공기업 경영평가(행정안전부 편람, 지자체 실시)

지방공기업은 행정안전부의 편람을 바탕으로 각 지방자치단체장이 실시하는 경영평가를 받습니다. 이 평가 결과는 기관장 및 임직원의 성과급, 경영진단, 인사에 직접적인 영향을 미칩니다.

국회 국정감사

매년 정기적으로 열리는 국정감사는 법적 구속력 있는 평가라기보다는, 기관의 운영 전반에 대한 국회의 감시와 질의가 이루어지는 자리입니다. 국정감사에서 부정적인 이슈가 부각되거나 질타를 받으면, 이는 즉시 언론 보도로 이어져 기관의 평판을 크게 손상시키고, 관련 정책이나 예산에 부정적인 영향을 미칠 수 있습니다.

언론 및 시민 사회 단체

공식적인 평가 주체는 아니지만, 언론 보도나 시민 사회 단체의 감시 활동은 공공기관의 평판 리스크에 직접적인 영향을 미칩니다. 부정적인 여론 형성은 정책 추진 동력을 약화시키고, 대국민 신뢰를 하락시키는 강력한 압력으로 작용합니다.

고객 만족도 조사

많은 공공기관이 자체적으로 또는 외부 기관을 통해 고객 만족도 조사를 실시합니다. 이 결과는 서비스 품질 개선의 지표이자, 상위 기관의 평가(예: 기재부 경영평가)에 반영될 수 있어 중요하게 관리됩니다.

특정 정책/사업 평가

각 부처나 기관은 특정 정책이나 사업의 효과성, 효율성을 평가하기 위한 자체적인 평가를 수시로 진행합니다. 이 결과는 해당 정책이나 사업의 지속 여부, 예산 규모 등에 영향을 미칩니다.

결론적으로, 공공기관은 기재부, 권익위, 감사원이라는 핵심 감독기관 외에도, 소관 주무부처, 국회, 언론, 시민 사회 등 다양한 주체로부터 직간접적인 평가와 감시를 받고 있습니다. 이 모든 평가들이 복합적으로 작용하여 공공기관의 성과와 운영에 영향을 미치며, 특히 '평판 리스크'는 이 모든 평가와 감시의 결과가 집약되어 나타나는 최종적인 압력으로 인식되는 경향이 있습니다.

2. 평가 만능주의와 평판 리스크

공공부문은 본질적으로 국민의 세금으로 운영되며, 공익 실현이라는 막중한 책임을 지고 있습니다. 그러나 현실에서 공공기관과 공직자들이 가장 민감하게 반응하고 '리스크'로 인식하는 것은 다름 아닌 감독기관의 평가 결과와 언론에 부정적으로 노출되는 평판 리스크인 경우가 많습니다. 이는 공공부문이 직면한 수많은 실제 리스크를 간과하고, 조직의 본연의 목적 달성을 저해하는 심각한 왜곡을 초래할 수 있습니다.

[표076] 공공부문의 평가와 보상 관련 실태 이해

구분	공기업	준정부기관	기타공공기관	정부위원회 (중앙행정기관)	지방자치단체 (광역/기초)	지방공기업
평가 주체	기획재정부	기획재정부	해당 기관의 주무부처	국무조정실 (정부업무평가)	행정안전부 (합동평가 주관, 중앙부처 합동)	행정안전부 (편람 마련) 및 소관 지방자치단체장
평가 대상 수	32개 (2023년 경영평가 기준)	55개 (2023년 경영평가 기준)	244개(2025년 지정 기준, 각 주무부처 평가)	모든 중앙행정기관(부·처·청 및 위원회 포함)	총 243개: 17개 시·도 및 226개 시·군·구(2025년 기준)	약 270여 개 (2023년 기준)
종사자 수 (현원)	약 14.3만 명 (2024년 말 기준)	약 11.2만 명 (2024년 말 기준)	약 14.1만 명 (2024년 말 기준)	약 18.1만 명 (2023년 말 국가일반공무원 기준)	약 39만 명(2023년 말 지방일반/교육자치 공무원 기준)	약 15만 명 (2022년 말 기준)
평가 구성요소	경영관리(55점), 주요사업(45점)	경영관리(45점/50점), 주요사업(55점/50점)	주무부처별 편람에 따라 상이 (경영관리, 주요사업 등)	주요정책, 규제개혁, 정부혁신, 대국민 서비스, 조직 관리 등	국정과제, 주요시책 추진 실적, 법정 사무 등 (행안부 편람)	경영관리, 주요사업 (행안부 편람, 기관 유형별 상이)
평가 등급	S, A, B, C, D, E (6단계)	S, A, B, C, D, E (6단계)	주무부처별 상이 (보통 S~E 등급 활용)	S, A, B, C, D (5단계)	S, A, B, C, D, E (6단계)	S, A, B, C, D, E (6단계)
보상/환류	**성과급**: C등급 이상 시 기관장 및 직원 성과급 지급(등급별 차등). D, E등급 미지급.	**성과급**: C등급 이상 시 기관장 및 직원 성과급 지급(등급별 차등). D, E등급 미지급.	**성과급**: 주무부처별 규정에 따라 지급 여부 및 수준 결정.	**성과급**: 기관장 성과계약 평가 반영.(공무원 성과급은 별도 체계)	**성과급**: 특별교부세 등 인센티브 지급, 포상.	**성과급**: 등급별 기관장 및 임직원 성과급 차등 지급.
	환류: 기관장 인사, 예산 배정, 경영 개선 컨설팅, 우수사례 확산.	**환류**: 기관장 인사, 예산 배정, 경영 개선 컨설팅, 우수사례 확산.	**환류**: 기관장 인사, 예산 배정, 경영 개선 권고, 우수사례 공유.	**환류**: 예산 배정, 우수사례 확산, 부진 부처 개선 권고.	**환류**: 자체 평가 및 정책 개선, 부진 기관 컨설팅.(지자체 공무원 성과급은 별도 체계)	**환류**: 경영진단, 컨설팅, 기관장/임원 인사 반영, 우수사례 확산.
권익위 청렴도 평가 대상 여부	대상	대상	대상	대상	대상	대상
감사원 감사 대상 여부	대상	대상	대상	대상	대상	대상

1) '평가'와 '평판'이 리스크의 전부가 되는 이유

기업이 시장의 냉정한 평가(매출, 이익, 시장 점유율)와 고객 이탈이라는 직접적인 생존 리스크를 매일 체감하는 반면, 공공부문은 이러한 시장 압력에서 상대적으로 자유롭습니다. 법적 독점 지위와 공고한 고용 안정성은 운영 비효율이나 정책 실패가 곧바로 조직의 존폐로 이어지지 않는다는 인식을 낳습니다.

이러한 환경에서, 공공기관에게 가장 직접적이고 가시적인 '고통'은 바로 감독기관의 저조한 평가 등급과 언론의 비판적인 보도입니다. 평가 등급은 기관장의 임기, 예산 배정, 직원들의 성과급 등 실질적인 이해관계와 직결됩니다. 언론 노출은 국민적 비난과 정치적 압력으로 이어져 조직의 평판을 심각하게 훼손할 수 있습니다. 따라서 공공부문은 '리스크 관리'라는 명분 아래, 실질적인 리스크를 근원적으로 해결하기보다는 '평가 잘 받기'와 '언론에 안 좋은 이야기 안 나오기'에 모든 역량을 집중하는 경향을 보입니다.

2) '평가 만능주의'가 낳는 리스크 관리의 맹점

정부가 기획재정부의 경영평가, 국민권익위원회의 청렴도 평가, 고용노동부의 안전관리 등급 평가 등 다양한 평가 시스템을 통해 공공부문을 통제하고 효율성을 제고하려는 의도는 충분히 이해됩니다. 그러나 이러한 '평가 만능주의'는 역설적으로 공공기관의 리스크 인식을 더욱 왜곡시키는 부작용을 낳습니다.

[표077] 평가 만능주의, 리스크 관리의 맹점

구분		내용
평가 만능주의와 평판 리스크: 공공부문의 왜곡된 리스크 인식		공공부문은 국민의 세금으로 운영되며 공익 실현 책임을 지지만, 현실에서 감독기관 평가와 언론 노출 평판 리스크를 가장 민감하게 인식할 수 있음. 이는 실제 리스크 간과 및 본연의 목적 달성 저해를 초래할 수 있음.
1. '평가'와 '평판'이 리스크의 전부가 되는 이유		기업과 달리 시장 경쟁 압력에서 자유로운 공공부문은 운영 비효율이나 정책 실패가 직접적인 존폐로 이어지지 않음. 대신, 감독기관의 저조한 평가 등급과 언론의 비판적 보도가 가장 직접적인 '고통'으로 작용함. 평가 등급은 기관장 임기, 예산, 성과급과 직결되며, 언론 노출은 국민적 비난과 정치적 압력으로 이어짐. 따라서 공공부문은 실질적 리스크 해결보다 '평가 잘 받기'와 '언론 노출 회피'에 집중할 수 있음.
2. '평가 만능주의'가 낳는 리스크 관리의 맹점		정부의 다양한 평가 시스템은 공공부문의 리스크 인식을 왜곡시키는 부작용을 낳을 수 있음.
	본질보다 형식	리스크 관리 활동이 실질적 위험 감소보다 평가 항목을 채우기 위한 형식적인 행위로 전락할 수 있음. 리스크 식별, 분석, 평가, 대응의 전 과정이 '평가를 위한 퍼포먼스'가 되어 리스크 관리 본질과 멀어질 수 있음.
	신규 리스크에 대한 둔감성	평가 지표에 없는 새로운 유형의 리스크(창발/멈춤 리스크)는 관리 필요성을 느끼지 못하고 간과됨. '평가 항목에 없으니 리스크가 아니다'라는 인식이 만연할 수 있음.
	자원 배분의 왜곡	제한된 자원이 '평가 점수'나 '언론 노출'에 우선 배분될 수 있음. 장기적 안정성이나 공익 실현에 중요한 '보이지 않는 리스크'는 방치되거나 뒷전으로 밀려날 수 있음.
	책임 회피와 혁신 저해	평가/언론 노출에 대한 불이익 우려로 극도의 리스크 회피 성향을 보일 수 있음. 새로운 시도보다 '기존대로' '규정대로'만 하려는 소극적 태도로 고착화 될 수 있음.
결론: 형식만 남은 리스크 관리		감독기관 평가와 언론 노출이 유일한 리스크 인식 기준으로 작동하여 리스크 관리의 본질이 훼손되고. 리스크관리가 '무엇을 통제할 것인가'에 대한 고민 없이, 내부통제가 '어떻게 평가를 잘 받을 것인가'에만 매몰되는 비극이 초래될 수 있음. 진정한 공공부문의 리스크 관리는 평가의 압박을 넘어, 조직의 사명과 공익 실현이라는 본연의 목적에 충실하며, 예측 불가능한 미래 위험에 선제적으로 대응하는 역량을 갖추는 데서 시작되어야 함.

본질보다 형식

공공기관은 평가 지표에 최적화된 활동을 수행하려 합니다. 리스크 관리 시스템을 구축하고 보고서를 작성하는 과정이 실질적인 위험 감소보다는 평가 항목을 채우기 위한 형식적인 행위로 전락하기 쉽습니다. 리스크 식별, 분석, 평가, 대응의 전 과정이 '평가를 위한 퍼포먼스'가 되는 것입니다. 이는 리스크 관리의 본질인 '조직의 목표 달성을 저해하는 불확실성 관리'와는 거리가 멀어집니다.

신규 리스크에 대한 둔감성

평가 지표는 주로 과거에 발생했거나 이미 알려진 리스크에 기반합니다. 따라서 조직은 평가에 반영되지 않는 새로운 유형의 리스크(창발 리스크)나 조직의 본질적 속성에서 기인하는 리스크(멈춤 리스크)에 대해서는 관리의 필요성을 느끼지 못하게 됩니다. '평가 항목에 없으니 리스크가 아니다'라는 인식이 만연하며, 이는 예측 불가능한 미래 위험에 대한 조직의 취약성을 심화시킵니다.

자원 배분의 왜곡

제한된 자원은 '평가 점수를 잘 받을 수 있는' 영역이나 '언론에 노출될 만한' 리스크에 우선적으로 배분됩니다. 정작 조직의 장기적인 안정성이나 공익 실현에 치명적인 영향을 미칠 수 있는 '보이지 않는 리스크'나 '당장 티 나지 않는 리스크'는 방치되거나 뒷전으로 밀려납니다.

책임 회피와 혁신 저해

평가 점수가 낮거나 언론에 부정적으로 노출될 경우 개인과 조직에 불이익이 돌아오기 때문에, 공공기관은 극도의 리스크 회피 성향을 보입니다. 새로운 시도나 혁신은 잠재적인 리스크를 내포하므로, 이를 감수하기보다는 '기존대로', '규정대로'만 하려는 소극적인 태도가 고착화됩니다. 이는 결국 국민에게 더 나은 서비스를 제공하려는 노력을 저해합니다.

진정한 공공부문의 리스크 관리는 평가의 압박을 넘어, 조직의 사명과 공익 실현이라는 본연의 목적에 충실하며, 예측 불가능한 미래 위험에 선제적으로 대응하는 역량을 갖추는 데서 시작되어야 합니다. 그렇지 않으면 공공부문은 끊임없이 '평가와 평판'이라는 쳇바퀴 속에서 허우적대며, 국민의 세금을 낭비하고 신뢰를 잃는 악순환을 반복할 것입니다.

3. 다양한 외부평가의 순기능과 역기능

공공기관의 다양한 외부평가의 속성에도 순기능과 역기능, 양면성이 존재합니다.

[표078] 국민체육진흥공단 외부평가 실태 사례

평가부처	No	평가명
기획재정부	1	공공기관 경영실적평가
문화체육관광부	2	국민체육진흥계정 사업 집행 및 성과관리 심사
감사원	3	자체감사활동 심사
국민권익위원회	4	종합청렴도평가
기획재정부	5	경영정보 공시점검
	6	고객만족도조사
	7	국민인식도조사
	8	안전관리등급심사
	9	기금운용평가
행정안전부	10	데이터기반행정평가
	11	정보공개종합평가
	12	공공데이터제공평가
고용노동부	13	안전활동수준평가
	14	자회사 운영실태평가
중소벤처기업부	15	동반성장평가
개인정보보호위원회	16	개인정보 보호수준 평가
사행산업통합감독위원회	17	사감위 건전화평가(투표권, 경륜, 경정)
국가정보원	18	사이버보안 실태평가

[표079] 국민체육진흥공단 외부평가의 순기능과 역기능 분석

공공평가 유도 속성	순기능(긍정적 측면)	역기능(부정적 측면 및 리스크)
1. 감독 및 통제	기관의 법규 준수, 공공성 확보, 비리 예방, 책임성 강화, 투명한 운영 유도. 국민의 세금으로 운영되는 공공기관으로서의 정당성을 확보하고, 방만한 운영을 방지함.	과도한 개입으로 인한 기관의 자율성 침해 및 의사결정 경직성 유발. 혁신 저해, 불필요한 행정 부담 가중, 평가 지표에만 치중하는 형식적인 운영으로 본질적인 개선 노력 저해.
2. 성과 및 효율성 요구	예산의 효율적 사용, 성과 중심의 운영 유도, 자원 낭비 방지. 한정된 공공자원을 최적화하여 국민에게 더 나은 서비스를 제공하도록 유도함.	단기적인 성과에만 집중하는 단기 성과주의 만연. 장기적인 관점의 투자 위축, 평가 지표에만 부합하는 형식적 운영으로 인한 비효율적 자원 배분.
3. 정보 공개 및 투명성 강조	국민의 알 권리 보장, 기관 운영의 투명성 증대, 부패 방지, 국민 신뢰도 향상. 공공기관의 의사결정 과정을 공개하여 대국민 신뢰를 구축함.	민감 정보 유출 위험, 정보 공개를 위한 행정 부담 가중. 의사결정 지연, 내부 기밀이나 전략적 정보의 불필요한 노출.
4. 윤리 및 청렴 요구	부패 근절, 공직 윤리 확립, 청렴한 조직 문화 조성, 국민 신뢰 증진. 공공기관 임직원들의 도덕성을 높여 사회적 책임을 다하도록 함.	지나친 감시와 통제로 인한 임직원 사기 저하 및 소극적 업무 처리. 평가 지표 위주의 형식적인 청렴 활동으로 실제 윤리성 개선 미흡.
5. 안전 및 보안 요구	임직원 및 이용객 안전 확보, 개인정보 보호 강화, 사이버 위협 대응 능력 향상. 국민체육진흥공단이 제공하는 서비스의 안전성과 신뢰성을 보장함.	과도한 규제로 인한 업무 비효율 및 비용 증가. 형식적인 안전/보안 조치로 실제 위험 간과, 기술 혁신 및 서비스 개선 저해.
6. 상생 및 협력 요구	건강한 산업 생태계 조성, 사회적 책임 이행, 기업 이미지 제고. 공공기관의 사회적 역할을 확대하고 동반 성장을 통한 사회 전체의 이익 증진.	형식적인 동반성장 활동, 불필요한 비용 발생, 특정 협력사에 대한 과도한 요구로 인한 불공정 문제 발생 가능성.

리스크의 근원, 불편한 진실

공공기관에 대한 평가는 기관 운영의 투명성과 책임성을 강화하고, 국민의 세금이 효율적으로 사용되도록 유도하는 중요한 순기능을 가집니다. 감독과 통제를 통해 법규 준수를 독려하고 비리를 예방하며, 성과 및 효율성 요구를 통해 예산 낭비를 막고 더 나은 서비스 제공을 목표로 합니다. 또한, 정보 공개와 투명성 강조는 국민의 알 권리를 보장하고 신뢰를 높이며, 윤리 및 청렴 요구는 부패를 근절하고 청렴한 조직 문화를 조성하는 데 기여합니다. 나아가 안전 및 보안 요구는 임직원과 이용객의 안전을 확보하고 개인정보를 보호하며, 상생 및 협력 요구는 건강한 산업 생태계 조성과 사회적 책임 이행을 장려합니다.

그러나 이러한 평가 시스템은 동시에 여러 역기능을 내포하기도 합니다. 과도한 감독과 통제는 기관의 자율성을 침해하고 의사결정을 경직시켜 혁신을 저해할 수 있으며, 불필요한 행정 부담을 가중시키기도 합니다. 성과 및 효율성만을 지나치게 강조할 경우 단기적인 성과에만 집중하는 단기 성과주의를 낳아 장기적인 투자를 위축시키고, 평가 지표에만 치중하는 형식적인 운영으로 본질적인 개선 노력을 방해할 수 있습니다. 정보 공개의 경우 민감 정보 유출 위험이나 의사결정 지연을 초래할 수 있으며, 지나친 윤리 및 청렴 요구는 임직원의 사기를 저하시키고 소극적인 업무 태도를 유발할 가능성도 있습니다. 안전 및 보안, 상생 및 협력 요구 또한 과도한 규제로 인한 업무 비효율이나 형식적인 활동으로 이어질 수 있다는 점을 고려해야 합니다.

4. 공공부문이 인식해야 할 진정한 리스크

공공부문이 리스크를 체감하지 못하는 것은 리스크가 '없어서'가 아니라, 리스크의 성격과 발현 방식, 그리고 리스크에 대한 대응의 결과가 조직과 개인에게 미치는 영향이 기업과는 다르기 때문입니다. 시장 경쟁과 생존의 압력에서 상대적으로 자유롭고, 고용 안정성이 높으며, 재원 구조가 다르다는 점들이 복합적으로 작용하여 리스크에 대한 둔감성을 낳습니다. 이러한 환경에서 공공부문이 '감독기관 평가'와 '언론 평판'을 리스크로 인식하고 조직 역량을 집중하는 것은 심각한 왜곡을 초래합니다.

1) 공공부문이 실질적으로 인식해야 할 리스크

공공부문은 '국민의 세금으로 공익을 실현'하는 것을 최우선 가치로 삼아야 합니다. 따라서 공공부문이 진정으로 인식하고 관리해야 할 리스크는 단순히 평가 등급이나 언론 노출을 넘어, 국민의 삶과 직결되는 본질적인 위험들입니다. 이는 앞서 논의했던 '속성 기반 멈춤 리스크'와 '창발 기반 솟음 리스크'의 관점에서 더욱 명확해집니다.

공공 서비스 품질 저하 리스크
국민이 체감하는 서비스의 질이 낮아지거나, 접근성이 떨어지거나, 공정하지 못할 위험입니다. 이는 직접적인 민원 증가뿐만 아니라, 공공에 대한 불신으로 이어질 수 있습니다.

정책 실패 및 비효율 리스크

수립된 정책이 목표를 달성하지 못하거나, 비효율적인 집행으로 인해 국민의 세금이 낭비될 위험입니다. 이는 단순한 예산 낭비를 넘어 사회적 자원의 비효율적 배분이라는 더 큰 문제입니다.

공공 자원 낭비 및 관리 부실 리스크

예산, 인력, 시설 등 공공 자원이 비효율적으로 사용되거나, 부패, 횡령 등으로 인해 부적절하게 관리될 위험입니다. 이는 국민의 재산권과 직결됩니다.

사회적 불평등 및 소외 심화 리스크

정책이나 서비스가 특정 계층에만 유리하거나, 변화하는 사회적 요구(예: 디지털 소외 계층)에 대응하지 못하여 사회적 불평등을 심화시키고 소외 계층을 발생시킬 위험입니다.

공공 신뢰 및 정당성 훼손 리스크

공직자의 비윤리적 행위, 불공정한 업무 처리, 정보 은폐 등으로 인해 공공기관 및 정부 전체에 대한 국민의 신뢰가 하락하고, 궁극적으로는 공공의 정당성이 훼손될 위험입니다.

장기적 지속가능성 위협 리스크

기후 변화, 인구 구조 변화, 기술 패러다임 전환 등 거대한 외부 환경 변화에 대한 학습 및 대응 역량 부족으로 인해 공공기관의 장기적인 역할 수행 능력 자체가 위협받을 위험입니다.

내부 역량 저하 및 경직성 리스크

경직된 조직 문화, 낮은 전문성, 비효율적인 의사결정 구조 등으로 인해 조직 내부의 역량이 저하되고 변화에 대한 적응력이 떨어질 위험입니다. 이는 공공서비스 품질 저하의 근본 원인이 됩니다.

이러한 리스크들은 당장 언론에 보도되거나 평가 등급에 직접 반영되지 않을 수 있지만, 국민의 삶과 국가의 미래에 더 큰 영향을 미치는 본질적인 위험들입니다.

5. 공공 RM & IC의 차별성과 선도 전략

기업과 공공부문은 추구하는 궁극적인 목표와 운영 환경이 다르기 때문에, 리스크 관리 및 내부통제의 접근 방식에도 본질적인 차이가 존재합니다. 이러한 차이를 명확히 이해하고 공공부문이 가진 고유한 강점을 극대화한다면, 단순히 민간의 방식을 추종하는 것을 넘어 새로운 리스크 관리 패러다임을 제시하고 선도할 수 있습니다.

1) 기업과 공공부문 리스크관리 내부통제(RM&IC)의 핵심 차이

[표080] 기업과 공공부문 RM&IC 차이 비교

구분	기업	공공부문
궁극적 목표	이윤 극대화, 주주 가치 증대, 시장 점유율 확대, 생존	공익 실현, 정책 목표 달성, 국민 삶의 질 향상, 사회적 가치 창출
주요 리스크 인식	시장 리스크, 경쟁 리스크, 재무 리스크(매출/이익 감소), 혁신 실패 리스크, 고객 이탈 리스크	정책 실패 리스크, 공공 신뢰 훼손 리스크, 사회적 책임 미흡 리스크, 규제 준수 리스크, 자원 낭비 리스크, 서비스 품질 저하 리스크
리스크 식별의 핵심	시장 변화, 경쟁사 동향, 고객 니즈, 기술 혁신 등 '외부 시장' 중심	정책 환경 변화, 이해관계자 요구, 법규/제도 변화, 사회적 가치 변화 등 '외부 정책/사회' 중심
리스크 허용 수준 (Risk Appetite)	혁신과 성장을 위해 '계산된 리스크'를 감수하는 경향(고위험-고수익 추구 가능)	'실패'와 '비판'에 대한 민감도가 높아 리스크 회피 성향이 강함(안정성, 공정성, 투명성 중시)
통제 메커니즘의 동인	시장 경쟁, 고객 선택, 주주 압력, 재무 성과	법적 의무, 국회/감사원의 감독, 언론/시민 사회의 감시, 정치적 압력, 공공기관 평가
내부통제의 강조점	운영 효율성, 재무 보고 신뢰성, 자산 보호, 혁신 지원	법규 준수(Compliance), 투명성, 공정성, 책임성, 예산 집행의 적정성
실패의 결과	도산, 시장 점유율 하락, 구조조정, 주가 하락	대국민 신뢰 하락, 정치적 비판, 예산 삭감, 정책 철회, 감사/징계, 기관장 교체(조직 해체는 드묾)
RM&IC 고도화의 방향	시장 변화에 대한 민첩한 대응, 혁신 지원, 경쟁 우위 확보	공공성 강화, 책임성 제고, 투명성 향상, 사회적 가치 창출, 국민 신뢰 회복

기업의 궁극적 목표는 이윤 극대화와 주주 가치 증대, 시장 점유율 확대에 있습니다. 이에 따라 리스크 인식은 시장, 경쟁, 재무, 혁신 실패, 고객 이탈 등 '외부 시장'의 변화에 집중되며, 혁신과 성장을 위해 '계산된 리스크'를 감수하는 경향이 강합니다. 내부통제는 주로 운영 효율성, 재무 보고 신뢰성, 자산 보호, 혁신 지원에 초점을 맞추며, 실패의 결과는 도산이나 주가 하락과 같은 직접적인 경제적 손실로 이어집니다. 통제 메커니즘은 시장 경쟁, 고객 선택, 주주 압력 등 '외부 시장의 동인'에 의해 작동합니다.

반면, 공공부문의 궁극적 목표는 공익 실현, 정책 목표 달성, 국민 삶의 질 향상, 사회적 가치 창출입니다. 따라서 리스크 인식은 정책 실패, 공공 신뢰 훼손, 사회적 책임 미흡, 규제 준수, 자원 낭비, 서비스 품질 저하 등 '외부 정책 및 사회' 중심의 광범위한 영역을 포괄합니다. 공공부문은 '실패'와 '비판'에 대한 민감도가 높아 리스크 회피 성향이 강하며, 안정성, 공정성, 투명성을 중시합니다. 내부통제는 법규 준수(Compliance), 투명성, 공정성, 책임성, 예산 집행의 적정성에 방점을 둡니다. 실패의 결과는 대국민 신뢰 하락, 정치적 비판, 예산 삭감, 감사 및 징계 등 사회적, 정치적 파급효과로 나타나며, 통제 메커니즘은 법적 의무, 국회/감사원의 감독, 언론/시민 사회의 감시, 공공기관 평가 등 '외부 감독 및 감시'에 의해 강력하게 작동합니다.

2) 공공부문의 RM&IC 선도 가능성: 본질적 강점 활용

공공부문은 기업과 달리 몇 가지 본질적인 강점을 가지고 있어 리스크 관리 및 내부통제 분야에서 민간을 선도할 잠재력이 충분합니다.

포괄적인 내부통제 개념의 출발

기업의 내부통제는 주로 사베인즈-옥슬리법(SOX) 등 금융 시장의 투명성 확보를 위한 '내부회계제도'라는 협소한 범위에서 시작되어 점차 확장되었습니다. 그러나 공공부문의 내부통제는 처음부터 법규 준수, 예산 집행의 적정성, 공공성 확보, 국민 신뢰 등 훨씬 넓은 '거버넌스'와 '공공 서비스'의 관점에서 시작되었습니다. 이러한 광범위한 시야는 공공부문이 리스크를 단편적으로 보지 않고 조직 전체의 기능과 사회적 역할이라는 큰 틀에서 접근할 수 있는 기반을 제공합니다.

명확한 공공의 이익 추구

공공부문은 이윤 추구가 아닌 공익 실현이라는 명확한 목표를 가지고 있습니다. 이는 리스크 관리의 궁극적인 목적이 '국민의 안전과 복리 증진'에 있음을 의미하며, 단순한 재무적 손실 방어를 넘어 사회적 가치 창출과 국민 신뢰 확보를 위한 더욱 총체적인 리스크 관리가 가능합니다.

일사불란한 시스템 확대 가능성

공공부문은 정부의 정책 결정에 따라 일사불란하게 새로운 시스템이나 방법론을 도입하고 전파할 수 있는 조직적 특성을 가집니다. 이는 개별 기업들이 각자의 이해관계와 상황에 따라 리스크 관리 수준을 달리하는 민간 부문과 차별화되는 지점입니다. 정부 차원의 표준화된 리스크 관리 프레임워크나 내부통제 모델을 개발하고 이를 모든 공공기관에 적용함으로써, 전체 공공 영역의 리스크 관리 역량을 단기간에 획기적으로 고도화할 수 있습니다.

3) 속성과 창발 개념 도입을 통한 민간 선도

공공부문은 이러한 강점을 바탕으로 리스크 관리 체계에 '속성(Attributes)'과 '창발(Emergence)'이라는 선제적 개념을 도입하여 민간을 주도할 수 있습니다.

속성 기반 리스크 식별 단순히 프로세스나 업무 단위로 리스크를 식별하는 것을 넘어, 공공기관의 직무, 서비스, 시스템이 본질적으로 지닌 '속성(특성)'을 분석하여 리스크를 식별하는 방식입니다. 예를 들어, '권한 집중'이라는 속성은 '권한 남용' 리스크와 연결되고, '정보 비대칭' 속성은 '부패' 또는 '서비스 불공정' 리스크로 이어질 수 있습니다. 공공부문은 공공서비스의 투명성, 책임성, 공정성 등 고유한 속성을 명확히 정의하고, 각 속성이 지닌 긍정적 측면과 부정적 측면을 동시에 고려함으로써 더욱 정교하고 선제적인 리스크 식별이 가능합니다. 이는 민간 기업이 재무적 속성에 집중하는 것보다 훨씬 넓고 깊은 통찰을 제공할 수 있습니다.

창발적 리스크 관리 복잡하고 예측 불가능한 사회 환경 속에서 발생하는 '창발적(Emergent)' 리스크에 대한 관리 역량을 강화하는 것입니다. 이는 기존의 통계적 예측이나 과거 데이터에 기반한 리스크 관리를 넘어, 시스템 내부의 상호작용과 외부 환경 변화로 인해 예상치 못하게 발생하는 새로운 유형의 리스크를 감지하고 대응하는 능력을 의미합니다. 공공부문은 국민의 삶과 직결된 다양한 사회 문제를 다루므로, 이러한 창발적 리스크에 대한 선제적 대응 체계를 구축하는 것이 중요합니다. 이는 지속적인 학습, 정보 공유, 유연한 의사결정 구조를 통해 이루어질 수 있으며, 불확실성이 높은 현대 사회에서 모든 조직이 필요로 하는 역량입니다.

결론적으로, 공공부문은 전통적 내부회계 중심의 기업 리스크 관리 방식을 답습하기보다, 공익 추구 목적과 포괄적 내부통제, 시스템 확대 가능성 등 고유 강점을 적극 활용해야 합니다. '속성 기반'과 '창발적' 리스크 관리 같은 선도 개념을 도입하여, 국민 신뢰 확보 및 사회적 가치 창출을 위한 새로운 리스크 관리 모델로 민간을 이끌 수 있을 것입니다.

6. 공공부문 내부통제 고도화의 길

'리스크관리'가 무엇을 통제할 것인지에 대한 전략적이고 전사적인 '프로세스'임에도 불구하고, 이를 '내부통제'라는 '실행'의 하위 개념으로 오인하는 인식의 오류가 만연합니다. 여기에 감독기관의 평가와 언론 평판이라는 외적인 압력이 조직의 1순위 리스크 인식 기준으로 작동하면서, 공공기관은 본질적인 리스크 관리보다 형식적인 '보여 주기식' 통제에 매몰되는 악순환에 빠져 있습니다.

[표081] 공공 내부통제 고도화 방향

주요 구분	세부 내용	설명
문제점 및 해결 방향	핵심 문제점	리스크관리와 내부통제에 대한 인식의 오류 및 평가 만능주의로 인한 형식적 통제 매몰
	현상	본질적인 리스크 관리보다 '보여주기식' 통제에 집중하는 악순환 발생
	해결 방향	공공부문 전체의 패러다임 전환을 통한 내부통제 고도화 및 단계적 접근
1. 인식의 전환	리스크관리의 전략적 위상 확립	리스크관리가 내부통제의 상위 개념임을 명확히 인지하고 제도적으로 명시
	내부통제의 목적 재정의	내부통제가 단순 규제 준수를 넘어 전략적 목표 달성 및 지속 성장을 견인하는 도구임을 명확화
	교육 및 역량 강화	전 직원을 대상으로 리스크관리, 내부통제, 창발 리스크 등 체계적인 교육 의무화
2. 평가 시스템 혁신	결과 중심 → 과정 및 역량 중심 전환	평가 지표를 채우는 형식적 활동에서 리스크 식별 깊이, 대응 실효성, 관리 역량 성장 중심으로 전환
	창발/속성 리스크 평가 반영	평가 지표에 '창발 리스크 감지 및 대응 역량', '조직 속성 진단 노력' 항목 명확히 포함
	평가 결과의 투명성 및 피드백 강화	우수/미흡 사례 상세 분석 및 공개를 통해 기관 간 학습 유도

3. 내부 문화의 변화	리더십의 솔선수범	최고 경영진이 리스크를 직면하고 관리하려는 의지를 보이며, 실패를 학습 기회로 삼는 문화 조성
	심리적 안전감 확보	리스크 보고나 문제 제기가 불이익으로 이어지지 않도록 심리적 안전감 제공 및 익명 제보 시스템 활성화
	협업 및 정보 공유 강화	전사적 관점에서 리스크를 공유하고 해결하는 협업 문화 구축 및 리스크 관리 시스템을 정보 공유 플랫폼으로 활용
4. 기술의 전략적 활용	데이터 기반의 리스크 감지	빅데이터, AI, 머신러닝 활용하여 창발 리스크의 '약한 신호'를 조기에 감지하는 시스템 구축
	자동화된 통제 및 모니터링	반복적 통제 활동은 자동화로 효율성을 높이고, 인력은 전략적 리스크 활동에 집중

이러한 상황에서 내부통제 고도화는 단순한 시스템 개선을 넘어, 공공부문 전체의 패러다임 전환을 요구하는 거대한 과제입니다. 그러나 불가능한 것은 아닙니다. 깊이 뿌리내린 문제일수록, 그 뿌리를 정확히 파악하고 단계적으로 접근하는 지혜가 필요합니다.

1) 인식의 전환: 리스크관리의 선행과 내부통제의 재정의

가장 근본적인 해결책은 리스크관리와 내부통제의 관계에 대한 인식의 오류를 바로잡는 것입니다.

리스크관리의 전략적 위상 확립

감독기관과 공공기관 모두 '리스크관리'가 내부통제의 전제이자 상위 개념임을 명확히 인지해야 합니다. 내부통제는 리스크관리 프로세스에서 식별되고 평가된 위험을 경감시키기 위한 수단임을 강조하고, 리스크관리 시스템 구축이 선행되어야 함을 제도적으로 명시해야 합니다.

내부통제의 목적 재정의

내부통제가 단순히 규제 준수나 재무 보고의 신뢰성 확보를 넘어, 조직의 전략적 목표 달성을 지원하고 창발 리스크에 선제적으로 대응하며, 궁극적으로 조직의 지속 가능한 성장을 견인하는 '전략적 도구'임을 명확히 해야 합니다.

교육 및 역량 강화

고위 경영진부터 실무자까지 전 직원을 대상으로 리스크관리와 내부통제의 개념, 상호 관계, 그리고 실질적인 역할에 대한 체계적인 교육을 의무화하여 인식의 지평을 넓혀야 합니다. 특히 '창발 리스크'와 '멈춤 리스크'와 같은 새로운 개념에 대한 이해를 높여야 합니다.

2) 내부통제 성과 평가 시스템의 혁신: 본질적 리스크 관리를 유도하는 평가로

평가 만능주의로 인한 리스크 관리 왜곡을 해소하기 위해 평가 시스템 자체를 혁신해야 합니다. 형식적 활동 지양하고, 결과 중심에서 리스크 식별의 깊이, 대응 전략 실효성, 관리 역량 성장 등 과정 및 역량 중심으로 전환해야 합니다. 평가 지표에 창발 리스크 및 속성 리스크 감지 및 개선 노력을 명확히 반영하여, 보이지 않는 위험과 근원적 문제에 주목하도록 유도해야 합니다. 평가 결과는 등급 외에 상세 분석된 우수/미흡 사례를 공개하여 학습을 유도해야 합니다.

3) 내부 문화의 변화: 리스크를 포용하고 학습하는 조직으로

제도/평가 시스템 변화와 함께 조직 내부 문화 변화가 필수적입니다. 리더십은 리스크 직면 및 관리 의지를 명확히 보여야 하며, 실패를 용인하고 학습 기회로 삼는 문화를 통해 솔직한 리스크 보고와 새로운 시도를 독려해야 합니다. 리스크 보고 시 불이익이 없다는 심리적 안전감을 제공하고, 익명 제보 활성화 및 내부 고발자 보호 강화를 통해 잠재적 위험을 드러내도록 유도해야 합니다. 부서 이기주의를 넘어 전사적으로 리스크를 공유하고 해결하는 협업 문화를 구축하고, 리스크 관리 시스템을 정보 공유 플랫폼으로 활용하여 조직 전체의 리스크 인식을 높여야 합니다.

4) 기술의 전략적 활용: 리스크 관리의 조력자로

디지털 기술은 리스크 관리와 내부통제 고도화의 강력한 조력자입니다. 빅데이터 분석, AI, 머신러닝을 활용하여 내부/외부 데이터 속 '약한 신호'를 포착하고, 창발 리스크 징후를 조기에 감지하는 시스템을 구축해야 합니다. 이는 '평가 보고서'를 위한 데이터가 아닌, '실질적인 리스크 통찰'을 위한 활용으로 전환되어야 합니다. 반복적 통제 활동은 자동화하여 효율성을 높이고, 확보된 인력은 복잡하고 전략적인 리스크 식별 및 대응에 집중해야 합니다.

공공부문의 내부통제 고도화는 단기간의 쉬운 과제가 아닙니다. 그러나 리스크 관리 본질 이해, 평가 시스템 혁신, 조직 문화 변화, 기술 전략적 활용 등 다각적 노력이 지속된다면, 공공부문은 '평가와 평판'의 굴레를 벗어나 진정으로 국민에게 신뢰받고 예측 불가능한 미래에 대응할 수 있는 강건한 조직으로 거듭날 수 있을 것입니다.

제3절 | 감사원 '공공 내부통제 심사 기준' 혁신

1. 감사원의 공공 부문 내부통제 평가 방안

감사원의 공공 부문 내부통제 심사 기준은 단순히 규정 준수 여부를 넘어, 조직의 실제적인 리스크 관리 역량과 내부통제의 효과성을 측정하는 방향으로 나아가야 합니다. 이는 형식적인 '체크리스트 준수'

에 머물지 않고, 공공기관이 직면한 복잡한 위험들을 얼마나 효과적으로 식별하고 대응하는지 본질적인 역량을 평가하기 위함입니다. 궁극적으로는 국민의 세금이 효율적으로 사용되고 공공 서비스의 질이 향상될 수 있도록 실질적인 기여를 유도하는 평가 시스템이 필요합니다. 이를 위한 구체적인 평가 방안은 다음과 같은 구성으로 제안될 수 있습니다.

1) 평가 목표 및 기본 방향

목표

공공기관의 내부통제 시스템이 조직 목표 달성을 저해하는 리스크를 효과적으로 식별, 평가, 통제하여 기관의 운영 효율성, 재정 건전성, 그리고 대국민 신뢰를 제고하는 데 기여하는지 평가합니다. 이는 단순히 규정 준수 여부를 확인하는 것을 넘어, 내부통제가 기관의 핵심 가치 창출에 얼마나 실질적으로 기여하는지를 측정하는 데 중점을 둡니다.

기본 방향

리스크 기반 접근: 리스크 식별 및 관리 역량을 내부통제의 핵심 평가 요소로 삼는다. 특히, 전통적인 '흐름 리스크'뿐만 아니라 '속성 리스크'와 '창발 리스크'에 대한 식별 및 대응 역량을 중요하게 평가하여, 리스크 관리의 깊이와 폭을 확장한다.

과정과 성과의 균형 평가: 내부통제 5가지 구성요소의 균형 있는 평가 지표를 둔다. 이는 통제 활동의 설계 적정성과 운영 효과성을 동시에 고려하여, 형식적인 절차가 아닌 실질적인 통제 역량을 확인하고자 함이다.

정량·정성 균형: 객관적인 지표와 함께 심층적인 분석을 통한 질적 평가를 병행한다. 정량적 데이터는 효율성을, 정성적 평가는 통제 문화나 리스크 인식 수준 등 질적인 측면을 파악하는 데 활용된다.

지속적 개선 유도: 평가를 통해 문제점을 파악하고 개선을 위한 동기를 부여한다. 평가 결과를 단순히 등급 부여에 그치지 않고, 기관의 리스크 관리 역량 향상을 위한 컨설팅 및 피드백 자료로 활용한다.

2) 평가 영역 및 세부 기준(정량 및 정성 평가)

내부통제의 5가지 구성요소(통제 환경, 위험 평가, 통제 활동, 정보 및 의사소통, 모니터링)를 기반으로 [표082]와 같이 평가 영역을 구성합니다. 각 구성요소별로 정량적 지표와 정성적 평가 기준을 혼합하여 적용함으로써, 내부통제 시스템의 양적 수준과 질적 수준을 모두 파악할 수 있도록 합니다. 특히, 각 평가 영역에서는 해당 기관의 특성과 역할에 맞는 리스크를 얼마나 잘 식별하고 관리하는지에 대한 심층적인 평가가 이루어질 것입니다.

[표082] 감사원 공공부문 내부통제 심사기준 혁신안

구성요소	평가 요소	정량 평가(배점 예시)	배점	정성 평가(평가 기준 예시)
통제 환경 (Control Environment)	리더십의 의지 및 문화	내부통제 관련 교육 이수율	10%	· 경영진의 리스크 기반 내부통제에 대한 명확한 비전 제시 및 솔선수범 여부. · 리스크 인식 제고를 위한 조직 문화 조성 노력 및 성과.
	조직 구조 및 책임	내부통제 전담 부서/인력 배치율	5%	· 내부통제 및 리스크 관리 관련 역할과 책임의 명확성, 권한 분장의 적절성. · 독립적인 내부감사 기능의 실질적 운영 여부.
위험 평가 (Risk Assessment)	Tri-View 기반 리스크 식별 활동의 포괄성 및 깊이	핵심 업무/전략 목표별 리스크 식별 완료율: (식별 완료된 핵심 업무/전략 목표 수 / 전체 핵심 업무/전략 목표 수) × 100%	15%	Tri-View 분석의 질적 수준: · 흐름 리스크(Flow Risk): 업무 프로세스의 핵심 병목 지점, 비효율성, 잠재적 오류 등 프로세스 기반 리스크가 얼마나 체계적이고 구체적으로 식별되었는지. · 멈춤 리스크(Stock Risk): 조직의 핵심 속성(가치, 문화, 역량, 구조 등)에 대한 깊이 있는 통찰을 통해 파악된 본질적 리스크의 질적 수준 및 다양성. · 솟음 리스크(Emergence Risk): 미래 환경 변화(기술, 사회, 정책 등)에 대한 예측과 분석을 바탕으로 한 창발적 리스크의 선제적 탐색 노력 및 통찰력. · 식별된 리스크들이 구체적이고 실행 가능한 통제 방안과 연결될 수 있는 수준인가.
		정기 리스크 식별 워크숍/회의 개최 빈도: (연간 계획 대비 실적)	5%	
		리스크 식별 참여 부서/인력의 다양성: (예: 전체 부서 중 참여 부서 비율)	5%	
	리스크 식별 방법론의 적정성 및 활용	리스크 식별 방법론 활용 다양성 지수: (활용된 방법론 수 / 권장 방법론 수)	5%	· 리스크 식별 방법론의 체계성: 다양한 리스크 식별 방법론(예: 시나리오 분석, SWOT, PESTEL, 과거 감사/사고 분석, 전문가 인터뷰 등)의 활용 여부 및 각 리스크 유형에 대한 적절한 적용. · 내외부 정보(보고서, 언론, 민원, 기술 동향 등)를 활용한 리스크 탐지 노력 및 정보의 질. · 리스크 식별 과정의 체계성, 문서화 수준 및 지속적 개선 노력.
	리스크 우선순위 및 평가	리스크 평가 모델의 정합성 지표	5%	· 리스크 평가 기준(발생 가능성, 영향도)의 명확성 및 일관성. · 리스크 매트릭스 활용의 효과성 및 우선순위 설정의 합리성.
통제 활동 (Control Activities)	리스크 감소 실적	잔여 리스크 수준 감소율: (초기 리스크 수준 − 현재 잔여 리스크 수준) / 초기 리스크 수준	20%	· 통제 활동의 효과성: 식별된 리스크를 실질적으로 감소시키는 데 통제 활동이 얼마나 기여했는지. · 통제 활동의 적절성 및 효율성(과도한 통제 방지). · 통제 활동이 리스크 발생 예방에 얼마나 기여했는지 (예방적 통제).
	통제 설계 및 실행	핵심 통제 활동의 이행률	10%	· 통제 활동이 리스크의 특성과 규모에 맞춰 적절하게 설계되었는지. · 통제 활동이 실제 업무 프로세스에 효과적으로 내재화되어 실행되는지. · 통제수준 평가 기준의 명확성 및 일관성.

정보 및 의사소통 (Information & Communication)	정보의 적시성 및 정확성	리스크/통제 정보 보고 주기 준수율	5%	· 리스크 및 통제 관련 정보가 의사결정권자에게 적시에, 정확하고 완전하게 보고되는지.
				· 정보 시스템을 통한 리스크 정보 공유의 효율성.
	내외부 의사소통	리스크 관련 내외부 의견 수렴 활동 횟수	5%	· 리스크 및 내부통제 관련 정보가 조직 내 모든 계층에 효과적으로 전달되는지.
				· 외부 이해관계자(국민, 감독기관 등)와의 소통 채널 및 피드백 반영 노력.
모니터링 (Monitoring Activities)	지속적 모니터링	핵심 리스크 지표(KRI) 모니터링 주기 준수율	5%	· 내부통제 시스템의 효과성을 지속적으로 점검하는 상시 모니터링 체계의 유무 및 실효성.
				· 핵심 리스크 지표(KRI)의 효과적인 활용 및 관리.
				· 핵심 통제 지표(KCI)를 활용한 통제 활동의 성과 측정.
	개선 조치 및 피드백	모니터링/감사 지적사항 개선 완료율	5%	· 모니터링 결과 발견된 문제점에 대한 신속하고 적절한 개선 조치 이행 여부.
				· 개선 조치의 효과성 검증 및 피드백 시스템의 구축.

3) 평가 방법론 및 배점

정량 평가

각 항목별로 미리 정해진 지표에 따라 점수를 부여합니다. 데이터 기반의 객관적인 측정이 가능합니다.

정성 평가

서류 검토, 현장 방문, 인터뷰, 사례 분석 등을 통해 심사관의 전문적 판단을 기반으로 평가합니다. 평가 기준에 따라 등급(예: 우수, 양호, 보통, 미흡)을 부여하고, 이를 점수화할 수 있습니다.

종합 배점

각 평가 영역별로 총 100점 만점 기준으로 배점을 부여하고, 최종 점수를 산출합니다.(위 표의 배점은 예시이며, 실제 배점은 중요도에 따라 조정 가능)

4) 평가의 효과성 제고를 위한 제언

가이드라인 제공

감사원은 이러한 평가 기준에 대한 상세한 가이드라인을 제공하여 각 기관이 자체적으로 내부통제 및 리스크 관리 역량을 강화할 수 있도록 지원해야 합니다.

교육 및 컨설팅

공공기관 담당자들을 대상으로 리스크 기반 내부통제 및 평가 기준에 대한 교육과 컨설팅을 제공하여 평가 역량과 실제 운영 역량을 함께 높일 수 있도록 합니다.

우수 사례 공유

평가 결과 우수한 성과를 보인 기관의 사례를 공유하여 다른 기관들이 벤치마킹할 수 있도록 유도합니다.

지속적인 피드백

평가 결과를 바탕으로 각 기관에 맞춤형 피드백을 제공하고, 개선 계획 수립을 지원하여 실질적인 내부통제 고도화를 유도합니다.

이러한 평가 방안은 공공기관이 단순히 규제를 준수하는 것을 넘어, 리스크를 적극적으로 관리하고 내부통제 시스템을 통해 조직의 목표를 효과적으로 달성하는 데 기여할 수 있도록 독려할 것입니다.

2. "감사원 내부통제 심사기준 혁신안"의 의의와 기대효과

제시된 "공공 부문 내부통제 심사기준 혁신안"은 기존의 내부통제 평가 방식에서 한 단계 더 나아가, 리스크 기반의 실질적인 효과성을 측정하는 데 중점을 둔다는 점에서 매우 큰 의의를 가집니다.

[표083] 공공부문 내부통제 심사기준 혁신안의 기대효과

구분	항목	설명
심사기준의 의의	1. 리스크 관리 패러다임 전환	Tri-View 리스크 식별 도입을 통한 선제적·전략적 리스크 관리로의 패러다임 전환 유도
	2. 성과 중심 내부통제	'잔여 리스크 수준 감소율' 등 지표를 통한 내부통제 활동의 실질적 성과 평가 가능성 확보
	3. 질적 수준 향상 유도	정성 평가 항목 강화를 통한 내부통제 및 리스크 관리 활동의 본질적 깊이와 완성도 향상 유도
	4. 리더십 책임 강화	'리더십의 의지 및 문화' 항목을 통한 경영진의 책임과 역할 명확화 및 강조
	5. 지속적 개선 문화 정착	KRI 활용 및 개선 조치 완료율 지표를 통한 내부통제 시스템의 지속적 모니터링 및 개선 문화 정착
기대효과	1. 리스크 관리 역량 획기적 제고	감사원 평가 기준으로서 선진 리스크 식별 기법 도입 및 전문성 강화를 통한 공공 부문 리스크 관리 역량 획기적 제고
	2. 예측 불가능 리스크 대응력 강화	멈춤/솟음 리스크 강조를 통한 조직의 본질적 취약점 및 미래 불확실성 대비 능력 향상
	3. 국민 신뢰도 및 서비스 품질 향상	효과적 리스크 관리 및 내부통제 강화를 통한 공공 서비스 질적 향상 및 국민 신뢰도 증진
	4. 자원 효율적 배분 및 낭비 감소	리스크 식별 및 통제를 통한 불필요한 예산 낭비와 비효율적 업무 프로세스 개선
	5. 책임성 및 투명성 제고	리스크 식별, 통제 활동, 성과 평가의 명확성을 통한 각 부서 및 개인의 책임성 강화와 운영 투명성 제고
	6. 내부통제 문화 확산	평가를 통한 리스크 관리와 내부통제 중요성의 조직 전반 확산 및 주도적 태도 형성

1) 심사기준의 의의

이 제안은 단순히 규정 준수 여부를 확인하는 것을 넘어, 공공기관이 능동적이고 전략적인 리스크 관리 주체로 거듭나도록 유도하는 데 있습니다.

리스크 관리의 패러다임 전환

기존의 내부통제가 주로 규정 준수와 사후 통제에 머물렀다면, 이 제안은 Tri-View(흐름-멈춤-솟음) 리스크 식별이라는 혁신적인 개념을 도입하여, 조직이 잠재적이고 복합적인 리스크를 선제적으로, 그리고 다각적으로 식별하도록 강제합니다. 이는 리스크 관리가 단순히 '문제 발생 시 대응'이 아니라, '미리 예측하고 대비하는' 전략적 기능으로 격상됨을 의미합니다.

과정과 성과의 균형 운영 유도

5가지 구성요소 전체를 평가대상으로 함과 동시에 제일 높은 배점(20%)으로 '잔여 리스크 수준 감소율'과 같은 지표를 통해 내부통제 활동이 실제로 리스크를 얼마나 줄였는지, 즉 '성과'에 기반한 평가를 가능하게 합니다. 이는 내부통제가 단순한 '활동'이 아닌 '결과'를 창출하는 중요한 경영 도구임을 명확히 합니다.

질적 수준 향상 유도

'Tri-View 분석의 질적 수준', '멈춤 리스크에 대한 깊이 있는 통찰', '통제수준 평가 기준의 명확성 및 일관성' 등 정성 평가 항목의 강화는 기관들이 단순히 양적인 지표 채우기에 급급하지 않고, 내부통제 및 리스크 관리 활동의 본질적인 깊이와 완성도를 높이도록 유도할 것입니다.

리더십의 책임 강화

'리더십의 의지 및 문화' 항목은 내부통제가 단순히 실무진의 업무가 아니라, 경영진의 확고한 의지와 윤리 의식, 그리고 조직 문화가 뒷받침되어야 한다는 점을 명확히 함으로써 최고 의사결정권자의 책임과 역할을 강조합니다.

지속적 개선 문화 정착

KRI 활용, 개선 조치 완료율 등의 지표는 내부통제 시스템이 한 번 구축되면 끝나는 것이 아니라, 지속적으로 모니터링하고 피드백하며 개선해 나가는 순환적 과정을 통해 고도화되어야 함을 시사합니다.

2) 제안된 심사기준의 기대효과

이러한 심사기준이 감사원에 의해 채택된다면, 공공 부문 전반에 걸쳐 다음과 같은 긍정적인 파급 효과를 기대할 수 있습니다.

공공 부문 리스크 관리 역량의 획기적 제고

감사원 평가에 대한 공공기관의 민감도를 고려할 때, 이 기준은 각 기관이 Tri-View와 같은 선진 리스크 식별 기법을 도입하고, 리스크 관리 전문성을 강화하는 강력한 동기가 될 것입니다. 이는 공공기관의 리스크 관리 수준을 한 차원 높이는 계기가 될 것입니다.

예측 불가능한 리스크에 대한 대응력 강화

특히 '멈춤 리스크(Stock Risk)'와 '솟음 리스크(Emergence Risk)'의 강조는 공공기관이 과거의 경험이나 현재의 프로세스에만 갇히지 않고, 조직의 본질적인 취약점이나 미래의 불확실성에 대비하는 능력을 키우도록 할 것입니다. 이는 팬데믹, 급변하는 기술 환경 등 예측 불가능한 위기에 대한 공공의 대응력을 높이는 데 기여할 것입니다.

국민 신뢰도 및 서비스 품질 향상

리스크가 효과적으로 관리되고 내부통제가 강화되면, 횡령, 부패, 비효율 등 공공 서비스의 질을 저해하는 요소들이 줄어들게 됩니다. 이는 궁극적으로 국민에게 더 나은 공공 서비스를 제공하고, 공공기관에 대한 신뢰를 증진시키는 결과로 이어질 것입니다.

자원의 효율적 배분 및 낭비 감소

리스크를 정확히 식별하고 효과적으로 통제함으로써, 불필요한 예산 낭비나 비효율적인 업무 프로세스를 개선할 수 있습니다. 이는 제한된 공공 자원을 더욱 효율적으로 배분하고 활용하는 데 기여할 것입니다.

책임성 및 투명성 제고

리스크 식별, 통제 활동, 그리고 그 성과에 대한 명확한 평가는 각 부서 및 개인의 책임성을 강화하고, 내부통제 운영의 투명성을 높일 것입니다.

내부통제 문화의 확산

평가를 통해 리스크 관리와 내부통제의 중요성이 조직 전반에 확산되고, 모든 구성원이 자신의 업무에서 리스크를 인지하고 관리하려는 주도적인 태도를 갖게 될 것입니다.

이 심사기준은 공공 부문이 더욱 견고하고 신뢰받는 조직으로 발전하는 데 있어 매우 중요한 이정표가 될 것이라고 확신합니다.

3. 감사원 심사기준 혁신이 가져올 긍정적 창발

리스크 관리 내부통제 컨설턴트로서, 저는 이 사회에 '조용한 혁명'이 일어나기를 간절히 염원합니다. 이 혁명은 거창한 구호나 물리적 충돌이 아닌, 우리 사회 시스템의 근간을 이루는 '인식'과 '문화'의 심층적인 변화를 통해 완성될 것입니다. 그리고 저는 확신합니다. 이 혁명의 실현을 위해서는 리스크 관리와 내부통제의 고도화가 필수적이며, 그 초석은 감사원의 심사기준, 각 기관의 확고한 의지, 그리고 그 둘의 기대와 의지를 이어 줄 준비된 전문 컨설턴트의 역할에 달려 있음을.

특히, 감사원의 심사기준은 이 모든 변화의 핵심이자, 거대한 동력입니다. 왜냐하면 모든 공공기관과 심지어 그들을 지원하는 컨설턴트들조차 이 기준에 맞춰 스스로를 정렬하고 움직이기 때문입니다. 감사원의 평가는 단순한 점수표가 아닙니다. 그것은 공공기관의 행동을 규정하고, 자원의 흐름을 결정하며, 궁극적으로는 국민의 삶에 직접적인 영향을 미치는 강력한 지침이 됩니다. 만약 이 지침이 형식적인 준수를 넘어 '본질적인 리스크 관리'와 '실질적인 내부통제 효과'를 지향한다면, 우리는 상상 이상의 변화를 목격하게 될 것입니다.

이제 공직사회는 단순히 '평가와 평판'이라는 형식적인 굴레에서 벗어나야 합니다. 더 이상 보여주기식의 활동이나 규정 준수만을 위한 문서 작업에 매몰되어서는 안 됩니다. 진정으로 국민의 신뢰를 얻기 위해서는, 조직의 핵심 기능과 공공 서비스의 본질에 내재된 리스크에 깊이 주목해야 합니다. 우리가 제안하는 Tri-View 기반의 리스크 식별(흐름-멈춤-솟음 리스크)과 잔여 리스크 감소율과 같은 성과 중심의 평가는, 공공기관이 눈에 보이는 현상적 리스크를 넘어 조직의 속성과 본질에서 기인하는 리스크, 그리고 예측 불가능한 미래의 창발적 리스크까지 선제적으로 관리하도록 이끌 것입니다. 이는 공직사회가 국민에 대한 진정한 책임감을 바탕으로, 위험을 회피하는 것이 아니라 적극적으로 관리하고 통제하는 능동적 주체로 거듭나는 길입니다.

이러한 공직사회의 변화는 비단 공공 부문에만 머무르지 않을 것입니다. 그 파급 효과는 "내부 회계관리제도"에만 매몰되어 있는 민간 기업에도 긍정적인 영향을 미칠 것입니다. 민간 기업 역시 단순히 재무적 리스크나 회계 투명성만을 강조하는 것을 넘어, 운영, 전략, 그리고 사회적 책임과 관련된 본질적인 리스크 관리에 대한 인식을 심화하게 될 것입니다. 공공 부문의 선도적인 변화는 민간 부문에 새로운 리스크 관리의 기준과 방향을 제시하며, 우리 사회 전반에 걸쳐 소리 없는 긍정적인 창발현상으로 발현될 것입니다.

저는 확신합니다. 이처럼 리스크 관리와 내부통제의 고도화를 통해 공공과 민간이 함께 변화하고 성장하는 모습이야말로, 우리가 오랫동안 꿈꿔왔던 '조용한 혁명'으로 완성될 것입니다. 이것은 단순한 제안이 아니라, 더 안전하고 투명하며 신뢰받는 사회를 향한 우리의 담대한 선언입니다.

제7장 내부통제 고도화

제1절 | 내부통제 고도화의 목적과 구성요소

내부통제 고도화는 조직이 여러 측면에서 긍정적인 변화와 실질적인 성과를 달성하도록 돕습니다.

1. 내부통제 고도화의 목적

[표084] 내부통제 고도화의 목적

목적(활용 방향)	의미	활용 예시
1. 경영 전략 지원	내부통제 시스템을 조직의 전략적 목표 달성을 지원하는 도구로 활용, 위험 회피를 넘어 전략 성공 가능성 증대 기여	· 조직속성의 긍정측면(순기능) 강화 / 부정측면(역기능) 억제(리스크 관리) 전략 · 신규 사업/정책 추진 시 예상 리스크 사전 식별 및 통제 방안 마련 · 핵심 역량 강화 전략과 연계하여 관련 프로세스 효율성 신뢰성 증진 · ESG 경영 목표 달성을 위한 E,S,G관련 리스크 관리 및 투명성 확보 통제 구축
2. 프로세스 고도화 지원	속성 기반 리스크 식별 등을 통해 파악된 리스크 요인을 업무 프로세스 설계 또는 재설계에 반영하여 리스크 감소 및 효율성 증대, 통제의 프로세스 내재화	· 속성리스크 식별, 잠재 발현 가능 프로세스 선정, 속성리스크 고려 프로세스 보완 재설계 · 법규 준수 리스크가 높은 프로세스에 법률 검토/시스템 통제 내재화 · 예산 낭비 리스크가 있는 프로세스에 다단계 승인 및 잔액 자동 확인 기능 추가 · 정보 유출 리스크가 있는 프로세스에 접근 권한 통제 및 작업 기록 기능 내재화
3. 의사결정 품질 향상	신뢰성 있는 재무 및 비재무 정보의 적시 제공을 통한 경영진 및 실무자의 의사결정 품질 향상, 통제 활동으로 정보의 정확성 및 완전성 확보	· 주요 경영/성과/리스크 지표 보고 시스템의 정확성 및 적시성 확보 통제 · 의사결정에 필요한 정보의 완전성 및 신뢰성 검증 절차 강화
4. 자원 효율성 및 효과성 증진	조직의 자원(인력, 예산, 자산 등)이 낭비 없이 효율적으로 사용되고, 설정된 목표 달성에 효과적으로 기여하도록 관리	· 예산 계획 및 집행 절차 통제 강화 · 자산 관리 및 재고 통제 시스템 개선 · 인력 운영 및 배치 관련 통제 설계
5. 조직 문화 개선 및 윤리 강화	내부통제 인식 제고, 윤리 교육 강화, 내부 고발 시스템 활성화를 통한 청렴하고 윤리적인 조직 문화 조성 및 확산	· 리스크 관리 및 내부통제 관련 전 직원 교육 및 참여 프로그램 운영 · 윤리 강령 및 행동 지침 마련 및 준수 모니터링 · 내부 고발 시스템 활성화 및 제보자 보호 강화
6. 이해관계자 신뢰 및 관계 강화	투명하고 책임감 있는 운영을 통한 국민, 의회, 시민단체, 언론 등 다양한 이해관계자의 신뢰 확보 및 긍정적인 관계 구축	· 정보 공개 절차 및 시스템 개선 · 민원 처리 절차 표준화 및 응답성 강화 · 외부 감사/평가 결과 및 개선 노력에 대한 투명한 소통
7. 변화 관리 및 혁신 지원	새로운 정책 도입, 시스템 구축, 조직 개편 등 변화 과정에서 발생할 수 있는 리스크 관리, 통제 시스템의 유연한 조정을 통한 변화 및 혁신 안정적 추진 지원	· 변화 관리 프로세스에 리스크 평가 단계 포함 · 혁신적인 시도에 대한 리스크 관리 방안 마련(과도한 제약 방지) · 새로운 시스템/프로세스 도입 시 관련 통제 설계 및 테스트

1) 경영 전략을 효과적으로 지원합니다

내부통제 시스템은 조직의 전략적 목표 달성을 위한 핵심 도구가 됩니다. 단순히 위험을 회피하는 소극적인 역할을 넘어, 전략 실행 과정에서 발생할 수 있는 리스크를 사전에 식별하고 효과적으로 관리함으로써 전략의 성공 가능성을 크게 높이는 데 기여합니다.

이는 조직 속성의 긍정적인 측면(순기능)을 강화하고 부정적인 측면(역기능)을 억제하는 리스크 관리 전략을 포함합니다. 또한, 신규 사업이나 정책을 추진할 때 예상되는 리스크를 사전에 식별하고 통제 방안을 마련하여 사업의 안정적인 착수 및 운영을 지원합니다. 조직의 핵심 역량 강화 전략과 연계하여 관련 프로세스의 효율성과 신뢰성을 증진시키며, ESG 경영 목표 달성을 위해 환경, 사회, 지배구조(ESG) 관련 리스크를 관리하고 투명성을 확보하는 통제 체계를 구축하는 데도 중요한 역할을 합니다.

2) 프로세스 고도화를 지원하여 업무의 효율성과 안정성을 높입니다

속성 기반 리스크 식별 등을 통해 파악된 리스크 요인들을 관련 업무 프로세스 설계 또는 재설계에 통제를 내재화하여, 리스크를 줄이고 효율성을 높이는 프로세스를 구축할 수 있습니다. 법규 준수 리스크가 높은 프로세스에는 법률 검토나 시스템 통제 기능을 내재화하고, 예산 낭비 리스크가 있는 프로세스에는 다단계 승인 및 잔액 자동 확인 기능을 추가합니다. 또한, 정보 유출 리스크가 있는 프로세스에는 접근 권한 통제 및 작업 기록 기능을 내재화하여 정보 보안을 강화할 수 있습니다.

3) 의사결정의 품질을 향상시킵니다

내부통제 고도화를 통해 신뢰성 있는 재무 및 비재무 정보가 적시에 제공됨으로써 경영진과 실무자의 의사결정 품질이 높아집니다. 통제 활동을 통해 정보의 정확성과 완전성을 확보하며, 주요 경영 지표, 성과 정보, 리스크 정보 등이 정확하고 시의적절하게 보고되도록 통제하여 합리적인 의사결정을 지원합니다. 의사결정에 필요한 정보의 완전성과 신뢰성을 검증하는 절차 또한 강화됩니다.

4) 자원의 효율성 및 효과성을 증진시킵니다

조직의 인력, 예산, 자산 등 귀중한 자원들이 낭비 없이 효율적으로 사용되고, 설정된 목표 달성에 효과적으로 기여하도록 관리할 수 있습니다. 이는 예산 계획 및 집행 절차 통제 강화, 자산 관리 및 재고 통제 시스템 개선, 그리고 인력 운영 및 배치 관련 통제 설계를 통해 이루어집니다.

5) 조직 문화를 개선하고 윤리를 강화하는 데 기여합니다

내부통제에 대한 인식 제고, 윤리 교육 강화, 내부 고발 시스템 활성화 등을 통해 조직 내에 청렴하고 윤리적인 문화를 조성하고 확산시킬 수 있습니다. 리스크 관리 및 내부통제 관련 전 직원 교육 및 참여 프로그램을 운영하고, 윤리 강령 및 행동 지침 마련 및 준수 모니터링을 강화하며, 내부 고발 시스템을 활성화하고 제보자 보호를 강화하는 것이 그 예시입니다.

6) 이해관계자의 신뢰를 확보하고 관계를 강화합니다

투명하고 책임감 있는 운영을 통해 국민, 의회, 시민단체, 언론 등 다양한 이해관계자들의 신뢰를 얻고 긍정적인 관계를 구축할 수 있습니다. 정보 공개 절차 및 시스템을 개선하고, 민원 처리 절차를 표준화하며 응답성을 강화합니다. 또한, 외부 감사나 평가 결과 및 개선 노력에 대해 투명하게 소통함으로써 이해관계자들의 신뢰를 더욱 높일 수 있습니다.

7) 변화 관리 및 혁신을 효과적으로 지원합니다

새로운 정책 도입, 시스템 구축, 조직 개편 등 변화 과정에서 발생할 수 있는 리스크를 관리하고, 통제 시스템을 유연하게 조정하여 변화와 혁신이 안정적으로 추진될 수 있도록 지원합니다. 변화 관리 프로세스에 리스크 평가 단계를 포함하고, 혁신적인 시도에 대한 리스크를 관리하되 과도한 제약이 되지 않도록 방안을 마련합니다. 새로운 시스템이나 프로세스 도입 시 관련 통제를 설계하고 테스트하는 것도 중요합니다.

이처럼 내부통제 고도화는 단순히 '나쁜 일'을 막는 소극적인 방어벽이 아니라, 조직의 목적을 달성하고, 효율성을 높이며, 신뢰를 구축하고, 변화를 이끌어가는 적극적인 경영 도구로서 활용될 수 있습니다.

2. 내부통제 고도화 구성요소 및 고도화의 모습

내부통제 고도화는 단순히 시스템을 갖추는 것을 넘어, 조직의 안정성과 효율성을 더욱 정교하고 능동적인 방식으로 높이는 다양한 요소들을 포함합니다. 이는 리스크를 선제적으로 감지하고 대응하는 역량을 강화하며, 불확실한 환경 속에서도 조직의 목표 달성을 지속적으로 지원하는 진화된 형태의 내부통제를 의미합니다.

고도화된 내부통제는 단순히 규제 준수를 넘어, 조직의 전략적 의사결정을 돕고 지속 가능한 성장을 위한 필수적인 기반이 됩니다. 궁극적으로는 리스크를 기회로 전환하는 능동적인 통제 시스템을 지향합니다.

[표085] 내부통제 고도화 구성요소 및 고도화의 모습

No	고도화 요소	내용
01	기본 프로세스의 견고한 작동	내부통제 5가지 구성요소가 유기적으로 연결되어 잠재된 리스크에 선제적으로 대응할 수 있도록 체계적인 관리 시스템을 구축하고 운영 측면에서 활성화 되어 있음.
02	Tri View 입체적 리스크 식별의 완전성	조직의 속성 기반 리스크 식별과 창발 현상을 고려한 입체적인 리스크 식별이 이루어지고 통제 활동을 수행함.
03	KRI/KCI/KPI 모니터링	핵심 위험 지표(KRI)와 핵심 통제 지표(KCI), 핵심 성과 지표(KPI)를 설정하고 지속적으로 모니터링하여 리스크 수준의 변화와 통제 활동의 효과성을 실시간으로 파악하고 대응함.
04	통제의 효과성 평가	구축된 내부통제 활동들이 리스크를 효과적으로 관리하고 조직 목표 달성에 기여하는지 정기적이고 체계적으로 평가하며, 미흡한 부분은 개선 방안을 도출함.
05	리스크 경감 성과 관리	식별된 리스크를 경감하기 위한 통제 활동의 실행 결과와 그로 인한 리스크 수준의 변화를 측정하고 관리하여, 내부통제의 실질적인 성과를 정량적으로 파악하고 지속적인 개선을 유도함.
06	예방 중심의 접근	문제가 발생한 후에 대응하는 방식이 아니라, 시스템이 이상 징후를 스스로 탐지하여 사전에 예방하는 체계로 전환됨. 디지털 인프라를 활용한 이상 징후 탐지 시스템을 통해 예방 중심의 내부통제를 강화함.
07	기술 활용 및 디지털 전환	AI와 같은 첨단 기술을 감사 및 내부통제 활동에 적극적으로 도입하여 감사 성과를 높이고 내부통제 체계를 더욱 강화함.
08	객관성 및 신뢰성 확보	ISO 인증 취득과 같은 외부 검증을 통해 내부통제 시스템의 객관성과 신뢰성을 확보하고, 국제 표준에 부합하는 통제 체계를 갖춤.
09	직원 역량 및 인식 제고	임직원들이 내부통제 활동의 중요성을 인식하고 관련 역량을 향상시킬 수 있도록 교육 및 홍보를 강화하여, 통제 활동이 일상 업무에 자연스럽게 녹아들도록 함.
10	운영 효율성 증대	내부통제 시스템의 운영 효율성을 지속적으로 강화하여, 통제 활동이 조직의 업무 흐름을 방해하지 않으면서도 효과적으로 작동하도록 개선함.
11	횡령·배임 등 부정행위 예방 강화	자금 통제 미비와 같은 취약점을 보완하고, 통제의 무력화를 막아 횡령이나 배임과 같은 부정행위를 효과적으로 예방할 수 있는 환경을 조성함. 특정 부서나 개인에게 과도한 권한이 집중되지 않도록 견제와 균형의 원리를 적용함.

1) 내부통제가 고도화된다는 것은 먼저 체계적인 리스크 관리를 통해 내부통제의 5가지 구성요소가 유기적으로 연결되어 잠재된 리스크에 선제적으로 대응할 수 있도록 관리 시스템을 구축하는 것을 의미합니다.

2) 이와 더불어, 리스크 식별은 조직의 속성 기반 리스크뿐만 아니라 창발 현상까지 고려하여 이루어지며, 이를 바탕으로 효과적인 통제 활동을 수행하게 됩니다.

3) 고도화된 내부통제는 KRI/KCI 모니터링을 통해 핵심 위험 지표(KRI)와 핵심 통제 지표(KCI)를 설정하고 지속적으로 모니터링하여 리스크 수준의 변화와 통제 활동의 효과성을 실시간으로 파악하고 대응합니다.

4) 또한, 구축된 내부통제 활동들이 리스크를 효과적으로 관리하고 조직 목표 달성에 기여하는지 통제

의 효과성 평가를 정기적이고 체계적으로 수행하며, 미흡한 부분은 개선 방안을 도출합니다.

5) 나아가, 리스크 경감 성과 관리를 통해 식별된 리스크를 경감하기 위한 통제 활동의 실행 결과와 그로 인한 리스크 수준의 변화를 측정하고 관리하여, 내부통제의 실질적인 성과를 정량적으로 파악하고 지속적인 개선을 유도합니다.

6) 이러한 고도화는 예방 중심의 접근으로 전환됩니다. 즉, 문제가 발생한 후에 대응하는 방식이 아니라, 시스템이 이상 징후를 스스로 탐지하여 사전에 예방하는 체계로 변화하는 것입니다.

7) 이를 위해 디지털 인프라를 활용한 이상 징후 탐지 시스템을 통해 예방 중심의 내부통제를 강화합니다. 또한, 기술 활용 및 디지털 전환을 통해 AI와 같은 첨단 기술을 감사 및 내부통제 활동에 적극적으로 도입하여 감사 성과를 높이고 내부통제 체계를 더욱 강화합니다. 이러한 기술적 진보는 통제의 정확성과 효율성을 한층 높여 줍니다.

8) 내부통제 시스템의 객관성 및 신뢰성 확보는 ISO 인증 취득과 같은 외부 검증을 통해 이루어지며, 이를 통해 국제 표준에 부합하는 통제 체계를 갖추게 됩니다.

9) 동시에, 직원 역량 및 인식 제고는 임직원들이 내부통제 활동의 중요성을 인식하고 관련 역량을 향상시킬 수 있도록 교육 및 홍보를 강화하여, 통제 활동이 일상 업무에 자연스럽게 녹아들도록 합니다.

10) 궁극적으로, 내부통제 시스템의 운영 효율성 증대를 지속적으로 강화하여 통제 활동이 조직의 업무 흐름을 방해하지 않으면서도 효과적으로 작동하도록 개선됩니다.

11) 이는 횡령·배임 등 부정행위 예방 강화로 이어져, 자금 통제 미비와 같은 취약점을 보완하고 통제의 무력화를 막아 부정행위를 효과적으로 예방할 수 있는 환경을 조성합니다. 이를 위해 특정 부서나 개인에게 과도한 권한이 집중되지 않도록 견제와 균형의 원리를 적용하는 것도 중요합니다.

이처럼 다양한 요소들이 유기적으로 결합될 때 내부통제는 진정으로 고도화된 모습으로 발전하며, 조직의 투명성과 안정성을 한층 높일 수 있습니다.

제2절 | 내부통제 고도화의 로드맵: 성숙도 모델

1. 일반적 내부통제 5단계 성숙도 모델

널리 알려진 내부통제 5단계 성숙도 모델은 조직의 내부통제 시스템이 얼마나 체계적이고 효율적으로 발전해 나가는지를 보여 주는 프레임워크입니다.

[표086] 내부통제 5단계 성숙도 모델

COSO 구성 요소	Level1(초기) Initial	Level2(발전 중) Developing	Level3(확립/정상 작동) Established	Level4(관리) Managed	Level5(최적화/고도화) Optimized
개괄적 특징	내부통제 시스템이 거의 없거나 비체계적인 상태	내부통제 시스템 구축을 시작했으나 일관성이 부족한 상태	기본적인 내부통제 시스템이 구축되고 운영되는 상태	내부통제 시스템의 효과성을 측정하고 관리하는 상태	내부통제 시스템이 지속적으로 개선되고 조직 운영에 완전히 통합된 상태
1. 통제 환경	· 경영진의 내부통제 무관심 · 윤리 규범 부재 · 인력 관리 체계 미흡 · 책임 불분명	· 경영진의 중요성 인식 시작 · 기본적인 윤리 규범 도입 · 인력 관리 절차 수립 중 · 책임 분배 노력	· 경영진의 명확한 지원 · 명확한 윤리 강령 및 교육 · 유능한 인력 채용/유지/평가 체계 · 적절한 권한/책임 분배 · 독립적인 감사 위원회 구성	· 경영진의 적극적인 통제 환경 조성 · 윤리 규범 준수 모니터링 · 인력 역량 개발 및 성과 연계 · 권한 위임/책임 이행 평가 · 감사 위원회 활동 활발	· 통제 문화가 조직 전반에 내재화 · 윤리적 리더십 확산 · 성과 평가 및 보상 체계와 연계 · 구성원의 적극적 참여 · 다양성/포용성 존중 문화
2. 위험 평가	· 리스크 식별 프로세스 부재 · 리스크 평가 프로세스 부재 · 중요 리스크 간과	· 일부 부서 리스크 식별 시작 · 비공식적 평가 · 대응 방안 고려 시작	· 정기적 리스크 식별 프로세스 수립 · 정기적 리스크 분석 프로세스 수립 · 정기적 리스크 평가 프로세스 수립 · 중요 리스크 식별/평가 기준 명확화 · 기본적인 대응 방안 수립	· 리스크 평가 프로세스 체계적 운영 · 정량적/정성적 분석 활용 · 리스크 프로파일 관리 · 환경 변화, 리스크 재평가 정례화	· 리스크 평가가 전략에 통합 · 리스크 평가가 의사결정에 통합 · 예측 분석 활용 · 실시간 리스크 모니터링/업데이트 · 리스크 관리 시스템 자동화
3. 통제 활동	· 핵심 통제 활동 부재 · 절차 미준수 · 자산 보호 미흡	· 일부 핵심 업무 통제 절차 수립 중 · 기본적인 업무 분장/승인 도입	· 주요 업무 통제 활동 설계 및 실행 · 업무 분장/승인 절차 준수 · 기본적인 자산 보호 통제 · 기본적인 정보 시스템 접근 통제	· 통제 활동 효과성 정기적 평가 · 데이터 분석 활용 탐지 활동 강화 · 통제 미비점 개선 프로세스 운영	· 통제 활동 자동화 및 시스템 통합 · 데이터 기반 이상 징후 탐지/예방 · 지속적 통제 테스트 · 외부 환경 고려 통제 확장
4. 정보 및 의사소통	· 정보 시스템 부재/부정확 · 정보 공유 미흡 · 보고 체계 부재	· 기본적인 정보 시스템 구축 시작 · 일부 정보 공유 채널 운영 · 비공식적 문제 보고	· 신뢰성 있는 정보 시스템 구축 · 정책/절차 명확한 전달 · 기본적인 정보 공유 채널 운영 · 문제점 보고 체계 수립	· 정보 시스템 신뢰성/적시성 관리 · 정보 분석 및 활용 강화 · 다양한 의사소통 채널 활성화 · 보고 체계 효율성 모니터링	· 실시간 데이터 기반 정보 생성/보고 · AI/머신러닝 활용 분석 · 협업 도구 활용 의사소통 최적화 · 맞춤형 정보 제공 · 외부 정보 수집/분석 시스템 연동
5. 모니터링 활동	· 모니터링 활동 부재 · 감사 미실시	· 비공식적 점검 시작 · 내부 감사 도입 고려	· 내부통제 자율 점검/평가 수행 · 독립적인 내부 감사 실시 · 외부 감사 결과 활용 · 미비점 개선 조치 체계 수립	· 지속적 모니터링 시스템 구축 시작 · 데이터 분석 기반 모니터링 활용 · 결과의 즉각적 피드백 및 개선 연계	· 지속적 모니터링 시스템 완전 자동화 · 예측 분석 활용 잠재적 문제 탐지 · 모니터링 활동 효과성 정기 평가/개선 · 모니터링 결과가 전략/운영에 통합

Level 1(초기) 단계
내부통제 시스템이 거의 없거나 매우 비체계적인 상태로, 경영진의 내부통제에 대한 무관심, 윤리 규범의 부재, 인력 관리 체계의 미흡, 그리고 책임의 불분명함이 특징입니다. 통제 활동은 비공식적이고 즉흥적으로 이루어지며, 문제가 발생했을 때 사후적으로 대응하는 경향이 강합니다.

Level 2(발전 중) 단계
내부통제 시스템 구축을 시작했으나 아직 일관성이 부족한 상태입니다. 경영진이 내부통제의 중요성을 인식하기 시작하고 기본적인 윤리 규범을 도입하거나 인력 관리 절차를 수립하는 노력이 나타납니다. 일부 부서에서 리스크 식별을 시작하고 핵심 업무에 대한 통제 절차를 수립하는 등 부분적인 진전이 보이지만, 조직 전체적인 표준화나 통합은 미흡합니다.

Level 3(확립/정상 작동) 단계
기본적인 내부통제 시스템이 구축되고 정상적으로 운영되기 시작합니다. 경영진의 명확한 지원 아래 명확한 윤리 강령과 교육이 이루어지며, 유능한 인력 채용, 유지, 평가 체계가 확립됩니다. 정기적인 리스크 식별 및 분석 프로세스가 수립되고 주요 업무에 대한 통제 활동이 설계 및 실행됩니다. 신뢰성 있는 정보 시스템이 구축되고 기본적인 정보 공유 채널이 운영되며, 내부통제 자율 점검 및 평가가 수행되기 시작하는 단계입니다.

Level 4(관리) 단계
에서는 내부통제 시스템의 효과성을 정량적으로 측정하고 관리하는 수준에 도달합니다. 경영진은 적극적으로 통제 환경을 조성하고 윤리 규범 준수를 모니터링하며, 인력 역량 개발 및 성과 연계가 이루어집니다. 리스크 평가 프로세스는 체계적으로 운영되고 정량적/정성적 분석이 활용되며, 리스크 프로파일이 관리됩니다. 통제 활동의 효과성이 정기적으로 평가되고 데이터 분석을 활용한 탐지 활동이 강화됩니다. 정보 시스템의 신뢰성과 적시성이 관리되며, 데이터 분석 기반의 모니터링이 활용되기 시작합니다.

Level 5(최적화/고도화) 단계
내부통제 시스템이 지속적으로 개선되고 조직 운영에 완전히 통합된 상태를 의미합니다. 통제 문화가 조직 전반에 내재화되고 윤리적 리더십이 확산되며, 성과 평가 및 보상 체계와 통제가 긴밀하게 연계됩니다. 리스크 평가는 조직의 전략에 통합되고 예측 분석이 활용되며, 실시간 리스크 모니터링 및 업데이트가 이루어집니다. 통제 활동은 자동화되고 시스템에 완전히 통합되며, 데이터 기반의 이상 징후 탐지 및 예방이 가능해집니다.

정보 시스템은 실시간 데이터 기반으로 정보를 생성하고 보고하며, AI/머신러닝을 활용한 분석과 맞춤형 정보 제공이 이루어집니다. 모니터링 활동은 완전히 자동화되고 예측 분석을 통해 잠재적 문제를 탐지하며, 그 결과가 조직의 전략과 운영에 통합되는 최적의 상태를 지향합니다.

이 모델은 내부통제 시스템의 일반적인 발전 단계를 잘 보여 줍니다. 그러나 이 5단계 성숙도 모델은 COSO 프레임워크와 마찬가지로 리스크 식별 측면에서 결정적인 한계점을 가지고 있습니다. 바로 속성(멈춤) 리스크 식별과 창발(솟음) 리스크 식별에 대한 인식이 명시적으로 누락되어 있다는 점입니다.

조직이 마땅히 갖추어야 할 특정 속성(예: 투명성, 명확성, 강제성)이 부족할 때 발생하는 근본적인 '속성 리스크'를 직접적으로 식별하고 관리하는 관점이 명확히 제시되어 있지 않습니다. 이는 내부통제가 궁극적으로 해결해야 할 문제의 근원을 충분히 파고들지 못하게 만듭니다.

또한, 통제 활동을 강화하거나 고도화하는 과정에서 예상치 못하게 발생하는 부작용이나 새로운 유형의 '창발 리스크'에 대한 고려 또한 부족합니다. 예를 들어, 특정 통제를 지나치게 강화했을 때 발생할 수 있는 업무 경직성, 책임 회피, 혹은 새로운 형태의 정보 유출 가능성 등은 이 모델만으로는 충분히 포착하고 관리하기 어렵습니다. 이는 내부통제 시스템을 설계하고 운영할 때 발생할 수 있는 잠재적 문제점을 예측하고 균형 잡힌 접근 방식을 마련하는 데 한계로 작용합니다.

결론적으로, 이 5단계 성숙도 모델은 내부통제 시스템의 성숙도를 평가하고 개선 방향을 설정하는 데 유용하지만, 공공부문과 같이 복잡하고 다층적인 환경에서 진정한 내부통제 고도화를 이루기 위해서는 속성 기반의 근원적 리스크 식별과 통제 과정에서 발생할 수 있는 창발적 리스크에 대한 심층적인 분석 및 관점 보완이 필수적이라고 할 수 있습니다.

2. 개선된 내부통제 5단계 성숙도 모델

[표087] 개선된 5단계 성숙도 모델

COSO 구성 요소	Level1(초기) Initial	Level2(발전 중) Developing	Level3(확립/정상 작동) Established	Level4(관리) Managed	Level5(최적화/고도화) Optimized
개괄적 특징	내부통제 시스템이 거의 없거나 비체계적인 상태	내부통제 시스템 구축을 시작했으나 일관성이 부족한 상태	기본적인 내부통제 시스템이 구축되고 운영되는 상태	내부통제 시스템의 효과성을 측정하고 관리하는 상태	내부통제 시스템이 지속적으로 개선되고 조직 운영에 완전히 통합된 상태
1. 통제 환경	· 경영진의 내부통제 무관심 · 윤리 규범 부재 · 인력 관리 체계 미흡 · 책임 불분명 · **흐름/속성/창발 리스크 인식 전무**	· 경영진의 중요성 인식 시작 · 기본적인 윤리 규범 도입 · 인력 관리 절차 수립 중 · 책임 분배 노력 · **흐름 리스크의 비효율성 일부 인지**	· 경영진의 명확한 지원 · 명확한 윤리 강령 및 교육 · 유능한 인력 채용/유지/평가 체계 · 적절한 권한/책임 분배 · 독립적인 감사 위원회 구성 · **주요 흐름 리스크 및 속성 리스크의 필요성 인식**	· 경영진의 적극적인 통제 환경 조성 · 윤리 규범 준수 모니터링 · 인력 역량 개발 및 성과 연계 · 권한 위임/책임 이행 평가 · 감사 위원회 활동 활발 · **흐름/속성 리스크 관리 문화 정착, 창발 리스크에 대한 관심 증대**	· 통제 문화가 조직 전반에 내재화 · 윤리적 리더십 확산 · 성과 평가 및 보상 체계와 연계 · 구성원의 적극적 참여 · 다양성/포용성 존중 문화 · **모든 유형의 리스크를 포괄하는 통제 문화 내재화, 예측 및 선제적 대응**

구성요소	1단계	2단계	3단계	4단계	5단계
2. 위험 평가	· 리스크 식별/평가 프로세스 부재 · 중요 리스크 간과 · **흐름/속성/창발 리스크 평가 불가능**	· 일부 부서 리스크 식별 시작 · 비공식적 평가 · 대응 방안 고려 시작 · **단순한 흐름리스크 문제점 인지 시작**	· 정기적 리스크 식별/분석/평가 프로세스 수립 · 중요 리스크 식별/평가 기준 명확화 · 기본적인 대응 방안 수립 · **주요 흐름 리스크 및 명확한 속성 결핍 리스크 식별 및 평가**	· 리스크 평가 프로세스 체계적 운영 · 정량적/정성적 분석 활용 · 리스크 프로파일 관리 · 환경 변화, 리스크 재평가 정례화 · **흐름/속성 리스크 정량적 평가, 통제 활동 기인 창발 리스크 예측 시작**	· 리스크 평가가 전략/의사결정에 통합 · 예측 분석 활용 · 실시간 리스크 모니터링/업데이트 · 리스크 관리 시스템 자동화 · **모든 유형의 리스크를 통합적으로 예측 및 평가, 복합적 리스크 시나리오 분석**
3. 통제 활동	· 핵심 통제 활동 부재 · 절차 미준수 · 자산 보호 미흡 · **흐름/속성/창발 리스크 통제 부재**	· 일부 핵심 업무 통제 절차 수립 중 · 기본적인 업무 분장/승인 도입 · **단순한 흐름 리스크 개선 노력 시작**	· 주요 업무 통제 활동 설계 및 실행 · 업무 분장/승인 절차 준수 · 기본적인 자산 보호 통제 · 기본적인 정보 시스템 접근 통제 · **표준화된 흐름 리스크 통제 및 속성 리스크 보완 통제 적용**	· 통제 활동 효과성 정기적 평가 · 데이터 분석 활용 탐지 활동 강화 · 통제 미비점 개선 프로세스 운영 · 지속적 통제 테스트 · 외부 환경 고려 통제 확장 · **흐름/속성 리스크 통제 강화, 창발 리스크 고려 통제 설계 유연성 확보**	· 통제 활동 자동화 및 시스템 통합 · 데이터 기반 이상 징후 탐지/예방 · 지속적 통제 테스트 · **흐름/속성 리스크 통제 최적화/ 자동화, 창발 리스크 최소화 선제적 통제 설계**
4. 정보 및 의사소통	· 정보 시스템 부재/부정확 · 정보 공유/보고 체계 미흡 · **리스크 정보 공유 전무**	· 기본적인 정보 시스템 구축 시작 · 일부 정보 공유 채널 운영 · 비공식적 문제 보고 · **흐름 리스크 문제점 비공식적 소통**	· 신뢰성 있는 정보 시스템 구축 · 정책/절차 명확한 전달 · 기본적인 정보 공유 채널 운영 · 문제점 보고 체계 수립 · **흐름/속성 리스크 관련 정보 공유 체계 확립**	· 정보 시스템 신뢰성/적시성 관리 · 정보 분석 및 활용 강화 · 다양한 의사소통 채널 활성화 · 보고 체계 효율성 모니터링 · **흐름/속성 리스크 정보의 정량적 보고, 창발 리스크 발생 가능성 공유**	· 실시간 데이터 기반 정보 생성/보고 · AI/머신러닝 활용 분석 · 협업 도구 활용 의사소통 최적화 · 맞춤형 정보 제공 · 외부 정보 수집/분석 시스템 연동 · **모든 유형의 리스크 정보를 실시간으로 통합하여 전략적 의사결정 지원**
5. 모니터링 활동	· 모니터링 활동 부재 · 감사 미실시 · **리스크 모니터링 부재**	· 비공식적 점검 시작 · 내부 감사 도입 고려 · **단순한 흐름 점검**	· 내부통제 자율 점검/평가 수행 · 독립적인 내부 감사 실시 · 외부 감사 결과 활용 · 미비점 개선 조치 체계 수립 · **주요 흐름/속성 리스크 통제 효과성 모니터링 시작**	· 지속적 모니터링 시스템 구축 시작 · 데이터 분석 기반 모니터링 활용 · 결과의 즉각적 피드백 및 개선 연계 · **흐름/속성 리스크 통제 효과 정량적 측정, 창발 리스크 징후 모니터링**	· 지속적 모니터링 시스템 완전 자동화 · 예측 분석 활용 잠재적 문제 탐지 · 모니터링 활동 효과성 정기 평가/개선 · 모니터링 결과가 전략/운영에 통합 · **모든 유형의 리스크에 대한 예측 및 선제적 모니터링, 시스템 자체의 개선 유도**

개선된 모델의 핵심

이 개선된 5단계 성숙도 모델은 기존 COSO의 5가지 구성 요소(통제 환경, 위험 평가, 통제 활동, 정보 및 의사소통, 모니터링 활동)의 발전 단계에 더하여, 각 단계에서 '흐름 리스크', '속성 리스크', '창발 리스크'가 어떻게 인식되고, 평가되고, 통제되며, 소통되고, 모니터링되는지를 명시적으로 반영했습니다.

초기 단계(Level 1)에서는 이러한 리스크 유형들에 대한 인식이 거의 없습니다.

발전 중 단계(Level 2)에서는 흐름 리스크와 같은 명확한 문제점들이 비공식적으로 인지되기 시작합니다.

확립 단계(Level 3)에서는 주요 흐름 리스크와 속성 결핍으로 인한 리스크가 공식적으로 식별되고 통제되기 시작합니다.

관리 단계(Level 4)에서는 흐름 및 속성 리스크에 대한 정량적 관리와 더불어, 통제 활동으로 인해 발생할 수 있는 창발 리스크에 대한 예측 및 관리가 시작됩니다.

최적화 단계(Level 5)에서는 모든 유형의 리스크가 통합적으로, 예측적으로 관리되며, 리스크 관리 활동이 조직의 전략과 운영에 완전히 내재화되어 지속적인 개선을 이끌어 내는 수준에 도달합니다.

이 모델은 리스크 유형들을 내부통제 성숙도 평가에 통합함으로써, 조직이 더욱 깊이 있고 포괄적인 관점에서 내부통제를 고도화할 수 있는 로드맵을 제공할 것입니다.

제3절 | 내부통제 고도화를 위한 리스크 식별 유형의 확장

1. 리스크 식별 유형의 확장 방향

내부통제 고도화는 단순히 기존의 통제 체계를 강화하는 것을 넘어, 조직이 직면할 수 있는 다양한 유형의 리스크를 깊이 있게 이해하고 선제적으로 관리하는 방향으로 진화해야 합니다. 이러한 진화는 리스크 식별의 관점을 점진적으로 확장하는 것을 통해 이루어집니다.

[표088] 리스크 식별 유형의 점진적 확장

고도화 방향	리스크 관리/내부통제 확장 및 고도화의 방향		
리스크 식별법 유형	흐름(프로세스 기반) 리스크 식별법	멈춤(속성 기반) 리스크 식별법	솟음(창발현상 기반) 리스크 식별법
개념/정의	조직의 업무 프로세스 흐름을 분석하여 각 단계에서 발생 가능한 리스크를 식별하는 방법	조직, 직무, 자산 등 고유한 속성(특성)을 분석하여 리스크를 식별하는 방법	예측 불가, 새로운 리스크, 기존 리스크들의 복합적 작용, 예상치 못한 리스크를 식별
주요 특징	업무 절차의 구체적인 단계별 활동 분석	속성 자체의 긍정적/부정적 측면 분석	시스템적 사고 및 복잡계 이론 활용
	명확한 인과관계 파악 용이	속성의 부족 또는 과잉 상태에서 리스크 식별	약한 신호(Weak Signals) 감지
	정형화된 접근 방식	정적(Static)인 특성 분석	동적이고 비선형적인 특성
			예측 불가능성 내포

강점	구체성 및 가시성 확보 용이	조직의 본질적 특성에서 기인하는 리스크 식별	미래 불확실성에 대한 대응력 강화
	체계적인 방법론 적용 가능	새로운 관점 및 통찰력 제공	혁신적 사고 및 창의적 문제 해결 촉진
	내부 통제 프레임워크와의 연계성 높음	기존 프로세스에 얽매이지 않는 유연성	기존 방법론으로 놓칠 수 있는 리스크 포착
	통제 설계 및 테스트 용이	조직의 근본적 취약점 파악	전략적 의사결정 지원
	실무자들과의 소통 및 데이터 확보 용이		
	규정 준수(Compliance) 요구사항 충족		
	스코프 설정의 명확성		
한계점	프로세스 외적인 리스크 식별의 어려움	속성 정의의 주관성 및 모호성	식별의 어려움(예측 불가능성)
	조직 전체의 전략적 리스크 포착 한계	속성 간 복합적 상호작용 파악의 어려움	정량화 및 평가의 어려움
	새로운 유형의 리스크 식별에 취약	동적인 변화 반영의 어려움	모호성 및 불확실성 높음
	프로세스 변경 시 재분석 필요	정량화 및 측정의 어려움	과도한 자원 및 시간 소모 가능성
			실행 가능한 통제 방안 수립의 어려움
주요 식별 대상	운영 리스크	조직 문화 리스크	거시 경제 변화 리스크
	재무 보고 리스크	핵심 가치 관련 리스크	기술 혁신 리스크
	규정 준수 리스크	인적 자원 리스크	사회적 변화 리스크
	업무 절차상의 오류 및 비효율성	기술 역량 리스크	예상치 못한 사건
		조직의 본질적 특성에서 파생되는 리스크	복합적 상호작용으로 인한 새로운 위험
			시스템 전체의 취약성
적용 분야	일상적인 업무 운영	조직 진단 및 문화 개선	미래 전략 수립
	내부회계관리제도 구축	인사 및 조직 관리	위기 관리 및 비상 계획
	특정 부서 또는 기능 단위의 리스크 관리	전략적 리스크의 초기 식별	불확실성이 높은 신사업 추진
	운영 효율성 개선	조직의 핵심 역량 분석	거시적 환경 분석
			복잡계 시스템 분석

1) 흐름(프로세스 기반) 리스크 식별법

내부통제의 기초 다지기 내부통제 고도화의 첫걸음은 흐름(프로세스 기반) 리스크 식별 및 관리입니다. 이는 업무 절차 분석을 통해 각 단계의 리스크를 파악하는 방식으로, 인과관계가 명확하고 가시성이 높습니다. 일상 업무 운영, 규정 준수, 효율성 개선에 효과적이나, 프로세스 외적/전략적 리스크 식별 및 새로운 유형의 리스크 포착에 한계가 있습니다. 흐름 리스크 관리는 기본적인 운영 안정성과 효율성 확보에 중점을 둡니다.

2) 멈춤(속성 기반) 리스크 식별법

조직의 본질적 취약점 파악으로 확장 내부통제 고도화의 다음 단계는 멈춤(속성 기반) 리스크로 관점을 확장하는 것입니다. 이는 조직, 직무, 자산 등 고유 속성을 분석하여 리스크를 식별합니다. 속성의 양면성 분석을 통해 조직의 본질적 취약점을 파악하고 새로운 통찰력을 제공합니다. 조직 진단, 문화/인사 관리, 전략적 리스크 초기 식별에 유용하나, 속성 정의의 주관성, 복합 상호작용 파악, 정량화의 어려움이 한계입니다. 이 단계는 근원적 리스크 이해와 구조적/문화적 통제 방안 모색을 가능하게 합니다.

3) 솟음(창발현상 기반) 리스크 식별법

예측 불가능한 미래에 대한 대응 내부통제 고도화의 궁극적인 방향은 솟음(창발현상 기반) 리스크까지 포괄하는 것입니다. 이는 예측 불가능하고 복합적인 상호작용으로 예상치 못하게 발생하는 새로운 유형의 리스크를 식별합니다. 약한 신호 감지, 미래 불확실성 대응력 강화, 혁신 촉진, 기존 방법론으로 놓칠 수 있는 리스크 포착 등 강력한 강점을 가집니다. 거시 경제/기술/사회 변화 등 복합적 상호작용 위험이 주요 식별 대상입니다. 그러나 식별 및 정량화의 어려움, 모호성, 높은 불확실성, 과도한 자원 소모가 한계입니다. 진정한 고도화는 이러한 예측 불가능한 리스크까지 인식하고 관리하려는 노력을 포함합니다.

결론: 결론적으로, 내부통제 고도화는 흐름 리스크 관리로 운영 안정성을 확보하고, 속성 리스크 식별로 본질적 취약점을 개선하며, 최종적으로 창발 리스크까지 포괄하여 예측 불가능한 미래에 유연하게 대응하고 지속가능성을 확보하는 방향으로 점진적으로 확장되어야 합니다. 이러한 다층적 리스크 식별과 관리가 통합될 때, 내부통제는 조직의 핵심 전략 도구로서 가치를 극대화할 수 있습니다.

2. 리스크 식별 유형별 전략적 적합도 관점

내부통제 고도화는 리스크 식별의 초점을 운영 효율성에서 조직의 전략적 목표 달성과 미래 불확실성 대응으로 전환하는 데 있습니다. 이는 단순히 현재의 문제를 해결하는 것을 넘어, 조직의 장기적인 성장과 생존을 위한 위험 관리에 중점을 두는 것을 의미합니다. 각 리스크 식별 유형이 지닌 전략적 적합도를 분석하면, 고도화의 명확한 방향을 설정할 수 있습니다.

예를 들어, '흐름 리스크'는 일상적 운영의 안정성을, '멈춤 리스크'는 조직의 본질적 체질 개선을, 그리고 '솟음 리스크'는 예측 불가능한 미래 환경에 대한 선제적 대응 역량을 강화하는 데 기여합니다. 이러한 분석은 조직의 자원을 가장 효과적으로 배분하고, 리스크 관리 활동이 전략적 가치를 창출하도록 이끄는 데 중요한 통찰을 제공합니다.

[표089] 리스크 식별 유형별 전략적 적합도와 난이도 비교

고도화 방향	리스크 관리/내부통제 확장 및 고도화의 방향 →		
리스크 식별법 유형	흐름(프로세스 기반) 리스크 식별법 적합도	멈춤(속성 기반) 리스크 식별법 적합도	솟음(창발현상 기반) 리스크 식별법 적합도
개념/정의	업무 프로세스 흐름 분석	조직, 직무, 자산 등 고유 속성 분석	예측 불가능하거나 새롭게 나타나는 리스크 식별
	각 단계에서 발생 가능한 리스크 식별	속성에서 파생되는 리스크 식별	기존 리스크들의 복합적 작용, 예상치 못한 리스크 식별

구분		프로세스 기반		속성 기반		창발현상 기반
1. 전사적 리스크 관리 관점 효과성	중간	운영 리스크 관리에 강점	매우 높음	조직의 본질적 특성에서 전사적 리스크 근원 파악	중간	예측 불가능한 전사적 위협 식별에 중요
		전략적, 평판 등 전사적 범위 포괄에 한계		전사적 리스크 프로파일 완결성 강화		체계적 ERM 통합 및 관리에 도전적 과제
2. 전략적 리스크 관리 관점 효과성	매우 낮음	주로 운영 리스크에 초점	매우 높음	조직 핵심 역량, 문화 등 전략적 성공에 영향	매우 높음	미래 불확실성, 시장 변화 등 전략적 리스크 원인
		전략적 목표 관련 리스크 식별에 제한적		전략적 리스크 식별에 매우 효과적		불확실한 미래에 대한 전략적 대응 능력 강화
				속성 순기능 강화(KPI)/속성 역기능 억제(KRI)통합		조직내외 마이크로 창발현상 리스크는 통제적용
3. ESG 차원 리스크 관리 관점 효과성	중간	ESG 운영 프로세스 내 리스크 식별 유용	매우 높음	지배구조, 기업 문화, 인적 자원 등 ESG 속성 리스크 식별	매우 높음	기후 변화, 사회적 가치 변화 등 ESG 관련 거시적 변화
		ESG의 광범위한 범위 포괄에 한계		ESG의 'G'와 'S' 측면 리스크 파악에 효과적		선제적 ESG 리스크 식별에 중요
1. 구체성 및 가시성 확보 용이	매우 높음	단계별 명확한 식별	중간	속성 자체는 구체적	낮음	예측 불가능하고 비정형적
		RCM 등 구체적 산출물 도출 용이		파생 리스크는 추상적일 수 있음		구체적 식별 및 가시성 확보 매우 어려움
				가시성은 프로세스만큼 높지 않음		
2. 체계적인 방법론 적용 가능	매우 높음	잘 정립된 분석, 식별, 통제 설계, 테스트 방법론 존재	중간	속성 정의, 분석, 리스크 매핑 등 방법론 존재	낮음	예측 불가능, 체계적 방법론 적용 매우 어려움
				프로세스만큼 정형화되지는 않음		시나리오 플래닝 등 간접적 접근
				주관적 해석 여지 존재		
3. 표준 내부 통제 프레임워크와의 연계	매우 높음	COSO 등 대부분의 프레임워크가 프로세스 수준 통제 강조	중간	조직 근본적 특성은 통제 환경과 간접적 연계	낮음	프레임워크는 기존의 예측 가능한 리스크에 초점
				직접적인 통제 활동 설계와는 거리		프레임워크 범위를 벗어나는 경우가 많음
				리스크 발현 예상 프로세스, 통제 설계 반영 가능		
4. 통제 설계 및 테스트의 용이성	매우 높음	프로세스 단계 직접 연결, 통제 설계 용이	낮음	속성에서 파생되는 리스크는 추상적	매우 낮음	리스크 자체가 예측 불가능
				직접 통제 설계 어려움		통제 설계 거의 불가능
		통제 효과 테스트 용이		통제 효과 테스트 간접적		광범위하고 유연한 대응 필요
				리스크 발현 예상 프로세스, 통제 설계 반영 가능		테스트 매우 어려움
5. 실무자들과의 소통 및 데이터 확보	매우 높음	실무자들이 업무 프로세스 잘 이해	중간	실무자들도 조직 속성 이해	낮음	실무자 경험 범위를 벗어나는 경우 많음
		소통 원활 및 데이터 확보 용이		리스크 도출 과정에 전문가 개입 필요		소통 및 데이터 확보 어려움
				데이터는 정성적일 수 있음		전문가 통찰력이나 외부 데이터 중요
6. 규정 준수 요구사항 충족	매우 높음	많은 규정이 프로세스 수준의 통제 구축 및 평가 요구	낮음	규정 준수는 주로 특정 행위나 절차에 대한 것	매우 낮음	규정은 주로 기존의 알려진 위험에 대한 것
				속성 기반은 간접적인 기여		규정 준수 영역 밖의 문제
7. 스코프 설정의 명확성	매우 높음	특정 업무 프로세스나 부서 단위로 명확하게 설정 가능	중간	조직 전체 속성이나 특정 직무 속성으로 설정 가능	매우 낮음	예측 불가능한 특성, 스코프 설정 매우 어려움
				프로세스만큼 경계가 명확하지 않을 수 있음		광범위할 수밖에 없음

1) 흐름(프로세스 기반) 리스크

주로 일상적인 운영 리스크나 규정 준수 리스크 관리에 강점을 보이며, 구체적인 업무 프로세스 단계에서 명확한 통제 설계를 가능하게 합니다. 그러나 전사적 리스크 관리(ERM) 관점에서 그 효과성은 '중간' 수준에 머무릅니다. 이는 운영 리스크 포괄에는 유용하나 전략적 리스크나 평판 리스크 등 전사적 범위까지 포괄하는 데 한계가 있기 때문입니다. 특히 전략적 리스크 관리 관점에서는 '매우 낮음'으로 평가할 수 있습니다. 이는 조직의 전략적 목표와 직접적으로 관련된 리스크 식별에 제한적이기 때문입니다. 따라서 흐름 리스크 식별은 내부통제의 기본적인 안정성을 제공하나, 고도화된 전략적 리스크 관리에는 한계가 명확합니다.

2) 멈춤(속성 기반) 리스크

내부통제 고도화의 핵심적인 방향성을 제시합니다. 이 방법은 조직의 본질적인 특성에서 리스크의 근원을 파악하므로, 전사적 리스크 관리 관점에서 '매우 높음'의 효과성을 가지며 전사적 리스크 프로파일의 완결성을 강화합니다. 전략적 리스크 관리 관점에서도 조직의 핵심 역량이나 문화 등 전략적 성공에 직접적인 영향을 미치는 요인에서 리스크를 식별하는 데 '매우 높음'으로 평가됩니다. 특히 속성의 순기능 강화(KPI)와 역기능 억제(KRI)를 통합하여 관리할 수 있는 강점이 있습니다. ESG 차원에서는 지배구조(G)와 기업 문화, 인적 자원 등 사회(S) 측면의 ESG 속성 리스크를 파악하는 데 '매우 높음'의 적합도를 가지며, 이는 ESG 경영의 핵심 요소들을 효과적으로 관리할 수 있음을 의미합니다.

3) 솟음(창발현상 기반) 리스크

궁극적으로 내부통제 고도화는 솟음(창발현상 기반) 리스크 식별까지 포괄해야 합니다. 이는 예측 불가능하거나 새롭게 나타나는 리스크, 기존 리스크들의 복합적 작용으로 예상치 못하게 발생하는 리스크를 식별하는 방법입니다. 전사적 리스크 관리 관점에서는 예측 불가능한 전사적 위협 식별에 중요하지만, 체계적인 ERM 통합 및 관리에는 도전적인 과제이므로 '중간' 수준의 적합도를 가집니다. 그러나 전략적 리스크 관리 관점에서는 미래 불확실성과 시장 변화 등 전략적 리스크의 근원을 파악하고 불확실한 미래에 대한 전략적 대응 능력을 강화하는 데 '매우 높음'으로 평가됩니다. ESG 차원에서도 기후 변화나 사회적 가치 변화 등 거시적인 ESG 관련 변화를 선제적으로 식별하는 데 '매우 높음'의 적합도를 가지며, 미래 지향적인 리스크 관리에 필수적입니다. 조직 내외부의 마이크로 창발 현상 리스크는 통제 적용이 가능합니다.

결론적으로, 내부통제 고도화는 흐름 리스크 식별이 가진 구체성과 실무 용이성에도 불구하고, 전사적, 전략적, 그리고 ESG 차원의 리스크 관리에서 높은 적합도를 가지는 속성 리스크와 창발 리스크로의 전환 및 통합을 통해 이루어져야 합니다. 단순히 운영상의 리스크를 넘어 조직의 본질적 특성과 예측 불가능한 미래 위협까지 포괄하는 리스크 식별로 나아가는 것이 진정한 내부통제 고도화의 방향입니다.

3. 내부통제 고도화 기업/산업 사례

국내에서는 주요 금융기관들이 바젤 협약 등 국제 규제를 기반으로 신용, 시장, 운영 리스크를 정량적으로 측정하고 관리하며, 스트레스 테스트와 시나리오 분석을 통해 잠재적 위험에 대비하고 있습니다. 또한, 대규모 장치산업 기업들은 전사적 리스크 관리(ERM) 체계를 구축하여 사업, 운영, 재무, 전략 리스크를 통합 관리하고, 공급망 및 환경 리스크에 체계적으로 대응합니다. 해외 사업 비중이 높은 건설 기업들은 정치, 환율, 법규 등 해외 사업 특유의 리스크를 식별하고 프로젝트 단계별로 관리하며 비상 계획을 수립하는 등, 대부분 '관리'에서 '최적화' 수준의 내부통제 성숙도를 보여 주고 있습니다.

[표090] 내부통제 고도화 기업/산업 사례

국가	기업/조직명	산업/분야	리스크 관리 특징(구체적 사례)	예상 성숙도 수준
국내	주요 금융기관 (예: 시중 은행, 대형 증권사)	금융업	· 바젤 협약 등 국제 규제 기반의 정교한 신용/시장/운영 리스크 정량적 측정 및 관리 · 스트레스 테스트 및 시나리오 분석을 통한 잠재적 위험 대비 · 금융 시장 변동성 실시간 모니터링 시스템 운영 · 데이터 분석 기반의 이상 거래 탐지 시스템 활용	관리 ~ 최적화
국내	일부 대규모 장치산업 기업 (예: 포스코)	철강, 중공업 등	· 전사적 리스크 관리(ERM) 체계 구축 및 운영(사업, 운영, 재무, 전략 리스크 통합 관리) · 공급망 리스크, 환경 리스크(기후 변화 등)에 대한 체계적 평가 및 대응 · 대규모 프로젝트 리스크 관리 표준 프로세스 운영	관리
국내	일부 건설 기업 (해외 사업 비중 높은 곳)	건설업	· 해외 사업 특유의 리스크(정치, 환율, 법규 등) 식별 및 평가 프로세스 운영 · 프로젝트 단계별 리스크 관리 활동 체계화 · 비상 계획 수립 및 훈련	관리
국외	글로벌 금융기관 (예: JPMorgan Chase, HSBC)	금융업	· 엄격한 규제 준수 기반의 고도화된 재무 리스크 관리(VaR, Stress Testing 등) · 사이버 리스크, 운영 탄력성 등 비재무적 리스크에 대한 대규모 투자 및 관리 · 빅데이터, AI 활용 리스크 예측 및 실시간 모니터링	최적화
국외	글로벌 기술 기업 (예: Google, Microsoft)	IT/소프트웨어	· 데이터 프라이버시, 사이버 보안 리스크에 대한 최고 수준의 관리 체계 · 자동화된 보안 모니터링 및 취약점 탐지 시스템 운영 · 제품 개발 및 운영 프로세스에 리스크 관리 내재화(DevSecOps 등)	최적화
국외	글로벌 제조/에너지 기업 (예: Siemens, Shell)	제조, 에너지 등	· 복잡한 글로벌 공급망 리스크 관리 시스템 구축 · IoT 센서 데이터 기반 운영 리스크 실시간 모니터링 및 예측 · 환경/안전 리스크 관리에 대한 엄격한 표준 및 자동화된 모니터링	관리 ~ 최적화

국외의 경우, 글로벌 금융기관들은 엄격한 규제 준수 기반의 고도화된 재무 리스크 관리는 물론, 사이버 리스크나 운영 탄력성과 같은 비재무적 리스크에도 대규모 투자를 하며 빅데이터와 AI를 활용한 실시간 모니터링 및 예측 시스템을 운영하여 '최적화' 단계에 이른 곳이 많습니다. 글로벌 기술 기업들은 데이터 프라이버시와 사이버 보안 리스크에 최고 수준의 관리 체계를 갖추고, 자동화된 보안 모니터링과 함께 제품 개발 및 운영 프로세스에 리스크 관리를 내재화하여 역시 '최적화' 수준을 보입니다. 글로벌 제조 및 에너지 기업들 또한 복잡한 글로벌 공급망 리스크 관리 시스템을 구축하고 IoT 센서 기반의 실시간 모니터링과 예측을 통해 환경 및 안전 리스크를 엄격하게 관리하며 '관리'에서 '최적화' 단계의 고도화된 내부통제를 실행하고 있습니다.

이처럼 국내외 선진 기업들은 각 산업의 특성과 직면한 리스크 환경에 맞춰 내부통제 시스템을 고도화하며 조직의 안정성과 효율성을 높이는 데 주력하고 있습니다.

제8장

내부통제 고도화의 활용

제1절 | 속성 순기능 활용을 통한 전략 수립

1. 국민체육진흥공단 전략 수립 예시

내부통제 고도화의 진정한 가치는 조직이 가진 고유한 '속성'들을 깊이 이해하고, 그 속성들이 발휘하는 '순기능(긍정적 측면)'을 극대화하여 전략적 과제를 도출하는 데 있습니다.

[표091] 국민체육진흥공단 속성의 전략과제 도출 예시

속성	순기능(긍정적 측면)	전략과제	의미	순기능과의 연결 의미
1. 재원 조달의 특수성 (사행산업 운영)	안정적이고 대규모의 체육진흥기금 조성, 정부 예산 의존도 감소, 다양한 체육 사업 지원 가능.	사행산업 건전성 제고 및 신뢰 증진 캠페인 강화	사행산업 운영의 투명성과 공정성을 높이고, 중독 예방 노력을 적극적으로 홍보하여 국민적 신뢰를 확보하는 활동.	신뢰 증진은 사행산업 이용자 기반의 안정성을 높여 지속적이고 대규모 기금 조성을 가능하게 하며, 이는 다양한 체육 사업 지원 확대로 이어짐.
2. 공공성 및 사회적 책임 지향	국민 체육 증진, 스포츠 복지 실현, 건전한 여가 문화 조성에 기여.	소외계층 대상 스포츠 복지 프로그램 확대 및 차별화	경제적, 신체적, 지리적 제약으로 스포츠 활동이 어려운 계층을 위한 맞춤형 스포츠 프로그램 개발 및 지원을 확대하는 것.	공단의 공공성 및 사회적 책임 지향을 구체적으로 실현하여 국민 체육 증진과 스포츠 복지 실현에 직접적으로 기여하고, 이는 건전한 여가 문화 조성으로 이어짐.
3. 사업 포트폴리오의 다양성	다각화된 사업을 통한 안정적 수익 창출 및 체육 진흥 기여.	사업 간 시너지 창출을 위한 통합 마케팅 및 협력 강화	스포츠토토, 경륜경정, 시설 관리 등 개별 사업 부문 간의 연계를 강화하여 교차 홍보, 공동 이벤트 등을 통해 고객 접점을 확대하고 부가가치를 높이는 활동.	다양한 사업 포트폴리오를 유기적으로 연결함으로써 각 사업의 개별적 성과를 넘어선 시너지를 창출하여 전반적인 수익 안정성을 높이고 체육 진흥 기여 효과를 극대화함.
4. 엄격한 규제 환경 준수	사행산업통합감독위원회(사감위) 등 엄격한 규제 준수를 통해 건전성 확보 및 투명성 유지, 사회적 신뢰도 제고 노력.	선제적 규제 환경 변화 대응 및 내부통제 시스템 고도화	규제 당국의 동향을 지속적으로 모니터링하고, 예상되는 규제 강화에 앞서 자체적으로 내부통제 시스템을 고도화하여 선제적으로 대응하는 것.	엄격한 규제 환경 준수를 넘어선 선제적 대응은 공단의 건전성과 투명성을 더욱 강화하고, 이는 사회적 신뢰도 제고에 결정적으로 기여함.
5. 스포츠 산업 생태계와의 밀접성	스포츠 산업 발전 기여, 스포츠 이벤트 활성화, 국민 스포츠 참여 유도 및 저변 확대.	스포츠 스타 연계 사회 공헌 및 재능 기부 프로그램 개발	유명 스포츠 선수나 은퇴 선수들을 활용하여 스포츠 교육, 멘토링, 사회 공헌 활동 등을 추진함으로써 스포츠의 긍정적 가치를 확산하고 국민의 스포츠 참여를 독려하는 프로그램.	스포츠 산업 생태계의 핵심 주체인 선수들을 활용하여 스포츠 이벤트 활성화뿐만 아니라 국민 스포츠 참여 유도 및 저변 확대에 직접적으로 기여하고, 이는 스포츠 산업 발전에 선순환 구조를 만듦.

6. 내부 통제 및 건전화 시스템	사행산업의 건전한 운영을 위한 내부 통제 시스템 구축, 중독 예방 및 치유 프로그램 운영을 통한 사회적 책임 이행.	데이터 기반 중독 예측 및 예방 시스템 구축	이용자 데이터를 분석하여 중독 위험군을 조기에 식별하고, 맞춤형 예방 및 치유 정보를 제공하는 시스템을 구축하는 것.	내부 통제 및 건전화 시스템을 고도화하여 사행산업의 건전한 운영을 더욱 강화하고, 중독 예방 및 치유 프로그램의 효과성을 높여 사회적 책임 이행을 극대화함.
7. 디지털 전환 및 온라인 서비스 역량	온라인 발매 시스템 구축, 디지털 마케팅 강화, 효율적인 사업 운영 및 고객 접근성 향상.	AI 기반 고객 맞춤형 서비스 및 정보 제공 시스템 도입	인공지능 기술을 활용하여 고객의 이용 패턴과 선호도를 분석하고, 개인에게 최적화된 스포츠 정보, 서비스 추천, 마케팅 콘텐츠를 제공하는 것.	디지털 전환 및 온라인 서비스 역량을 극대화하여 효율적인 사업 운영은 물론 고객 접근성과 만족도를 획기적으로 향상시켜 새로운 가치를 창출함.
8. 다양한 이해관계자 관리	정부, 스포츠 단체, 국민, 사행산업 이용자 등 다양한 이해관계자와의 원활한 소통 및 협력, 정책 추진의 동력 확보.	이해관계자별 맞춤형 소통 채널 및 협력 플랫폼 구축	각 이해관계자의 특성과 요구에 맞는 전용 소통 채널(예: 온라인 포럼, 정례 협의체)을 구축하고, 협력을 위한 공동 프로젝트 플랫폼을 운영하는 것.	다양한 이해관계자와의 원활한 소통 및 협력을 체계화하여 정책 추진의 동력을 확보하고, 상호 신뢰를 기반으로 한 지속적인 관계 발전을 가능하게 함.
9. 공공기관으로서의 조직 문화	공공기관으로서의 사명감, 투명하고 청렴한 업무 처리, 국민을 위한 서비스 제공 지향.	직원 참여형 청렴 문화 확산 프로그램 운영	직원들이 직접 청렴 활동을 기획하고 참여하며, 윤리적 딜레마 상황에 대한 토론 및 해결 방안을 모색하는 등 자율적이고 능동적인 청렴 문화를 조성하는 것.	공공기관으로서의 사명감과 투명하고 청렴한 업무 처리 문화를 직원들의 자발적인 참여를 통해 더욱 공고히 하여, 국민을 위한 서비스 제공 지향이라는 가치를 내재화함.
10. 대규모 시설 운영 및 관리 전문성	올림픽공원 등 대규모 체육/문화 시설의 효율적 관리 및 운영, 국민 여가 공간 제공 및 문화 향유 기회 확대.	스마트 시설 관리 시스템 도입 및 사용자 편의성 증대	IoT 센서, 빅데이터 기반의 스마트 시설 관리 시스템을 도입하여 시설 운영 효율성을 극대화하고, 모바일 앱을 통한 시설 예약, 정보 제공 등 사용자 편의 기능을 강화하는 것.	대규모 시설 운영 및 관리 전문성을 디지털 기술과 결합하여 효율성을 높이고, 국민 여가 공간 제공 및 문화 향유 기회 확대를 위한 사용자 경험을 최적화함.

이는 마치 경영 전략 수립의 핵심 도구인 SWOT 분석에서 조직의 '강점(Strengths)'을 면밀히 분석하고 이를 기반으로 성장 전략을 수립하는 과정과 정확히 일치합니다. 즉, 리스크 관리와 내부통제가 더 이상 규정 준수나 부정 방지에만 머무르는 소극적인 기능이 아니라, 조직의 미래를 설계하고 성장 동력을 확보하는 적극적인 전략적 도구로 변모함을 의미합니다.

속성의 순기능은 조직의 내재된 핵심 강점입니다. 이러한 강점들을 더욱 강화하는 방향으로 실행 과제를 수립하는 것이 바로 전략 과제의 본질입니다.

앞서 속성의 양면성 분석에서 살펴봤던 국민체육진흥공단의 10가지 속성별 순기능을 활용하여 속성의 순기능이 어떻게 전략적 가치로 전환되는지, 그리고 내부통제 고도화가 이 과정에서 어떠한 방식으로 활용될 수 있는지 구체적으로 살펴보겠습니다.

속성 1. 재원 조달의 특수성(사행산업 운영)

순기능

안정적이고 대규모의 체육진흥기금 조성, 정부 예산 의존도 감소, 다양한 체육 사업 지원 가능.

전략과제

사행산업 건전성 제고 및 신뢰 증진 캠페인 강화.

전략적 의미

단순히 사행산업의 불법 행위를 통제하는 것을 넘어섭니다. 공단의 핵심 재원인 사행산업의 '건전성'과 '신뢰'를 높이는 것은 곧 기금 조성의 지속가능성을 확보하는 전략적 활동입니다. 내부통제는 투명한 운영과 중독 예방 노력을 통해 국민적 신뢰를 확보하고, 이는 다시 안정적인 이용자 기반을 구축하여 대규모 기금 조성을 가능하게 함으로써 공단의 핵심 재정적 강점을 극대화합니다. 리스크를 관리하는 행위 자체가 조직의 가장 중요한 자산(재원)을 강화하는 전략이 되는 것입니다.

속성 2. 공공성 및 사회적 책임 지향

순기능

국민 체육 증진, 스포츠 복지 실현, 건전한 여가 문화 조성에 기여.

전략과제

소외계층 대상 스포츠 복지 프로그램 확대 및 차별화.

전략적 의미

공공기관으로서의 '공공성'과 '사회적 책임'은 단순한 의무가 아니라, 국민적 지지와 정당성을 확보하는 핵심적인 전략 자산입니다. 내부통제는 기금의 투명한 집행과 효율적인 프로그램 운영을 보장함으로써, 소외계층 스포츠 복지 확대를 통해 공단의 공공적 가치를 실질적으로 구현하고 사회적 기여를 극대화합니다. 이는 조직의 존재 이유이자 대국민 신뢰를 높이는 가장 강력한 전략이 됩니다.

속성 3. 사업 포트폴리오의 다양성

순기능

다각화된 사업을 통한 안정적 수익 창출 및 체육 진흥 기여.

전략과제

사업 간 시너지 창출을 위한 통합 마케팅 및 협력 강화.

전략적 의미

공단이 보유한 다양한 사업 영역(스포츠토토, 경륜경정, 올림픽공원 관리 등)은 개별적인 수익원일 뿐만 아니라, 상호 시너지를 창출할 수 있는 전략적 자산입니다. 내부통제 고도화는 각 사업 부문 간의 정보 공유 및 협력 체계를 강화하여 불필요한 중복을 제거하고, 통합 마케팅을 통해 고객 접점을 확대하며, 자원 배분의 효율성을 높입니다. 이는 단일 사업의 리스크를 분산시키고, 전체 포트폴리오의 안정적 수익 창출 능력을 극대화하여 체육 진흥 기여 효과를 배가하는 전략적 선택입니다.

속성 4. 엄격한 규제 환경 준수

순기능

사행산업통합감독위원회(사감위) 등 엄격한 규제 준수를 통해 건전성 확보 및 투명성 유지, 사회적 신뢰도 제고 노력.

전략과제

선제적 규제 환경 변화 대응 및 내부통제 시스템 고도화.

전략적 의미

많은 조직에게 '규제'는 제약으로 인식되지만, 고도화된 내부통제는 이를 전략적 기회로 전환합니다. 단순히 규제를 수동적으로 따르는 것을 넘어, 규제 당국의 동향을 선제적으로 파악하고 자체적인 내부통제 시스템을 고도화함으로써, 규제 준수를 넘어선 '건전성'과 '투명성'의 선두 주자가 됩니다. 이는 사회적 신뢰도를 획기적으로 높여 조직의 평판과 지속가능성을 강화하는 강력한 전략적 자산이 됩니다.

속성 5. 스포츠 산업 생태계와의 밀접성

순기능

스포츠 산업 발전 기여, 스포츠 이벤트 활성화, 국민 스포츠 참여 유도 및 저변 확대.

전략과제

스포츠 스타 연계 사회 공헌 및 재능 기부 프로그램 개발.

전략적 의미

공단이 스포츠 산업 생태계 내에서 갖는 독보적인 위치는 단순한 관계망이 아니라, 국민적 관심과 참여를 이끌어 낼 수 있는 강력한 영향력입니다. 내부통제는 이러한 관계망 내에서 투명하고 공정한 협력을 보장하며, 스포츠 스타와의 연계 프로그램을 통해 스포츠의 긍정적 가치를 확산하고 국민의 스포츠 참여를 독려하는 전략적 활동을 지원합니다. 이는 스포츠 산업의 지속적인 발전과 공단의 대국민 영향력 확대로 이어지는 선순환 구조를 만듭니다.

속성 6. 내부 통제 및 건전화 시스템

순기능

사행산업의 건전한 운영을 위한 내부 통제 시스템 구축, 중독 예방 및 치유 프로그램 운영을 통한 사회적 책임 이행.

전략과제

데이터 기반 중독 예측 및 예방 시스템 구축.

전략적 의미

공단 내부에 이미 구축된 '내부 통제 및 건전화 시스템'은 단순한 관리 도구가 아니라, 사행산업의 사회적 리스크를 선제적으로 관리하고 사회적 책임을 이행하는 핵심 역량입니다. 내부통제 고도화는 이 시스템을 데이터 기반으로 더욱 정교화하여 중독 위험군을 조기에 식별하고 맞춤형 예방 및 치유 정보를 제공함으로써, 사행산업의 건전성을 극대화하고 사회적 논란을 최소화하는 전략적 우위를 확보합니다.

속성 7. 디지털 전환 및 온라인 서비스 역량

순기능

온라인 발매 시스템 구축, 디지털 마케팅 강화, 효율적인 사업 운영 및 고객 접근성 향상.

전략과제

AI 기반 고객 맞춤형 서비스 및 정보 제공 시스템 도입.

전략적 의미

공단이 보유한 '디지털 역량'은 단순한 기술적 인프라가 아니라, 고객과의 접점을 혁신하고 새로운 가치를 창출하는 전략적 도구입니다. 내부통제는 이 디지털 시스템의 안정성과 보안을 확보함과 동시에, AI 기반 맞춤형 서비스 도입을 통해 고객 경험을 최적화하고 효율적인 사업 운영을 가능하게 합니다. 이는 고객 만족도를 높이고 시장 경쟁력을 강화하는 직접적인 전략적 우위로 작용합니다.

속성 8. 다양한 이해관계자 관리

순기능

정부, 스포츠 단체, 국민, 사행산업 이용자 등 다양한 이해관계자와의 원활한 소통 및 협력, 정책 추진의 동력 확보.

전략과제

이해관계자별 맞춤형 소통 채널 및 협력 플랫폼 구축.

전략적 의미

공단의 성공은 다양한 이해관계자들과의 관계 관리에 달려 있습니다. '다양한 이해관계자 관리' 역량은 단순한 관계 유지를 넘어, 정책 추진의 동력을 확보하고 조직의 목표 달성에 필요한 자원을 결집하는 전략적 자산입니다. 내부통제는 이러한 소통과 협력의 투명성 및 신뢰성을 보장하며, 맞춤형 채널 구축을 통해 각 이해관계자의 요구를 효과적으로 수렴하고 공동의 가치를 창출하는 전략적 파트너십을 강화합니다.

속성 9. 공공기관으로서의 조직 문화

순기능

공공기관으로서의 사명감, 투명하고 청렴한 업무 처리, 국민을 위한 서비스 제공 지향.

전략과제

직원 참여형 청렴 문화 확산 프로그램 운영.

전략적 의미

'공공기관으로서의 조직 문화'는 공단의 가장 기본적인 정체성이자, 국민적 신뢰를 얻는 근원적인 강점입니다. 내부통제 고도화는 단순히 규정 준수를 넘어, 직원들의 자발적인 참여를 통해 청렴 문화를 내재화하고 확산시킵니다. 이는 조직의 윤리적 가치를 강화하고, 투명하고 청렴한 업무 처리가 자연스럽게 이루어지도록 하여 국민을 위한 서비스 제공 지향이라는 공공기관의 사명을 가장 강력하게 실현하는 전략적 기반이 됩니다.

속성 10. 대규모 시설 운영 및 관리 전문성

순기능

올림픽공원 등 대규모 체육/문화 시설의 효율적 관리 및 운영, 국민 여가 공간 제공 및 문화 향유 기회 확대.

전략과제

스마트 시설 관리 시스템 도입 및 사용자 편의성 증대.

전략적 의미

공단이 보유한 '대규모 시설 운영 및 관리 전문성'은 단순한 인프라 유지가 아니라, 국민에게 양질의 여가 및 문화 향유 기회를 제공하는 핵심적인 서비스 역량입니다. 내부통제는 시설 운영의 효율성과 안전성을 보장하며, 스마트 시스템 도입을 통해 시설 관리의 최적화를 이룹니다. 이는 국민 편의를 극대화하고 시설 활용도를 높여, 공단이 제공하는 서비스의 가치를 향상시키고 국민 생활에 기여하는 전략적 역할을 강화합니다.

이처럼, 내부통제 고도화 단계에서 얻을 수 있는 핵심적인 효과는 바로 조직의 내재된 속성(강점)의 순기능을 명확히 식별하고, 이를 극대화하는 전략 과제를 도출하며, 내부통제 시스템이 이러한 전략 과제의 성공적인 실행을 적극적으로 지원하는 메커니즘을 구축하는 능력입니다.

이는 내부통제를 단순한 '비용'이나 '규제 준수'의 영역에서 벗어나, 조직의 성장과 발전을 견인하고 경쟁 우위를 확보하며, 궁극적으로 이해관계자 가치를 창출하는 전략적 투자로 전환시키는 결정적인 이유가 됩니다.

제2절 | 고도화의 다양한 활용 사례

1. 프로세스 설계 활용

내부통제 고도화의 또 하나의 핵심적인 활용 방안, 즉 '속성 기반 프로세스 설계'의 구체적인 예시를 살펴보겠습니다. 이는 프로세스 내부에 리스크 관리와 효율성 증대 요소를 자연스럽게 내재화하는 접근 방식입니다. 단순히 기존 프로세스에 통제 활동을 덧붙이는 것이 아니라, 리스크가 발생할 수 있는 속성을 미리 파악하여 프로세스 자체를 리스크 친화적으로 설계하는 것을 목표로 합니다. 이를 통해 업무 효율성을 저해하지 않으면서도 리스크를 효과적으로 통제할 수 있는 시스템을 구축할 수 있습니다.

[표092] 속성 기반 프로세스 설계 예시

프로세스 예시	속성	프로세스 설계 반영	기대 효과
민원 처리	· 민원 유형(질의, 건의, 불만) · 민원 긴급도 · 담당 부서 전문성 · 민원 제기자 이력(악성 민원 등)	· 민원 유형에 따라 담당 부서 자동 분류 및 배정 · 긴급 민원은 우선 처리 · 담당 부서 전문성에 맞는 민원 배정 · 악성 민원 제기자는 별도 관리 및 대응	· 민원 처리 효율성 향상 · 민원 만족도 향상 · 악성 민원 대응력 강화 · 담당자 스트레스 감소
채용	· 지원자 경력 · 직무 적합도 · 인성 평가 결과 · 면접관 평가	· 경력직 지원자에게는 경력 중심 면접 진행 · 신입 지원자에게는 잠재력 및 인성 중심 평가 · 직무 적합도가 높은 지원자에게는 추가 가점 부여 · 면접관 평가 결과 불일치 시 추가 면접 진행	· 채용 성공률 향상 · 조직 적응력 높은 인재 확보 · 공정한 채용 프로세스 구축
온라인 쇼핑 주문	· 고객 등급(VIP, 일반, 신규) · 주문 금액 · 결제 수단 · 배송 지역	· VIP 고객에게는 전담 상담원 연결 및 빠른 배송 서비스 제공 · 주문 금액이 일정 금액 이상, 추가 할인 또는 사은품 제공 · 결제 수단에 따라 추가 인증 절차 적용 · 도서 산간 지역에는 배송 시간 추가 안내	· 고객 만족도 향상 · 매출 증대 · 결제 보안 강화 · 배송 관련 불만 감소

신용 대출 심사	· 고객 신용 등급 · 소득 수준 · 기존 대출 내역 · 담보 자산 가치	· 신용 등급이 높은 고객에게는 자동 심사 및 빠른 대출 실행 · 소득 수준이 낮은 고객에게는 추가 서류 제출 요청 · 담보 자산 가치에 따라 대출 한도 조정 · 기존 대출 연체 이력 있는 고객은 심사 강화	· 대출 승인 속도 향상 · 부실 대출 감소 · 리스크 관리 강화
보험금 지급 심사	· 보험 종류 · 사고 유형 · 피해 규모 · 고객 클레임 이력	· 보험 종류에 따라 심사 절차 및 필요 서류 차별화 · 사고 유형에 따라 전문 조사 인력 투입 · 피해 규모가 클 경우 심사 강화 · 고객 클레임 이력 고려	· 보험금 지급 정확도 향상 · 부당 청구 방지 · 고객 만족도 향상 · 보험 사기 예방
IT 서비스 데스크 지원	· 문의 유형(장애, 요청, 문의) · 시스템 중요도 · 사용자 숙련도	· 장애 문의 긴급 처리, 시스템 중요도별 담당자 우선순위 조정 · 사용자 숙련도에 따라 맞춤형 해결 방법 제시 · FAQ 또는 자동 응답 시스템 연동	· 문제 해결 시간 단축 · 시스템 안정성 향상 · 사용자 만족도 향상

민원 처리, 채용, 온라인 쇼핑 주문, 신용 대출 심사, 보험금 지급 심사, 그리고 IT 서비스 데스크 지원과 같은 다양한 업무 프로세스에 내재된 고유한 속성들을 프로세스 설계에 반영하여 프로세스 고도화에 활용할 수 있다는 예시입니다.

각 프로세스별 특성과 잠재적 위험 요소를 사전에 분석하고, 이를 설계 단계부터 반영함으로써 리스크 발생 가능성을 원천적으로 줄이고 효율성을 극대화할 수 있습니다. 이는 단순히 오류를 수정하는 사후적 대응이 아닌, 리스크를 예측하고 예방하는 선제적인 접근 방식입니다.

또 하나의 사례는 '핵심인재 이탈' 속성 리스크를 통제에 반영하기 전과 후의 "퇴사자 관리 프로세스" 차이에 대하여 살펴보겠습니다. 핵심인재 이탈은 조직의 지식 손실, 생산성 저하, 그리고 대체 인력 확보 비용 증가 등 심각한 영향을 미칠 수 있는 중요한 리스크입니다.

[표092_1] 핵심인재 이탈 리스크 반영 퇴사자 관리 프로세스 설계 예시

구분	일반적인 퇴사자 관리 프로세스	핵심인재 이탈 속성 리스크 반영 프로세스
주요 목적	퇴사 절차의 원활한 마무리, 행정 처리, 업무 공백 최소화	퇴사 절차의 원활한 마무리 및 행정 처리 + 핵심인재 이탈 원인 심층 분석 및 데이터 축적, 잔류 핵심인재 유지 전략 수립 기여
핵심 초점	절차 준수 및 효율적인 이행	이탈 원인 파악(성장, 가치관, 인정, 환경 등), 지식/관계의 안전한 인계, 긍정적 관계 유지 및 데이터 기반 개선 활동
주요 단계	1. 퇴사 의사 확인 및 신청 2. 퇴직 면담(일반적 피드백) 3. 퇴직 발령 및 서류 작업 4. 업무 인수인계 5. 자산 반납 및 계정 처리 6. 마지막 인사 및 관계 유지	1. 퇴사 의사 확인 및 고위 리더/HRBP 즉시 공유 2. 핵심인재 특화 퇴직 면담(구조화된 질문, 심층 분석) 3. 퇴직 발령 및 서류 작업 4. 핵심 지식/관계 포함 종합적 인수인계 계획 수립 및 실행 5. 자산 반납 및 계정 처리 6. 적극적인 동문 관계 형성 및 유지 노력 7. 퇴직 면담 데이터 분석 및 조직 개선 활동 반영(추가 단계)
퇴직 면담 특징	일반적인 질문(퇴사 사유, 회사 장단점 등), 형식적일 수 있음	핵심인재 이탈 속성(성장 기회, 조직 문화/가치, 인정 수준, 리더십, 업무 환경 등)에 대한 구조화되고 심층적인 질문, 숙련된 HR 담당자 또는 리더가 진행, 데이터화 및 분석 목적 명확

업무 인수인계 특징	담당 업무 목록 및 진행 상황 전달 중심	핵심 업무 프로세스, 주요 관계자 정보, 축적된 노하우 등 핵심 지식/관계의 체계적인 문서화 및 전달, 후임자 교육 계획 포함
관계 유지 노력	마지막 인사, 송별회 등 일반적 수준	퇴사 후 연락 채널 안내, 동문 네트워크 초대, 긍정적인 회사 이미지 전달 등 전략적인 관계 유지 노력
데이터 활용	제한적, 개별 피드백 수준	퇴직 면담 데이터를 정기적으로 분석하여 핵심인재 이탈의 근본 원인 파악, 분석 결과를 조직 문화 개선, 리더십 개발, 보상 체계 조정, 경력 개발 프로그램 강화 등 인력 운영 및 유지 전략에 적극 반영

직원이 조직을 떠나는 '퇴사'는 흔한 일이지만, 누가 떠나느냐에 따라 조직이 대처하는 방식은 크게 달라져야 합니다. 일반적인 퇴사자 관리 프로세스가 주로 행정 처리와 업무 공백 최소화에 초점을 맞춘다면, 핵심인재 이탈 관리는 이탈 원인을 심층 분석하고 미래 인재 유지 전략을 수립하는 데 방점을 둡니다.

가장 큰 차이는 접근 방식의 목적에 있습니다. 일반 퇴사는 절차의 효율적 이행이 목표인 반면, 핵심인재 이탈은 이탈 원인을 파악하여 조직 개선의 기회로 삼으려는 전략적 시도입니다. **이는 퇴직 면담의 깊이에서 확연히 드러나는데, 일반적인 면담이 형식적인 질문에 그친다면,** 핵심인재 면담은 성장 기회, 조직 문화, 리더십 등 이탈 속성에 대한 구조화된 심층 질문을 통해 데이터를 축적합니다.

또한, 업무 인수인계의 범위도 다릅니다. 일반적인 인수인계가 단순 업무 전달이라면, 핵심인재의 경우 핵심 지식, 노하우, 그리고 주요 관계까지 체계적으로 문서화하고 후임자 교육 계획까지 포함합니다. 퇴사 후 관계 유지 노력에서도 차이가 나는데, 일반적인 작별 인사 수준을 넘어 핵심인재에게는 동문 네트워크 초대 등 전략적인 관계 유지 노력이 이루어집니다.

결정적으로, 핵심인재 이탈 프로세스에는 퇴직 면담 데이터 분석 및 조직 개선 활동 반영이라는 추가 단계가 존재합니다. 이는 단순히 퇴사자를 떠나보내는 것을 넘어, 이탈 데이터를 통해 조직 문화, 리더십, 보상 체계 등을 지속적으로 개선하여 남아 있는 핵심인재를 유지하고 미래의 이탈을 방지하려는 선제적이고 전략적인 접근이라 할 수 있습니다.

1) 속성의 설계 배치

예를 들어, '민원 처리' 프로세스에서는 민원 유형(질의, 건의, 불만), 긴급도, 담당 부서 전문성, 그리고 민원 제기자의 이력(악성 민원 등)과 같은 속성들을 식별합니다. 이러한 속성들을 바탕으로 민원 유형에 따른 자동 분류 및 배정, 긴급 민원 우선 처리, 담당 부서 전문성에 맞는 배정, 그리고 악성 민원 제기자 별도 관리 및 대응과 같이 프로세스를 설계함으로써, 민원 처리 효율성 향상, 민원 만족도 향상, 악성 민원 대응력 강화, 담당자 스트레스 감소와 같은 구체적인 효과를 기대할 수 있습니다.

마찬가지로 '채용' 프로세스에서는 지원자 경력, 직무 적합도, 인성 평가 결과, 면접관 평가 등의 속성을 분석하여 경력직과 신입 지원자에 대한 면접 방식 차별화, 직무 적합도에 따른 가점 부여, 면접관 평가 불일치 시 추가 면접 진행 등으로 프로세스를 개선합니다. 이는 채용 성공률 향상, 조직 적응력 높은 인재 확보, 공정한 채용 프로세스 구축이라는 결과로 이어집니다.

그 외에도 온라인 쇼핑 주문에서는 고객 등급, 주문 금액, 결제 수단, 배송 지역 등의 속성을 활용하여 고객 맞춤형 서비스와 보안 강화, 매출 증대를 꾀하며, 신용 대출 심사에서는 고객 신용 등급, 소득 수준, 기존 대출 내역, 담보 자산 가치 등의 속성을 통해 대출 승인 속도를 높이고 부실 대출을 감소시켜 리스크 관리를 강화합니다. 보험금 지급 심사에서는 보험 종류, 사고 유형, 피해 규모, 고객 클레임 이력 등을 고려하여 지급 정확도를 높이고 부당 청구를 방지하며, IT 서비스 데스크 지원에서는 문의 유형, 시스템 중요도, 사용자 숙련도 등의 속성을 분석하여 문제 해결 시간 단축과 시스템 안정성, 사용자 만족도를 향상시키는 것을 목표로 합니다.

2) 활용의 의미

이러한 속성 기반 프로세스 설계는 내부통제 고도화에 있어 매우 중요한 의미를 가집니다.

첫째, 통제의 내재화 및 효율성 극대화입니다. 기존의 내부통제가 업무 프로세스 '외부'에서 사후적으로 점검하거나 추가적인 절차를 부과하는 방식이었다면, 속성 기반 설계는 통제 활동을 프로세스 '내부'에 자연스럽게 녹여내는 것을 목표로 합니다. 각 단계에서 발생하는 데이터(속성)를 기반으로 자동화된 의사결정이나 차등화된 절차를 적용함으로써, 통제가 업무 흐름을 방해하지 않으면서도 실질적인 효과를 발휘하게 됩니다. 이는 통제 활동의 효율성을 획기적으로 높이고, 불필요한 작업을 줄여 조직의 자원 낭비를 최소화합니다.

둘째, 리스크 관리의 정교화 및 선제적 대응입니다. 프로세스 속성 분석을 통해 잠재적 리스크 요인을 사전에 식별하고, 해당 속성에 따라 리스크 수준을 차등화하여 대응할 수 있습니다. 예를 들어, '신용 대출 심사'에서 소득 수준이 낮은 고객에게 추가 서류를 요청하거나, '온라인 쇼핑 주문'에서 특정 결제 수단에 추가 인증 절차를 적용하는 것은 리스크 발생 가능성이 높은 지점에서 통제를 강화하여 부실 대출이나 결제 보안 사고를 미연에 방지하는 선제적 리스크 관리의 전형입니다. 이는 단순히 리스크를 회피하는 것을 넘어, 리스크를 '관리 가능한 수준'으로 전환하는 전략적 접근을 가능하게 합니다.

셋째, 사용자 경험 및 서비스 품질 향상입니다. 속성 기반 설계는 고객이나 사용자의 특성, 상황, 요구 사항을 반영하여 맞춤형 서비스를 제공함으로써 만족도를 크게 향상시킵니다. '민원 처리'에서 긴급도에 따른 우선 처리나 '온라인 쇼핑'에서 VIP 고객에게 전담 상담원을 연결하는 것 등이 대표적인 예입니다. 이는 통제가 단순히 내부적인 효율성만을 추구하는 것이 아니라, 외부 고객에게 제공되는 서비스 품질을 직접적으로 개선하여 조직의 대외적 이미지를 제고하는 데 기여함을 보여 줍니다.

결론적으로, 속성 기반 프로세스 설계는 내부통제 고도화가 단순한 규정 준수를 넘어, 조직의 운영 효율성을 극대화하고, 리스크를 정교하게 관리하며, 나아가 고객 만족도와 서비스 품질을 향상시키는 전략적 도구로서의 역할을 수행할 수 있음을 입증하는 핵심적인 활용 방안이라고 할 수 있습니다.

2. 직무 속성 반영 프로세스 설계 개선에 활용

고객 상담, 구매 결재, 신제품 개발, 프로젝트 관리, 재고 관리 등 다양한 업무 프로세스 예시를 통해, 각 프로세스를 수행하는 담당자들의 직무 속성을 분석하고, 이를 반영하여 프로세스 고도화에 활용할 수 있다는 예시입니다.

[표093] 담당자 직무 속성 반영 프로세스 개선 예시

프로세스	직무 속성	프로세스 개선 방안	기대 효과
고객 상담	· 상담사 경력 및 숙련도 · 상담사 전문 분야 · 상담사 업무량	· 신입 상담사에게는 간단한 문의 위주로 배정 · 숙련된 상담사에게는 복잡한 문의 배정 · 상담사 전문 분야에 따라 문의 유형 자동 분류 및 배정 · 상담사 업무량 분산을 위한 상담 시간 제한	· 상담 품질 향상 · 상담 품질 향상 · 상담사 업무 만족도 향상 · 고객 대기 시간 단축
구매 결재	· 담당자 결재 권한 · 구매 금액 · 구매 품목 중요도	· 구매 금액에 따라 결재 라인 간소화 또는 복잡화 · 중요 품목 구매 시 담당자 외 추가 검토 절차 추가 · 결재 권한 위임 범위 명확화	· 결재 시간 단축 · 결재 투명성 강화 · 구매 관련 리스크 감소
신제품 개발	· 연구 개발 담당자 전문성 · 마케팅 담당자 시장 분석 능력 · 경영진 의사 결정 스타일	· 연구 개발 단계, 담당자 전문 분야별 프로젝트 배정 · 마케팅 담당자, 시장 분석 권한 확대, 의사 결정 참여 · 경영진에게 핵심 정보 요약 보고, 의사 결정 시간 단축	· 신제품 개발 성공률 향상 · 의사 결정 속도 향상 · 부서 간 협업 강화
프로젝트 관리	· 프로젝트 매니저 리더십 · 팀원 숙련도 · 의사소통 스타일	· 프로젝트 매니저에게 팀원 관리 권한 확대 · 팀원 숙련도에 따라 업무 분담 및 교육 기회 제공 · 팀원 간 의사소통 위한 정기 회의 및 비공식 소통 채널 마련	· 프로젝트 성공률 향상 · 팀워크 강화 · 팀원 만족도 향상
재고 관리	· 재고 관리 담당자 숙련도 · 재고 파악 정확도 · 창고 관리 시스템 활용 능력	· 재고 관리 담당자 교육 강화 및 숙련도 향상 · 재고 파악 정확도 높이기 위한 실사 횟수 증가 및 시스템 개선 · 창고 관리 시스템 활용 능력 향상을 위한 교육 및 훈련 제공	· 재고 부족 또는 과잉 방지 · 창고 관리 효율성 향상 · 재고 관련 비용 절감

예를 들어, '고객 상담' 프로세스에서는 상담사의 경력 및 숙련도, 전문 분야, 업무량과 같은 직무 속성을 고려합니다. 이를 통해 신입 상담사에게는 간단한 문의를, 숙련된 상담사에게는 복잡한 문의를 배정하고, 전문 분야에 따라 문의를 자동 분류하며, 업무량 분산을 위한 상담 시간에 제한을 두는 등의 개선 방안을 적용합니다. 이러한 개선은 상담 품질 향상과 고객 대기 시간 단축이라는 긍정적인 효과로 이어집니다.

'구매 결재' 프로세스에서는 담당자의 결재 권한, 구매 금액, 구매 품목 중요도와 같은 속성을 분석하여, 구매 금액에 따라 결재 라인을 간소화하거나 복잡화하고, 중요 품목 구매 시 추가 검토 절차를 추가하며, 결재 권한 위임 범위를 명확히 하는 개선을 제안합니다. 이는 결재 시간 단축, 결재 투명성 강화, 구매 관련 리스크 감소를 목표로 합니다.

'신제품 개발'에서는 연구 개발 담당자의 전문성, 마케팅 담당자의 시장 분석 능력, 경영진의 의사 결정 스타일 등의 속성을 고려하여, 전문 분야별 프로젝트 배정, 마케팅 담당자의 시장 분석 권한 확대, 경영진에게 핵심 정보 요약 보고 등 프로세스를 최적화합니다. 이를 통해 신제품 개발 성공률 향상, 의사 결정 속도 향상, 부서 간 협업 강화와 같은 효과를 기대할 수 있습니다.

이 외에도 '프로젝트 관리'에서는 프로젝트 매니저의 리더십, 팀원 숙련도, 의사소통 스타일 등의 속성을 분석하여 프로젝트 성공률 향상과 팀워크 강화를 도모하며, '재고 관리'에서는 재고 관리 담당자의 숙련도, 재고 파악 정확도, 창고 관리 시스템 활용 능력 등의 속성을 통해 재고 부족 또는 과잉 방지, 창고 관리 효율성 향상, 재고 관련 비용 절감 등의 효과를 추구합니다.

활용의 의미
이러한 직무 속성 활용 프로세스 개선은 내부통제 고도화에 있어 다음과 같은 중요한 의미를 가집니다.

첫째, 인적 자원 최적화를 통한 효율성 및 효과성 증대입니다. 단순히 표준화된 절차를 따르는 것을 넘어, 업무를 수행하는 사람의 역량과 특성을 고려하여 업무 배분 및 프로세스를 최적화합니다. 이는 각 직무 담당자가 자신의 강점을 최대한 발휘할 수 있도록 지원하며, 결과적으로 프로세스의 효율성과 효과성을 극대화합니다. 예를 들어, 숙련된 상담사에게 복잡한 문의를 배정하여 상담 품질을 높이는 것이나, 전문성에 따라 신제품 개발 프로젝트를 배정하여 성공률을 높이는 것이 그러합니다.

둘째, 리스크 관리의 심화 및 맞춤형 통제 구현입니다. 직무 속성을 분석함으로써 특정 업무의 리스크가 개인의 역량이나 특성과 어떻게 연결되는지를 파악할 수 있습니다. 이를 통해 리스크가 높은 영역(예: 구매 금액이 큰 건에 대한 결재, 신입 상담사의 복잡한 문의)에 담당자의 속성을 고려한 추가적인 통제나 보완 절차를 마련하여 리스크를 선제적으로 관리할 수 있습니다. 이는 일률적인 통제가 아닌, 상황과 사람에 맞는 유연하고 정교한 통제 시스템을 구축하는 데 기여합니다.

셋째, 직무 만족도 및 조직 문화 개선입니다. 자신의 역량에 맞는 업무를 수행하고, 업무 부담이 적절히 분산되며, 명확한 권한과 책임이 부여될 때 직무 만족도가 높아집니다. 이는 담당자의 스트레스를 줄이고, 업무에 대한 몰입도를 높여 결과적으로 오류 발생 가능성을 낮추고, 조직 전체의 생산성 향상과 긍정적인 조직 문화 형성에도 기여합니다.

결론적으로, 담당자의 직무 속성을 활용한 기존 프로세스 개선은 내부통제 고도화가 단순히 시스템이나 절차만을 다루는 것이 아니라, 인적 자원이라는 핵심 동력을 프로세스에 효과적으로 통합하여 운영 효율성, 리스크 관리 역량, 그리고 조직 구성원의 만족도까지 동시에 향상시키는 전략적인 접근 방식임을 보여 줍니다. 이는 내부통제가 조직의 전반적인 성과 향상에 기여하는 중요한 활용 방안이 됩니다.

3. 프로세스 자체의 속성 분석, 리스크 식별 통제 적용 예시

프로세스 자체의 속성을 분석하여 리스크를 식별하고, 이를 바탕으로 효과적인 내부통제를 적용하는 예시입니다.

[표094] 주요 프로세스의 속성 리스크 통제 적용 예시

No	주요 프로세스	프로세스 속성	속성 기반 리스크 식별	프로세스 내부통제 적용(통제 활동 예시)
1	대규모 자금 이체 프로세스	· 고액 거래 · 외부 업체 대상 · 다단계 승인 · 시스템 연동	· 부적정 업체 자금 유출 · 이체 정보 오류 · 승인 절차 미준수 · 시스템 간 데이터 불일치	· 일정 금액 이상 이체 시 2인 이상 결재 승인 · 회계/은행 시스템 정보 일치 여부 최종 확인 · 매일 이체 내역과 은행 잔고 대조 정산
2	민감 개인정보 처리 프로세스	· 대량 개인정보 · 법적 규제 · 직원 접근 · 외부 공유	· 내부 직원 오남용/유출 · 법규 위반(과태료·소송) · 외부 업체 유출	· 업무 역할별 최소 접근 권한 부여 · 시스템 접근/변경 기록 로깅 및 비정상 접근 알람 · 외부 업체 위탁 계약 시 정보보호 의무 명시 및 점검
3	정부 보조금 신청 자격 심사	· 공적 자금 · 자격 기준 명확 · 많은 신청 · 투명성 요구	· 자격 미달 신청자 지급 · 심사 오류/지연 · 심사 과정 불공정성/특혜 의혹	· 자격 요건별 제출 서류 표준화 및 자동 보완 요청 · 공공 DB 연동을 통한 자격 요건 시스템 자동 확인 · 이의 신청 절차 명문화 및 독립 재심사 위원회 운영

'대규모 자금 이체 프로세스', '민감 개인정보 처리 프로세스', '정부 보조금 신청 자격 심사'라는 세 가지 주요 프로세스에 대하여, 각 프로세스가 가진 고유한 속성들로 부터 리스크를 식별하고, 그 리스크를 효과적으로 관리하기 위한 내부통제 활동을 적용하는지를 예시하겠습니다.

1) 대규모 자금 이체 프로세스

이 프로세스는 '고액 거래', '외부 업체 대상', '다단계 승인', '시스템 연동'과 같은 속성들을 가집니다. 이러한 속성들로 인해 '부적정 업체 자금 유출', '이체 정보 오류', '승인 절차 미준수', '시스템 간 데이터 불일치'와 같은 리스크가 식별될 수 있습니다. 이에 대한 내부통제로는 일정 금액 이상 이체 시 2인 이상 결재 승인, 회계 시스템과 은행 시스템의 정보 일치 여부 최종 확인, 매일 이체 내역과 은행 잔고 대조 정산과 같은 활동을 적용하여 리스크를 효과적으로 관리합니다.

2) 민감 개인정보 처리 프로세스

'대량 개인정보', '법적 규제', '직원 접근', '외부 공유'와 같은 속성을 가진 이 프로세스에서는 '내부 직원 오남용/유출', '법규 위반(과태료·소송)', '외부 업체 유출'과 같은 리스크가 발생할 수 있습니다. 이를 통제하기 위해 업무 역할별 최소 접근 권한 부여, 시스템 접근 및 변경 기록 로깅 및 비정상 접근 알람, 외부 업체 위탁 계약 시 정보보호 의무 명시 및 점검과 같은 내부통제 활동을 적용합니다.

3) 정부 보조금 신청 자격 심사 프로세스

이 프로세스는 '공적 자금', '자격 기준 명확', '많은 신청', '투명성 요구'와 같은 속성을 지닙니다. 이러한 속성으로 인해 '자격 미달 신청자 지급', '심사 오류/지연', '심사 과정 불공정성/특혜 의혹'과 같은 리스크가 식별될 수 있습니다. 이에 대한 내부통제로는 자격 요건별 제출 서류 표준화 및 자동 보완 요청, 공공 DB 연동을 통한 자격 요건 시스템 자동 확인, 이의 신청 절차 명문화 및 독립 재심사 위원회 운영 등을 통해 투명하고 공정한 심사를 보장합니다.

활용의 의미

이러한 프로세스 속성 기반의 리스크 식별 및 내부통제 적용은 내부통제 고도화에 있어 다음과 같은 중요한 의미를 가집니다.

첫째, 리스크 식별의 정교화 및 심층화입니다. 기존의 프로세스 기반 리스크 식별(흐름 리스크)이 업무 절차의 단계별 오류에 초점을 맞추었다면, 이 방식은 프로세스 자체가 가진 고유한 특성(속성)에서 기인하는 리스크를 파악합니다. 예를 들어, 단순히 '이체'라는 행위의 오류를 넘어 '고액 거래'라는 속성 때문에 발생하는 '부적정 업체 자금 유출' 리스크와 같이, 리스크의 근본적인 원인을 속성 차원에서 이해하고 식별할 수 있게 됩니다. 이는 리스크의 근원을 더 깊이 파고드는 접근 방식입니다.

둘째, 통제 활동의 효율성 및 효과성 극대화입니다. 속성 기반으로 식별된 리스크는 해당 속성에 가장 적합하고 효과적인 통제 활동을 설계할 수 있도록 합니다. 예를 들어, '민감 개인정보'라는 속성 때문에 발생하는 리스크에는 '최소 접근 권한 부여'나 '로깅 및 알람'과 같은 정보보호 관련 통제가 직접적으로 연결됩니다. 이는 불필요한 통제를 줄이고, 가장 필요한 곳에 가장 적절한 통제를 적용함으로써 통제 시스템의 효율성을 높이고, 리스크 관리의 효과를 극대화합니다.

셋째, 선제적이고 예방적인 리스크 관리 강화입니다. 프로세스 속성을 분석함으로써 잠재적인 취약점을 미리 파악하고, 문제가 발생하기 전에 해당 속성으로 인해 발생할 수 있는 리스크를 예측하여 선제적으로 통제를 적용할 수 있습니다. 이는 조직이 리스크에 대해 수동적으로 대응하는 것을 넘어, 능동적으로 리스크를 관리하고 예방하는 체계로 발전함을 의미합니다.

결론적으로, 프로세스 속성 기반의 리스크 식별 및 내부통제 적용은 내부통제 고도화가 단순한 규정 준수를 넘어, 조직의 핵심 프로세스에 내재된 리스크를 더욱 정교하게 관리하고, 통제 활동의 효율성과 효과성을 극대화하며, 궁극적으로 조직의 안정성과 신뢰성을 높이는 전략적 도구로서의 역할을 수행할 수 있음을 보여 줍니다.

4. 직무(업무) 속성 리스크 식별 통제 적용 예시

단위 직무의 속성을 분석하여 리스크를 식별하고, 이를 바탕으로 효과적인 내부통제를 적용하는 예시입니다.

[표095] 주요 직무 속성 리스크 통제 적용 예시

No	업무 분야	주요 직무 속성	속성 기반 리스크 식별(예시)	내부통제 적용 사례(예시)
1	회계	· 데이터 정확성 및 완전성 · 법규 및 규제 준수 · 자산 보호 · 거래 기록 및 보고 · 정보 민감성	· 입력 오류, 누락, 중복으로 인한 재무제표 왜곡 · 법규 변경 미반영으로 인한 과태료/제재 · 현금, 재고 등의 횡령/손실 · 부적절/허위 거래 기록 · 내부자 거래/정보 유출	· 분개 입력 시 자동 검증 기능 활용 · 정기적인 법규 변경 교육 및 체크리스트 활용 · 정기 자산 실사 및 재고 조사, 접근 권한 통제 · 거래 승인 절차 및 증빙 관리 철저, 역할 분리 · 회계 시스템 접근 권한 관리 및 감사 추적
2	인사	· 직원 정보 민감성 · 노동법 및 관련 법규 준수 · 급여 및 복리후생 처리 · 채용 및 해고 절차 · 성과 평가 및 관리	· 개인정보 유출, 급여 정보 오남용 · 근로 계약 미비, 부당 해고 등 법적 분쟁 · 급여 계산/지급 오류(재무적 손실, 불만) · 불공정 채용, 차별, 부적절 해고(소송, 평판) · 주관적/불공정한 평가(사기 저하, 분쟁)	· 직원 DB 접근 권한 최소화 및 암호화 · 법규 변경 정기 검토, 표준 계약서 활용 · 급여 시스템 자동 검증, 관리자 확인 절차 · 표준화된 채용/해고 절차, 법적 절차 준수 체크리스트 · 객관적 지표 개발, 다면 평가, 이의 제기 절차 운영
3	기획	· 전략적 의사결정 영향도 · 정보의 기밀성 및 중요성 · 데이터 기반 분석 요구 · 장기 예측 및 목표 설정 · 다기능 부서 협업	· 잘못된 예측, 비현실적 목표 설정(사업 실패) · 미공개 경영 정보, 사업 계획 유출 · 부정확/편향된 데이터 분석(잘못된 의사결정) · 외부 환경 변화 예측 실패(계획 차질) · 부서 간 정보 부족/비협조(계획 수립/실행 지연)	· 다양한 시나리오 분석 및 이해관계자 검토 · 기밀 문건 접근 권한 통제, 암호화 · 데이터 출처 명확화, 분석 방법론 표준화 · 시장/경쟁 환경 모니터링, 예측 모델 정기 검토 · PJ관리 도구 활용, 정기 부서 회의/정보 공유 채널운영

내부통제 고도화의 또 다른 중요한 활용 방안을 예시합니다. 이는 기존의 업무 프로세스에 담당자의 직무 속성을 분석하여 리스크를 식별하고, 이를 기반으로 프로세스를 개선하며 내부통제를 적용하는 방식입니다. 즉, 사람의 역량과 특성을 리스크 관리의 중요한 요소로 활용하는 것입니다.

회계, 인사, 기획과 같은 주요 직무 분야를 예시로 들어, 각 직무가 가진 고유한 속성들을 어떻게 활용하여 리스크를 식별하고, 그 리스크를 효과적으로 관리하기 위한 내부통제 활동을 적용하는지를 구체적으로 설명하겠습니다.

1) 회계 직무

회계 직무는 '데이터 정확성 및 완전성', '법규 및 규제 준수', '자산 보호', '거래 기록 및 보고', '정보 민감성'과 같은 속성을 가집니다. 이러한 속성들로 인해 '입력 오류', '법규 변경 미반영', '횡령/손실', '부적절 거래 기록', '정보 유출'과 같은 리스크가 식별될 수 있습니다. 이에 대한 내부통제로는 분개 입력 시 자동 검증 기능 활용, 정기적인 법규 변경 교육 및 체크리스트 활용, 정기 자산 실사 및 재고 조사, 거래 승인 절차 및 역할 분리, 회계 시스템 접근 권한 관리 및 감사 추적과 같은 활동을 적용하여 재무정보의 신뢰성과 자산 보호를 강화합니다.

2) 인사 직무

인사 직무는 '직원 정보 민감성', '노동법 및 관련 법규 준수', '급여 및 복리후생 처리', '채용 및 해고 절차', '성과 평가 및 관리'와 같은 속성을 지닙니다. 이 속성들로 인해 '개인정보 유출', '법적 분쟁', '급여 계산/지급 오류', '불공정 채용/해고', '불공정한 평가'와 같은 리스크가 발생할 수 있습니다. 이를 통제하기 위해 직원 DB 접근 권한 최소화 및 암호화, 법규 변경 정기 검토 및 표준 계약서 활용, 급여 시스템 자동 검증 및 관리자 확인 절차, 표준화된 채용/해고 절차 및 체크리스트, 객관적 지표 개발 및 다면평가/이의 제기 절차 운영과 같은 내부통제 활동을 적용합니다.

3) 기획 직무

기획 직무는 '전략적 의사결정 영향도', '정보의 기밀성 및 중요성', '데이터 기반 분석 요구', '장기 예측 및 목표 설정', '다기능 부서 협업'과 같은 속성을 가집니다. 이러한 속성들로 인해 '잘못된 예측/목표 설정', '경영 정보 유출', '부정확/편향된 데이터 분석', '외부 환경 변화 예측 실패', '부서 간 정보 부족/비협조'와 같은 리스크가 식별될 수 있습니다. 이에 대한 내부통제로는 다양한 시나리오 분석 및 이해관계자 검토, 기밀 문건 접근 권한 통제 및 암호화, 데이터 출처 명확화 및 분석 방법론 표준화, 시장/경쟁 환경 모니터링 및 예측 모델 정기 검토, 프로젝트 관리 도구 활용 및 정기 부서 회의/정보 공유 채널 운영 등을 통해 전략 수립의 정확성과 효율성을 높입니다.

활용의 의미

이러한 직무 속성 기반의 리스크 식별 및 내부통제 적용은 내부통제 고도화에 있어 다음과 같은 중요한 의미를 가집니다.

첫째, 인적 요소를 통한 리스크 관리의 심화입니다. 내부통제는 단순히 프로세스나 시스템만을 통제하는 것이 아니라, 업무를 수행하는 '사람'이 가진 역량, 지식, 책임감, 윤리 의식 등 다양한 직무 속성 또한 리스크의 근원이자 통제의 중요한 요소임을 인식합니다. 이 접근 방식은 직무별 특성과 그에 따른 잠재적 리스크를 파악하여, 인적 오류나 의도적인 부정행위와 관련된 리스크를 더욱 정교하게 관리할 수 있게 합니다.

둘째, 맞춤형 통제 설계 및 효율성 증대입니다. 직무 속성을 기반으로 리스크를 식별하면, 해당 직무의 특성에 가장 적합하고 효율적인 통제 활동을 설계할 수 있습니다. 예를 들어, 회계 직무의 '데이터 정확성' 속성에서 발생하는 입력 오류 리스크에는 자동 검증 기능이 효과적이고, 인사 직무의 '직원 정보 민감성' 속성에는 접근 권한 최소화가 필수적인 것처럼, 불필요한 통제를 줄이고 필요한 곳에 집중함으로써 통제 시스템의 효율성을 극대화합니다.

셋째, 역량 강화 및 책임성 명확화입니다. 직무 속성 기반 리스크 관리는 단순히 통제 적용에 그치지 않고, 해당 직무를 수행하는 인력의 역량 개발 방향을 제시합니다. 법규 변경 교육, 시스템 활용 능력 향상 교육 등은 직무 속성에서 파생되는 리스크를 줄이는 동시에 직원의 전문성을 높이는 방법입니다. 또한, 각 직무의 속성별로 발생할 수 있는 리스크와 그에 대한 통제 책임을 명확히 함으로써, 직무 수행의 책임성을 강화하고 투명성을 높입니다.

결론적으로, 직무 속성 기반의 리스크 식별 및 내부통제 적용은 내부통제 고도화가 단순한 절차적 준수를 넘어, 조직의 인적 자원을 리스크 관리의 핵심 주체로 통합하고, 직무별 특성을 고려한 정교한 통제를 통해 조직의 전반적인 안정성, 효율성, 그리고 책임성을 향상시키는 전략적인 접근 방식임을 보여 줍니다.

5. 경영전략의 도구

앞서 국민체육진흥공단 전략수립 예시에서 살펴보았듯이 내부통제 고도화는 최고 경영진의 전략적 경영 행위를 적극적으로 지원합니다. 이는 조직이 가진 고유한 '속성'들의 긍정적인 측면, 즉 '순기능'을 명확히 식별하고 이를 극대화하는 방향으로 전략 과제를 도출하는 것을 의미합니다. 마치 SWOT 분석에서 조직의 강점을 활용하여 전략을 수립하듯이, 내부통제는 조직의 내재된 강점과 잠재력을 발굴하고 이를 통해 새로운 가치를 창출하는 데 기여합니다. 예를 들어, 재원 조달의 특수성이나 공공성 지향과 같은 조직의 핵심 속성에서 파생되는 순기능을 강화하는 전략 과제를 수립하고 실행함으로써, 내부통제는 단순한 위험 회피를 넘어 조직의 성장 동력을 확보하고 경쟁 우위를 창출하는 핵심적인 역할을 수행하게 됩니다. 이는 최고 경영진이 조직의 비전과 목표를 달성하기 위한 전략적 의사결정을 내릴 때, 내부통제 시스템이 신뢰할 수 있는 정보와 견고한 실행 기반을 제공함으로써 실질적인 지원군이 됩니다.

6. 현장 프로세스/직무의 최적화 도구

내부통제 고도화는 현장의 프로세스 설계 및 개선, 나아가 개인의 직무 단위까지 구체적인 업무를 지원합니다. 이는 조직의 업무 프로세스 자체에 내재된 속성을 분석하여 리스크를 식별하고 통제를 적용하거나, 업무를 수행하는 담당자의 직무 속성을 고려하여 프로세스를 개선하는 방식으로 구현됩니다. 예를 들어, 민원 처리나 신용 대출 심사와 같은 주요 프로세스의 속성(고액 거래, 민감 정보 등)을 분석하여 해당 리스크를 정교하게 통제하고 효율성을 높일 수 있습니다. 또한, 담당자의 경력, 전문성, 업무량과 같은 직무 속성을 고려하여 고객 상담, 구매 결재, 신제품 개발 등 다양한 업무 프로세스를 최적화함으로써, 인적 자원의 효율성을 극대화하고 리스크를 심화하여 관리할 수 있습니다. 이러한 접근은 현장 업무의 오류를 줄이고 효율성을 높이는 동시에, 직무 만족도 향상과 같은 긍정적인 부수 효과까지 창출합니다.

결론적으로, 내부통제 고도화는 그 자체로 완성되는 목표가 아니라, 조직의 리스크를 억제하고 경감하는 기본적인 역할을 수행하면서도, 위로는 최고 경영진의 전략적 의사결정을 지원하고, 아래로는 현장의 구체적인 업무 프로세스와 직무 단위까지 효율성과 리스크 관리 역량을 강화하는 총체적인 경영 혁신 수단으로서 그 진정한 가치를 발휘합니다.

7. 내부통제 고도화의 길을 여는 열쇠

그동안 우리는 내부통제의 중요성을 강조해 왔지만, 때로는 널리 알려진 COSO나 ISO와 같은 기존 프레임워크들이 마치 조직의 발전을 옥죄는 '전족'과 같은 굴레가 되지는 않았는지 자문해 보아야 했습니다. 이들 모델이 제시하는 정형화된 틀은 분명한 기여를 했지만, 복잡하고 역동적인 현대 조직의 리스크를 온전히 포착하고 관리하는 데는 근본적인 한계를 보여 주었습니다. 피상적인 현상이나 규정 준수에만 얽매여, 조직의 고유한 특성에서 비롯되는 본질적인 리스크나 예측 불가능하게 솟아나는 새로운 리스크를 놓치기 일쑤였습니다.

하지만 '흐름-멈춤-솟음의 Tri View'는 다릅니다. 이 관점은 조직의 'DNA 본질'에서 리스크를 찾아내려는 시도입니다. 눈에 보이는 업무 프로세스의 흐름 속에서 발생하는 리스크(흐름 리스크)를 넘어서, 조직, 직무, 자산 등 고유한 속성 그 자체에서 파생되는 리스크(멈춤 리스크)를 깊이 있게 파악합니다. 나아가, 기존의 틀로는 예측하기 어려운 복합적인 상호작용 속에서 불쑥 솟아나는 새로운 리스크(솟음 리스크)까지도 인지하고 대비할 수 있도록 안내합니다. 이는 내부통제가 단순한 방어막을 넘어, 조직의 내재된 강점을 전략적으로 활용하고 미래의 불확실성에 선제적으로 대응하는 강력한 경영 도구가 될 수 있음을 의미합니다.

우리는 이 열쇠를 통해 내부통제 고도화가 더 이상 고통스러운 의무가 아니라, 조직의 성장을 위한 전략적 투자이자 기회가 될 수 있음을 보았습니다. 속성의 순기능을 극대화하여 최고 경영진의 전략적 의사결정을 지원하고, 현장의 프로세스 설계와 개인의 직무 단위까지 효율성과 리스크 관리 역량을 강화하는 총체적인 활용 방안들을 함께 살펴보았습니다.

이제 여러분 앞에는 명확한 선택이 남아 있습니다. 과거의 굴레에 갇혀 피상적인 통제에 머무를 것인가, 아니면 '흐름-멈춤-솟음의 Tri View'라는 새로운 열쇠를 쥐고 진정한 내부통제 고도화의 길을 걸어갈 것인가. 이 열쇠가 여러분의 조직에 새로운 지평을 열어 줄 것이라 믿어 의심치 않습니다.

제3절 | 리스크관리/내부통제 총량 성과 관리 방안

독자 여러분, 오늘 저는 조직의 리스크 관리와 내부통제 활동이 단순한 규정 준수를 넘어, 어떻게 전략적 가치를 창출하고 지속 가능한 성장을 견인할 수 있는지 보여 주는 혁신적인 도구를 소개해 드리고자 합니다. 바로 '리스크관리/내부통제 총량 성과 관리 표'입니다.

[표096] 리스크관리/내부통제 총량 성과 관리표

관리 항목	세부내역	합계 개수	합계 총수준	합계 평균수준	Flow Risk(FR) 개수	Flow Risk(FR) 총수준	Flow Risk(FR) 평균수준	Stock Risk(SR) 개수	Stock Risk(SR) 총수준	Stock Risk(SR) 평균수준	Emergence Risk(ER) 개수	Emergence Risk(ER) 총수준	Emergence Risk(ER) 평균수준
A. 기초 잔여 리스크													
B. 당기 식별 유입 리스크													
C. 기말 잔여 리스크													
D. 당기 경감 리스크=(A+B-C)													
경감사유 분석	기초 리스크 경감												
경감사유 분석	당기 식별 리스크 경감												
경감사유 분석	통제활동 저감 리스크 수준 합계												
경감사유 분석	재평가 조정												
경감사유 분석	수용												
경감사유 분석	회피/전가												
성과측정	당기 식별 총수준율(B/A×100%)												
성과측정	당기 경감 총수준율(D/A×100%)												
리스크 활용성과	전략수립 지원	별도 개별 성과 평가(전략 목표 달성 기여율, 프로세스 효율 개선율, 직무 만족도 향상 등 KPI연계 평가)											
리스크 활용성과	프로세스 설계,개선 지원												
리스크 활용성과	직무설계, 개선 지원												

※ 총 리스크수준=영향도 × 발생가능성, 5점척도 환산평가, 개별리스크 수준의 합

A. 기초 구축 운영중인 통제													
B. 당기 설계 유입 통제													
C. 기초 구축 운영중인 통제 강화(총수준 증가분)													
D. 기초 구축 운영중인 통제 완화(총수준 감소분)													
E. 기말 구축 운영중인 통제=A+B+C-D													
성과측정	당기 강화 통제 총수준(C/A×100%)												
성과측정	당기 설계 통제 총수준(B/A×100%)												
통제구축 성과	IT활용 자동화 통제	별도 개별 성과 평가(자동화율, 지침 준수율, 보고 정확도 등 KPI와 연계)											
통제구축 성과	규정,지침 수립												
통제구축 성과	보고, 명령 통제												

※ 총 통제수준=설계적정성 × 운영효과성, 5점척도 환산평가, 개별 통제 수준의 합

이 표는 리스크 관리와 내부통제를 통합적이고 정량적인 관점에서 총체적으로 관리하기 위해 고안되었습니다. 특히, 우리가 앞서 논의했던 '흐름(Flow), 멈춤(Stock), 솟음(Emergence)의 Tri-View' 리스크 개념을 각 관리 지표에 명시적으로 반영함으로써, 조직이 직면하는 리스크의 근원을 더욱 깊이 있게 이해하고 유형별로 맞춤 관리할 수 있도록 설계되었습니다.

1. 리스크 총량 성과 관리

먼저, 리스크 측면에서는 조직이 특정 기간 동안 경험하는 리스크의 변화를 명확히 추적합니다.

"기초 잔여 리스크(A)"는 기간 시작 시점에 조직이 보유한 리스크의 총량입니다.
"당기 식별 유입 리스크(B)"는 해당 기간 동안 새롭게 식별되어 유입된 리스크의 총량입니다.
"기말 잔여 리스크(C)"는 기간 종료 시점에 남아 있는 리스크의 총량입니다.

이 세 가지 지표를 통해 당기 경감 리스크(D), 즉(A+B-C)를 산출하여, 조직이 해당 기간 동안 얼마나 많은 리스크를 줄였는지를 정량적으로 파악합니다.

경감사유 분석 섹션에서는 리스크가 경감된 원인을 다각도로 분석합니다. 통제 활동을 통해 직접적으로 저감된 리스크 수준의 합계는 물론, 리스크 재평가로 인한 조정, 리스크 수용 결정, 또는 회피/전가 전략을 통한 경감 등 다양한 사유를 구분하여 리스크 관리 전략의 효과성을 심층적으로 평가할 수 있습니다.

성과측정에서는 "당기 식별 총수준율(B/A × 100%)"과 "당기 경감 총수준율(D/A × 100%)"을 통해 리스크 식별 역량과 경감 성과를 기초 리스크 대비 비율로 명확하게 제시하여, 리스크 관리 활동의 효율성을 한눈에 보여 줍니다.

나아가, 리스크 활용성과 섹션은 리스크 관리가 단순한 방어를 넘어 조직의 전략적 목표 달성에 어떻게 기여하는지를 보여 줍니다. 전략 수립 지원, 프로세스 설계 및 개선 지원, 직무 설계 및 개선 지원 등 구체적인 영역에서 리스크 관리 활동이 창출하는 가치를 KPI(핵심성과지표)와 연계하여 평가함으로써, 리스크 관리의 투자수익률(ROI)을 증명하고 경영진의 전략적 의사결정을 지원하는 강력한 근거를 제공합니다. 모든 리스크 수준은 영향도와 발생 가능성을 5점 척도로 환산한 개별 리스크 수준의 합으로 계산됩니다.

2. 통제 총량 성과 관리

통제 측면에서는 리스크를 관리하기 위해 구축되고 운영되는 통제의 변화를 추적합니다.

"기초 구축 운영중인 통제(A)"는 기간 시작 시점에 운영 중인 통제의 총량입니다.
"당기 설계 유입 통제(B)"는 해당 기간 동안 새롭게 설계되어 구축된 통제입니다.
"기초 구축 운영중인 통제 강화(C)"는 기존 통제의 수준이 향상된 정도를 총수준 증가분으로 나타냅니다.
"기초 구축 운영중인 통제 완화(D)"는 기존 통제의 수준이 감소된 정도를 총수준 감소분으로 나타냅니다.

이러한 변화를 종합하여 기말 구축 운영 중인 통제(E), 즉 A+B+C-D를 산출하여 통제 시스템의 양적, 질적 변화를 파악합니다.

성과측정에서는 "당기 강화 통제 총수준(C/A × 100%)"과 "당기 설계 통제 총수준(B/A × 100%)"을 통해 통제 시스템의 강화 및 확충 노력을 정량적으로 보여 줍니다.

통제구축성과 섹션은 IT 활용 자동화 통제, 규정/지침 수립, 보고/명령 통제 등 통제의 유형별 구축 성과를 KPI와 연계하여 평가합니다. 자동화율, 지침 준수율, 보고 정확도 등 구체적인 지표를 통해 통제 구축 활동이 조직의 효율성 및 효과성에 어떻게 기여하는지 명확히 제시합니다. 모든 통제 수준은 설계 적정성과 운영 효과성을 5점 척도로 환산한 개별 통제 수준의 합으로 계산됩니다.

이 '리스크관리/내부통제 총량 성과 관리 방안' 표는 단순한 데이터 집계를 넘어, 리스크와 통제 활동의 총체적인 변화를 추적하고 그 성과를 조직의 전략적 목표와 연결하는 매우 강력한 도구입니다. '흐름-멈춤-솟음'의 Tri-View 리스크 개념을 통합함으로써, 조직은 리스크 관리의 깊이와 폭을 동시에 확보하고, 변화하는 환경 속에서 능동적으로 리스크를 관리하며 지속 가능한 성장을 이끌어 갈 수 있을 것입니다.

3. 성과관리표에 적용된 회계 원리

리스크 및 통제 성과관리표는 기존의 전통적인 리스크 관리 방식과는 차별화된, 매우 정교하고 신뢰성 높은 로직을 기반으로 설계되었습니다. 특히 이 표의 핵심적인 특징은 회계 분야에서 널리 사용되며 이미 그 유효성이 충분히 검증된 '상품 계정의 수불 로직'과 '매출원가 산정 로직'을 리스크 및 통제 관리에 차용했다는 점입니다.

이러한 회계 원리를 도입함으로써, 리스크와 통제라는 무형의 요소를 마치 유형의 '재고(Inventory)'나 '자산(Asset)'처럼 체계적으로 관리하고 그 변화를 정량적으로 측정할 수 있게 됩니다.

1) '상품 수불' 로직의 적용: 리스크와 통제의 흐름 파악

회계에서 상품 수불(입고와 출고)은 '기초 재고 + 당기 매입 - 기말 재고 = 당기 판매(매출원가)'라는 흐름으로 재고의 변동을 파악합니다. 이 성과관리표는 이와 동일한 논리를 리스크와 통제에 적용합니다.

리스크 측면

기초 잔여 리스크(A): 회계의 '기초 재고'와 같이, 특정 기간 시작 시점에 조직이 보유한 리스크의 총량입니다.

당기 식별 유입 리스크(B): '당기 매입'과 같이, 해당 기간 동안 새롭게 식별되어 조직에 유입된 리스크의 총량입니다.

기말 잔여 리스크(C): '기말 재고'와 같이, 기간 종료 시점에 남아 있는 리스크의 총량입니다.

당기 경감 리스크(D = A + B - C): 이는 회계의 '당기 판매' 또는 '매출원가'에 해당합니다. 즉, 해당 기간 동안 조직이 성공적으로 줄이거나 관리한 리스크의 총량을 의미합니다. 마치 재고가 판매되어 줄어들었듯이, 리스크가 통제 활동을 통해 '소모'되거나 '경감'된 양을 정량적으로 산출하는 것입니다.

통제 측면

통제 역시 유사한 방식으로 관리됩니다. '기초 구축 운영 중인 통제(A)'에 '당기 설계 유입 통제(B)'와 '강화(C)'를 더하고 '완화(D)'를 빼서 '기말 구축 운영 중인 통제(E)'를 계산합니다. 이는 조직의 통제 역량이 기간 동안 어떻게 변화했는지를 보여 줍니다.

2) '매출원가 산정' 로직을 통한 성과 측정의 신뢰성

가장 주목할 만한 점은 '당기 경감 리스크(D)'를 산출하는 방식이 회계의 매출원가 산정 로직(기초 재고 + 당기 매입 - 기말 재고 = 매출원가)을 그대로 차용했다는 것입니다. 이 로직은 기업의 재무 성과를 측정하는 데 있어 수십 년간 수많은 감사와 검증을 거쳐 그 정확성과 신뢰성이 입증되었습니다.

리스크 관리에 이 검증된 로직을 적용함으로써 얻는 이점은 다음과 같습니다.

높은 신뢰도: 복잡하고 추상적일 수 있는 리스크 관리 성과를, 이미 널리 인정받은 회계적 논리를 통해

측정하므로, 그 결과에 대한 객관성과 신뢰도가 매우 높습니다. 경영진이나 외부 이해관계자에게 리스크 관리 성과를 보고할 때 강력한 근거를 제시할 수 있습니다.

정량적이고 비교 가능한 성과: '당기 경감 리스크'라는 명확한 수치를 통해 리스크 관리 활동의 성과를 정량적으로 파악할 수 있으며, 이는 기간별 비교, 부서별 비교, 심지어 산업 내 벤치마킹까지 가능하게 합니다.

자원 배분의 합리성: 어떤 리스크가 얼마나 경감되었는지, 어떤 통제가 얼마나 효과적이었는지를 명확한 수치로 보여 줌으로써, 제한된 리스크 관리 자원을 가장 효과적인 곳에 재배분하는 데 합리적인 근거를 제공합니다.

리스크 관리의 가치 증명: 리스크 관리 활동이 단순한 비용이 아니라, 조직의 안정성을 높이고 잠재적 손실을 줄이는 '투자'로서 실질적인 가치를 창출하고 있음을 숫자로 증명할 수 있습니다.

결론적으로, 이 성과관리표는 회계라는 견고한 학문적 기반 위에서 리스크와 통제를 통합적으로 관리하고 그 성과를 정량적으로 측정할 수 있도록 설계된 매우 혁신적이고 실용적인 도구라고 평가할 수 있습니다.

4. 리스크관리/내부통제 총량 성과관리표의 활용

"어떻게 경영진에게 보고할 것인가?"
복잡한 리스크 관리 활동을 매월 경영진에게 효과적으로 전달하는 것은 리스크 관리팀의 오랜 고민 중 하나입니다. 수많은 개별 리스크와 통제 활동을 나열하는 방식으로는 경영진의 주의를 끌기 어렵고, 핵심적인 메시지가 희석되기 쉽습니다. 이때, 이 총량 관리표는 마치 리스크 관리의 대시보드와 같은 역할을 수행합니다.

첫째, 보고의 첫 장에 이 표를 배치함으로써 총괄적인 관리 실태를 한눈에 파악할 수 있습니다. 경영진은 바쁜 일정 속에서도 조직의 리스크 상태와 통제 역량의 전반적인 건강도를 즉시 파악할 수 있습니다. 예를 들어, '기초 잔여 리스크' 대비 '기말 잔여 리스크'가 어떻게 변화했는지, '당기 경감 리스크'가 얼마나 되는지, 그리고 '기초 구축 운영중인 통제' 대비 '기말 구축 운영 중인 통제'가 양적, 질적으로 어떻게 성장했는지를 직관적으로 이해할 수 있습니다. 특히, '흐름(Flow)', '멈춤(Stock)', '솟음(Emergence)'이라는 Tri-View 리스크 유형별로 이 모든 지표를 제공함으로써, 조직이 직면한 리스크의 성격과 그에 대한 관리 성과를 더욱 세분화하여 보여 줄 수 있습니다. 이는 경영진이 "우리의 운영 리스크는 잘 관리되고 있지만, 본질적인 속성 리스크는 여전히 높다"와 같은 통찰을 얻는 데 결정적인 역할을 합니다.

둘째, 이 표는 보고하는 리스크 관리팀의 고민을 해결해 줍니다. 매월 방대한 데이터를 수집하고 분석한 후, 이를 경영진의 시각에 맞춰 요약하는 작업은 많은 시간과 노력을 필요로 합니다. 그러나 이 표는 이미 핵심 지표와 그 변화율, 그리고 Tri-View 분석까지 구조화되어 있으므로, 데이터 입력과 산출만으로도 고품질의 총괄 보고서 초안을 쉽게 생성할 수 있습니다. '경감 사유 분석'이나 '리스크 활용성과', '통제 구축 성과' 섹션은 리스크 관리팀이 자신들의 활동이 조직에 어떤 전략적 가치를 제공했는지를 명확하게 설명할 수 있는 근거를 마련해 줍니다. 이는 단순한 '보고'를 넘어, 리스크 관리팀의 '성과'를 보여 주는 강력한 수단이 됩니다.

셋째, 보고의 흐름을 자연스럽고 체계적으로 만듭니다. 첫 장에서 총괄 표를 통해 전반적인 상황을 제시한 후, 경영진이 특정 지표나 리스크 유형에 대해 궁금해할 경우, 그에 대한 세부적인 분석 내용(예: 리스크 프로파일, 특정 통제 활동의 상세 운영 현황, 주요 리스크 이벤트 보고 등)을 다음 장에서 구체적으로 설명할 수 있습니다. 이처럼 큰 그림에서 작은 그림으로 점진적으로 들어가는 보고 방식은 보고받는 이의 이해도를 높이고, 보고하는 이의 논리적 전개를 용이하게 합니다.

결론적으로, 이 '리스크관리/내부통제 총량 성과 관리표'는 리스크 관리의 복잡성을 효과적으로 압축하고, 경영진과의 의사소통을 최적화하며, 리스크 관리팀의 역량과 기여를 명확히 보여 주는 실무적인 관점에서 매우 유용한 도구가 될 수 있습니다.

Tri View를 통합한 리스크관리와 내부통제의 성과관리 방안까지 설명드리고 1부 "리스크, 근원을 찾아서"를 마무리하겠습니다.

2부는 "리스크 프로파일 완성을 향하여"를 이어 가겠습니다.
리스크관리 내부통제 프로세스 전체 과정의 흐름을 좇아가며 리스크 프로파일이 완성되기까지 실무적으로 어떻게 구현되는지 살펴보겠습니다.

 제2부
리스크 프로파일 완성을 향하여

제9장 리스크 관리 개요

제1절 | 리스크관리 개념 이해하기

1. 회계관리와 리스크관리·내부통제(RM&IC) 비교

언뜻 보기에 '회계'와 '리스크 관리'는 전혀 다른 영역의 주제처럼 느껴질 수 있습니다. 이 두 가지는 기업의 건강 상태를 진단하고 미래를 준비하는 데 있어 각기 다른 관점을 제시합니다. 하지만 궁극적으로 이들은 기업 경영의 핵심 두 기둥으로서, 지속 가능한 성장을 돕는다는 공통점을 가지고 있습니다. 이 두 가지 개념을 비교하여 리스크 관리에 대한 이해를 돕고자 합니다.

[표097] 회계와 RM&IC 주요 개념 비교

구분	회계 처리 및 재무 분석	리스크 관리 및 내부통제
최종 산출물	재무제표(재무상태표, 포괄손익계산서 등)	리스크 프로파일(리스크 목록, 위험 수준, 통제 현황 등)
핵심 절차	거래 식별, 분개, 전기, 시산표 작성, 결산 및 재무제표 작성	리스크 식별, 분석, 평가, 통제 활동 설계 및 수행, 모니터링
대상 활동	조직의 모든 영업, 투자, 재무 활동에서 발생하는 '거래'	조직의 모든 활동에서 발생하는 '잠재적 위험'
분석 및 활용	재무 분석(기업의 과거 성과 및 현재 재무 상태 평가)	리스크 프로파일링(조직의 위험 노출도 파악 및 우선순위 설정)
전략적 활용 목적	재무 정보를 기반으로 경영 전략 수립 및 의사결정	리스크 정보를 기반으로 전략적 리스크 관리 및 통제 강화
주요 목표	기업의 재무 상태와 경영 성과를 정확히 기록하고 보고하여 이해관계자에게 신뢰성 있는 정보 제공	조직의 목표 달성을 저해하는 불확실성을 식별, 평가, 관리하여 목표 달성 가능성 제고 및 가치 보호
시간적 관점	주로 과거와 현재의 재무적 사건 및 상태 기록 및 분석 (역사적 정보 중심)	주로 미래에 발생할 수 있는 잠재적 사건 예측 및 대비 (미래 지향적)
정보의 성격	정량적이고 객관적인 화폐 단위 정보(측정 가능성 높음)	정량적 및 정성적 정보 혼재(발생 가능성, 영향도 등 불확실성 내포)
주요 프레임워크/표준	한국채택국제회계기준(K-IFRS), 일반기업회계기준(GAAP) 등 회계 기준	COSO ERM 프레임워크, ISO 31000, 내부통제 관련 법규(예: 내부회계관리제도)

회계에서 기업의 재무 상태와 성과를 한눈에 보여주는 핵심 산출물이 '재무제표'이듯이, 리스크 관리에서는 조직이 직면한 모든 위험 환경을 집약적으로 보여주는 핵심 산출물이 바로 '리스크 프로파일'입니다. 재무제표를 분석하는 '재무 분석'이 기업의 재무적 과거와 현재를 깊이 있게 파헤치듯, '리스크 프로파일링'은 리스크 프로파일을 통해 조직의 잠재적 위험 지형을 심층적으로 탐색하는 과정이라고 할 수 있습니다.

무엇을 다루는가?

회계 처리와 재무 분석은 기업이 과거에 수행한 모든 영업, 투자, 재무 활동에서 발생한 '거래'를 기록하고 분류하는 데 집중합니다. 이미 발생한 경제적 사건들을 숫자로 정리하는 것입니다. 반면, 리스크 관리 및 내부통제는 기업의 목표 달성을 저해할 수 있는 모든 '잠재적 위험', 즉 아직 발생하지 않았지만 앞으로 발생할 수 있는 불확실성에 초점을 맞춥니다. 이러한 잠재적 위험들이 체계적으로 정리되어 나타나는 것이 바로 리스크 프로파일입니다.

어떻게 작동하는가?

회계는 거래가 발생하면 이를 식별하고, 분개하고, 원장에 옮겨 적는(전기) 일련의 체계적인 절차를 거칩니다. 그리고 기말에는 이 모든 정보를 종합하여 재무상태표나 포괄손익계산서와 같은 '재무제표'를 최종 산출물로 내놓습니다. 이 재무제표는 기업의 특정 시점 재무 상태와 일정 기간의 경영 성과를 요약하여 보여 주는 과거의 기록입니다.

이에 반해, 리스크 관리는 미래를 지향하는 순환적인 과정을 따릅니다. 먼저, 기업이 직면할 수 있는 다양한 위험 요소를 '식별'하고, 각 위험의 발생 가능성과 영향도를 '분석'하여 그 중요성을 '평가'합니다. 이 모든 과정을 거쳐 최종적으로 조직의 위험 환경을 총체적으로 보여 주는 '리스크 프로파일'이 완성됩니다. 리스크 프로파일은 단순한 위험 목록을 넘어, 각 위험의 특성(위험 수준, 통제 현황 등)을 체계적으로 정리하여 조직이 직면한 위험 환경을 한눈에 파악할 수 있는 '위험 지도'의 역할을 수행합니다. 이후, 이 리스크 프로파일에 담긴 정보를 바탕으로 효과적인 '통제 활동'을 설계하고 실행하며, 이러한 통제 활동이 제대로 작동하는지 지속적으로 '모니터링'합니다.

무엇을 위해 활용하는가?

회계에서 산출된 재무제표는 '재무 분석'을 통해 기업의 과거 성과와 현재 재무 상태를 평가하는 데 활용됩니다. 이를 통해 기업의 강점과 약점을 파악하고 투자 유치, 사업 확장, 비용 절감 등 중요한 경영 '전략 수립과 의사결정'에 필요한 객관적인 재무 정보를 제공합니다. 그 목표는 기업의 재무 상태와 성과를 정확히 기록하고 보고하여 이해관계자들에게 신뢰성 있는 정보를 제공함으로써 기업의 '책임성'을 확보하는 데 있습니다.

반면, 리스크 프로파일은 '리스크 프로파일링'을 통해 조직의 위험 노출도를 파악하고 어떤 위험에 우선적으로 대응해야 할지 '우선순위'를 설정하는 데 쓰입니다. 리스크 프로파일은 경영진이 조직의 전략적 목표 달성을 위협하는 주요 리스크를 사전에 파악하고, 이를 효과적으로 관리하거나 회피하는 전략을 수립하는 데 필수적인 기반을 제공합니다. 리스크 관리의 목표는 조직의 목표 달성을 저해하는 불확실성을 식별, 평가, 관리하여 목표 달성 가능성을 높이고 기업의 '가치'를 보호하고 증진하는 것입니다.

회계 정보의 시간적 관점과 성격, 그리고 회계 기준은 주로 과거에 발생한 사건을 기록하고 분석하는 '역사적' 관점을 가집니다. 정보의 성격 또한 매출액, 비용, 자산 가치 등 화폐 단위로 측정되는 '정량적이고 객관적'인 특성을 띱니다. 이러한 회계 정보의 신뢰성과 비교 가능성을 높이기 위해 한국채택국제회계기준(K-IFRS)이나 일반기업회계기준(GAAP)과 같은 엄격한 '회계 기준'이 적용됩니다.

이와 달리 리스크 관리 정보, 특히 리스크 프로파일은 미래에 발생할 수 있는 잠재적 사건을 예측하고 대비하는 '미래 지향적' 관점을 가집니다. 리스크는 발생 가능성이나 영향도 등 불확실성을 내포하기 때문에 '정량적 정보와 정성적 정보'가 혼재되어 나타나는 경우가 많습니다. 리스크 프로파일은 이러한 불확실성을 담아내며, 조직의 미래 방향 설정에 중요한 역할을 합니다. 리스크 관리의 효율성을 높이기 위해 COSO ERM 프레임워크나 ISO 31000과 같은 국제적인 '표준 및 프레임워크'가 활용되며, 내부통제의 경우 내부회계관리제도와 같은 법적 규제가 적용되기도 합니다.

결론적으로, 회계와 리스크 관리는 기업 경영의 두 핵심 요소로서, 각각 과거와 현재를 정확히 기록하고 분석하며(회계), 미래의 불확실성에 선제적으로 대응하여(리스크 관리) 기업이 안정적으로 성장하고 목표를 달성할 수 있도록 지원합니다.

특히 리스크 프로파일은 기업의 재무제표가 그러하듯, 조직의 위험 상태를 종합적으로 보여 주는 중요한 진단서로서, 기업의 투명성을 높이고, 예측 불가능한 위협으로부터 기업을 보호하며, 궁극적으로 기업의 지속 가능한 가치를 창출하는 데 필수적입니다.

2. RM&IC 프로세스

[표098] RM&IC Flow Chart

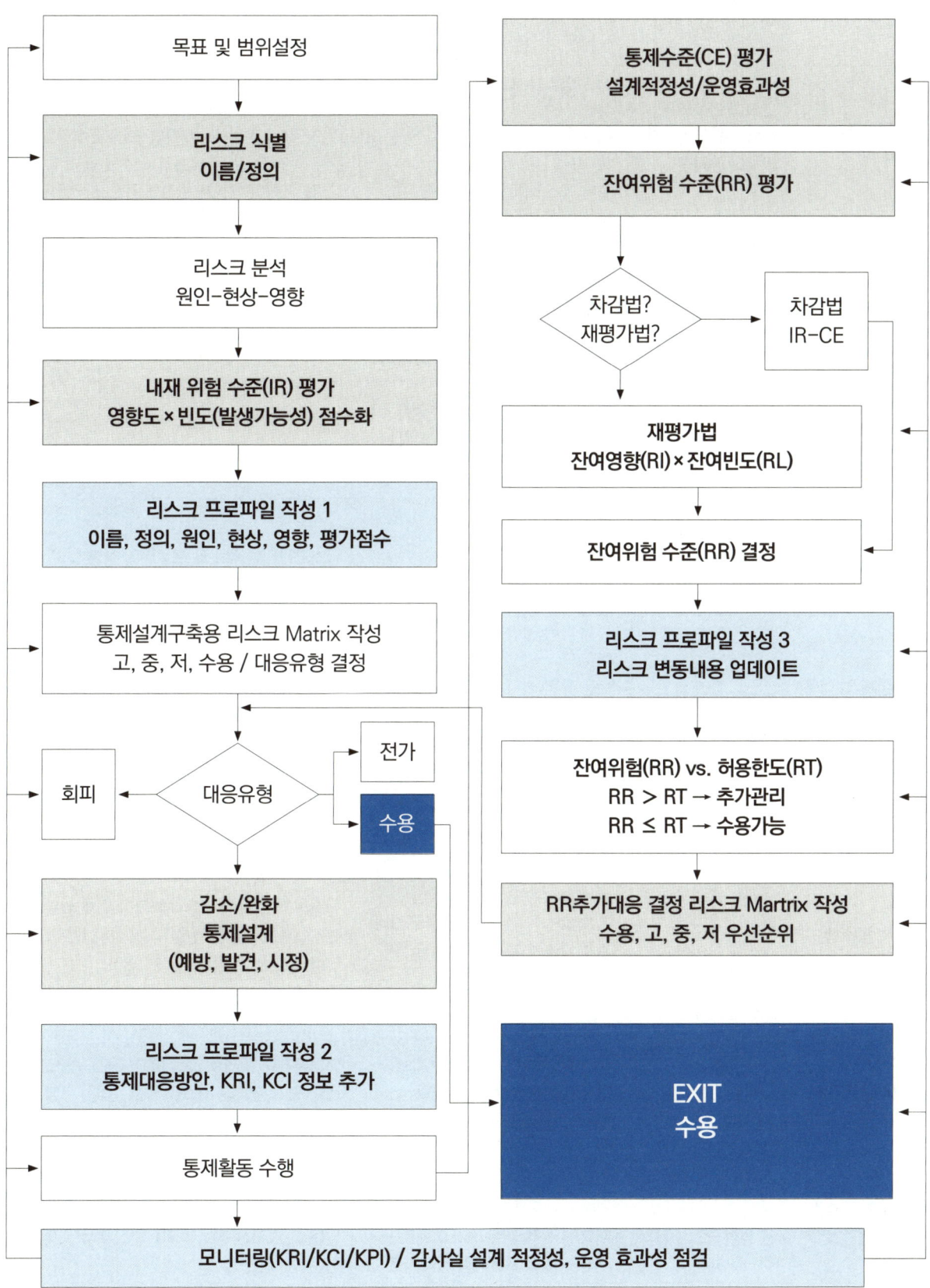

[표098_1] RM&IC Process 설명

단계	내용	세부 주요 내용	수행 주체
1. 목표 및 범위 설정	내부통제의 목적과 적용 범위를 명확히 하여 관리 방향을 정함	· 조직 전략 목표 및 업무 범위 명확화 · 리스크 관리 대상 영역 구체화 · 이해관계자 참여 절차 명시 · 조직의 리스크 허용 한도정의	CEO/최고경영진(전략적 방향 제시, 리스크 허용 수준 및 한도 설정 및 승인), 리스크관리팀(구체적 정의 및 조율)
2. 리스크 식별 (이름/정의)	조직 내외부의 위험요소를 찾아내고 명확히 정의함	· 식별 방법론(워크숍, 인터뷰 등) 구체화 · 리스크 명칭 및 정의(원인, 현상, 영향) 작성 · 고유 리스크와 외부 리스크 구분	현장부서(흐름 리스크 직접 식별 및 속성/창발 리스크의 증상/현상 정보 제공), 리스크관리팀(현장 정보 기반 속성/창발 리스크 추상화 및 전문적 정의, 모든 유형의 리스크 식별 총괄), 내부통제팀(내부통제 관점의 리스크 식별 지원)
3. 리스크 분석	식별된 리스크의 특성과 원인을 심층적으로 파악하여 리스크의 본질을 이해함	· 리스크의 원인, 현상, 영향에 대한 심층 분석 · 정성적/정량적 분석 기법 설명 · 상호 연관성 및 복합적 영향 분석 절차 명시 · 분석 결과의 문서화 및 활용 방안	리스크관리팀(전문 분석 및 방법론 적용), 현장부서(분석을 위한 정보 제공)
4. 내재 위험 수준 (IR) 평가	통제 전 리스크의 영향과 발생 가능성을 평가하여 기본 위험 수준 산출	· 영향도와 발생 가능성 평가 기준 수립 · 정량적/정성적 평가 방식 명확화 · 평가자 선정 및 평가 방법 명시	리스크관리팀(평가 주도 및 기준 적용), 현장부서(평가를 위한 정성적/정량적 정보 제공)
5. 리스크 프로파일 작성 1	식별된 리스크와 내재 위험 정보를 체계적으로 문서화	· 리스크 기본 정보(이름, 정의, 원인, 영향 등) 기록 · 내재 위험 수준 포함 · 평가 근거 문서 첨부	리스크관리팀(리스크 프로파일 작성 및 관리)
6. 통제설계 및 대응 유형 결정	리스크별 적절한 통제 방안과 대응 전략을 설계·선정	· 통제 유형(예방, 발견, 시정) 설계 기준 · 대응 유형(회피, 전가, 수용, 감소) 정의 및 적용 · 법률·계약 검토 절차 포함 · 책임자 및 수행 주기 지정	내부통제팀(통제 설계 주도 및 표준 제시), 현장부서(실무 적용 가능성 검토 및 구체화), 리스크관리팀(대응 유형 결정 협의)
7. 리스크 프로파일 작성 2	통제 활동과 대응 유형 등 통제 관련 정보를 추가 기록	· 통제 활동 및 대응 유형 상세 기록 · 수행 방법, 책임자, 주기, 증빙 명시 · KRI/KCI 연계	리스크관리팀(리스크 프로파일 업데이트 및 관리)
8. 통제활동 수행	설계된 통제 활동을 실제 업무 프로세스에 적용하고 실행함	· 통제 활동 수행 절차 및 방법 · 통제 활동 수행 기록 및 증빙 관리 · 통제 활동 수행을 위한 자원(인력, 시스템) 배정	현장부서(실제 업무를 수행하며 통제 활동 실행), 내부통제팀(통제 활동 실행에 대한 가이드라인 제공 및 지원)
9. 통제수준평가	실행된 통제 활동이 리스크를 얼마나 효과적으로 경감하고 있는지를 평가함. 통제 설계의 적절성과 운영 효과성을 점검.	· 통제 효과성 평가 기준 및 방법론 · 통제 미비점 식별 및 등급화 · 평가 결과의 문서화 및 보고	내부통제팀(통제 효과성 평가 주도), 리스크관리팀(평가 결과의 리스크 영향 분석), 현장부서(평가를 위한 정보 제공 및 협조)
10. 잔여 위험 수준 (RR) 평가 및 재평가	통제 후 남은 위험을 평가하고 주기적으로 재검토	· 잔여 위험 산정 방법 구체화 · 재평가 주기 및 트리거 이벤트 명시 · 재평가 결과 프로파일 업데이트	리스크관리팀(잔여 위험 평가 주도), 내부통제팀(통제 효과성 정보 제공), 현장부서(통제 수행 정보 제공)

단계			
11. 리스크 프로파일 작성 3	재평가 결과와 추가 대응 내용을 반영해 프로파일 업데이트	· 재평가 및 추가 대응 결과 반영 · 변경 사유, 영향 분석, 승인 기록 포함 · 변경 이력 및 버전 관리	리스크관리팀(리스크 프로파일 최종 업데이트 및 관리)
12. RR 추가 대응 결정 및 매트릭스 작성	잔여 위험이 허용 한도 초과 시 추가 대응과 우선순위 결정	· RR과 허용 한도 비교 기준 명확화 · 추가 대응 필요 시 우선순위 결정 절차 · 매트릭스 작성 및 승인 포함	리스크관리팀(추가 대응안 마련 및 제안), CEO/최고경영진(최종 결정 및 승인), 현장부서(실현 가능성 검토)
13. 모니터링 및 감사 점검	통제 효과성과 리스크 상태를 지속적으로 점검·개선	· KRI/KCI 모니터링 주기 및 방법 명확화 · 감사 설계평가 및 운영평가 점검 절차 · 개선 조치 및 피드백 체계 마련	현장부서(일상적인 통제 수행 및 모니터링), 리스크관리팀(전사적 KRI/KCI 모니터링 및 총괄, KPI 참조할 수 있음), 내부감사부서(독립적인 감사 점검 및 평가)

[표099] RM&IC Tri View 반영 Process

리스크 관리 프로세스 단계	속성 기반 리스크의 적용	상호작용에 의한 창발현상 리스크의 적용
1. 목표 및 범위 설정	· 목표: 특정 속성(예: 공공성, 복잡성)과 관련된 리스크를 중점 관리 목표에 포함. · 범위: 특정 속성을 가진 자산, 직무, 시스템 등을 리스크 관리 대상 범위에 명시.	· 목표: 시스템 전체의 안정성 및 예측 불가능한 위험 관리 목표 설정. · 범위: 상호작용이 복잡한 핵심 프로세스, 다부서 협업 체계, 외부 이해관계자 연결망 등을 관리 범위에 포함.
2. 리스크 식별	· 주요 적용 단계: 대상의 고유한 속성(특성)을 분석하여 리스크를 도출. · 예시: '높은 대민 접점' 속성을 가진 직무에서 '민원인의 폭언/폭행 리스크', '재량권 남용 리스크' 식별. '레거시 시스템' 속성에서 '유지보수 어려움 리스크', '보안 취약점 리스크' 식별.	· 주요 적용 단계: 개별 요소 분석을 넘어, 요소들 간의 연결성, 피드백 루프, 비선형적 관계를 분석하여 새로운 위험을 도출. · 예시: '부서 간 성과 경쟁'과 '제한된 자원'의 상호작용으로 인한 '정보 공유 단절 리스크', '조직 전체의 비효율성 리스크' 식별. '개별 시스템의 정상 작동'에도 불구하고 '데이터 연동 오류'로 인한 '전체 서비스 마비 리스크' 식별.
3. 리스크 분석	· 속성으로 인해 리스크의 발생 가능성과 영향도가 어떻게 변화하는지 심층 분석. 속성의 긍정적/부정적 측면이 리스크에 미치는 영향을 평가. · 예시: '높은 재량권' 속성을 가진 직무에서 '부패 리스크'의 발생 가능성과 영향도를 분석할 때, 해당 재량권의 범위, 통제 장치 유무 등 속성 자체의 특성을 고려하여 심층적으로 평가하는 것.	· 개별 요소 간의 상호작용 패턴, 피드백 루프, 비선형적 관계 등을 분석하여 리스크의 증폭 가능성 및 예상치 못한 결과 발생 확률을 평가. 시나리오 분석, 시스템 다이내믹스 등 복잡계 분석 기법 활용. · 예시: '부서 간 정보 공유 단절'과 '빠른 시장 변화'의 상호작용으로 인한 '전략 실패 리스크'를 분석할 때, 정보 흐름의 패턴, 의사결정 과정의 복잡성 등을 시나리오 기반으로 분석하여 잠재적 영향도를 평가하는 것.
4. 내재 위험 수준(IR) 평가	· 속성으로 인해 리스크의 영향도나 발생 가능성이 높아지는 정도를 평가에 반영. · 예시: '고위험 기술 적용' 속성으로 인해 '기술 개발 실패' 리스크의 영향도/발생 가능성을 더 높게 평가.	· 상호작용의 복잡성으로 인해 리스크의 영향도나 발생 가능성이 증폭될 수 있음을 평가에 반영. · 예시: '다수의 이해관계자'와 '잦은 요구사항 변경'의 상호작용으로 인한 '프로젝트 지연' 리스크의 발생 가능성을 더 높게 평가.
5. 리스크 프로파일 작성	· 리스크의 속성적 특성을 리스크 정의나 원인 부분에 명시하여 리스크의 본질을 명확히 함.	· 리스크의 창발적 특성(예: 특정 상호작용으로 인해 발생)을 리스크 정의나 원인 부분에 명시하여 복잡계적 특성을 반영.

6. 통제 설계 및 대응 유형 결정	· 리스크의 속성에 맞는 맞춤형 통제 방안 설계. · 예시: '높은 재량권' 속성 리스크에 대해 '내부 감사 강화', '윤리 교육 의무화' 등 통제 설계.	· 상호작용의 복잡성을 관리하고 시스템 전체의 안정성을 높이는 통제 방안 설계. · 예시: '부서 간 정보 공유 단절' 리스크에 대해 '통합 협업 플랫폼 도입', '정기적인 부서 간 워크숍' 등 통제 설계.
7. 리스크 프로파일 작성 2	· 속성 기반으로 설계된 통제 활동의 상세 내용을 프로파일에 추가.	· 창발현상 리스크를 관리하기 위한 시스템적 통제 활동의 상세 내용을 프로파일에 추가.
8. 통제활동 수행	· 식별된 속성에 기반한 통제 활동을 실행하고, 해당 속성이 리스크에 미치는 영향을 직접적으로 관리. · 예시: '레거시 시스템' 속성에 대한 '정기적인 보안 패치 적용' 및 '백업 시스템 운영' 실행.	· 상호작용의 복잡성을 관리하고 시스템 전체의 안정성을 높이기 위한 통제 활동을 실행. · 예시: '부서 간 정보 공유 단절' 리스크에 대해 '공동 목표 설정 워크숍' 진행 및 '협업 플랫폼 사용 의무화' 실행.
9. 통제수준평가	· 속성으로 인해 발생하는 리스크가 통제 활동을 통해 얼마나 효과적으로 감소되었는지 평가. · 예시: '높은 재량권' 속성으로 인한 '부패 리스크' 통제 활동(내부 감사, 윤리 교육)이 재량권 남용을 얼마나 줄였는지 평가.	· 상호작용으로 인해 발생하는 창발현상 리스크에 대해 시스템 전체의 관점에서 통제 활동의 효과성을 평가. · 예시: '부서 간 정보 공유 단절' 리스크 통제 활동(협업 플랫폼, 워크숍)이 조직 전체의 정보 흐름과 의사결정 효율성을 얼마나 개선했는지 평가.
10. 잔여 위험 수준(RR) 평가 및 재평가	· 속성 변화(예: 시스템 업그레이드, 직무 재설계)가 잔여 위험에 미치는 영향을 재평가에 반영.	· 시스템 상호작용의 변화(예: 조직 개편, 새로운 기술 도입)가 잔여 위험에 미치는 영향을 재평가에 반영.
11. 리스크 프로파일 작성 3	· 속성 변화로 인한 리스크 변동 내용을 업데이트.	· 시스템 상호작용 변화로 인한 리스크 변동 내용을 업데이트.
12. RR 추가 대응 결정 및 매트릭스 작성	· 속성적 특성을 고려한 추가 대응 방안 결정.	· 창발적 특성을 고려한 시스템 차원의 추가 대응 방안 결정.
13. 모니터링 및 감사 점검	· 특정 속성과 관련된 KRI/KCI를 개발하여 지속적으로 모니터링. · 예시: '대민 접점' 직무의 '민원인 불만 접수 건수' KRI 모니터링.	· 시스템 전체의 건전성 및 상호작용 지표를 모니터링하여 창발현상 리스크의 징후를 감지. · 예시: '부서 간 협업 지수', '정보 공유 빈도' 등 시스템적 KRI 모니터링.

3. 리스크 프로파일 중심 프로세스 이해하기

조직의 리스크를 체계적으로 관리하고 내부통제를 효과적으로 운영하기 위한 여정의 중심에는 바로 리스크 프로파일이 있습니다. 리스크 프로파일은 단순한 문서가 아니라, 조직의 리스크 상태와 관리 노력을 한눈에 보여주는 살아있는 기록이며, 이 기록은 리스크 관리 및 내부통제(RM&IC) 프로세스의 각 단계를 거치며 점진적으로 완성됩니다.

1) 리스크 프로파일의 첫 번째 완성: 내재 위험 파악

리스크 관리 프로세스의 시작은 목표 및 범위 설정에서부터 출발합니다. 조직이 무엇을 달성하고자 하는지, 어떤 영역의 리스크를 관리할 것인지 명확히 정하는 단계입니다. 이어서, 조직 내외부의 잠재적인 위험 요소를 찾아내고 그 근원과 본질을 명확히 하는 리스크 식별이 이루어집니다. 이때 리스크의 이름과 정의(원인, 현상, 영향)가 구체적으로 작성됩니다.

식별된 리스크는 리스크 분석 단계를 통해 그 특성과 원인이 심층적으로 파악됩니다. 그리고 통제 활동이 적용되기 전, 리스크가 조직에 미칠 수 있는 영향과 발생 가능성을 평가하여 기본적인 위험 수준인 내재 위험 수준(IR)을 산출합니다.

이러한 과정을 거쳐, 리스크의 기본 정보와 내재 위험 수준이 담긴 리스크 프로파일의 첫 번째 버전이 작성됩니다. 이 단계의 리스크 프로파일은 통제 활동이 전혀 없는 상태에서의 순수한 리스크를 보여주는 중요한 기반 자료가 됩니다.

2) 리스크 프로파일의 두 번째 완성: 통제 설계 정보 및 관리 지표 연계

내재 위험이 파악된 후에는 각 리스크에 대한 적절한 통제 설계 및 대응 유형을 결정하는 단계로 넘어갑니다. 리스크를 회피할지, 전가할지, 수용할지, 아니면 감소시킬지 등의 전략을 세우고, 이를 위한 구체적인 통제 활동(예방, 발견, 시정 통제 등)을 설계합니다.

이 단계에서 중요한 것은 "KRI(Key Risk Indicator)"와 "KCI(Key Control Indicator)"의 개념을 도입하여 리스크 프로파일과 연계하는 것입니다.

"KRI(핵심 리스크 지표)"는 잠재적 리스크의 발생 가능성이나 심각도 변화를 조기에 감지하여 리스크가 현실화되기 전에 경고 신호를 보내는 지표입니다.

"KCI(핵심 통제 지표)"는 통제 활동의 효과성, 효율성, 준수 여부 등을 측정하여 통제가 제대로 작동하고 있는지를 보여 주는 지표입니다.

이렇게 설계된 통제 활동과 대응 유형에 대한 상세 정보, 그리고 해당 리스크와 통제를 모니터링할 KRI와 KCI의 연계 정보가 리스크 프로파일에 추가로 기록됩니다. 이로써 리스크 프로파일은 단순한 위험 목록을 넘어, 해당 리스크를 어떻게 관리할 것인지에 대한 계획과 그 계획의 이행 여부를 측정할 지표까지 담긴 문서로 한 단계 발전하게 됩니다.

3) 리스크 프로파일의 최종 완성: 잔여 위험 및 모니터링 반영, 성과와의 연결

설계된 통제 활동은 실제 업무 프로세스에 적용되어 통제 활동이 수행됩니다. 이후, 실행된 통제 활동이 리스크를 얼마나 효과적으로 경감시켰는지를 평가하는 통제 수준 평가가 이루어집니다. 이 평가는 통제가 제대로 작동하는지, 그리고 얼마나 효과적인지를 KCI를 통해 검증하는 중요한 과정입니다.

통제 활동을 통해 리스크가 경감된 후에도 여전히 남아있는 위험을 잔여 위험 수준(RR)으로 평가합니다. 이 잔여 위험은 주기적으로 재평가되어야 하며, 그 결과는 리스크 프로파일에 최종적으로 반영됩니다. 만약 잔여 위험이 조직이 허용할 수 있는 수준을 초과한다면, 추가적인 대응 방안을 결정하고 실행하게 됩니다.

마지막으로, 리스크 프로파일에 담긴 모든 정보와 리스크 상태, 그리고 통제 효과성을 지속적으로 모니터링하고 감사 점검을 통해 확인합니다. 이때 KRI와 KCI는 리스크와 통제의 현재 상태를 파악하는 데 핵심적인 역할을 합니다.

이러한 모든 리스크 관리 노력의 궁극적인 목적은 조직의 KPI(Key Performance Indicator, 핵심 성과 지표) 달성을 지원하는 것입니다. KPI는 조직의 목표 달성 정도를 측정하는 지표로, 리스크 관리는 KPI 달성을 저해할 수 있는 요소들을 사전에 파악하고 관리함으로써 조직의 성과를 보호하고 향상시키는 데 기여합니다.

이처럼 리스크 프로파일은 RM&IC 프로세스의 각 단계를 거치며 점진적으로 풍부해지고 정교해지며, KRI, KCI, KPI와 유기적으로 연결되어 조직의 리스크 관리 현황을 명확하게 보여 주는 핵심 도구가 됩니다.

4. 리스크관리/내부통제 Framework

전 세계 모든 조직이 의존하고 있으며 리스크 관리와 내부통제의 기반이 되는 주요 프레임워크와 가이드라인들을 개괄적으로 소개해 드리고자 합니다.

[표100] RM&IC Framework

구분	COSO 내부통제 - 통합 프레임워크(ICIF)	COSO 리스크 관리 프레임워크(ERM)	ISO 31000 (리스크 관리)	국내 상장사 모범규준 (내부회계관리제도)	국내 공공부문 (감사원 가이드/INTOSAI 응용)
제정일자	2013년 5월(개정)	2017년(개정)	2018년(개정)	2018년 6월	2023년 10월
목적	· 운영의 효과성 및 효율성 · 재무보고의 신뢰성 · 관련 법규 준수	· 전략 및 성과와 리스크 관리 통합 · 불확실성 속 가치 창출/보존/실현 · 의사결정 지원	· 리스크 기반 의사결정 지원 · 조직의 목표 달성 기여 · 불확실성 관리 및 기회 창출	· 기업운영의 효율성 및 효과성 확보(운영목적) · 보고 정보의 신뢰성 확보(보고목적) · 관련 법규 및 정책의 준수(법규준수목적) · 기업자산보호	· 책무성의 확보 · 법과 규정의 준수 · 운영의 효율성 효과성 · 자원의 보호

구성요소	1. 통제 환경 2. 위험 평가 3. 통제 활동 4. 정보 및 의사소통 5. 모니터링 활동	1. Governance and Culture 2. Strategy and Objective-Setting 3. Performance 4. Review and Revision 5. Information, Communication, and Reporting	1. 원칙 2. 프레임워크 3. 프로세스	1. 통제 환경 2. 위험 평가 3. 통제 활동 4. 정보 및 의사소통 5. 모니터링 활동	1. 통제 환경 2. 위험 평가 3. 통제 활동 4. 정보 및 의사소통 5. 모니터링 활동
원칙/세부 원칙	17가지 원칙 (각 원칙별 상세 지침/세부 고려사항 존재)	20가지 원칙(ERM 프레임워크의 각 구성요소별 세부 원칙 존재)	8가지 리스크 관리 원칙 (각 원칙별 세부 지침 존재)	17가지 원칙 (각 원칙별 세부 지침 존재)	17가지 원칙 (각 원칙별 세부 원칙 존재)

1) COSO 내부통제 – 통합 프레임워크(ICIF)

2013년에 개정되어 전 세계적으로 내부통제의 '표준'으로 인정받고 있습니다. COSO ICIF는 조직의 운영 효과성 및 효율성, 재무보고의 신뢰성, 그리고 관련 법규 준수를 목적으로 합니다. 이를 달성하기 위해 '통제 환경', '위험 평가', '통제 활동', '정보 및 의사소통', '모니터링 활동'이라는 5가지 핵심 구성요소를 제시하며, 각 구성요소별로 총 17가지의 원칙을 상세히 설명하고 있습니다. 이 원칙들은 내부통제 시스템을 설계하고 운영하는 데 있어 기본적인 지침을 제공합니다.

2) COSO 리스크 관리 프레임워크(ERM)

2017년에 개정된 COSO ERM 프레임워크는 내부통제를 넘어 전사적인 리스크 관리(Enterprise Risk Management)에 초점을 맞춥니다. 이는 리스크 관리를 조직의 전략 및 성과와 통합하여 불확실성 속에서도 가치를 창출하고 보존하며 실현하는 것을 목적으로 합니다. 'Governance and Culture', 'Strategy and Objective-Setting', 'Performance', 'Review and Revision', 'Information, Communication, and Reporting'이라는 5가지 구성요소와 각 요소별 20가지 원칙을 통해 리스크를 전략적 의사결정 과정에 내재화하는 방법을 제시합니다.

3) ISO 31000(리스크 관리)

2018년에 개정된 ISO 31000은 특정 산업이나 분야에 국한되지 않고 모든 유형의 리스크 관리를 위한 국제 표준입니다. 이는 리스크 기반의 의사결정을 지원하고, 조직의 목표 달성에 기여하며, 불확실성을 효과적으로 관리하고 기회를 창출하는 것을 목적으로 합니다. ISO 31000은 '원칙', '프레임워크', '프로세스'라는 3가지 핵심 요소를 중심으로 리스크 관리에 대한 일반적인 지침을 제공하며, '통합적', '구조적/포괄적', '맞춤형', '포괄적', '동적', '최상의 가용 정보', '인적/문화적 요인', '지속적 개선'이라는 8가지 리스크 관리 원칙을 제시하여 유연하고 효과적인 리스크 관리를 강조합니다.

4) 국내 상장사 모범규준(내부회계관리제도)

2018년 6월에 제정된 국내 상장사 모범규준은 '주식회사의 외부감사에 관한 법률'에 의거하여 상장회사 등이 내부회계관리제도를 구축하고 운영하는 데 필요한 지침을 제공합니다. 이는 기업 운영의 효율성 및 효과성 확보, 보고 정보의 신뢰성 확보, 관련 법규 및 정책의 준수, 그리고 기업 자산 보호를 목적으로 합니다. COSO 내부통제 프레임워크의 5가지 구성요소와 17가지 원칙을 국내 상장회사의 재무보고 특성에 맞게 적용하여 신뢰성 있는 회계 정보 제공에 중점을 둡니다.

5) 국내 공공부문(감사원 가이드/INTOSAI 응용)

2023년 10월에 제정된 감사원의 공공부문 내부통제 가이드는 국제 최고감사기구(INTOSAI) 모델을 응용하여 국내 공공기관의 특성을 반영한 내부통제 지침입니다. 이는 책무성의 확보, 법과 규정의 준수, 운영의 효율성 및 효과성, 그리고 자원의 보호를 목적으로 합니다. COSO 내부통제 프레임워크의 5가지 구성요소와 17가지 원칙을 공공부문의 특수성에 맞게 적용하며, 특히 17가지 원칙에 더해 56개의 세부원칙을 포함하여 공공기관의 내부통제 시스템 구축 및 운영에 대한 구체적이고 심층적인 가이드라인을 제공합니다.

6) 각각의 구성 요소와 원칙

시중에 나와 있는 대부분의 RM&IC 참고 서적들이 5대 구성요소와 17대 원칙 및 세부원칙을 중심으로 설명하고 있으니 이를 참조하시기 바랍니다. 생략하겠습니다.

5. 리스크에 대한 정의

1) 리스크의 다양한 정의 이해하기

리스크(Risk)는 우리가 일상에서 흔히 사용하는 단어이지만, 전문적인 맥락에서는 그 정의가 다양하게 사용됩니다. 이는 리스크를 바라보는 관점과 관리하려는 목적에 따라 차이가 있기 때문입니다.

[표101] 리스크의 정의

구분	정의	주요 특징	의미 및 적용
1. 직관적/위협적 관점 (일상생활)	'나쁜 일', '손실', '실패', '해악', '위험한 상황' 등 주로 부정적인 결과만을 의미.	· 부정적 뉘앙스: 본능적으로 피하고 싶은 감정을 유발. · 결과 중심: 특정 사건의 발생보다는 부정적 결과에 초점. · 기회 배제: 긍정적인 측면은 고려하지 않음. · 직관적: 전문적 지식 없이도 쉽게 이해 가능.	일상적인 대화나 비전문적인 맥락에서 주로 사용되며, 감정이고 직관적인 판단에 영향을 미침. 리스크 관리의 필요성을 처음 설득할 때 효과적일 수 있으나, 객관적인 분석에는 한계가 있음.

2. COSO ERM (기업 리스크 관리 프레임워크)	(COSO ERM 2004) "조직의 목표 달성에 부정적인 영향을 미칠 수 있는 사건이 발생할 가능성" (COSO ERM 2017) "리스크는 전략 및 비즈니스 목표의 성과에 영향을 미칠 수 있는 불확실성의 가능성"	· 목표 지향성: 리스크는 목표와 연관됨. · 사건(Event) 중심: 특정 사건의 발생 가능성에 초점. · 위협과 기회 분리 관리: 리스크(위협)와 기회(Opportunity)를 별도로 정의하고 관리하는 경향이 강함(특히 초기 버전). · 내부통제와의 연계: 내부통제 시스템의 핵심 요소로 리스크 관리를 강조.	주로 기업의 재무 보고 신뢰성, 운영 효율성, 법규 준수 등 내부통제 관점에서 리스크를 관리하는 데 중점을 둠. 리스크를 '사건'으로 인식하고 통제하는 데 강점이 있음.
3. ISO 31000 (국제 표준)	"불확실성이 목표에 미치는 영향(Effect of uncertainty on objectives)"	· 중립성: 영향은 긍정적일 수도(기회), 부정적일 수도(위협) 있음. · 목표 지향성: 리스크는 항상 조직의 목표와 관련됨. · 불확실성 강조: 리스크의 본질은 불확실성에 있음. · 포괄성: 모든 유형의 리스크에 적용 가능.	가장 포괄적이고 현대적인 리스크 관리의 정의로, 기회와 위협을 통합적으로 관리하는 전사적 리스크 관리(ERM)의 기반이 됨. 조직의 전략적 의사결정 과정에 리스크 관리를 통합하는 데 중점을 둠.

먼저, 일상생활에서의 직관적인 관점에서 리스크는 주로 '나쁜 일', '손실', '실패', '위험한 상황'과 같이 부정적인 결과만을 의미합니다. 이 관점은 본능적으로 피하고 싶은 감정을 유발하며, 특정 사건의 발생보다는 그 부정적인 결과에 초점을 맞추고 긍정적인 측면은 고려하지 않는 경향이 있습니다. 이는 리스크 관리의 필요성을 처음 인식할 때 유용하지만, 객관적인 분석에는 한계가 있습니다.

다음으로, 기업 리스크 관리(ERM) 프레임워크인 COSO ERM에서는 리스크를 '조직의 목표 달성에 부정적인 영향을 미칠 수 있는 사건이 발생할 가능성'으로 정의합니다(2004년 버전). 이후 2017년 버전에서는 '전략 및 비즈니스 목표의 성과에 영향을 미칠 수 있는 불확실성의 가능성'으로 확장되었습니다. COSO ERM은 리스크를 목표와 연관시키고, 특정 사건의 발생 가능성에 초점을 맞추며, 특히 초기 버전에서는 위협과 기회를 분리하여 관리하는 경향이 강했습니다. 이는 주로 기업의 재무 보고 신뢰성, 운영 효율성, 법규 준수 등 내부통제 관점에서 리스크를 관리하는 데 중점을 둡니다.

마지막으로, 국제 표준인 ISO 31000에서는 리스크를 '불확실성이 목표에 미치는 영향(Effect of uncertainty on objectives)'으로 정의합니다. 이 정의의 가장 큰 특징은 리스크가 목표에 미치는 영향이 긍정적일 수도(기회) 있고 부정적일 수도(위협) 있다는 중립적인 관점을 취한다는 점입니다. 리스크의 본질을 불확실성으로 보고 항상 조직의 목표와 관련된다고 강조합니다. 이는 가장 포괄적이고 현대적인 리스크 관리 정의로, 기회와 위협을 통합적으로 관리하는 전사적 리스크 관리(ERM)의 기반이 되며, 조직의 전략적 의사결정 과정에 리스크 관리를 통합하는 데 중점을 둡니다.

2) '위험'이라는 부정적 뉘앙스가 직관적 판단에 미치는 영향

일상생활에서 '위험'이라는 단어는 해를 입거나 손실을 볼 가능성을 의미하며, 강한 부정적 감정을 유발합니다. 이러한 부정적인 뉘앙스는 우리의 직관적 판단과 의사결정에 깊이 영향을 미칩니다. 우리는 본능적으로 위험을 회피하려는 경향이 강해, 때로는 리스크의 본질을 객관적으로 분석하기보다 감정적인 반응에 지배되곤 합니다. 이는 합리적인 평가를 저해하고, 실제보다 위험을 과대평가하거나 혹은 특정 위험을 아예 외면하게 만드는 편향을 초래할 수 있습니다. 결국, '위험'이라는 단어가 가진 부정적 이미지는 리스크 관리의 효과성을 떨어뜨리는 예상치 못한 장벽이 될 수 있습니다.

[표102] '위험' 부정 뉘앙스의 영향

영향 유형	설명	구체적 사례
1. 과도한 위험 회피 (Risk Aversion)	긍정적인 기대값이 있는 상황에서도 손실 가능성 때문에 아예 시도하지 않으려 하거나, 최소한의 위험만 감수하려는 경향이 강해지는 것. 이는 잠재적 이득을 놓치는 결과로 이어질 수 있음.	새로운 사업 기회가 명확한 성장 가능성을 보여도, 실패할 경우의 손실에 대한 두려움 때문에 도전을 망설이거나 포기하는 경우.
2. 부정적 결과에 대한 과대평가	리스크 발생 시의 손실 가능성을 실제보다 훨씬 크게 인식하는 경향이 있는 것. 이는 감정적인 반응과 결합되어 합리적인 판단을 흐리게 함.	비행기 사고의 통계적 확률은 자동차 사고보다 훨씬 낮지만, 사고 발생 시의 치명적인 결과에 대한 공포 때문에 비행기 타기를 극도로 두려워하는 경우.
3. 감정적 의사결정	합리적인 분석이나 데이터에 기반한 판단보다는, 두려움, 불안감, 공포 등 감정에 기반한 의사결정을 내리게 되는 것.	주식 시장이 하락할 때, 기업의 펀더멘털 분석보다는 '더 떨어질 것'이라는 공포에 질려 손절매를 하거나, 반대로 '지금 아니면 안 된다'는 조급함에 묻지마 투자를 하는 경우.
4. 인지적 편향의 강화 1) 정상성 편향	'나에게는 일어나지 않을 것'이라는 믿음으로 위험을 과소평가하거나 무시하는 경향.	재난 경고에도 불구하고 '설마 우리 동네에', '나는 괜찮을 거야'라고 생각하며 대피를 미루는 경우.
2) 가용성 편향	최근에 발생했거나 언론에 많이 보도된 위험을 실제보다 더 자주 발생한다고 판단하는 경향.	특정 질병에 대한 언론 보도가 잦아지면, 실제 발병률이 높지 않음에도 불구하고 그 질병에 대한 공포가 과도하게 커지는 경우.
5. '블랙 스완'에 대한 오해와 대응 실패	발생 확률이 극히 낮지만 영향이 치명적인 '블랙 스완' 유형의 리스크에 대해, 부정적인 뉘앙스가 강한 '위험'이라는 단어 때문에 아예 무시하거나, 반대로 과도하게 공포에 질려 비합리적인 대비를 하는 양극단의 반응을 보일 수 있음.	팬데믹 초기, 일부 사람들은 '독감과 비슷할 것'이라며 위험을 무시했고, 다른 한편에서는 '세상이 끝날 것'이라며 사재기 등 과도한 반응을 보인 경우.

'위험'이라는 단어는 때때로 과도한 위험 회피 경향을 유발하여 긍정적 잠재력을 지닌 도전마저 망설이게 합니다. 또한, 리스크 발생 시의 손실 가능성을 과대평가하게 만들거나, 두려움과 불안감 같은 감정적 의사결정으로 이어질 수 있습니다. '위험'의 부정적 뉘앙스는 인지적 편향을 강화하여 위험을 과소평가하거나(정상성 편향), 과도하게 공포에 질리게 하는(블랙 스완 리스크) 양극단의 반응을 초래하기도 합니다.

결론적으로, '위험'이라는 단어가 가진 부정적인 뉘앙스는 리스크를 객관적으로 평가하고 합리적으로 관리하는 데 방해가 됩니다. 따라서 리스크 관리의 전문적인 영역에서는 이러한 감정적 편향을 배제하고, 리스크를 '불확실성이 목표 달성에 미치는 영향'이라는 중립적인 관점에서 바라보는 훈련이 중요합니다.

제10장
RM&IC 핵심 단계 이해하기

제1절 | 목표 및 범위 설정

리스크 관리는 조직의 성공을 위한 필수적인 과정입니다. 그 시작점이자 가장 중요한 단계는 바로 '목표 및 범위 설정'입니다. 이 단계는 리스크 관리 활동의 방향을 명확히 하고, 자원을 효율적으로 배분하여 실질적인 가치를 창출하는 기반을 마련합니다.

1. 목표 설정

리스크 관리 목표는 조직의 전략적 목표와 가치에 깊이 연계되어야 합니다. 단순히 위험을 없애는 것을 넘어, 조직의 성장과 안정성을 지원하는 방향으로 설정되어야 합니다.

[표103] 목표설정

항목	설명		구체적 사례
조직의 목표 및 가치 연계	리스크 관리가 조직의 전반적인 목표 달성을 지원하고 핵심 가치와 일치하도록 하는 것.	· 조직 목표	"2년 내 시장 점유율 1위 달성"
		리스크 관리 목표	"시장 점유율 1위 달성을 저해할 수 있는 주요 시장 리스크(경쟁사 신제품 출시, 소비자 트렌드 변화 등)를 사전에 식별하고 대응 방안을 마련하여 목표 달성 가능성을 높이는 것."
		· 조직 가치	"고객 만족 최우선"
		리스크 관리 목표	"고객 불만 발생 가능성을 최소화하고, 발생 시 신속하게 해결하여 고객 만족도를 유지하는 것."
리스크 관리의 목적 명확화	리스크 관리를 통해 궁극적으로 달성하고자 하는 바를 구체적으로 정의하는 것.	· 재무적 안정성 확보	예상치 못한 재무적 손실(예 환율 변동, 대규모 투자 실패)로부터 조직의 재무 건전성을 보호하는 것.
		· 운영 효율성 증대	핵심 업무 프로세스의 중단 리스크를 최소화하여 운영 효율성을 저해하지 않도록 하는 것.
		· 법규 준수 및 평판 보호	관련 법규(예 개인정보보호법, 중대재해처벌법) 위반 리스크를 제거하고, 부정적 언론 보도 등으로 인한 기업 평판 하락을 방지하는 것.
		· 전략적 의사결정 지원	신규 사업 투자, 해외 진출 등 주요 전략적 의사결정 시 발생 가능한 리스크를 사전에 분석하여 합리적인 의사결정을 돕는 것.
리스크 허용 수준 정의	조직이 감수할 수 있는 리스크의 최대 수준을 결정하는 것. 리스크 대응 전략 수립의 중요한 기준이 됨.	· 재무 리스크	연간 순이익의 5%를 초과하는 손실을 유발할 수 있는 리스크는 허용하지 않는 것.
		· 운영 리스크	핵심 생산 라인의 4시간 이상 중단은 허용하지 않으며, 2시간 이내 복구를 목표로 하는 것.
		· 평판 리스크	주요 언론에 부정적인 기사가 3일 이상 지속되는 상황은 허용하지 않는 것.
		· 안전 리스크	중대재해 발생 가능성은 어떠한 경우에도 허용하지 않으며, 제로(0)를 목표로 하는 것.

1) 조직 목표 및 가치 연계

리스크 관리는 '2년 내 시장 점유율 1위 달성'과 같은 조직 목표를 저해하는 리스크에 선제적으로 대응하거나, '고객 만족 최우선'이라는 가치를 지키기 위해 고객 불만 리스크를 최소화하는 데 기여해야 합니다.

2) 리스크 관리의 목적 명확화

재무적 안정성, 운영 효율성 증대, 법규 준수 및 평판 보호, 전략적 의사결정 지원 등 리스크 관리를 통해 궁극적으로 달성하고자 하는 바를 구체적으로 정의합니다.

3) 리스크 허용 수준 정의

조직이 감수할 수 있는 리스크의 최대치를 결정하는 단계입니다. 예를 들어, '연간 순이익의 5%를 초과하는 손실을 유발하는 리스크는 허용하지 않는다'와 같이 명확한 기준을 세워 리스크 대응 전략의 중요한 지표로 삼습니다.

2. 범위 설정

리스크 관리 범위는 활동의 경계를 명확히 하여 혼란을 방지하고 자원 낭비를 막습니다.

[표104] 범위설정

항목	설명		구체적 사례
관리 대상 영역 및 프로세스 정의	리스크 관리가 적용될 구체적인 조직 단위, 사업 부문, 업무 프로세스, 시스템 등을 명시하는 것.	· 조직 단위	전사적 리스크 관리 시스템 구축을 목표로 하되, 초기에는 생산 부서와 영업 부서에 우선 적용하는 것.
		· 사업 부문	신규 개발 중인 인공지능 서비스 사업에 대한 리스크 관리에 집중하는 것.
		· 업무 프로세스	구매·생산·판매로 이어지는 핵심 공급망 프로세스에 대한 리스크를 관리하는 것.
		· 시스템	고객 정보가 저장되는 CRM 시스템과 결제 시스템에 대한 정보 보안 리스크를 중점 관리하는 것.
		· 프로젝트	A 신제품 개발 프로젝트의 착수부터 종료까지 전 과정의 리스크를 관리하는 것.
시간적 범위 설정	리스크 관리 활동이 언제부터 언제까지 진행될 것인지, 또는 어떤 주기로 리스크를 검토할 것인지를 명시하는 것.	· 단기	향후 6개월간 발생 가능한 운영 리스크에 대한 비상 계획을 수립하는 것.
		· 중장기	향후 3년간의 시장 변화에 따른 전략적 리스크를 예측하고 대응 방안을 마련하는 것.
		· 주기	매 분기별로 주요 리스크를 재평가하고, 연 1회 전사적 리스크 보고서를 발행하는 것.

자원 및 역할 정의	리스크 관리 활동에 투입될 인력, 예산, 기술 등의 자원과 각 부서 및 담당자의 역할을 명확히 하는 것.	· 인력	리스크 관리 전담팀 3명 배치, 각 부서별 리스크 담당자 지정 및 교육 이수 의무화.	
		· 예산	연간 리스크 관리 시스템 구축 및 운영에 1억 원의 예산을 배정하는 것.	
		· 기술	리스크 관리 시스템(RMS) 도입 및 활용.	
		· 역할	경영진은 리스크 허용 수준 승인 및 주요 리스크 의사결정, 리스크 관리팀은 전사적 리스크 관리 프레임워크 운영, 각 부서는 소관 리스크 식별 및 통제 활동 수행.	
방법론 및 프레임워크 선정	어떤 리스크 관리 방법론(예: COSO ERM, ISO 31000)을 따를 것인지, 어떤 도구(예: 리스크 매트릭스, SWOT 분석)를 활용할 것인지를 결정하는 것.	· 관리 방법론 선택	COSO ERM 프레임워크를 기반으로 리스크 관리 시스템을 구축하는 것.	
		· 활용 도구	리스크 평가는 영향도와 발생 가능성을 5단계 척도로 평가하는 리스크 매트릭스를 활용하는 것.	
			주요 프로젝트 리스크 식별에는 SWOT 분석과 브레인스토밍 기법을 병행하는 것.	

1) 관리 대상 영역 및 프로세스 정의

리스크 관리가 적용될 구체적인 조직 단위(생산 부서, 영업 부서), 사업 부문(인공지능 서비스 사업), 업무 프로세스(공급망), 시스템(CRM), 프로젝트(신제품 개발) 등을 명확히 명시합니다.

2) 시간적 범위 설정

리스크 관리 활동의 기간(단기 6개월, 중장기 3년)이나 검토 주기(매 분기, 연 1회)를 설정하여 지속적인 관리를 가능하게 합니다.

3) 자원 및 역할 정의

리스크 관리 활동에 필요한 인력, 예산, 기술 등의 자원과 각 부서 및 담당자의 역할을 분명히 합니다. 예를 들어, '리스크 관리 전담팀 배치', '각 부서별 리스크 담당자 지정'과 같이 정의합니다.

4) 방법론 및 프레임워크 선정

COSO ERM, ISO 31000과 같은 특정 리스크 관리 방법론을 따르거나, 리스크 매트릭스, SWOT 분석 등 활용할 도구를 결정하여 체계적인 접근을 가능하게 합니다.

'목표 및 범위 설정'은 리스크 관리 활동이 방황하지 않고, 조직의 자원을 가장 효과적으로 활용하여 실질적인 가치를 창출하도록 돕는 나침반과 같습니다. 이 단계가 명확하고 구체적일수록 이후의 모든 리스크 관리 과정이 더욱 효과적으로 진행될 수 있습니다.

3. 허용한도

모든 조직은 목표를 달성하기 위해 다양한 활동을 수행하며, 이 과정에서 필연적으로 위험에 직면하게 됩니다. 이때, 우리 조직이 '어느 정도까지의 위험을 감수할 수 있는가'를 나타내는 기준이 바로 "허용한도(Risk Tolerance Level)"입니다. 이는 특정 활동이나 의사결정으로 인해 발생할 수 있는 손실이나 부정적인 결과를 조직이 어디까지 받아들일 수 있는지를 보여 주는 중요한 지표입니다. 허용한도는 조직의 전략적 목표, 재정 상태, 문화, 그리고 외부 환경 등을 종합적으로 고려하여 설정되며, 리스크 관리의 방향성을 제시하는 나침반 역할을 합니다.

[표105] 허용한도(Risk Tolerance Level)

허용 한도/ Risk Tolerance Level(RT)	
척도/정의	허용 한도는 조직이 전략적 목표를 달성하기 위해 감수할 의향이 있는 리스크의 수준을 의미함. 다시 말해, 조직이 특정 활동이나 의사 결정을 수행하면서 어느 정도까지 손실이나 부정적인 결과를 감내할 수 있는지를 나타내는 지표임.
매우 낮음 (1)	조직의 생존이나 존립에 직접적인 영향을 미칠 수 있는 가장 중요한 리스크에 대해 적용하며, 어떠한 경우에도 리스크 발생을 용납할 수 없는 수준임. 모든 자원을 동원하여 리스크 발생 가능성을 최소화하고, 발생 시 즉각적인 대응을 통해 피해를 최소화해야 함. • 조직의 존립 자체를 위협할 수 있는 심각한 리스크에 대한 허용 수준임. • 예: 심각한 안전사고, 대규모 정보 유출, 부정부패, 법적 소송 등 • 이 수준의 리스크는 최고 경영진의 직접적인 관리 감독하에 모든 자원을 동원하여 사전에 예방해야 함.
낮음 (2)	조직의 목표 달성에 일정 부분 영향을 미칠 수 있는 리스크에 대해 적용하며, 제한적인 범위 내에서 리스크 발생을 감수할 수 있는 수준임. 핵심 프로세스나 자산에 대한 리스크에 대해 적용될 수 있으며, 강화된 통제 활동을 통해 리스크 수준을 최대한 낮게 유지해야 함. • 조직의 핵심 운영이나 재무 상태에 일정 수준의 영향을 미칠 수 있는 리스크에 대한 허용 수준임. • 예: 주요 시스템 장애, 법규 위반 가능성, 평판 손상 우려 등 • 이 수준의 리스크는 강화된 통제 활동과 지속적인 모니터링을 통해 관리되어야 함.
보통 (3)	조직의 목표 달성에 크게 영향을 미치지 않는 범위 내에서, 어느 정도의 리스크 발생을 감수할 수 있는 수준임. 통제 활동에 소요되는 비용과 효과를 고려하여, 효율적인 리스크 관리가 가능한 수준으로 설정함. • 대부분의 비핵심 리스크에 대해 적용될 수 있으며, 지속적인 모니터링과 관리를 통해 리스크 수준을 허용 범위 내로 유지함. • 일상적인 운영 과정에서 발생할 수 있는 사소한 문제나 비효율에 대한 허용 수준임. • 예: 일반적인 운영 오류, 경미한 고객 불만, 일시적인 생산 차질 등 • 이 수준의 리스크는 대부분의 조직에서 발생하며, 표준적인 통제 활동을 통해 관리됨.

허용한도는 조직의 전략과 목표, 그리고 자원 등을 고려하여 설정되며, 일반적으로 세 가지 수준으로 나눌 수 있습니다.

매우 낮음(1단계)

절대 용납할 수 없는 위험. 이 단계는 조직의 생존 자체를 위협할 수 있는 가장 심각한 위험에 해당합니다. 예를 들어 심각한 안전사고, 대규모 정보 유출, 또는 중대한 부정부패와 같이 조직의 존립에 직접적인 영향을 미치는 리스크입니다. 이러한 위험은 어떠한 경우에도 발생을 용납할 수 없으며, 모든 자원을 동원하여 철저히 예방하고, 만약 발생하더라도 피해를 최소화해야 합니다.

낮음(2단계)

제한적으로 감수하는 위험 조직의 핵심 운영이나 재무 상태에 일정 부분 영향을 미칠 수 있는 위험을 의미합니다. 주요 시스템 장애, 법규 위반 가능성, 또는 평판 손상 우려 등이 여기에 해당합니다. 이 수준의 위험은 제한적인 범위 내에서 감수할 수 있지만, 강화된 통제 활동과 지속적인 모니터링을 통해 위험 수준을 최대한 낮게 유지하는 것이 중요합니다.

보통(3단계)

일상적으로 관리하는 위험 조직의 목표 달성에 큰 영향을 미치지 않는 범위 내에서, 어느 정도의 발생을 감수할 수 있는 일상적인 위험입니다. 일반적인 운영 오류, 경미한 고객 불만, 또는 일시적인 생산 차질 등이 예시가 될 수 있습니다. 이 수준의 위험은 통제에 드는 비용과 효과를 고려하여, 효율적인 관리를 통해 허용 가능한 범위 내로 유지됩니다.

이처럼 허용한도는 조직이 각 위험을 어떻게 다루고 관리할지에 대한 명확한 기준을 제시하여, 보다 효과적이고 전략적인 리스크 관리를 가능하게 합니다.

허용한도 적용하기

그렇다면 허용한도는 실제 리스크 관리 과정에서 어떻게 활용될까요? 그 과정은 다음과 같습니다.

[표106] 허용한도 적용

허용한도(RT: Risk Tolerance) 적용 방법			
단계	내용	설명	
1. 리스크 평가 수행	내재위험 평가 및 통제 효과성 평가를 통해 잔여위험 수준 도출	각 위험의 본질적인 수준(내재위험)과 현재 운영 중인 통제 활동이 얼마나 효과적인지를 평가하여, 통제 적용 후 조직이 실제로 직면한 위험 수준(잔여위험)을 파악함. 잔여위험은 일반적으로 영향도와 발생 가능성을 조합하여 등급(예: 고/중/저)으로 표시됨.	
2. 허용한도 설정	조직의 정책에 따라 수용 가능한 최대 위험 수준 정의	경영진 또는 이사회 등 조직의 최고 의사결정 기구에서 조직의 목표, 전략, 자원, 규제 환경 등을 고려하여 '어느 수준까지의 위험을 감내할 것인가'를 결정하고 명확히 함. 이는 보통 위험 등급(예: '중위험까지 수용 가능')으로 표현됨.	
3. 잔여위험과 허용한도 비교	도출된 잔여위험 수준과 설정된 허용한도 비교	각 위험에 대해 평가된 잔여위험 등급이 조직이 사전에 정한 허용한도 수준보다 높은지, 낮은지, 또는 같은지를 비교함.	
4. 비교결과, 위험 관리 방안 결정 및 실행	잔여위험 > 허용한도	· 해당 위험은 수용 불가하므로, 잔여위험을 허용한도 이하로 낮추기 위한 추가적인 관리 방안(통제 강화, 위험 이전, 위험 회피 등)을 수립하고 실행함.	
	잔여위험 ≤ 허용한도	· 해당 위험은 수용 가능하므로, 추가적인 관리 방안 없이 현재 상태를 유지하거나 정기적인 모니터링만 수행할 수 있음.	

위험 평가 수행

먼저, 각 위험이 발생할 가능성과 그 영향력을 평가하여 현재 남아 있는 잔여위험 수준을 파악합니다.

허용한도 설정

다음으로, 조직의 정책에 따라 '어떤 수준의 위험까지는 받아들일 수 있다'는 허용한도를 명확하게 설정합니다. 예를 들어, '고위험은 절대 용납할 수 없지만, 중위험까지는 수용 가능'과 같이 기준을 세우는 것입니다.

잔여위험과 허용한도 비교

이렇게 파악된 잔여위험을 앞에서 설정한 허용한도와 비교해 봅니다.

잔여위험이 허용한도를 초과할 경우

이 위험은 조직이 감수하기에는 너무 높은 수준입니다. 따라서 추가적인 통제 강화, 위험을 다른 곳으로 이전(예: 보험 가입), 또는 아예 위험을 회피하는 등 적극적인 관리 방안을 수립하고 실행해야 합니다. 목표는 잔여위험을 허용한도 이하로 낮추는 것입니다.

잔여위험이 허용한도 이하일 경우

이 위험은 조직이 수용할 수 있는 수준이므로, 현재 상태를 유지하거나 정기적인 모니터링만으로 충분할 수 있습니다.

리스크 매트릭스에서의 허용한도 시각화

리스크 매트릭스에서는 허용한도를 시각적으로 표현하여 이해를 돕기도 합니다. 예를 들어, '중위험까지 수용 가능'하다면, 매트릭스 상에서 중위험과 저위험 영역은 '허용 가능한 영역'으로, 고위험 영역은 '허용 불가능한 영역'으로 구분하여 보여 줄 수 있습니다.

제2절 | 리스크 식별

조직이 목표를 향해 나아갈 때, 예상치 못한 불확실성, 즉 '위험(리스크)'은 언제든 나타날 수 있습니다. 이러한 잠재적인 위험들을 미리 찾아내고 그 특성을 명확히 파악하는 과정이 바로 리스크 식별입니다. 식별되지 않은 리스크는 관리될 수 없기에, 리스크 관리의 첫 단추이자 가장 중요한 단계라고 할 수 있습니다.

1. 리스크 식별의 중요성

단순히 위험 목록을 만드는 것을 넘어, 리스크 식별은 다음과 같은 중요한 목적을 가집니다.

[표107] 리스크 식별의 목적

목적	설명
1. 사전 예방 및 대비	잠재적 리스크를 미리 파악하여 발생 전에 예방하거나, 발생 시 피해를 최소화할 대비책 마련.
2. 정보에 기반한 의사결정	리스크 정보를 바탕으로 합리적인 의사결정을 내리고, 자원을 효율적으로 배분하는 지원.
3. 예측 가능성 증대	불확실성을 줄이고 미래 상황에 대한 예측 가능성을 높여 조직의 안정성을 확보하는 것.
4. 기회 발견	일부 리스크가 새로운 기회로 전환될 수 있는 잠재력을 가지고 있으므로, 이를 식별하여 활용하는 것.

사전 예방 및 대비

잠재적 위험을 미리 파악하여 문제가 발생하기 전에 예방하거나, 불가피하게 발생하더라도 피해를 최소화할 대비책을 마련할 수 있습니다.

합리적인 의사결정

위험에 대한 정확한 정보는 경영진이 더 나은 결정을 내리고, 한정된 자원을 효과적으로 배분하는 데 도움을 줍니다.

예측 가능성 증대

불확실성을 줄이고 미래 상황에 대한 예측력을 높여 조직의 안정성을 확보합니다.

새로운 기회 발견

때로는 위험 속에 숨어 있는 새로운 사업 기회나 혁신의 단서를 발견하는 계기가 되기도 합니다.

2. 리스크 식별을 위한 원칙

리스크 식별이 성공적으로 이루어지려면 몇 가지 중요한 원칙을 지켜야 합니다.

[표108] 리스크 식별의 원칙

원칙/고려사항	설명	구체적 사례
1. 포괄성	조직의 모든 영역(전략, 운영, 재무, 규제 등)과 모든 이해관계자(내부 직원, 고객, 공급업체, 규제기관 등)의 관점에서 리스크를 식별하는 것.	신제품 개발 프로젝트의 리스크 식별 시, 기술적 문제뿐만 아니라 시장 변화, 경쟁사 동향, 법적 규제, 내부 인력 부족, 자금 조달 문제 등 다양한 측면을 고려하는 것.
2. 지속성	리스크는 환경 변화에 따라 새롭게 발생하거나 기존 리스크의 성격이 변할 수 있으므로, 리스크 식별은 일회성이 아닌 지속적인 활동이어야 하는 것.	팬데믹, 급격한 기술 발전(AI 등), 글로벌 공급망 불안정 등 외부 환경 변화에 따라 새로운 리스크(예: 원자재 수급 불안정, 재택근무 보안 취약점)를 주기적으로 식별하고 업데이트하는 것.
3. 명확성	식별된 리스크는 모호하지 않고 명확하게 정의되어야 하며, 리스크의 원인, 발생 시나리오, 잠재적 영향 등을 구체적으로 기술하는 것.	"IT 문제"가 아닌 "데이터베이스 서버 다운으로 인한 고객 서비스 중단"과 같이 구체적으로 식별하는 것.
4. 참여자 다양성	다양한 부서와 계층의 전문가 및 실무자가 참여하여 다각적인 관점에서 리스크를 식별하는 것.	생산 리스크 식별 시 생산 현장 직원, 품질 관리 담당자, 설비 유지보수 담당자, 안전 관리자 등이 함께 참여하는 것.

포괄성

조직의 모든 영역(전략, 운영, 재무, 규제 등)과 모든 이해관계자(직원, 고객, 협력사 등)의 관점에서 위험을 찾아내야 합니다.

지속성

리스크는 고정된 것이 아니라 환경 변화에 따라 계속해서 변하거나 새로 발생합니다. 주기적으로 식별하고 업데이트하는 것이 중요합니다.

명확성

식별된 리스크는 모호하지 않고 구체적으로 정의되어야 합니다. 예를 들어, "IT 문제"가 아니라 "데이터베이스 서버 다운으로 인한 고객 서비스 중단"과 같이 원인과 영향을 명확히 기술해야 합니다.

다양한 참여

다양한 부서와 계층의 전문가 및 실무자가 함께 참여하여 다각적인 시각으로 위험을 식별하는 것이 효과적입니다.

3. Tri View로 리스크 식별하기

효과적인 리스크 식별을 위해서는 다양한 관점에서 위험을 바라보는 것이 중요합니다. 'Tri View'는 리스크를 포괄적으로 식별하기 위한 강력한 프레임워크로, 다음과 같은 세 가지 유형의 리스크를 구분하여 분석합니다.(1부에서 집중적으로 살펴봤기 때문에 간략히 소개합니다)

프로세스 기반 흐름 리스크(Flow Risk, FR)
업무나 정보, 자원 등이 흐르는 과정, 즉 '프로세스'에서 발생하는 위험입니다. 특정 단계의 지연, 오류, 누락 등으로 인해 전체 흐름이 막히거나 왜곡될 때 나타납니다.
예시: 구매 프로세스 중 승인 지연, 생산 라인의 병목 현상.

속성 기반 멈춤 리스크(Stock Risk, SR)
조직이 보유한 자산, 시스템, 역량, 인력 등 고유한 '속성'이나 특성 자체에서 비롯되는 위험입니다. 이는 흐름이 멈추거나 정체될 때 그 속성의 취약점이 드러나며 발생할 수 있습니다.
예시: 노후화된 시스템의 보안 취약점, 특정 핵심 인력의 부재.

창발 기반 솟음 리스크(Emergence Risk, ER)
개별 요소들의 단순한 합이 아니라, 복잡한 '상호작용' 속에서 예상치 못하게 돌발적으로 '솟아나는' 위험입니다. 이는 거시적(Macro) 또는 미시적(Micro) 수준에서 나타날 수 있으며, 예측하기 어렵고 파급력이 클 수 있습니다.
예시: 부서 간 정보 공유 단절로 인한 조직 전체의 비효율성 증대(마이크로 창발), 시장 변화와 내부 역량 부족이 결합하여 발생하는 전략 실패(매크로 창발).

이러한 Tri View 관점을 활용하면 리스크를 더욱 입체적이고 심층적으로 식별할 수 있으며, 이는 아래에서 설명할 다양한 리스크 식별 방법론을 적용하는 데 유용한 프레임워크가 됩니다.

4. 리스크 식별 방법론

리스크 식별에는 다양한 방법론이 활용될 수 있습니다.

[표109] 리스크 식별 방법론

방법론	설명	장점	구체적 사례	
1. 브레인스토밍 및 워크숍	다양한 이해관계자들이 모여 특정 주제나 프로세스에 대해 자유롭게 아이디어를 교환하며 잠재적 위험을 도출하고 기록하는 것.	다양한 관점의 리스크를 단시간 내에 많이 식별할 수 있는 것.	· 신규 서비스 출시 워크숍	마케팅, 개발, 영업, 법무팀 담당자들이 모여 "서비스 출시 지연", "개인정보 유출", "경쟁사 모방", "고객 불만 폭주", "법적 규제 미준수" 등의 리스크를 논의하는 것.
			· 공장 안전 워크숍	생산직원, 안전관리자, 설비 담당자가 모여 "기계 오작동으로 인한 인명 사고", "화학 물질 누출", "정전으로 인한 생산 중단" 등을 식별하는 것.
2. 체크리스트 및 템플릿	과거 경험, 산업 표준, 규제 요구사항 등을 바탕으로 미리 만들어진 리스크 목록을 활용하여 해당 조직에 적용될 수 있는 리스크를 식별하는 것.	누락 없이 체계적으로 리스크를 식별할 수 있으며, 초보자도 쉽게 활용할 수 있는 것.	· IT 프로젝트 리스크 체크 리스트	"예산 초과", "일정 지연", "기술적 난이도", "인력 부족", "보안 취약점", "사용자 요구사항 변경" 등의 항목을 확인하는 것.
			· 개인정보보호 리스크 템플릿	"개인정보 수집 목적 외 이용", "개인정보 유출", "접근 권한 오남용", "파기 미준수" 등의 항목을 점검하는 것.
3. 인터뷰 및 설문 조사	주요 이해관계자나 전문가와 개별적으로 대화하거나 설문지를 통해 리스크에 대한 의견을 수집하는 것.	상세하고 구체적인 리스크 정보를 얻을 수 있으며, 민감한 리스크도 파악 가능한 것.	· 핵심 임원 인터뷰	최고경영진과의 인터뷰를 통해 "거시 경제 변화", "산업 구조 재편", "주요 경쟁사의 전략 변화" 등 전략적 리스크를 식별하는 것.
			· 영업 직원 설문 조사	현장 영업 직원들을 대상으로 "고객의 구매력 감소", "경쟁사의 가격 인하", "신제품에 대한 고객 반응 저조" 등 시장 리스크를 파악하는 것.
4. 문서 검토	과거 프로젝트 보고서, 감사 보고서, 계약서, 법규, 산업 보고서, 홈페이지, ALIO 등 관련 문서를 분석하여 리스크를 식별하는 것.	객관적이고 검증된 정보를 바탕으로 리스크를 식별할 수 있는 것.	· 과거 프로젝트 실패 보고서 검토	"부실한 초기 요구사항 정의", "잦은 설계 변경", "협력업체 관리 미흡" 등이 실패 원인으로 지목된 경우, 향후 프로젝트의 리스크로 식별하는 것.
			· 계약서 검토	"지체상금 조항", "불가항력 조항", "책임 범위" 등을 분석하여 계약 리스크를 식별하는 것.
			· 산업 규제 문서 검토	"환경 규제 강화", "노동법 개정" 등 법규 변화에 따른 규제 준수 리스크를 식별하는 것.
			· 대상조직 홈페이지 검토	조직의 사업 방향, 서비스, 공지사항 등을 분석하여 잠재적 리스크(예: 서비스 중단, 개인정보처리방침 변경)를 식별하는 것.
			· 공공부문 정보 공개 ALIO 검토	공공기관의 경영 공시 자료(예: 규정, 인력, 재무 상태, 사업 계획, 감사 보고서)를 분석하여 재무 리스크, 사업 리스크, 운영 리스크 등을 식별하는 것.
5. SWOT 분석	조직의 강점, 약점, 기회, 위협을 분석, 리스크를 식별하는 것. 특히 위협 요소를 중심으로 외부 환경에서 오는 리스크를 식별하고, 약점을 통해 내부적 취약점으로 인한 리스크를 파악하는 것.	조직의 내외부 환경을 종합적으로 고려하여 리스크와 기회를 동시에 식별할 수 있는 것.	· 약점	"핵심 기술 인력 부족" ·> 리스크: "기술 개발 지연", "경쟁력 상실"
			· 위협	"신흥 경쟁사의 시장 진입" ·> 리스크: "시장 점유율 하락", "가격 경쟁 심화"

6. 프로세스 흐름 분석	업무 프로세스의 각 단계를 분석하여 잠재적인 오류, 병목 현상, 통제 미흡 지점 등을 식별하는 것. 프로세스 맵이나 플로우 차트를 활용하여 업무 흐름을 시각화하고, 각 단계에서 발생할 수 있는 리스크를 찾아내는 것.	운영 리스크 식별에 특히 효과적이며, 리스크의 발생 지점을 명확히 파악할 수 있는 것.	·구매 프로세스 분석	"구매 요청 누락", "승인 지연", "부적절한 공급업체 선정", "납품 지연", "대금 이중 지급" 등의 리스크를 식별하는 것.
			·고객 서비스 프로세스 분석	"상담원 교육 부족", "응대 지연", "오안내", "불만 처리 미흡" 등의 리스크를 식별하는 것.
7. 원인-결과 다이어그램	특정 문제(결과)의 잠재적 원인들을 체계적으로 분류하여 리스크를 식별하는 것. '사람', '프로세스', '장비', '환경', '재료' 등 주요 범주로 나누어 특정 리스크의 근본 원인을 파악하고, 이를 통해 다른 잠재적 리스크를 식별하는 것.	리스크의 근본 원인을 심층적으로 분석하여 재발 방지 대책 수립에 용이한 것.	·문제	"제품 불량률 증가"
			·원인 분석	사람: "작업자 교육 부족", "숙련도 미흡"
				프로세스: "품질 검사 절차 미흡", "생산 공정 표준화 부족"
				장비: "노후 장비", "정비 불량"
				재료: "불량 원자재", "부적절한 보관"
				환경: "온도/습도 관리 미흡"
			·리스크 식별	위 원인들이 각각 잠재적 리스크로 식별될 수 있는 것.

브레인스토밍 및 워크숍

다양한 팀원들이 모여 자유롭게 아이디어를 주고받으며 잠재적 위험을 도출합니다.

예시: 신규 서비스 출시 전, 마케팅, 개발, 법무팀이 모여 "개인정보 유출", "서비스 지연" 등의 위험을 논의합니다.

체크리스트 및 템플릿

과거 경험이나 산업 표준을 바탕으로 미리 만들어진 위험 목록을 활용합니다.

예시: IT 프로젝트 진행 시, "예산 초과", "일정 지연", "보안 취약점" 등의 항목이 담긴 체크리스트를 활용합니다.

인터뷰 및 설문조사

핵심 이해관계자나 전문가, 또는 현장 실무자와의 대화나 설문을 통해 심층적인 위험 정보를 수집합니다.

예시: 최고경영진 인터뷰를 통해 "거시 경제 변화", "산업 구조 재편" 등 전략적 위험을 파악합니다.

문서 검토

과거 보고서, 계약서, 법규, 산업 동향 보고서, 홈페이지, ALIO 게재문서 등을 분석하여 잠재적 위험을 찾아냅니다.

예시: 과거 프로젝트 실패 보고서에서 "잦은 설계 변경"이 실패 원인이었다면, 이를 향후 프로젝트의 위험으로 식별합니다.

SWOT 분석

조직의 강점(Strength), 약점(Weakness), 기회(Opportunity), 위협(Threat)을 분석하여 내부 취약점과 외부 위협에서 오는 위험을 종합적으로 파악합니다.

예시: "핵심 기술 인력 부족(약점)"은 "기술 개발 지연"이라는 위험으로 이어질 수 있습니다.

프로세스 흐름 분석

업무 프로세스의 각 단계를 시각화하고 분석하여 잠재적인 오류, 병목 현상, 통제 미흡 지점 등을 찾아냅니다.

예시: 고객 서비스 프로세스 분석을 통해 "상담원 교육 부족", "응대 지연" 등의 위험을 식별합니다.

원인-결과 다이어그램(Fishbone Diagram)

특정 문제(결과)의 잠재적 원인들을 체계적으로 분류하여 위험을 식별합니다.

예시: "제품 불량률 증가"라는 문제의 원인을 분석하여 "작업자 교육 부족", "품질 검사 절차 미흡" 등을 위험으로 식별합니다.

5. 리스크 식별의 산출물

이러한 식별 활동의 결과는 '리스크 등록부(Risk Register)'라는 문서로 체계적으로 기록됩니다.

[표110] 리스크 레지스터 구성요소

항목	설명
리스크 ID	각 리스크를 고유하게 식별하는 번호(예: R001, R-PM-001).
리스크 명칭	리스크를 간결하게 표현하는 이름.
리스크 설명	리스크의 구체적인 내용, 원인, 발생 시나리오, 잠재적 영향 등을 상세히 기술.
리스크 범주	리스크의 유형을 분류(예: 전략 리스크, 운영 리스크, 재무 리스크, 규제 리스크, 기술 리스크 등).
식별 일자	해당 리스크가 처음 식별된 날짜.
식별자	리스크를 식별한 담당자 또는 부서.
잠재적 원인	리스크를 유발할 수 있는 근본적인 요인.
잠재적 영향	리스크 발생 시 조직에 미칠 수 있는 부정적인 결과(예: 재정 손실, 평판 하락, 일정 지연, 법규 위반).
발생 가능성	리스크가 실제로 발생할 확률 또는 빈도(예: 높음, 중간, 낮음; 1~5점 척도).
영향도(Impact)	리스크 발생 시 조직에 미치는 부정적인 결과의 심각성(예: 치명적, 심각, 보통, 경미; 1~5점 척도).
내재 리스크 수준(IR)	통제 활동이 없다고 가정했을 때의 리스크 수준(발생 가능성 × 영향도).
기존 통제 활동	현재 리스크를 관리하기 위해 운영 중인 통제 장치나 절차.
통제 효과성	기존 통제 활동이 리스크를 얼마나 효과적으로 줄이고 있는지에 대한 평가.
잔여 리스크 수준(RR)	기존 통제 활동을 적용한 후에도 남아 있는 실제 리스크 수준.

리스크 Owner	해당 리스크를 책임지고 관리하는 개인 또는 부서.
대응 전략	잔여 리스크를 관리하기 위한 계획(예: 회피, 완화, 전가, 수용).
대응 활동	대응 전략을 실행하기 위한 구체적인 조치(예: 비상 계획 수립, 보험 가입, 프로세스 개선).
목표 완료일	대응 활동이 완료되어야 하는 목표 날짜.
현황	리스크의 현재 상태(예: 개방, 진행 중, 완료, 종료).
최종 업데이트 일자	리스크 정보가 마지막으로 수정된 날짜.

"리스크 등록부(Risk Register)"는 조직이 식별한 모든 리스크를 체계적으로 기록하고 관리하는 문서 또는 데이터베이스입니다. 이는 리스크 관리 프로세스 전반에 걸쳐 리스크 정보를 중앙 집중화하고, 리스크의 생애 주기(식별부터 모니터링까지)를 추적하며, 이해관계자 간의 효과적인 의사소통을 지원하는 핵심 도구입니다. 리스크 등록부는 단순히 리스크 목록을 나열하는 것을 넘어, 각 리스크에 대한 상세한 정보와 관리 현황을 담고 있어 '살아 있는 문서'로 불리기도 합니다. 즉, 리스크 관리 활동의 현재 상태를 반영하고, 미래의 의사결정을 위한 기반을 제공하는 동적인 자료인 것입니다.

1) 리스크 등록부의 주요 목적

리스크 등록부는 다음과 같은 중요한 목적을 수행합니다.

정보의 중앙 집중화

모든 리스크 정보를 한곳에 모아 관리함으로써, 필요한 정보를 쉽게 찾고 활용할 수 있도록 하여 정보 분산으로 인한 혼란을 방지합니다.

투명성 및 가시성 확보

조직 내 모든 구성원이 리스크 현황과 관리 노력을 투명하게 파악할 수 있도록 돕습니다. 이는 리스크에 대한 공통된 이해를 형성하고, 숨겨진 위험을 줄이는 데 기여합니다.

의사결정 지원

리스크에 대한 종합적인 정보를 바탕으로 합리적인 의사결정(예: 자원 배분, 대응 전략 수립)을 지원합니다. 특히 우선순위가 높은 리스크에 자원을 집중할 수 있도록 명확한 근거를 제공합니다.

책임성 부여

각 리스크에 대한 담당자를 명확히 지정하여 책임 있는 리스크 관리를 유도합니다. 이를 통해 리스크 관리가 특정 부서에만 국한되지 않고 전사적인 책임으로 확산됩니다.

지속적인 모니터링 및 추적

리스크의 변화와 대응 활동의 효과를 지속적으로 모니터링하고 추적할 수 있는 기반을 제공합니다. 리스크의 발생 가능성이나 영향도 변화를 실시간으로 반영하여 관리의 적시성을 높입니다.

학습 및 개선

과거 리스크 관리 경험을 기록하여 향후 유사한 리스크 발생 시 참고 자료로 활용하고, 리스크 관리 프로세스를 지속적으로 개선하는 데 기여합니다. 이는 조직이 리스크로부터 배우고 더욱 강건해지는 학습 조직으로 성장하는 데 필수적입니다.

2) 리스크 등록부의 핵심 구성 요소

리스크 등록부는 일반적으로 다음과 같은 항목들을 포함합니다. 이러한 항목들은 프로젝트나 조직의 특성에 따라 추가되거나 조정될 수 있습니다.(예: 리스크 ID, 리스크명, 설명, 원인, 영향, 발생 가능성, 영향도, 위험 수준, 통제 활동, 담당자, 상태, 대응 계획 등)

3) 리스크 등록부의 활용 및 관리

리스크 등록부는 한 번 작성하고 끝나는 문서가 아닙니다. 프로젝트나 조직의 환경이 변화함에 따라 리스크의 성격도 변하기 때문에, 리스크 등록부는 지속적으로 업데이트되고 검토되어야 합니다.

정기적인 검토 및 업데이트

리스크 관리 회의 등을 통해 정기적으로 등록된 리스크들을 검토하고, 새로운 리스크를 추가하거나 기존 리스크의 정보를 업데이트합니다.

의사소통 도구

리스크 등록부는 경영진, 프로젝트 팀, 각 부서 등 모든 이해관계자에게 리스크 현황을 공유하는 중요한 커뮤니케이션 도구로 활용됩니다.

성과 측정

리스크 등록부의 정보를 통해 리스크 관리 활동의 효과성을 측정하고 개선점을 도출할 수 있습니다.

리스크 등록부는 조직이 불확실성에 대비하고 목표를 성공적으로 달성하기 위한 필수적인 관리 시스템의 한 부분입니다. 이를 통해 리스크를 체계적으로 식별하고, 분석하며, 대응하고, 모니터링하는 전 과정을 효율적으로 관리할 수 있습니다.

6. Tri View 리스크 식별 30가지 질문 예시

1) 프로세스 기반 흐름 리스크 식별 질문 10가지

[표111] 흐름 리스크 식별 질문 10가지

리스크 유형	개념	질문	예시
1. 흐름 (프로세스 리스크)	조직의 업무를 수행하는 과정, 즉 절차와 단계의 흐름 속에서 발생하는 리스크. 업무의 비효율성, 오류, 지연, 규정 미준수 등 프로세스 자체의 문제로 인해 발생할 수 있는 위험.	1. 현재 담당하시는 주요 업무 프로세스를 단계별로 설명해 주십시오. 각 단계에서 발생할 수 있는 가장 흔한 오류나 지연은 무엇입니까?	민원 처리 과정에서 서류 누락, 예산 집행 과정에서 승인 지연, 인허가 절차 중 정보 입력 오류.
		2. 해당 프로세스에서 업무가 중단되거나 비효율이 발생하는 지점이 있다면, 어떤 단계이며 그 원인은 무엇이라고 생각하십니까?	특정 부서의 검토 단계에서 병목 현상 발생, 여러 부서 간의 정보 공유 지연으로 인한 업무 중단.
		3. 프로세스 내에서 규정이나 절차가 명확하지 않아 혼란이 발생하거나, 임의적인 판단이 개입될 여지가 있는 부분이 있습니까?	보조금 지급 기준의 모호성으로 인한 자의적 심사, 특정 인허가 절차의 비공식적 처리 관행.
		4. 업무를 처리하는 과정에서 정보가 누락되거나, 잘못 전달되는 경우가 있습니까? 있다면 어떤 단계에서 주로 발생합니까?	사업 계획 수립 시 시장 조사 데이터 누락, 인수인계 과정에서 핵심 정보 유실, 부서 간 공문 전달 오류.
		5. 프로세스 상에서 특정 개인이나 부서에 업무가 집중되어 병목 현상이 발생하는 부분이 있습니까?	특정 결재권자의 과도한 업무량으로 인한 결재 지연, 소수 직원의 전문 지식 독점으로 인한 업무 처리 지연.
		6. 현재 프로세스에 적용되는 통제가 충분하다고 생각하십니까? 부족하거나 과도하다고 느끼는 부분이 있다면 말씀해 주십시오.	중요 계약 승인 절차가 너무 간소하여 리스크가 높다고 판단되거나, 사소한 지출에 대한 결재 단계가 너무 많아 비효율적이라고 느끼는 경우.
		7. 프로세스 변경이나 개선이 필요한 부분이 있다면 어떤 것이며, 그로 인해 발생할 수 있는 리스크는 무엇이라고 보십니까?	온라인 시스템 도입 시 사용자 교육 부족으로 인한 혼란, 조직 개편 후 업무 분장 불명확으로 인한 책임 회피.
		8. 업무 처리 과정에서 외부 기관이나 다른 부서와의 연계가 필요한 부분이 있습니까? 그 과정에서 발생하는 어려움이나 리스크는 무엇입니까?	협력업체와의 정보 공유 지연으로 인한 프로젝트 차질, 타 부서의 비협조로 인한 업무 지연, 외부 기관의 규제 변경에 대한 정보 부족.
		9. 프로세스 수행 중 예상치 못한 상황이 발생했을 때, 업무 연속성에 영향을 미치는 부분은 무엇입니까?	갑작스러운 시스템 오류로 인한 업무 마비, 핵심 인력의 갑작스러운 퇴사로 인한 업무 공백, 자연재해로 인한 시설 운영 중단.
		10. 현재 프로세스에서 발생한 리스크(오류, 지연 등)를 기록하고 관리하는 체계가 있습니까? 있다면 그 효과는 어떻습니까?	민원 처리 오류를 기록하고 있으나 개선으로 이어지지 않거나, 프로젝트 지연 원인 분석 후 재발 방지 대책이 미흡한 경우.

2) 속성기반 멈춤 리스크 식별 질문 10가지

[표112] 멈춤 리스크 식별 질문 10가지

리스크 유형	개념	질문	예시
2. 멈춤 (속성 리스크)	조직, 직무, 자산, 시스템, 문화 등 개별 요소가 가진 고유한 특성(속성)이나 본질적인 성격으로 인해 발생하는 리스크. 프로세스의 완벽성 여부와 무관하게 속성 자체가 내포하거나, 속성의 결핍/과잉으로 인해 발생하는 위험.	1. 담당하시는 직무나 부서가 가진 고유한 특성(속성) 중, 리스크를 유발하거나 리스크에 취약하게 만드는 요인이 있다고 생각하십니까?	높은 재량권으로 인한 부패 가능성, 대민 접점 직무의 감정 노동으로 인한 소진, 전문성 요구 직무의 인력 부족.
		2. 현재 사용하고 계신 주요 시스템(IT 시스템, 설비 등)의 특성으로 인해 발생할 수 있는 리스크는 무엇이라고 보십니까?	노후화된 시스템의 잦은 장애, 복잡한 시스템 구조로 인한 유지보수 어려움, 특정 기술 의존으로 인한 공급업체 종속성, 보안 취약점.
		3. 우리 조직의 문화가 리스크 관리나 문제 해결에 부정적인 영향을 미치는 속성이 있다고 생각하십니까?	경직된 조직 문화로 인한 혁신 저해, 수직적 구조로 인한 하의상달 문제 발생, 과도한 성과주의로 인한 비윤리적 행위 유발, 부서 이기주의로 인한 협업 부족.
		4. 조직 내 특정 인력(예: 핵심 전문가, 고위 관리자)이 가진 속성으로 인해 발생할 수 있는 리스크는 무엇입니까?	특정 전문가의 독점적 지식으로 인한 업무 공백 위험, 고위 관리자의 높은 의존도로 인한 의사결정 지연, 특정 가치관 고수로 인한 조직 내 갈등.
		5. 우리 조직이 제공하는 공공서비스나 제품 자체가 가진 속성으로 인해 발생할 수 있는 리스크는 무엇입니까?	복잡한 서비스 내용으로 인한 민원 증가, 개인정보를 다루는 민감성으로 인한 유출 위험, 광범위한 영향력으로 인한 사회적 파장, 법적 구속력으로 인한 책임 가중.
		6. 조직의 물리적 자산(예: 건물, 시설)이나 인프라가 가진 속성으로 인해 발생할 수 있는 리스크는 무엇입니까?	노후화된 건물로 인한 안전사고 위험, 특정 지역 위치로 인한 자연재해 취약성, 시설 노후화로 인한 운영 효율 저하.
		7. 우리 조직의 예산 구조나 재정 운용 방식이 가진 속성으로 인해 발생할 수 있는 리스크는 무엇입니까?	경직된 예산 구조로 인한 긴급 상황 대응 어려움, 특정 재원에 대한 높은 의존도로 인한 재정 불안정성, 투명성 요구에 미치지 못하는 예산 집행.
		8. 조직의 의사결정 구조가 가진 속성으로 인해 발생할 수 있는 리스크는 무엇이라고 보십니까?	중앙집중형 의사결정 구조로 인한 현장 반영 부족, 분권형 구조로 인한 책임 분산, 위원회 중심 의사결정의 지연.
		9. 우리 조직이 가진 법적/제도적 특성이 리스크를 유발하거나 관리하기 어렵게 만드는 속성이 있습니까?	특정 법규의 복잡성으로 인한 해석의 어려움, 급변하는 규제 환경으로 인한 준수 리스크, 공공성 강조로 인한 수익성 확보의 어려움.
		10. 담당하시는 업무의 특성상, 외부 이해관계자(예: 민원인, 협력업체, 시민단체)와의 관계에서 발생하는 고유한 속성으로 인한 리스크는 무엇입니까?	민원인과의 정보 비대칭으로 인한 불만 증가, 협력업체와의 권력 불균형으로 인한 불공정 거래, 시민단체의 높은 기대치로 인한 평판 리스크.

3) 창발기반 솟음 리스크 식별 질문 10가지

[표113] 솟음 리스크 식별 질문 10가지

리스크 유형	개념	질문	예시
3. 솟음 (창발 리스크)	개별 요소의 특성이나 선형적인 프로세스만으로는 예측할 수 없는, 다양한 요소들 간의 복잡한 상호작용을 통해 새롭게 나타나는 위험. 예측 불가능한 부작용, 예상치 못한 결과, 시스템 전체의 취약성 등.	1. 우리 조직 내 여러 부서(팀)들이 각자의 목표를 추구하는 과정에서, 부서 간의 상호작용이 오히려 조직 전체의 목표 달성을 저해하는 예상치 못한 문제가 발생한 경험이 있습니까?	부서 간 정보 공유 단절로 인한 중복 투자, 자원 배분 갈등으로 인한 프로젝트 지연, 책임 전가 문화로 인한 문제 해결 능력 저하.
		2. 서로 다른 시스템(IT 시스템, 데이터베이스, 외부 연동 시스템 등)들이 연동되거나 통합되는 과정에서, 개별 시스템에는 없던 새로운 종류의 오류나 취약점이 발생한 사례가 있습니까?	통합 시스템 구축 후 데이터 불일치 발생, 외부 연동 시스템 해킹으로 인한 내부망 침투, 시스템 간 호환성 문제로 인한 기능 오류.
		3. 조직의 특정 정책이나 변화(예: 인력 감축, 신기술 도입, 조직 개편)가 여러 부서나 개인에게 동시에 영향을 미치면서, 예상치 못한 부작용이나 리스크가 발생한 경험이 있습니까?	인력 감축 후 직원 사기 저하 및 업무 효율성 감소, 신기술 도입 후 핵심 인력 이탈, 조직 개편 후 업무 혼란 및 책임 회피.
		4. 우리 조직이 외부 환경(예: 급변하는 기술, 사회적 요구, 정치적 변화)과 상호작용하는 과정에서, 개별적인 변화만으로는 예측하기 어려웠던 대규모 리스크가 발생한 사례가 있습니까?	예상치 못한 대규모 민원 발생으로 인한 정책 철회, 급변하는 사회적 요구에 대한 정책 실패, 정치적 변화로 인한 예산 삭감 및 사업 축소.
		5. 인간(직원)과 자동화 시스템(기술) 간의 상호작용이 복잡해지면서, 개별적인 문제와는 다른 새로운 종류의 운영 리스크가 발생할 가능성이 있다고 보십니까?	자동화된 시스템의 오작동 시 인간의 개입 부족으로 인한 대규모 손실, 비상 상황 시 시스템 의존으로 인한 대처 능력 저하, 자동화된 의사결정의 책임 소재 불분명.
		6. 조직 내 여러 이해관계자(예: 경영진, 직원, 노조, 외부 파트너, 시민)들의 다양한 요구와 기대가 상호작용하면서, 예측 불가능한 갈등이나 리스크가 발생한 경험이 있습니까?	노조의 파업으로 인한 프로젝트 중단, 시민단체의 반발로 인한 사업 지연, 언론의 부정적 보도로 인한 기업 이미지 실추.
		7. 우리 조직이 제공하는 서비스나 제품이 여러 단계의 공급망(파트너사, 유통사, 협력기관 등)을 거치면서, 개별 단계의 문제는 아니지만 전체 공급망의 상호작용으로 인해 발생한 리스크가 있습니까?	특정 파트너사의 문제로 인한 전체 서비스 지연, 여러 유통사의 정책 변화가 복합적으로 작용하여 발생하는 품질 문제, 협력 기관의 미숙한 대응으로 인한 대규모 리콜.
		8. 조직 내 정보의 흐름(생성, 공유, 활용)이 복잡해지면서, 정보의 과부하, 왜곡, 또는 누락과 같은 예상치 못한 리스크가 발생한 사례가 있습니까?	너무 많은 정보로 인한 의사결정 마비, 왜곡된 정보 공유로 인한 잘못된 판단, 중요한 정보의 누락으로 인한 사업 실패.
		9. 우리 조직이 사회적 책임(ESG)을 다하려는 노력과 기존의 운영 방식이 상호작용하면서, 예상치 못한 리스크가 발생할 가능성이 있다고 보십니까?	친환경 정책 추진 과정에서 발생하는 기존 산업의 반발, 특정 이해관계자(예: 환경 단체)의 높은 요구로 인한 갈등, 내부적으로는 '그린워싱' 논란.
		10. 조직 내에서 발생하는 작은 문제들이 서로 영향을 주고받으며 증폭되어, 결국 조직 전체에 큰 영향을 미치는 '나비 효과'와 같은 리스크를 경험하거나 우려하는 부분이 있습니까?	작은 업무 오류가 반복되어 대규모 시스템 장애로 이어지는 경우, 직원의 사소한 불만이 조직 전체의 사기 저하로 확산되는 경우.

리스크 식별은 리스크 관리의 가장 기본적이면서도 중요한 단계입니다. 위에 설명된 다양한 방법론과 원칙, 그리고 Tri View 관점을 활용하여 조직의 잠재적 위험을 효과적으로 찾아내시길 바랍니다.

7. 리스크 Naming & 정의하는 방법

리스크를 식별하는 것도 중요하지만, 식별된 리스크에 적절한 '이름'을 붙이고 명확하게 '정의'하는 것은 리스크 관리의 실효성을 좌우하는 핵심 단계입니다. 실무에서는 다음과 같은 원칙을 적용하여 리스크를 관리하면 좋습니다.

[표114] 리스크 Naming & 정의하는 방법

항목	설명	실무적 고려사항	비효율적	효율적	설명
리스크 명칭 부여	식별된 리스크를 대표하는 간결하고 직관적인 이름	· 15자 내외로 제한하여 실무적 편의성 확보 · 리스크 발생 시의 "핵심 현상(Event)"을 중심으로 표현 · 모호한 표현 대신 구체적인 키워드 사용	노후화된 서버로 인한 시스템 다운으로 고객 서비스 중단 및 매출 손실 발생	시스템 다운	가장 직접적인 현상으로 간결하게 표현
			개인정보보호 시스템 취약성으로 인한 대규모 개인정보 유출	개인정보 유출	리스크의 핵심 현상을 명칭으로 사용
			원자재 공급망 불안정으로 인한 생산 차질 및 비용 증가	원자재 수급 불안정	원인과 현상을 아우르는 핵심 키워드
			신기술 도입 지연으로 인한 경쟁력 약화	신기술 도입 지연	발생 가능한 현상에 초점
리스크 정의 (CEI 활용)	리스크의 본질을 '원인(Cause)-현상(Event)-영향(Impact)'의 세 가지 핵심 요소로 상세하게 설명	· 리스크 명칭의 의미를 CEI 3요소로 구체화 · 각 요소(원인, 현상, 영향)에 대한 명확하고 구체적인 기술 · 리스크 평가 및 대응 전략 수립의 기반 제공	시스템 다운: 노후화된 서버(원인)로 인해 시스템 다운(현상)이 발생하여 고객 서비스 중단 및 매출 손실(영향)이 발생할 위험.		
			개인정보 유출: 보안 시스템 취약성(원인)으로 인해 개인정보 유출(현상)이 발생하여 벌금 부과 및 기업 이미지 실추(영향)가 초래될 위험.		
			원자재 수급 불안정: 주요 원자재 생산국의 정치적 불안정(원인)으로 인해 원자재 수급 불안정(현상)이 발생하여 생산 차질 및 제조 원가 상승(영향)이 예상된다.		
실무적 이점	리스크 명칭 및 정의의 명확성을 통해 얻을 수 있는 실질적인 효과	· 조직 내 명확한 의사소통 및 리스크에 대한 동일한 이해 증진 · 리스크 등록부 관리, 보고서 작성, 대시보드 활용 등 관리 효율성 증대 · 리스크의 체계적인 추적 및 효과적인 대응 방안 수립 지원	(명칭과 정의가 명확할수록 실무적 활용도가 높아짐)		

1) 리스크 명칭 부여

간결하고 직관적으로
리스크 명칭은 리스크를 대표하는 '간판'과 같습니다. 너무 길거나 모호하면 실무에서 다루기 어렵고, 리스크 등록부나 보고서에서 가독성이 떨어집니다.

핵심 현상(Event) 중심으로
리스크 명칭은 해당 리스크가 발생했을 때 나타나는 가장 중요하거나 직접적인 '현상(Event)'을 중심으로 간결하게 표현하는 것이 좋습니다.

글자 수 제한
실무적 편의를 위해 15자 내외로 명칭을 제한하고 의미가 통하는 한도 내에서 최대한 압축 하여 표현 하는 것을 권장합니다. 이는 보고서 작성, 시스템 입력, 구두 소통 시 효율성을 높여 줍니다.

구체적인 키워드 사용
모호한 표현 대신, 리스크의 본질을 직관적으로 드러내는 구체적인 키2. 리스크 정의: CEI(원인-현상-영향) 분석 활용

2) 리스크 정의하기

리스크 명칭은 간결하게 하되, 그 명칭이 담고 있는 의미는 CEI(Cause-Event-Impact: 원인-현상-영향) 분석을 활용하여 명확하게 정의해야 합니다. CEI 정의는 리스크의 본질을 심층적으로 이해하고, 관리 방안을 수립하는 데 필수적인 정보를 제공합니다.

글자 수 제한
실무적 편의를 위해 30자 내외로 제한하고 최대한 압축 하여 표현하는 것을 권장합니다. 이는 보고서 작성, 시스템 입력, 구두 소통 시 효율성을 높여 줍니다.

원인(Cause): 리스크 현상을 유발하는 근본적인 요인이나 조건.('왜' 발생하는가?)
예시: 노후화된 서버, 직원 교육 부족, 불명확한 규정, 단일 공급처 의존 등

현상(Event): 리스크가 실제로 발생하는 특정 사건 또는 상황.('무엇이' 발생하는가?)
예시: 시스템 다운, 개인정보 유출, 프로젝트 일정 지연, 민원인 폭언 발생 등

영향(Impact): 리스크 현상이 발생했을 때 조직의 목표에 미치는 결과.('발생하면 무엇이 달라지는가?')
예시: 재무적 손실, 서비스 중단, 평판 하락, 법규 위반, 인명 피해 등(재무적, 운영적, 평판적, 법률적, 인명적 등 다각도로 고려).

CEI를 활용한 리스크 정의 예시

명칭: 시스템 다운
정의: 노후화된 서버(원인)로 인해 시스템 다운(현상)이 발생하여 고객 서비스 중단 및 매출 손실(영향)이 발생한다.

명칭: 개인정보 유출
정의: 보안 시스템 취약성(원인)으로 인해 개인정보 유출(현상)이 발생하여 벌금 부과 및 기업 이미지 실추(영향)가 초래된다.

명칭: 원자재 수급 불안정
정의: 주요 원자재 생산국의 정치적 불안정(원인)으로 인해 원자재 수급 불안정(현상)이 발생하여 생산 차질 및 제조 원가 상승(영향)이 예상된다.

3) 실무적 고려사항 및 이점

이러한 방식으로 리스크를 명칭하고 정의하는 것은 다음과 같은 실무적 이점을 제공합니다.

명확한 의사소통
모든 이해관계자가 리스크의 본질을 동일하게 이해하고 소통할 수 있습니다.

효율적인 관리
짧은 명칭으로 리스크를 빠르게 식별하고, CEI 정의를 통해 리스크의 원인과 영향을 명확히 파악하여 효과적인 대응 방안을 수립할 수 있습니다.

체계적인 추적
리스크 등록부에서 명칭과 정의가 일관되게 관리되어, 리스크의 변화를 추적하고 모니터링하기 용이합니다.

보고서 및 대시보드 활용
간결한 명칭은 보고서나 대시보드에서 리스크 현황을 시각적으로 효율적으로 표현하는 데 유리합니다.

리스크 명칭은 간결하게, 정의는 CEI를 통해 구체적으로 하는 것이 실무에서 리스크 관리의 효율성과 효과성을 동시에 높이는 핵심적인 방법입니다.

제3절 | 리스크 분석

리스크 관리의 여정에서 위험을 찾아내는 '식별' 다음으로 중요한 단계는 바로 리스크 분석입니다. 이는 단순히 위험의 목록을 만드는 것을 넘어, 식별된 위험의 본질과 그 수준을 깊이 있게 이해하기 위한 과정입니다. 리스크 분석은 조직이 직면한 불확실성을 명확히 파악하고, 정보에 기반한 현명한 의사결정을 내리는 데 필수적인 단계입니다.

1. 분석의 목적

[표115] 리스크 분석의 목적

항목	설명	
개념	식별된 리스크의 본질과 수준을 이해하기 위한 과정. 리스크 관리 프로세스에서 리스크 식별 이후, 리스크 평가 및 처리 이전에 수행되며, 조직이 직면한 불확실성을 명확히 파악하고 정보에 기반한 의사결정을 내리는 데 필수적인 단계.	
목적	· 리스크의 특성 파악	리스크가 왜 발생하는지(원인), 발생하면 어떤 결과가 초래되는지, 어떤 시나리오로 전개될 수 있는지 등을 심층적으로 이해하는 것.
	· 리스크 수준 판정	리스크가 조직에 얼마나 심각한 영향을 미칠 수 있는지, 발생 가능성은 얼마나 되는지를 평가하여 리스크의 중요도를 결정하는 것.
	· 처리 필요 여부 결정	분석된 리스크 수준을 바탕으로 해당 리스크를 처리(대응)할 필요가 있는지, 어떤 리스크를 우선적으로 처리할 것인지에 대한 근거를 마련하는 것.
	· 정보에 기반한 의사결정 지원	리스크에 대한 명확한 이해를 바탕으로 합리적인 의사결정을 내리고, 자원을 효율적으로 배분할 수 있도록 지원하는 것.

위험의 특성 파악

리스크가 왜 발생하는지(원인), 실제로 발생한다면 어떤 결과가 초래될지, 그리고 어떤 시나리오로 전개될 수 있는지 등을 심층적으로 이해하게 됩니다.

위험 수준 판정

각 리스크가 조직에 얼마나 심각한 영향을 미칠 수 있는지, 그리고 발생할 가능성은 얼마나 되는지를 평가하여, 해당 리스크의 중요도를 객관적으로 결정할 수 있습니다.

처리 필요 여부 결정

분석된 리스크의 수준을 바탕으로, 과연 이 리스크를 적극적으로 관리하고 처리해야 할지, 어떤 리스크를 우선적으로 다룰지 등 대응 여부와 우선순위를 정하는 근거를 마련합니다.

정보에 기반한 의사결정 지원

리스크에 대한 명확한 이해는 합리적인 의사결정을 돕고, 한정된 자원을 가장 효율적으로 배분할 수 있도록 지원하는 중요한 역할을 합니다.

2. 리스크 분석 유형

리스크 분석은 위험의 특성과 심각성을 파악하는 과정이며, 이에는 크게 네 가지 접근 방식이 있습니다.

1) CEI(Cause-Event-Impact) 분석: 위험의 구조 파악

CEI 분석은 리스크를 '원인(Cause)', '현상(Event)', '영향(Impact)'이라는 세 가지 핵심 요소로 분해하여 이해하는 방법론입니다.

[표116] CEI 리스크 분석

분석 유형	구분		개념	구체적 사례
CEI (Cause-Event-Impact) 분석	개념		리스크를 "원인(Cause), 현상(Event), 영향(Impact)"이라는 세 가지 핵심 요소로 분해하여 체계적으로 이해하고 기술하는 방법론. 리스크 관리의 모든 단계에서 리스크에 대한 명확한 의사소통과 효과적인 관리를 위한 '언어'와 같은 역할을 함.	'노후화된 서버(원인)로 인해 시스템 다운(현상)이 발생하여 고객 서비스 중단 및 매출 손실(영향)이 발생한다'와 같이 리스크를 구조적으로 정의하는 것.
	목적		리스크의 명확한 정의 · 근본 원인 파악 · 잠재적 영향 예측 · 효과적인 의사소통 · 책임 소재 명확화	
	장점		리스크에 대한 모호성을 제거하고 조직 내 모든 구성원이 동일하게 이해하도록 돕는 명확성 및 일관성 확보. 리스크의 근본 원인 해결 유도. 리스크 정보를 간결하고 명확하게 전달하는 효과적인 의사소통. 리스크 등록부 관리 및 리스크 평가의 기초를 제공하여 리스크 관리 프로세스의 체계성을 강화.	
	단점		원인과 현상을 혼동할 가능성 존재. 영향의 다차원적 분석에 따른 복잡성. 과도한 세분화 시 비효율 발생 가능성.	
	활용	리스크 식별	리스크를 CEI 구조에 맞춰 명확하게 정의하여 본질 파악 및 분석 기초 마련.	노후화된 서버(원인)로 인해 시스템 다운(현상)이 발생하여 고객 서비스 중단 및 매출 손실(영향)이 발생한다'와 같이 정의.
		리스크 등록부 관리	각 리스크의 CEI 정보가 필수적으로 포함되어 일관된 이해와 추적 관리 가능.	리스크 등록부에 '리스크 ID: R001, 리스크명: 시스템 장애, 원인: 노후화된 서버, 현상: 시스템 다운, 영향: 고객 서비스 중단 및 매출 손실'과 같이 CEI 요소별로 구조화하여 기록하고 관리하는 것.
		리스크 분석	CEI 구조로 정의된 리스크는 발생 가능성(P)과 영향(I) 평가에 필요한 명확한 정보 제공.	CEI로 정의된 '개인정보 유출 리스크(원인: 보안 시스템 취약성, 현상: 개인정보 유출, 영향: 벌금 부과 및 기업 이미지 실추)'를 바탕으로, '개인정보 유출'이 발생할 확률(P)과 '벌금 부과 및 기업 이미지 실추'의 심각도(I)를 평가하는 것.
		리스크 대응	원인(Cause)을 명확히 하여 근본적인 대응 방안 수립, 영향(Impact)을 명확히 하여 최소화/회복 방안 마련.	노후화된 서버(원인)로 인한 '시스템 다운(현상)'과 '매출 손실(영향)' 리스크에 대해, 원인 제거를 위한 '서버 교체 및 정기 유지보수' 방안과 영향 최소화를 위한 '비상 복구 시스템 구축 및 백업 절차 강화' 방안을 수립하는 것.
		리스크 모니터링 및 의사소통	리스크 상태 모니터링 및 이해관계자에게 리스크 정보 명확하게 전달.	월간 리스크 보고서에 'R001 시스템 장애 리스크'의 현재 상태를 '원인(노후화된 서버) 개선 진행 중, 현상(시스템 다운) 미발생, 잠재 영향(매출 손실) 여전' 등으로 CEI 구조에 맞춰 명확하게 보고하고 공유하는 것.

예를 들어, '노후화된 서버(원인)로 인해 시스템 다운(현상)이 발생하여 고객 서비스 중단 및 매출 손실(영향)이 발생한다'와 같이 리스크를 구조적으로 정의합니다. 이는 리스크에 대한 모호성을 제거하고, 근본 원인을 파악하며, 잠재적 영향을 예측하여 조직 내 모든 구성원이 동일하게 리스크를 이해하고 효과적으로 소통하는 데 큰 도움이 됩니다.

CEI(원인-현상-영향) 분석 구성 요소: 위험의 핵심 파악

[표117] CEI 구성요소

구성 요소	설명/정의	특징	구체적 사례
가. 원인(Cause)	리스크 현상(Event)을 유발하는 근본적인 요인이나 조건. 리스크가 발생하는 '왜(Why)'에 해당.	· **통제 가능성**: 대부분 조직의 통제 범위 내에 있거나 영향을 미칠 수 있는 요소들. · **근본성**: 표면적인 현상 뒤에 숨겨진 본질적인 이유. · **구체성**: 모호한 설명보다는 구체적인 사실이나 조건으로 기술.	· 노후화된 시스템 · 직원 교육 부족 · 명확하지 않은 규정 · 단일 공급처 의존 · 과도한 업무량 · 경직된 조직 문화
나. 현상(Event)	리스크가 실제로 발생하는 특정 사건 또는 상황. 리스크의 '무엇(What)'에 해당하며, 원인으로 인해 발생하고 영향을 초래하는 중간 단계.	· **발생 여부**: 발생할 수도 있고 발생하지 않을 수도 있는 불확실한 사건. · **구체적이고 측정 가능**: 리스크가 발생했음을 명확히 인지할 수 있는 구체적인 사건. · **중립적 기술**: 현상 자체는 긍정적/부정적 판단을 배제하고 객관적으로 기술.	· 시스템 다운 · 개인정보 유출 · 프로젝트 일정 지연 · 민원인 폭언 발생 · 원자재 가격 급등 · 핵심 인력 이탈
다. 영향(Impact)	리스크 현상(Event)이 발생했을 때 조직의 목표에 미치는 결과. 리스크가 발생하면 '무엇이 달라지는가(So What)'에 해당.	· **목표 연관성**: 조직의 전략적, 운영적, 재무적 목표 달성에 미치는 영향을 중심으로 기술. · **다차원적**: 재무적, 운영적, 평판적, 법률적, 인명적 등 다양한 측면에서 고려. · **정량화 가능성**: 가능하다면 재무적 손실액, 시간 지연, 고객 이탈률 등 수치로 표현.	· 재무적 손실: 예상치 못한 재무적 손실 발생 금액 · 서비스 실패: 대고객 서비스 활동의 지연, 감소 또는 중단 · 평판적 손실: 주주 가치에 직간접적으로 영향을 줄 수 있는 사람이 가지는 회사 이미지 저하 · 운영성과 저하: 업무 효과성 및 효율성 저하, 정보의 부정확성, 생산된 제품의 품질 저하 · 법규 미준수: 법적, 계약적 사항에 대한 위반 발생 · 인명/안전: 임직원, 고객 또는 이해관계자의 안전 및 건강에 미치는 영향 · 환경: 환경에 미치는 부정적 영향(오염, 자원 손실 등)

"원인(Cause)"은 리스크 현상을 유발하는 근본적인 요인이나 조건으로, '왜' 리스크가 발생하는지에 대한 답입니다. "현상(Event)"은 그 원인으로 인해 실제로 일어나는 특정 사건이나 상황을 말하며, 리스크의 '무엇'에 해당합니다. 마지막으로 "영향(Impact)"은 이러한 현상이 발생했을 때 조직의 목표 달성에 미치는 결과로, '무엇이 달라지는가'를 보여 줍니다.

2) 반정량적 리스크 분석: 정성과 정량의 조화

이 분석은 정성적 평가(높음, 낮음 등)에 수치적인 척도를 부여하여 리스크를 점수화하는 방식입니다.

[표118] 반정량적 리스크 분석

분석 유형	구분		개념	구체적 사례
반정량적 리스크 분석	개념		정성적 평가에 수치적 척도를 부여하여 등급을 점수화하는 방식. 정성적 평가의 신속성과 정량적 평가의 객관성을 결합한 형태로, 가장 일반적으로 사용됨.	
	장점		실용성이 높고, 리스크 간의 비교가 용이하며, 정성적/정량적 분석의 장점을 결합할 수 있는 것.	
	단점		척도 설정에 주관성이 개입될 수 있으며, 정량적 분석만큼의 정밀성은 부족한 것.	
	기법	점수화 기법	발생 가능성과 영향도에 미리 정해진 점수(예: 1~5점)를 부여하고, 이를 곱하거나 합산하여 리스크 점수를 산정.	영향도 1~5점, 발생 가능성 1~5점을 부여한 후 두 점수를 곱하여 리스크 점수(1~25점)를 산출하고, 이 점수를 기준으로 리스크 수준(고위험, 중위험, 저위험)을 분류하는 것.
		정성적 리스크 매트릭스의 점수화	정성적 리스크 매트릭스의 각 셀(예: '높음-높음' 영역)에 특정 점수 구간을 부여하여 리스크 수준을 수치화하고 우선순위를 명확히 함.	정성적 리스크 매트릭스에서 '높음-높음' 영역에 20-25점, '중간-중간' 영역에 10-15점과 같이 각 셀에 점수 구간을 부여하여 리스크의 수준을 수치화하고 우선순위를 명확히 하는 것.

예를 들어, 리스크의 발생 가능성과 영향도에 1점부터 5점까지 점수를 부여하고, 이 점수를 곱하거나 합산하여 리스크의 중요도를 산출하는 것입니다. 이는 정성적 분석의 신속함과 정량적 분석의 객관성을 결합하여 리스크 간의 비교를 용이하게 하며, 가장 일반적으로 활용되는 방법 중 하나입니다.

3) 정성적 리스크 분석: 전문가의 통찰을 활용

정성적 리스크 분석은 전문가의 경험과 직관을 바탕으로 리스크를 '높음', '보통', '낮음'과 같은 등급으로 평가하는 방법입니다.

[표119] 정성적 리스크 분석

분석 유형	구분		개념	구체적 사례
정성적 리스크 분석	개념		전문가의 판단, 경험, 직관을 바탕으로 리스크를 등급(예: 높음, 보통, 낮음)으로 평가하는 방법. 수치화하기 어렵거나 초기 단계에서 신속하게 리스크를 분류할 때 주로 사용됨.	
	장점		신속성, 유연성, 비용 효율성이 높은 것.	
	단점		주관성이 개입될 여지가 있으며, 리스크 간의 정밀한 비교가 어려운 것.	
	기법	리스크 매트릭스	발생 가능성(Likelihood)과 영향도(Impact)를 축으로 하여 리스크를 시각적으로 분류하고 우선순위를 정하는 가장 일반적인 도구.	5×5 매트릭스에서 '발생 가능성: 높음'과 '영향도: 높음'에 해당하는 리스크는 '즉각 대응 필요'로 분류하고, '발생 가능성: 낮음'과 '영향도: 낮음'에 해당하는 리스크는 '모니터링' 대상으로 분류하는 것.
			해당 분야 전문가들의 지식과 경험을 활용하여 리스크를 평가. 델파이 기법이나 브레인스토밍 등이 활용될 수 있음.	신기술 도입 프로젝트의 리스크를 분석하기 위해 해당 기술 분야의 외부 전문가와 내부 개발팀 리더들이 모여 잠재적 문제점을 논의하고 평가하는 것.

분석 유형	구분		개념	구체적 사례
정성적 리스크 분석	기법	체크리스트 분석	과거 경험, 산업 표준, 규제 요구사항 등을 바탕으로 미리 정의된 리스크 목록을 활용하여 해당 리스크의 존재 여부 및 특성을 확인.	정보 보안 리스크 분석 시, '개인정보 암호화 여부', '접근 통제 시스템 유무', '정기적 보안 업데이트 수행 여부' 등의 체크리스트를 활용하여 취약점을 식별하는 것.
		SWOT 분석	조직의 강점(Strength), 약점(Weakness), 기회(Opportunity), 위협(Threat)을 분석하여 리스크 요인을 파악. 특히 약점(내부)과 위협(외부)은 리스크 식별 및 분석에 중요한 단서를 제공.	조직의 '약점'인 '핵심 인력 부족'과 '위협'인 '경쟁사의 공격적인 인재 영입'을 분석하여 '핵심 인력 이탈 리스크'의 심각성을 파악하는 것.

수치화하기 어렵거나 초기 단계에서 리스크를 신속하게 분류할 때 주로 사용됩니다. 리스크 매트릭스, 전문가 판단, 체크리스트, SWOT 분석 등이 대표적인 기법으로, 신속하고 유연하며 비용 효율적이라는 장점이 있습니다. 하지만 주관성이 개입될 여지가 있어 정밀한 비교는 어렵습니다.

4) 정량적 리스크 분석: 숫자로 위험을 예측

이 분석은 통계적 데이터, 재무 모델, 시뮬레이션 등을 활용하여 리스크를 금액이나 확률과 같은 구체적인 수치로 평가하는 방법입니다.

[표120] 정량적 리스크 분석

분석 유형	구분		개념	구체적 사례
정량적 리스크 분석	개념		통계적 데이터, 재무 모델, 시뮬레이션 등을 활용하여 리스크를 수치(예: 금액, 확률)로 평가하는 방법. 객관적이고 정밀한 분석이 필요할 때 사용됨.	
	장점		객관성, 정밀성, 비교 용이성이 높으며, 재무적 손실 예측이 가능한 것.	
	단점		데이터 확보의 어려움, 분석의 복잡성, 시간과 비용 소모가 큰 것.	
	기법	기대 화폐 가치 분석(EMV)	특정 사건의 발생 확률과 그 사건이 가져올 재무적 영향을 곱하여 기대 손실액 또는 기대 이득액을 산정.	시스템 장애 발생 확률 5%, 발생 시 예상 손실액 10억 원이라면, EMV = 0.05 × 10억 = 5천만 원.
		민감도 분석	특정 리스크 요인(변수)이 프로젝트 목표나 결과에 미치는 영향을 분석. 하나의 변수만 변경하며 결과 변화를 관찰하여 어떤 변수가 가장 큰 영향을 미치는지 파악.	신제품 개발 프로젝트에서 '원자재 가격 변동'이 최종 제품 생산 비용에 얼마나 큰 영향을 미치는지 분석하여, 원자재 가격 리스크의 민감도를 파악하는 것.
		몬테카를로 시뮬레이션	불확실한 변수들(예: 프로젝트 활동 기간, 비용, 시장 수요)에 확률 분포를 부여하고, 컴퓨터를 이용하여 수천, 수만 번의 시뮬레이션을 반복하여 가능한 결과의 분포를 예측.	신규 사업 투자 시, 매출액, 생산 비용, 환율 등 불확실한 변수들의 확률 분포를 설정하고 시뮬레이션을 통해 예상 투자 수익률의 범위와 확률을 예측하는 것.
		결정 트리 분석	여러 의사결정 대안과 그에 따른 불확실한 결과들을 나무 형태로 시각화하여 최적의 의사결정 경로를 찾는 데 활용. 각 경로의 기대값을 계산하여 합리적인 선택을 돕는 것.	신규 공장 건설 여부를 결정할 때, '건설' 또는 '미건설'이라는 의사결정 노드에서 시작하여, '시장 수요 증가' 또는 '시장 수요 감소'와 같은 불확실성 노드를 거쳐 최종적인 재무적 결과를 예측하고 최적의 의사결정을 도출하는 것.
		확률 분포 분석	리스크 요인들의 확률 분포(정규 분포, 삼각 분포, 베타 분포 등)를 분석하여 특정 결과가 나타날 확률을 계산.	과거 데이터를 바탕으로 특정 시스템의 월별 장애 발생 횟수가 포아송 분포를 따른다고 가정하고, 다음 달에 3회 이상 장애가 발생할 확률을 예측하는 것.

객관적이고 정밀한 분석이 필요할 때 사용되며, 재무적 손실 예측에 특히 유용합니다. 기대 화폐 가치 분석(EMV), 민감도 분석, 몬테카를로 시뮬레이션, 결정 트리 분석 등이 여기에 해당합니다. 데이터 확보와 분석의 복잡성으로 인해 시간과 비용이 많이 소요될 수 있습니다.

이처럼 다양한 리스크 분석 방법론들은 조직이 직면한 위험을 다각도로 이해하고, 그에 맞는 최적의 대응 전략을 수립하는 데 중요한 기반을 제공합니다.

제4절 | 리스크 평가 개요

조직이 목표를 향해 나아갈 때, 우리는 수많은 잠재적인 위험, 즉 리스크와 마주하게 됩니다. 하지만 모든 리스크가 똑같이 중요하거나 시급한 것은 아닙니다. 이때, 식별된 리스크가 우리 조직의 목표 달성에 얼마나 큰 영향을 미칠 수 있는지, 그리고 실제로 발생할 가능성은 얼마나 되는지를 분석하고 측정하는 과정이 바로 리스크 평가입니다.

1. 정의와 목적

[표121] 리스크 평가 정의와 목적

항목	설명
정의	식별된 리스크가 조직의 목표 달성에 미칠 수 있는 잠재적 영향(Impact)과 발생 가능성(Likelihood)을 분석하고 측정하는 과정.
목적	· 리스크의 중요도와 우선순위를 결정하는 것. · 제한된 자원을 가장 중요한 리스크에 효율적으로 배분하는 것. · 합리적인 의사결정을 지원하고, 리스크 대응 전략 수립의 객관적인 근거를 마련하는 것.

중요도와 우선순위 결정

리스크 평가를 통해 우리는 어떤 리스크가 더 중요하고 시급하게 다뤄져야 하는지 그 순서를 정할 수 있습니다. 마치 응급실에서 환자의 위급도를 판단하는 것과 같습니다.

자원의 효율적 배분

조직의 자원은 언제나 제한적입니다. 리스크 평가를 통해 가장 중요한 리스크에 자원(시간, 인력, 예산)을 집중적으로 투입함으로써, 낭비 없이 효율적으로 리스크를 관리할 수 있습니다.

합리적인 의사결정 지원

리스크에 대한 명확한 평가는 경영진이 어떤 위험을 감수하고, 어떤 위험을 회피하거나 완화할지 등 합리적인 의사결정을 내릴 수 있는 객관적인 근거를 마련해 줍니다. 이는 곧 효과적인 리스크 대응 전략을 수립하는 데 필수적인 과정입니다.

결론적으로 리스크 평가는 위험의 '무게'를 재고, '어떤 위험부터 어떻게 다룰 것인가'에 대한 지혜로운 답을 찾는 과정이라고 할 수 있습니다.

2. RM&IC 의 핵심 평가들

RM&IC는 조직의 목표 달성을 지원하는 두 축입니다. 이 두 분야에서 위험을 체계적으로 다루기 위해서는 여러 단계의 평가가 필수적으로 이루어집니다. 주요 평가들은 다음과 같습니다.

[표122] RM&IC 핵심평가 유형

평가 유형	정의 및 목적	주요 구성 요소 / 방법	
내재위험평가 (Inherent Risk Assessment)	어떠한 통제 활동도 적용되지 않은 상태에서 리스크가 가지고 있는 원초적인 위험 수준을 측정하는 과정.	· 발생 가능성(Likelihood) · 영향도(Impact)	· 리스크가 발생할 확률 또는 빈도 · 리스크 발생 시 조직에 미치는 결과의 심각성
통제수준평가 (Control Level Assessment)	내재위험을 줄이기 위해 조직이 마련한 통제 활동들이 얼마나 효과적인지 평가하는 과정.	· 설계 적정성 · 운영 효과성	· 통제 활동이 리스크 완화에 적절하게 설계되었는지 평가 · 통제 활동이 실제로 의도대로 운영되고 기대효과를 내는지 평가
잔여위험평가 (Residual Risk Assessment)	내재위험에 대해 현재 운영 중인 통제 활동을 적용한 후에도 남아 있는 실제 위험 수준을 평가하는 과정입니다.	· 잔여 발생 가능성 · 잔여 영향도 · 재평가법 · 차감법	· 잔여 발생 가능성(Residual Likelihood): 통제 후 남아있는 발생 확률 · 잔여 영향도(Residual Impact): 통제 후 남아있는 피해 심각성 · 통제 적용 후 리스크를 새롭게 다시 평가 · 내재위험 수준에서 통제수준평가 결과를 개념적으로 차감하여 산정

1) 내재위험평가(Inherent Risk Assessment)

내재위험평가는 조직이 어떠한 통제 활동도 적용하지 않았다고 가정했을 때, 특정 리스크가 가지고 있는 원초적인 위험 수준을 측정하는 과정입니다. 이는 리스크의 '순수한' 잠재력을 파악하는 단계라고 할 수 있습니다.

발생 가능성(Likelihood)

해당 리스크가 실제로 발생할 확률이나 빈도를 평가합니다. 과거 데이터, 전문가의 경험, 유사 사례 등을 바탕으로 '매우 낮음'에서 '매우 높음'까지의 척도로 측정할 수 있습니다.

영향도(Impact)

리스크가 발생했을 때 조직의 목표 달성에 미칠 수 있는 부정적인 결과의 심각성을 평가합니다. 재무적 손실, 평판 하락, 법규 위반, 운영 중단 등 다양한 측면에서 '경미함'에서 '치명적'까지의 척도로 측정합니다.

이 두 가지 요소를 종합하여 내재위험 수준을 산정하며, 이는 이후 통제 활동의 필요성과 강도를 결정하는 중요한 기준이 됩니다.

2) 통제수준평가(Control Effectiveness: CE)

내재위험을 파악했다면, 이제 이 위험을 줄이기 위해 조직이 마련한 통제 활동들이 얼마나 효과적인지 평가해야 합니다. 통제수준평가는 두 가지 관점에서 이루어집니다.

설계 적정성(Design Effectiveness: DE)

통제 활동이 리스크를 효과적으로 완화하도록 적절하게 설계되었는지를 평가합니다. 예를 들어, '개인정보 유출 리스크'를 막기 위한 통제로 '접근 통제 시스템 구축'을 계획했다면, 이 시스템이 실제로 개인정보 유출을 막을 수 있도록 기능적으로 설계되었는지를 보는 것입니다.

운영 효과성(Operational Effectiveness: OE)

설계된 통제 활동이 실제로 의도대로 운영되고 있으며, 기대하는 효과를 내고 있는지를 평가합니다. 단순히 시스템이 구축되어 있는 것을 넘어, 직원들이 시스템을 제대로 사용하고 있는지, 정기적인 점검이 이루어지는지 등을 확인합니다.

이 평가는 통제 활동의 강점과 약점을 파악하여, 불필요한 통제를 제거하거나 미흡한 통제를 강화하는 데 기여합니다.

3) 잔여위험평가(Residual Risk Assessment)

잔여위험은 내재위험에 대해 현재 운영 중인 통제 활동을 적용한 후에도 남아 있는 실제 위험 수준을 의미합니다. 조직이 궁극적으로 관리해야 할 최종적인 위험이라고 할 수 있습니다. 잔여위험평가 역시 발생 가능성과 영향도를 다시 측정하여 이루어집니다.

잔여 발생 가능성(Residual Likelihood)

통제 활동으로 인해 리스크가 발생할 확률이 얼마나 줄어들었는지를 평가합니다.

잔여 영향도(Residual Impact)

통제 활동으로 인해 리스크가 발생했을 때의 피해 규모가 얼마나 줄어들었는지를 평가합니다. 잔여위험을 평가하는 방법에는 크게 두 가지 관점이 있습니다.

재평가법

이는 통제 활동이 모두 적용된 후의 상태를 가정하고, 리스크의 발생 가능성과 영향도를 새롭게 다시 평가하는 방식입니다. 마치 통제가 적용된 상태에서 처음부터 리스크를 평가하는 것과 같습니다.

내재위험에서 통제수준 차감법

이 방법은 처음 평가한 내재위험 수준에서 통제수준평가의 결과를 개념적으로 차감하여 잔여위험을 도출하는 방식입니다. 예를 들어, 내재위험이 '높음'이었는데 통제 효과가 '우수'하다면 잔여위험은 '보통'이나 '낮음'으로 낮아지는 식으로 접근합니다. 이는 통제의 효과를 직접적으로 반영하여 잔여위험을 산출하는 데 유용합니다.

3. 리스크 평가 주요 구성 요소

리스크 평가의 구성요소인 영향도, 발생 가능성, 그리고 리스크 수준 산정에 대해 개괄적으로 살펴보겠습니다.

[표123] 리스크 평가 구성 요소

구성 요소	설명		구체적 사례 예시
영향도(Impact)	리스크가 발생했을 때 조직에 미칠 부정적 결과의 크기. 재무적 손실, 운영 중단, 평판 손상, 법규 위반, 인명 피해 등 다양한 측면에서 측정.	재무적 손실	10억 원 이상 손실(매우 높음), 1억~10억 원 손실(높음), 1천만~1억 원 손실(보통), 1백만~1천만 원 손실(낮음), 1백만 원 미만 손실(매우 낮음).
		운영 중단	핵심 업무 완전 중단(매우 높음), 핵심 업무 부분 중단(높음), 비핵심 업무 중단(보통), 경미한 업무 지연(낮음), 영향 없음(매우 낮음).
		평판 손상	언론 대서특필, 기업 이미지 심각한 손상(매우 높음), 언론 보도, 이미지 손상(높음), 내부 불만, 이미지 저하(보통), 경미한 불만(낮음), 영향 없음(매우 낮음).
		법규 위반	형사 처벌, 사업 정지(매우 높음), 과징금, 행정 처분(높음), 경고, 시정 명령(보통), 경미한 위반(낮음), 영향 없음(매우 낮음).
발생 가능성 (Likelihood/ Frequency)	리스크가 특정 기간 내에 발생할 확률 또는 빈도. 과거 발생 이력, 전문가 판단, 통계 데이터 등을 기반으로 평가.	확률	90% 이상(거의 확실), 50~90%(높음), 20~50%(보통), 10~20%(낮음), 10% 미만(거의 없음).
		빈도	연 1회 이상(매우 높음), 2~5년에 1회(높음), 5~10년에 1회(보통), 10~20년에 1회(낮음), 20년에 1회 미만(매우 낮음).
		정성적 표현	거의 확실히 발생, 발생 가능성 높음, 보통으로 발생 가능, 발생 가능성 낮음, 거의 발생하지 않음.

리스크 수준 산정 (Risk Level Calculation)	영향도와 발생 가능성을 결합하여 리스크의 전체적인 중요도를 결정하는 것. 일반적으로 곱셈법(영향도×발생 가능성) 또는 매트릭스 방식을 활용.	곱셈법 예시	영향도(1~5점)×발생 가능성(1~5점) = 1~25점. 점수 구간별 리스크 수준 정의(예: 13~25점: 고위험, 5, 8~12점: 중위험, 1~7점 5점 제외): 저위험).
		매트릭스 예시	5×5 매트릭스에서 영향도와 발생 가능성이 모두 '높음'인 리스크는 '매우 높음'으로 분류되는 것.

리스크 평가는 조직이 직면한 위험이 얼마나 심각한지 판단하는 과정입니다. 먼저 "영향도(Impact)"는 리스크가 실제 발생했을 때 조직에 미치는 부정적인 결과의 크기를 의미하며, 재무적 손실, 운영 중단, 평판 손상, 법규 위반, 인명 피해 등 다양한 측면에서 평가합니다. 예를 들어, 10억 원 이상의 손실은 매우 높은 영향도로 분류됩니다.

다음으로 "발생 가능성(Likelihood)"은 특정 기간 내에 리스크가 실제로 발생할 확률이나 빈도를 뜻합니다. 과거 데이터나 전문가 판단을 바탕으로 평가하며, 90% 이상의 확률은 거의 확실한 발생으로 간주합니다.

마지막으로 리스크 수준 산정은 영향도와 발생 가능성을 결합해 전체적인 위험도를 결정하는 단계입니다. 보통 영향도와 발생 가능성 점수를 곱하거나, 5×5 매트릭스 형태로 평가하여 고위험, 중위험, 저위험 등으로 분류합니다. 이를 통해 조직은 어떤 리스크에 우선적으로 대응할지 합리적으로 결정할 수 있습니다.

이처럼 영향도와 발생 가능성, 그리고 이 둘을 결합한 리스크 수준 산정은 조직의 리스크 관리에서 핵심적인 역할을 하며, 효과적인 의사결정과 자원 배분을 돕는 중요한 도구입니다.

4. 리스크 평가 방법론

리스크를 식별하고 그 중요도를 파악하는 '평가' 단계에서는 다양한 방법론이 활용됩니다. 각 방법론은 장단점이 있어, 상황과 목적에 따라 적절한 방식을 선택하는 것이 중요합니다.

[표124] 리스크 평가 방법론

방법론	설명	장점	구체적 사례
정성적 평가 (Qualitative Assessment)	전문가의 판단, 경험, 직관을 바탕으로 리스크를 등급(예: 높음, 보통, 낮음)으로 평가하는 것.	수치화하기 어렵거나 초기 단계에서 신속하게 리스크를 분류할 때 유용한 것.	· "신규 시장 진출 리스크는 경험 부족과 시장 불확실성을 고려하여 '높음'으로 평가함."
			· "직원들의 업무 스트레스 리스크는 '보통' 수준으로 판단함."
정량적 평가 (Quantitative Assessment)	통계적 데이터, 재무 모델, 시뮬레이션 등을 활용하여 리스크를 수치(예: 금액, 확률)로 평가하는 것.	객관적이고 정밀한 분석이 가능하며, 재무적 손실 예측에 특히 유용한 것.	· "시스템 장애로 인한 시간당 손실은 1,000만 원이며, 연간 발생 확률은 5%임.(예상 손실액: 1,000만 원×5% = 50만 원)."
			· "특정 프로젝트의 완료 지연 확률은 20%이며, 지연 시 추가 비용은 5억 원으로 추정됨."
반정량적 평가 (Semi-Quantitative Assessment)	정성적 평가에 수치적 척도를 부여하여 등급을 점수화하는 방식. 가장 일반적으로 사용됨.	정성적 평가의 신속성과 정량적 평가의 객관성을 결합하여 실용적인 결과를 도출하는 것.	· 영향도(1~5점)와 발생 가능성(1~5점)을 곱하여 리스크 점수를 산출하고, 이를 바탕으로 리스크 매트릭스에 배치하는 것.
			· 각 리스크에 대해 '매우 높음(5점)', '높음(4점)', '보통(3점)', '낮음(2점)', '매우 낮음(1점)'과 같은 점수를 부여하여 총점을 계산하는 것.

1) 정성적 평가(Qualitative Assessment): 빠르고 유연하게

정성적 평가는 주로 전문가의 경험과 직관을 바탕으로 리스크를 '높음', '보통', '낮음'과 같은 등급으로 분류하는 방식입니다. 수치화하기 어려운 리스크를 신속하게 평가하거나, 프로젝트 초기 단계에서 빠르게 위험을 파악할 때 유용합니다. 예를 들어, "신규 시장 진출 리스크는 경험 부족 때문에 '높음'으로 봐야 한다"라고 판단하는 것 등입니다. 빠르고 유연하다는 장점이 있지만, 평가자의 주관이 개입될 수 있다는 한계가 있습니다.

2) 정량적 평가(Quantitative Assessment): 숫자로 정밀하게

정량적 평가는 통계 데이터, 재무 모델, 시뮬레이션 등을 활용하여 리스크를 구체적인 수치(예: 금액, 확률)로 평가하는 방법입니다. "시스템 장애로 인한 시간당 손실은 1,000만 원이며, 연간 발생 확률은 5%다"와 같이 객관적이고 정밀한 분석이 가능하며, 특히 재무적 손실을 예측하는 데 매우 효과적입니다. 하지만 정확한 데이터를 확보하기 어렵고 분석 과정이 복잡하며 시간과 비용이 많이 소요될 수 있습니다.

3) 반정량적 평가(Semi-Quantitative Assessment): 실용적인 조화

가장 일반적으로 사용되는 반정량적 평가는 정성적 평가에 수치적인 척도를 부여하여 등급을 점수화하는 방식입니다. 예를 들어, 리스크의 영향도와 발생 가능성을 각각 1점에서 5점까지 점수화한 뒤, 이

두 점수를 곱하여 전체 리스크 점수를 산출하고, 이를 바탕으로 리스크 매트릭스에 배치하는 것입니다. 이는 정성적 평가의 신속함과 정량적 평가의 객관성을 결합하여 실용적인 결과를 도출하며, 리스크 간의 비교를 용이하게 해 줍니다.

이처럼 각 평가 방법론은 고유한 특징을 가지고 있으며, 조직의 상황과 리스크의 유형에 맞춰 적절한 방법을 선택하는 것이 효과적인 리스크 관리의 핵심입니다.

5. 리스크 평가 결과물

리스크 평가를 통해 얻어지는 주요 결과물들은 조직이 위험을 시각적으로 이해하고, 우선순위를 정하며, 체계적으로 관리하는 데 필수적인 도구로 활용됩니다. 이러한 결과물들은 경영진이 제한된 자원을 가장 효과적인 곳에 배분하고, 어떤 리스크에 먼저 대응할지 합리적인 의사결정을 내리는 데 중요한 기반을 제공합니다. 궁극적으로는 조직의 리스크 관리 역량을 강화하고, 예측 불가능한 상황에서도 안정적으로 목표를 달성할 수 있도록 지원합니다.

[표125] 리스크 평가 결과물

결과물	설명	구체적 사례
리스크 평가 내역서	각 리스크의 영향도와 발생 가능성을 평가한 근거와 이유를 상세히 기재한 문서. 평가의 투명성과 객관성을 확보하는 데 중요함.	**예시 리스크: 시스템 다운** 영향도 4점(높음) 평가 근거: "과거 유사 사례 분석 결과, 시스템 다운 시 시간당 5천만 원의 매출 손실 발생. 이는 연간 예산의 2%에 해당하며, 고객 불만 및 평판 하락이 예상되어 '높음'으로 평가함." 발생 가능성 3점(보통) 평가 근거: "최근 3년간 월 1회 정도의 경미한 시스템 오류가 있었으나, 전면 다운은 2년에 1회 정도 발생. 노후화된 장비 교체 예정임을 고려하여 '보통'으로 평가함."
리스크 매트릭스	영향도와 발생 가능성을 축으로 하여 리스크 수준을 시각적으로 보여주는 도구.	5×5 매트릭스에서 우측 상단(고영향, 고빈도)에 위치한 리스크는 '매우 높음'으로 분류되어 즉각적인 대응이 필요한 것으로 시각화되는 것.

제5절 | 핵심 평가 기준과 방법

1. 리스크 영향도 평가

우리가 어떤 위험에 대해 이야기할 때, 그 위험이 '발생할 가능성'도 중요하지만, "만약 발생한다면 얼마나 큰 피해를 입을까?"를 아는 것 역시 매우 중요합니다. 바로 이 질문에 대한 답을 찾는 과정이 "영향도 평가(Impact Assessment)"입니다.

영향도 평가는 특정 위험 사건이 실제로 발생했을 때, 우리 조직에 미칠 수 있는 잠재적인 결과나 손실의 심각성을 측정하는 과정입니다. 단순히 위험이 일어날 확률만을 보는 것이 아니라, 위험이 현실이 되었을 때 발생할 수 있는 피해의 크기나 그 파급 효과를 다각적으로 분석하는 것입니다. 이는 재무적 손실뿐만 아니라 평판 하락, 법적 제재, 운영 중단, 인명 피해, 환경 오염 등 다양한 측면에서의 부정적 결과를 종합적으로 고려합니다. 이처럼 다차원적인 분석을 통해 리스크가 조직의 핵심 가치와 목표에 미칠 수 있는 총체적인 영향을 파악할 수 있습니다. 영향도 평가는 리스크의 우선순위를 정하고, 제한된 자원을 어디에 집중할지 결정하는 데 필수적인 정보를 제공합니다. 결과적으로, 이는 조직이 잠재적 위협에 대한 진정한 취약점을 이해하고, 가장 효과적인 대응 전략을 수립하는 데 결정적인 역할을 수행합니다. 즉, 리스크의 '무게'를 가늠하는 중요한 척도가 되는 것입니다.

[표126] 리스크 영향도 평가 기준

리스크 영향도(Impact(I)) 평가 기준							
특정 위험 사건이 현실화 되었을 때 조직에 미칠 수 있는 피해의 크기나 파급 효과, 잠재적인 결과나 손실의 심각성 정도를 의미함. 재무적 손실, 서비스 실패, 평판적 손실, 운영성과 저하, 법규 미준수, 인명/안전, 환경 등 여러 유형의 결과를 종합적으로 고려함.							
"만약 이 위험이 발생한다면, 우리 조직에 얼마나 심각한 피해를 입힐 것인가?"							
영향이 미치는 영역	5점 척도	1(매우 낮음)	2(낮음)	3(보통)	4(높음)	5(매우 높음)
	정의	위험 발생 시 조직에 미치는 영향이 거의 없거나 무시할 수 있을 정도로 경미함.	위험 발생 시 조직에 미치는 영향이 작지만 인지할 수 있는 수준. 제한적인 불편이나 손실 발생.	위험 발생 시 조직에 미치는 영향이 중간 정도. 일부 운영 차질이나 손실 발생 가능.	위험 발생 시 조직에 미치는 영향이 상당함. 주요 운영에 심각한 차질이나 상당한 손실 발생 가능.	위험 발생 시 조직에 미치는 영향이 매우 심각하거나 치명적. 조직의 존립에 위협이 되거나 막대한 손실 발생 가능.
재무적 손실	예상치못한 재무적 손실 발생 금액	당기순이익의 0.1% 미만 손실	당기순이익의 0.1% ~ 1% 손실	당기순이익의 1% ~ 5% 손실	당기순이익의 5% ~ 10% 손실	당기순이익의 10% 초과 손실
서비스 실패	대고객 서비스 활동의 지연, 감소 또는 중단	업무 운영 및 프로세스에 영향 거의 없음(경미한 불편, 즉시 해결)	업무 운영 및 프로세스가 정상 수준에서 약간 지연/감소(제한적 사용자 영향)	핵심 업무 운영 및 프로세스에 상당한 영향(중간 규모 사용자/고객 영향)	핵심 업무 운영 및 프로세스에 심각한 영향(대규모 사용자/고객 영향, 주요 기능 중단)	핵심 업무 운영 및 프로세스에 치명적 영향(전면 중단, 핵심 기능 마비, 서비스 제공 불가)
평판적 손실	주주 가치에 직간접적으로 영향을 줄 수 있는 사람이 가지는 회사 이미지 저하	내부적으로 문제가 제기되었으나 외부 노출 없음	국내 지역 언론 또는 특정 온라인 커뮤니티에서 일회성 언급	시민단체, NGO 또는 주요 온라인 채널에서 지속적으로 문제 제기 / 국내 중앙지 등 주요 언론 보도 시작	국내 중앙지 등 주요 언론에서 광범위하게 보도 / 심각한 소셜 미디어 확산 / 고객 및 직원 신뢰도 저하 시작	주요 방송 매체를 통해 지속적으로 이슈화 / 전국적 부정적 여론 형성 / 브랜드 이미지 심각한 손상 / 주주 가치 하락
운영성과 저하	업무 효과성 및 효율성 저하, 정보의 부정확성, 생산된 제품의 품질 저하	업무 재작업 불필요 또는 경미한 수정 필요(개인/팀 수준)	잘못된 업무 수행으로 부서 내 재작업 필요 / 경미한 업무 지연	기초 정보 오류로 외부 보고 자료 오류/지연 발생 / 본부 차원의 비효율 발생 / 생산된 제품의 경미한 품질 저하	기초 정보 품질 저하로 전사적 중대한 의사결정 오류 발생(전략, 방침 등) / 핵심 운영 프로세스 상당한 지연/오류	생산된 제품의 폐기 및 재생산 필요 / 진행 중인 핵심 사업의 취소 또는 중대한 차질 / 주요 운영 프로세스 마비

법규 미준수	법적, 계약적 사항에 대한 위반 발생	경미한 위반, 내부적 시정 조치로 해결	경미한 규제 위반, 비공식적 주의 또는 개선 권고 / 경영평가 점수 하락(하)	공식적 주의 또는 경미한 과태료/ 벌금 부과 / 경영평가 점수 하락(상) / 시정 명령	상당한 과태료/ 벌금 부과 / 공식적 경고(기관 경고, 기관장 문책 등) / 일부 사업 활동 일시 중단 가능성	중대한 법규 위반으로 인한 막대한 벌금/손해배상 / 영업 정지 또는 면허 취소 / 형사 처벌 / 중대한 소송 패소
인명/안전	임직원, 고객 또는 이해관계자의 안전 및 건강에 미치는 영향	경미한 불편 또는 부상(응급 처치 수준)	의학적 치료가 필요한 부상(입원 불필요) / 경미한 건강 문제 발생	입원이 필요한 부상 / 다수에게 경미한 건강 문제 발생 / 직업병 발생 가능성	영구적 장애를 유발하는 부상 / 심각한 건강 문제 발생(만성 질환 등) / 사망자 발생 (1인)	다수의 사망자 발생 / 광범위한 심각한 건강 위협 (집단 중독 등) / 대규모 인명 피해
환경	환경에 미치는 부정적 영향(오염, 자원 손실 등)	경미한 환경 영향, 현장 내에서 즉시 통제 및 복구 가능	국지적 환경 영향, 외부 전문 업체 통한 복구 필요(단기 영향)	중간 규모 환경 영향, 상당한 복구 노력 필요(중장기적 영향 가능성)	광범위한 환경 영향, 대규모 복구 노력 및 비용 발생(장기적/영구적 영향 가능성)	치명적 환경 재앙, 생태계 파괴 또는 회복 불가능한 수준의 광범위한 환경 피해

이 영향도 평가는 리스크 평가의 핵심적인 한 축을 이룹니다. 리스크가 발생할 가능성은 낮더라도, 만약 발생했을 때 그 영향도가 매우 크다면, 우리는 그 리스크를 여전히 중요하게 여기고 관리해야 할 필요성이 높아집니다.

2. 리스크 발생 가능성 평가

리스크를 평가할 때, 우리는 '만약 위험이 발생한다면 피해가 얼마나 클까?' 즉, "영향도(Impact)"를 살펴보는 것만큼이나, '이 위험이 얼마나 자주 발생할 수 있을까?' 또는 "얼마나 쉽게 발생할 수 있을까?"를 판단하는 것이 중요합니다. 이것이 바로 발생 가능성(Likelihood) 평가입니다.

발생 가능성 평가는 특정 위험 사건이 특정 기간 내에 실제로 일어날 잠재적인 확률이나 빈도를 측정하는 과정입니다. 보통 '매우 낮음'에서 '매우 높음'까지의 5점 척도를 사용하여 평가하며, 이는 단순히 감으로 판단하는 것이 아니라 여러 가지 구체적인 기준을 바탕으로 이루어집니다.

어떤 기준으로 발생 가능성을 판단하는지 살펴보겠습니다.

[표127] 리스크 발생가능성 평가 기준

리스크 발생 가능성(Likelihood(L)) 평가 기준						
특정 위험 사건이 발생할 수 있는 잠재적 확률 또는 빈도						
예측 기반	5점 척도	1(매우 낮음)	2(낮음)	3(보통)	4(높음)	5(매우 높음)
	정의	발생 가능성이 매우 낮다고 판단되는 상태 (거의 발생하지 않음)	발생 가능성이 낮다고 판단되는 상태(드물게 발생)	발생 가능성이 보통이라고 판단되는 상태(가끔 발생)	발생 가능성이 높다고 판단되는 상태(자주 발생)	발생 가능성이 매우 높다고 판단되는 상태(거의 확실히 발생)
과거 발생 이력	과거 통제가 미흡했거나 없었을 때, 또는 유사 환경에서 위험이 발생한 빈도	발생 이력 없음 (조직 및 유사 산업 전반)	매우 드물게 발생(예: 수년에 1회 미만)	드물게 발생(예: 년간 1회 이상)	가끔 발생(예: 연간 4회 이상)	자주 발생(예: 연간 5회 이상)
과거 근접 사건 발생 이력	위험이 실제로 발생할 뻔했지만 다행히 피해로 이어지지 않은 '근접 사고'나, 해당 위험과 관련된 작지만 반복적으로 발생하는 '경미한 문제'의 발생 이력	관련 근접 사고 또는 경미한 문제 발생 이력 없음	관련 근접 사고 발생 이력이 거의 없음	관련된 경미한 문제 또는 근접 사고 발생 이력 있음	관련된 근접 사고 또는 경미한 사고가 빈번히 발생	관련된 사고 또는 문제가 지속적으로 발생
프로세스/시스템 내재 특성	해당 프로세스나 시스템 자체의 복잡성, 안정성, 오류 발생 가능성 등 내재된 특성	매우 단순하고 안정적, 오류 발생 가능성 극히 낮음	단순하고 안정적, 오류 발생 가능성 낮음	보통 수준의 복잡성/안정성, 일반적인 오류 발생 가능성	복잡하거나 불안정, 오류 발생 가능성 높음	매우 복잡하거나 불안정, 근본적 결함 존재, 오류 발생 가능성 매우 높음
외부 환경 변동성	위험 발생에 영향을 미치는 외부 환경(시장, 기술, 규제 등)의 변화성 및 예측 불가능성	외부 환경 변화 거의 없음, 매우 안정적	외부 환경 변화 드물고 예측 가능	외부 환경 변화 보통, 일부 예측 가능	외부 환경 변화 잦고 예측 어려움	외부 환경 변화 매우 잦고 급격함, 예측 불가능
활동 빈도/규모	해당 위험과 관련된 업무 또는 거래의 발생 빈도나 규모	활동 빈도/규모 매우 낮음	활동 빈도/규모 낮음	활동 빈도/규모 보통	활동 빈도/규모 높음	활동 빈도/규모 매우 높음 (대량 거래, 빈번한 프로세스 실행 등)
전문가 정성적 판단	통제가 없다고 가정했을 때, 해당 위험 분야에 대한 깊은 지식과 경험을 가진 전문가의 주관적인 판단	발생 가능성 극히 희박하다고 판단	발생 가능성 낮다고 판단	발생 가능성 보통이라고 판단	발생 가능성 높다고 판단	발생 가능성 매우 높거나 확실하다고 판단

과거 발생 이력: 이 위험이 과거에 우리 조직이나 유사한 산업에서 얼마나 자주 발생했는지를 살펴봅니다. 통제가 미흡했을 때의 빈도를 참고하여, 수년에 한 번 발생했는지, 아니면 연간 여러 번 발생했는지 등을 기준으로 삼습니다.

과거 근접 사고 발생 이력: 위험이 실제로 발생할 뻔했지만 다행히 피해로 이어지지 않은 '근접 사고'나, 작지만 반복적으로 발생하는 '경미한 문제'가 있었는지도 중요한 단서가 됩니다. 이런 경험이 많다면 발생 가능성이 높다고 볼 수 있습니다.

프로세스/시스템 내재 특성: 해당 업무 프로세스나 시스템 자체가 얼마나 복잡하고 안정적인지, 오류가 발생할 가능성이 내재되어 있는지를 평가합니다. 복잡하고 불안정한 시스템일수록 위험 발생 가능성이 높다고 판단합니다.

외부 환경 변동성: 시장, 기술, 규제 등 위험 발생에 영향을 미치는 외부 환경이 얼마나 자주, 그리고 예측 불가능하게 변하는지를 고려합니다. 외부 환경이 급변할수록 위험 발생 가능성도 높아질 수 있습니다.

활동 빈도/규모: 해당 위험과 관련된 업무나 거래가 얼마나 자주, 또는 얼마나 대규모로 일어나는지에 따라 발생 가능성을 평가합니다. 예를 들어, 대량의 거래가 빈번하게 발생하는 프로세스일수록 오류 위험이 높다고 볼 수 있습니다.

전문가 정성적 판단: 해당 위험 분야에 대한 깊은 지식과 경험을 가진 전문가의 주관적인 판단도 중요한 평가 기준이 됩니다. 통제가 없다고 가정했을 때, 전문가들이 이 위험이 얼마나 발생할 것으로 보는지 의견을 종합합니다.

이러한 다양한 기준들을 종합적으로 고려하여 리스크의 발생 가능성을 평가하고, 이를 통해 어떤 위험에 더 주의를 기울여야 할지 판단하는 데 활용합니다.

3. 내재위험 평가

리스크 관리의 첫걸음은 위험의 본질을 정확히 파악하는 것입니다. 이때, 우리가 어떤 통제 활동도 하지 않았다고 가정했을 때, 해당 위험이 원래 가지고 있는 순수한 위험 수준을 측정하는 것이 바로 내재위험(Inherent Risk) 평가입니다. 이는 마치 질병에 걸렸을 때 치료를 시작하기 전, 그 질병 자체의 심각도를 파악하는 것과 같다고 볼 수 있습니다.

[표128] 내재위험 평가방법 및 기준

내재위험(Inherent Risk(IR)) 평가 방법 및 기준						
내재위험은 통제 활동이 전혀 없거나 효과적이지 않다고 가정했을 때의 위험 수준을 의미. 따라서 내재위험 평가는 위험 자체의 본질적인 특성에 기반함.						
내재위험(IR)	영향도(I)×발생가능성(L)=IR	1~3	4, 6, 7	5, 8~12	13~16	17~25
	환산 함수	=IFS(I×L<=3,"1",I×L=5,"3",I×L<8,"2",I×L<13,"3",I×L<17,"4",I×L>=17,"5")				
		=IFS(I×L<=3,"매우낮음",I×L=5,"보통",I×L<8,"낮음",I×L<13,"보통",I×L<17,"높음",I×L>=17,"매우높음")				
		1	2	3	4	5

내재위험 수준별 의미와 조치						
	5점 척도	1(매우 낮음)	2(낮음)	3(보통)	4(높음)	5(매우 높음)
내재위험 평가 기반요소	정의	해당 위험이 본질적으로 발생 가능성도 매우 낮고 발생 시 영향도 매우 경미한 수준.	해당 위험이 본질적으로 발생 가능성이 낮거나 발생 시 영향이 작은 수준.	해당 위험이 본질적으로 발생 가능성 및 발생 시 영향이 중간 정도 수준.	해당 위험이 본질적으로 발생 가능성이 높거나 발생 시 영향이 상당한 수준.	해당 위험이 본질적으로 발생 가능성이 매우 높거나 발생 시 영향이 매우 심각하거나 치명적인 수준.
활동/프로세스 특성	해당 활동 또는 프로세스 자체에 내재된 위험 발생 가능성 및 잠재적 영향 수준	내재적 위험 매우 낮음(예: 단순 정보 조회, 영향 미미)	내재적 위험 낮음(예: 일반 문서 처리, 영향 제한적)	내재적 위험 보통(예: 일반 구매 절차, 영향 중간)	내재적 위험 높음(예: 현금 취급, 개인정보 처리, 영향 상당)	내재적 위험 매우 높음(예: 유해 물질 취급, 대규모 금융 거래, 영향 치명적)
복잡성	해당 프로세스 또는 시스템의 복잡성 정도	매우 단순함	단순함	보통 수준	복잡함	매우 복잡함
빈도/규모	해당 활동 또는 거래의 발생 빈도나 규모	매우 낮음	낮음	보통 수준	높음	매우 높음(대량 거래, 빈번한 프로세스 실행 등)
외부 환경 요인	위험 발생에 영향을 미치는 외부 환경(시장, 기술, 규제 등)의 변동성 수준	매우 안정적	안정적	보통 수준	변동성 높음	변동성 매우 높음(예측 불가능한 급격한 변화)
과거 이력 (통제 배제 또는 미흡 시)	통제가 없거나 미흡했을 때, 또는 유사 환경에서 위험이 발생한 빈도	발생 이력 없음	매우 드물게 발생(예: 수년/수십 년에 1회 미만)	드물게 발생(예: 수년에 1회)	가끔 발생(예: 연간 1회 이상)	자주 발생(예: 연간 수회 이상)
조치		리스크 수준이 매우 낮아 추가적인 조치가 거의 필요 없음	리스크 수준이 낮아 기본적인 통제 활동으로 관리 가능	리스크 수준이 중간 정도, 지속적인 관찰, 통제 활동 필요	리스크 수준이 높아 적극적인 통제 활동 및 개선 필요	리스크 수준이 매우 높아 즉각적인 조치 및 최고 경영진의 개입 필요

1) 내재위험은 어떻게 평가하는가?

내재위험은 주로 리스크의 "영향도(Impact)"와 "발생 가능성(Likelihood)"을 곱하여 산정합니다. 각 요소를 1점부터 5점까지 점수화한 뒤, 이 두 점수를 곱하면 1점부터 25점까지의 리스크 점수가 나옵니다. 이 점수를 바탕으로 내재위험 수준을 '매우 낮음'부터 '매우 높음'까지 5단계로 분류합니다.

이때, 단순히 곱셈 결과만으로 최종 내재위험 수준을 결정하는 것이 아니라, '환산 함수'를 사용하여 최종 5점 척도의 내재위험 수준으로 변환합니다. 이 환산 함수는 곱셈 결과(1~25점)를 미리 정해진 기준에 따라 1점부터 5점까지의 내재위험 수준으로 매핑하는 역할을 합니다.

유의해야 할 점은, 일반적인 곱셈 결과와 다르게 특정 점수 구간에서는 특별한 기준을 적용하기도 합니다. 예를 들어, 영향도나 발생 가능성 중 어느 한쪽이 5점(최고점)인데 곱셈 결과가 5점(예: 1 × 5 또는 5 × 1)이라면, 이는 일반적으로 '보통(3점)' 수준의 중위험으로 평가합니다. 반면, 곱셈 결과가 6점(예: 2 × 3 또는 3 × 2)인 경우는 '낮음(2점)' 수준의 저위험으로 평가합니다. 이는 단순히 수치적인 결과뿐만 아니라, 리스크의 영향도와 발생가능성 어느 한 쪽이 최고 수준(5점)이면 중위험 그룹에 포함시켜 지속적인 관리를 하겠다는 판단을 반영한 결과입니다.

환산 함수는 이러한 정성적인 판단이 반영된 복잡한 매핑 규칙을 자동으로 적용하여 최종 내재위험 수준을 도출하는 도구입니다.

2) 내재위험 수준은 무엇을 의미하는가?

내재위험은 1점(매우 낮음)부터 5점(매우 높음)까지의 척도로 평가되며, 각 수준은 다음과 같은 의미를 가집니다.

1점(매우 낮음): 본질적으로 발생 가능성도 매우 낮고 발생 시 영향도 매우 경미한 수준의 위험입니다.
2점(낮음): 발생 가능성이 낮거나 발생 시 영향이 작은 수준의 위험입니다.
3점(보통): 발생 가능성 및 발생 시 영향이 중간 정도 수준의 위험입니다.
4점(높음): 발생 가능성이 높거나 발생 시 영향이 상당한 수준의 위험입니다.
5점(매우 높음): 발생 가능성이 매우 높거나 발생 시 영향이 매우 심각하거나 치명적인 수준의 위험입니다.

3) 내재위험은 어떤 기준으로 평가하는가?

내재위험을 평가할 때는 다음과 같은 요소들을 종합적으로 고려합니다.

활동/프로세스 특성: 해당 활동이나 프로세스 자체에 내재된 위험 발생 가능성과 잠재적 영향 수준을 봅니다.(예: 현금 취급 업무는 내재적 위험이 높음)

복잡성: 해당 프로세스나 시스템이 얼마나 복잡한지를 평가합니다. 복잡할수록 오류 발생 가능성이 높다고 봅니다.

빈도/규모: 해당 활동이나 거래의 발생 빈도나 규모가 클수록 내재적 위험이 높다고 판단합니다.

외부 환경 요인: 시장, 기술, 규제 등 외부 환경의 변동성이 클수록 내재적 위험이 높다고 봅니다.

과거 이력(통제 배제 또는 미흡 시): 과거에 통제가 없거나 미흡했을 때, 또는 유사한 환경에서 해당 위험이 얼마나 자주 발생했는지를 참고합니다.

4) 내재위험 수준에 따른 조치

평가된 내재위험 수준에 따라 조직은 다음과 같은 조치를 고려합니다.

매우 낮음(1점): 추가적인 조치가 거의 필요 없습니다.
낮음(2점): 기본적인 통제 활동으로 관리 가능합니다.
보통(3점): 지속적인 관찰과 통제 활동이 필요합니다.
높음(4점): 적극적인 통제 활동과 개선이 필요합니다.
매우 높음(5점): 즉각적인 조치와 최고 경영진의 개입이 필요한 심각한 수준의 위험입니다.

내재위험 평가는 리스크 관리의 출발점으로서, 통제가 없는 상태의 순수한 위험을 이해함으로써 어떤 위험에 우선적으로 관리 노력을 기울여야 할지 판단하는 중요한 기준을 제공합니다.

4. 통제 설계의 적정성 평가

리스크를 효과적으로 관리하기 위해서는 먼저 그 위험을 줄이기 위한 '통제 활동'을 잘 마련해야 합니다. 이때, 우리가 세운 통제 계획이 실제로 위험을 제대로 막거나 찾아낼 수 있도록 논리적이고 완전하게 설계되었는지를 평가하는 것이 바로 통제 설계의 적정성(Design Effectiveness, DE) 평가입니다. 쉽게 말해, 위험을 막을 '설계도'가 얼마나 튼튼하고 빈틈없는지 확인하는 과정이라고 할 수 있습니다.

이 평가는 주로 다음과 같은 기준들을 바탕으로 이루어집니다.

[표129] 통제 설계의 적정성 평가 기준

통제 설계의 적정성(Design Effectiveness(DE)) 평가 기준						
특정 위험을 예방/탐지하기 위한 통제 활동의 논리적이고 완전한 설계 수준. 식별된 통제활동들이 해당 위험을 통제하기에 적합하게 설계되어 있는 상태 또는 현재 식별된 통제활동들만 있으면 해당 위험을 충분히 통제할 수 있는 수준인지 여부를 평가						
적정성 기반요소	5점 척도	1(매우낮음/취약)	2(낮음/미흡)	3(보통)	4(높음/적정)	5(매우높음/우수)
정의		통제 설계가 해당 위험을 전혀 또는 거의 예방/탐지할 수 없도록 근본적으로 잘못 설계됨.	통제 설계에 중대한 결함이 있어 위험을 효과적으로 예방/탐지하기 어려움.	통제 설계가 기본적인 수준이며, 위험의 일부 측면만 다루거나 설계상 미흡한 부분이 있음.	통제 설계가 해당 위험을 효과적으로 예방/탐지할 수 있도록 잘 되어 있으나, 약간의 개선이 필요함.	통제 설계가 해당 위험을 완벽하게 예방/탐지할 수 있도록 매우 견고하고 포괄적으로 설계됨.

		20% 미만	40% 미만	60% 미만	80% 미만	80% 이상
통제 범위 및 완전성	해당 통제가 특정 위험의 모든 측면 또는 핵심적인 부분을 얼마나 잘 커버하도록 설계되었는지 여부	위험의 핵심적인 부분을 전혀 커버하지 못하도록 설계됨	위험의 일부 측면만 커버하도록 설계됨, 주요 부분 누락	위험의 대부분을 커버하도록 설계되었으나 일부 미흡한 부분 존재	위험의 거의 모든 측면을 커버하도록 설계됨, 일부 보완 필요	위험의 모든 측면을 완벽하게 커버하도록 설계됨
통제 명확성 및 문서화	통제 활동의 목적, 절차, 책임 등이 얼마나 명확하게 정의되고 문서화되었는지 여부	통제 활동이 전혀 정의/문서화되지 않음	통제 활동 정의/문서화가 미흡하여 이해하기 어려움	기본적인 정의/문서화는 있으나 상세 절차나 책임이 불명확함	명확하게 정의/문서화되어 있으며 이해 용이함	매우 명확하고 상세하게 정의/문서화되어 있으며 누구나 쉽게 이해하고 따를 수 있음
프로세스 통합 수준	통제 활동이 관련 업무 프로세스에 얼마나 자연스럽고 효과적으로 내재화되도록 설계되었는지 여부	프로세스와 완전히 분리되어 별도로 수행되도록 설계됨	프로세스와 느슨하게 연결되어 수동적인 개입이 많이 필요하도록 설계됨	프로세스 내에 포함되어 있으나 매끄럽지 않고 비효율적일 수 있도록 설계됨	프로세스에 잘 통합되어 있으며 대부분 자동 또는 반자동으로 수행되도록 설계됨	프로세스에 완벽하게 내재화되어 있으며 자동화 수준이 매우 높도록 설계됨
통제 유형 및 강점 (예방/탐지, 자동화)	통제가 위험 발생을 사전에 막는 예방 통제인지, 발생 후에 발견하는 탐지 통제인지, 그리고 자동화 수준은 어느 정도인지 여부	주로 사후적인 탐지 통제 위주이며, 대부분 수동적 통제로 설계되어 설계상 취약함	일부 예방 통제가 있으나 주로 수동적이며, 자동화된 통제가 거의 없도록 설계됨	예방 통제와 탐지 통제가 혼합되어 있으며, 일부 자동화 요소가 포함되도록 설계됨	예방 통제의 비중이 높으며, 자동화된 통제가 상당수 포함되도록 설계됨	강력한 예방 통제 위주이며, 자동화된 통제가 핵심적인 역할을 수행하도록 설계되어 설계상 매우 강력함

통제 범위 및 완전성: 우리가 설계한 통제가 해당 위험의 모든 측면, 또는 가장 핵심적인 부분을 얼마나 잘 커버하도록 되어 있는지를 봅니다. 위험의 중요한 부분이 빠져 있지는 않은지 확인하는 것입니다.

통제 명확성 및 문서화: 통제 활동의 목적, 구체적인 절차, 그리고 누가 어떤 책임을 져야 하는지 등이 얼마나 명확하게 정의되고 문서화되어 있는지를 평가합니다. 애매모호하면 실제 실행 단계에서 혼란이 생길 수 있기 때문입니다.

프로세스 통합 수준: 통제 활동이 관련 업무 프로세스에 얼마나 자연스럽게 녹아들어 있는지, 즉 업무의 일부처럼 매끄럽게 내재화되도록 설계되었는지를 확인합니다. 따로 노는 통제는 효율성이 떨어지기 마련입니다.

통제 유형 및 강점: 설계된 통제가 위험 발생을 사전에 막는 '예방 통제'인지, 아니면 발생 후에 찾아내는 '탐지 통제'인지, 그리고 얼마나 자동화되어 있는지를 평가합니다. 예방 통제와 자동화된 통제일수

록 설계상 더 강력하다고 볼 수 있습니다.

이러한 기준들을 통해 통제 설계의 적정성을 평가함으로써, 우리가 세운 리스크 관리 계획이 실제로 효과를 발휘할 수 있는 '준비'가 되어 있는지를 사전에 검증할 수 있습니다.

5. 통제 운영의 효과성 평가

우리가 아무리 훌륭한 리스크 관리 계획, 즉 '통제 설계'를 세웠다 하더라도, 그 계획이 현장에서 제대로 실행되지 않는다면 무용지물일 것입니다. 바로 이 지점에서 통제 운영의 효과성(Operating Effectiveness, OE) 평가가 중요해집니다. 이는 설계된 통제 활동들이 실제로 현업에서 얼마나 일관성 있고 정확하며 적시에 수행되고 있는지를 평가하는 과정입니다. 쉽게 말해, 위험을 막을 '계획'이 '실제로' 얼마나 잘 작동하고 있는지를 확인하는 것입니다.

이 평가는 단순히 규정 준수 여부를 넘어, 통제 활동이 의도한 리스크 감소 효과를 실제로 달성하고 있는지를 검증하는 데 핵심적인 의미를 가집니다. 특히, 통제 활동의 빈도, 수행자의 역량, 그리고 발생한 예외 사항에 대한 처리 과정 등을 면밀히 검토하여 실질적인 운영 상태를 파악합니다. 궁극적으로 OE 평가는 내부통제 시스템의 신뢰성을 확보하고, 잔여 위험 수준을 정확히 파악하는 데 필수적인 단계입니다.

이 평가는 주로 다음과 같은 기준들을 바탕으로 이루어집니다.

[표130] 통제 운영 효과성 평가 기준

통제 운영의 효과성(Operating Effectiveness(OE)) 평가 기준							
설계된 통제 활동이 실제로 현업에서 얼마나 일관성 있고 정확하며 적시에 수행되고 있는지를 평가하는 것. 통제가 실제로 얼마나 잘 작동하고 있는지를 보는 관점							
운영 효과성 평가 기반요소		5점 척도	1(매우낮음/취약)	2(낮음/미흡)	3(보통)	4(높음/적정)	5(매우높음/우수)
	정의		통제 활동이 거의 수행되지 않거나, 수행되더라도 전혀 효과적이지 않아 위험 관리에 기여하지 못함.	통제 활동이 일관성 없이 수행되거나 오류가 많아 위험을 효과적으로 관리하지 못함.	통제 활동이 기본적인 수준으로 수행되나, 일부 미비점이나 지연이 있어 위험 관리에 부분적으로 기여함.	통제 활동이 일관성 있고 정확하게 수행되어 위험을 효과적으로 관리하고 있음.	통제 활동이 완벽하게 수행되며, 자동화 및 지속적 모니터링을 통해 위험을 매우 효과적으로 관리하고 있음.
통제 수행률	설계된 통제 활동이 실제로 수행되는 빈도 또는 비율		20% 미만	40% 미만	60% 미만	80% 미만	80% 이상
			거의 수행되지 않음	드물게 수행됨	가끔 수행됨	자주 수행됨	거의 항상 수행됨

통제 수행의 일관성 및 정확성	통제 활동이 정해진 절차에 따라 일관되고 오류 없이 정확하게 수행되는 정도	수행 시마다 결과가 다르고 오류가 매우 빈번함	일관성 및 정확성이 매우 낮음, 오류가 잦음	일관성 및 정확성이 보통 수준, 일부 오류 발생	일관성 및 정확성이 높음, 오류가 드물게 발생	매우 일관되고 정확하게 수행됨, 오류가 거의 없음
통제 수행의 적시성	통제 활동이 정해진 시점 또는 필요한 시점에 맞춰 얼마나 적시에 수행되는지 여부	정해진 시점보다 매우 늦게 수행되거나 누락되는 경우가 많음	정해진 시점보다 자주 늦게 수행됨	정해진 시점에 수행되나 일부 지연 발생	대부분 정해진 시점에 수행됨	항상 정해진 시점에 정확히 수행됨
통제 수행 증적 관리	통제 활동이 수행되었음을 입증하는 기록이나 증거가 얼마나 잘 관리되는지 여부	통제 수행에 대한 증적 관리가 전혀 안 됨	증적 관리가 미흡하여 수행 여부 확인이 어렵거나 불완전함	기본적인 증적 관리는 되나 체계적이지 않음	증적 관리가 체계적이며 대부분의 수행에 대한 증적 확보 용이	증적 관리가 완벽하며 모든 수행에 대한 증적을 즉시 확인 가능함
통제 목표 달성 수준 (실제 결과)	해당 통제 활동이 실제로 위험을 예방하거나 탐지하는 목표를 얼마나 달성하고 있는지 여부	위험 예방/탐지 목표를 전혀 달성하지 못하고 있음 (관련 사고/오류 지속 발생)	위험 예방/탐지 목표를 거의 달성하지 못함 (관련 사고/오류 빈번)	위험 예방/탐지 목표를 일부 달성하고 있음(관련 사고/오류 가끔 발생)	위험 예방/탐지 목표를 대부분 달성하고 있음(관련 사고/오류 드물게 발생)	위험 예방/탐지 목표를 완벽하게 달성하고 있음(관련 사고/오류 거의 없음)

통제 수행률

설계된 통제 활동이 실제로 얼마나 자주 또는 얼마나 높은 비율로 수행되고 있는지를 봅니다. 계획된 대로 실행되고 있는지 확인하는 것입니다.

통제 수행의 일관성 및 정확성

통제 활동이 정해진 절차에 따라 흔들림 없이 일관되고, 오류 없이 정확하게 수행되고 있는지를 평가합니다. 대충 하는 것이 아니라 제대로 하고 있는지를 확인하는 것입니다.

통제 수행의 적시성

통제 활동이 필요한 시점이나 정해진 기한에 맞춰 얼마나 제때 수행되는지를 확인합니다. 아무리 정확해도 때를 놓치면 효과가 떨어지기 때문입니다.

통제 수행 증적 관리

통제 활동이 실제로 수행되었음을 증명하는 기록이나 증거가 얼마나 잘 관리되고 있는지를 봅니다. 이는 투명성과 책임성을 확보하는 중요한 요소입니다.

통제 목표 달성 수준(실제 결과)

궁극적으로, 해당 통제 활동이 위험을 예방하거나 탐지하는 목표를 실제로 얼마나 달성하고 있는지를 평가합니다. 즉, 통제를 했더니 관련 사고나 오류가 실제로 줄어들었는지를 확인하는 것입니다.

이러한 기준들을 통해 통제 운영의 효과성을 평가함으로써, 우리가 세운 리스크 관리 계획이 단순히 종이 위에 머무는 것이 아니라, 현장에서 살아 움직이며 실제로 위험을 줄이는 데 기여하고 있는지를 파악할 수 있습니다.

6. 통제 효과(CE) 평가

리스크 관리에서 우리는 위험을 줄이기 위해 다양한 '통제 활동'을 설계하고 운영합니다. 이때, 이 통제 활동들이 얼마나 강력하고 효과적으로 위험을 관리하고 있는지를 종합적으로 평가하는 것이 바로 통제 효과(Control Effectiveness, CE) 평가입니다. 이는 통제 설계가 얼마나 잘 되었는지(설계 적정성)와 실제 운영이 얼마나 잘 되고 있는지(운영 효과성)를 결합하여 판단합니다.

통제 설계의 적정성(Design Effectiveness, DE) 평가는 해당 통제 활동이 만약 의도한 대로 수행된다면, 리스크를 효과적으로 예방하거나 탐지할 수 있도록 '설계'되었는지를 검토하는 과정입니다. 즉, 이론적으로 이 통제가 위험을 막을 수 있는 구조인가를 확인하는 것입니다.

반면, 통제 운영의 효과성(Operating Effectiveness, OE) 평가는 설계된 통제 활동들이 현업에서 실제로 얼마나 일관성 있고 정확하며 적시에 수행되고 있는지를 검증하는 것입니다. 이는 통제 활동의 빈도, 수행자의 역량, 예외 사항 처리 등을 통해 실질적인 작동 여부를 확인합니다.

통제 효과(CE)는 이 두 가지 평가(DE와 OE)가 모두 충족될 때 비로소 달성됩니다. 아무리 완벽하게 설계된 통제라도 현장에서 제대로 작동하지 않으면 무용지물이며, 아무리 열심히 수행되는 통제라도 그 설계 자체가 리스크를 막기에 부적절하다면 역시 효과가 없습니다. CE 평가는 이러한 통제의 총체적인 역량을 파악하여, 조직이 실제로 감수해야 할 잔여 위험 수준을 정확히 파악하고, 통제 개선을 위한 자원 배분의 합리적인 근거를 제공하는 핵심적인 과정입니다.

[표131] 통제 수준 평가 방법 및 기준

통제효과(Control Effectiveness(CE)) 평가 방법 및 기준							
설계적정성(D) × 운영효과성(O)=CE			1~3	4, 6, 7	5, 8~12	13~16	17~25
	1차 환산 함수		=IFS(D×O<=3,"1",D×O=5,"3",D×O<8,"2",D×O<13,"3",D×O<17,"4",D×O>=17,"5")				
			=IFS(D×O<=3,"매우낮음",D×O=5,"보통",D×O<8,"낮음",D×O<13,"보통",D×O<17,"높음",D×O>=17,"매우높음")				
	5점척도 환산 CE 수준		1	2	3	4	5
	2차 환산 함수		=IFS(D×O<=3,"0",D×O=5,"1",D×O<8,"0",D×O<13,"1",D×O<17,"1",D×O>=17,"2")				
통제효과(CE)	0,1,2 환산		0	0	1	1	2
	5점척도를 0,1,2로 환산한 이유		IR을 감소시킬 정도의 통제 효과 없음		IR 1수준 감소 통제효과 있음		IR 2수준 감소 통제효과 있음
	0(내재위험과 동일)		1	2	3	4	5
	1(내재위험1수준 감소)		0	1	2	3	4
	2(내재위험2수준 감소)		0	0	1	2	3
	통제효과로 인한 잔여위험 감소율		100%	50%~100%	33%~66%	25%~50%	20%~40%

통제효과 수준별 의미						
통제효과	내재기준	1(매우 낮음)	2(낮음)	3(보통)	4(높음)	5(매우 높음)
	적용기준	0		1		2
변수	정의	통제 설계 및 운영이 매우 미흡하여 해당 위험을 거의 관리하지 못하고 있는 수준.	통제 설계 또는 운영에 중대한 미비점, 해당 위험을 효과적으로 관리 못하는 수준.	통제 설계 및 운영이 기본적인 수준, 해당 위험 부분적 관리되는 수준.	통제 설계 및 운영이 잘 되어 있어 해당 위험, 효과적으로 관리되는 수준.	통제 설계 및 운영이 매우 견고하고 효과적, 해당 위험을 최고수준으로 관리하고 있는 수준.
통제 설계의 적정성	해당 위험을 효과적으로 예방/탐지하기 위해 통제 활동이 얼마나 잘 설계되었는지	매우 미흡(설계상 근본적 오류로 위험 관리 잠재력 거의 없음)	미흡(설계상 중대한 결함으로 위험 관리 잠재력 매우 낮음)	보통(설계상 일부 미흡하여 위험 관리 잠재력 제한적)	적정(설계상 잘 되어 있어 위험 관리 잠재력 높음)	매우 적정(설계상 매우 견고하여 위험 관리 잠재력 매우 높음)
통제 활동 운영의 효과성	설계된 통제 활동이 실제로 현업에서 얼마나 잘 수행되고 효과적으로 작동하는지	매우 비효과적(거의 작동 안 하거나 오류 빈번, 위험 관리 효과 없음)	비효과적(일관성/정확성 낮음, 위험 관리 효과 미미)	보통(일부 미비점/지연 있으나 기본적인 작동, 위험 관리 효과 제한적)	효과적(일관성/정확성 높음, 위험 관리 효과 상당)	매우 효과적(완벽하게 작동, 위험 관리 효과 매우 높음)
위험 감소 효과 (내재위험 대비)	해당 통제가 내재위험 수준을 얼마나 감소시키는지(잔여위험 수준에 영향)	내재위험을 거의 감소시키지 못함(잔여위험이 내재위험과 거의 동일)	내재위험을 약간 감소시킴(잔여위험이 내재위험보다 약간 낮음)	내재위험을 상당부분 감소시킴(잔여위험이 내재위험보다 눈에 띄게 낮음)	내재위험을 대부분 감소시킴(잔여위험이 내재위험보다 훨씬 낮음)	내재위험을 거의 완전히 제거 또는 극적으로 감소시킴(잔여위험이 매우 낮음)
모니터링 및 평가 결과	내부/외부 모니터링, 감사, 자율점검, 발견된 통제 관련 문제점 수준	심각한 미비점 지속 발견, 통제 비효과적 평가	중대한 미비점 발견, 통제 비효과적 평가	일부 미비점 발견, 통제 보통 평가	경미한 미비점 발견, 통제 효과적 평가	미비점 없음, 통제 매우 효과적 평가

1) 통제 효과(CE)는 어떻게 계산되나요?(두 단계의 환산 과정)

통제 효과를 평가하기 위해서는 두 가지 주요 단계를 거쳐 점수를 산정합니다.

첫 번째 단계: 설계와 운영의 결합(1차 환산)

먼저, 통제 "설계의 적정성(Design Effectiveness, DE)"과 "운영의 효과성(Operating Effectiveness, OE)"을 각각 1점부터 5점까지의 척도로 평가합니다.

이 두 점수를 곱하여 초기 리스크 점수(1점~25점)를 산출합니다.

이후, 이 점수를 미리 정해진 1차 환산 함수를 통해 최종적인 5점 척도(1점~5점)의 통제 효과(CE) 수준으로 변환합니다.(설계 적정성 평가수준(D), 운영 효과성 평가수준(O)

엑셀 환산함수: =IFS(D × O<=3,"1",D × O=5,"3",D × O<8,"2",D × O<13,"3",D × O<17,"4",D × O>=17,"5")

여기서 중요한 점은: 단순히 곱셈 결과에 따라 선형적으로 점수가 매겨지는 것이 아니라는 것입니다. 예를 들어, 설계나 운영 점수 중 어느 한쪽이 최고점인 5점임에도 불구하고 곱셈 결과가 5점이 나왔다면, 최종 통제 효과는 '보통(3점)'으로 평가됩니다. 반대로 곱셈 결과가 6점인 경우에도 '낮음(2점)'으로 평가되는 등, 미리 정해진 매트릭스나 정책적 판단이 반영된 환산 규칙에 따라 최종 점수가 결정됩니다.

두 번째 단계: 위험 감소 수준으로 환산(2차 환산)

1차 환산을 통해 얻은 5점 척도의 통제 효과(CE) 점수를 다시 0, 1, 2점으로 환산합니다.

엑셀 환산함수: =IFS(D × O<=3,"0",D × O=5,"1",D × O<8,"0",D × O<13,"1",D × O<17,"1",D × O>=17,"2")

이 0, 1, 2점은 해당 통제가 내재위험(Inherent Risk, IR)을 얼마나 감소시킬 수 있는지를 나타내는 지표가 됩니다.

0점: 통제 효과가 미미하여 내재위험을 거의 감소시키지 못함을 의미합니다.(잔여위험이 내재위험과 거의 동일)

1점: 내재위험을 1수준 감소시킬 수 있는 통제 효과가 있음을 의미합니다.

2점: 내재위험을 2수준 감소시킬 수 있는 통제 효과가 있음을 의미합니다.

2) 통제 효과(CE) 수준별 의미

5점 척도의 통제 효과는 다음과 같은 의미를 가집니다.

1점(매우 낮음): 통제 설계 및 운영이 매우 미흡하여 위험을 거의 관리하지 못합니다.

2점(낮음): 통제에 중대한 미비점이 있어 위험을 효과적으로 관리하지 못합니다.

3점(보통): 통제가 기본적인 수준으로 작동하며, 위험을 부분적으로 관리합니다.

4점(높음): 통제 설계 및 운영이 잘 되어 있어 위험을 효과적으로 관리합니다.

5점(매우 높음): 통제 설계 및 운영이 매우 견고하고 효과적이어서 위험을 최고 수준으로 관리합니다.

7. 잔여위험 평가 방법론

조직이 아무리 철저하게 리스크를 관리하고 통제 활동을 수행하더라도, 모든 위험을 완벽하게 제거하는 것은 사실상 불가능합니다. 이때, 통제 활동을 적용한 후에도 남아 있는 실제 위험 수준을 우리는 "잔여위험(Residual Risk)"이라고 부릅니다.

[표132] 잔여위험 평가 방법

구분	차감법 내재위험(IR)에서 통제수준(CE) 차감 방식	재평가법 잔여 영향도(RI)와 잔여 발생가능성(RL) 직접 평가 방식
개념 설명	통제 활동이 없다고 가정한 내재위험을 평가한 후, 현재 통제 활동의 효과성/수준만큼 차감하여 잔여위험 산출	현재 운영 중인 통제 활동을 모두 고려한 상태에서 리스크의 잔여 영향도와 잔여 발생가능성을 직접 평가하여 잔여위험 산출

평가 절차	1. 내재위험 평가(영향도×발생가능성)
	2. 5점척도 환산
	  =IFS(I×L<=3,"1",I×L=5,"3",I×L<8,"2",I×L<13,"3",I×L<17,"4",I×L>=17,"5")
	3. 통제 수준 또는 효과성 평가(설계적정성(D)×운영효과성(O))
	4. 통제수준 5점척도 환산
	  =IFS(D×O<=3,"1",D×O=5,"3",D×O<8,"2",D×O<13,"3",D×O<17,"4",D×O>=17,"5")
	5. 통제 수준 0,1,2 척도 환산
	  =IFS(D×O<=3,"0",D×O=5,"1",D×O<8,"0",D×O<13,"1",D×O<17,"1",D×O>=17,"2")
	6. 내재위험 − 통제 수준(또는 비율 적용) = 잔여위험
		1. 현재 통제 환경 고려
		2. 잔여 영향도 평가
		3. 잔여 발생가능성 평가
		4. 잔여 영향도 × 잔여 발생가능성 = 잔여위험
		5. 5점척도 환산
		  =IFS(I×L<=3,"1",I×L=5,"3",I×L<8,"2",I×L<13,"3",I×L<17,"4",I×L>=17,"5")

주요 초점	통제 활동이 리스크 감소에 기여하는 정도, 잠재적인 최대 위험 노출 수준 파악	현재 시점의 실제적인 리스크 수준 파악
장점	통제의 가치를 명확히 보여줌 통제 개선의 필요성 설명에 용이 잠재적 최대 위험 파악 가능	현재 리스크 수준을 현실적으로 파악 평가 과정이 비교적 직관적 복합적인 통제 효과 반영 용이
단점	통제 수준/효과성 정량화 및 객관적 평가 어려움 내재위험 평가의 가상성 통제 간 상호작용 반영 어려움	통제 활동 자체의 효과성 별도 분석 어려움 내재위험 수준 파악 불가 통제 환경 변화 영향 추적 어려움
주요 활용 분야	통제 설계 및 개선 통제 투자 정당화	현재 리스크 모니터링 및 보고 리스크 우선순위 설정 및 대응 계획 수립
정량화 관련 고려사항	통제 수준/효과성을 정량적 수치(예: 점수, 비율)로 변환하는 과정에 주관성 개입 가능성 높음.	영향도와 발생가능성을 정성적, 반정량적, 또는 정량적 수치로 측정하는 방식에 따라 계산 가능성 및 정확도 달라짐.

1) 차감법: "통제가 위험을 얼마나 줄여주었는가?"

차감법은 리스크가 원래 가지고 있던 순수한 위험 수준, 즉 "내재위험(Inherent Risk)"에서 현재 운영 중인 통제 활동의 효과성/수준을 '차감'하여 잔여위험을 산출하는 방식입니다.

개념: 통제가 전혀 없다고 가정한 상태의 위험(내재위험)을 먼저 평가하고, 그다음 통제가 얼마나 잘 작동하는지(통제 효과)를 점수화하여 내재위험 점수에서 빼는 방식입니다.

주요 초점: 이 방법은 통제 활동이 리스크를 줄이는 데 얼마나 기여했는지, 즉 '통제의 가치'를 명확하게 보여 주는 데 강점이 있습니다. 또한, 통제 개선의 필요성을 설명하거나 통제에 대한 투자를 정당화하는 데 유용합니다.

단점: 통제 효과를 정량적으로 측정하고 내재위험에서 '차감'하는 과정에서 주관성이 개입될 수 있으며, 통제 간의 복잡한 상호작용을 반영하기 어렵다는 한계가 있습니다.

2) 재평가법: "지금, 이 위험은 얼마나 남아 있는가?"

재평가법은 현재 운영 중인 통제 활동을 모두 고려한 상태에서, 리스크의 잔여 영향도(Residual Impact)와 잔여 발생 가능성(Residual Likelihood)을 직접적으로 '다시 평가'하여 잔여위험을 산출하는 방식입니다.

개념: 통제가 이미 적용되어 있는 현재의 상황을 기준으로, 리스크가 발생할 확률과 그로 인한 피해의 크기를 처음부터 다시 측정하는 것입니다.

주요 초점: 이 방법은 현재 시점의 실제적인 리스크 수준을 가장 현실적으로 파악하는 데 중점을 둡니다. 복합적인 통제 효과가 위험에 미치는 영향을 종합적으로 반영하기 용이합니다.

단점: 통제 활동 자체의 효과성을 별도로 분석하기 어렵고, 내재위험 수준을 직접적으로 보여 주지 않기 때문에 통제의 기여도를 파악하기 어렵다는 점이 있습니다.

이 두 가지 방법론은 각각 다른 관점에서 잔여위험을 측정하므로, 서로의 단점을 보완하며 리스크 관리의 다양한 목적에 활용될 수 있습니다. **차감법은 통제의 중요성과 개선 필요성을 강조하는 데, 재평가법은 현재 조직이 직면한 실제 위험의 크기를 파악**하는 데 효과적입니다.

8. 잔여위험 수준별 의미와 조치

조직이 아무리 철저하게 리스크를 관리하더라도, 모든 위험을 완벽하게 제거하는 것은 현실적으로 어렵습니다. 통제 활동을 수행한 후에도 여전히 남아있는 위험을 우리는 "잔여위험(Residual Risk)"이라고 부릅니다. 이 잔여위험을 정확히 평가하고 그 수준에 따라 적절한 조치를 취하는 것이야말로 리스크 관리의 핵심입니다.

[표133] 잔여위험 수준별 의미와 조치

잔여위험 수준별 의미와 조치						
	5점 척도	1(매우 낮음)	2(낮음)	3(보통)	4(높음)	5(매우 높음)
잔여위험 수준의 기반요소	정의	통제 활동이 매우 효과적으로 작동하여 위험이 거의 완전히 관리되고 남은 위험이 극히 미미한 수준.	통제 활동이 효과적으로 작동하여 위험이 잘 관리되고 남은 위험이 낮은 수준.	통제 활동이 부분적으로 효과적이거나 일부 미비점이 있어 위험이 중간 정도로 관리되고 남은 위험이 보통 수준.	통제 활동이 비효과적이거나 중대한 미비점이 있어 위험이 충분히 관리되지 못하고 남은 위험이 상당한 수준.	통제 활동이 거의 작동하지 않거나 전혀 효과적이지 않아 위험이 거의 관리되지 못하고 남은 위험이 매우 심각하거나 치명적인 수준.
내재위험 수준	해당 위험의 통제 적용 전 본질적인 위험 수준	매우 낮음	낮음	보통	높음	매우 높음
통제 설계 적정성	해당 위험을 완화하기 위한 통제 활동이 얼마나 잘 설계되었는지	매우 적정(설계상 매우 강력하여 내재위험을 크게 감소시킬 잠재력 보유)	적정(설계상 강력하여 내재위험을 상당 부분 감소시킬 잠재력 보유)	보통(설계상 일부 미흡하여 내재위험 감소 잠재력 제한적)	미흡(설계상 중대한 결함으로 내재위험 감소 잠재력 매우 낮음)	매우 미흡(설계상 근본적 오류로 내재위험 감소 잠재력 거의 없음)
통제 활동 운영 효과성	설계된 통제 활동이 실제로 얼마나 잘 수행되고 효과적으로 작동하는지	매우 효과적(운영상 매우 강력하여 설계된 잠재력을 최대한 발휘, 내재위험을 크게 감소시킴)	효과적(운영상 강력하여 설계된 잠재력을 잘 발휘, 내재위험을 상당 부분 감소시킴)	보통(운영상 일부 미흡하여 설계된 잠재력을 충분히 발휘 못 함, 내재위험 감소 효과 제한적)	비효과적(운영상 중대한 문제로 통제가 거의 작동 안 함, 내재위험 감소 효과 미미)	매우 비효과적(운영상 근본적 문제로 통제가 전혀 작동 안 함, 내재위험 감소 효과 없음)
최근 변화 (리스크/통제)	해당 위험 또는 관련 통제에 최근 발생한 변화가 잔여 위험 수준에 미치는 영향	변화 없음 또는 위험 감소 요인 발생(잔여위험 감소)	변화가 경미하며 잔여위험에 미치는 영향 미미	변화가 발생했으며 잔여위험 수준에 보통 영향 (증가 또는 감소)	변화가 발생했으며 잔여위험 수준을 상당 부분 증가시킴	중대한 변화가 발생했으며 잔여위험 수준을 매우 크게 증가시킴(통제 무력화 등)
모니터링 및 감사 결과	내부/외부 모니터링, 감사, 자율점검 등에서 발견된 문제점 수준	문제점 전혀 발견되지 않음(잔여위험 매우 낮음 시사)	경미한 문제점 발견, 즉시 개선됨(잔여위험 낮음 시사)	일부 문제점 발견, 개선 진행 중(잔여위험 보통 시사)	중대한 문제점 발견, 개선 지연 또는 미흡(잔여위험 높음 시사)	매우 중대한 문제점 발견, 개선 노력 부재 또는 실패(잔여위험 매우 높음 시사)
조치	리스크에 대응하고 통제하는 실행 단계, 통제활동, 위험 완화, 회피, 전가, 수용 실행	최소한의 관리 유지 / 통제 활동 최소화, 리스크 관리 비용 절감, 자원 효율적 배분, 지속적 관심 유지 및 모니터링(필요 시), 특이 사항 발생 시 즉시 보고	정기적 검토/효율성 증진 / 통제 활동 효과성 정기적 검토(연간 1회 이상), 환경 변화에 따른 리스크 수준 변동 모니터링, 불필요한 통제 제거 및 효율성 증진, 연간 결과 보고	지속적 관리 및 개선 기회 모색 / 현재 통제 유지, 리스크 발생 추이 모니터링, 통제 활동 강화 검토, 예방적 통제 활동 강화, 분기별/반기별 결과 보고	즉시 개선 계획 수립 및 실행 / 해당 부서 책임자 주도, 추가 통제 활동 설계 및 구현, 리스크 발생 가능성/영향도 감소 계획 수립, 주간/월간 단위 모니터링 및 결과 보고	즉각적인 비상 조치 시행 / 모든 운영 중단, 최고 경영진 보고, 외부 전문가 자문, 근본 원인 분석 및 재발 방지 대책 수립, 법적 책임 검토 등

잔여위험은 1점(매우 낮음)부터 5점(매우 높음)까지의 척도로 평가되며, 각 수준은 다음과 같은 의미를 가집니다.

1) 잔여위험 수준별 정의

1점(매우 낮음): 통제 활동이 매우 효과적으로 작동하여 위험이 거의 완전히 관리되었으며, 남은 위험은 극히 미미한 수준입니다. 조직의 목표 달성에 거의 위협이 되지 않습니다.

2점(낮음): 통제 활동이 효과적으로 작동하여 위험이 잘 관리되고 있으며, 남은 위험이 낮은 수준입니다. 이 정도의 위험은 조직이 비교적 편안하게 수용할 수 있습니다.

3점(보통): 통제 활동이 부분적으로 효과적이거나 일부 미비점이 있어 위험이 중간 정도로 관리되고 있으며, 남은 위험도 보통 수준입니다. 주의 깊은 모니터링과 잠재적 개선이 필요합니다.

4점(높음): 통제 활동이 비효과적이거나 중대한 미비점이 있어 위험이 충분히 관리되지 못하고 남은 위험이 상당한 수준입니다. 이 위험은 조직의 목표 달성에 유의미한 위협이 될 수 있으므로 즉각적인 조치가 필요합니다.

5점(매우 높음): 통제 활동이 거의 작동하지 않거나 전혀 효과적이지 않아 위험이 거의 관리되지 못하고 남은 위험이 매우 심각하거나 치명적인 수준입니다. 조직의 존립 자체를 위협할 수 있습니다.

2) 잔여위험 수준을 결정하는 기반 요소

잔여위험 수준은 단순히 하나의 요소로 결정되는 것이 아니라, 다음과 같은 여러 기반 요소들을 종합적으로 고려하여 평가됩니다.

내재위험 수준: 해당 위험이 통제 활동을 적용하기 전, 본질적으로 얼마나 심각했는지를 나타냅니다. 내재위험이 높을수록 잔여위험도 높아질 가능성이 큽니다.
예시: 유해 물질 취급과 같은 활동은 내재위험이 매우 높습니다.

통제 설계 적정성: 해당 위험을 완화하기 위한 통제 활동이 얼마나 잘 설계되었는지를 평가합니다. 설계가 견고할수록 내재위험을 감소시킬 잠재력이 커집니다.
예시: 개인정보 유출을 막기 위한 시스템이 완벽하게 설계되었다면 '매우 적정'으로 평가됩니다.

통제 활동 운영 효과성: 설계된 통제 활동이 실제로 현업에서 얼마나 잘 수행되고 효과적으로 작동하는지를 평가합니다. 아무리 설계가 좋아도 운영이 미흡하면 잔여위험은 높아집니다.

예시: 설계된 보안 시스템이 직원들에 의해 항상 정확하게 활용된다면 '매우 효과적'으로 평가됩니다.

최근 변화(리스크/통제): 해당 위험이나 관련 통제에 최근 발생한 변화가 잔여위험 수준에 미치는 영향을 반영합니다. 새로운 기술 도입, 규제 변경, 조직 개편 등은 잔여위험을 증가시키거나 감소시킬 수 있습니다.
예시: 새로운 해킹 기술이 등장하면 '고객 정보 유출' 리스크의 잔여위험이 증가할 수 있습니다.

모니터링 및 감사 결과: 내부/외부 모니터링, 감사, 자율 점검 등에서 발견된 문제점 수준도 잔여위험 평가에 반영됩니다. 문제점이 많이 발견될수록 잔여위험이 높다는 것을 시사합니다.
예시: 정기 감사에서 통제 활동의 중대한 미비점이 지적되었다면 잔여위험이 높다고 판단할 수 있습니다.

3) 잔여위험 수준에 따른 조치

평가된 잔여위험 수준에 따라 조직은 다음과 같은 구체적인 조치를 취해야 합니다.

1점(매우 낮음): 최소한의 관리 유지
통제 활동을 최소화하여 리스크 관리 비용을 절감하고 자원을 효율적으로 배분합니다.
지속적인 관심과 모니터링을 유지하며, 특이 사항 발생 시 즉시 보고합니다.

2점(낮음): 정기적 검토 및 효율성 증진
통제 활동의 효과성을 연간 1회 이상 정기적으로 검토합니다.
환경 변화에 따른 리스크 수준 변동을 모니터링하고, 불필요한 통제를 제거하여 효율성을 높입니다.
연간 결과 보고를 통해 관리 현황을 공유합니다.

3점(보통): 지속적 관리 및 개선 기회 모색
현재의 통제를 유지하면서 리스크 발생 추이를 모니터링합니다.
통제 활동 강화를 검토하고, 예방적 통제 활동을 강화하는 방안을 모색합니다.
분기별 또는 반기별로 결과를 보고하여 관리 현황을 공유합니다.

4점(높음): 즉시 개선 계획 수립 및 실행
해당 부서 책임자 주도로 즉시 개선 계획을 수립하고 실행합니다.
추가적인 통제 활동을 설계하고 구현하며, 리스크 발생 가능성 및 영향도를 감소시키는 계획을 수립합니다.
주간 또는 월간 단위로 모니터링하고 결과를 보고합니다.

5점(매우 높음): 즉각적인 비상 조치 시행

관련된 모든 운영을 중단하거나 비상 계획을 가동합니다.

최고 경영진에게 즉시 보고하고, 필요한 경우 외부 전문가 자문을 구합니다.

근본 원인을 분석하고 재발 방지 대책을 수립하며, 법적 책임을 검토하는 등 가장 강력하고 신속한 조치를 취합니다.

이처럼 잔여위험을 체계적으로 평가하고 그 수준에 따라 맞춤형 조치를 취함으로써, 조직은 불확실성 속에서도 안정적으로 목표를 달성하고 지속적인 성장을 이룰 수 있습니다.

제6절 | 리스크 대응 방안

리스크를 식별하고 평가했다면, 이제는 그 위험에 어떻게 맞설지 결정해야 합니다. 이를 리스크 대응 방안이라고 하며, 크게 다섯 가지 유형으로 나눌 수 있습니다. 이 과정은 식별된 위험의 특성과 조직의 리스크 허용 수준을 고려하여 가장 효과적인 접근 방식을 선택하는 전략적 의사결정입니다. 궁극적인 목표는 리스크의 발생 가능성이나 영향을 줄이거나, 아예 다른 곳으로 전가하는 등 잔여 위험을 허용 가능한 수준으로 관리하는 것입니다. 각 유형은 리스크의 성격과 조직의 역량에 따라 다르게 적용되며, 때로는 여러 방안을 조합하여 활용하기도 합니다.

[표134] 리스크 대응방안

대응방안 유형		의미		구체적 사례
1. 통제 활동		리스크 완화를 위해 설계된 정책과 절차를 실행하는 것. 리스크 대응의 핵심적인 실행 도구임.		
· 예방 통제	리스크가 발생하기 전에 미리 차단하는 통제 활동.	업무 분장		구매 담당자와 대금 지급 담당자 분리
		승인 절차		일정 금액 이상 지출 부서장 승인, 신규 계약 체결 법무팀 검토, 대표 승인
		접근 통제		중요 문서 보관실 출입 통제, IT 로그인 2단계 인증, 중요 데이터 암호화
		직원 교육 및 서약		임직원에게 윤리 강령, 정보 보안 수칙 등을 교육하고 준수 서약을 받음
· 탐지 통제	리스크가 발생한 후에 이를 신속하게 발견하여 추가적인 손실을 방지하는 통제 활동.	내부 감사		독립적인 부서에서 업무 프로세스 및 통제 활동의 적정성 주기적 검토 (예: 회계 장부와 실제 재고의 일치 여부 확인, 규정 준수 여부 점검)
		성과 검토 및 분석		실제 성과와 예산을 비교하거나, 비정상적인 패턴을 분석하여 문제 탐지 (예: 월별 매출액 변동 추이 분석, 특정 계정의 비정상적인 지출 내역 확인)
		예외 보고서		사전에 설정된 기준을 벗어나는 거래나 활동을 자동으로 보고 (예: 초과 근무 시간 보고서, 비정상적인 시스템 접근 시도 알림)
		내부 고발 시스템		임직원이 부정 행위를 익명으로 제보할 수 있는 채널 운영

· 교정 통제	탐지된 문제를 해결하고, 재발을 방지하기 위한 통제 활동.	사고 대응 계획	보안 침해, 시스템 장애 등 사고 발생 '신속 복구, 피해 최소화' 절차 마련 (예: 사이버 공격 발생 시 시스템 격리 및 복구 절차, 비상 연락망 가동)
		재해 복구 계획 (DRP)	자연재해나 대규모 시스템 장애 시 핵심 업무를 복구하고 지속하기 위한 계획 (예: 백업 데이터 복구, 대체 사업장 운영)
		근본 원인 분석	문제가 발생 시 그 원인을 심층적으로 분석하여 재발 방지 대책 수립 (예: 제품 불량 발생 시 생산 공정 전반 재검토)
2. 위험 완화 (Risk Mitigation)	리스크의 발생 가능성이나 발생 시 영향을 줄이기 위한 구체적인 행동.	발생 가능성 감소	정기적인 시스템 점검 및 업데이트, 직원 역량 강화 교육, 품질 관리 시스템 강화
		영향 감소	사업 연속성 계획(BCP) 수립 (예: 핵심인력 이중 배치, 중요 데이터 실시간 백업, 공급망 다변화, 비상 자금 확보)
3. 위험 회피 (Risk Avoidance)	해당 리스크를 유발하는 활동 자체를 중단하거나 시작하지 않는 것.	포기	고위험 시장 진출 포기
		중단	특정 제품/서비스 생산 및 판매 중단
		취소	예상되는 환경 오염 리스크가 큰 프로젝트 취소
4. 위험 전가 (Risk Transfer)	리스크로 인한 재무적 또는 운영적 부담을 제3자에게 이전하는 것.	보험 가입	화재, 도난, 배상 책임, 사이버 공격 등 다양한 리스크에 대비한 보험 가입
		외주 계약	특정 업무(예: IT 시스템 운영, 물류, 보안)를 전문 업체에 위탁
		헤징	환율 변동, 금리 변리 등 금융 시장 리스크에 대비한 파생상품 활용
		보증 및 담보 설정	계약 이행 불능 시 손실에 대비한 보증금 수령 또는 담보 설정
5. 위험 수용 (Risk Acceptance)	리스크의 발생 가능성이나 영향이 미미하여 별도의 조치를 취하지 않고 감수하는 것.	소액의 운영 지연	시스템 오류로 인한 일시적인 소액 결제 지연 등
		자체 보험	소규모의 반복적인 손실(예: 사무용품 파손)에 대해 자체적으로 충당금 설정
		시장 변동성 수용	단기적인 주식 시장의 소폭 변동은 특별한 대응 없이 수용

1. 통제 활동

리스크를 완화하기 위해 설계된 정책과 절차를 실행하는 가장 기본적인 대응 도구입니다. 이는 위험이 발생하기 전에 차단하는 예방 통제, 위험 발생 후 신속하게 발견하는 탐지 통제, 그리고 탐지된 문제를 해결하고 재발을 방지하는 교정 통제로 나뉩니다.

구체적 사례

중요 시스템 접근에 2단계 인증 설정: 계정 탈취 위험을 사전에 예방합니다.

월별 재고 실사 및 장부 대조: 재고 차이를 신속하게 탐지하여 손실을 방지합니다.

비상 시스템 복구 매뉴얼에 따른 훈련 실시: 시스템 장애 발생 시 신속하게 복구하여 피해를 교정합니다.

2. 위험 완화

리스크의 발생 가능성을 줄이거나, 발생 시 미칠 영향을 줄이기 위한 구체적인 행동을 말합니다.

구체적 사례

직원 대상 정기 보안 교육 실시: 내부자에 의한 정보 유출 가능성을 감소시킵니다.
중요 데이터 이중 백업 및 분산 저장: 시스템 장애 시 데이터 손실의 영향을 최소화합니다.
핵심 부품 공급망 다변화: 특정 공급처의 문제 발생 시 생산 차질 가능성 및 영향을 줄입니다.

3. 위험 회피

해당 리스크를 유발하는 활동 자체를 아예 중단하거나 시작하지 않음으로써 위험을 완전히 제거하는 방법입니다.

구체적 사례

규제 불확실성이 높은 신기술 사업 진출 포기: 법적/규제적 리스크를 회피합니다.
안전사고 위험이 높은 특정 생산 공정 폐쇄 및 대체 공정 도입: 인명 사고 리스크를 회피합니다.
정치적 불안정성이 높은 국가로의 해외 투자 계획 전면 철회: 투자 손실 및 운영 중단 리스크를 회피합니다.

4. 위험 전가

리스크로 인한 재무적 또는 운영적 부담을 제3자에게 이전하는 전략입니다.

구체적 사례

대규모 시설물에 대한 화재 및 재물 보험 가입: 재산 손실 리스크를 보험사에 전가합니다.
IT 시스템 운영 및 유지보수를 전문 IT 아웃소싱 업체에 위탁: IT 운영 및 보안 리스크를 전문 업체에 전가합니다.
환율 변동 위험을 줄이기 위한 선물환 계약 체결: 환율 리스크를 금융기관에 전가합니다.

5. 위험 수용

리스크의 발생 가능성이나 영향이 미미하여 별도의 조치를 취하지 않고 감수하는 것을 의미합니다.

구체적 사례

소액의 사무용품 파손이나 분실

대응 없이 자체 예산으로 충당: 경미한 재산 손실 리스크를 수용합니다.

단기적인 주식 시장의 소폭 변동

시장의 자연스러운 현상으로 받아들임: 일시적인 시장 변동 리스크를 수용하고 장기적 관점에서 접근합니다.

고객 문의 전화량의 일시적 급증

평균 대기 시간 1분 증가를 허용: 고객 서비스 지연 리스크의 경미한 수준을 수용합니다.

이처럼 조직은 각 리스크의 특성과 중요도를 고려하여 이 다섯 가지 대응 방안 중 가장 적절한 하나 또는 그 이상을 조합하여 효과적으로 위험을 관리하게 됩니다.

제7절 | 리스크 매트릭스 활용

리스크 매트릭스는 리스크의 '영향도(Impact)'와 '발생 가능성(Likelihood)'을 두 축으로 하여 위험의 수준을 시각적으로 나타내는 도구입니다.

이 도구는 복잡한 리스크 정보를 단순화하여 직관적인 이해를 돕고, 이해관계자 간의 효과적인 의사소통을 가능하게 합니다. 각 리스크의 위치를 매트릭스 상에 표시함으로써, 조직이 직면한 위험의 '지도'를 그릴 수 있습니다.

[표135] 리스크 매트릭스

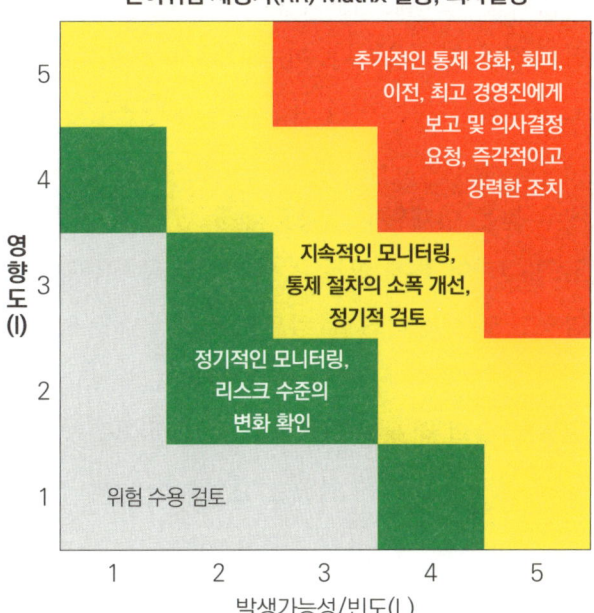

[표135_1] 리스크 매트릭스 설명

구분	내재위험 Matrix	잔여위험 재평가법 Matrix
정의	통제 활동이 없거나 효과적이지 않다고 가정한 위험 수준	내재위험에 대해 현재 운영 중인 통제 활동을 적용한 후 남아 있는 위험 수준
활용단계	리스크 관리 체계 구축 단계	리스크 관리 체계 운영 및 모니터링 단계
초점	통제 활동의 설계 및 구축	현재 남아 있는 리스크의 관리 및 추가 대응 결정
목적	리스크 발생 전 잠재적 위험 파악 및 이를 줄이기 위한 예방적/탐지적 통제 마련	통제 적용 후 남아 있는 리스크가 허용 가능한 수준인지 판단 및 허용 수준 초과 시 추가 대응(추가 통제, 회피, 이전 등)
주요질문	"이 리스크는 통제가 없다면 얼마나 위험한가?"를 파악, "어떤 통제를 얼마나 강력하게 구축해야 하는가?"를 결정	"현재 통제를 적용하고도 얼마나 위험이 남아있는가?"를 파악, "남아있는 위험을 어떻게 처리할 것인가?"를 결정
등급부여 목적	위험의 본질적인 심각성 파악, 통제 효과성 평가를 위한 기준점 제공	조직이 실제로 직면한 위험 수준 파악, 관리 우선순위 결정, 허용한도 대비 수용 가능성 판단
주요 관리활용	분석 및 정보 제공 목적(주요 관리 의사결정 기준 아님)	위험 관리 활동(완화, 수용, 이전, 회피 등) 결정의 주된 기준, 허용한도와 비교하여 수용 가능 여부 판단, 모니터링 및 보고의 핵심 대상
Matrix 함수	=IFS(I×L<=3,"수용",I×L=5,"중위험",I×L<8,"저위험",I×L<13,"중위험",I×L<17,"고위험",I×L>=17,"고위험")	
고위험 판단	해당 리스크를 감소시키기 위한 강력하고 필수적인 통제 활동을 설계하고 구현하는 데 집중함. 프로세스 재설계, 핵심 통제 수립 등이 포함될 수 있음	현재 통제만으로는 리스크 관리가 충분하지 않음을 의미함. 추가적인 통제 강화, 리스크 회피(해당 활동 중단), 리스크 이전(보험 가입 등), 또는 최고 경영진에게 보고 및 의사결정 요청 등 즉각적이고 강력한 조치가 필요함.
중위험 판단	리스크를 적절한 수준으로 관리하기 위한 통제 활동을 설계하거나 기존 통제를 강화하는 데 집중함. 효율성과 효과성을 고려한 통제 설계가 중요함.	통제가 어느 정도 작동하고 있으나 여전히 관리해야 할 리스크가 남아있음을 의미함. 지속적인 모니터링, 통제 절차의 소폭 개선, 또는 리스크를 수용하되 정기적인 검토 조치를 취할 수 있음.
저위험 판단	최소한의 통제 활동만 설계하거나, 통제 비용 대비 효과를 고려하여 일부 리스크는 수용하는 것을 고려할 수 있음.	통제가 효과적으로 작동하여 리스크가 낮은 수준으로 관리되고 있음을 의미함. 일반적으로 해당 리스크를 수용하고, 정기적인 모니터링을 통해 리스크 수준의 변화를 확인하는 조치를 취함.

1. 내재위험(IR) 매트릭스

내재위험 매트릭스는 어떠한 통제 활동도 없다고 가정했을 때, 리스크가 본래 가지고 있는 순수한 위험 수준을 보여줍니다. 이 매트릭스는 조직이 특정 리스크에 대해 '최초로 어떤 수준의 통제를 설계하고 구현해야 하는가'를 결정하는 데 사용됩니다.

매우 높은 내재위험(영향도 4-5, 발생 가능성 4-5): 매트릭스 우측 상단에 위치하는 위험으로, '강력하고 필수적인 통제 활동'을 설계하고 즉시 구현해야 함을 의미합니다. 이 위험은 조직의 목표 달성에 치명적인 영향을 끼칠 수 있으므로, 최우선적으로 관리해야 합니다.

보통 수준의 내재위험(영향도 3, 발생 가능성 3): 매트릭스 중앙에 위치하는 위험으로, '적절한 통제 활동'을 설계하고 기존 통제를 강화하는 노력이 필요합니다.

낮은 내재위험(영향도 1-2, 발생 가능성 1-2): 매트릭스 좌측 하단에 위치하는 위험으로, 최소한의 통제 활동을 설계하거나 경우에 따라서는 위험을 수용할지 검토할 수 있습니다.

2. 잔여위험(RR) 매트릭스

잔여위험 매트릭스는 내재위험을 줄이기 위한 통제 활동을 적용한 후에도, 여전히 조직에 남아있는 실제 위험 수준을 보여 줍니다. 이 매트릭스는 현재의 리스크 수준을 모니터링하고, '추가적인 대응 방안이 필요한가' 또는 '현재 수준을 유지할 것인가'를 결정하는 데 활용됩니다.

매우 높은 잔여위험(영향도 4-5, 발생 가능성 4-5): 통제 활동에도 불구하고 여전히 높은 위험으로, '추가적인 통제 강화', 위험 '회피' 또는 '이전'과 같은 즉각적이고 강력한 조치가 필요합니다. 최고 경영진에게 보고하여 의사결정을 요청해야 할 수도 있습니다.

보통 수준의 잔여위험(영향도 3, 발생 가능성 3): 현재 통제가 어느 정도 효과를 발휘하고 있지만, '지속적인 모니터링', 통제 절차의 소폭 개선, 정기적인 검토를 통해 관리해야 합니다.

낮은 잔여위험(영향도 1-2, 발생 가능성 1-2): 통제가 매우 효과적이어서 위험이 낮은 수준으로 관리되고 있음을 의미합니다. 정기적인 모니터링을 통해 리스크 수준의 변화를 확인하고, 위험을 수용할지 검토할 수 있습니다.

이처럼 내재위험 매트릭스는 통제 설계의 방향성을 제시하고, 잔여위험 매트릭스는 현재의 리스크 관리 상태와 추가 조치의 필요성을 판단하는 데 핵심적인 역할을 합니다. 이 두 매트릭스를 함께 활용함으로써 조직은 리스크를 더욱 체계적이고 효과적으로 관리할 수 있습니다.

3. 위험 등급 부여와 허용한도 적용

조직이 수많은 위험에 직면했을 때, 모든 위험을 똑같은 강도로 관리할 수는 없습니다. 한정된 자원을 가장 효과적으로 사용하기 위해서는 어떤 위험이 더 중요하고 시급한지 '등급'을 매겨야 합니다. 이 과정은 리스크 평가의 핵심이며, '허용한도'와 함께 리스크 관리의 방향을 결정하는 중요한 기준이 됩니다.

[표136] 위험등급 부여 기준

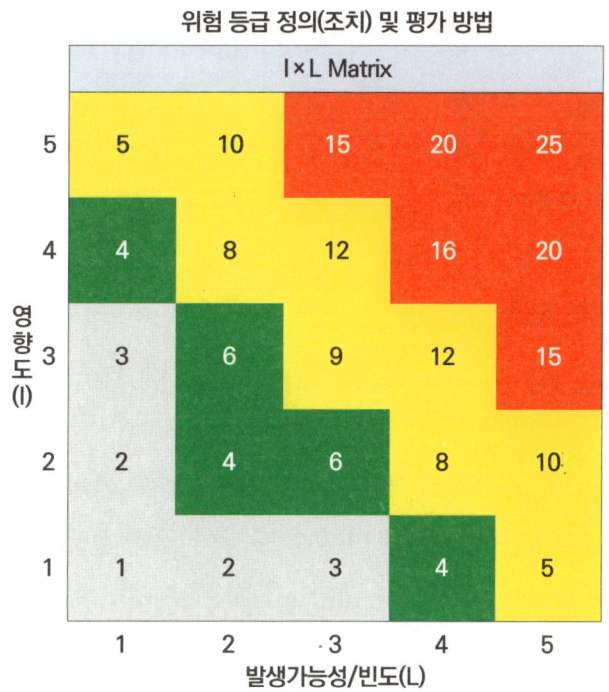

등급	정의(Definition)	평가 기준 (5×5 매트릭스 기준/5점 척도 기준)
고위험(High)	조직 목표에 심각한 저해, **통제강화 등 즉각적 대응**이 필요한 위험	13점 이상 / 4점 이상
중위험(Medium)	관리 필요, **모니터링 및 추가 통제 조치**가 필요한 위험	5점, 8점~12점 / 3점
저위험(Low)	일상 영향 미미, **정기 점검 및 관리 유지** 정도로 대응하는 위험	7점 이하, 5점 제외 / 2점 이하
수용(Accept)	허용 범위 내, **최소한의 통제 및 감시, 과잉 통제여부 검토**로 대응하는 위험	3점이하/ 1점
엑셀 함수 활용		
재평가법 5점척도	=IFS(I×L<=3,"1",I×L=5,"3",I×L<8,"2",I×L<13,"3",I×L<17,"4",I×L>=17,"5")	
재평가 등급부여	=IFS(I×L<=3,"수용",I×L=5,"중위험",I×L<8,"저위험",I×L<13,"중위험",I×L>=13,"고위험")	
차감법 등급부여	=IFS(잔여위험=1,"수용",잔여위험<=2,"저위험",잔여위험<=3,"중위험",잔여위험>3,"고위험")	

1) 위험 등급, 어떻게 부여하나요?

위험 등급은 주로 리스크가 발생했을 때 미칠 "영향도(Impact)"와 실제로 발생할 "가능성(Likelihood)"을 조합하여 결정합니다. 이 두 가지 요소를 시각적으로 보여 주는 도구가 바로 "리스크 매트릭스(Risk Matrix)"입니다.

각 리스크에 대해 영향도와 발생 가능성을 점수(예: 1점부터 5점까지)로 평가한 후, 이 점수들을 매트릭스에 표시하여 최종 위험 등급을 결정합니다. 일반적인 등급 구분은 다음과 같습니다.

고위험(High Risk): 영향도와 발생 가능성이 모두 높거나, 둘 중 하나가 매우 높아 조직 목표 달성에 심각한 지장을 줄 수 있는 위험입니다. 즉각적이고 강력한 관리가 필요합니다.

중위험(Medium Risk): 영향도와 발생 가능성이 중간 수준이거나, 한쪽은 높지만 다른 한쪽은 낮은 경우입니다. 관리 노력이 필요한 위험으로, 지속적인 모니터링과 개선이 필요할 수 있습니다.

저위험(Low Risk): 영향도와 발생 가능성이 모두 낮거나 매우 낮은 경우입니다. 일반적으로 조직이 수용 가능한 수준의 위험으로 간주합니다.

2) 잔여위험에 등급을 부여하는 이유

여기서 중요한 점은, 이 위험 등급을 "잔여위험(Residual Risk)"에 부여하는 것이 원칙이라는 것입니다.

실제 위험 수준: '내재위험(Inherent Risk)'은 통제가 전혀 없다고 가정한 이론적인 위험 수준인 반면, 잔여위험은 현재 운영 중인 통제 활동을 적용한 후에도 남아 있는 실제 위험 수준입니다. 조직이 실제로 관리하고 대응해야 할 위험은 바로 이 잔여위험이기 때문입니다.

관리 우선순위 및 허용한도 비교: 조직은 설정된 '허용한도(Risk Tolerance)'를 초과하는 위험에 대해 추가적인 관리 방안을 수립하고 실행해야 합니다. 이때 허용한도와 비교하는 대상이 바로 잔여위험입니다. 잔여위험에 등급을 부여해야만 허용한도 대비 위험 수준을 명확히 파악하고 관리 우선순위를 정할 수 있습니다.

물론, 내재위험도 평가 과정에서 등급을 부여할 수 있습니다. 이는 해당 위험의 본질적인 심각성을 이해하고, 통제가 없을 경우 발생할 수 있는 최대 잠재적 위험을 파악하는 분석 목적으로 활용됩니다. 또한, 설계된 통제가 내재위험을 얼마나 효과적으로 감소시키는지(즉, 통제 효과성)를 평가하는 데 참고 자료가 됩니다. 하지만 위험 관리의 실행 및 의사결정을 위한 최종 위험 등급은 잔여위험에 부여하는 것이 일반적입니다.

3) 허용한도(Risk Tolerance)의 적용

위험 등급이 부여된 후, 조직은 미리 설정해 둔 "허용한도"와 잔여위험 등급을 비교합니다. 허용한도는 조직이 특정 위험을 어느 수준까지 감수할 수 있는지를 나타내는 기준선입니다.

잔여위험 등급이 허용한도 이하일 경우: 해당 위험은 조직이 수용 가능한 수준으로 판단하며, 추가적인 조치 없이 현재 상태를 유지하거나 정기적인 모니터링만 수행할 수 있습니다.

잔여위험 등급이 허용한도를 초과할 경우: 해당 위험은 조직이 감수하기에는 너무 높은 수준이므로, 추가적인 통제 강화, 위험 이전(예: 보험 가입), 위험 회피(해당 활동 중단) 등 적극적인 관리 방안을 수립하고 실행해야 합니다. 목표는 잔여위험을 허용한도 이하로 낮추는 것입니다.

이처럼 위험 등급 부여는 리스크를 시각적으로 명확히 하고, 허용한도와의 비교를 통해 조직이 어떤 위험에 자원을 집중하고 어떤 조치를 취할지 합리적으로 결정할 수 있도록 돕는 핵심적인 과정입니다.

제8절 | 리스크 프로파일

리스크 프로파일은 조직이 직면하고 있는 다양한 리스크들을 체계적으로 식별하고, 분석하며, 평가하여 그 특성과 중요도를 한눈에 파악할 수 있도록 정리한 문서 또는 도구입니다. 이는 단순히 위험 요소들을 나열하는 것을 넘어, 각 리스크의 본질과 조직에 미치는 잠재적 영향을 심층적으로 이해하고, 효과적으로 관리하기 위한 전략적 기반을 제공합니다. 마치 조직의 현재와 미래를 비추는 '위험 지도'와 같다고 할 수 있습니다.

그러나 많은 조직에서 활용되는 일반적인 리스크 프로파일은 종종 다음과 같은 문제점들을 내포하고 있어, 리스크 관리의 실효성을 저해하는 요인이 되곤 합니다.

1. 일반적 리스크 프로파일의 문제점

구조적 혼란 및 본질 파악의 어려움
본부-실-팀 조직, 직무명, 직무 단계 등 조직 구조 및 업무 흐름에 지나치게 초점을 맞추어 리스크 자체의 본질을 파악하기 어렵습니다.

정돈 되지 않은 리스크명, 의미 설명 누락

리스크명이 정돈되지 않아 혼란을 야기하고, 의미 설명이 누락되어 리스크에 대한 명확한 인식을 방해합니다.

분석 정보의 누락 및 이해 부족

리스크의 정의, 발생 원인, 현상, 영향 등 핵심적인 분석 정보가 누락되어 있어, 해당 리스크가 무엇인지, 왜 중요한지 제대로 이해하기 어렵습니다.

평가의 비일관성 및 신뢰도 부족

평가의 근거가 없는 주먹구구식 평가가 이루어지거나, 평가 기준이 모호하여 일관성이 부족합니다. 이로 인해 '고, 중, 저' 위험 등급이 뒤죽박죽이 되어 리스크의 실제 심각성을 신뢰하기 어렵습니다.

직관성 결여

복잡한 평가 과정의 상세 내역만 있을 뿐, 리스크의 심각성을 직관적으로 파악하기 어렵습니다.

관리 및 모니터링 기능의 미흡

리스크를 감소시키기 위한 구체적인 통제 방안 제시가 부족합니다.
통제 활동이 제대로 이루어지고 있는지 확인할 수 있는 핵심 모니터링 지표(KRI, KCI) 정보 또한 부족하여 실질적인 관리가 어렵습니다.

실질적인 도구로서의 기능 약화

이러한 문제들은 리스크 프로파일이 실질적인 리스크 관리 및 소통 도구로서 기능하기 어렵게 만들고, 조직원들이 리스크를 명확히 인지하고 관리하는 데 장애가 됩니다.

2. 바람직한 리스크 프로파일

바람직한 리스크 프로파일은 단순히 조직이 직면한 위험 목록을 나열하는 것을 넘어, 리스크 관리의 전 과정을 통합하고 조직의 전략적 목표와 연계하여 실행 가능한 통찰력을 제공하는 동적인 문서이자 시스템입니다. 이는 조직의 리스크 환경을 명확하고 종합적으로 보여 주는 '위험 지도'로서 기능해야 합니다.

1) 바람직한 리스크 프로파일의 구조

리스크 관리의 핵심 프로세스를 유기적으로 연결하여, 리스크에 대한 깊이 있는 이해와 효과적인 관리가 가능하도록 설계되어야 합니다.

리스크 식별
고유 식별자 및 명확한 명칭: 각 리스크에 고유한 관리 번호와 명확하고 간결한 명칭을 부여하여 체계적인 관리와 조직 내 소통 오류를 방지합니다.

명확한 정의
해당 리스크가 구체적으로 어떤 상황이나 사건을 의미하는지 상세하게 설명하여, 모든 이해관계자가 리스크 본질에 대해 공통된 이해를 갖도록 합니다.

조직/업무/전략 연계
리스크가 조직의 어떤 부문, 어떤 업무 단계, 어떤 전략적 목표와 연관되는지를 명시하여 리스크의 맥락을 이해하고 전략적 중요성을 부각합니다.

리스크 분석
심층적인 원인, 현상, 영향 분석: 리스크 발생의 근본 원인(Causes), 발생 시 나타나는 구체적인 징후(Event), 그리고 조직에 미치는 잠재적 결과(Impact)를 심층적으로 분석하여 리스크의 본질적 이해를 돕고 효과적인 통제 설계의 기반을 마련합니다.

리스크 평가
내재위험 및 잔여위험 명확화: 통제 활동 적용 전 리스크 자체의 순수한 위험 수준(내재위험)과 통제 후 남아있는 위험 수준(잔여위험)을 명확히 구분하여 통제 효과를 비교하고 개선점을 도출합니다.

설계 적정성 및 운영 효과성 평가: 통제 활동이 리스크를 효과적으로 완화하도록 적절히 설계되었는지(설계 적정성)와 실제 운영에서 의도한 대로 효과적으로 작동하는지(운영 효과성)를 평가하여 통제 활동의 유효성을 검증합니다.

허용한도 기준 명시: 조직이 감수하거나 용인할 수 있는 최대 리스크 수준을 명확히 제시하여 잔여 위험과의 비교를 통해 추가적인 리스크 관리 조치 필요성에 대한 명확한 가이드라인을 제공합니다.

리스크 대응
구체적이고 실행 가능한 통제 방안: 식별된 리스크를 완화하기 위한 구체적이고 실질적인 조치들을 명시하고, 각 방안에 대한 실행 계획이 수립되고 리스크를 저감하기위한 통제활동이 실행되어야 합니다.

책임 주체 명확화
각 통제 방안의 실행 책임자를 명확히 지정하여 실행력을 확보합니다.

리스크 모니터링

KRI(Key Risk Indicator) 및 KCI(Key Control Indicator) 포함: 주요 리스크 수준의 변화 추이와 통제 활동의 효과성을 선제적으로 감지하고 추적할 수 있는 핵심 지표들을 포함합니다.

KPI(Key Performance Indicator) 연계: 리스크 관리 활동이 조직의 전반적인 성과 목표 달성에 미치는 기여도를 측정할 수 있도록 KPI와의 연계성을 명시합니다.

담당 관리

리스크 책임자 지정: 해당 리스크의 관리 및 보고에 대한 최종 책임과 권한을 가진 개인 또는 부서를 명확히 지정합니다.

리스크 처리 계획 및 상태

잔존 리스크 수준이 허용 범위를 초과할 경우의 구체적인 처리 계획과, 리스크의 현재 관리 단계(신규, 진행 중, 완료 등)를 명시하여 리스크 생애주기 전반을 체계적으로 관리합니다.

2) 바람직한 리스크 프로파일의 기능

이러한 구조를 가진 리스크 프로파일은 조직 내에서 다음과 같은 핵심적인 기능을 수행합니다.

전략적 의사결정 지원

경영진이 리스크를 고려한 정보에 기반한 전략 수립 및 자원 배분 결정을 내릴 수 있도록 지원합니다.

조직 내 리스크 소통 강화

리스크에 대한 공통 언어와 이해를 제공하여 조직 구성원 간의 효과적인 소통을 촉진합니다.

자원 배분의 효율성 증대

가장 중요한 리스크에 자원을 집중함으로써 리스크 관리의 효율성을 높입니다.

성과 관리 및 책임성 확보

리스크 관리 활동의 성과를 측정하고, 각 리스크에 대한 책임 소재를 명확히 하여 책임성을 강화합니다.

규제 준수 및 거버넌스 강화

외부 규제 요구사항을 충족하고, 조직의 건전한 리스크 지배구조를 확립하는 데 기여합니다.

조기 경보 시스템
KRI 등을 통해 잠재적 위험에 대한 선제적 감지 및 대응을 가능하게 합니다.

3) 바람직한 리스크 프로파일의 장점
이처럼 잘 설계된 리스크 프로파일은 조직에 다음과 같은 다양한 이점을 제공합니다.

리스크에 대한 포괄적 이해
조직의 모든 리스크를 체계적이고 심층적으로 파악하여 리스크 관리의 사각지대를 최소화합니다.

의사결정의 질 향상
리스크를 충분히 고려한 합리적이고 정보에 기반한 의사결정을 가능하게 합니다.

예측 및 예방 능력 강화
잠재적 위험을 미리 식별하고 대비함으로써 예상치 못한 손실을 줄일 수 있습니다.

조직의 회복탄력성 증대
위기 발생 시 신속하고 효과적인 대응이 가능하도록 하여 조직의 위기 대응 능력을 향상시킵니다.

내부 통제 강화
통제 활동의 효과성을 지속적으로 검증하고 개선함으로써 내부 통제 시스템의 신뢰도를 높입니다.

투명성 및 신뢰도 향상
이해관계자들에게 조직의 리스크 관리 노력을 투명하게 공개하여 조직의 신뢰도를 높입니다.

리스크 관리 프로세스의 완전성
리스크 식별부터 모니터링까지 전 과정을 순서대로 담아 리스크 관리의 완전성과 연속성을 보장합니다.

4) 리스크 프로파일의 단점 및 한계(바람직한 구조라도)
아무리 바람직하게 설계된 리스크 프로파일이라 할지라도, 구축 및 운영 과정에서 다음과 같은 단점이나 한계를 가질 수 있습니다.

구축 및 유지 관리의 어려움
자원 소모: 리스크를 식별, 분석, 평가하고 이를 프로파일에 담는 초기 구축 과정과 지속적인 업데이트에 상당한 시간, 인력, 비용이 소모됩니다.

데이터의 복잡성

다양한 부서와 업무에서 발생하는 리스크 데이터를 통합하고 일관성을 유지하는 것이 복잡하고 어려울 수 있습니다.

주관성 개입 가능성

리스크 평가 과정에서 주관적인 판단이 개입될 여지가 있어, 객관성과 일관성을 유지하기 위한 노력이 지속적으로 필요합니다.

활용의 한계

변화하는 환경에 대한 민첩성 부족: 환경 변화 속도가 매우 빠를 경우, 리스크 프로파일의 업데이트 주기가 실제 변화 속도를 따라가지 못하여 정보의 유효성이 떨어질 수 있습니다.

과도한 정보 또는 부족한 정보

너무 많은 정보를 담으려다 보면 오히려 복잡해져 활용도가 떨어지거나, 반대로 중요한 정보가 누락되어 불완전한 그림을 제공할 수 있습니다.

문화적 저항

리스크 관리 문화가 정착되지 않은 조직에서는 리스크 프로파일 작성을 단순한 '숙제'로 여기거나, 리스크 노출을 꺼리는 문화적 저항에 부딪힐 수 있습니다.

과거 데이터 의존

많은 리스크 분석이 과거 데이터와 경험에 의존하므로, 새로운 유형의 리스크나 급변하는 환경에 대한 통찰력에는 한계가 있을 수 있습니다.

내재적 한계

예측 불가능한 리스크: 아무리 정교한 프로파일이라도 모든 종류의 리스크, 특히 '블랙 스완'과 같은 예측 불가능한 리스크를 사전에 완벽하게 식별하고 담아낼 수는 없습니다.

이러한 단점과 한계에도, 바람직한 구조와 기능을 갖춘 리스크 프로파일은 조직의 리스크 관리 역량을 한 단계 끌어올리고, 불확실한 미래를 헤쳐 나가는 데 필수적인 전략적 도구입니다.

3. 새로운 리스크 프로파일의 구성 요소와 의미

일반적인 리스크 프로파일의 문제점과 바람직한 리스크 프로파일의 기능과 장점을 고려하여 새로운 구조의 리스크 프로파일을 제시합니다.

[표137] 리스크 프로파일의 구조와 활용

절차	구성 요소	의미	활용 용도
식별	리스크 관리 번호	각 리스크를 식별하는 고유 코드	리스크 목록 관리, 보고서/문서 내 참조의 정확성 및 효율성 증대, 리스크 추적 시스템의 데이터 연결
식별	리스크 명	해당 리스크를 간결하게 나타내는 제목	리스크 인지 및 소통 용이, 리스크 프로파일 요약/목록에서 기본 정보 제공
식별	리스크 정의(의미)	해당 리스크가 구체적으로 어떤 상황/사건을 의미하는지 상세 설명	리스크 내용의 명확한 이해 및 공유, 리스크 평가(가능성/영향)의 기반 마련, 리스크 관리 전략/통제 활동 수립 시 목표 설정
분석	원인(Causes)	리스크 발생을 야기하는 근본적인 요인, 조건 또는 사건	리스크 예방적 통제 활동 설계의 핵심 정보 제공, 리스크 발생 가능성 제거/완화
분석	현상(Event)	리스크가 발생했음을 나타내는 관찰 가능한 징후 또는 사건의 구체적 형태	리스크 모니터링 및 조기 감지, 리스크 발생 시 신속한 대응 조치 실행, KRI 설정 시 참고 자료
분석	영향(Impact)	리스크 발생 시 조직에 미치는 결과 또는 손실(재무, 평판, 운영 등)	리스크의 심각성 평가 및 우선순위 설정, 리스크 관리 전략(회피/완화/전가/보유) 선택 결정, 리스크 대응 계획 수립의 핵심 요소
평가	발생가능성 평가	특정 리스크가 발생할 확률이나 빈도를 평가함.	리스크의 잠재적 위험도를 파악하고, 내재 위험 수준 산출의 기초 자료로 활용함.
평가	영향도 평가	리스크 발생 시 조직에 미치는 부정적 결과의 크기를 평가함.	리스크의 잠재적 심각성을 파악하고, 내재 위험 수준 산출의 기초 자료로 활용함.
평가	내재위험수준평가	통제 활동 적용 전, 리스크 자체의 순수한 위험 수준을 평가함.	리스크의 본질적 심각성을 파악하고, 리스크 관리 필요성 및 통제 활동의 우선순위 결정에 활용함.
평가	설계 적정성 평가	통제 활동이 리스크를 효과적으로 완화하도록 적절히 설계되었는지 평가함.	통제 활동의 이론적 효과성을 검증하고, 통제 설계의 개선점을 도출하여 통제 효과성을 높이는 데 활용함.
평가	운영 효과성 평가	설계된 통제 활동이 실제 운영 환경에서 의도한 대로 효과적으로 작동하는지 평가함.	통제 활동의 실질적인 효과를 확인하고, 운영상의 비효율성이나 미흡한 점을 개선하여 통제의 실효성을 확보하는 데 활용함.
평가	통제수준평가	리스크를 완화하는 내부 통제 활동의 효과성을 평가함.	통제 활동의 강점과 약점을 파악하고, 잔여 위험 수준 산출 및 통제 활동 개선 방향 설정에 활용함.
평가	잔여위험평가	통제 활동 적용 후, 현재 남아있는 리스크의 수준을 평가함.	조직이 현재 감수하고 있는 최종 리스크 수준을 파악하고, 허용한도 대비 추가 통제 활동 필요성 및 우선순위 결정에 활용함.
평가	허용한도 기준	조직이 감수하거나 용인할 수 있는 최대 리스크 수준을 정한 기준임.	잔여 위험 수준과 비교하여 추가적인 리스크 관리 조치가 필요한지 판단하는 기준, 리스크 관리 활동의 목표 수준 설정에 활용함.

대응	통제방안	식별된 특정 리스크가 발생할 가능성을 낮추거나, 설령 발생하더라도 그로 인한 부정적인 영향을 줄이기 위해 조직이 현재 시행하고 있거나 앞으로 시행할 예정인 구체적인 조치나 방법	현재는 해당리스크를 감소 시키는 통제방안이 참고로 서너개 정도 제시돼 있음(참고의 의미임). 이를 참조하여 통제 설계를 하고 리스크상황을 모니터링 하면서 추가적인 통제 방안들을 보완함.
모니터링	KRI(Key Risk Indicator)	주요 리스크 수준/변화 추이를 조기에 알려주는 핵심 위험 지표(측정 가능한 값)	리스크 수준 지속적 모니터링, 리스크 변화 추세 파악, 특정 임계값 도달 시 주의 환기 및 추가 조치 검토. 제시돼 있는 지표는 예시 또는 참고용임
	KCI(Key Control Indicator)	주요 통제 활동의 효과성 측정 지표(통제 활동 수행/결과 측정 값)	통제 활동 유효성 평가 및 개선, 통제 시스템의 신뢰성 확보, 내부 통제 활동 강화. 제시 지표는 예시 또는 참고용임. 내부 감사 효과성 점검에 활용할 수 있음
	KPI(Key Performance Indicator)	조직의 목표 달성 정도를 측정하는 핵심 성과 지표	리스크 관리 활동이 조직의 전반적인 성과에 미치는 영향을 평가하고, 리스크 관리 목표와 조직의 전략적 목표 간의 연관성을 확인하는 데 활용함.
담당 관리	리스크 책임자	해당 리스크의 관리 및 보고에 대한 최종 책임과 권한을 가진 개인 또는 부서	리스크 관리 주체 명확화, 책임 소재 분명화, 신속한 정보 공유 및 의사결정 지원, 리스크 관련 문의/조치 대상 식별
	리스크 처리 계획	잔존 리스크 수준이 허용 범위 초과 시, 리스크 관리를 위해 계획된 구체적인 조치(추가 통제, 이전 등)	잔존 리스크 수준 완화를 위한 실행 계획 제시, 리스크 관리 활동 진행 상황 추적 및 모니터링
	리스크 상태	해당 리스크가 현재 어떤 관리 단계에 있는지 나타내는 상태 정보(예: 신규, 진행 중, 완료, 모니터링 중)	리스크 관리 활동 진행 상황 파악 용이, 관리 시급성 판단 지원, 리스크 생애주기 관리

이 리스크 프로파일은 리스크 관리의 전 과정을 아우르는 다층적인 정보로 구성됩니다. 이를 통해 조직은 리스크를 관리하는 데 필요한 모든 정보를 통합적으로 파악하고 활용할 수 있습니다.

1) 새롭게 제시하는 리스크 프로파일의 편익

위에서 열거된 일반적인 리스크 프로파일의 문제점들을 개선하고, 리스크 관리의 효율성과 효과성을 극대화하기 위해 새롭게 제시하는 리스크 프로파일은 다음과 같은 구체적인 편익을 제공합니다.

명확한 리스크 식별 및 소통

리스크 관리 번호, 간결한 리스크명, 그리고 상세한 리스크 정의(의미)를 통해 조직 구성원 모두가 리스크를 동일하게 인지하고 명확하게 소통할 수 있도록 돕습니다.

심층적인 원인 분석 및 효과적인 대응

리스크의 원인, 현상, 영향을 세분화하여 분석함으로써 리스크의 본질을 깊이 이해하고, 근본적인 예방 및 완화 방안을 수립할 수 있도록 지원합니다.

리스크 평가 관련 정보의 통합제공
발생가능성 및 영향도 평가, 내재위험수준 평가, 설계 적정성 평가와 운영 효과성 평가, 통제수준 평가 및 잔여위험 평가, 허용한도 기준 정보를 통합적으로 제시하여 합리적 판단을 지원합니다.

실행 가능한 통제 방안 제시
리스크를 감소시키기 위한 구체적인 통제 방안을 제시하여, 리스크 발생 가능성을 낮추고 부정적인 영향을 줄이는 실질적인 행동 계획을 수립하도록 돕습니다.

선제적인 모니터링 및 성과 관리
KRI(핵심 리스크 지표)를 통해 리스크 수준의 변화를 조기에 감지하고 선제적으로 대응할 수 있습니다.
KCI(핵심 통제 지표)로 통제 활동의 효과성을 측정하여 내부 통제를 강화합니다.
KPI(핵심 성과 지표)를 통해 리스크 관리 활동이 조직의 전반적인 성과 목표 달성에 어떻게 기여하는지를 보여 주어, 리스크 관리가 단순한 위험 회피를 넘어 조직의 전략적 목표 달성에 핵심적인 역할을 한다는 점을 확인할 수 있습니다.

명확한 책임 소재 및 체계적인 관리
리스크 책임자를 명시하여 리스크 관리의 주체를 명확히 하고, 신속한 정보 공유 및 의사결정을 지원합니다.

리스크 관리 프로세스의 완전성 및 연속성
이 리스크 프로파일은 리스크 식별부터 분석, 평가, 대응, 모니터링, 그리고 담당 관리까지 리스크 관리 프로세스의 전 과정을 순서대로 담고 있어, 리스크 관리의 완전성과 연속성을 보장하는 강력한 도구로 기능합니다.

새롭게 제시하는 리스크 프로파일은 일반적인 리스크 프로파일의 한계를 극복하고, 조직이 리스크를 더욱 효과적이고 전략적으로 관리할 수 있도록 지원하는 데 중점을 두고 있습니다.

2부를 마무리하며

독자 여러분, 다음 표가 의미하는 것은 무엇일까요?

[표138] RM&IC 방정식

구분			전략방향	기업	공공
조직가치 = sv =	분자	KPI	↑	성장성 × 수익성	공익성 × 책무성
	분모	KRI	↓	RISK	RISK
	RM&IC			민첩성(Agility) × 복원력(Resilience)	
조직가치 = SV =	분자	KPI	↑	성장성 × 수익성 × 민첩성 × 복원력	공익성 × 책무성 × 민첩성 × 복원력
	분모	KRI	↓	risk	risk

※ SV= Stakeholders Value

마지막 여백: 여러분의 통찰로 채워질 페이지

이 표에 담긴 의미를 구구절절 설명하는 대신, 저는 이 페이지를 독자 여러분의 통찰로 채워질 여백으로 남겨 두기로 했습니다.

지금까지 우리는 리스크 관리의 새로운 패러다임과 그 전략적 중요성에 대해 깊이 탐구해 왔습니다. 이제 이 표가 여러분께 무엇을 말하고 있는지, 그리고 여러분의 조직에 어떤 의미를 지니는지 스스로 정리해 볼 시간입니다.

이 여백은 여러분 각자가 지금까지 학습한 지식을 바탕으로, 리스크 관리의 본질과 조직 가치 창출의 연결고리를 자신만의 언어로 재구성해 보는 기회가 될 것입니다. 여러분의 통찰이 이 페이지를 완성할 것입니다.

이어지는 3부에서는 현장 내부통제 진단 과정에서 흔히 발견되는 문제점들을 다룰 예정입니다. 이 내용들을 통해 여러분의 조직이 리스크 관리 및 내부통제(RM&IC) 체계를 보완하고 강화하는 데 도움이 되기를 바랍니다.

제3부   현장의 문제점 진단

1. 내부통제 진단, 3가지 핵심

현장에서 특정 조직의 내부통제 운영 실태를 진단할 때, 제가 가장 먼저 요청드리는 것은 단 세 가지입니다. 이 세 가지를 통해 저는 해당 조직의 리스크 관리 수준과 내부통제 시스템이 실제로 어떻게 작동하고 있는지를 명확하게 파악할 수 있습니다.

첫째는 바로 리스크 프로파일입니다. 리스크 프로파일은 마치 조직의 재무제표와 같습니다. 이는 특정 시점에서 조직이 직면한 주요 위험들의 목록과 그 위험 수준, 그리고 관리 현황을 집약적으로 보여주는 종합 보고서입니다. 리스크 프로파일을 통해 저는 해당 조직의 전반적인 리스크 관리 역량과 잠재적 결함을 즉각적으로 판단할 수 있습니다. 이는 내부통제 시스템이 현재 어떤 상태에 있으며, 어떤 부분에서 취약점을 가지고 있는지에 대한 총체적인 현재 상태를 파악하는 데 필수적입니다.

둘째는 제도 도입 이후 식별된 리스크 목록입니다. 이는 내부통제 시스템의 'Input(입력)'에 해당합니다. 리스크 식별은 내부통제 시스템이 처리해야 할 정보, 즉 위험에 대한 인지 과정을 의미합니다. 조직이 위험을 얼마나 민감하게 감지하고, 체계적으로 분류하여 목록화하고 있는지를 통해 내부통제 시스템이 위험 정보를 얼마나 잘 수집하고 있는지 평가할 수 있습니다. 만약 리스크 식별이라는 'Input'이 제대로 이루어지지 않는다면, 시스템은 처리할 정보 자체가 없으므로, 그 어떤 통제 활동도 의미를 가질 수 없게 됩니다.

셋째는 제도 도입 이후 경감시킨 리스크 목록입니다. 이 지표는 내부통제 시스템의 'Output(출력)'에 해당합니다. 리스크 경감 실적은 식별된 위험에 대해 통제 활동(Processing)이 얼마나 효과적으로 이루어졌는지, 그리고 그 결과 위험 수준이 얼마나 낮아졌는지를 보여 주는 구체적인 성과입니다. 이는 내부통제 시스템이 실제로 위험을 관리하고 완화하는 데 얼마나 성공적이었는지를 증명하는 최종 결과물입니다.

결국, 제가 현장을 진단하는 방식은 리스크 관리라는 하나의 시스템을 "Input(식별) - Processing(통제 활동) - Output(경감 실적) - Feedback(지속적 개선)"이라는 순환 과정으로 이해하고, 그 '정상 작동' 여부를 명확히 확인하는 데 있습니다.

리스크 프로파일을 통해 시스템의 전반적인 건강 상태와 결함을 진단하고, 그 시스템의 근간이 되는 'Input'인 리스크 식별 목록과 'Output'인 리스크 경감 실적을 면밀히 점검함으로써, 중간 단계인 'Processing' 즉, 통제 활동들이 실제로 얼마나 효과적으로 이루어지고 있는지를 판단하는 것입니다. 이러한 진단은 단순히 서류상의 완결성을 넘어, 리스크 관리 시스템이 조직의 DNA처럼 살아 숨 쉬며 기능하는지 여부를 가려내는 데 초점을 맞춥니다.

안타깝게도, 제가 현장에서 만나 본 대부분의 조직은 이 세 가지 핵심적인 점검 질문에 대해 충분하고 명확한 답을 가지고 있지 못합니다. 현실은 아이러니하게도, 시스템이 제대로 '살아 숨 쉬고' 있지 않은데도 "내부통제 고도화"를 외치는 경우가 허다합니다. 기초적인 작동조차 불안정한 시스템 위에서 아무리 화려한 고도화 방안을 논한들, 그것은 모래 위에 성을 쌓는 것과 다름없습니다. 가장 기본적인 리스크의 인지와 대응조차 불확실한 상태에서, 복잡한 고도화 전략은 오히려 조직의 자원만 소모하고 혼란을 가중시킬 뿐입니다.

따라서, 진정한 내부통제 고도화는 거창한 계획에서 시작되는 것이 아닙니다. 시스템의 '정상 작동'을 확보하는 것, 즉 리스크가 제대로 식별되고, 통제 활동이 유의미한 경감 실적으로 이어지는 이 기본적인 순환 고리를 확립하는 것이야말로 내부통제 고도화를 위한 가장 중요하고도 유일한 첫걸음이 될 것입니다.

이 기본적인 순환 고리가 견고하게 확립될 때 비로소 조직은 리스크 관리의 다음 단계로 나아갈 수 있으며, 예측 불가능한 미래에 대한 실질적인 대응 역량을 갖추게 될 것입니다. 이 질문에 대한 답을 찾아가는 과정이야말로 여러분의 조직이 리스크 관리의 다음 단계로 나아가고, 내부통제 시스템의 실질적인 효과를 극대화하기 위한 가장 중요하고도 유일한 첫걸음이 될 것입니다.

2. 첫 단추의 오류

우리는 종종 조직이 전사 수준의 리스크 관리(ERM)를 강력히 원하면서도, 정작 리스크 식별의 기반을 개별 직무 단계에서부터 시작하도록 지시하는 아이러니를 목격합니다. 이는 마치 로마 지도를 손에 쥐여 주며 뉴욕의 자유의 여신상을 찾아오라고 요구하는 것과 다름없습니다. 최초 시작부터 방향이 완전히 잘못된 것입니다.

[표139] 리스크 식별 조직 단위

비교 기준	ERM & ELC 전사 수준	PLC 프로세스 수준	Job Level 직무 수준	Job Step Level 직무 단계 수준
정의	조직을 둘러싸고 있는 내외부의 모든 요소와 조건들의 총체	특정 목표 달성을 위해 일련의 활동들이 순서대로 연결된 작업 흐름	조직 내에서 개인이 수행하는 특정 역할과 책임의 집합	직무 내 업무 수행하기 위한 구체적인 절차 또는 활동의 세부 단위
범위	조직 전체, 전략, 가치 창출 활동 전반	특정 업무 프로세스(E2E 흐름)	직무 또는 역할 수행과 관련된 활동	업무 절차 또는 활동의 세부 단계
관점	전략적, 통합적, 거시적(조직의 생존과 성장에 영향을 미치는 거시적 위험에 초점)	운영적, 프로세스 효율성/효과성 중심(일상적인 운영 및 실행 과정에서의 위험에 초점)	기능적, 개인 또는 팀의 책임 및 역할 중심(일상적인 운영 및 실행 과정에서의 위험에 초점)	작업(Task) 중심, 구체적인 실행 행위(일상적인 운영 및 실행 과정에서의 위험에 초점)
주요 식별 목적	조직의 비전 및 목표 달성 저해 요인 식별, 전략적 의사결정 지원, 조직의 지속가능성 확보	프로세스 목표 달성 저해 요인 식별, 운영 효율성 개선, 프로세스 통제 설계 및 평가	직무 수행 관련 잠재적 문제 식별, 직무 역량 개발 필요성 파악, 책임 범위 명확화	구체적인 작업 수행 중 발생 가능한 오류/누락 식별, 상세 통제 활동 설계 및 점검
주요 구성 요소	외부: 정치, 경제, 사회, 기술, 경쟁자, 고객 등, 내부: 조직 구조, 문화, 리더십, 자원, 기술, 인력 등	활동(Activity), 순서(Sequence), 입력(Input), 출력(Output), 자원(Resource), 참여자(Participant) 등	직무명, 직무 내용, 필요 역량(지식, 기술, 태도), 책임, 권한, 성과 지표 등	작업(Task), 절차(Procedure), 필요한 도구/정보, 판단 기준, 산출물 등
관리/개선 방법	전략 수립, 조직 구조 조정, 문화 개선 등	프로세스 분석, 재설계(BPR), 자동화, 표준화, 매뉴얼화	직무 분석, 직무 설계, 직무 평가, 역량 모델링, 교육 훈련, 성과 관리	작업 표준화, 상세 매뉴얼/지침 작성, 체크리스트 활용, 반복 훈련, 자동화 도구 도입
다른 수준과의 관계	최상위 리스크, 하위 수준 리스크들의 총합 또는 복합적 영향으로 발현될 수 있음. 하위 리스크의 원인.	전사적 리스크의 하위/원인일 수 있으며, 직무/직무 단계 리스크의 상위 집합.	프로세스 리스크와 겹치거나 관련될 수 있으며, 직무 단계 리스크의 상위 집합. 전사적 리스크의 하위/원인.	가장 상세한 수준의 리스크, 프로세스, 직무 리스크 구성 가장 기본적 요소. 상위 리스크의 원인.
접근법	Top-down	Bottom-up (Top-down 병행)	Bottom-up (Top-down 병행)	Bottom-up
(Top-down vs. Bottom-up)	조직의 전략, 목표, 외부 환경 등 거시적인 관점에서 시작해야 전사적 차원의 중요한 리스크를 포착할 수 있음. 경영진의 참여가 필수적.	프로세스 내의 구체적인 운영 리스크는 해당 프로세스를 수행하는 실무자들의 경험과 지식이 중요함. 하지만 프로세스의 중요도나 목표는 Top-down으로 정의될 필요가 있음.	직무 수행 중 발생하는 실제적인 위험은 해당 직무 담당자가 가장 잘 알고 있음. 다만, 직무의 중요성이나 책임 범위는 조직의 Top-down 결정에 따라 정의됨.	가장 세부적인 작업 단계에서의 리스크는 해당 작업을 직접 수행하는 실무자의 관점에서 가장 효과적으로 식별 가능. 매우 구체적이고 현장 중심적 접근 필요.
리스크 식별 사례	시장 변화, 경쟁 심화, 주요 규제 변경, 기술 혁신 실패, 대규모 재난, 심각한 평판 손상, 주요 시스템 마비	구매 절차 미준수로 인한 예산 낭비, 고객 주문 처리 오류로 인한 배송 지연, 채용 프로세스 지연 인력 부족	감사인의 독립성 훼손 가능성, IT 관리자의 시스템 접근 권한 오남용, 홍보 담당자의 잘못된 정보 전달 위험	시스템 데이터 입력 오타 발생, 결재 서류 검토 필수 항목 누락, 감사 절차 수행 증거 확보 실패
효과적인 리스크 식별법	속성 기반	프로세스 기반	속성 기반	프로세스 기반
	전사적 리스크는 특정 프로세스보다는 조직의 본질적인 특성(규모, 산업, 문화, 전략 등)이나 외부 환경의 속성에 더 크게 좌우됨.	프로세스 수준 리스크는 업무의 흐름과 각 단계의 활동에 내재된 위험을 분석하는 것이 핵심이므로, 프로세스 기반 방법론이 가장 적합함.	직무 리스크는 직무 자체의 특성(권한, 책임, 요구 역량, 정보 접근성 등)에 내재된 위험을 파악하는 것이 중요하며, 이는 속성 기반 접근으로 효과적으로 식별될 수 있음.	직무 단계는 특정 프로세스의 일부로서 수행되는 구체적인 활동임. 따라서 해당 활동의 절차와 속성을 분석하는 프로세스 기반 방법론이 적합함.

전사적 리스크 식별은 조직 전체의 전략적 목표와 거시적인 환경 변화를 바탕으로 이루어져야 합니다. 그러나 직무 단계에서의 리스크 식별은 주로 업무 프로세스상의 세부적인 오류나 개별적인 과업 수행에서 발생할 수 있는 위험에 초점을 맞출 수밖에 없습니다. 이러한 미시적인 관점의 리스크들이 아무

리 많이 모인다고 한들, 그것이 곧 전사적이고 전략적인 리스크 프로파일로 자연스럽게 연결되지는 않습니다.

더욱 심각한 문제는, 이러한 방식으로는 조직의 근본적인 체질에서 비롯되는 '속성 리스크(멈춤 리스크)'나, 복잡한 상호작용 속에서 예측 불가능하게 '솟아나는 창발 리스크(솟음 리스크)'에 대한 인식은 전무한 상태로 남게 된다는 점입니다. 직무 중심의 식별은 조직의 고질적인 정체나 시스템의 내재된 취약성, 혹은 외부 환경 변화와 내부 역동성이 결합되어 발생하는 새로운 유형의 위험을 포착할 수 없습니다.

3. 총체적 부실: 리스크 프로파일

현장의 다수 조직에서 유사하게 발견되는 리스크 프로파일 샘플을 살펴보며 문제점을 진단 하겠습니다.

[표140] 리스크 프로파일 파트1

본부	실	팀	직제상 분장업무	단위업무				리스크	통제활동 절차	통제활동 수행증빙
				세부 단위 업무	단계	단계명	Manual/ System			
			사이버공격 대응 및 정보 분석	사이버공격 대응	2	침해사고 발생	Manual	개인정보 유·노출 발생 (침해사고 관련내용 미통보 등 사고 은폐)	1. 부서별 개인정보보호 담당자 지정 2. 개인정보 총괄관리 부서(디지털보안팀)의 개인정보 사전검토 시 현행 법령 숙지 3. 부서별 개인정보 취급 및 처리 현황 상시 모니터링	1. 침해사고 통보 이력

[표141] 리스크 프로파일 파트2

1선 평가											
영향도	발생 가능성	총위험 수준	설계 적정성	운영 효과성	통제 점수	MANUAL 통제(0.3)	MANUAL/ SYSTEM통제(0.7)	SYSTEM 통제(1.0)	2선조정계수 (M=1.2,M/S=0.8,S=1.2)	통제 수준	잔여위험 수준
5	3	3.5	3	3	0.55	0.3	0	0	0.36	0.2	3.30

2선 조정			3선 평가					
2선 환산점수	위험등급	비고(2선 조정결과)	발생가능성(40)	통제취약성(30)	사회적리스크(30)	3선 합계	위험등급	평가자(감사인)
82.55	고	1, 3 (부서) 저 → (조정) 고	34	24	24	82	고위험	

최종(1~3선 합산)			
2선점수(*0.7)	3선점수(*0.3)	합계(2선+3선)	위험등급
57.79	24.60	82.39	고위험

일견 정교해 보이고 조직원들의 수고와 노력이 짐작됩니다만, 이러한 리스크 프로파일은 조직의 리스크 관리 수준을 총체적으로 파악하고 전략적으로 활용하기에는 근본적인 한계를 지니고 있습니다. 이는 마치 복잡한 장치처럼 보이지만, 실제로는 핵심 기능이 결여된 전시품에 가깝습니다. 더욱이, 3선 모델의 핵심 원칙마저 훼손된 적용 사례를 보여 주고 있습니다.

1) 구조적 및 내용적 문제점: '흐름' 중심의 한계와 리스크 정보의 부재

이 리스크 프로파일은 리스크 관리 도구라기보다는 업무 프로세스 매뉴얼에 리스크 요소를 덧붙인 형태를 벗어나지 못하고 있습니다. 본부, 실, 팀, 직제상 분장업무, 단위업무, 세부단위업무, 단계, 단계명 등 업무 흐름을 상세히 쪼개는 데 집중한 상단 구조는 리스크 프로파일의 본질인 리스크 중심의 시각을 결여하고 있습니다.

리스크 중심의 부재

리스크 '프로파일'이라면 마땅히 리스크 자체를 중심으로 구성되어야 함에도 불구하고, 이 구조는 리스크의 근본 원인이나 조직의 속성에서 비롯되는 위험을 파악하기 어렵게 만듭니다. 이는 우리가 앞서 논의했던 '흐름' 중심의 리스크 관리 시각이 여실히 드러나는 부분으로, "첫 단추의 오류"에서 언급된, "로마 지도를 주고 자유의 여신상을 찾으라는 격"의 전형적인 예시입니다.

과도한 컬럼과 가독성 저하

너무 많은 컬럼이 나열되어 있어, 한눈에 리스크의 본질이나 평가 결과를 파악하기 어렵습니다. 수많은 프로세스 단계마다 리스크를 식별하려다 보면, 결국 사소한 리스크 목록만 방대해지고 정작 중요한 전략적 리스크는 놓치기 쉽습니다.

리스크 정의의 모호성

'리스크' 컬럼에 기재된 "개인정보 유·노출 발생(침해사고 관련 내용 미통보 등 사고 은폐)"과 같은 서술은 명확한 리스크 정의라기보다는, 발생 가능한 사건과 통제 실패의 양상이 혼재되어 있습니다. 리스크는 '어떤 사건이 발생할 수 있는가'에 초점을 맞춰 간결하고 명확하게 정의되어야 합니다.

'속성 리스크'와 '창발 리스크' 인식 부재

이 샘플의 리스크는 매우 구체적이고 운영적인 수준에 머물러 있습니다. 조직의 고질적인 문화나 시스템적 취약성에서 비롯되는 '속성 리스크(멈춤 리스크)'나, 복잡한 상호작용 속에서 예측 불가능하게 '솟아나는 창발 리스크(솟음 리스크)'를 포착하거나 평가할 수 있는 어떠한 메커니즘도 가지고 있지 않습니다. 이는 "리스크는 단순히 '흐름'의 문제가 아니라, 조직의 내재된 '속성'에서 비롯될 수 있습니다"라는 우리의 전제와 완전히 동떨어진 접근입니다.

2) 평가 부분의 문제점: 불투명한 로직, 의미 없는 복잡성, 그리고 3선 모델의 오용

평가 부분은 겉으로는 매우 정교한 계산 과정을 거치는 것처럼 보이지만, 이러한 복잡성은 오히려 리스크 관리의 본질적인 목적을 흐리고, 투명성을 심각하게 저해하는 치명적인 문제를 드러냅니다.

과도한 복잡성과 불투명한 로직

영향도와 발생가능성, 설계 적정성과 운영 효과성을 조합하여 점수를 산출하고, 통제 유형별 가중치 및 2선 조정 계수를 적용하여 통제 수준을 도출하며, 총위험수준에서 통제 수준을 차감하여 잔여 위험을 산출하는 과정은 지나치게 복잡합니다. 특히, 각 단계에서 특정 점수(예: 영향도 5, 발생가능성 3에서 총위험수준 3.5)나 가중치(예: 매뉴얼 통제 0.3, 시스템 통제 1.0)가 어떻게 도출되었는지에 대한 논리적 근거가 전혀 제시되어 있지 않습니다. 이러한 '블랙박스'식 계산은 겉으로는 정밀해 보이지만, 실제로는 그 어떤 합리적인 설명도 제공하지 못합니다.

의미 없는 정밀성 추구

4점 만점의 평가를 25배수하여 100점 척도로 환산하고, 소수점 둘째 자리까지 점수(예: 82.39)를 산출하는 행위는 "의미 없는 정밀성(Meaningless Precision)"을 추구하는 전형적인 예시입니다. 이러한 수치들은 실제 리스크의 본질이나 통제의 효과성을 직관적으로 반영하지 못하며, 오히려 실무자들이 리스크를 제대로 이해하고 대응하는 것을 방해합니다.

현실과 동떨어진 통제 가중치

매뉴얼 통제에 낮은 가중치를 부여하고 시스템 통제를 더 높게 평가하는 것은 현장의 실질적인 통제 효과를 간과한 오류입니다. 때로는 팀장의 명확한 지시 한마디가 복잡한 시스템 통제보다 훨씬 강력하고 즉각적인 효과를 발휘할 수 있습니다. 통제 유형에 대한 이러한 일률적인 가중치 부여는 실제 통제 활동의 맥락과 상황적 유연성을 무시하며, 비효율적인 통제 활동을 양산할 수 있습니다.

3선 모델의 오용과 독립성 훼손

가장 심각한 문제 중 하나는 3선 조직인 감사인이 최종 리스크 평가 점수 산정에 직접 참여하는 구조입니다. 3선 모델의 핵심은 1선(운영 부서)과 2선(리스크 관리 부서)의 리스크 관리 활동 및 통제 시스템의 '효과성'을 독립적이고 객관적인 관점에서 '평가'하고 '검증'하는 데 있습니다. 그런데 감사인이 직접 점수 산정에 기여하고 그 결과가 최종 점수에 반영되게 함으로써, 감사 조직의 독립성을 심각하게 훼손하고 책임 소재를 모호하게 만듭니다. 이는 리스크 관리 시스템의 건전성을 담보해야 할 마지막 보루마저 무너뜨리는 행위입니다.

3선 평가의 중복성과 비효율성

2선에서 이미 발생 가능성과 통제 효과성을 평가했음에도 3선에서 다시 유사한 항목을 평가하는 것은 중복적이며 비효율적입니다.

진단 결론: '정상 작동 불능'

이러한 리스크 프로파일은 우리가 "회계의 재무제표처럼 집약 정보인 리스크 프로파일로 전체적인 리스크 관리 수준과 결함을 판단"하고자 했던 목표를 달성하기 어렵습니다.

리스크 정보가 부재하고, 구조적으로도 리스크의 본질을 담아내기보다는 업무 프로세스를 기록하는 데 치중되어 있으며, 평가 로직은 불투명합니다. 더욱이, 3선 모델의 핵심인 감사 조직의 독립성마저 훼손하는 구조를 보여 줍니다.

이 사례는 "시스템이 죽어 있는데 고도화를 외치는 아이러니"를 극명하게 보여 줍니다. 복잡한 점수화 체계를 도입하여 겉으로는 정교해 보이지만, 정작 가장 중요한 리스크의 명확한 정의와 평가의 투명성, 그리고 조직의 본질적인 위험을 파악하는 데는 실패했습니다.

이는 마치 겉만 번지르르한 기계가 핵심 부품의 고장으로 인해 제 기능을 하지 못하는 것과 같습니다. 실질적인 위험을 포착하지 못하는 시스템은 그 존재 의미가 희미해질 수밖에 없습니다.

이러한 리스크 프로파일로는 내부통제 시스템의 'Input(식별)', 'Processing(통제 활동)', 'Output(경감 실적)'이 제대로 작동하는지 진단할 수 없으며, 진정한 내부통제 고도화의 첫걸음인 '시스템의 정상 작동'조차 기대하기 어렵습니다.

결국, 이러한 시스템은 조직에 대한 실질적인 통찰을 제공하기보다, 리스크 관리가 '되고 있다'는 착각만을 불러일으킬 뿐입니다. 진정한 가치는 복잡한 계산식에서 나오는 것이 아니라, 모든 이해관계자가 직관적으로 납득할 수 있는 투명하고 명료한 방법을 통해 리스크를 이해하고 관리하는 데 있습니다.

4. 리스크 프로파일/ 평가 모범사례 예시(KSPO)

[표142] 리스크 프로파일 모범사례 예시

범주	No	리스크 이름	리스크 의미	원인	현상	영향	통제 방안	KRI	KCI	KPI	I	L	IR1	IR2	DE	OE	CE1	CE2	CE3	RR	고종치	RT	Gap
IT	FR01	발매 시스템 오류 및 장애	스포츠토토 발매 시스템의 기술적 문제로 인한 서비스 중단 및 손실 위험	시스템 노후화, 개발/유지보수 인력 부족, 테스트 미흡, 트래픽 과부하	발매 시스템 다운, 접속 불가, 오류 메시지 발생	매출 손실, 고객 불만, 이미지 훼손, 트래픽 분산 불량 가능성	시스템 정기 점검 및 업그레이드, 비상 복구 시스템 구축, 트래픽 분산, 담당자 교육, 시스템 도입, 유지보수 계약 강화	시스템 오류 발생 빈도, 서비스 중단 시간	시스템 정기 점검 주기 준수율, 비상 복구 훈련 실시	서비스 가용률, 고객 불만 처리율	5	4	20	5	4	3	12	3	1	4	고위험	1	3
운영	FR02	당첨금 지급 오류	당첨금 지급 과정의 실수나 시스템 오류로 인한 내부 정직 미준수	수동 처리 과정의 실수, 시스템의 오류, 인력 부족, 내부 절차 미준수	당첨금 지급 지연 인한 불가, 오지급, 과소지급 발생	고객 신뢰도 하락, 민원 증가, 법적 분쟁 가능성	자동 시스템 검증 절차 도입, 다단계 검증, 담당자 교육, 시스템 도입, 유지보수	당첨금 지급 오지급 발생 건수	지급 시스템 자동화율, 지급 검증 절차 준수	체육진흥 기금 조성액	4	3	12	3	4	3	12	3	1	2	저위험	2	0
전략	FR03	불법 도박 단속 프로세스 미흡	불법 스포츠 도박 사이트 단속이 미흡하여 시장이 훼손될 위험	점검인력 부족, 기술적 미흡, 관계 기관 협력 부족	불법 도박 사이트 이용자 증가, 합법 시장 위축	합법 사행산업 수익 감소, 기금 조성 차질, 공익 사업 영향 약화	모니터링 시스템 고도화, 점검 인력 확충, 내부 기관과의 협력 강화, 국민 홍보	불법 도박 사이트 단속 건수, 관련 기관 검색량	불법 도박 모니터링 기능	합법 사행산업 점유율, 시장 체육진흥 기금 조성액	5	3	15	4	3	3	9	3	1	3	중위험	1	2
안전	FR04	시설물 파손 처리 지연	경기 경장 사용시 사고 발생 시 즉시 조치 및 처리가 지연되어 이용할 위험	보고 체계 미흡, 유지보수 인력 부족, 예산 매뉴얼 미비	파손 시설물 방치, 이용객 부상, 경기 운영 중단	안전사고 발생, 평판 훼손, 운영 손실, 법적 책임	사설물 정기 점검 강화, 파손 보고 체계, 비상 대응 매뉴얼, 인력 확충	사설물 파손 발생 건수, 처리 지연 건수	사설물 정기 점검 주기 준수, 안전점검 유지보수	사설물 안전 등급, 운영 중단 시간	4	3	12	3	4	3	12	3	1	2	저위험	2	0
ESG	FR05	기금 배분 서류 누락	국민체육진흥 기금 배분 및 집행 과정에서 서류 누락으로 투명성 저해 및 감사 지적 위험	복잡한 서류 절차, 담당자 실수, 시스템 미비, 교육 부족	기금 신청 서류 누락, 집행 미비, 감사 지적	기금 집행의 투명성/신뢰성 저해, 감사 지적, 대외 신뢰도 하락	서류 체크 시스템 자동화, 다단계 검토, 승인 절차, 담당자 교육 강화	서류 누락/오류 발생 건수, 감사 지적 건수	서류 제출 시스템 활용률, 교육 이수율	기금 집행 투명성 지수	3	3	9	3	4	3	12	3	1	2	저위험	2	0

[표143] 리스크 프로파일 리스크 평가표 예시

범주	No	리스크 이름	리스크 의미	I	평가 이유	L	평가 이유	DE	평가 이유	OE	평가 이유	RT	설정 이유	IR1	IR2	CE1	CE2	CE3	RR	HML	RT	Gap
IT	FR01	발매 시스템 오류 및 장애	스포츠토토 발매 시스템의 기술적 문제로 인한 서비스 중단 및 손실 위험	5	사업 핵심 기능 마비, 대규모 재정 손실 및 고객 신뢰 급락	4	기술적 복잡성과 상시 운영 특성상 발생 가능성 상존	4	시스템 이중화, 백업/복구 체계 등 기본 설계는 양호	3	실제 운영 중 일부 오류 발생 경험, 완벽한 무결성 유지에 개선 필요	1	핵심 사업이므로 최소한의 위험만 허용	20	5	12	3	1	4	고위험	1	3
운영	FR02	당첨금 지급 지연/오류	당첨금 지급 절차상의 문제로 고객에게 당첨금 지급이 늦어지거나 잘못 지급될 위험	4	대규모 고객 불만 야기, 평판 손상 및 법적 분쟁 가능성	3	절차 복잡성 및 인적 개입 요소로 인한 오류 가능성 상존	4	지급 절차 및 시스템 통제 설계는 잘 되어 있음	3	실제 지급 과정에서 간헐적 지연 발생, 사례 실수 인적 개입 여지	2	고객 신뢰와 직결되므로 엄격한 관리가 필요	12	3	12	3	1	2	저위험	2	0
전략	FR03	불법 도박 단속 프로세스 미흡	불법 스포츠 도박 사이트 모니터링 및 단속 체계가 미흡하여 시장이 훼손될 위험	5	합법 시장 위축, 재정 손실 및 사회적 문제 심화	3	기술 발전 및 우회 수법으로 단속의 어려움 상존	3	단속 시스템 및 협력 체계 느슨이나 한계가 명확함	3	실제 단속 성과에 대한 의문, 인력 및 전문성 부족	1	공공기관의 채무적이고 직결되는 중대한 리스크	15	4	9	3	1	3	중위험	1	2
안전	FR04	시설물 파손 처리 지연	경륜·경정 사업장 내 시설물 파손 발생 시 즉시 보고 및 처리 절차가 지연되어 안전사고 또는 운영 차질이 발생할 위험	4	이용객 안전사고 발생 시 운영 중단 및 대외 이미지 실추	3	노후 시설 및 상시 이용으로 인한 파손 가능성 상존	4	보고 및 처리 절차는 명확히 수립되어 있음	3	현장 인력의 즉각적인 인지 및 보고 지연 가능성, 신속 처리 역량 부족	2	이용객 안전과 직결되므로 중대하게 관리	12	3	12	3	1	2	저위험	2	0
ESG	FR05	기금 배분 서류 누락	국민체육진흥기금 배분 및 집행 과정에서 서류 누락이 발생하여 투명성 저해 및 감사 지적 위험	3	감사 지적, 투명성 논란으로 인한 평판 저하	3	다량의 서류 처리 및 인적 오류 개입 가능성	4	서류 관리 및 검토 절차는 잘 설계되어 있음	3	실제 감사 시 누락 사례 발생 경험, 시스템적 보완 필요	2	투명성 및 채무성과 직결, 관리 필요	9	3	12	3	1	2	저위험	2	0

이 리스크 프로파일은 다음과 같은 요소들로 구성되어 있습니다.

1) 리스크 관련 정보 및 통제, 모니터링 정보 탑재

범주(Category): 리스크의 성격에 따라 IT, 운영, 전략, 안전, ESG, 평판 등과 같이 분류하여 리스크의 큰 그림을 파악할 수 있도록 돕습니다.

No(Number): 각 리스크에 부여된 고유 식별 번호로, 리스크를 명확하게 구분하고 추적하는 데 사용됩니다.

리스크 이름(Risk Name): 해당 리스크를 간결하게 표현한 명칭입니다.

리스크 의미(Risk Meaning): 리스크 이름만으로는 부족할 수 있는 해당 리스크의 구체적인 정의와 내용을 명확히 설명합니다.

원인(Cause): 리스크가 발생하는 근본적인 요인들을 분석하여 제시합니다. 이를 통해 리스크의 뿌리를 이해하고, 통제 방안을 수립하는 데 중요한 단서를 제공합니다.

현상(Symptoms/Manifestation): 리스크가 현실화되었을 때 나타나는 구체적인 징후나 발생 형태를 설명합니다. 이는 리스크의 발생 여부를 조기에 인지하는 데 도움이 됩니다.

영향(Impact): 리스크가 발생했을 때 조직에 미치는 부정적인 결과들을 구체적으로 기술합니다. 재무적 손실, 평판 하락, 법적 제재, 운영 차질 등 다양한 측면을 고려합니다.

통제 방안(Control Measures): 해당 리스크를 예방하거나 발생 시 영향을 최소화하기 위해 현재 조직이 수행하고 있는 통제 활동들을 명시합니다.

KRI(Key Risk Indicator): 리스크 수준의 변화를 모니터링할 수 있는 핵심위험지표입니다. 이 지표의 변화를 통해 리스크가 증가하거나 감소하는 추세를 조기에 감지할 수 있습니다.

KCI(Key Control Indicator): 통제 활동이 얼마나 효과적으로 수행되고 있는지를 측정하는 핵심통제지표입니다. 통제가 제대로 작동하는지 여부를 확인할 수 있습니다.

KPI(Key Performance Indicator): 리스크 관리 노력이 궁극적으로 조직의 성과에 기여하는 바를 보여 주는 핵심성과지표입니다. 더 나아가, KPI는 KRI나 KCI와는 또 다른 방식으로 리스크를 통제하고 관리하는 수단으로 활용될 수 있습니다. 특정 KPI의 목표를 설정하고 이를 강화하는 활동을 통해 리스크 발생 가능성을 낮추거나, 발생 시 영향을 줄이는 효과를 기대할 수 있습니다.(예: 서비스 가용률, 고객 만족도, 기금 집행 투명성 지수)

2) 리스크 평가 지표 및 결과

이어서 표의 오른쪽 부분은 각 리스크에 대한 정량적인 평가와 그 결과를 담고 있습니다.

I(Impact Score): 리스크 발생 시 조직에 미치는 영향의 크기를 5점 척도로 평가한 점수입니다.([표 126] 리스크 영향도 평가기준 참조)

L(Likelihood Score): 리스크가 발생할 가능성을 5점 척도로 평가한 점수입니다.([표127] 리스크 발생 가능성 평가기준 참조)

IR1(Inherent Risk Score 1): 통제 활동을 고려하지 않은 상태에서의 내재적 위험 점수입니다. 이는 영향도(I)와 발생가능성(L)의 곱으로 산출됩니다.

IR2(Inherent Risk Score 2): IR1의 값을 환산 함수에 따라 5점 척도로 변환하여 표시한 내재적 위험 점수입니다.([표128] 내재위험 평가기준 참조)
환산함수: =IFS(I × L<=3,"1",I × L=5,"3",I × L<8,"2",I × L<13,"3",I × L<17,"4",I × L>=17,"5")

DE(Design Effectiveness): 통제 활동이 리스크를 효과적으로 관리하도록 '설계'되었는지에 대한 적정성을 5점 척도로 평가한 점수입니다.([표129] 통제 설계의 적정성 평가기준 참조)

OE(Operational Effectiveness): 설계된 통제 활동이 실제 현장에서 얼마나 효과적으로 '운영'되고 있는지를 5점 척도로 평가한 점수입니다.([표130] 통제 운영의 효과성 평가기준 참조)

CE1(Control Effectiveness Score 1): 통제 활동의 효과성 점수입니다. 이는 설계 적정성(DE)과 운영 효과성(OE)의 곱으로 산출됩니다.

CE2(Control Effectiveness Score 2): CE1의 값을 환산 함수에 따라 5점 척도로 변환하여 표시한 통제 효과성 점수입니다.
환산함수: =IFS(D × O<=3,"1",D × O=5,"3",D × O<8,"2",D × O<13,"3",D × O<17,"4",D × O>=17,"5")

CE3(Control Effectiveness Score 3): CE2 값을 다시 환산하여, 통제가 내재 위험을 낮추는 효과를 0, 1, 2점으로 표현한 것입니다. 구체적으로 CE2 값이 1 또는 2일 경우 0점, 3 또는 4일 경우 1점, 5일 경우 2점으로 변환됩니다.
환산함수: =IFS(D × O<=3,"0",D × O=5,"1",D × O<8,"0",D × O<13,"1",D × O<17,"1",D × O>=17,"2")

RR(Residual Risk Score): 통제 활동을 적용한 후에도 남아 있는 잔여 위험의 수준을 나타냅니다. 이 점수는 내재 위험(IR2)에서 통제 효과(CE3)를 차감하여 산출됩니다.

고중저(Risk Level - High/Medium/Low): 잔여 위험(RR) 점수를 기반으로 해당 리스크의 최종 위험 등급을 분류한 것입니다. 잔여 위험이 1 또는 2일 경우 '저위험', 3일 경우 '중위험', 4 또는 5일 경우 '고위험'으로 등급이 부여됩니다.

차감법 등급부여: =IFS(잔여위험=1,"수용",잔여위험<=2,"저위험",잔여위험<=3,"중위험",잔여위험>3,"고위험")

재평가법 환산함수: =IFS(I×L<=3,"수용",I×L=5,"중위험",I×L<8,"저위험",I×L<13,"중위험",I×L>=13,"고위험")

RT(Risk Tolerance): 해당 리스크에 대해 조직이 허용할 수 있는 위험 수준을 나타내는 지표입니다. 3은 '보통 수준'을 의미하며, 잔여 위험(RR)이 허용한도(RT)보다 높으면 수용 불가한 수준으로 판단됩니다. 이는 리스크 관리의 우선순위와 대응 방안을 결정하는 데 중요한 기준이 됩니다.(**[표105] 허용한도(Risk Tolerance Level) 참조**)

Gap: 잔여 위험(RR)에서 허용한도(RT)를 차감한 값으로, 추가적인 대응이 필요한지 여부를 판단하는 데 활용됩니다.

3) 리스크 프로파일의 장점과 완결성

이처럼 상세하게 구성된 리스크 프로파일은 조직의 리스크 관리 역량을 한 단계 끌어올리는 데 매우 중요한 도구입니다.

장점

총체적 이해: 각 리스크에 대한 원인, 현상, 영향, 통제 방안, 그리고 다양한 지표들을 한 페이지에 담아 리스크를 다각도로 깊이 있게 이해할 수 있도록 돕습니다.

정량적/정성적 분석의 조화: 정량적인 평가 점수와 함께 정성적인 설명(원인, 현상, 영향)을 제공하여 리스크에 대한 균형 잡힌 시각을 제공합니다.

실행 가능성: KRI, KCI, KPI와 같은 지표들은 리스크 관리 활동을 지속적으로 모니터링하고 개선하는 데 필요한 구체적인 정보를 제공합니다.

의사결정 지원: 리스크 수준과 허용 한도를 명확히 제시함으로써, 경영진과 실무자들이 어떤 리스크에 자원을 우선 배분하고 어떤 대응 전략을 수립할지 합리적으로 결정할 수 있도록 지원합니다.

투명성 및 책임성: 리스크에 대한 정보가 명확하게 기록되고 평가되므로, 리스크 관리 활동의 투명성을 높이고 각 주체의 책임성을 강화하는 데 기여합니다.

완결성: 이 리스크 프로파일은 단일 리스크에 대한 분석과 평가에 있어서 매우 높은 수준의 완결성을 보입니다. 리스크의 정의부터 원인, 결과, 통제, 그리고 다양한 지표를 통한 모니터링 및 평가까지, 하나의 리스크를 관리하는 데 필요한 핵심 정보들을 거의 모두 담고 있다고 볼 수 있습니다. 이는 실무자들이 특정 리스크에 대해 필요한 정보를 찾아 헤맬 필요 없이, 이 표 하나로 모든 맥락을 파악하고 대응할 수 있도록 돕는 강력한 장점입니다.

※ **리스크 평가와 리스크 프로파일 작성에 대해** 본서 2부의 평가 관련 내용과 "[표126] 리스크 영향도 평가 기준, [표127] 리스크 발생가능성 평가 기준, [표128] 내재위험 평가방법 및 기준, [표129] 통제 설계의 적정성 평가 기준, [표130] 통제 운영 효과성 평가 기준, [표131] 통제 수준 평가 방법 및 기준, [표132] 잔여위험 평가 방법, [표133] 잔여위험 수준별 의미와 조치, [표134] 리스크 대응방안, [표135] 리스크 매트릭스, [표136] 위험등급 부여 기준, [표137] 리스크 프로파일의 구조와 활용"을 참조하시기 바랍니다.

5. 부정 리스크 식별 부재

내부통제 프레임워크가 부정 위험 식별과 평가를 중요 원칙으로 제시함에도 불구하고, 실제 많은 조직에서 별도의 부정 리스크 프로파일을 찾아보기 어려운 것이 현실입니다. 이는 단순히 기술적인 문제라기보다는, 조직 구성원들을 잠재적 부정 행위자로 간주하는 듯한 불편하고 민감한 정서적 요인이 크게 작용하는 것으로 보입니다.

즉, 이러한 프로파일 작성이 자칫 직원 개인에 대한 불신으로 비치거나, 긍정적인 조직 문화를 저해할 수 있다는 우려가 존재하기 때문입니다. 대부분의 조직은 상호 신뢰와 협력을 기반으로 한 문화를 지향하며, 이는 구성원들을 잠재적 감시 대상으로 삼는 듯한 활동과는 상충될 수 있습니다. 부정 리스크 프로파일을 명시적으로 작성하는 행위 자체가 조직 내에 불필요한 긴장감이나 불편한 감정을 유발할 수 있다는 부담감 때문에, 많은 기업이 이를 외부에 잘 드러내지 않거나 다른 내부통제 활동에 암묵적으로 통합하여 운영하는 경향이 있습니다. 이는 실효성 측면에서 아쉬움을 남기기도 합니다.

하지만 부정 위험을 관리하는 중요한 목적 중 하나가 바로 선량한 조직원들을 보호하는 것이라는 인식의 전환이 필요합니다. 체계적인 부정 위험 관리는 의도치 않게 부정행위에 연루될 수 있는 상황으로부터 직원들을 보호하고, 유혹에 노출될 수 있는 환경 자체를 제거하여 윤리적인 선택을 돕습니다. 또한, 공정한 업무 환경을 조성하여 일부 부정행위로 인해 다수의 선량한 직원들이 피해를 보거나 불이익을 받는 것을 방지합니다. 이러한 관점에서 부정 리스크 관리는 불신이 아닌, 조직 구성원 모두를 위한 안전장치로서 그 중요성이 재조명되어야 합니다.

내부통제 기본원칙 8: 부정 위험 평가

이 원칙의 세부 원칙(또는 중점 고려사항)은 다음과 같습니다:

다양한 부정의 유형 고려: 경영진은 재무 보고 부정, 자산 횡령, 부패 등 다양한 유형의 부정행위가 조직의 목표 달성에 미칠 수 있는 잠재적 영향력을 고려해야 합니다.

유인과 압력의 평가: 부정행위를 유발할 수 있는 유인(인센티브)과 압력(예: 과도한 성과 목표, 재정적 어려움)이 존재하는지 평가해야 합니다.

기회 평가: 부정행위가 발생할 수 있는 기회(예: 내부 통제 미흡, 감시 부재)가 있는지 평가해야 합니다.

태도와 합리화에 대한 평가: 부정행위를 저지를 수 있는 태도(예: 윤리 의식 결여)나 합리화(예: "모두가 그렇게 한다")가 조직 내에 존재하는지 평가해야 합니다.

1) 부정위험 관리의 의미

대부분의 사람들은 평소에 신뢰와 정직함을 지키며 살아갑니다. 이미지에서 보여 주듯, 전체 인구의 98%는 '조건이 제대로 갖추어진 동안' 정직한 사람으로 남습니다. 즉, 적절한 환경과 통제가 있을 때는 대부분의 사람들이 올바른 행동을 유지한다는 뜻입니다.

[표144] 부정위험 관리 필요성

하지만 98%에 달하는 대부분의 사람들도 강한 유혹을 받으면 얼마든지 정직하지 않은 쪽으로 움직일 수 있습니다. 이는 환경이나 상황이 변하거나 통제가 느슨해지면, 평소에는 정직했던 사람들도 부정행위에 빠질 위험이 있다는 현실을 보여 줍니다. 즉, 인간의 행동은 주변 환경과 시스템적 요인에 크게 영향을 받는다는 점을 간과해서는 안 됩니다. 강력한 유혹 앞에서는 개인의 의지나 도덕성만으로는 한계가 있으며, 시스템의 빈틈이 곧 부정행위의 '기회'로 작용할 수 있기 때문입니다.

또한, 전체 인구의 1%는 어떤 일이 있어도 신뢰와 정직함을 지키는 반면, 다른 1%는 어떤 방법으로든 남의 것을 탐하는 부정한 행동을 합니다. 이처럼 부정행위는 일부 소수의 고의적 행위뿐 아니라, 다수의 사람들이 환경에 따라 쉽게 영향을 받을 수 있는 위험임을 명확히 보여 줍니다.

따라서 조직은 부정 위험을 체계적으로 관리해야 합니다. 적절한 통제를 통해 조직원 모두가 보호받고 올바른 선택을 할 수 있는 환경을 조성하는 것이 매우 중요합니다. 이는 단순히 부정행위를 예방하는 차원을 넘어, 조직 구성원들이 신뢰받고 안전하게 일할 수 있는 윤리적 문화를 만드는 데 필수적입니다.

부정의 유혹에 노출될 수 있는 상황 자체를 시스템적으로 제거함으로써, 구성원들이 윤리적 딜레마에 빠지지 않도록 선제적으로 지원하는 것입니다. 적절한 통제는 조직원 개개인의 윤리적 행동을 지지하고, 유혹에 노출될 수 있는 상황을 제거함으로써 부정행위로부터 조직과 개인을 보호하는 방패 역할을 합니다. 이는 조직의 재무적 손실을 막는 것을 넘어, 구성원들의 사기를 진작시키고 조직의 장기적인 평판과 지속가능성을 확보하는 핵심적인 투자입니다. 나아가, 투명하고 공정한 시스템은 조직 내부의 불필요한 의심과 불신을 해소하여, 구성원들이 오직 업무에만 집중할 수 있는 긍정적인 근무 환경을 조성하는 데 기여합니다.

이 내용은 『거짓말하는 착한 사람들』(원저자: 다니엘 프리먼, 리처드 파워스)에서 강조하는 바와 같이, 인간 행동의 복잡성과 윤리적 선택이 환경과 조건에 크게 좌우된다는 점을 깊이 있게 다루며, 조직 내에서 부정 위험 관리의 중요성을 설득력 있게 설명합니다. 결국, 조직이 신뢰와 정직을 유지하고 지속 가능한 성과를 이루기 위해서는, 환경과 조건을 적절히 통제하여 모든 구성원이 올바른 선택을 할 수 있도록 지원하는 것이 무엇보다 중요합니다.

2) 부정 유발 3요소
부정 위험은 크게 세 가지 요소, 즉 동기(압력), 기회, 합리화로,

[표145] 부정 유발 3가지 요소

<table>
<tr><th colspan="9">부정의 3요소(Fraud Triangle Theory)</th></tr>
<tr><th rowspan="2">구분</th><th colspan="2">동기/압력(Pressure)
부정을 유인하는 재무적 혹은 감정적 압박이 존재</th><th colspan="4">기회(Opportunity)
적발되지 않고 부정할 수 있는 능력 혹은 기회가 존재</th><th colspan="2">합리화(Rationalization)
부적절하고 비 양심적 행위에 대한 자기합리화가 존재</th></tr>
<tr></tr>
<tr><td>1. 회계
부정</td><td colspan="2">이익감소나 이해집단의 목표충족 압력 등</td><td colspan="4">비효과적인 내부 통제 및 불안정한 조직구조</td><td colspan="2">윤리강령 등에 대한 관심 및 준수 의지 부족</td></tr>
<tr><td rowspan="8">2. 자산
유용/
횡령</td><td colspan="2">개인채무 과다 또는 회사와의 적대적 관계</td><td colspan="4">업무분장 미실시/ 부적절한 모니터링</td><td colspan="2">불가피한 상황/ 개인 처우에 대한 불만 등</td></tr>
<tr><td>의무
위반</td><td>신뢰할 만한 직업에 있으나 비난 혹은 체면 손상이 있을 만한 큰 빚을 지게 되는 경우</td><td colspan="2">자산처리
권한
보유</td><td colspan="2">환가성 높은 자산(예금, 유가증권 등)과 처리 직무 수행</td><td>차용</td><td>"심각한 문제로 다음 월급날까지 단지 이 돈을 빌리는 것이다…" 등 자기합리화</td></tr>
<tr><td>개인적
실패</td><td>투자실패 등의 원인에 대해 스스로 떳떳하지 못한 경우</td><td colspan="2">내부통제
부재</td><td colspan="2">업무분장/승인/실물관리/문서화/대사/감사 등 내부통제 미흡</td><td>자격의식</td><td>"나는 이 조직을 위해 열심히 노력해 왔으므로 받을 자격이 있다…" 등 합리화</td></tr>
<tr><td>사업의
좌절</td><td>경기후퇴 등 외부상황 변화에서 비롯된 곤란을 부정을 통해 해결하려는 경향</td><td colspan="2">무징계</td><td colspan="2">과거 부정행위가 처벌되지 않아 반복됨</td><td>상대적
금액</td><td>"나는 경영진이 무엇을 빼돌리는지 알고 있다…" 등 정당화</td></tr>
<tr><td>소외</td><td>의존할 사람이 없는 상황에서 문제를 횡령을 통해 해결하려는 경우</td><td colspan="2">정보
접근
권한</td><td colspan="2">정보를 은폐할 능력 있음 (접근 권한 관리 미수행)</td><td></td><td></td></tr>
<tr><td>지위</td><td>지위를 잃지 않기 위해서나 지위 향상 욕구에 의해 발생하는 부정</td><td colspan="2">무지,
무관심,
무능력</td><td colspan="2">피해자가 피해에 무지하거나 관심이 없는 경우</td><td></td><td></td></tr>
<tr><td>불합리한
노사관계</td><td>받는 대가가 부족하다고 느껴 다른 식으로 해결하려는 경우</td><td colspan="2">감사증적
결여</td><td colspan="2">거래증빙 및 감사 증적 미비로 부정 기회 증가</td><td></td><td></td></tr>
<tr><td>실적압박</td><td>실적이 나빠 퇴사를 귀유받거나 평판 하락에 대한 두려움이 부정을 유발</td><td colspan="2"></td><td colspan="2"></td><td></td><td></td></tr>
<tr><td>통제가부</td><td colspan="2">Uncontrollable(통제 불가)</td><td colspan="4">Controllable(통제 가능)</td><td colspan="2">Controllable(통제 가능)</td></tr>
<tr><td>대응방안</td><td colspan="2">N/A</td><td rowspan="4">프로세스
수준
통제
(PLC)</td><td colspan="3">일상 업무에 내재된 통제 원칙 준수</td><td rowspan="4">전사수준
통제
(ELC)</td><td>윤리적인 조직문화 구축</td></tr>
<tr><td></td><td colspan="2"></td><td colspan="3">업무분장·물리적 접근 통제</td><td>윤리강령·교육 통한 적격성·윤리성 강화</td></tr>
<tr><td></td><td colspan="2"></td><td colspan="3">상급자 검토 및 승인·대사·검증</td><td>합리적 성과평가 제도·내부신고제도</td></tr>
<tr><td></td><td colspan="2"></td><td colspan="3">IT접근권한·기준 정보 관리</td><td>내부감사제도·포상처벌제도</td></tr>
</table>

첫째, 동기 또는 압력은 개인이나 조직이 부정을 저지를 유인을 제공합니다. 예를 들어, 재무적 어려움이나 성과 압박 같은 외부·내부 압력이 이에 해당합니다.

둘째, 기회는 부정행위를 실행할 수 있는 환경적 조건을 의미합니다. 내부통제의 허점, 감독 부재, 권한 남용 등이 부정의 기회를 만듭니다.

셋째, 합리화는 부정행위를 정당화하는 심리적 과정으로, "나는 받을 자격이 있다"라거나 "모두가 그렇게 한다"라는 식의 자기합리화가 여기에 속합니다.

이 세 가지 요소가 동시에 존재할 때 부정행위가 발생할 위험이 커집니다. 조직 내에서 대부분의 구성원은 평소 신뢰와 정직을 지키지만, 강한 유혹이나 환경 변화가 있을 경우 정직하지 않은 행동으로 쉽게 이동할 수 있습니다. 또한, 일부는 어떤 상황에서도 부정을 저지르지 않지만, 또 다른 일부는 어떤 방법으로든 부정을 시도합니다. 즉, 부정은 소수의 고의적 행위뿐 아니라 다수의 환경적 영향에 의한 위험임을 보여 줍니다.

이 개념은 부정 위험 이론(Fraud Triangle Theory)으로, 미국 회계학자 도널드 크레이시(Donald Cressey)가 제안한 이론입니다. 이 이론은 부정행위 발생의 근본 원인을 이해하고, 효과적인 내부통제 설계와 운영을 통해 조직의 신뢰성과 건전성을 유지하는 데 중요한 지침이 됩니다.

[표146] 공직 5대 부정위험 리스크프로파일 예시

공직5대 부정	No	리스크 이름	의미	원인	현상	영향	통제 방안	KRI	KCI	KPI
1. 채용 비리 예방	PSCOR01	채용 특혜 및 부당 지시	채용 시 특정인에게 부당한 특혜를 주거나 기준 위반 지시	채용 절차 불투명, 담당자 윤리의식 부족, 외부 압력	특정인 합격률 비정상, 채용 민원/소송, 내부 불만	공정성 훼손, 기관 신뢰도 하락, 인재 유출, 법적 분쟁	채용 절차 공개, 외부 전문가 참여, 윤리 교육, 비리 엄벌	채용 비리 제보 건수, 특정인 점수 급등 사례	채용 심사 위원 구성 다양성, 채용 절차 공개율	채용 공정성 만족도, 신규 직원 적응률
	PSCOR02	산하 기관 채용 비리 묵인 및 방조	산하 기관 채용 비리를 인지하고도 묵인/방조하여 신뢰도 저해	산하 기관 관리 감독 미흡, 책임 회피, 유착 관계 형성	산하 기관 채용 비리 지속, 언론 보도, 공단 이미지 실추	공단 전체 신뢰도 하락, 법적 책임, 사회적 비난	산하 기관 채용 감사 강화, 비리시 연대 책임, 고발 시스템 활성화	산하 기관 채용 비리 적발 건수, 관련 언론 보도 건수	산하 기관 채용 감사 주기 준수율, 감사 지적 이행률	공단/산하 기관 채용 공정성 평가, 대외 신뢰도 지수
	PSCOR03	계약/비정규직 채용 비리	계약직/비정규직 채용 시 특정인 특혜 및 부당 조건 설정	관리 감독 소홀, 채용 기준 모호, 담당자 윤리 의식 부족	특정인 채용 특혜, 부당 채용 조건, 채용 관련 민원	공정성 훼손, 인력 질 저하, 내부 사기 저하, 법적 분쟁	채용 기준 명확화, 공정한 심사, 내부 감사 강화, 윤리 교육	계약/비정규직 채용 민원 건수, 특혜 채용 적발 건수	채용 기준 준수율, 내부 감사 적발률	계약/비정규직 만족도, 채용 공정성 평가
2. 예산 및 회계 부정 예방	PSCOR04	예산 횡령/유용/부당 집행	예산을 개인 용도로 횡령, 유용, 불필요/과다 지출	내부 통제 미흡, 담당자 도덕적 해이, 감사 기능 부재	예산 사용 내역 불일치, 회계 장부 조작, 감사 지적	재정 손실, 사업 목적 실패, 기관 신뢰도 하락, 법적 처벌	예산 집행 기준 명확화, 상시 모니터링, 독립 감사, 엄중 처벌	예산 횡령/유용 적발 건수, 부당 집행 금액	예산 집행 기준 준수율, 내부 감사 주기 준수율	예산 집행 효율성, 재정 건전성 지표
	PSCOR05	허위 청구/부당 수의계약	허위/과다 대금 청구 또는 경쟁 없이 부당 수의계약 체결	계약 절차 불투명, 담당자 윤리의식 부족, 유착 관계	계약 금액 부풀리기, 특정 업체 수의계약 집중, 감사 지적	재정 손실, 공정 경쟁 저해, 기관 신뢰도 하락, 법적 문제	계약 절차 투명화, 경쟁 입찰 원칙 준수, 내부 감사 강화	허위 청구/과다 지급 적발 건수, 수의계약 비중	계약 절차 준수율, 경쟁 입찰 전환율	계약 비용 효율성, 계약 공정성 지표

구분	코드	리스크	원인	현상	영향	대책	지표1	지표2	지표3
3. 공사 및 계약 비리	PSCOR08	공사비 부풀리기/부실 묵인	공사비 부풀리거나 부실 시공 묵인하여 예산 낭비/안전 문제	건설 사업 불투명성, 감시/감독 미흡, 윤리 의식 부족	공사비 과다 지출, 공기 지연, 부실 공사 발생, 비리 적발	국민 세금 낭비, 이용객 안전 위협, 공신력 하락, 법적 처벌	계약/집행 투명성 강화, 독립 감리/감사, 비리 시 엄벌	공사비 증액률, 부실 공사 지적 건수	감리 보고서 적정성 평가 결과, 청렴 서약 이행률	건설 사업 예산 준수율, 공사 품질 만족도
	PSCOR09	특정 업체 특혜/담합 묵인	특정 업체 유리한 입찰 조건 설정, 담합 묵인으로 경쟁 훼손	계약 담당자 윤리의식 부족, 불투명한 계약 절차, 유착	특정 업체 계약 집중, 입찰 경쟁률 저하, 감사 지적	재정 손실, 공정 경쟁 저해, 신뢰도 하락, 법적 문제	계약 절차 투명성 강화, 입찰 심사 기준 명확화, 윤리 교육	특혜/담합 의혹 제기 건수, 입찰 담합 적발 건수	계약 절차 공개율, 입찰 심사 기준 준수율	계약 공정성 지표, 협력 업체 만족도
4. 직무 관련 부정	PSCOR11	직위 남용/부당 업무 처리	직위 이용 부당 이익 취득 또는 법규 위배 업무 처리	권한 남용 가능성, 윤리의식 부족, 감시 기능 미흡	특정인 특혜 제공, 법규 위반 업무 처리, 감사 지적	공정성 훼손, 기관 신뢰도 하락, 법적/징계 처분	직무 윤리 교육 강화, 권한 및 책임 명확화, 내부 고발 활성화	직위 남용/부당 업무 처리 제보 건수, 감사 지적 건수	직무 윤리 교육 이수율, 내부 고발 시스템 활용률	공정성 평가 점수, 직원 만족도
	PSCOR12	금품 수수 및 향응 요구	직무 관련 이해관계자로부터 부당한 금품/향응 수수/요구	낮은 윤리 의식, 유착 관계 형성, 처벌 미약	금품/향응 수수 적발, 언론 보도, 관련자 징계	기관 신뢰도 추락, 공정성 훼손, 법적 처벌, 관계 단절	청렴 교육 강화, 금품 수수 금지 규정 강화, 내부 고발 활성화	금품 수수/향응 요구 적발 건수, 관련 제보 건수	청렴 교육 이수율, 내부 고발 시스템 활용률	청렴도 평가 지수, 대외 신뢰도 지수
5. 재산 및 자산 관리 부정	PSCOR16	공단 자산 횡령/유용/부당 처분	공단 자산을 개인 용도로 사용하거나 불법 처분하여 손실	자산 관리 시스템 허점, 도덕적 해이, 감시 미흡	자산 불법 유출/손실, 장부-실제 불일치, 감사 지적	재정 손실, 관리 비효율, 신뢰도 하락, 법적 문제	자산 관리 시스템 강화, 주기적 실사/감사, 엄중 처벌	자산 횡령/유용 적발 건수, 자산 손실 금액	자산 관리 시스템 활용률, 자산 실사 주기준수율	자산 관리 효율성, 손실률

6. 1선과 2선 조직의 문제점과 대책

조직의 리스크 관리 및 내부 통제(RM&IC)는 흔히 '3선 모델(Three Lines Model)'을 기반으로 운영됩니다. 이 모델에서 1선과 2선 조직은 각각 고유한 역할과 책임을 가지며, 이들 간의 명확한 역할 분담과 효과적인 협력이 RM&IC의 성공을 좌우합니다. 현장의 1선, 2선 조직에서 나타나는 일반적인 문제점과 대책에 대하여 살펴보겠습니다.

1) 1선 조직(First Line)

1선 조직은 비즈니스 목표 달성을 위해 직접적으로 활동하며, 일상 업무 과정에서 발생하는 리스크를 소유하고 관리하는 최전선 부서입니다.(예: 영업 부서, 생산 부서, 각 업무 단위)

문제점
리스크 인식 및 소유 의식 부족: 리스크 관리를 본연의 업무와 분리된 별도의 부담스러운 과정으로 인식하여, 리스크 관리 활동을 2선 조직의 지시나 형식적인 절차로만 여기는 경향이 있습니다.

우선순위 충돌: 비즈니스 목표 달성(예: 매출 증대, 생산량 확보)이 리스크 고려 사항보다 우선시되어, 위험을 인지하더라도 적절한 통제 활동을 소홀히 할 수 있습니다.

자원 및 역량 부족: 리스크 관리를 위한 충분한 시간, 인력, 또는 전문 지식이 부족하여 효과적인 리스크 식별 및 통제 활동이 어렵습니다.

'체크리스트'식 접근: 형식적인 준수(예: 체크리스트 작성)에만 집중하고, 그 이면에 있는 리스크의 본질이나 통제의 실효성에 대한 이해가 부족할 수 있습니다.

비공식적 업무 처리 관행: 효율성을 명목으로 공식적인 절차나 통제를 우회하는 비공식적인 업무 처리 방식이 형성되어, 통제되지 않은 새로운 위험을 발생시킬 수 있습니다.

변화에 대한 저항: 새로운 리스크 관리 프로세스나 통제 활동 도입 시, 기존 업무 방식의 변화에 대한 저항이 발생할 수 있습니다.

대책

리스크 문화 및 소유 의식 강화: 리스크 관리를 모든 임직원의 핵심 역량으로 인식시키고, 일상 업무 및 성과 평가에 리스크 관리 성과를 반영하여 리스크 소유 의식을 내재화해야 합니다.

명확한 역할 및 책임 부여: 각 직무 및 부서별로 어떤 리스크를 소유하고, 어떤 통제 활동을 수행해야 하는지 명확하게 정의하고 공유해야 합니다.

역량 강화 및 교육 지원: 리스크 식별, 평가, 통제 활동 수행에 필요한 지식과 기술을 제공하는 맞춤형 교육 프로그램을 정기적으로 운영하고, 필요한 도구와 자원을 지원해야 합니다.

프로세스 간소화 및 통합: 리스크 관리 프로세스를 기존 업무 흐름에 자연스럽게 통합하고, 사용자 친화적인 시스템을 제공하여 실무자의 부담을 줄여야 합니다.

리더십의 솔선수범: 최고 경영진 및 각 부서장의 리스크 관리 중요성에 대한 강력한 의지와 솔선수범이 필수적입니다.

2) 2선 조직(Second Line)

2선 조직은 1선 조직의 리스크 관리 활동을 감독하고, 모니터링하며, 필요시 도전적인 관점에서 조언과 지원을 제공하는 역할을 합니다.(예: 리스크 관리 부서, 준법감시 부서, 재무 부서)

문제점

독립성 및 권한 부족: 1선 조직으로부터 충분한 독립성을 확보하지 못하거나, 리스크 관리 관련 권한이 미약하여 1선 조직의 활동에 대한 효과적인 견제와 감독이 어려울 수 있습니다.

'상아탑' 증후군: 현장의 업무 프로세스와 괴리된 채 이론적인 리스크 관리 방안만을 제시하여, 실질적인 적용 가능성이 떨어지는 비현실적인 통제를 요구할 수 있습니다.

자원 및 전문성 한계: 조직 전체의 리스크를 효과적으로 모니터링하고 평가하기 위한 충분한 인력, 예산, 또는 전문성이 부족할 수 있습니다.

데이터 및 보고 체계 문제: 1선 조직으로부터 정확하고 시의적절하며 일관된 리스크 정보를 받지 못하여 효과적인 모니터링과 보고가 어려울 수 있습니다.

역할 중복 또는 혼란: 1선 조직의 역할과 겹치거나, 3선 조직(내부 감사)의 역할과 혼동되어 비효율을 초래할 수 있습니다.

'체크'에만 집중: 1선 조직의 활동이 규정을 준수했는지 '체크'하는 데만 집중하고, 리스크 관리 활동의 실질적인 '가치 창출'이나 전략적 통찰을 제공하지 못할 수 있습니다.

사일로 현상: 리스크, 준법감시, 법무 등 2선 내의 각 기능들이 통합되지 않고 개별적으로 운영되어 시너지를 내지 못할 수 있습니다.

대책

명확한 역할, 책임 및 권한 정의: 2선 조직의 독립적인 지위와 1선 조직의 리스크 관리 활동에 대한 도전 및 감독 권한을 명확히 규정하고 보장해야 합니다.

'비즈니스 파트너링' 접근: 1선 조직과의 긴밀한 소통과 협력을 통해 현장의 업무 특성과 리스크 요인을 깊이 이해하고, 실질적이고 실행 가능한 리스크 관리 방안을 함께 모색해야 합니다.

전문성 강화 및 기술 투자: 리스크 전문가를 양성하고, 빅데이터 분석, 인공지능 등 첨단 기술을 활용하여 리스크 모니터링 및 분석 역량을 고도화해야 합니다.

표준화된 보고 체계 구축: 1선 조직으로부터 일관되고 정확한 리스크 데이터를 수집하고, 이를 종합하여 경영진에게 의미 있는 리스크 정보를 보고할 수 있는 체계를 마련해야 합니다.

통합 GRC(Governance, Risk, Compliance) 프레임워크 구축: 2선 내의 리스크, 준법감시, 법무 등 관련 기능들을 통합적으로 운영하여 시너지를 창출하고, 중복을 최소화해야 합니다.

전략적 리스크 통찰 제공: 단순한 규정 준수 여부 확인을 넘어, 조직의 전략적 목표 달성에 영향을 미칠 수 있는 주요 리스크에 대한 심층적인 분석과 통찰을 제공하여 경영진의 의사결정을 지원해야 합니다.

3선 조직과의 정기적 소통: 3선 조직과의 정기적인 정보 공유 및 협력을 통해 중복을 피하고, RM&IC 시스템 전반의 효과성을 높여야 합니다.

결론적으로, 리스크 관리 및 내부 통제의 성공은 1선과 2선 조직의 명확한 역할 분담, 상호 이해와 협력, 그리고 지속적인 역량 강화에 달려 있습니다. 각 선이 자신의 역할을 충실히 수행하면서도 유기적으로 연결될 때, 조직은 불확실한 환경 속에서도 안정적으로 성장하고 발전할 수 있을 것입니다.

7. 자율점검의 한계와 문제점

내부통제 자율점검 제도는 조직 내 각 부서나 개인이 자신의 업무와 관련된 내부통제 활동을 스스로 평가하고 개선점을 찾아보고자 하는 취지로 도입되었습니다. 이는 현장 중심의 리스크 관리 역량을 강화하고, 통제 활동에 대한 주인의식을 높이며, 문제점을 조기에 발견하여 신속하게 개선하려는 긍정적인 의도를 담고 있습니다.

그러나 실제 현장에서 운영되는 자율점검 제도는 그 취지와는 달리 여러 가지 심각한 문제점을 내포하며, 오히려 내부통제 시스템의 실효성을 저해하는 요인으로 작용하는 경우가 많습니다.

1) 독립성 및 객관성의 결여

자율점검 제도의 가장 근본적인 한계는 자기 평가의 함정에 빠지기 쉽다는 점입니다. 자신의 업무를 자신이 평가하는 구조이기에, 본인이 수행한 통제 활동의 미흡함이나 업무상의 오류를 솔직하게 인정하고 보고하기 어렵습니다. 이는 다음과 같은 문제로 이어집니다.

긍정 편향 보고: 부정적인 결과나 미흡한 점을 보고했을 때 따를 수 있는 불이익(평가, 책임 등)을 우려하여, 실제보다 긍정적으로 보고하거나 문제점을 축소하려는 경향이 강합니다.

맹점 발생: 자신의 업무에 대한 깊은 이해는 장점일 수 있지만, 동시에 익숙함에서 오는 맹점이나 고정

관념으로 인해 중요한 리스크나 통제 미흡점을 스스로 인지하지 못할 수 있습니다. 특히 조직의 고질적인 문제인 '속성 리스크(멈춤 리스크)'나, 비공식적인 상호작용에서 '솟아나는 창발 리스크(솟음 리스크)'는 자율점검으로는 거의 포착되지 않습니다.

2) 형식주의 및 '체크리스트'식 접근

많은 경우 자율점검은 실질적인 통제 활동의 효과성을 평가하기보다는, 형식적인 절차 준수 여부만을 확인하는 '체크리스트'식 접근에 머무릅니다.

본질 간과: 통제 활동이 규정대로 수행되었는지 여부에만 집중하고, 그 통제가 실제로 위험을 얼마나 효과적으로 경감시켰는지, 또는 해당 통제가 여전히 유효한지 등 본질적인 효과성 평가는 소홀히 합니다.

서류 작업 부담: 실질적인 개선보다는 점검표 작성, 증빙 자료 첨부 등 행정적인 업무 부담이 커져, 현업 부서의 피로도를 높이고 리스크 관리에 대한 부정적인 인식을 심어줄 수 있습니다.

3) 전문성 및 역량 부족

자율점검을 수행하는 현업 부서의 직원들이 리스크 관리 및 내부통제에 대한 충분한 전문성이나 훈련을 받지 못한 경우가 많습니다.

리스크 식별의 한계: 리스크를 정확하게 식별하고, 그 중요도와 발생 가능성을 평가하며, 적절한 통제 활동을 설계하는 데 필요한 전문 지식이 부족하여 피상적인 수준의 점검에 그칠 수 있습니다.

통제 활동 설계 및 개선 능력 부족: 문제점을 발견하더라도 이를 해결하기 위한 효과적인 통제 활동을 스스로 설계하거나 기존 통제를 개선할 역량이 부족할 수 있습니다.

4) 사후 관리 및 피드백의 미흡

자율점검을 통해 도출된 문제점이나 개선 사항이 적절하게 추적 관리되거나 피드백되지 않는 경우가 많습니다. 이는 자율점검의 결과가 실제 개선으로 이어지는 환류 체계가 미흡하거나, 개선을 위한 자원 및 권한 배분이 부재하기 때문입니다.

실질적 개선 부재: 점검 결과를 단순히 취합하는 데 그치고, 문제점에 대한 실질적인 개선 조치가 이루어지지 않거나 그 효과가 제대로 검증되지 않아, 자율점검 자체가 요식행위로 전락할 수 있습니다. 결과적으로 동일한 문제가 반복 발생하며, 내부통제 시스템에 대한 불신만 키우게 됩니다.

동기 부여 저하: 열심히 점검하고 개선점을 찾아도 변화가 없으면, 현업 부서의 참여 의욕과 동기 부여가 저하되어 다음 점검에서는 더욱 형식적으로 임하게 됩니다. 이는 내부통제 활동이 단순한 행정적 부담으로 인식되어, 그 본연의 가치를 잃게 되는 악순환을 초래합니다.

[표147] 자율점검 피드백 내용 및 고려사항

구분	피드백 항목	주요 피드백 내용 및 고려사항
총평	자율점검 참여 및 결과 제출	자율점검 참여 및 성실한 결과 제출에 대한 감사 표현 공단 내부통제 인식 제고에 대한 긍정적 평가 일부 미흡 부분 언급 및 향후 개선 계획 안내(교육, 가이드라인 등)
주요 피드백 내용	리스크 식별의 적정성	부서 핵심 업무 관련 리스크 누락 여부 검토 및 추가 고려 필요 리스크 제시 식별된 리스크 내용의 명확성 및 구체성 코멘트 고위험/중위험 리스크에 대한 부서 인식 적절성 논의
	내재위험(IR) 및 통제수준(CE) 평가의 합리성	내재위험 평가 근거의 객관성 및 합리성 검토 의견 제시 통제 활동 설계(Design) 및 운영(Operation) 효과성 평가의 적절성 검토 통제 평가 근거 자료(증빙) 충분성 코멘트
	잔여위험(RR) 수준 및 관리 계획	내재위험/통제수준 기반 잔여위험 산출 논리성 확인(새로운 평가 방법 적용 결과 반영) 잔여위험이 높은 리스크에 대한 추가 개선/모니터링 계획 수립 여부 확인 및 지원 논의
	자율점검 보고서의 충실성	보고서 양식 준수 및 항목 누락 여부 확인 보고서 내용의 명확성 및 이해 용이성 평가
향후 협조 요청 및 지원	피드백 내용 검토 및 필요시 소명/수정	피드백 내용 면밀한 검토 요청 추가 설명/이견 시 문의 또는 소명 자료 제출 절차 안내 피드백 반영 시 수정 결과 제출 기한 제시
	리스크 관리 책임 명확화	새로운 평가 방법 적용 및 저/중위험 리스크의 부서 이관 계획 안내 부서 차원의 리스크 관리 역량 강화 요청
	리스크 내부통제 제안제도 활용	'리스크 내부통제 제안제도' 운영 계획 안내 리스크 식별, 통제 개선, 잔여위험 저감 등 제안 대상 영역 명시 및 적극적인 참여 독려
	2선 주관 부서의 지원	2선 부서의 지원 역할(평가 방법, 교육, 문의 응대 등) 강조 리스크 관리 관련 문의 채널 안내

[표148] RM&IC 제안제도 활용 동기부여

항목		내용
1. 추진 배경 및 목적	배경	공단 리스크 관리/내부통제 개선 필요, 현업(1선)의 문제점/개선 기회 인지, 1선-2/3선 평가 차이 해소, 전 직원 리스크 인식/문화 내재화
	목적	현업 참여 유도, 잠재적 리스크 조기 식별 및 통제 개선 아이디어 발굴, 체계 실효성/잔여위험 저감, 전 직원 주인의식 및 참여 문화 조성
2. 제안 대상 영역	리스크 식별	기존 목록 외 새로운 리스크(고위험/중위험 중심), 등급 조정 필요 리스크
	통제 개선	기존 통제 활동의 효율성/효과성/실현 가능성 개선, 불필요 절차 제거, 자동화/간소화, 신기술 활용
	잔여위험 저감	기존 통제 후 잔여위험 추가 저감을 위한 보완 조치/활동(교육, 모니터링, 시스템 보완 등)

3. 제안 제도 운영 방안	제출	온라인/서면 제출(제안 양식 활용), 상시 또는 특정 기간 접수
	접수/검토	리스크 관리 담당 부서 일괄 접수, 적합성 1차 검토, 필요시 추가 설명 요청
	평가	제안 평가 위원회 구성(리스크/내부통제/현업/외부 전문가 등), 평가 기준에 따라 심층 평가(채택/부분 채택/불채택)
	선정/실행	채택 제안 실행 계획 수립, 예산/자원 확보, 실행 부서 지정, 진행 관리
	결과 피드백	제안자에게 평가 결과/채택 여부 통보, 불채택 사유 설명, 채택 제안 실행 경과/결과 공유
4. 제안 평가 기준		실현 가능성, 효과성(정량적/정성적), 창의성/혁신성, 비용 효율성, 구체성
5. 포상 및 인센티브	채택 제안 포상	등급별(최우수/우수/장려) 상금/포상금 차등 지급
	비금전적 포상	이사장 표창/상장, 개인 성과 평가 가점, 사내 홍보
	참여 독려	제안 제출 직원 기념품/마일리지 제공, 부서별 참여율 인센티브 고려
6. 기대 효과		업무 현장 정보 기반 잠재적 리스크 조기 발굴/관리, 통제 활동 비효율성 개선 및 실효성 확보, 잔여위험 지속적 모니터링/저감 강화, 전 직원 리스크 관리 관심/참여 증대 및 문화 확산, 공단 안정성/신뢰도 향상
7. 추진 일정(예시)	1개월차	기획/세부 방안 확정, 양식/시스템 구축
	2개월차	전 직원 홍보/설명회
	3개월차~지속	제안 접수/1차 검토
	분기별	제안 평가 위원회, 선정/포상, 실행 계획 수립
	지속	채택 제안 실행/모니터링, 피드백 제공

결론: '정상 작동'을 위한 근본적 변화의 필요성

이러한 문제점들로 인해 내부통제 자율점검 제도는 종종 '무늬만 내부통제'라는 비판을 받습니다. 시스템이 제대로 '살아 숨 쉬고' 있지 않은데도, 자율점검이라는 이름으로 형식적인 절차만 반복하며 '고도화'를 외치는 아이러니가 발생하는 것입니다.

진정한 내부통제 고도화는 1선 조직의 자율적 참여를 독려하되, 2선과 3선 조직의 독립적인 검증 및 지원이 뒷받침되어야 합니다. 특히, 자율점검의 결과를 맹신하기보다는, 이를 보완하고 교차 검증할 수 있는 객관적인 평가 체계와, 현업 부서가 리스크 관리 역량을 실질적으로 강화할 수 있도록 지원하는 프로그램이 필수적입니다. 자율점검이 단순히 '체크리스트 채우기'가 아니라, 조직의 'Input(식별)-Processing(통제)-Output(경감)-Feedback' 시스템을 정상 작동시키는 첫걸음이 되기 위해서는 제도 자체에 대한 근본적인 재고와 개선이 필요합니다.

8. 프로세스 리스크와 속성,창발 리스크 선순환 인식 부재

속성 리스크(Attribute Risk)는 조직의 내재된 특성(예: 조직 문화, 인력 구조, 기술 역량 등)에서 기인하며, 창발 리스크(Emergent Risk)는 외부 환경 변화나 복합적인 상호작용에서 발생하는 예측 불가능한 위험입니다. 이들은 특정 업무 흐름(프로세스)에서 직접적으로 '발생'하는 리스크는 아닙니다.

하지만 모든 리스크는 결국 조직의 운영 활동, 즉 프로세스 내에서 그 영향이 발현되거나 관리되어야 합니다. "발화 가능성이 많은 지점에 방화수를 준비하듯이"라는 비유처럼, 리스크의 근원이 어디든 간에 그것이 실제 문제를 일으키는 지점은 결국 현장의 업무 프로세스이기 때문입니다.

1) 프로세스 매핑이 필요한 핵심적인 이유

구체적인 관리 및 통제: 추상적인 리스크를 구체적인 프로세스와 연결함으로써, 누가, 언제, 어떻게 해당 리스크를 관리하고 통제할 것인지 명확히 할 수 있습니다.

영향 발현 지점 파악: 속성 및 창발 리스크가 조직의 어떤 프로세스에 영향을 미치거나, 어떤 프로세스를 통해 문제가 드러나는지 정확히 파악할 수 있습니다.

책임 소재 명확화: 리스크 관리에 대한 책임과 역할을 특정 부서나 담당자에게 할당하여 책임성을 강화할 수 있습니다.

실질적인 개선: 리스크가 발현되는 프로세스를 개선함으로써 리스크를 효과적으로 완화하거나 제거할 수 있습니다.

2) 속성 리스크의 프로세스 매핑 방법

특징: 조직의 '상태'나 '특성'과 관련된 리스크입니다.(예: 인력 부족, 경직된 조직 문화, 특정 기술 역량 미흡 등)

매핑 방법: 속성 리스크는 특정 프로세스를 직접적으로 '유발'하기보다는, 특정 프로세스의 취약성을 높이거나, 프로세스의 효율성을 저해하거나, 다른 리스크의 발현을 용이하게 하는 역할을 합니다.

해당 속성 리스크로 인해 부정적인 영향을 받을 수 있는 프로세스를 식별합니다.
해당 속성 리스크가 어떤 프로세스에서 구체적인 문제로 드러나는지를 연결합니다.

[표149] 속성 리스크 프로세스 매핑 예시(KSPO)

No	근원	범주	No	리스크 이름	리스크 의미	매핑가능 프로세스	매핑가능 세부 프로세스	매핑 이유
1	속성식별리스크	평판	SR03	사행산업 부정적 인식 확산	사행산업 비판 확산으로 기관 대외 이미지 손상 위험	대외 이미지 관리 및 소통	언론 홍보, 대국민 메시지 개발 및 전달	SR03. 대외 언론 홍보 및 대국민 메시지 전달을 통해 관리됨.
2		평판	SR04	공공성 훼손 논란	사행산업 운영으로 공공적 사명 훼손 및 신뢰도 하락 위험	공공성 강화 활동 및 평판 관리	사회 공헌 활동 기획, 윤리 경영 실천	SR04. 사회 공헌 활동 기획 및 윤리 경영 실천을 통해 공공성을 강화하여 대응됨.
3		평판	SR06	이중 이미지 관리 실패	사행-공공 이중 이미지 관리 실패로 정체성 혼란 위험	브랜드/이미지 통합 관리	브랜드 가이드라인 수립, 일관된 메시지 전달	SR06. 브랜드 가이드라인 수립 및 일관된 메시지 전달을 통해 통합적으로 관리됨.
4		운영	SR07	사업 포트폴리오 시너지 부족	사업 간 연계 실패로 자원 배분 비효율 발생 위험	사업 포트폴리오 기획 및 조정	사업별 성과 분석, 투자 우선순위 결정	SR07. 사업별 성과 분석 및 투자 우선순위 결정 과정에서 조정됨.
5		운영	SR11	규제 준수 미흡으로 인한 법적 제재	규제 미준수로 법적 제재, 과태료 부과 등 손실 발생 위험	법규 준수 및 컴플라이언스 관리	법규 교육, 준수 여부 점검 및 보고	SR11. 법규 교육 및 준수 여부 점검 활동을 통해 예방됨.
6		운영	SR15	사행 중독 문제 관리 실패	중독 문제 관리 실패로 사회적 문제 야기 및 책임론 부각 위험	사행 중독 예방 및 치유 프로그램 운영	중독 상담 서비스, 예방 교육 실시	SR15. 중독 상담 서비스 및 예방 교육을 통해 직접적으로 이루어짐.
7		IT	SR20	시스템 오류 및 서비스 중단	시스템 오류/장애로 서비스 중단 및 고객 불만 폭증 위험	IT 시스템 운영 및 유지보수	시스템 성능 모니터링, 오류 보고 및 처리	SR20은 시스템 성능 모니터링 및 오류 보고/처리와 같은 운영 관리 활동에서 다루어짐.
8		평판	SR25	SNS 발 가짜뉴스 및 여론 악화	SNS 가짜뉴스 확산으로 기관 평판 심각한 손상 위험	온라인 평판 관리 및 대응	온라인 게시물 모니터링, 부정 정보 삭제 요청	SR25. 온라인 게시물 모니터링 및 부정 정보 삭제 요청을 통해 대응됨.
9		ESG	SR28	인권 침해 및 차별 발생	인권 경영 미흡으로 임직원/외부 인권 침해 및 차별 발생 위험	인권 경영 실천 및 인권 보호	인권 영향 평가, 인권 교육 실시	SR28. 인권 영향 평가 및 인권 교육 실시를 통해 예방 및 관리됨.
10		안전	SR29	시설 노후화 및 안전사고	시설 노후화로 유지보수 증가 및 안전사고 발생 가능성 증가	시설물 유지보수 및 안전 관리	노후 시설 진단, 예방 정비 계획 수립	SR29. 노후 시설 진단 및 예방 정비 계획 수립과 같은 시설물 유지보수 활동을 통해 관리됨.

예시1. 속성 리스크: '인력 부족'

매핑된 프로세스: '안전 점검 절차'(인력 부족으로 점검이 부실해질 수 있음)

매핑된 프로세스: 'VOC 처리'(인력 부족으로 민원 응대가 지연될 수 있음)

예시2. 속성 리스크: '경직된 조직 문화'

매핑된 프로세스: '의사결정 프로세스'(의사결정 지연으로 이어질 수 있음)

매핑된 프로세스: '신규 사업 개발 프로세스'(혁신적인 아이디어 수용이 어려울 수 있음)

3) 창발 리스크의 프로세스 매핑

특징: 예측하기 어렵고, 복합적이며, 때로는 기존의 프레임워크 밖에서 발생하는 리스크입니다.(예: 기후 변화, 신기술의 급성장, 사회적 가치관 변화 등)

매핑 방법: 창발 리스크는 조직의 다양한 프로세스에 광범위하게 영향을 미치거나, 기존 프로세스를 수정/보완해야 할 필요성을 야기하거나, 새로운 프로세스를 만들어야 할 수도 있습니다.

해당 창발 리스크가 어떤 기존 프로세스에 새로운 도전이나 위협을 가하는지 식별합니다.

해당 창발 리스크에 대응하기 위해 새롭게 구축되거나 강화되어야 할 프로세스를 식별합니다.

예시1. 창발 리스크: '기후 변화에 따른 재난 증가'

매핑된 프로세스: '시설물 유지보수 및 안전 관리'(재난 대비 보강 필요)

매핑된 프로세스: '재난/비상 계획 수립 및 실행'(계획 강화 및 훈련 필요)

예시2. 창발 리스크: 'AI 기반 불법 사행산업의 진화'

매핑된 프로세스: '불법 사행산업 단속 및 모니터링'(탐지 기술 고도화 필요)

매핑된 프로세스: 'IT 시스템 개발 및 적용'(새로운 단속 시스템 개발 필요)

[표150] 창발 리스크 프로세스 매핑 예시(KSPO)

No	근원	범주	No	리스크 이름	리스크 의미	매핑가능 프로세스	매핑가능 세부 프로세스	매핑 이유
1	창발식별리스크	평판	ER01	도박 사회문제 신뢰 급락	스포츠토토 관련 대규모 사회적 문제(도박 중독, 불법 도박 확산) 발생 시 공단 신뢰도가 급락할 위험	사회적 책임(CSR) 활동 및 위기 소통	CSR 프로그램 기획, 사회적 가치 측정 및 보고	ER01. CSR 프로그램 기획 및 사회적 가치 측정을 통해 신뢰를 회복하고 관리됨.
2	창발식별리스크	평판	ER02	스포츠 스캔들 사업 영향	스포츠 경기 결과 조작 등 대형 스포츠 스캔들이 스포츠토토 사업에 치명적인 영향을 미칠 위험	대외 이슈 모니터링 및 위기 대응	스포츠계 이슈 모니터링, 위기 대응 매뉴얼 실행	ER02. 스포츠계 이슈 모니터링 및 위기 대응 매뉴얼 실행을 통해 관리됨.

3		ESG	ER03	사행산업 인식 급변	사행산업에 대한 대중의 인식 변화(탈도박 운동 등)로 인해 사업 환경이 급변할 위험	시장 환경 분석 및 전략 수립	사회적 인식 변화 분석, 전략적 대응 방안 마련	ER03. 사회적 인식 변화 분석 및 전략적 대응 방안 마련을 통해 대응됨.
4		안전	ER04	전염병 행사/시설 폐쇄	예측 불가능한 전염병 확산으로 인한 스포츠 행사 취소 및 시설 폐쇄 위험	재난/비상 계획 수립 및 실행	비상 상황 시나리오 개발, 대응 훈련 실시	ER04. 비상 상황 시나리오 개발 및 대응 훈련 실시를 통해 대비됨.
5	창발식별리스크	전략	ER05	미디어 환경 대응 미흡	급변하는 미디어 환경(숏폼, 메타버스 등)에 대한 대응 미흡으로 고객 소통 채널 상실 및 젊은층 유입 실패 위험	미디어 채널 전략 수립 및 운영	채널별 특성 분석, 콘텐츠 맞춤 제작	ER05. 채널별 특성 분석 및 콘텐츠 맞춤 제작과 같은 미디어 채널 전략 수립을 통해 개선됨.
6		전략	ER06	불법 도박 신기술 급성장	스포츠토토 건전화 노력에도 불구하고 불법 도박 시장이 신기술(AI 예측, 암호화폐 결제 등)과 결합하여 급성장할 위험	불법 사행 산업 단속 기술 개발 및 적용	신기술 동향 분석, 단속 시스템 연동	ER06. 신기술 동향 분석 및 단속 시스템 연동을 통해 대응됨.
7		운영	ER07	부서 목표 상충 시너지 저해	공단 내부 부서(예: 스포츠토토 사업 부서와 스포츠 진흥 부서) 간 목표 상충으로 인한 시너지 저해 위험	조직 목표 정렬 및 협업 강화	부서별 목표 연계, 협업 프로젝트 추진	ER07. 부서별 목표 연계 및 협업 프로젝트 추진을 통해 해결됨.
8		평판	ER08	민원 폭증 이미지 실추	스포츠토토 사업 관련 민원 폭증 시 기존 고객센터 시스템의 한계 노출 및 공단 이미지 실추 위험	고객 민원 처리 및 위기 대응	민원 처리 시스템 개선, 비상 민원 대응팀 운영	ER08. 민원 처리 시스템 개선 및 비상 민원 대응팀 운영을 통해 관리됨.
9		운영	ER09	위탁사업자 문제 연쇄 영향	외부 위탁 사업자(예: 스포츠토토코리아)의 문제 발생이 공단 전체의 신뢰도에 미치는 연쇄적 영향 위험	위탁사업자 관리 및 감독	위탁 계약 관리, 성과 평가 및 정기 감사	ER09. 위탁 계약 관리, 성과 평가 및 정기 감사를 통해 예방 및 관리됨.
10		ESG	ER10	종목 육성 형평성 논란	특정 스포츠 종목 육성 정책이 다른 종목과의 형평성 논란으로 비화될 위험	스포츠 종목 육성 정책 수립 및 공정성 관리	종목별 지원 기준 마련, 성과 평가 및 형평성 검토	ER10. 종목별 지원 기준 마련 및 성과 평가, 형평성 검토를 통해 관리됨.

결론적으로, 속성 리스크와 창발 리스크는 리스크 식별의 출발점은 다르지만, 효과적인 리스크 관리를 위해서는 반드시 조직의 구체적인 업무 프로세스와 연결되어야 합니다. 이는 추상적인 위험을 현실적인 관리 대상으로 전환하고, 조직이 변화하는 환경 속에서 민첩하게 대응하며 지속 가능한 성장을 이루는 데 필수적인 작업입니다.

4) 특정 프로세스 리스크의 반복 발현, 속성과 창발 리스크로 전환

특정 프로세스 리스크가 반복적으로 발생하는 현상은 단순히 해당 프로세스만의 문제가 아닐 수 있다는 강력한 신호입니다. 이러한 반복성은 조직의 내재된 특성(속성 리스크)이나 예측 불가능한 외부 환경 변화(창발 리스크)의 영향일 수 있다는 의심을 품고 심층적으로 원인을 식별해야 합니다.

[표151] 반복되는 프로세스 리스크 속성 리스크 전환

No	반복되는 프로세스 리스크	식별된 속성 리스크	설명
1	여러 부서의 데이터 입력 과정에서 잦은 오류 발생	'직원 교육 시스템 미흡' 또는 '데이터 입력 시스템의 사용자 친화성 부족'	전반적인 데이터 입력 오류는 직원 역량 부족 또는 시스템 구조의 문제에서 기인할 수 있음
2	다양한 프로젝트에서 납기 지연이 고질적으로 발생	'비현실적인 계획 수립 관행' 또는 '프로젝트 관리 역량 부족'	전반적인 납기 지연은 초기 계획의 현실성 부족이나 프로젝트 관리 역량의 결함을 드러냄
3	고객센터의 민원 처리 과정에서 고객 불만 재접수율이 지속적으로 높게 나타남	'문제 해결을 위한 권한 위임 부족' 또는 '직원들의 문제 해결 능력 부족'	반복되는 민원 재접수는 직원에게 충분한 권한이 없거나 문제 해결 역량이 부족하다는 조직 속성을 보여줌
4	여러 시설에서 장비 고장으로 인한 운영 중단 사례가 빈번하게 발생	'노후화된 시설/장비 인프라' 또는 '예방적 유지보수 시스템의 부재'	전반적인 장비 고장은 시설 노후화 또는 예방적 유지보수 시스템의 부재를 시사함
5	신규 채용 직원의 온보딩(Onboarding) 과정 후 이직률이 특정 기간 내에 높게 나타남	'비효율적인 온보딩 프로그램' 또는 '조직 문화의 신규 직원 포용성 부족'	온보딩 후 높은 이직률은 프로그램의 부실 또는 조직 문화의 포용성 부족이라는 속성을 나타냄
6	다양한 부서에서 예산 집행 시 불필요한 지출 또는 예산 초과 사례가 반복적으로 발생	'예산 관리 시스템의 통제 취약성' 또는 '재무 규율에 대한 낮은 인식'	반복적인 예산 문제는 관리 시스템의 허술함이나 재무 규율 인식 부족에서 비롯됨
7	내부 감사에서 동일 유형의 지적 사항(예: 증빙 미흡, 절차 미준수)이 매년 반복	'내부 통제 시스템의 구조적 결함' 또는 '시정 조치 이행 관리의 비효율성'	매년 같은 감사 지적은 내부 통제 설계의 미흡함이나 시정 조치 관리의 비효율성을 드러냄
8	정보 시스템 접근 권한 관리 과정에서 보안 취약점이 지속적으로 발견	'보안 정책 및 지침의 미흡' 또는 '보안 담당자의 전문성 부족'	반복되는 보안 취약점은 보안 관리 체계의 미흡함이나 인력 역량 부족을 시사함
9	신규 사업 아이디어 제안은 많지만 실제 사업화로 이어지는 비율이 매우 낮게 나타남	'혁신을 저해하는 경직된 의사결정 문화' 또는 '아이디어 사업화 지원 시스템의 부재'	아이디어의 낮은 사업화율은 경직된 의사결정 문화나 지원 시스템의 부재를 의미함
10	외부 협력 기관과의 공동 사업 추진 시 갈등이 빈번하게 발생	'협업 및 소통 역량 부족' 또는 '이해관계자 관리 전략의 부재'	반복되는 외부 협력 갈등은 조직의 협업 능력 부족이나 관계 관리 전략의 미흡함을 나타냄

이처럼 프로세스 리스크의 반복을 통해 속성 및 창발 리스크를 찾아내고, 다시 이를 프로세스에 매핑하여 관리하는 선순환 구조는 조직이 위험을 더욱 효과적으로 통제하고 지속적인 개선을 이루어 나가는 데 필수적입니다.

9. 리스크 프로파일 통제설계 예시(KSPO)

리스크 프로파일에 식별된 리스크에 대하여 실제 통제활동을 효과적으로 설계하는 구체적인 예시를 KSPO 사례를 중심으로 제시합니다.

[표152] 식별된 리스크 통제방안 및 모니터링 지표

범주	No	리스크 이름	리스크 의미	원인	현상	영향	통제 방안	KRI	KCI	KPI
전략	SR01	불법 사행산업 경쟁 심화	불법 사행산업 확산으로 합법 시장 위축 및 수익성 악화 위험	낮은 단속 강도, 높은 접근성, 높은 배당률	불법 시장 이용자 증가, 합법 매출 감소	기금 조성액 감소, 공단 재정 악화	1. 정부/관계기관 협력 강화 2. 합법 시장 건전성/편의성 제고	불법 사행산업 검거 건수, 불법 키워드 검색량	단속 협력 회의 빈도, 온라인 발매 이용자 수	체육진흥 기금 조성액

[표152_1] 통제 및 모니터링 지표 설계 1

SR01-CA01. 정부/관계기관 협력 강화		불법 사행산업에 대한 단속 및 근절 활동을 강화하여 합법 시장을 보호하고 리스크를 완화하는 데 중점을 둠.
통제 설계	1. 정기 합동 단속 및 정보 공유	경찰청, 검찰, 문화체육관광부 등 관계기관과 월 1회 이상 정기적인 실무 협의회를 개최하여 불법 사행산업 동향 및 단속 정보를 공유하고, 분기별 1회 이상 합동 단속 계획을 수립 및 실행.
	2. 법제도 개선 공동 추진	불법 사행산업 처벌 강화 및 합법 시장 보호를 위한 법률 개정 필요사항을 발굴하고, 관계기관과 공동으로 정책 제안 및 국회 협력 추진.
	3. 대국민 근절 캠페인 공동 전개	불법 사행산업의 유해성 및 폐해를 알리는 대국민 홍보 캠페인을 관계기관과 공동으로 기획 및 실행온라인 광고, 공익 캠페인 등).
	지표명	측정 방법	모니터링 방안

	지표명	측정 방법	모니터링 방안
KRI	1. 불법 사행산업 검거 건수	경찰청, 검찰 등 관계기관으로부터 월별/분기별 불법 사행산업 검거 건수 및 관련자 구속 건수 데이터를 취합.	전년 동기 대비 검거 건수 감소 또는 감소세 전환 시 불법 활동이 위축되지 않고 있음을 경고. 월별/분기별 목표치 대비 달성률 확인.
	2. 불법 키워드 검색량	주요 포털 사이트(네이버, 다음 등) 및 SNS(X, 인스타그램 등)에서 '사설토토', '바카라사이트', '불법도박' 등 불법 사행산업 관련 키워드 검색량 추이를 월별/주간별로 분석.	불법 키워드 검색량의 지속적인 증가 또는 급증 시 불법 시장의 확산 위험이 커지고 있음을 경고.
KCI	1. 단속 협력 회의 빈도	관계기관(경찰청, 검찰, 문체부 등)과의 합동 회의 실제 개최 횟수를 월별/분기별로 집계. 회의록 검토를 통해 불법 사행산업 관련 안건 논의 비중 및 구체적인 실행 계획 도출 여부 확인.	연간 계획된 회의 개최 횟수 대비 실제 개최율을 확인. 계획된 빈도 미달 시 해당 기관에 협력 요청 및 회의 활성화 방안 모색. 회의 안건이 형식적이지 않고 불법 사행산업 근절을 위한 구체적인 논의와 실행 계획으로 이어지는지 지속적으로 확인.
KPI	1. 체육진흥기금 조성액	월별/분기별 체육진흥기금의 실제 조성액(매출액 대비 일정 비율)을 산출. 연간 기금 조성 목표액 대비 달성률 및 전년 대비 증감률을 분석.	기금 조성액이 목표치에 미달하거나 전년 대비 감소하는 경우, 불법 사행산업의 영향력을 재평가하고 통제 전략의 효과성 및 추가적인 강화 방안을 검토. 합법 사행산업의 시장 점유율 변화 추이를 함께 분석하여 통제 활동의 궁극적인 성과를 종합적으로 판단.

[표152_2] 통제 및 모니터링 지표 설계 2

	SR01-CA02. 합법 시장 건전성/편의성 제고	합법 사행산업의 경쟁력을 강화하여 불법 시장으로의 이탈을 막고 건전한 이용을 유도하는 데 중점을 둠.
통제 설계	1. 온라인 발매 시스템 고도화	온라인 발매 시스템의 사용자 인터페이스(UI/UX)를 지속적으로 개선하고, 모바일 앱의 안정성 및 편의성을 정기적으로 업데이트. AI 기반 챗봇 도입 등 고객 서비스 채널 확장.
	2. 건전성 프로그램 강화	과몰입 예방을 위한 자가 진단 도구 및 상담 서비스 접근성을 높이고, 건전 구매 유도 메시지를 시스템 내에 지속적으로 노출. 책임 있는 게임 문화 조성을 위한 캠페인 실시.
	3. 합법 상품 매력도 제고	고객 선호도 분석을 통해 합법 상품의 베팅 옵션 다양화 및 정보 제공 강화(예: 경기 분석 데이터, 확률 정보).
	4. 고객 피드백 시스템 운영	온라인 및 오프라인 채널을 통해 고객 불만 및 개선 요구사항을 상시 접수하고, 정기적으로 분석하여 서비스 개선에 반영.

	지표명	측정 방법	모니터링 방안
KRI	1. 불법 사행산업 검거 건수	경찰청, 검찰 등 관계기관으로부터 월별/분기별 불법 사행산업 검거 건수 및 관련자 구속 건수 데이터를 취합.	전년 동기 대비 검거 건수 감소 또는 감소세 전환 시 불법 활동이 위축되지 않고 있음을 경고. 월별/분기별 목표치 대비 달성률 확인.
	2. 불법 키워드 검색량	주요 포털 사이트(네이버, 다음 등) 및 SNS(X, 인스타그램 등)에서 '사설토토', '바카라사이트', '불법도박' 등 불법 사행산업 관련 키워드 검색량 추이를 월별/주간별로 분석.	불법 키워드 검색량의 지속적인 증가 또는 급증 시 불법 시장의 확산 위험이 커지고 있음을 경고.
KCI	1. 온라인 발매 이용자 수	월별/분기별 온라인 발매 시스템의 순 이용자 수, 재방문율, 평균 이용 시간 등을 집계.	온라인 발매 이용자 수의 지속적인 증가 추이 확인. 증가율 둔화 또는 감소 시 합법 시장의 매력도 또는 편의성 제고 방안 재검토.
	2. 건전성 프로그램 참여율	자가 진단 도구 이용자 수, 상담 센터 이용자 수, 건전 구매 캠페인 참여율 등을 집계.	건전성 프로그램 참여율이 목표치에 미달하거나 감소하는 경우, 프로그램의 효과성 및 홍보 방안을 재평가.
KPI	1. 체육진흥기금 조성액	월별/분기별 체육진흥기금의 실제 조성액(매출액 대비 일정 비율)을 산출. 연간 기금 조성 목표액 대비 달성률 및 전년 대비 증감률을 분석.	기금 조성액이 목표치에 미달하거나 전년 대비 감소하는 경우, 불법 사행산업의 영향력을 재평가하고 통제 전략의 효과성 및 추가적인 강화 방안을 검토. 합법 사행산업의 시장 점유율 변화 추이를 함께 분석하여 통제 활동의 궁극적인 성과를 종합적으로 판단.

10. 위기 발생 대응 리스크 프로파일링 예시(KSPO)

2025년 7월 초, 공단의 서버 마비 사태로 인해 언론 보도와 국회 지적이 발생하였습니다. 이와 같은 위기 상황에 효과적으로 대응하기 위한 리스크 프로파일링 사례를 제시합니다.

[표153] 위기 대응 리스크 프로파일링 예시

리스크 이름	리스크 의미	원인	현상	영향	통제 방안	KRI	KCI	KPI
온라인 신청 시스템 장애로 인한 대국민 서비스 차질 및 신뢰도 하락 리스크	대규모 동시 접속이 예상되는 국민 대상 온라인 서비스 시스템이 기술적 문제(서버 다운, 접속 지연 등)로 인해 제대로 작동하지 않아, 서비스 제공에 실패하고 이로 인해 공공기관으로서의 신뢰와 이미지가 저하될 가능성.	· 불충분한 시스템 용량: 약 70만 명 수용 부족	· 접속 지연 및 서버 다운: '어르신 스포츠 시설 이용료 지원 사업' 홈페이지 접속 불가	· 사업 목표 달성 차질: 온라인 신청 차질로 사업 목표 달성 어려움	· 시스템 인프라 확충: 대규모 동시 접속 수용 위한 IT 인프라 증설	· 시스템 동시 접속자 수 증가 추이: 예상 대비 실제 접속자 수 증가율	· 부하 테스트 완료율 및 결과 개선율: 계획된 테스트 실시율 및 개선 정도	· 온라인 신청 완료율: 총 대상자 대비 온라인 신청 성공 건수 비율
		· 부하 테스트 및 예측 미흡: 대규모 동시 접속 대비 부족	· 온라인 신청 불가: 신청 대상자들이 신청 완료하지 못함	· 대국민 신뢰도 하락: 공공기관 서비스 및 위기 대응 능력 신뢰 하락	· 철저한 부하 테스트: 예상 트래픽 초과 수준의 부하 테스트 반복 수행	· 서버 리소스 사용률: CPU, 메모리, 대역폭 사용률의 임계치(80%) 초과 지속 여부	· 백업/복구 시스템 정상 작동 성공률: 정기 점검 및 훈련 성공률	· 시스템 다운타임: 연간 또는 분기별 시스템 총 중단 시간
			· 민원 폭주: 불편 및 불만으로 고객센터 문의 폭주		· 비상 계획 수립 및 훈련: 장애 복구 및 대체 시스템 전환 계획 수립 및 훈련			
		· 비상 계획 및 백업 시스템 부재: 즉각 대응 및 이중화 미흡	· 언론 비판: 무대책 비판 기사 보도	· 국민 불편 및 불만 증가: 신청자 불편, 공단에 대한 부정적 인식 증가	· 분산 접수 시스템 도입: 특정 시간 접속 집중 방지 위한 분산 신청 시스템 구축	· 과거 장애 발생 빈도: 유사 시스템의 월별/분기별 장애 발생 횟수	· 네트워크 및 서버 보안 패치 적용률: 최신 패치 적용 완료율	· 사용자 만족도: 온라인 신청 서비스 이용 후 만족도 조사 점수
					· 사전 홍보 및 안내 강화: 이용 방법, 혼잡 시간대, 대안 신청 방법 등 충분히 홍보			
		· 과거 사례 학습 부족: 유사 먹통 사태 후 근본적 개선 부재	· 국회의원 문제 제기: 2025년 7월 3일, 조국혁신당 김재원 의원(문화일보 노기섭 기자) "홈페이지 동시 접속 500~800명 불과" 지적, 무대책 비판 및 재발 우려 제기	· 예산 낭비 및 비효율: 260억 원 예산 대비 효율성 저하	· 위기 커뮤니케이션 강화: 장애 시 신속 투명한 상황 공지 및 복구 계획 소통	· 부하 테스트 오류율: 사전 부하 테스트 시 목표 응답 시간 초과 및 오류 발생률	· 비상 대응 훈련 참여율: 관련 직원들의 훈련 참여율 및 매뉴얼 숙지 점수	· 민원 처리 시간 및 해결율: 시스템 관련 민원 평균 처리 시간 단축 및 해결 완료율
				· 조직 이미지 손상: 무대책 비판으로 대외 이미지 훼손	· 과거 실패 사례 분석 및 개선: 유사 장애 재발 방지 위한 원인 분석 및 대책 수립, 학습 문화 구축			

제4부
Tri View RM & IC Framework의 완성

지금까지의 깊이 있는 탐구를 통해 이끌어낸 결과들을 종합하여, 제4부에서는 Tri View RM&IC Framework의 완성된 모습을 선보입니다. 본 Framework은 RM&IC 관리를 위한 핵심 요소인 7가지 구성요소, 운영 원칙, 그리고 28가지 세부 실행 원칙을 명시하고 있습니다. 더불어 3선 부서의 진단(감사)에 효과적으로 활용될 수 있는 필수적인 감사 질문과 확보해야 할 감사 증거를 구체적으로 제공합니다.

1. Tri View RM&IC Management Framework

Tri View Risk Management Framework은 조직의 리스크를 식별하고 관리하는 전 과정을 혁신적으로 재정의합니다. 이 프레임워크는 리스크 관리를 7가지 핵심 구성요소로 나누어 각 단계에서 'Tri View'라는 입체적인 관점을 적용함으로써, 기존의 리스크 관리 방식이 간과했던 사각지대를 해소하고 보다 실효적인 관리를 가능하게 합니다.

[표154] Tri View RM&IC Management Framework 1

Tri View Risk Management Framework					
No	구성요소	의미	Tri View		Tri View Effectiveness
1	리스크 식별 Risk Mining	행위(흐름), 속성(멈춤), 상호작용(솟음) 관점에서 리스크 포괄적 발굴	흐름- 멈춤- 솟음	· 흐름 (Flow/Process)	조직의 일상적인 업무 절차, 작업 흐름, 행위에서 발생하는 리스크(예: 서류 누락, 절차 미준수).	· 본질적 해결: 리스크 관리의 가장 첫 단계이자 중요한 '식별'에서부터 프로세스 편향을 바로잡고 리스크의 사각지대를 해소하는 근원적인 접근. · 실효성: 기존에 놓치기 쉬웠던 '속성 리스크'와 '상호작용 리스크'를 체계적으로 식별할 수 있는 강력한 도구.
				· 멈춤 (Stock/Attribute)	조직의 고유한 특성, 구조, 문화, 인력 구성 등 '존재 자체의 속성'에서 발생하는 리스크 (예: 경직된 조직문화, 핵심 역량 부재).	
				· 솟음(Emergence)	개별 요소만으로는 예측 불가능하며, 여러 요소 간의 복잡한 상호작용, 비선형적 관계에서 새롭게 창발되는 리스크(예: 부서 간 불통으로 인한 시너지 상실).	

No	구성요소	의미			설명	효과성
2	분석 Analysis	식별된 리스크의 발생 원인, 현상, 영향 심층 파악	원인- 현상- 영향	·원인(Cause)	리스크를 발생시키는 근본적인 이유 또는 유발 요인.	·명확성: 리스크를 구성하는 세 가지 핵심 요소를 구조적으로 분리하여 이해도를 높이고, 분석의 깊이를 더함. ·전략적 활용: 원인 분석을 통해 근본적인 통제 방안을, 영향 분석을 통해 위기 대응 계획을 수립하는 데 직접적인 기반 제공.
				·현상(Event)	리스크가 발현되었을 때 나타나는 구체적인 상황 또는 사건.	
				·영향(Impact)	리스크가 현실화될 경우 조직에 미치는 긍정적 또는 부정적인 결과.	
3	평가 Assess- ment	통제 활동 전후 리스크 수준 (내재위험, 통제효과, 잔여위험) 측정 및 판단	내재위험- 통제효과- 잔여위험	·내재위험 (Inherent Risk: IR)	아무런 통제 활동이 없다고 가정했을 때 존재하는 리스크 수준.	·정량적 측정 가능성: 리스크를 통제 전후로 평가하여 통제 활동의 효율성과 효과성을 객관적으로 측정하는 데 기여. ·의사결정 지원: 잔여 위험 수준을 명확히 제시함으로써 경영진이 추가적인 통제 투자 여부나 리스크 수용 수준을 결정하는 데 합리적인 근거 제공.
				·통제효과 (Control Effec- tiveness: CE)	현재 적용되고 있는 통제 활동이 리스크를 얼마나 감소시키는 정도.	
				·잔여위험 (Residual Risk: RR)	내재위험에서 통제효과를 고려한 후 최종적으로 남아있는 리스크 수준.	

[표154_1] Tri View RM&IC Management Framework 2

Tri View Risk Management Framework					
No	구성요소	의미	Tri View		Tri View Effectiveness
4	통제 설계 Control Design	리스크 효과적 관리를 위한 예방, 발견, 시정 관점의 통제 활동 계획 및 구축	예방- 발견- 시정	·예방(Preventive)	리스크가 발생하기 전에 미리 막는 통제(예: 접근 권한 통제).	·균형 잡힌 통제 포트폴리오: 리스크 발생 주기의 모든 단계에 대응할 수 있는 다양한 유형의 통제 활동을 설계하도록 유도. ·효율성 증대: 통제 활동이 특정 단계(예방)에만 편중되지 않도록 하여 통제 자원의 효율적 배분 및 낭비 방지.
				·발견(Detective)	이미 발생한 리스크를 인지하고 식별하는 통제(예: 감사, 재고 조사).	
				·시정(Corrective)	발견된 리스크의 영향력을 줄이거나 재발을 방지하는 통제(예: 오류 수정, 교육 훈련).	
5	위험등급 및 조치 Risk Rating & Action	평가 리스크의 심각성 따른 등급(고위험, 중위험, 저위험) 분류 및 대응 방안 결정	고위험- 중위험- 저위험	·고위험(High Risk)	회피 또는 강력한 통제 / 제3자 전가	·의사결정의 신속성: 리스크의 우선순위를 명확히 하여 한정된 자원으로 리스크 관리를 집중할 수 있도록 지원. ·소통의 용이성: 모든 이해관계자가 리스크의 심각성을 직관적으로 이해하고 공유하는 데 도움.
				·중위험 (Medium Risk)	완화 또는 수용 후 모니터링 강화.	
				·저위험(Low Risk)	수용 및 정기적 모니터링.	

6	모니터링 Monitoring	KRI, KCI, KPI 활용, 리스크 수준 및 통제 효과성 지속적 관찰 및 관리	KRI-KCI-KPI	· KRI(Key Risk Indicator)	리스크 발생 가능성이나 잠재적 심각성을 사전에 알려주는 지표.	· 선제적 대응: KRI와 KCI를 통해 리스크 발생 전에 경고 신호를 포착하고, 통제의 유효성을 실시간으로 확인 가능. · 성과 연계: KPI와의 연계를 통해 리스크 관리가 단순한 규제 준수를 넘어 조직의 성과 창출에 기여하는 동력임을 보여줌.
				· KCI(Key Control Indicator)	통제 활동이 효과적으로 운영되고 있는지를 측정하는 지표.	
				· KPI(Key Performance Indicator)	조직의 목표 달성 성과를 측정하는 지표.	
7	성과평가 Performance	Tri View 관점 리스크 식별, 통제/모니터링 지표 설계 실적 및 리스크 경감·완화 성과 종합 측정 및 검증	Input-Processing-Output	· 리스크 식별 실적 (Risk Mining)	Tri View 관점에서 리스크를 얼마나 포괄적이고 깊이 있게 발굴했는지에 대한 양적 및 질적 지표.	· 관리 범위 확보: 리스크 관리의 출발점으로서, 관리 대상 리스크의 포괄성을 확보하고 사각지대를 최소화하는 기반. · 관리 기반 마련: 리스크에 대한 실질적인 통제 기반을 구축하고, 효과적인 모니터링 체계를 확립하여 관리의 유효성을 제고. · 최종 효과 검증: 리스크 관리 활동의 궁극적인 성과를 측정하여 투자 대비 효용성을 확인하고, 조직 목표 달성 기여도를 명확히 검증.
				· 통제/모니터링 지표 설계 실적 (Control Design)	식별된 리스크에 대해 Tri View 관점을 적용하여 통제 활동을 설계하고 KRI/KCI/KPI 등 모니터링 지표를 개발한 실적.	
				· 리스크 경감·완화 성과 (Risk Mitigation Performance)	리스크 통제 및 관리 활동을 통해 실제 리스크 수준이 얼마나 감소되었는지, 또는 발생 위험이 얼마나 낮아졌는지 측정하는 최종 성과.	

1) 리스크 식별(Risk Mining)

이 프레임워크는 리스크 식별 단계에서 '흐름(Flow/Process)', '멈춤(Stock/Attribute)', '솟음(Emergence)'이라는 Tri View를 적용합니다. '흐름' 관점에서는 조직의 일상적인 업무 절차나 행위에서 발생하는 리스크(예: 서류 누락)를, '멈춤' 관점에서는 조직의 고유한 특성, 구조, 문화, 인력 구성 등 '존재 자체의 속성'에서 발생하는 리스크(예: 경직된 조직문화)를 발굴합니다. 마지막으로 '솟음' 관점에서는 개별 요소만으로는 예측 불가능하며 복잡한 상호작용에서 새롭게 창발되는 리스크(예: 부서 간 불통으로 인한 시너지 상실)를 포괄적으로 탐지합니다. 이는 리스크 관리의 가장 첫 단계에서부터 프로세스 편향을 바로잡고, 기존에 놓치기 쉬웠던 속성 리스크와 상호작용 리스크까지 체계적으로 식별하는 근원적인 해결책을 제시합니다.

2) 분석(Analysis)

식별된 리스크는 '원인(Cause)', '현상(Event)', '영향(Impact)'의 Tri View를 통해 심층적으로 분석됩니다. 리스크를 발생시키는 근본 원인을 파악하고, 발현 시 나타나는 구체적인 현상을 정의하며, 최종적으로 조직에 미치는 긍정적 또는 부정적 결과를 명확히 합니다. 이러한 구조적인 접근은 리스크에 대한 이해도를 높여 분석의 깊이를 더하며, 원인 분석을 통해 근본적인 통제 방안을, 영향 분석을 통해 위기 대응 계획을 수립하는 데 직접적인 기반을 제공하여 전략적인 활용이 가능하도록 돕습니다.

3) 평가(Assessment)

평가 단계에서는 '내재위험(Inherent Risk)', '통제효과(Control Effectiveness)', '잔여위험(Residual Risk)'의 Tri View를 활용하여 리스크 수준을 측정하고 판단합니다. 아무런 통제 활동이 없다고 가정한 '내재위험'에서 시작하여, 현재 적용되는 통제가 리스크를 얼마나 감소시키는지 나타내는 '통제효과'를 고려한 후, 최종적으로 남은 '잔여위험' 수준을 도출합니다. 이는 통제 활동 전후의 리스크를 정량적으로 평가함으로써 통제의 효율성과 효과성을 객관적으로 측정하고, 경영진이 추가적인 통제 투자나 리스크 수용 수준을 결정하는 합리적인 근거를 제공합니다.

4) 통제 설계(Control Design)

리스크를 효과적으로 관리하기 위한 통제는 '예방(Preventive)', '발견(Detective)', '시정(Corrective)' 관점에서 설계됩니다. '예방' 통제는 리스크 발생 전에 미리 막고, '발견' 통제는 이미 발생한 리스크를 인지하며, '시정' 통제는 발생된 리스크의 영향력을 줄이거나 재발을 방지하는 역할을 합니다. 이 Tri View는 리스크 발생 주기의 모든 단계에 대응할 수 있는 균형 잡힌 통제 포트폴리오를 구축하게 하여, 특정 통제에 편중되지 않도록 자원을 효율적으로 배분하고 통제 낭비를 방지하는 데 기여합니다.

5) 위험 등급 및 조치(Risk Rating & Action)

평가된 리스크의 심각성에 따라 '고위험(High Risk)', '중위험(Medium Risk)', '저위험(Low Risk)'으로 분류하고 이에 따른 대응 방안을 결정합니다. 고위험은 회피 또는 강력한 통제를, 중위험은 완화 또는 수용 후 모니터링을, 저위험은 수용 및 정기적 모니터링을 권고합니다. 이 명확한 등급 분류는 리스크의 우선순위를 확립하여 한정된 자원을 집중할 수 있도록 지원하며, 모든 이해관계자가 리스크의 심각성을 직관적으로 이해하고 공유하는 데 도움을 줍니다.

6) 모니터링(Monitoring)

리스크 수준과 통제 효과성을 지속적으로 관찰하기 위해 'KRI(Key Risk Indicator)', 'KCI(Key Control Indicator)', 'KPI(Key Performance Indicator)'의 Tri View 지표를 활용합니다. KRI는 리스크 발생 가능성이나 잠재적 심각성을 사전에 알려주는 지표이며, KCI는 통제 활동의 효과적인 운영 여부를 측정합니다. 이와 함께 조직의 목표 달성 성과를 측정하는 KPI와 연계함으로써, 리스크 관리가 단순히 규제 준수를 넘어 조직의 성과 창출에 기여하는 동력임을 보여주고 선제적 대응을 가능하게 합니다.

7) 성과 평가(Performance)

마지막으로, Tri View 기반의 리스크 관리가 실제로 얼마나 효과적이었는지 '리스크 식별 실적(Risk

Mining)', '통제/모니터링 지표 설계 실적(Control Design)', '리스크 경감·완화 성과(Risk Mitigation Performance)'의 Tri View를 통해 종합적으로 측정하고 검증합니다. 이는 리스크 관리의 출발점으로서 관리 대상 리스크의 포괄성을 확보하고 사각지대를 최소화하는 기반이 됩니다. 또한 리스크에 대한 실질적인 통제 기반을 구축하고 효과적인 모니터링 체계를 확립하여 관리의 유효성을 제고하며, 궁극적으로 리스크 관리 활동의 투자 대비 효용성을 확인하고 조직 목표 달성에 대한 기여도를 명확히 검증합니다.

2. Tri View RM&IC 7가지 원칙 및 28가지 세부 실행 원칙

Tri View Risk Management Framework은 조직의 리스크 관리 역량을 혁신적으로 고도화하는 데 필요한 7가지 핵심 원칙과 이를 뒷받침하는 28가지 세부 실행 원칙으로 구성되어 있습니다.

[표155] Tri View RM&IC 7가지 원칙 및 28가지 세부 실행 원칙 1

Tri View Risk Management Framework: 7가지 원칙 및 28가지 세부 실행 원칙			
No	구성요소	7가지 원칙	28가지 세부 실행 원칙
1	리스크 식별	리스크의 근원(흐름, 멈춤, 솟음)에 기반하여 조직의 목표 달성에 영향을 미치는 모든 잠재적 위험을 포괄적이고 입체적으로 식별한다.	· 1.1 통합적 접근 — 조직의 모든 계층과 기능에서 리스크 식별을 수행하며, 내외부 이해관계자를 참여시켜 시야를 확장한다.
			· 1.2 다면적 분석 — '흐름(프로세스/행위)', '멈춤(조직 속성)', '솟음(상호작용)' 관점에서 리스크 유발 요인과 잠재적 사건을 체계적으로 발굴한다.
			· 1.3 목표 연계 — 식별된 리스크가 조직의 전략적, 운영적, 재무적, 준수 목표 중 어느 것에 영향을 미치는지 명확히 연결한다.
			· 1.4 상시적 검토 — 변화하는 내외부 환경을 반영하여 리스크를 주기적으로 재검토하고 최신화한다.
2	분석	식별된 리스크의 발생 원인, 구체적 현상, 그리고 조직 목표에 미칠 영향을 면밀히 분석하여 리스크의 실체적 이해를 확보한다.	· 2.1 근본 원인 분석 — 식별된 리스크의 숨겨진 근본 원인을 파악하기 위해 5 Why 분석, 인과관계 다이어그램 등 구조화된 기법을 활용한다.
			· 2.2 현상 정의 — 리스크가 현실화될 경우 나타날 수 있는 구체적인 사건, 조건, 행동 등을 명확하게 서술한다.
			· 2.3 영향 평가 — 리스크 발생 시 조직의 재무, 비재무, 평판, 운영 등에 미치는 잠재적 영향을 정량적·정성적으로 분석한다.
			· 2.4 발생 가능성 산정 — 리스크의 발생 빈도 또는 확률을 합리적인 근거에 기반하여 예측한다.
3	평가	리스크의 내재위험을 평가하고 통제 활동의 효과성을 측정하며, 이로부터 도출된 잔여위험 수준을 명확히 판단하여 의사결정의 기반으로 삼는다.	· 3.1 내재 위험 정의 — 통제 활동이 없다고 가정했을 때의 리스크 수준(발생 가능성 및 영향)을 일관된 기준에 따라 평가한다.
			· 3.2 통제 효과성 측정 — 현재 운영 중인 통제 활동의 설계 및 운영 적절성을 평가하고, 리스크 경감 효과를 측정한다.
			· 3.3 잔여 위험 산출 — 내재 위험과 통제 효과를 기반으로 실제 조직이 노출된 최종적인 리스크 수준을 계산하고 도출한다.
			· 3.4 허용 수준 비교 — 도출된 잔여 위험을 조직의 리스크 허용 수준(Risk Appetite) 및 감내 한도(Risk Tolerance)와 비교하여 추가 대응 필요성을 판단한다.

[표155_1] Tri View RM&IC 7가지 원칙 및 28가지 세부 실행 원칙 2

Tri View Risk Management Framework: 7가지 원칙 및 28가지 세부 실행 원칙			
No	구성요소	7가지 원칙	28가지 세부 실행 원칙
4	통제 설계	리스크의 특성을 고려하여 예방, 발견, 시정의 관점에서 통제 활동을 효과적으로 설계하고, 이를 통해 리스크 수준을 허용 가능한 범위 내로 관리한다.	· 4.1 다층적 통제 구성 — 리스크의 발생 단계(예방), 발생 인지(발견), 발생 후 복구(시정) 전 과정에 걸쳐 통제 활동을 균형 있게 설계한다. · 4.2 맞춤형 통제 적용 — 식별된 리스크의 특성(흐름, 멈춤, 솟음)과 평가 결과에 기반하여 가장 효과적인 통제 방안을 수립한다. · 4.3 책임 명확화 — 각 통제 활동에 대한 명확한 소유자와 책임자(Accountability)를 지정하고 역할과 책임을 정의한다. · 4.4 효율성 고려 — 통제 활동의 설계 시 비용 대비 효과를 고려하여 자원의 낭비를 최소화한다.
5	위험등급 및 조치	평가된 리스크에 대한 명확한 등급 분류 기준을 설정하고, 각 등급에 상응하는 리스크 회피, 완화, 수용, 전가 등 최적의 조치 사항을 결정하여 자원의 효율적 배분을 꾀한다.	· 5.1 명확한 등급 기준 — 리스크의 심각성(영향)과 발생 가능성을 종합 고려한 등급(고위험, 중위험, 저위험) 분류 기준을 명문화한다. · 5.2 등급별 대응 전략 — 각 등급에 따라 리스크 회피(Avoid), 완화(Mitigate), 전가(Transfer), 수용(Accept) 중 최적의 대응 전략을 정의하고 실행한다. · 5.3 우선순위 결정 — 한정된 자원을 효과적으로 배분하기 위해 고등급 리스크에 우선순위를 부여하여 관리 노력을 집중한다. · 5.4 대응 계획 수립 — 결정된 조치 사항을 바탕으로 구체적인 실행 계획, 일정, 책임자, 소요 자원을 명시한 리스크 대응 계획을 수립한다.
6	모니터링	KRI, KCI, KPI 등 핵심 지표를 활용하여 리스크의 수준, 통제의 효과성, 그리고 조직 성과를 지속적으로 모니터링하며, 이를 통해 리스크 관리 시스템의 적정성을 유지한다.	· 6.1 지표의 적정성 — 리스크의 특성 및 관리 목표에 부합하는 KRI, KCI, KPI를 설정하여 측정의 유효성을 확보한다. · 6.2 지속적 측정 — 설정된 지표들을 주기적, 또는 실시간으로 측정하고 데이터를 수집한다. · 6.3 경고 체계 — 지표의 임계치(Threshold)를 설정하고, 임계치 초과 시 자동 경고 시스템 또는 즉각적인 보고 체계를 구축한다. · 6.4 성과 보고 — 모니터링 결과를 정기적으로 경영진 및 관련 이해관계자에게 보고하여 투명성과 의사결정을 지원한다.
7	성과평가	Tri View 관점에서 리스크 관리 시스템의 전반적인 운영 실적과 리스크 경감·완화 성과를 종합적으로 평가하여, 리스크 관리의 질적 기여도를 확인하고 지속적인 개선을 위한 피드백을 제공한다.	· 7.1 시스템 성숙도 평가 — Tri View RM&IC Framework의 각 구성요소가 얼마나 효과적으로 운영되고 성숙 단계를 거치고 있는지 주기적으로 평가한다. · 7.2 리스크 감축률 측정 — 리스크 관리 활동 전후의 잔여 위험 수준 변화를 측정하여 리스크 경감·완화 성과를 정량화한다. · 7.3 자원 효율성 분석 — 리스크 관리에 투입된 자원(비용, 인력, 시간) 대비 산출된 성과 및 가치를 분석하여 효율성을 평가한다. · 7.4 개선 과제 도출 — 평가 결과를 바탕으로 리스크 관리 시스템의 미비점과 개선이 필요한 영역을 식별하고, 실행 가능한 개선 과제를 도출하여 지속적인 발전을 추구한다.

1) 리스크 식별 원칙

리스크의 근원을 '흐름(행위)', '멈춤(속성)', '솟음(상호작용)'이라는 Tri View 관점에서 통합적이고 다면적으로 분석하여 조직 목표 달성에 영향을 미치는 모든 잠재적 위험을 포괄적이고 입체적으로 발굴하는 것을 강조합니다. 이는 조직의 모든 계층과 이해관계자를 참여시키고 내외부 환경 변화를 반영하여 리스크를 상시적으로 검토하고 최신화하는 것을 포함합니다.

2) 분석 원칙

식별된 리스크의 실체적 이해를 확보하기 위해 발생 원인, 구체적 현상, 그리고 조직 목표에 미칠 영향을 면밀히 파악하는 데 중점을 둡니다. 근본 원인 분석 기법을 활용하고, 리스크가 현실화될 경우 나타날 현상을 명확히 정의하며, 재무적, 비재무적 영향을 정량적·정성적으로 평가하여 발생 가능성을 합리적으로 산정하도록 안내합니다.

3) 평가 원칙

리스크의 내재위험을 정의하고, 현재 운영 중인 통제 활동의 효과성을 측정하며, 이를 통해 도출된 잔여위험 수준을 명확히 판단하여 의사결정의 확고한 기반으로 삼도록 합니다. 이는 최종 잔여위험을 조직의 리스크 허용 수준과 비교하여 추가적인 대응 필요성을 판단하는 과정을 포함합니다.

4) 통제 설계 원칙

리스크의 특성을 고려하여 '예방', '발견', '시정'이라는 다층적인 관점에서 통제 활동을 효과적으로 계획하고 구축하여 리스크 수준을 허용 가능한 범위 내로 관리하는 것을 목표로 합니다. 특히 Tri View 관점에서 식별된 리스크의 특성에 맞는 맞춤형 통제를 적용하고, 각 통제 활동에 대한 명확한 책임자를 지정하며, 비용 대비 효율성을 고려하여 자원 낭비를 최소화하는 데 방점을 찍습니다.

5) 위험 등급 및 조치 원칙

평가된 리스크에 대한 명확한 등급 분류 기준을 설정하고, 각 등급에 상응하는 최적의 조치 사항(회피, 완화, 전가, 수용)을 결정하여 한정된 자원의 효율적인 배분을 꾀합니다. 심각성과 발생 가능성을 종합적으로 고려한 등급을 명문화하고, 고위험 리스크에 우선순위를 부여하며, 구체적인 대응 계획을 수립하도록 합니다.

6) 모니터링 원칙

KRI(핵심 리스크 지표), KCI(핵심 통제 지표), KPI(핵심 성과 지표) 등 핵심 지표를 활용하여 리스크의 수준, 통제의 효과성, 그리고 조직 성과를 지속적으로 관찰하고 관리함으로써 리스크 관리 시스템의 적정성을 상시적으로 유지하도록 합니다. 이는 적정 지표의 설정, 지속적인 측정, 경고 체계 구축, 그리고 정기적인 성과 보고를 통해 구현됩니다.

7) 성과 평가 원칙

Tri View 관점에서 리스크 관리 시스템의 전반적인 운영 실적과 리스크 경감·완화 성과를 종합적으로 평가하여, 리스크 관리의 질적 기여도를 확인하고 지속적인 개선을 위한 피드백을 제공하는 데 핵심적인 역할을 합니다. 시스템 성숙도 평가, 리스크 감축률 측정, 자원 효율성 분석을 통해 개선 과제를 도출하며 리스크 관리의 지속적인 발전을 추구합니다.

3. Tri View RM&IC 진단(감사) 질문 및 감사 증적

3선 감사 기능이 Tri View RM&IC Management 시스템을 효과적으로 진단(감사)하기 위한 필수적인 질문과 확보해야 할 감사 증거를 제시합니다.

이러한 질문과 증거는 단순히 3선 감사의 도구 역할에 그치지 않습니다. 오히려 1선 부서와 2선 관리 부서에게는 리스크 관리에 있어 중점적으로 집중해야 할 관리 포인트를 명확히 제시하며, 동시에 3선 부서가 어떤 관점에서 진단에 착안해야 하는지에 대한 명확한 지침을 제공할 것입니다.

[표156] 진단 질문 및 감사 증적_식별

구성요소	핵심 원칙	세부 실행 원칙	Auditor 진단 질문(감사 질문)	확보해야 할 증적(감사 증거)
1. 리스크 식별 (Risk Mining)	리스크의 근원(흐름, 멈춤, 솟음)에 기반하여 조직의 목표 달성에 영향을 미치는 모든 잠재적 위험을 포괄적이고 입체적으로 식별한다.	1.1 통합적 접근: 조직의 모든 계층과 기능에서 리스크 식별을 수행하며, 내외부 이해관계자를 참여시켜 시야를 확장한다.	· 리스크 식별 활동에 모든 핵심 부서/기능이 참여하였습니까?	· 리스크 식별 워크숍/회의록 (참석자 명단 포함)
			· 리스크 워크숍 또는 인터뷰 대상자 선정 기준은 적절하며, 다양한 계층과 이해관계자가 포함되었습니까?	· 인터뷰 대상자 리스트 및 인터뷰 기록
				· 리스크 관리 조직도 및 역할 분담표
				· 리스크 관리 내규/지침(식별 주체 및 범위 명시)
		1.2 다면적 분석: '흐름(프로세스/행위)', '멈춤(조직 속성)', '솟음(상호작용)' 관점에서 리스크 유발 요인과 잠재적 사건을 체계적으로 발굴한다.	· 식별된 리스크가 '흐름, 멈춤, 솟음' 각 관점에서 균형 있게 분류되고 식별되었음을 증명할 수 있습니까?	· 리스크 식별 보고서 및 분류 체계(유형별 분류 내역)
			· '멈춤(속성)'과 '솟음(상호작용)' 리스크를 식별하기 위한 구체적인 방법론(예: 조직문화 진단, 이해관계자 분석)이 적용되었습니까?	· 리스크 식별 가이드라인/매뉴얼(흐름, 멈춤, 솟음에 대한 정의 및 식별 방법론 포함)
				· 속성/상호작용 리스크 식별을 위한 진단 도구 및 결과 자료

		세부 실행 원칙	Auditor 진단 질문(감사 질문)	확보해야 할 증적(감사 증거)
		1.3 목표 연계: 식별된 리스크가 조직의 전략적, 운영적, 재무적, 준수 목표 중 어느 것에 영향을 미치는지 명확히 연결한다.	· 식별된 리스크가 조직의 주요 목표(전략, 운영, 재무, 법규 준수)와 명확히 연계되어 리스크 등록부에 기록되어 있습니까?	· 리스크 등록부(리스크-목표 연계 매핑 현황)
			· 리스크 목표 연계에 대한 책임 부서 및 절차가 존재합니까?	· 조직의 전략 목표, 사업 목표 문서
				· 목표 연계 관련 검토 회의록
		1.4 상시적 검토: 변화하는 내외부 환경을 반영하여 리스크를 주기적으로 재검토하고 최신화한다.	· 리스크 프로파일 또는 등록부가 정기적으로 검토되고 최신화되는 절차가 수립되어 있으며, 실제로 운영되고 있습니까?	· 리스크 등록부 최신화 이력 및 주기적 검토 보고서
			· 외부 환경 변화(예: 법규 변경, 시장 트렌드 변화)가 리스크 식별 및 재검토에 반영된 사례가 있습니까?	· 리스크 프로파일 업데이트 내역
				· 관련 규정(리스크 재검토 주기 명시)
				· 외부 환경 변화 분석 보고서

[표156_1] 진단 질문 및 감사 증적_분석

Tri View Risk Management Framework: 감사(Auditor) 진단 질문 및 증적				
구성요소	핵심 원칙	세부 실행 원칙	Auditor 진단 질문(감사 질문)	확보해야 할 증적(감사 증거)
2. 분석 (Analysis)	식별된 리스크의 발생 원인, 구체적 현상, 그리고 조직 목표에 미칠 영향을 면밀히 분석하여 리스크의 실체적 이해를 확보한다.	2.1 근본 원인 분석: 식별된 리스크의 숨겨진 근본 원인을 파악하기 위해 5 Why 분석, 인과관계 다이어그램 등 구조화된 기법을 활용한다.	· 리스크 분석 시 근본 원인 분석 기법(예: 5 Why, Ishikawa Diagram)이 일관되게 적용되었습니까?	· 리스크 분석 보고서(근본 원인 분석 결과)
			· 근본 원인 분석 결과가 리스크 보고서에 명확히 기록되어 있습니까?	· 근본 원인 분석 가이드라인/절차서
				· 근본 원인 분석 수행을 위한 교육 자료
		2.2 현상 정의: 리스크가 현실화될 경우 나타날 수 있는 구체적인 사건, 조건, 행동 등을 명확하게 서술한다.	· 리스크 발생 시의 '현상'이 모호하지 않고 구체적이며 측정 가능하도록 정의되어 있습니까?	· 리스크 시나리오 정의서
				· 리스크 등록부(현상 정의 내역)
			· 리스크 현상 정의에 대한 표준화된 양식이나 기준이 존재합니까?	· 리스크 분석 매뉴얼(현상 정의 가이드라인)
		2.3 영향 평가: 리스크 발생 시 조직의 재무, 비재무, 평판, 운영 등에 미치는 잠재적 영향을 정량적·정성적으로 분석한다.	· 리스크의 영향 평가 기준은 명확하고 일관적입니까?	· 리스크 영향 평가 매트릭스/기준서
			· 재무적/비재무적 영향(평판, 운영 효율성 등)에 대한 분석이 충분히 이루어졌으며, 이를 정량화하려는 노력이 있었습니까?	· 리스크 분석 보고서(영향 분석 결과)
				· 과거 유사 사고/사건의 피해 사례 분석 자료

			· 리스크 발생 가능성 산정 시 과거 데이터, 전문가 판단 등 객관적이고 합리적인 근거를 활용하고 있습니까?	· 리스크 발생 가능성 평가 기준/지침
		2.4 발생 가능성 산정: 리스크의 발생 빈도 또는 확률을 합리적인 근거에 기반하여 예측한다.		· 과거 사고/사건 발생 통계 데이터
			· 발생 가능성 평가 기준이 명확하고 평가자 간 일관성을 유지합니까?	· 전문가 판단 기록(인터뷰, 회의록 등)

[표156_2] 진단 질문 및 감사 증적_평가

Tri View Risk Management Framework: 감사(Auditor) 진단 질문 및 증적					
구성요소	핵심 원칙	세부 실행 원칙	Auditor 진단 질문(감사 질문)	확보해야 할 증적(감사 증거)
3. 평가 (Assessment)	리스크의 내재위험을 평가하고 통제 활동의 효과성을 측정하며, 이로부터 도출된 잔여위험 수준을 명확히 판단하여 의사결정의 기반으로 삼는다.	**3.1 내재 위험 정의**: 통제 활동이 없다고 가정했을 때의 리스크 수준(발생 가능성 및 영향)을 일관된 기준에 따라 평가한다.	· 내재 위험 평가 시 현재 통제 활동의 존재 유무를 완전히 배제하고 평가했음을 확인할 수 있습니까?	· 내재 위험 평가 결과 보고서
			· 내재 위험 평가 기준과 방법론은 명확하고 일관적입니까?	· 내재 위험 평가 기준서(평가 스케일, 방법론 명시)
		3.2 통제 효과성 측정: 현재 운영 중인 통제 활동의 설계 및 운영 적절성을 평가하고, 리스크 경감 효과를 측정한다.	· 리스크 통제 활동의 설계 및 운영 효과성 평가가 정기적으로 이루어지고 있습니까?	· 통제 설계/운영 효과성 평가 보고서
			· 통제 활동 평가 결과가 리스크 수준 조정에 반영됩니까?	· 통제 테스트 계획 및 결과 문서
				· 내부통제 점검 체크리스트 및 결과
		3.3 잔여 위험 산출: 내재 위험과 통제 효과를 기반으로 실제 조직이 노출된 최종적인 리스크 수준을 계산하고 도출한다.	· 잔여 위험이 내재 위험과 통제 효과를 반영하여 정확하게 산출되었습니까?	· 잔여 위험 평가 보고서(산출 과정 명시)
			· 잔여 위험 산출 방식이 투명하게 공개되어 있습니까?	· 리스크 매트릭스(내재 위험 및 잔여 위험 표시)
				· 평가 시스템의 잔여 위험 산출 로직 검토
		3.4 허용 수준 비교: 도출된 잔여 위험을 조직의 리스크 허용 수준(Risk Appetite) 및 감내 한도(Risk Tolerance)와 비교하여 추가 대응 필요성을 판단한다.	· 조직의 리스크 허용 수준(Risk Appetite) 및 감내 한도(Risk Tolerance)가 문서화되어 있고 경영진의 승인을 받았습니까?	· 리스크 허용 수준/감내 한도 정의 문서
			· 잔여 위험이 허용 수준을 초과할 경우, 이를 경영진에 보고하고 추가 조치를 논의하는 절차가 수립되어 있습니까?	· 잔여 위험 보고서(허용 수준과의 비교)
				· 경영진 리스크 위원회 회의록(허용 수준 초과 리스크 논의 내역)

[표156_3] 진단 질문 및 감사 증적_통제설계

Tri View Risk Management Framework: 감사(Auditor) 진단 질문 및 증적					
구성요소	핵심 원칙	세부 실행 원칙	Auditor 진단 질문(감사 질문)	확보해야 할 증적(감사 증거)
4. 통제 설계 (Control Design)	리스크의 특성을 고려하여 예방, 발견, 시정의 관점에서 통제 활동을 효과적으로 설계하고, 이를 통해 리스크 수준을 허용 가능한 범위 내로 관리한다.	4.1 다층적 통제 구성: 리스크의 발생 단계(예방), 발생 인지(발견), 발생 후 복구(시정) 전 과정에 걸쳐 통제 활동을 균형 있게 설계한다.	· 주요 리스크에 대해 예방, 발견, 시정 통제가 적절히 균형을 이루어 설계되었습니까?	· 통제 매트릭스 또는 통제 설계 문서(통제 유형별 분류)
			· 특정 단계의 통제에만 과도하게 의존하는 경향은 없습니까?	· 프로세스 흐름도(각 단계별 통제 명시)
				· 통제 설계 가이드라인
		4.2 맞춤형 통제 적용: 식별된 리스크의 특성(흐름, 멈춤, 솟음)과 평가 결과에 기반하여 가장 효과적인 통제 방안을 수립한다.	· '흐름', '멈춤', '솟음' 리스크 특성에 맞는 통제 방안이 각각 다르게 설계되었습니까?	· 리스크 유형별 통제 설계 사례
			· 리스크 평가 결과(특히 잔여 위험)가 통제 설계에 충분히 반영되었습니까?	· 리스크 평가-통제 설계 연계 문서
				· 통제 활동 설계 보고서
		4.3 책임 명확화: 각 통제 활동에 대한 명확한 소유자와 책임자(Accountability)를 지정하고 역할과 책임을 정의한다.	· 모든 핵심 통제 활동에 대한 책임자가 명확히 지정되어 있고, 이들의 역할과 책임이 문서화되어 있습니까?	· 통제 활동 책임자 지정 문서
			· 통제 책임자들은 자신의 역할에 대한 충분한 이해와 교육을 받고 있습니까?	· 직무 기술서(통제 관련 책임 포함)
				· 통제 관련 교육 이수 기록
		4.4 효율성 고려: 통제 활동의 설계 시 비용 대비 효과를 고려하여 자원의 낭비를 최소화한다.	· 통제 활동 설계 시 비용 대비 효과를 분석한 기록이 있습니까?	· 통제 비용 분석 보고서
			· 과도한 비용이 소요되는 비효율적인 통제 활동은 없습니까?	· 통제 활동 설계 시의 비용-효과 검토 자료
				· 통제 관련 예산 및 집행 내역

[표156_4] 진단 질문 및 감사 증적_위험등급 및 조치

Tri View Risk Management Framework: 감사(Auditor) 진단 질문 및 증적				
구성요소	핵심 원칙	세부 실행 원칙	Auditor 진단 질문(감사 질문)	확보해야 할 증적(감사 증거)
5. 위험등급 및 조치 (Risk Rating & Action)	평가된 리스크에 대한 명확한 등급 분류 기준을 설정하고, 각 등급에 상응하는 리스크 회피, 완화, 수용, 전가 등 최적의 조치 사항을 결정하여 자원의 효율적 배분을 꾀한다.	5.1 명확한 등급 기준: 리스크의 심각성(영향)과 발생 가능성을 종합 고려한 등급(고위험, 중위험, 저위험) 분류 기준을 명문화한다.	· 리스크 등급 분류 기준이 명확하고, 전 직원이 이를 인지하고 있습니까?	· 리스크 등급 분류 기준 문서
			· 등급 분류 시 평가자 간의 일관성이 유지되고 있습니까?	· 리스크 매트릭스(영향/발생 가능성 및 등급)
				· 등급 분류 기준 관련 교육 자료

		5.2 등급별 대응 전략: 각 등급에 따라 리스크 회피(Avoid), 완화(Mitigate), 전가(Transfer), 수용(Accept) 중 최적의 대응 전략을 정의하고 실행한다.	· 각 리스크 등급별로 취해야 할 대응 전략이 구체적으로 정의되어 있으며, 실제로 그 전략이 적용되고 있습니까?	· 리스크 대응 전략 지침서(등급별 대응 방안 명시)
			· 고위험 리스크에 대한 회피 또는 강력한 완화 조치가 적절히 이루어집니까?	· 리스크 등록부(각 리스크의 대응 전략 및 상태)
				· 특정 등급 리스크에 대한 실행 계획 문서
		5.3 우선순위 결정: 한정된 자원을 효과적으로 배분하기 위해 고등급 리스크에 우선순위를 부여하여 관리 노력을 집중한다.	· 리스크 관리 예산 및 자원 배분 시 고위험 리스크에 우선순위가 주어졌음을 확인할 수 있습니까?	· 리스크 관리 연간 계획 및 예산서(우선순위 반영 내역)
			· 리스크 관리 관련 프로젝트나 활동의 우선순위가 등급과 연계되어 있습니까?	· 리스크 관리 프로젝트 목록 및 우선순위 결정 회의록
				· 경영진 의사결정 기록(자원 배분 관련)
		5.4 대응 계획 수립: 결정된 조치 사항을 바탕으로 구체적인 실행 계획, 일정, 책임자, 소요 자원을 명시한 리스크 대응 계획을 수립한다.	· 각 등급별 대응 전략에 따라 구체적인 리스크 대응 계획이 수립되어 있습니까?	· 리스크 대응 계획서(각 리스크별)
			· 대응 계획에 실행 일정, 담당 부서/인력, 필요한 자원이 명시되어 있습니까?	· 책임자 지정 및 관련 예산 문서
				· 대응 계획 진척도 보고서

[표156_5] 진단 질문 및 감사 증적_모니터링

Tri View Risk Management Framework: 감사(Auditor) 진단 질문 및 증적				
구성요소	핵심 원칙	세부 실행 원칙	Auditor 진단 질문(감사 질문)	확보해야 할 증적(감사 증거)
6. 모니터링 (Monitoring)	KRI, KCI, KPI 등 핵심 지표를 활용하여 리스크의 수준, 통제의 효과성, 그리고 조직 성과를 지속적으로 관찰하고 관리하며, 이를 통해 리스크 관리 시스템의 적정성을 유지한다.	6.1 지표의 적정성: 리스크의 특성 및 관리 목표에 부합하는 KRI, KCI, KPI를 설정하여 측정의 유효성을 확보한다.	· KRI, KCI, KPI 지표가 리스크의 발생 가능성, 통제의 운영 효과성, 성과와의 연계를 잘 반영하도록 설계되었습니까?	· KRI, KCI, KPI 정의서(지표 설명 및 측정 방법)
			· 지표 설정 시 해당 리스크의 '흐름, 멈춤, 솟음' 특성이 고려되었습니까?	· 지표 설계 회의록(Tri View 연계성 논의 포함)
				· 지표의 적정성을 검증한 분석 보고서
		6.2 지속적 측정: 설정된 지표들을 주기적, 또는 실시간으로 측정하고 데이터를 수집한다.	· 설정된 지표들이 정해진 주기에 따라 지속적으로 측정되고 있으며, 관련 데이터가 체계적으로 수집됩니까?	· KRI, KCI, KPI 측정 데이터 및 이력
			· 데이터 수집의 신뢰성을 확보하기 위한 절차가 있습니까?	· 데이터 수집 절차서
				· 모니터링 시스템 스크린샷 또는 보고서
		6.3 경고 체계: 지표의 임계치(Threshold)를 설정하고, 임계치 초과 시 자동 경고 시스템 또는 즉각적인 보고 체계를 구축한다.	· 각 지표에 대한 임계치 또는 허용 범위가 설정되어 있으며, 이를 초과할 경우 경고 알림 또는 보고 체계가 작동합니까?	· 지표별 임계치 설정 문서

			・임계치 초과 시 즉각적인 대응 조치가 이루어진 사례가 있습니까?	・경고 알림 시스템 로그
				・임계치 초과 시 보고서 및 대응 조치 기록
		6.4 성과 보고: 모니터링 결과를 정기적으로 경영진 및 관련 이해관계자에게 보고하여 투명성과 의사결정을 지원한다.	・모니터링 결과가 정기적으로 경영진 및 주요 이해관계자에게 보고되고 있습니까?	・리스크 모니터링 정기 보고서(경영진/이사회 제출용)
			・보고서가 명확하고 이해하기 쉬운 형태로 작성되며, 주요 시사점을 포함하고 있습니까?	・보고서 배포 이력 및 피드백 기록
				・보고서 작성 지침

[표156_6] 진단 질문 및 감사 증적_성과평가

Tri View Risk Management Framework: 감사(Auditor) 진단 질문 및 증적				
구성요소	핵심 원칙	세부 실행 원칙	Auditor 진단 질문(감사 질문)	확보해야 할 증적(감사 증거)
7. 성과평가 (Performance)	Tri View 관점에서 리스크 관리 시스템의 전반적인 운영 실적과 리스크 경감·완화 성과를 종합적으로 평가하여, 리스크 관리의 질적 기여도를 확인하고 지속적인 개선을 위한 피드백을 제공한다.	**7.1 시스템 성숙도 평가:** Tri View RM&IC Framework의 각 구성요소가 얼마나 효과적으로 운영되고 성숙 단계를 거치고 있는지 주기적으로 평가한다.	・Tri View RM&IC Framework의 각 구성요소(식별, 분석, 평가 등)에 대한 정기적인 성숙도 평가가 이루어지고 있습니까?	・리스크 관리 성숙도 평가 보고서
			・성숙도 평가 결과에 따라 개선 계획이 수립되고 실행됩니까?	・성숙도 평가 방법론 및 기준서
				・성숙도 개선 과제 및 실행 계획서
		7.2 리스크 감축률 측정: 리스크 관리 활동 전후의 잔여 위험 수준 변화를 측정하여 리스크 경감·완화 성과를 정량화한다.	・리스크 관리 활동 수행 전후의 잔여 위험 수준 변화를 정량적으로 측정하고 그 감소율을 산출하고 있습니까?	・리스크 경감 성과 보고서(잔여 위험 감소율 포함)
			・리스크 경감 성과 측정을 위한 명확한 기준과 방법론이 있습니까?	・리스크 전후 비교 분석 자료
				・리스크 관리 목표 달성률 보고서
		7.3 자원 효율성 분석: 리스크 관리에 투입된 자원(비용, 인력, 시간) 대비 산출된 성과 및 가치를 분석하여 효율성을 평가한다.	・리스크 관리 활동에 투입된 비용, 인력, 시간 등의 자원과 그로부터 창출된 성과(예: 손실 절감, 프로세스 개선)를 비교 분석하여 효율성을 평가하고 있습니까?	・리스크 관리 활동 비용/자원 투입 내역
			・비효율적인 리스크 관리 활동에 대한 개선 방안이 논의됩니까?	・리스크 관리 투자수익률(ROI) 분석 보고서(가능 시)
				・자원 효율성 관련 경영진 보고서
		7.4 개선 과제 도출: 평가 결과를 바탕으로 리스크 관리 시스템의 미비점과 개선이 필요한 영역을 식별하고, 실행 가능한 개선 과제를 도출하여 지속적인 발전을 추구한다.	・성과 평가 결과를 기반으로 리스크 관리 시스템의 약점이나 미비점이 명확히 식별되고 있습니까?	・리스크 관리 성과 평가 보고서(개선 권고 사항 포함)
			・도출된 개선 과제들이 구체적이고 실행 가능하며, 개선 활동으로 이어집니까?	・개선 과제 목록 및 실행 계획서
				・개선 활동 추진 이력 및 결과 보고서

맺음말

우리가 처음이고 시작입니다

Q: 리스크 식별에 있어 속성의 양면성을 직접, 명시적으로 언급한 문헌, 연구자료, 논문을 검색해 줘.

A: ChatGPT의 대답

리스크 식별 단계에서 "속성(attribute)의 양면성(Duality)"을 명시적으로 언급한 문헌은 상당히 희소하지만, 아래 네 가지 핵심 자료가 이 개념을 뚜렷하게 다루고 있어 참고할 만합니다.

관련 문헌 및 연구

1. "Managing Risk as a Duality of Harm and Benefit: A Study of Organizational Risk Objects in the Global Insurance Industry"
글로벌 보험 산업을 대상으로 리스크를 해악(harm)과 이익(benefit)의 양면성으로 관리해야 함을 강조한 연구입니다. 보험업 맥락에서 특정 리스크가 동시에 손실 가능성과 기회로 인식될 수 있다는 조직론적 시각을 제공합니다.

2. Attributes of Corporate Risk Disclosure: An International Investigation in the Manufacturing Sector
위 연구에서는 리스크 문헌 속 전통적 리스크 개념(위협·손실 중심)과 양면성 개념(위험과 기회의 양쪽 측면 모두 고려) 사이의 차이를 설명하며, 특히 risk disclosure 속성(attribute) 중 양면성 개념을 명시적으로 언급합니다

3. A multi-level, multi-stage and multi-attribute perspective on risk assessment
이론적으로 리스크를 다중 속성(multi-attribute) 관점에서 접근하며, 속성 간 상호작용과 그 선택 과정에서 "양면성"의 존재 가능성을 암시합니다. 직접적으로 '양면성'이라는 용어는 사용되지 않았으나, 속성을 균형 있게 정리하는 과정에서 드러나는 개념적 구조를 분석합니다.

4. A Multidisciplinary Review into the Evolution of Risk Concepts and Their Assessment Methods(MDPI, 2024)
다학제적 시각에서 리스크 개념의 발전 과정을 정리한 리뷰 논문으로, 특히 MCDA(다기준 의사결정 분석) 방식에서 확률과 영향 등 복수 속성을 동시에 고려하는 프레임워크가 어떻게 양면성 또는 상반된 속성들을 통합하는지를 설명합니다.

비교 요약

문헌	양면성 언급 수준	주요 내용 요약
Global Insurance Industry 연구	직접적 언급	'해악'과 '이익' 양도 해석하며 관리
Corporate Risk Disclosure 연구	명시적 언급	전통적 손실 중심 vs. 양면성 개념
Multi-attribute 리스크 평가 논문	함의 수준	속성 선택·가중치 양면성 고려됨
MDPI 리뷰 논문	분석적 언급	MCDA 구조 내 양면 속성 통합 분석

리스크 식별은 단순히 위협 요소를 나열하는 것을 넘어, 그 근원을 깊이 이해하고 통찰하는 과정입니다. 특히 리스크를 구성하는 '속성'들이 지닌 양면성을 파악하는 것은 복잡다단한 현대 조직의 위험을 효과적으로 관리하는 데 필수적인 요소로 부각됩니다.

기존 연구들을 살펴보면, 리스크를 해악(harm)과 이익(benefit)이라는 양면적 관점에서 바라보거나(Global Insurance Industry 연구), 다중 속성(multi-attribute)을 통해 분석하는 시도는 꾸준히 이어져 왔습니다. 또한, 다기준 의사결정 분석(MCDA)과 같은 접근 방식에서는 리스크의 상반된 속성들을 통합적으로 분석하려는 노력이 엿보입니다. 그러나 리스크 식별 단계에서 '속성의 양면성'을 직접적이고 명시적인 개념으로 다루며, 이를 체계적인 프레임워크로 제시한 문헌은 여전히 찾아보기 어려운 것이 현실입니다.

이러한 학술적 간극 속에서, 본 연구는 공공과 기업의 리스크 관리 및 내부통제 체계에 '속성 기반 리스크 식별'과 '상호작용 창발 리스크' 개념을 도입하려는 시도를 감히 제안합니다. 이는 리스크의 근원을 보다 깊이 있게 탐구하고, 예측하기 어려운 새로운 유형의 위험에 선제적으로 대응하기 위한 새로운 지평을 열고자 하는 노력입니다. 이러한 접근 방식은 리스크를 단순히 회피해야 할 대상으로 보는 것을 넘어, 조직의 내재적 특성과 외부 환경의 복합적 상호작용 속에서 리스크가 어떻게 발현되고 진화하는지를 이해하는 데 중요한 통찰을 제공할 것입니다.

물론, 본 연구는 이처럼 방대하고 복잡한 주제에 대한 탐구의 시작 단계에 불과합니다. 그러나 이 작은 시도가 미래의 리스크 관리 연구와 실무에 있어 하나의 디딤돌이 되어, 더욱 정교하고 효과적인 위험 관리 체계를 구축하는 데 기여할 수 있기를 간절히 바랍니다.

용어 정리

리스크 관리 및 내부통제 용어 해설	
용어	설명
가. ㄱ	
감사원 공공 내부통제 심사기준 혁신안	5대구성요소 작동 여부 및 리스크 식별 및 리스크 경감실적 중심으로 심사기준을 혁신하자는 제안
계량 지표	수치로 측정 가능한 성과 지표.
계량화	정성적인 요소를 수치로 표현하는 과정.
고유 위험(Inherent Risk)	통제 활동을 고려하지 않았을 때 내재적으로 존재하는 순수한 위험 수준.
골든타임(Golden Time)	위기 상황 발생 시 피해를 최소화하기 위한 결정적인 시간.
공공부문	정부 기관 및 공공기관을 포함하는 영역.
공공부문 내부통제 심사기준	감사원 등에서 공공기관의 내부통제 시스템을 평가하는 기준.
공공서비스	공공기관이 국민에게 제공하는 서비스.
공공성(Publicness)	조직이나 활동이 공공의 이익과 목적에 부합하는 특성.
공정성(Fairness)	특정 개인이나 집단에 대한 편견 없이 공평하고 정당하게 대하는 특성.
구성요소	프레임워크를 이루는 핵심적인 부분.
규제 준수	관련 법규 및 규정을 지키는 것.
기회(Opportunity)	부정 행위를 실행할 수 있는 환경적 조건이나 상황.
기업 페널티	기업이 법규 위반이나 부당 행위로 인해 받게 되는 벌칙이나 불이익.
나. ㄴ	
내부 감사(Internal Audit)	조직 내부에서 독립적으로 운영되는 감사 활동으로, 내부 통제의 적정성과 효율성을 검증.
내부 통제(Internal Control)	조직의 목표 달성을 위해 이사회, 경영진, 임직원들이 수행하는 일련의 과정(COSO 프레임워크 기준).
내부 통제 시스템 구축 및 운영	조직의 목표 달성을 위한 통제 활동들을 체계적으로 설계하고 실행하며 관리하는 프로세스.
내부통제 5단계 성숙도 모델	내부통제 시스템의 발전 단계를 5단계로 구분하여 평가하는 모델.
내부회계관리제도(ICFR)	기업의 회계 정보 신뢰성 확보를 위해 구축된 내부통제 시스템.
내부회계 감사의견	내부회계관리제도에 대한 외부감사인의 의견.
내재 위험(Inherent Risk)	통제 활동을 고려하지 않았을 때 내재적으로 존재하는 순수한 위험 수준.
다. ㄷ	
다기준 의사결정 분석(MCDA)	여러 기준을 동시에 고려하여 최적의 대안을 선택하는 의사결정 기법.
다중 속성(Multi-attribute)	리스크를 평가하거나 의사결정을 할 때 여러 가지 특성이나 기준을 동시에 고려하는 관점.
대외 이미지 관리 및 소통	조직의 외부적 이미지를 긍정적으로 형성하고 유지하기 위한 홍보 및 소통 활동.
대외 위기 커뮤니케이션	위기 상황 발생 시 조직의 이미지와 신뢰도를 보호하기 위해 외부와 소통하는 활동.
도박 사회문제 신뢰 급락	스포츠토토 관련 대규모 사회적 문제 발생으로 공단 신뢰도가 크게 떨어지는 위험.
동기/압력(Pressure)	부정 행위를 유인하는 재무적 혹은 감정적 압박.

디지털 포용 서비스 제공	디지털 전환 과정에서 소외될 수 있는 계층을 위해 디지털 접근성을 개선하고 교육을 제공하는 활동.
디지털 전환	디지털 기술을 활용하여 조직의 업무 방식, 문화, 가치 등을 변화시키는 것.
라. ㄹ	
리스크(Risk)	불확실성이 조직의 목표 달성에 미치는 영향.
리스크 관리	불확실성이 조직의 목표 달성에 미치는 영향을 통제하고 관리하는 활동.
리스크 관리 체계 수립 및 운영	조직의 리스크를 식별, 평가, 통제, 모니터링하기 위한 전반적인 시스템을 구축하고 실행하는 프로세스.
리스크 레지스터	식별된 리스크들을 체계적으로 기록하고 관리하는 문서.
리스크 및 통제 매트릭스	리스크와 해당 리스크를 통제하는 활동들을 함께 보여주는 표.
리스크 매트릭스	리스크의 발생 가능성과 영향도를 조합하여 위험 수준을 시각화하는 도구.
리스크 분석	식별된 리스크의 특성, 원인, 결과 등을 체계적으로 파악하는 과정.
리스크 식별	조직의 목표 달성에 영향을 미칠 수 있는 잠재적 위험 요소를 찾아내는 과정.
리스크 식별 난이도	리스크를 찾아내고 정의하는 것의 어려움 정도.
리스크 식별 유형	리스크를 분류하는 방식이나 종류(예: 흐름, 멈춤, 솟음).
리스크 식별 조직 단위	리스크 식별을 수행하는 조직의 범위(예: 전사, 부서, 프로세스).
리스크 평가	식별된 리스크의 발생 가능성과 영향도를 분석하고 중요도를 결정하는 과정.
리스크 프로파일	식별된 리스크들을 종합적으로 정리하고 평가하여 한눈에 파악할 수 있도록 구조화한 자료.
리스크 허용 수준	조직이 목표 달성을 위해 감수할 의향이 있는 리스크의 양.
리스크 Naming	리스크에 명확하고 간결한 이름을 부여하는 과정.
리스크의 정의	리스크가 무엇인지를 설명하는 개념.
리스크관리의 패러다임 전환	리스크 관리에 대한 기본적인 사고방식이나 접근법이 근본적으로 바뀌는 것.
리스크관리 관련 국제표준	리스크 관리에 대한 국제적인 기준이나 지침(예: ISO 31000).
RM&IC 총량 성과 관리표	리스크 관리 및 내부통제 활동의 전반적인 성과를 종합적으로 보여주는 지표.
마. ㅁ	
마이크로(Micro) 창발 리스크	일상생활이나 작은 단위에서 발생하는 예측 불가능하고 복합적인 위험.
매크로(Macro) 창발 리스크	예측하기 어렵고, 복합적인 상호작용에서 발생하는 새로운 유형의 위험 중, 조직이나 사회 전체에 광범위하고 중대한 영향을 미칠 수 있는 대규모의, 시스템적인 위험.
멈춤 리스크(Stock Risk)	조직의 특정 자산이나 역량의 부족 또는 부재로 인해 발생하는 위험.
모니터링	내부 통제 시스템이 효과적으로 작동하는지 지속적으로 점검하고 평가하는 활동.
바. ㅂ	
발생 가능성	리스크가 실제로 일어날 확률.
부정(Fraud)	속임수를 사용하여 부당한 이득을 취하는 행위.
부정 위험(Fraud Risk)	부정 행위가 발생할 가능성.
부정 위험 평가	조직이 재무 보고 부정, 자산 횡령, 부패 등 다양한 부정 행위의 발생 가능성과 영향력을 평가하는 과정.
부정의 3요소	부정 행위가 발생하기 위한 세 가지 핵심 요소((Fraud Triangle Theory / 압력, 기회, 합리화).

사. ㅅ	
사이버 보안 침해	온라인 시스템에 대한 무단 접근, 해킹 등으로 정보 유출이나 시스템 손상이 발생하는 것.
사행 산업	사행심을 조장하여 돈을 걸고 하는 사업(예: 도박, 복권 등).
속성(Attribute)	대상이나 개념이 지닌 본질적인 특성.
속성 기반 리스크 식별	조직의 고유한 특성(속성)을 분석하여 리스크를 찾아내는 방법론.
속성 양면성	하나의 속성이 긍정적인 측면과 부정적인 측면을 동시에 가질 수 있는 특성.
솟음 리스크(Emergence Risk)	예측하기 어렵고, 복합적이며, 때로는 기존의 프레임워크 밖에서 발생하는 새로운 유형의 위험(창발 리스크와 동일).
아. ㅇ	
영향(Impact)	리스크 발생 시 조직에 미칠 결과의 심각도.
온보딩(Onboarding)	신규 직원이 조직에 적응하도록 돕는 과정.
온라인 평판 관리	인터넷 상에서 조직에 대한 평판을 관리하는 활동.
O2C 프로세스(Order-to-Cash)	고객 주문 접수부터 현금 회수까지의 일련의 비즈니스 프로세스.
원인-현상-영향 분석	리스크의 근본 원인, 나타나는 구체적인 모습, 그리고 조직에 미치는 결과를 분석하는 방법.
위험 등급	리스크의 수준을 분류하는 등급.
위험 프로파일	리스크 프로파일과 동일.
윤리 경영	기업이 법적, 경제적 책임 외에 사회적, 윤리적 책임까지 다하는 경영 방식.
이중 이미지	조직이 서로 다른 두 가지 이미지(예: 사행성 vs. 공공성)를 동시에 가지는 것.
이해관계자	조직의 활동에 영향을 받거나 영향을 미칠 수 있는 개인이나 집단.
자. ㅈ	
자산 관리	조직의 자산을 효율적으로 관리하고 활용하는 활동.
자산 유용/횡령	조직의 자산을 개인적인 용도로 사용하거나 불법적으로 취하는 행위.
잔여 위험(Residual Risk)	통제 활동이 적용된 후에도 남아있는 실제 위험 수준.
잔여위험 재평가법	통제 활동 적용 후 잔여 위험 수준을 다시 평가하는 방법.
잔여위험 차감법	내재 위험에서 통제 효과를 차감하여 잔여 위험을 산출하는 방법.
재무 건전성	조직의 재정 상태가 안정적이고 지속 가능한 정도.
전략	조직의 목표 달성을 위한 장기적인 계획과 방향.
전사 수준 통제(ELC)	조직 전체 수준에서 리스크를 관리하고 통제하는 활동(예: 윤리 강령, 조직 문화, 내부 감사 등).
전사적 리스크 관리(ERM)	조직 전체의 리스크를 통합적으로 관리하는 체계.
정성적 리스크 분석	리스크를 수치화하기 어려운 질적인 요소로 분석하는 방법.
정량적 리스크 분석	리스크를 수치화하여 분석하는 방법.
제안 제도	직원들이 조직 개선을 위한 아이디어를 제안하는 제도.
조직 문화	조직 구성원들이 공유하는 가치, 신념, 행동 양식.
조직 속성	조직이 지닌 고유한 특성이나 성질.
조직 수준	조직 전체, 부서, 개인 등 리스크 관리의 적용 단위.
지속가능경영	경제적, 사회적, 환경적 가치를 균형 있게 추구하며 장기적인 성장을 목표로 하는 경영 방식.

직무 속성	특정 직무가 지닌 고유한 특성이나 요건.
직무 수준 통제	개별 직무 활동 내에서 리스크를 관리하고 통제하는 활동.
직위 남용	자신의 직책이나 권한을 부당하게 사용하여 이득을 취하는 행위.
창발 리스크(Emergence Risk)	예측하기 어렵고, 복합적이며, 때로는 기존의 프레임워크 밖에서 발생하는 새로운 유형의 위험.
카. ㅋ	
KCI(Key Control Indicator)	핵심 통제 지표. 통제 활동의 효과성을 측정하는 지표.
KPI(Key Performance Indicator)	핵심 성과 지표. 목표 달성 정도를 측정하는 지표.
KRI(Key Risk Indicator)	핵심 위험 지표. 잠재적 위험의 발생 가능성을 나타내는 지표.
타. ㅌ	
통제(Control)	리스크를 완화하거나 목표 달성을 보장하기 위한 활동.
통제 가능(Controllable)	관리나 조치를 통해 영향을 줄이거나 변경할 수 있는 것.
통제 수준	리스크에 대한 통제 활동의 강도나 효과성.
통제 활동(Control Activities)	리스크를 줄이고 목표 달성을 보장하기 위해 수립된 정책과 절차.
통제 용이성	리스크를 통제하기 쉬운 정도.
투명성	정보나 과정이 명확하게 공개되어 누구나 알 수 있는 정도.
투표권 사업	스포츠 경기 등에 대한 예측을 통해 수익을 창출하는 사업.
트라이 뷰(Tri View)	리스크를 세 가지 관점(흐름, 멈춤, 솟음)으로 식별하는 프레임워크.
파. ㅍ	
패러다임 전환	어떤 분야의 기본적인 사고방식이나 틀이 근본적으로 바뀌는 것.
평가 만능주의	모든 것을 평가로 해결하려는 경향.
평판	조직이나 개인에 대한 사회적 평가나 인식.
포트폴리오	여러 자산이나 사업의 집합.
폴 고갱의 명화	프랑스 후기 인상주의 화가 폴 고갱의 유명한 그림(사용자 대화에서 비유적, 은유적 맥락으로 사용됨).
프로세스(Process)	특정 결과를 얻기 위해 수행되는 일련의 활동이나 단계.
프로세스 기반 리스크 관리 컨설팅	업무 프로세스를 분석하여 리스크를 식별하고 개선하는 데 중점을 두는 컨설팅.
프로세스 리스크	특정 업무 프로세스 내에서 발생할 수 있는 위험.
프로세스 수준 통제(PLC):	특정 업무 프로세스 내에서 리스크를 관리하고 통제하는 활동(예: 업무 분장, 승인 절차, 대사 등).
하. ㅎ	
합리화(Rationalization)	부적절하거나 비윤리적인 행위에 대해 스스로 정당성을 부여하는 심리적 과정.
핵심 리스크 지표(KRI)	잠재적 위험의 발생 가능성을 나타내는 지표.
핵심 통제 지표(KCI)	통제 활동의 효과성을 측정하는 지표.
핵심가치	조직의 구성원들이 공유하고 지켜야 할 가장 중요한 신념이나 원칙.
허용 한도(Risk Tolerance Level)	조직이 특정 리스크에 대해 감수할 수 있는 최대 허용 수준.
현상	리스크가 발생했을 때 나타나는 구체적인 징후나 모습.
흐름 리스크(Flow Risk)	업무 프로세스의 비효율성이나 오류로 인해 발생하는 위험.
횡령(Embezzlement)	타인의 재물을 보관하는 자가 그 재물을 불법적으로 자신의 소유로 만드는 행위.

COSO	The Committee of Sponsoring Organizations of the Treadway Commission의 약자. 내부통제 및 전사적 리스크 관리 프레임워크를 개발하는 민간 조직.
IIA	The Institute of Internal Auditors의 약자. 내부 감사 전문가들을 위한 국제적인 전문 협회.
ISO	International Organization for Standardization의 약자. 국제 표준을 개발하고 발행하는 비정부 기구.(예: ISO 31000 리스크 관리 표준).
ICFR(Internal Control over Financial Reporting)	내부회계관리제도와 동일.
RM&IC	리스크 관리(Risk Management) 및 내부통제(Internal Control)의 약자.
Tri View Risk Mining Framework	리스크를 흐름, 멈춤, 솟음의 세 가지 관점에서 심층적으로 식별하고 분석하는 프레임워크.
0-9	
0,1,2점 척도 환산 통제수준	5점척도 환산 통제수준을 다시 환산하여 0점(미흡), 1점(보통), 2점(우수)과 같이 단순화된 척도로 평가하여 나타낸 수준.
5점 척도 환산 내재 위험 수준	영향도(5점)×발생가능성(5점) 값을 단일 5점 척도로 환산, 내재 위험 수준을 평가하여 나타낸 수준.
5점 척도 환산 잔여 위험 수준	잔여위험 재평가시 잔여영향도(5점)×잔여 발생가능성(5점) 값을 단일 5점 척도로 환산, 잔여 위험 수준을 평가하여 나타낸 수준.
5점 척도 환산 통제수준	통제설계적정성(5점)×운영효과성(5점) 값을 단일 5점 척도로 환산, 통제수준을 평가하여 나타낸 수준.